江苏省财政厅会计重点研究延续课题

新编煤炭企业会计核算办法设计

主　编　冯兴振　石炳华　朱学义
副主编　陈　宁　刘三兴　朱亮峰

中国矿业大学出版社
·徐州·

内容提要

本书以《企业会计准则(2020年版)》应用指南为依据，紧密结合煤炭企业会计核算实际，论述了货币资金及资金结算中心的核算、交易性金融资产的核算、应收款项的核算、存货的核算、非流动资产投资的核算、固定资产的核算、无形资产和其他资产的核算、流动负债的核算、长期负债的核算、成本和费用的核算、收入和利润的核算、所有者权益的核算、矿业集团所属单位会计报表、矿业集团汇总会计核算等内容。

本书可作为煤炭企业财务人员培训教材和煤炭高校本科教材，同时也可供其他管理人员和会计人员参考。

图书在版编目(CIP)数据

新编煤炭企业会计核算办法设计 / 冯兴振，石炳华，朱学义主编．—徐州：中国矿业大学出版社，2022.11

ISBN 978-7-5646-5619-5

Ⅰ．①新… Ⅱ．①冯… ②石… ③朱… Ⅲ．①煤炭工业—工业会计 Ⅳ．①F407.216.72

中国版本图书馆 CIP 数据核字(2022)第 211364 号

书　　名　新编煤炭企业会计核算办法设计
主　　编　冯兴振　石炳华　朱学义
责任编辑　史凤萍
出版发行　中国矿业大学出版社有限责任公司
　　　　　　(江苏省徐州市解放南路　邮编 221008)
营销热线　(0516)83885105　83884103
出版服务　(0516)83995789　83884920
网　　址　http://www.cumtp.com　**E-mail**:cumtpvip@cumtp.com
印　　刷　徐州中矿大印发科技有限公司
开　　本　787 mm×1092 mm　1/16　**印张** 32.75　**字数** 838 千字
版次印次　2022 年 11 月第 1 版　2022 年 11 月第 1 次印刷
定　　价　80.00 元

《新编煤炭企业会计核算办法设计》

编写委员会

主　编　冯兴振　石炳华　朱学义

副主编　陈　宁　刘三兴　朱亮峰

参　编　王开红　丁金楼　史先国　姬鹏程
苗　壮　盛海林　孟晴晴　宋小龙
袁龙泉　郭　敬　徐南苏　柳　杰
王建军　张坚强

前　言

2020年1月，财政部发布新修订的《企业会计准则(2020年版)》和《企业会计准则应用指南(2020年版)》，对《企业会计准则——基本准则》和企业会计准则第1号至第42号进行了全面修订，并为每个企业会计准则配置了相应的应用指南，还附有会计科目和主要账务处理、《企业会计准则解释》第1号至第13号及《关于保险公司执行新金融工具相关会计准则有关过渡办法的通知》，这标志着我国会计核算工作在同国际财务报告准则趋同方面又上了一个新的台阶。

2007年12月11日，江苏省财政厅发布的苏财会〔2007〕57号文件要求中国矿业大学和徐州矿务集团公司承担江苏省财政厅重点课题"新会计准则应用研究——《煤炭企业集团内部会计核算办法》设计"。2009年1月，江苏省财政厅、煤炭工业协会组织专家对该课题成果进行鉴定，充分肯定了该项研究成果。江苏省财政厅发布苏财会〔2009〕1号文件，认为"该成果是财政部新《企业会计准则》体系在煤炭行业的深化，全面综合地反映了煤炭行业会计核算的特征，达到了国内领先水平"。2009年3月，《新会计准则应用研究——〈煤炭企业集团内部会计核算办法〉设计》一书出版。该书得到财政部会计司、中国煤炭工业协会领导同志的认可、赞扬和推介，满足了煤炭管理部门、煤炭企业投资者及其他利益相关者管理决策的需要。全国煤炭企业应用该书，规范了煤炭企业会计账务处理过程，提高了煤炭企业会计核算工作质量。2009年8月，《新会计准则应用研究——〈煤炭企业集团内部会计核算办法〉设计》获江苏省煤炭科技进步一等奖。2009年12月，该研究成果又获中国煤炭工业科学技术三等奖。

十多年来，我国以增值税为核心的税制改革覆盖了几乎所有行业，影响了所有企业，同时，企业会计准则也一直在修改、完善。鉴于《新会计准则应用研究——〈煤炭企业集团内部会计核算办法〉设计》已经在全国煤炭企业产生的影响，依据江苏省财政厅会计重点研究延续课题的精神，我们决定对此书进行修订。本次修订的主要内容如下：

(1) 在"总论"中阐述了财政部《企业会计准则(2020年版)》及应用指南变革内容，确定了适合煤炭行业使用的会计科目，尤其是对会计要素变革内容中所有者权益中的"其他权益工具"、"其他综合收益"等新内容作了简要说明。

(2) 在"交易性金融资产的核算"中修改了金融资产的内涵和分类，调整了相应的财务处理内容。

(3)在"应收款项的核算"中对"应收账款融资"按资产负债表新体系设置了"应收款项融资"的核算内容，并按《企业会计准则第23号——金融资产转移》规定进行了新的处理。

(4) 在"非流动资产投资的核算"中修改了"可供出售金融资产"、"持有至到期投资"等内容；按金融资产新分类和对外投资新规定设置了"债权投资核算"、"其他债权投资核算"、"长期股权投资核算"、"其他权益工具投资核算"等内容，配备了新的账务处理系统。

(5) 在"固定资产的核算"中修改了"固定资产租赁核算"和"固定资产减值核算"等

内容。

(6) 在“无形资产和其他资产的核算”中，适应营业税改增值税的变化，修改了相应账务处理，对分期应收款核算按新修订收入准则规定进行了调整处理，增加了排碳权交易和用能权交易的核算内容。

(7) 在“长期负债的核算”中修改了“可转换公司债券”的核算和“长期应付款”的核算。

(8) 在“收入和利润的核算”中修改了收入确认和计量的依据，调整了增值税税率及其相应的账务处理。将财政部取消的“建造合同”准则内容纳入“收入”准则核算范围；对新修订的收入准则所确定的“特殊业务”进行新的处理，并修改了所得税会计的核算内容。

(9) 在“所有者权益的核算”中增加了“其他权益工具”、“专项储备”、“其他综合收益”等内容的核算。

(10) 在“矿业集团所属单位会计报表”一章对“资产负债表”、“利润表”、“现金流量表”、“所有者权益变动表”的共性变动内容进行了详细的阐述，还针对煤炭企业特征对煤炭企业一整套会计报表的变动内容及编制要求进行了全面修改。

本书的编写委员会由徐州矿务集团有限公司董事长冯兴振、总经理石炳华、中国矿业大学博士生导师及南通理工学院特聘二级教授朱学义任主编，徐州矿务集团有限公司总会计师陈宁、徐州矿务集团有限公司财务部部长刘三兴、常州大学副教授朱亮峰任副主编。本书编写组成员的具体分工是：第一章由冯兴振、石炳华、陈宁、刘三兴、朱亮峰编写；第二章由王开红、孟晴晴、郭敬编写；第三章由丁金楼、史先国、姬鹏程编写；第四章由刘三兴、盛海林、徐南苏编写；第五章、第六章由陈宁、丁金楼、盛海林、苗壮编写；第七章由朱学义、丁金楼、盛海林、柳杰编写；第八章由朱学义、陈宁、朱亮峰编写；第九章由王开红、宋小龙、孟晴晴、郭敬编写；第十章由刘三兴、史先国、盛海林、王建军编写；第十一章由朱学义、刘三兴、丁金楼、袁龙泉、张坚强编写；第十二章由刘三兴、姬鹏程、徐南苏、朱学义编写；第十三章由刘三兴、朱学义、陈宁、丁金楼、史先国、姬鹏程编写；第十四章由陈宁、刘三兴、丁金楼、宋小龙编写；第十五章由刘三兴、王开红、朱亮峰、朱学义编写。全书由冯兴振、石炳华、朱学义总纂定稿。

对本书在编写中存在的缺点和错误，恳请读者批评、指正，以便进一步修改和完善。

《新编煤炭企业会计核算办法设计》编写委员会

2022 年 7 月 6 日

目　录

引　言

为了规范煤炭企业内部会计核算，根据《中华人民共和国会计法》、财政部2020年修订的《企业会计准则（2020年版）》、《企业会计准则应用指南（2020年版）》和历年来制定或修订的具体会计准则，以及其他有关的法律、法规、政策及规定，结合煤炭企业具体情况，特制定煤炭企业会计核算办法。

本办法适用于煤炭企业。在不违背本制度统一规定和不影响汇总（合并）报表要求的前提下，各子公司可以根据行业特点和需要制定补充规定，但必须报集团财务部审核批准。

统一会计科目名称和编号，以便于编制会计凭证、登记账簿、查阅账目、推动财务核算智能化和数字化，各企业不得打乱重编。明细科目除本制度统一规定外，在不违反统一会计核算要求下，各子公司可以根据需要自行设定。企业在填制会计凭证、登记账簿、管理会计档案等时，要严格按照《中华人民共和国会计法》、《会计基础工作规范》、《会计档案管理办法》等规定执行，其中填制会计凭证、登记账簿时，必须填写会计科目的名称，不得只填编号而不写科目名称。

矿业集团各公司的财务报告由会计报表和会计报表附注等资料组成。公司对外提供的财务报告内容、会计报表种类和格式等，由本办法规定；各公司内部管理需要的会计报表由各公司自行规定。

矿业集团内各子公司的财务报告应在向税务部门上报的同时，向集团总公司财务部上报。为了保证集团编制合并报表的时间需要，各子公司要按规定时间上报财务报告。

各子公司对其他单位投资如占该单位股权（股份）50%以上（不含50%），或虽然占该单位股权（股份）不足50%但具有实质控制权的，要编制合并会计报表；合并会计报表的合并范围、合并原则、编制程序和编制方法等严格按照本制度规定执行。

本办法规定的记账本位币为人民币，会计记账方法为借贷记账法，会计年度与公历日历年度一致，即1月1日起至12月31日止为一个会计年度。本办法记账基础为权责发生制；计量属性有实际成本（历史成本）、重置成本、可变现净值、现值、公允价值，其中，实际成本（历史成本）是基本计量属性，企业要谨慎使用“公允价值”。

第一章　总　论

第一节　财政部《企业会计准则(2020年版)》及应用指南变革内容

2020年1月,财政部制定《企业会计准则(2020年版)》和《企业会计准则应用指南(2020年版)》(以下简称"新准则体系"),对2006年以来,尤其是2014年以来《企业会计准则》变革的内容进行了全面梳理,突出了中国会计准则同国际财务报告准则趋同要求,适应了我国经济社会全面改革,特别是税制改革的需要,凝练了我国会计准则体系、财务管理通则、成本管理制度的精华,成为新时期我国煤炭行业上市公司、企业集团及大中型企业规范会计核算工作的指导性文件。新准则体系的主要变革内容突出表现在金融工具核算内容的变革、产权要素核算内容的变革、公允价值计量内容的变革、租赁资产核算内容的变革、收入准则内容的变革、减值损失与减值准备核算内容的变革、行业特色业务核算内容的变革等。

一、金融工具核算内容的变革

(一)金融工具分类的变革

2006年11月,财政部颁布的《企业会计准则第22号——金融工具确认和计量》,将金融工具分为金融资产和金融负债两大类。初始确认的金融资产分为四类:一是以公允价值计量且其变动计入当期损益的金融资产,包括交易性金融资产和指定为以公允价值计量且其变动计入当期损益的金融资产;二是持有至到期投资;三是贷款和应收款项;四是可供出售金融资产。初始确认的金融负债为分两类:一是以公允价值计量且其变动计入当期损益的金融负债,包括交易性金融负债和指定为以公允价值计量且其变动计入当期损益的金融负债;二是其他金融负债。

2017年3月,财政部修订印发的《企业会计准则第22号——金融工具确认和计量》将金融工具分为金融资产、金融负债、衍生工具三大类。

企业应当根据其管理金融资产的业务模式和金融资产的合同现金流量特征,将金融资产划分为三类:一是以摊余成本计量的金融资产;二是以公允价值计量且其变动计入其他综合收益的金融资产;三是以公允价值计量且其变动计入当期损益的金融资产。

企业应当将金融负债分类为以摊余成本计量的金融负债,具体分为三类:① 以公允价值计量且其变动计入当期损益的金融负债,包括交易性金融负债(含属于金融负债的衍生工具)和指定为以公允价值计量且其变动计入当期损益的金融负债。② 不符合终止确认条件的金融资产转移或继续涉入被转移金融资产所形成的金融负债。③ 不属于上述①或②情形的财务担保合同,以及不属于上述①情形的以低于市场利率贷款的贷款承诺。

衍生工具,是指属于金融工具确认和计量准则范围并同时具备下列三大特征的金融工具或其他合同。特征之一:其价值随特定利率、金融工具价格、商品价格、汇率、价格指数、费率指数、信用等级、信用指数或其他变量的变动而变动;特征之二:不要求初始净投资,或者与对市场因素变化预期有类似反应的其他合同相比,要求较少的初始净投资;特征之三:衍生工具在未来某一日期结算，表明衍生工具结算需要经历一段特定期间。

（二）金融资产核算科目的变革

根据《企业会计准则第 22 号——金融工具确认和计量》应用指南的规定，企业对金融资产的核算应设置以下会计科目：

（1）设置“交易性金融资产”科目。该科目核算企业分类为“以公允价值计量且其变动计入当期损益的金融资产”，包括为交易目的所持有的股票投资、基金投资和可转换债券投资等。企业持有的直接指定为以公允价值计量且其变动计入当期损益的金融资产，也在本科目核算。

（2）设置“债权投资”科目。该科目核算企业“以摊余成本计量的金融资产”。如企业持有至到期的债券投资的摊余成本等。

（3）设置“其他债权投资”科目。该科目核算企业“以公允价值计量且其变动计入其他综合收益的金融资产”。如企业持有的、不准备至到期的、相时变现的、非交易性债券投资。

（4）设置“其他权益工具投资”科目。该科目核算企业“指定为以公允价值计量且其变动计入其他综合收益的非交易性权益工具投资”。如企业购买的股票既不是交易性目的，又不是控制或影响被投资企业目的，而是相时观望变现的投资，即为其他权益工具投资。

（5）设置“应收账款”、“应收票据”、“应收股利”、“应收利息”、“其他应收款”、“贷款”、“银行存款”、“其他货币资金”等会计科目，核算金融资产中“以摊余成本计量”的“应收款项”内容和货币资金内容。

二、产权要素核算内容的变革

2006 年 2 月，财政部发布《企业会计准则——基本准则》，规定所有者权益的来源包括所有者投入的资本、直接计入所有者权益的利得和损失、留存收益等。财政部颁布《企业会计准则第 30 号——财务报表列报》，规定列入资产负债表所有者权益的项目分为四项：实收资本（或股本）、资本公积、盈余公积和未分配利润。

2019 年 4 月 30 日，财政部修订印发的《2019 年度一般企业财务报表格式的通知》规定，资产负债表中所有者权益项目分为以下七类：

（1）实收资本（或股本）。它是投资者按企业章程或合同、协议的约定实际投入企业的资本。在股份制企业中，实收资本称为股本。实收资本包括国家资本（国家投入企业的资本）、法人资本（具有法人资格的企业、事业单位和社会团体依法将可支配的、允许用于经营的资产投入企业形成的资本）、个人资本（自然人以其个人合法财产投入企业的资本）和外商资本（外商投入企业的资本）四部分。投资者向企业投入资本必须在工商行政管理部门进行登记注册。投资者投入的资本全部到位后就和注册资本一致。

（2）其他权益工具。其他权益工具是企业发行在外的除普通股以外分类为权益工具的金融工具。包括企业发行优先股股东的权益、企业发行可转换债券确认为权益工具的持券人权益。它与“实收资本（或股本）”的投资身份不同，其他权益工具不是普通股东（普通投资者）的权益，而是优先股东、持券待转股东的权益。

（3）资本公积。它是投资者或者他人投入企业的所有权归属于投资者并且金额上超过法定资本部分的资本或者资产。资本公积包括资本溢价（或股本溢价）、其他资本公积等。

（4）盈余公积。它是企业从盈利中提取的各种公积金，包括法定盈余公积、任意盈余公积两部分。

(5) 其他综合收益。它是指企业根据会计准则规定未在当期损益中确认的各项利得和损失。这种利得和损失扣除所得税后的净额归属为所有者权益。

(6) 专项储备。它是指高危行业企业(如煤炭企业等)按国家规定提取的安全生产费。

(7) 未分配利润。它是企业实现的净利润经过弥补亏损、提取盈余公积和向投资者分配利润后留存在企业的、历年结存的利润。未分配利润通常用于留待以后年度向投资者进行分配。

三、公允价值计量内容的变革

(一) 变革的背景

2014 年 1 月 26 日,财政部发布《企业会计准则第 39 号——公允价值计量》。财政部发布这一准则是有背景的,2008 年国际金融危机爆发后,公允价值计量受到全世界关注。为应对国际金融危机,二十国集团和金融稳定理事会提出建立一套全球统一的高质量会计准则。其中,公允价值计量准则就是与国际金融危机密切相关的重要准则之一。为响应二十国集团和金融稳定理事会提出的倡议,国际会计准则理事会加快了对公允价值计量准则项目的研究和制定工作,并于 2011 年 5 月 12 日发布了《国际财务报告准则第 13 号——公允价值计量》。《国际财务报告准则第 13 号——公允价值计量》重新定义了公允价值,制定了统一的公允价值计量框架,规范了公允价值的披露要求。《国际财务报告准则第 13 号——公允价值计量》为其他国家或地区应用公允价值计量提供了有益参考。中国在这一背景下制定发布了公允价值计量准则。

(二) 公允价值概念变化

2006 年 2 月,财政部发布《企业会计准则——基本准则》,定义的公允价值概念是:在公平交易中,熟悉情况的交易双方自愿进行资产交换或者债务清偿的金额。2014 年 1 月 26 日,财政部发布《企业会计准则第 39 号——公允价值计量》,按《国际财务报告准则第 13 号——公允价值计量》对基本准则中"公允价值"的概念进行了修改。

1. 公允价值概念的修改

我国第 39 号会计准则规定:公允价值,是指市场参与者在计量日发生的有序交易中,出售一项资产所能收到或者转移一项负债所需支付的价格即脱手价格。这种价格即为退出价格。该定义强调了公允价值是基于市场的计量,不是特定主体的计量,需要考虑相关资产或负债的特征。在计量公允价值时,企业应当使用市场参与者在当前市场条件下对相关资产或负债进行定价时所使用的假设,并以主要市场(或最有利市场)中发生的有序交易中的价格计量公允价值。

2. 其他相关的新概念

(1) 主要市场:是指相关资产或负债交易量最大和交易活跃程度最高的市场。

(2) 最有利市场:是指在考虑交易费用和运输费用后,能够以最高金额出售相关资产或者以最低金额转移相关负债的市场。其中,交易费用,是指在相关资产或负债的主要市场(或最有利市场)中,发生的可直接归属于资产出售或者负债转移的费用。交易费用是直接由交易引起的、交易所必需的、不出售资产或者不转移负债就不会发生的费用。规定的"运输费用"概念,是指将资产从当前位置运抵主要市场(或最有利市场)发生的费用。

(3) 有序交易:是指在计量日前一段时期内相关资产或负债具有惯常市场活动的交易。清算等被迫交易不属于有序交易。《企业会计准则第 39 号——公允价值计量》第六条规定:

"企业以公允价值计量相关资产或负债,应当考虑该资产或负债的特征。相关资产或负债的特征,是指市场参与者在计量日对该资产或负债进行定价时考虑的特征,包括资产状况及所在位置、对资产出售或者使用的限制等"。第八条规定:"企业以公允价值计量相关资产或负债,应当假定市场参与者在计量日出售资产或者转移负债的交易,是在当前市场条件下的有序交易"。第七条规定:"以公允价值计量的相关资产或负债可以是单项资产或负债(如一项金融工具、一项非金融资产等),也可以是资产组合、负债组合或者资产和负债的组合"。"企业是以单项还是以组合的方式对相关资产或负债进行公允价值计量,取决于该资产或负债的计量单元。"

(5) 计量单元:是指相关资产或负债以单独或者组合方式进行计量的最小单位。相关资产或负债的计量单元应当由要求或者允许以公允价值计量的其他相关会计准则规定,但《企业会计准则第 39 号——公允价值计量》第十章规范的市场风险或信用风险可抵销的金融资产和金融负债的公允价值计量除外。

(6) 市场参与者:是指在相关资产或负债的主要市场(或最有利市场)中,同时具备下列特征的买方和卖方:① 市场参与者应当相互独立,不存在《企业会计准则第 36 号——关联方披露》所述的关联方关系;② 市场参与者应当熟悉情况,能够根据可取得的信息对相关资产或负债以及交易具备合理认知;③ 市场参与者应当有能力并自愿进行相关资产或负债的交易。

从上可见,我国 2006 年 2 月财政部发布《企业会计准则——基本准则》中"公允价值"的三层次含义(指公平交易、熟悉情况、自愿),在《企业会计准则第 39 号——公允价值计量》准则中"市场参与者"的内涵中体现出来了。

(三) 公允价值的估值技术

企业以公允价值计量相关资产或负债时所采用的价值估算技术主要有以下三种:

(1) 市场法,是利用相同或类似的资产、负债或资产和负债组合的价格以及其他相关市场交易信息进行估值的技术。

(2) 收益法,是将未来金额转换成单一现值的估值技术。

(3) 成本法,是反映当前要求重置相关资产服务能力所需金额(通常指现行重置成本)的估值技术。

《企业会计准则第 39 号——公允价值计量》第十九条规定:"企业在估值技术的应用中,应当优先使用相关可观察输入值,只有在相关可观察输入值无法取得或取得不切实可行的情况下,才可以使用不可观察输入值。"

(四) 公允价值计量层次的划分

《企业会计准则第 39 号——公允价值计量》第二十四条规定:"企业应当将公允价值计量所使用的输入值划分为三个层次,并首先使用第一层次输入值,其次使用第二层次输入值,最后使用第三层次输入值。"其中,输入值,是指市场参与者在给资产或负债定价时所使用的假设,包括可观察输入值和不可观察输入值。可观察输入值,是指能够从市场数据中取得的、反映市场参与者在对资产或负债定价时所使用假设的输入值。不可观察输入值,是指不能从市场数据中取得的、根据市场参与者在对资产或负债定价时所使用假设的最佳信息确定的输入值。

(1) 第一层次输入值,是在计量日能够取得的相同资产或负债在活跃市场上未经调整的报价。

（2）第二层次输入值，是除第一层次输入值外相关资产或负债直接或间接可观察的输入值。第二层次输入值包括：① 活跃市场中类似资产或负债的报价；② 非活跃市场中相同或类似资产或负债的报价；③ 除报价以外的其他可观察输入值，包括在正常报价间隔期间可观察的利率和收益率曲线、隐含波动率和信用利差等；④ 市场验证的输入值等。市场验证的输入值，是指通过相关性分析或其他手段，主要来源于可观察市场数据的输入值或者经过可观察市场数据验证的输入值。

（3）第三层次输入值，是相关资产或负债的不可观察输入值。

（五）公允价值计量准则的适用范围

企业应当遵循《企业会计准则第 39 号——公允价值计量》准则的要求对相关资产或负债的公允价值进行计量或披露。但企业对哪些资产或负债进行公允价值计量，应当由其他相关会计准则进行规范。对于《企业会计准则第 1 号——存货》规范的可变现净值、《企业会计准则第 8 号——资产减值》规范的预计未来现金流量现值等与公允价值类似的其他计量属性、股份支付业务以及租赁业务等，企业应当遵循其他相关会计准则进行计量和披露。对于以公允价值减去处置费用后的净额确定可收回金额的资产、职工离职后福利计划资产、企业年金基金投资等，企业应当遵循本准则进行计量但应当遵循其他相关企业会计准则对这些资产进行披露。

（六）按公允价值计量企业相关资产或负债

《企业会计准则第 39 号——公允价值计量》准则所指相关资产或负债，是指其他相关会计准则要求或允许企业以公允价值计量的资产或负债，也包括企业自身权益工具，例如《企业会计准则第 3 号——投资性房地产》中规范的采用公允价值模式进行后续计量的投资性房地产，《企业会计准则第 5 号——生物资产》中规范的采用公允价值进行后续计量的生物资产，《企业会计准则第 8 号——资产减值》中规范的使用公允价值确定可收回金额的资产，《企业会计准则第 10 号——企业年金基金》中规范的以公允价值计量的企业年金基金投资，《企业会计准则第 16 号——政府补助》中规范的以非货币性资产形式取得的政府补助，《企业会计准则第 20 号——企业合并》中规范的非同一控制下企业合并中取得的可辨认资产和负债以及作为合并对价发行的权益工具，《企业会计准则第 22 号——金融工具确认和计量》中规范的以公允价值计量且其变动计入当期损益的金融资产以及可供出售金融资产等。

企业以公允价值计量相关资产或负债，应当考虑该资产或负债的特征以及该资产或负债是以单项还是以组合的方式进行计量等因素。

必须指出，企业以公允价值计量非金融资产，应当考虑市场参与者通过直接将该资产用于最佳用途产生经济利益的能力，或者通过将该资产出售给能够用于最佳用途的，其他市场参与者产生经济利益的能力。最佳用途，是指市场参与者实现一项非金融资产或其所属的资产和负债组合的价值最大化时该非金融资产的用途。《企业会计准则第 39 号——公允价值计量》第二十九条规定："企业以公允价值计量非金融资产，应当考虑市场参与者将该资产用于最佳用途产生经济利益的能力，或者将该资产出售给能够用于最佳用途的其他市场参与者产生经济利益的能力"。第三十条规定："企业确定非金融资产的最佳用途，应当考虑法律上是否允许、实物上是否可能以及财务上是否可行等因素。"

四、租赁资产核算内容的变革

2018年12月，财政部修订印发的《企业会计准则第21号——租赁》及其应用指南（以下简称“新租赁准则”或“新租赁准则应用指南”）对租赁业务的内容作了如下修改：

（一）租赁概念、分类的变化

新租赁准则应用指南修改2006年租赁准则时突出了租赁的实质和类别：

（1）将租赁是一定时间内出租人将资产使用权让与承租人中的“以获取租金的协议”改为“以获取对价的合同”，很显然，“对价”的实质远大于“租金”的实质。

（2）将租赁类别对象化。对于出租人，租赁分为两大类：融资租赁和经营租赁；对于承租人，租赁分为三大类：使用权资产、短期租赁和低价值资产租赁。短期租赁的租赁期通常不超过12个月；低价值资产租赁是指价值较低的小型租赁，例如，租入电话机、平板电脑、普通办公家具等小型资产。新租赁准则在定义和分类方面的突出变化有两点：① 将租赁是“获取租金的协议”改成“获取对价的合同”。“对价”的概念远大于“租金”的概念，不仅仅是货币租金形式，还包括等价于租金的其他非货币资产形式。“合同”概念的法律术语远比“协议”概念强得多。② 区分了出租人和承租人对租赁的不同分类，增加了承租人对租赁的新分类方式。站在出租人的角度定义“融资租赁”，根据新租赁准则第三十五条的规定，融资租赁的实质是与租赁资产所有权有关的“几乎全部风险和报酬”的转移。将融资租赁概念对应用于承租人，则称为“使用权资产”。其应用指南定义的“使用权资产”的实质有两条：一是承租人有权利获得与“使用权资产”相关的“几乎全部经济利益”；二是承租人有权利主导所获得的“使用权资产”的使用。

（二）会计科目设置的变化

会计科目设置的变化通过表1-1反映。

表1-1 新旧租赁准则设置会计科目的变化表

租赁主体	原租赁准则		新租赁准则		备注
	一级会计科目	二级或明细会计科目	一级会计科目	二级或明细会计科目	
出租人	融资租赁资产	某承租人	融资租赁资产	某承租人	不变
	长期应收款	融资租赁款	应收融资租赁款	租赁收款额	变化
	未实现融资收益		应收融资租赁款	未实现融资收益	
	未担保余值		应收融资租赁款	未担保余值	
承租人	固定资产	融资租入固定资产	使用权资产	租入固定资产	变化
	长期应付款	应付融资租赁费	租赁负债	租赁付款额	
	未确认融资费用		租赁负债	未确认融资费用	
	累计折旧	某固定资产类别	使用权资产累计折旧	某租赁资产类别	
	固定资产减值准备		使用权资产减值准备	某租赁资产类别	

有两点需要说明：

（1）承租人设置“使用权资产”科目涉及租赁付款额、租赁期与折旧期、租赁期满时的购买选择权或续租权等，这些内容往往与出租人确认融资租赁的标准有关。新租赁准则第三十六条融资租赁的确认标准有六条，其中，有一项或数项条件即可认定为融资租赁：一是在租赁期届满时，可以将租赁资产的所有权直接转移给承租人。二是租赁期届满时，承租人有优先购买租赁资产的选择权。购买租赁资产所订立的价款要比预计租赁资产租赁期届满时的公允价值足够低。这种购买选择权要在“租赁开始日”予以合理确定。三是对租赁期的规定：如果租赁资产租赁期届满时的所有权不转移，则租赁期需要占租赁资产使用寿命的大部分（新租赁准则应用指南对“大部分”的表述是：使用寿命的75%以上，包含75%，但“只作指导性标准”）。四是对租赁收款额现值的规定：要在“租赁开始日”时就确定租赁收款额现值。该现值“几乎相当于”租赁资产的公允价值。新租赁准则应用指南对“几乎相当于”的表述规定为公允价值的“90%以上”，且“只作指导性标准”。五是对租赁资产特殊性质的规定：如果不对租赁资产作较大改造，只能由承租人使用该租赁资产。六是对其他可能有“融资租赁迹象”资产的分类：例如，承租人续租资产所付的租金远低于市场水平；又如，资产余值发生的公允价值波动损益（得利或损失）归属于承租人。

（2）“担保余值”问题。为什么要使用这一概念？因为融资租赁资产的所有权最终不一定都转移。新租赁准则第三十五条规定：融资租赁资产的所有权最终可能转移，也可能不予转移。如果不转移，则租赁资产租赁期届满返还给出租人。出租人对后一种情况有个担心：如果承租人在承租期内过度使用租赁资产，则租赁资产租赁期满时返还出租人已经耗损，则出租人由此会蒙受损失。为了避免租赁资产过度使用而产生不良后果，出租人往往在签订融资租赁合同或协议时，要求承租人对租赁期满时的资产余值进行担保，称为“担保余值”。一旦租赁届满时的租赁资产实际价值小于公允价值，则承租人要赔偿其损失，即对担保资产承担保值责任。如果租赁期届满时租赁资产转移给承租人，则承租人在签订融资租赁合同或协议时，一般不需要对租赁资产届满时的余值进行担保。对于租赁期满时租赁资产转移给承租人的情况，租赁合同签订时需要明确规定“未来行使优惠购置权”的购价，这个购价比届时租赁资产公允价值要低得多。

（三）账务处理规定的变化

1. 出租方账务处理规定的变化

出租方账务处理主要发生两大变化：一是租赁资产损益处理使用的会计科目不同。原租赁准则对融资出租固定资产应收取的租赁款通过“长期应收款”科目核算，对转销租赁资产账面价值与应收融资租赁款之间的差额计入“营业外支出”或“营业外收入”科目，新租赁准则设置“应收融资租赁款”科目代替原来的“长期应收款”科目，并将出账、入账的差额计入“资产处置损益”科目；二是“应收融资租赁款”发生减值，计入“信用减值损失”科目，不像原租赁准则规定的计入“资产减值损失”科目。

2. 承租方账务处理规定的变化

承租方账务处理的重大变化是取消了“孰低法”入账规定。原租赁准则规定，在租赁期开始日，承租人租入资产入账价值采用“孰低法”，即在最低租赁付款额现值与租赁开始日租赁资产公允价值两者中选择较低者入账，计入“固定资产——融资租入固定资产”科目。新租赁准则要求设置“使用权资产”科目代替原来的“固定资产——融资租入固定资产”科目进行核算，按照成本进行初始计量。该成本包括以下四项内容：

（1）“租赁负债”的初始计量价值。承租方在租赁开始日确定的尚未支付的租赁付款额要按现值进行初始计量。租赁付款额包括部分内容：一是租赁期内固定付款额或者可变租赁付款额；二是承租人在租赁期满时购买租赁资产的行权价格；三是承租人在租赁期满时不行使购买权需支付的款项;四是承租人在租赁期满时提供的担保余值不足以保值预计应赔付的款项。租赁付款额现值是指租赁资产在租赁期内将各期确定的租赁付款额按“折现率”折算的现值。承租人选择的“折现率”应当是“租赁内含利率”。“租赁内含利率”是租赁资产公允价值加上出租人初始直接费用之和正好等于出租人租赁收款额现值加上未担保余值的现值之和的利率。其中,未担保余值是指租赁资产余值中出租人没有担保的余值。之所以没有担保,是指出租人无法保证租赁期满时该担保价值能够实现,或者这部分担保价值已由出租人一方予以担保。无法确定“租赁内含利率”的,其“折现率”按承租人“增量借款利率”确定。“承租人增量借款利率”常见的参考基础包括:相关租赁合同的利率;承租人同期银行贷款的利率;承租人在最近一期使用的、类似资产进行抵押贷款的利率;与承租人信用状况类似的企业所发行的同期债券利率等。需要强调的是,这些参考基础对承租人来说,仅仅是参考,实际应用时需作相应调整。

(2) 已享受的租赁激励金额。有时会出现这样一种情况:在租赁期开始日或之前,出租人为促成租赁交易达成,以“租赁激励”方式向承租人提供优惠。承租人已享受的这种租赁激励金额在确定应支付的“租赁付款额”时应当予以扣除。

(3) 承租人发生的与租赁有关的初始直接费用。初始直接费用是指承租人为租赁交易达成而发生的增量成本,如印花税、佣金等。必须指出,没有实际取得租赁也会发生的支出不属于初始直接费用,例如,围绕是否签订租赁合同而发生的法律费用、差旅费等,应当在费用发生时计入当期损益。

(4) 非租赁行为的其他费用。对于承租人复原租赁资产所在场地、拆卸及移除租赁资产、恢复租赁资产至租赁条款约定的状态预计发生的成本等应计入租赁付款额。但这些成本实质上是承租人为生产存货而发生的,则应该按《企业会计准则第 1 号——存货》准则处理。如果第(4)项所述成本与或有事项有关的,则承租人应该按《企业会计准则第 13 号——或有事项》准则进行确认和计量。

承租方按上述成本确认计入“使用权资产”科目的初始价值,同时,按整个租赁期应向融资租赁公司支付的租赁付款额现值确认计入“租赁负债——租赁付款额”科目,两者之间的差额通过“租赁负债——未确认融资费用”科目核算。这种差额实质上是一种利息费用,应该在租赁期内采用“实际利率法”分期摊入“财务费用”科目。

(四) 租赁业务使用的“内含利率”的变化

固定资产出租方在处理固定资产出租业务时应该采用一个“内含利率”确认“应收融资租赁款”现值和摊销“未实现融资收益”,而不是两个不同的利率。这个观点源于租赁准则规定的变化。

2006 年 2 月,财政部发布的《企业会计准则第 21 号——租赁》第十八条规定:“在租赁期开始日,出租人应当将租赁开始日最低租赁收款额与初始直接费用之和作为应收融资租赁款的入账价值,同时记录未担保余值;将最低租赁收款额、初始直接费用及未担保余值之和与其现值之和的差额确认为未实现融资收益”。这一条规定中所讲的“最低租赁收款额”是未来各期应收租赁款及担保余值按折现率折算的最低租赁收款额现值和担保余值现值。而原租赁准则第十九条规定:“实现融资收益应当在租赁期内各个期间进行分配。出租人应当采用实际利率法计算确认当期的融资收入”。从这一条规定可见,出租人出租固定资产时确认的“未实现融资收益”在以后各期是按“实际利率”摊销的。从原租赁准则第十八条、第十九条规定看，出租人租赁期开始日确认“应收融资租赁款”现值和摊销“未实现融资收益”可以是两个利率，也可以是一个利率。

2018 年 12 月，财政部新修订发行的《企业会计准则第 21 号——租赁》及其应用指南作出了新规定：① 确认依据的变化。新租赁准则第三十八条规定：“出租人对应收融资租赁款进行初始计量时，应当以租赁投资净额作为应收融资租赁款的入账价值。租赁投资净额为未担保余值和租赁期开始日尚未收到的租赁收款额按照租赁内含利率折现的现值之和。”② 摊销依据的变化。新租赁准则第三十九条规定：“出租人应当按照固定的周期性利率计算并确认租赁期内各个期间的利息收入。该周期性利率，是按照本准则第三十八条规定所采用的折现率，或者按照本准则第四十四条规定所采用的修订后的折现率。”可见，新租赁准则第三十八条规定，确认“应收融资租赁款”时采用“内含利率”，第三十九条规定，摊销“未实现融资收益”转为各期“利息收入”时采用“周期性利率”，但该周期性利率仍然是第三十八条规定的“内含利率”或第四十四条规定的“修订后的折现率”。而四十四条指的是“融资租赁的变更”情况，不是原融资租赁论述的情形。

五、收入准则内容的变革

2017 年 7 月 5 日，财政部发布关于修订印发《企业会计准则第 14 号——收入》(以下简称“新收入准则”)的通知。2018 年 7 月，财政部会计司编写组编著的《〈企业会计准则第 14 号——收入〉应用指南(2018)》(以下简称“新收入准则应用指南”)出版。我国新收入准则及其应用指南变革的内容如下：

(一) 收入确认依据发生的变化

2006 年 2 月，财政部发布的《企业会计准则第 14 号——收入》(以下简称“原收入准则”)第四条规定收入确认的主要标志是“企业已将商品所有权上的主要风险和报酬转移给购货方”。2017 年 7 月，财政部新修订的收入准则第四条规定收入确认的主要标志是“企业应当在履行了合同中的履约义务，即在客户取得相关商品控制权时确认收入。取得相关商品控制权，是指能够主导该商品的使用并从中获得几乎全部的经济利益”。这就是说，企业原来确认收入以风险和报酬转移为标志，新收入准则确认收入：以商品控制权的转移为依据，且站在客户的角度进行分析和判断。客户取得商品控制权同时包括三项要素：一是客户拥有现时主导转移商品的权利，具有从中获益的能力。如果客户只能在未来的某一期间主导该商品的使用并从中获益，则表明其尚未取得该商品的控制权。二是客户能够主导该商品的使用。不仅客户自身在其活动中有权使用该商品，而且能够允许或阻止其他方使用该商品。三是客户能够获得商品几乎全部的经济利益。所谓商品的经济利益，是指该商品的潜在现金流量，既包括现金流入的增加，又包括现金流出的减少。客户可以通过使用、消耗、出售、处置、交换、抵押或持有等多种方式直接或间接地获得商品的经济利益。

收入确认的主要依据发生变化，还有其他条件也有变化。新收入准则第五条规定，当企业与客户之间的合同同时满足下列条件时，企业应当在客户取得相关商品控制权时确认收入：

① 合同各方已批准该合同并承诺将履行各自义务；

② 该合同明确了合同各方与所转让商品或提供劳务(以下简称“转让商品”)相关的权利和义务；

③ 该合同有明确的与所转让商品相关的支付条款；

④ 该合同具有商业实质，即履行该合同将改变企业未来现金流量的风险、时间分布或金额；

⑤ 企业因向客户转让商品而有权取得的对价很可能收回。

以上五条规定均围绕“合同”展开。新收入准则所称合同，是指双方或多方之间订立的有法律约束力的权利义务的协议。它包括书面形式、口头形式以及其他形式（如隐含于商业惯例或企业以往的习惯做法中等）。企业与客户之间签订的合同同时满足上述五项条件的，且在合同开始日（通常是指合同生效日）履行了合同中的履约义务的，被认为客户取得相关商品控制权，企业即可确认收入。关于合同问题，有必要说明以下两点：

一是合同合并问题。企业与同一客户（或该客户的关联方）同时订立或在相近时间内先后订立的两份或多份合同，在满足特定条件时（如基于同一商业目的而订立并构成的“一揽子交易”等）应当合并为一份合同进行会计处理。

二是合同变更问题。应分三种情况对合同变更分别进行会计处理：① 合同变更部分作为单独合同；② 合同变更作为原合同终止及新合同订立；③ 合同变更部分作为原合同的组成部分。

（二）单项履约义务收入的确认

新收入准则第九条规定：“合同开始日，企业应当对合同进行评估，识别该合同所包含的各单项履约义务，并确定各单项履约义务是在某一时段内履行，还是在某一时点履行，然后，在履行了各单项履约义务时分别确认收入。履约义务，是指合同中企业向客户转让可明确区分商品的承诺。履约义务既包括合同中明确的承诺，也包括由于企业已公开宣布的政策、特定声明或以往的习惯做法等导致合同订立时客户合理预期企业将履行的承诺。企业为履行合同而应开展的初始活动，通常不构成履约义务，除非该活动向客户转让了承诺的商品。企业向客户转让一系列实质相同且转让模式相同的、可明确区分商品的承诺，也应当作为单项履约义务。”从这一规定中可见，单项履约义务收入的确认应分两种情况：一是时段收入的确认；二是时点收入的确认。

（1）在某一时段内履行的履约义务收入的确认。新收入准则第十二条规定：“对于在某一时段内履行的履约义务，企业应当在该段时间内按照履约进度确认收入，但是，履约进度不能合理确定的除外。企业应当考虑商品的性质，采用产出法或投入法确定恰当的履约进度。其中，产出法是根据已转移给客户的商品对于客户的价值确定履约进度；投入法是根据企业为履行履约义务的投入确定履约进度。对于类似情况下的类似履约义务，企业应当采用相同的方法确定履约进度。当履约进度不能合理确定时，企业已经发生的成本预计能够得到补偿的，应当按照已经发生的成本金额确认收入，直到履约进度能够合理确定为止。”

（2）在某一时点履行的履约义务收入的确认。新收入准则第十三条规定，对于在某一时点履行的履约义务，企业应当在客户取得相关商品控制权时点确认收入。在判断客户是否已取得商品控制权时，企业应当考虑下列迹象：

① 企业就该商品享有现时收款权利，即客户就该商品负有现时付款义务。

② 企业已将该商品的法定所有权转移给客户，即客户已拥有该商品的法定所有权。

③ 企业已将该商品实物转移给客户，即客户已实际占有该商品。

④ 企业已将该商品所有权上的主要风险和报酬转移给客户，即客户已取得该商品所有权上的主要风险和报酬。

⑤ 客户已接受该商品。

⑥ 其他表明客户已取得商品控制权的迹象。

（三）收入计量的变化

新收入准则第十四条规定："企业应当按照分摊至各单项履约义务的交易价格计量收入。交易价格，是指企业因向客户转让商品而预期有权收取的对价金额。企业代第三方收取的款项以及企业预期将退还给客户的款项，应当作为负债进行会计处理，不计入交易价格。"

1. 确定交易价格应考虑的因素

新收入准则第十五条规定："在确定交易价格时，企业应当考虑可变对价、合同中存在的重大融资成分、非现金对价、应付客户对价等因素的影响。"

(1) 可变对价。企业与客户的合同中约定的对价金额可能是固定的，也可能会因折扣、价格折让、返利、退款、奖励积分、激励措施、业绩奖金、索赔等因素而变化。新收入准则第十六条规定："合同中存在可变对价的，企业应当按照期望值或最可能发生金额确定可变对价的最佳估计数，但包含可变对价的交易价格，应当不超过在相关不确定性消除时累计已确认收入极可能不会发生重大转回的金额。企业在评估累计已确认收入是否极可能不会发生重大转回时，应当同时考虑收入转回的可能性及其比重。"关于"期望值"，是按照各种可能发生的对价金额及相关概率计算确定的金额。关于"最可能发生金额"，是一系列可能发生的对价金额中最可能发生的单一金额，即合同最可能产生的单一结果。

(2) 合同中存在的重大融资成分。当企业将商品的控制权转移给客户的时间与客户实际付款的时间不一致时，如销售单位要求客户支付预付款等，如果销售单位收取的预付款很大，则就存在了"融资成分"。新收入准则第十七条规定："合同中存在重大融资成分的，企业应当按照假定客户在取得商品控制权时即以现金支付的应付金额确定交易价格。该交易价格与合同对价之间的差额，应当在合同期间内采用实际利率法摊销。合同开始日，企业预计客户取得商品控制权与客户支付价款间隔不超过一年的，可以不考虑合同中存在的重大融资成分。"

(3) 非现金对价。当企业因转让商品所有权向客户收取的对价是非现金形式时，如实物资产、无形资产、股权、客户提供的广告服务等。企业通常应当按照非现金对价的公允价值计量。新收入准则第十八条规定："客户支付非现金对价的，企业应当按照非现金对价的公允价值确定交易价格。非现金对价的公允价值不能合理估计的，企业应当参照其承诺向客户转让商品的单独售价间接确定交易价格。非现金对价的公允价值因对价形式以外的原因而发生变动的，应当作为可变对价，按照本准则第十六条规定进行会计处理。单独售价，是指企业向客户单独销售商品的价格。"

(4) 应付客户对价。应付客户对价是指企业在向客户转让商品的同时，需要向客户或第三方(客户的客户)支付赠品、优惠券、兑换券等行为。收入准则第十九条规定："企业应付客户(或向客户购买本企业商品的第三方，本条下同)对价的，应当将该应付对价冲减交易价格，并在确认相关收入与支付(或承诺支付)客户对价二者孰晚的时点冲减当期收入，但应付客户对价是为了向客户取得其他可明确区分商品的除外。企业应付客户对价是为了向客户取得其他可明确区分商品的，应当采用与本企业其他采购相一致的方式确认所购买的商品。企业应付客户对价超过向客户取得可明确区分商品公允价值的，超过金额应当冲减交易价格。向客户取得的可明确区分商品公允价值不能合理估计的，企业应当将应付客户对价全额冲减交易价格。”

2. 将交易价格分摊至各单项履约义务

当合同中包含两项或多项履约义务时，企业需要将交易价格分摊至各单项履约义务，以使企业分摊至各单项履约义务（或可明确区分的商品）的交易价格能够反映其因向客户转让已承诺的相关商品而预期有权收取的对价金额。

（1）分摊的一般原则。合同中包含两项或多项履约义务的，企业应当在合同开始日，按照各单项履约义务所承诺商品的单独售价的相对比例，将交易价格分摊至各单项履约义务。

需要说明的是：将交易价格分摊至各单项履约义务分配标准是系列商品的单独售价，是分配标准的最佳证据。如果单独售价无法直接观察，可采用市场调整法、成本加成法、余值法等方法合理估计单独售价。其中，余值法是指企业根据合同交易价格减去合同中其他商品可观察单独售价后的余额，确定某商品单独售价的方法。

（2）分摊合同折扣。当客户购买的一组商品中所包含的各单项商品的单独售价之和高于合同交易价格时，表明客户因购买该组商品而取得了合同折扣。合同折扣，是指合同中各单项履约义务所承诺商品的单独售价之和高于合同交易价格的金额。

（3）分摊可变对价。有时，企业销售合同中包含可变对价。该可变对价可能与整个合同相关，也可能仅与合同中的某一特定组成部分有关（如为期两年的保洁服务合同中，第二年的服务价格将根据指定的通货膨胀率确定）。企业应当将可变对价及可变对价的后续变动额全部分摊至与之相关的某项履约义务，或者构成单项履约义务的一系列可明确区分商品中的某项商品。

（四）特定收入业务处理的变化

1. 销售附有“现金折扣”的账务处理①

2006 年 2 月，财政部颁布的收入准则第六条规定：“销售商品涉及现金折扣的，应当按照扣除现金折扣前的金额确定销售商品收入金额。现金折扣在实际发生时计入当期损益。现金折扣，是指债权人为鼓励债务人在规定的期限内付款而向债务人提供的债务扣除”。财政部会计司编写组在《企业会计准则讲解》中对此规定作了财务处理说明：企业销售商品确认收入时，按销售总额借记“应收账款”科目，贷记“主营业务收入”、“应交税费——应交增值税（销项税额）”科目；企业折扣期内收到客户的货款时，按实收金额借记“银行存款”科目，按客户享受的现金折扣借记“财务费用”科目，按销售总额贷记“应收账款”科目；如果客户未享受现金折扣，则按全额借记“银行存款”科目，贷记“应收账款”科目。

新收入准则对附有现金折扣的业务处理发生了很大的变化——主要是取消了原收入准则关于现金折扣的具体规定，并有了新的含义指向。下面通过会计业务说明变化的处理。

【例 1】 宏泰商场向 A 企业赊销商品一批，开具的增值税专用发票上价款 100 000 元，增值税 13 000 元，共计货款 113 000 元未收。宏泰商场跟 A 企业签订的销售合同上规定，现金折扣条件为 $2/10, n/30$。该业务按新收入准则处理发生以下三大变化：

（1）收入计量发生了变化。原收入准则按现金折扣前的销售总额 100 000 元确认和计

---

① 本部分内容（包括销售附有“折扣券”的处理）摘自朱学义、高玉梅、马颖莉：《新收入准则下现金折扣及销售折扣券的业务处理》，《财务与会计》2020 年第 2 期，第 57～60 页。

量收入，新收入准则新含义指向是按扣除现金折扣后的销售净额 98 000 元确认和计量收入。新收入准则第四条规定："企业应当在履行了合同中的履约义务，即在客户取得相关商品控制权时确认收入"。"客户取得相关商品控制权时确认收入"的条件之一是"该合同有明确的与所转让商品相关的支付条款"。新收入准则第十四条规定："企业应当按照分摊至各单项履约义务的交易价格计量收入。交易价格，是指企业因向客户转让商品而预期有权收取的对价金额"；第十五条又规定："在确定交易价格时，企业应当考虑可变对价、合同中存在的重大融资成分、非现金对价、应付客户对价等因素的影响"。根据以上新含义指向分析，作者认为，计量附有现金折扣的收入要考虑以下三点：

一要考虑"支付条款"和"对价金额"。上述业务的支付条款是：客户 A 在折扣期内（10 天内）付款可享受价款 2%的折扣 2 000 元（100 000×2%），即宏泰商场在 10 天内收到货款的金额是 111 000 元（100 000×98%＋13 000）。虽然增值税专用发票上应收价款 100 000 元，但 10 天内只能收到"对价金额"98 000 元。这样做产生的另一个问题是：如果超过 10 天，A 客户不能享受现金折扣，宏泰商场收到该批商品的"对价金额"是"应收全额"113 000 元。这与先前入账的数额 111 000 元有出入。这种出入就是"可变对价"的体现。

二要考虑"可变对价"。联系上述业务分析的该批商品价款上的"可变对价"有两个：100 000 元、98 000 元。这两个数据哪一个更可靠？根据会计人员职业判断：98 000 元更可靠。因为宏泰商场给 A 客户 2%的折扣，不仅考虑了 A 客户具有较强的现金支付能力，而且考虑了该现金折扣的诱惑力，即相当于银行提供了年利率 36.73%优惠收益｛根据商业信用成本率计算公式计算：2%÷（1－2%）×［360÷（30－10）］｝（所得税前）。A 企业在这么大的利益优惠下必然要想尽一切办法在 10 天内支付货款。除非 A 企业发生了财务危机无款支付或筹款支付货款而放弃优惠。如果真是那样，宏泰商场确认收入也会另当别论。

三要考虑税法规定。国家税务总局关于印发《增值税若干具体问题的规定》的通知（国税发〔1993〕154 号）第二条第（二）项规定："纳税人采取折扣方式销售货物，如果销售额和折扣额在同一张发票上分别注明的，可按折扣后的销售额征收增值税"。国家税务总局《关于折扣额抵减增值税应税销售额问题通知》（国税函〔2010〕56 号）又规定："纳税人采取折扣方式销售货物，销售额和折扣额在同一张发票上分别注明是指销售额和折扣额在同一张发票上的'金额'栏分别注明的，可按折扣后的销售额征收增值税。未在同一张发票'金额'栏注明折扣额，而仅在发票的'备注'栏注明折扣额的，折扣额不得从销售额中减除"。国家税务总局颁布的《关于确认企业所得税收入若干问题的通知》（国税函〔2008〕875 号）还规定："债权人为鼓励债务人在规定的期限内付款而向债务人提供的债务扣除属于现金折扣，销售商品涉及现金折扣的，应当按扣除现金折扣前的金额确定销售商品收入金额，现金折扣在实际发生时作为财务费用扣除"。根据上述三个文件精神，宏泰商场开具的增值税专用发票上"金额"栏中没有现金折扣，即增值税专用发票上价款仍然是 100 000 元，即便另有合同规定有现金折扣优惠，国税函〔2008〕875 号也规定按扣除现金折扣前的金额确定收入（这是税法确认的收入，与会计准则确认的收入有一定的区别）。因此，宏泰商场给 A 企业提供现金折扣，应交增值税销项税不打折扣，仍按 100 000 元的 13%计税为 13 000 元。

（2）账务处理发生了变化。根据以上分析，宏泰商场有关会计分录如下：

① 赊销商品时。

借：应收账款——A 企业　　　　111 000

贷:主营业务收入(100 000×98%) 98 000

应交税费——应交增值税(销项税额)(100 000×13%) 13 000

② 在折扣期内,A 企业享受现金折扣 2 000 元,宏泰商场收到 A 企业货款 111 000 元。

借:银行存款 111 000

贷:应收账款——A 企业 111 000

③ 若超过折扣期,A 企业不能享受现金折扣,宏泰商场收到 A 企业货款 113 000 元。

借:银行存款 113 000

贷:应收账款——A 企业 111 000

财务费用 2 000

(3) 账务处理的实质发生了变化。财政部会计司编写组 2018 年编写的《〈企业会计准则第 14 号——收入〉应用指南(2018)》虽然没有明确规定现金折扣的处理,但许多新的规定(含义指向)体现了折扣处理的思想。该应用指南指出:"在本次修订收入准则中,我们参考国际准则的相关规定,增加了总额法或净额法的相关内容,以增强同类企业会计信息的可比性","无论总额确认收入还是净额确认收入,均不影响企业的利润总额,但对企业的收入规模影响较大"。这就是本次新收入准则变革的实质:原收入准则按总额法确认收入 100 000 元,客户获得现金折扣 2 000 元时宏泰商场作财务费用处理,如果成本税费共 85 200 元(假定无其他经济业务事项),则利润总额=100 000-85 200-2 000=12 800(元);如果客户未享受现金折扣,宏泰商场利润总额=100 000-85 200=14 800(元)。采用新收入准则,按净额法确认收入 98 000 元,客户获得现金折扣 2 000 元时 A 企业不做账,则利润总额=98 000-85 200=12 800(元);如果 A 企业没有享受现金折扣,宏泰商场冲减财务费用,则利润总额=98 000-85 200-(-2 000)=14 800(元)。所以,两种方法对宏泰商场的利润总额没有影响,但对外报告的销售收入规模不一样,总额法是 100 000 元,净额法是 98 000 元。这两种收入哪一个更合适?净额法的 98 000 元更符合客观现实(即更符合可变对价落实到位的情况)。所以,按新收入准则对现金折扣进行的变革处理,会使会计信息更符合"客观性"原则。

2. 销售附有"折扣券"的账务处理

销售折扣券业务是销售单位为了进一步扩大销售而给购货客户低于商品正常价格一定比例而凭券取货的业务。新收入准则对"附有客户额外购买选择权的销售"进行了规范。第三十五条规定:"对于附有客户额外购买选择权的销售,企业应当评估该选择权是否向客户提供了一项重大权利。企业提供重大权利的,应当作为单项履约义务,按照本准则第二十条至第二十四条规定将交易价格分摊至该履约义务,在客户未来行使购买选择权取得相关商品控制权时,或者该选择权失效时,确认相应的收入。客户额外购买选择权的单独售价无法直接观察的,企业应当综合考虑客户行使和不行使该选择权所能获得的折扣的差异、客户行使该选择权的可能性等全部相关信息后,予以合理估计。客户虽然有额外购买商品选择权,但客户行使该选择权购买商品时的价格反映了这些商品单独售价的,不应被视为企业向该客户提供了一项重大权利"。新收入准则应用指南阐述该条款时指出:"该选择权向客户提供了重大权利的,应当作为单项履约义务。在这种情况下,客户在该合同下支付的价款实际上购买了两项单独的商品:一是客户在该合同下原本购买的商品;二是客户可以免费或者以折扣价格购买额外商品的权利。企业应当将交易价格在这两项商品之间进行分摊,其中,分摊至后者的交易价格与未来的商品相关,因此,企业应当在客户未来行使该选择权取得相关商品的控制权时,或者在该选择权失效时确认为收入”。为了正确核算附有客户额外购买选择权的销售业务,下面以“销售折扣券业务”为例予以说明。

【例 2】 宏泰商场 2019 年 7 月 1 日推行折扣券业务。在 2019 年 7 月 1 日至 7 月 5 日期间,凡是在宏泰商场购买任何商品的客户,每消费 100 元,商场赠送一张 70% 的折扣券,持券客户在 2019 年 7 月 31 日前可凭折扣券购买商场原价不超过 100 元的任一商品。2019 年 7 月 1 日到 7 月 5 日,宏泰商场销售商品的同时共向客户发售了 1 200 张折扣券(券上标明 70% 折扣)。根据以往经验,宏泰商场预计有 90% 的客户会使用该折扣券;客户运用折扣券额外购买宏泰商场各种商品的金额平均每张券预计 80 元。2019 年 7 月 31 日折扣券期限截止,宏泰商场共收到折扣券 960 张(发售 1 200 张×实际使用率 80%)。增值税税率 13%。宏泰商场处理该业务的过程如下:

(1) 7 月 5 日,宏泰商场将折扣业务的交易价格在两项商品(实际销售的商品和折扣券商品)之间进行分摊[当实际商品消费 100 元时,折扣券商品价格=80×90%×70%=50.4(元)]:

① 实际销售商品分摊的交易价格=100÷(100+50.4)×100=66.49(元)。

② 折扣券选择权分摊的交易价格=50.4÷(100+50.4)×100=33.51(元)。

(2) 7 月 5 日,宏泰商场销售商品收款 120 000 元,发售 1 200 张折扣券,作如下会计分录:

借:库存现金	120 000	
贷:主营业务收入(66.49÷1.13×1 200)		70 609
应交税费——应交增值税(销项税额)(70 609×13%)		9 179
——待转销项税额(33.51÷1.13×1 200×13%)		4 626
合同负债(33.51÷1.13×1 200)		35 586

(3) 7 月 31 日,折扣券期限截止,宏泰商场共收到折扣券 960 张(发售 1 200 张×实际使用率 80%),另 240 张折扣券(1 200−960)过期作废。宏泰商场确定折扣券业务商品的平均交易价格为 41.888 元(35 586÷960×1.13),并对折扣券业务作如下会计分录:

借:合同负债	35 586	
应交税费——待转销项税额	4 626	
贷:主营业务收入(41.888÷1.13×9 600)		35 586
应交税费——应交增值税(销项税额)(35 586×13%)		4 626

说明,折扣券期限截止时,宏泰商场不论收到多少张折扣券,转销先前确认的“合同负债”金额是根本,即倒求折扣券业务商品的平均价。例如,上例假定折扣券的使用率不是事先预计的 90%,也不是实际发生的 80%,而是 92%(1 104 张),则宏泰商场确定折扣券业务商品的平均交易价格为 36.424 元(35 586÷1 104×1.13)。这样处理是一种简化的处理方式,带来的问题是实际折扣率不一定是事先约定的 70%。但两个客观现实没有违背:一是客户持折扣券到宏泰商场免费获取的商品是 70% 的折扣价;二是折扣券最终得到利用的数量是折扣券期限截止时的实际数量(例 2 中的 960 张)。因此,折扣券业务事先估计的交易价格最终被落实在客观现实中,这种简化处理方式更能体现会计核算资料的真实性。

3. 销售附有“奖励积分”的账务处理[①]

奖励积分是销售单位(商场或者厂家等)在商品销售时为了鼓励客户多消费而给客户奖励一定积分以便到一定时间按照积分兑现(赠送)商品的一种销售模式。2017 年 7 月,财政部新修订的收入准则及 2018 年《企业会计准则第 14 号——收入》应用指南有 5 处提到了“奖励积分”的内容:① 在收入计量时,将“奖励积分”作为“可变对价”进而影响交易价格的确定。② 客户就商品支付款项时,企业向客户授予奖励积分,客户可随时到该企业兑换这些积分。企业收取货款和兑现积分商品存在着时间间隔,这不属于销售合同规定的“重大融资”事项。③ 企业向客户授予奖励积分,属于新收入准则第三十五条规定的“附有客户额外购买选择权的销售”行为,表明该积分已向客户提供了重大权利,构成了企业“单项履约义务”,企业要将交易价格分摊至该履约义务。④ 举实例(见新收入准则应用指南例 54)说明奖励积分如何分摊于商品交易价格。⑤ 奖励积分兑现商品有多种形式:只能用于兑换本企业提供的商品;只能用于兑换第三方的商品;或者客户可以在二者中进行选择。新收入准则应用指南规定的这五大内容界定了对奖励积分进行会计确认的原则、方式、方法,但没有规定具体的账务处理,所列业务也没有涉及增值税的处理。下述内容将在这几方面作出设计。

(1) 奖励积分确认收入的入账时间

对于销售单位销售商品时授予客户的奖励积分,是在授予时确认收入,还是在兑现奖励积分商品时确认收入,笔者认为应在兑现奖励积分商品时确认收入。其依据有二:一是收入确认原则是以商品控制权转移为标志。新收入准则第四条规定,企业应当在履行了合同中的履约义务,即在客户取得相关商品控制权时确认收入。企业向客户销售商品时授予奖励积分,客户仅仅取得所买商品的控制权(如果销售合同约定在未来一定期限内兑现奖励积分商品),没有取得奖励积分商品的控制权。只有当奖励积分可以兑现商品且客户实际兑现商品时,商品的控制权才转移给客户,企业此时才能确认收入的实现。二是以“附有客户额外购买选择权的销售”处理规定为依据。新收入准则第三十五条规定,对于附有客户额外购买选择权的销售,企业应当在客户未来行使购买选择权取得相关商品控制权时,或者该选择权失效时,确认相应的收入。新收入准则应用指南举例(第 54 例)就“奖励积分”作如下账务处理:授予客户的积分为客户提供了一项重大权利,应当作为单项履约义务,在与积分相关的商品的控制权转移时将积分分摊的交易价格确认为“合同负债”。

【例 3】 ABC 化妆品有限公司 2021 年年初向客户承诺:客户在本公司每购买一元商品可获得一个奖励积分。每 2 000 个奖励积分可于下月初起兑换本公司 100 元的商品。ABC 化妆品公司 2021 年 1 月 5 日向客户销售了 320 元(含税)的护肤品套盒,赠送了 320 个积分,至 1 月 31 日共向客户销售了 98 000 元(含税)的护肤品套盒,赠送了 98 000 个积分。客户在 2021 年 2 月 8 日用积分兑换了相应的商品。ABC 化妆品有限公司有关会计确认过程如下:

① 2021 年 1 月 5 日至 1 月 31 日,ABC 化妆品有限公司每天按实际收到或应收商品的销售款确认“主营业务收入”(含税收入)。为了简化核算业务,企业平时每笔收入入账时一般不要确认奖励积分的价值和增值税金额,而是留待月末一起处理。

---

① 本部分内容摘自张建芳、朱学义、解天蘅:《收入准则下奖励积分的会计处理探析》,《财务与会计》2022 年第 1 期,第 61～64 页。

② 2021 年 1 月 5 日至 1 月 31 日，ABC 化妆品有限公司对所发生的奖励积分事项一般不作处理，而是等到月末时将当月所授予的奖励积分一起处理，即一笔转为企业的“合同负债”，同时结转相应的增值税，包括确认所售商品应交增值税和奖励积分待转增值税数额，并按这两部分金额冲减平时入账的“主营业务收入”(调整为不含税收入)。2021 年 2 月 8 日客户全部兑换了奖励积分商品，则 ABC 化妆品有限公司要将于此相应的“合同负债”转为“主营业务收入”。如果 2021 年 2 月 8 日客户只兑付了部分奖励积分商品，则 ABC 公司要在 2021 年 2 月 28 日(月末)，将上月末和本月发生的“合同负债”转为“主营业务收入”。

(2) 奖励积分交易价格的确定

企业授予客户奖励积分，客户用积分兑现商品时可抵充现金用，这表明奖励积分具有价值。如何确定奖励积分的价值呢？新收入准则应用指南规定：“对于附有客户额外选择权的销售”，如授予“客户奖励积分”，通常认为该选择权向客户提供了一项重大权利。该选择权向客户提供了重大权利的，应当作为单项履约义务。在这种情况下，客户在该合同下支付的价款实际上购买了两项单独的商品：一是客户在该合同下原本购买的商品；二是客户可以免费或者以折扣价格购买额外商品的权利。企业应当将交易价格在这两项商品之间进行分摊，其中，分摊至后者的交易价格与未来的商品相关，因此，企业应当在客户未来行使该选择权取得相关商品的控制权时，或者在该选择权失效时确认为收入。

【例 4】 依例 3，2021 年 1 月 31 日，ABC 化妆品有限公司根据当月向客户销售了 98 000 元(含税)的护肤品套盒时赠送了 98 000 个积分的情况和以往的经验，估计积分的兑换率为 90%。则：

奖励积分的单独售价＝98 000×90%×100÷2 000＝4 410(元)。

护肤品套盒分摊的交易价格＝98 000÷(98 000＋4 410)×98 000＝93 779.9(元)。

奖励积分分摊的交易价格＝4 410÷(98 000＋4 410)×98 000＝4 220.1(元)。

(3) 销售商家授予奖励积分的会计处理

【例 5】 依例 3、例 4，ABC 化妆品有限公司有关会计分录如下：

① 2021 年 1 月 5 日，ABC 化妆品有限公司向客户销售护肤品套盒收到商品销售款 320 元，向客户提交 320 元的销售发票[价款＝320÷1.13＝283.19(元)，增值税销项税额＝283.19×0.13＝36.81(元)]时：

借：库存现金　　　　320

　贷：主营业务收入　　　　320

注：2021 年 1 月 2 日至 31 日之间销售商品授予奖励积分的会计分录与此相同，“主营业务收入”科目贷方累计达到 98 000 元[其中，价款＝98 000÷1.13＝86 725.66(元)，增值税销项税额＝86 725.66×0.13＝11 274.34(元)]。

② 2021 年 1 月 31 日，ABC 化妆品有限公司计算当月护肤品套盒分摊的交易价格 93 779.9 元、奖励积分分摊的交易价格 4 220.1 元。ABC 化妆品有限公司按奖励积分交易价格开具红字增值税发票，价款＝4 220.1÷1.13＝3 734.6(元)，增值税销项税额＝3 734.6×0.13＝485.5(元)，以便冲销平时销售商品多计的收入和增值税。此时，全月护肤品套盒销售发票累计销售净收入＝98 000÷1.13－3 734.6＝82 991.06(元)，累计增值税销项税额＝98 000÷1.13×0.13－485.5＝10 788.84(元)。ABC 化妆品有限公司 1 月 31 日作如下会计分录：

借:主营业务收入　　15 008.94
　贷:合同负债——奖励积分(4 220.1÷1.13)　　3 734.6
　　应交税费——应交增值税(销项税额)(82 991.06×0.13)　　10 788.84
　　　　——待转销项税额(3 734.6×0.13)　　485.5

通过上述账务处理,"主营业务收入"科目在 2021 年 1 月 31 日结账前贷方余额为 82 991.06 元(1 至 31 日累计 98 000 元一月末转销 15 008.94 元),正好等于销售护肤品套盒的收入 82 991.06 元(93 779.9÷1.13)。

③ 2021 年 2 月 8 日,客户兑换了 98 000 个积分的商品(没有客户放弃积分),积分商品的单独售价 4 900 元(98 000×100÷2 000)元,但分摊的交易价格=商品单独售价 9 8000－商品分摊的交易价格 93 779.9=4 220.1(元)。此时,ABC 化妆品有限公司开具 4 220.1 元的增值税专用发票[价款=4 220.1÷1.13=3 734.6(元),增值税销项税额=3 734.6×0.13=485.5(元)]。客户取走了增值税专用发票和商品,获得了商品的控制权,ABC 化妆品有限公司确认收入作如下会计分录:

借:合同负债——奖励积分(4 220.1÷1.13)　　3 734.6
　应交税费——待转销项税额(3 734.6×0.13)　　485.5
　贷:主营业务收入　　3 734.6
　　应交税费——应交增值税(销项税额)　　485.5

通过以上账务处理,如果将 2021 年 1 月至 2 月销售含有奖励积分的商品进行累计统计,则主营业务收入累计金额=(1)注 98 000－(2)15 008.94+(3)3 734.6=86 725.66(元),增值税销项税额=(1)注 11 274.34－(2)冲 485.5+(3)485.5=11 274.34(元),价税合计 98 000 元(86 725.66+11 274.34)。

(4) 销售商家奖励积分商品价格的调整核算

以上举例是假设客户兑现了全部奖励积分的情况,但实际工作中一般不可能全部兑现奖励积分,则剩余奖励积分未兑现商品如何处理?新收入准则应用指南规定:"当客户选择兑换本企业的商品时,企业通常只能在将相关商品转让给客户或该积分失效时确认收入"。根据这一规定,失效的奖励积分要随时确认收入。

【例 6】 依例 4,ABC 化妆品有限公司 2021 年 1 月份向客户累计销售了 98 000 元(含税)的护肤品套盒,同时赠送了 98 000 个积分可于 2021 年 2 月至 3 月予以兑现,超期作废,估计积分的换购率为 90%,由此确认的护肤品套盒的交易价格 93 779.9 元,奖励积分分摊的交易价格 4 220.1 元,有关的账务处理已完毕。2021 年 2 月 1 日至 2 月 28 日,客户兑换了 80 000 个积分的商品,ABC 化妆品有限公司重新估计了兑换率仍然为 90%,即奖励积分分摊的交易价格保持 4 220.1 元不变,则 2021 年 2 月 28 日,ABC 化妆品有限公司确认客户兑现 80 000 个奖励积分的交易价格(含税)为 3 444.98 元(80 000÷98 000×4 220.1),剩余未兑换的积分的交易价格(含税)为 775.12 元(4 220.1－3 444.98),其中,不含税价格 685.95 元(775.12÷1.13)仍然作为合同负债。

① 2021 年 2 月 28 日,ABC 化妆品有限公司作如下会计分录:

借:合同负债——奖励积分(80 000÷98 000×4 220.1÷1.13)　3 048.65
　应交税费——待转销项税额(3 048.65×0.13)　　396.33
　贷:主营业务收入　　3 048.65

应交税费——应交增值税(销项税额)　　396.33

【例 7】 接例 6,2021 年 3 月 1 日至 3 月 31 日,客户兑换了 15 000 个奖励积分的商品,剩余 3 000 个奖励积分超期作废。作废的奖励积分商品的价值转为当月主营业务收入。2021 年 3 月 31 日,ABC 化妆品有限公司要处理两项业务:一要确认奖励积分商品和作废奖励积分商品的收入 685.95 元{9 8000÷1.13−[(1)注 9 8000−(2)15 008.94+(4)3 048.65]},并注销“合同负债”账户的余额 685.95 元[(2)3 734.6−(4)3 048.65];二要注销“待转销项税额”89.17 元[(2)485.5−(4)396.33]。

② 2021 年 3 月 31 日,ABC 化妆品有限公司确认奖励积分商品和作废奖励积分商品的收入、注销“合同负债”余额和“待转销项税额”时作如下会计分录:

借:合同负债——奖励积分　　685.95
　应交税费——待转销项税额　　89.17
　贷:主营业务收入　　685.95
　　应交税费——应交增值税(销项税额)　　89.17

通过以上例 3、例 4、例 5 的账务处理,将 2021 年 1—3 月份业务进行累计:主营业务收入=(1)注 98 000−(2)15 008.94+(4)3 048.65+(5)685.95=86 725.66(元);增值税销项税额=(2)10 788.84+(4)396.33+(5)89.17=11 274.34(元);价税合计=86 725.66+11 274.34=98 000(元)。

(5) 销售商家与奖励积分相关业务的报表列示

以上述业务(1)(2)(4)(5)为依据编制资产负债表(假定应交税费均未缴纳)。根据财会〔2016〕22 号文的规定,“应交税费——待转销项税额”在资产负债表“其他流动负债”或“其他非流动负债”项目列示,不在“应交税费”中披露。

2021 年 1 月 31 日,ABC 化妆品有限公司资产负债表和利润表填列情况见表 1-2。

表 1-2　ABC 化妆品有限公司资产负债表和利润表　　单位:元

	2021.1.31	2021.2.28	2021.3.31
一、资产负债表项目			
应交税费	10 788.84	上月末余 10 788.84+2 月 396.33=11 185.17	上月末余 11 185.17+3 月 89.17=11 274.34
合同负债	3 734.6	上月末余 3 734.6−2 月 3 048.65=685.95	上月末余 685.95−3 月 685.95=0
其他流动负债	485.5	上月末余 485.5−2 月 396.33=89.17	上月末余 89.17−3 月 89.17=0
二、利润表项目			
主营业务收入	98 000−15 008.9=82 991.1	当月 3048.65,累计 86 039.75	当月 685.95,累计 86 725.7

4. 销售中“卖一赠一”的账务处理①

2018 年 1 月 1 日起实施的新收入准则在收入确认方面有一个重大变化是:先前的收入

① 本部分内容摘自张建芳、朱学义、王珏:《“卖一赠一”账务处理演变及新收入准则的应用分析》,《财务与会计》2019 年第 22 期,第 41～44 页。

确认依据主要是企业已将商品所有权上的主要风险和报酬转移给购货方，新收入准则规定的收入确认依据主要是企业应当在履行了合同中的履约义务，即在客户取得相关商品控制权时确认收入。取得相关商品控制权是指能够主导该商品的使用并从中获得几乎全部的经济利益，也包括有能力阻止其他方主导该商品的使用并从中获得经济利益。两种规定的不同点是：前者以风险与报酬转移为基础确认，后者以控制权转移为基础确认。为了更好地理解新收入准则关于收入确认的原则，下面结合“卖一赠一”的会计实务进行阐述。

【例 8】 W 商场 2019 年 4 月 20 日销售冰箱、空调各一台，赠送雨伞各一把，冰箱每台零售价 1 921 元（不含税价 1 700 元）、成本 1 472.30（不含税）；空调每台零售价 2 938 元（不含税价 2 600 元）、成本 2 240 元（不含税）；每把雨伞的零售价 33.90 元（不含税价 30 元）、成本 29 元（不含税），雨伞作为赠品送给客户，W 商场实收客户 4 859 元。W 商场开给客户 2 张增值税专用发票：一张是冰箱和雨伞发票，价款分别是 1 700 元、30 元，增值税分别是 221 元、3.9 元；另一张是空调和雨伞发票，价款分别是 2 600 元、30 元，增值税分别是 338 元、3.9 元。W 商场适用城建税税率 7%、教育费附加率 3%、所得税税率 25%。

W 商场对上述业务作会计分录时要明确三个问题：

（1）赠品雨伞要不要作收入入账？结论是：不要作收入入账。新收入准则确认收入以控制权转移为依据。新收入准则第五条规定，企业应当在客户取得相关商品控制权时确认收入，收入金额以该合同有明确的与所转让商品相关的支付条款为依据。新收入准则第四条规定，取得相关商品控制权，是指能够主导该商品的使用并从中获得几乎全部的经济利益。新收入准则应用指南解释：商品的经济利益，是指该商品的潜在现金流量，既包括现金流入的增加，又包括现金流出的减少。从新收入准则及其应用指南的规定可以看出：W 商场上述销售业务在成交时，客户取得冰箱、空调、雨伞的控制权时，仅向 W 商场支付冰箱、空调的货款，得到雨伞赠品不需要支付款项。此时，W 商场获得的经济利益只是售出冰箱、空调流入的现金流量，赠送客户雨伞没有取得现金流量，即没有得到经济利益，故雨伞不能作收入入账。

（2）赠品雨伞要不要计缴增值税？结论是：要计缴增值税。从理论上分析，企业购买雨伞时已经产生增值税进项税额，该税额应该抵扣增值税销项税额才能完成增值税额的价外循环。如果企业向客户赠送雨伞不计缴增值税销项税额，不仅增值税价外循环系统被打破，而且雨伞的进项税要抵减其他销售商品的销项税，使国家税收受到损失。因此，《增值税暂行条例实施细则》第四条规定，将自产、委托加工或者购进的货物无偿赠送其他单位或者个人将视同销售货物缴纳增值税。可见，W 商场向客户赠送雨伞要视同销售计缴增值税。

（3）W 商场赠送雨伞发生的损失怎么处理？结论是：由售出商品（冰箱、空调）承担。这样处理的依据有二：① 新收入准则第十四条规定，企业应当按照分摊至各单项履约义务的交易价格计量收入。W 商场销售冰箱、空调，赠送雨伞，只确认冰箱、空调实现的收入，雨伞没有确认收入，其成本作为费用由应冰箱、空调交易价格分摊，即作为销售费用在这两种商品的收入中扣除，这是间接性分摊，实为分担。② 国税函〔2008〕875 号文件规定，企业以卖一赠一等方式组合销售本企业商品的，不属于捐赠，应将总的销售金额按各项商品的公允价值的比例来分摊确认各项的销售收入。根据这一规定，冰箱分摊雨伞的收入损失 30 元，空调分摊雨伞的收入损失 30 元。但实际分担的损失是作为业务宣传费的赠品成本 58 元（29×2）。

根据以上分析,W 商场作以下会计分录:

① 2019 年 4 月 20 日,W 商场售出冰箱、空调,赠送雨伞(每把雨伞的成本 29 元),共收款 4 859 元时作如下会计分录:

借:库存现金　　4 859

　销售费用——业务宣传费(29×2)　　58

　贷:主营业务收入——冰箱　　1 921

　　　　　　　　——空调　　2 938

　　库存商品——雨伞(29×2)　　58

说明,为了简化核算,该商场增值税销项税采用"月末一次处理"方式进行账务处理。

② 2019 年 4 月 30 日,W 商场计算上述商品应交增值税销项税:冰箱应交增值税销项税=1 700×13%=221(元),空调应交增值税销项税=2 600×13%=338(元),雨伞应交增值税销项税=60×13%=7.8(元),三种商品销项税合计 566.8 元(221+338+7.8),作如下会计分录:

借:主营业务收入——冰箱(221+3.90)　　224.90

　　　　　　　——空调(338+3.90)　　341.90

　贷:应交税费——应交增值税(销项税额)　　566.80

③ 2019 年 4 月 30 日,W 商场结转已销商品成本(假定仅上述销售业务,下同):

借:主营业务成本——冰箱　　1 472.30

　　　　　　　——空调　　2 240

　贷:库存商品——冰箱　　1 472.30

　　　　　——空调　　2 240

④ 2019 年 4 月 30 日,W 商场计算上述已销商品的税金及附加。冰箱、空调、雨伞的增值税进项税分别为 191.40 元、291.20 元、7.54 元,合计 490.14 元。该商场根据城建税税率 7%、教育费附加率 3%计算税金及附加:应交城建税=(566.80−490.14)×7%=5.37(元);应交教育费附加=(566.80−490.14)×3%=2.30(元)。W 商场作如下会计分录:

借:税金及附加(5.37+2.30)　　7.67

　贷:应交税费——应交城建税　　5.37

　　　　　——应交教育费用附加　　2.30

⑤ 2019 年 4 月 30 日,W 商场结转已销商品的收入、成本费用、税金及附加:

借:主营业务收入(1 921+2 938−224.90−341.90)　　4 292.20

　贷:本年利润　　4 292.20

借:本年利润　　3 777.97

　贷:主营业务成本(1 472.30+2 240)　　3 712.30

　　税金及附加　　7.67

　　销售费用　　58

⑥ 2019 年 4 月 30 日,W 商场计算应交所得税(假定没有其他经济业务)。

W 商场赠送雨伞未作收入入账,却将雨伞成本 58 元转作"销售费用——业务宣传费"。这一笔没有取得所得的费用是否进行纳税调整要依据税法规定而定。《企业所得税法实施条例》第四十四条规定,"企业发生的符合条件的广告费和业务宣传费用支出,除国务院财政、税务部门另有规定外，不超过当年销售（营业）收入 15％的部分，准予扣除；超过部分，准予在以后纳税年度结转扣除”。根据这一规定，假定 W 商场就这一笔业务宣传费（其他业务宣传费此处不考虑）。则 W 商场当期税前扣除业务宣传费金额上限＝4 292.20×15％＝643.83（元）。W 商场赠送雨伞实际发生的业务宣传费 58 元小于 643.83 元，可在税前扣除。如果 W 商场赠送雨伞发生的业务宣传费超过 643.83 元，则超过部分可结转以后年度扣除。也就是说，企业赠品成本不需要进行纳税调整（调增），但和纳税调整有关联。由此 W 商场 2019 年 4 月 30 日利润总额＝4 292.20－3 777.97＝514.23（元）；应交所得税（所得税率 25％）＝514.23×25％＝128.56（元）；净利润＝514.23－128.56＝385.67（元）。W 商场计算应交所得税并结转所得税费用的会计分录如下：

借：所得税费用	128.56	
贷：应交税费——应交所得税		128.56
借：本年利润	128.56	
贷：所得税费用		128.56

通过登账，2019 年 4 月 30 日，W 商场“本年利润”贷方余额＝4 292.20－ 3 777.97－128.56＝385.67（元），即净利润 385.67 元。

5. 销售商品时货款收回可能性不大的账务处理①

（1）原收入准则的规定及其账务处理

原收入准则在收入确认方面突出了两个实质性问题：一是突出了商品交易的实质。规定销售商品确认收入的标志是“企业已将商品所有权上的主要风险和报酬转移给购货方”。二是突出了经济利益的实质。规定收入确认时“相关的经济利益很可能流入企业”。其经济利益，按《企业会计准则——基本准则》的定义是指“直接或者间接导致现金和现金等价物流入企业的潜力”，即经济利益的实质是现金流。财政部会计司编写组编写的《企业会计准则讲解（2008）》明确指出，相关的经济利益很可能流入企业，是指销售商品价款收回的可能性大于不能收回的可能性，即销售商品价款收回的可能性超过 50％，如果企业销售时得知买方在另一项交易中发生了巨额亏损，资金周转十分困难，或在出口商品时不能肯定进口企业所在国政府是否允许将款项汇出等，就可能会出现与销售商品相关的经济利益不能流入企业的情况，不应确认收入。

在这种情况下，企业销售商品不确认收入如何进行账务处理呢？《企业会计准则讲解（2008）》明确指出，企业销售商品时，对方资金周转存在困难，货款回收方面存在较大的不确定性，不能确认收入，已经发出的商品成本应通过“发出商品”科目反映，即按发出商品的成本借记“发出商品”科目，贷记“库存商品”科目，同时，按应计收入的增值税，借记“应收账款”科目，贷记“应交税费——应交增值税（销项税额）”科目。待未来对方经营情况好转，承诺近期付款时再确认收入，借记“应收账款”科目，贷记“主营业务收入”科目，并结转相应的营业成本，借记“主营业务成本”科目，贷记“发出商品”科目。

（2）新收入准则的规定及其理论分析

新收入准则对之前的收入准则进行了重大修改。最突出的修改是收入确认的标志由原

① 本部分内容摘自王传彬：《新收入准则下货款收回可能性不大时的相关账务处理》，《财务与会计》2021 年第 6 期，第 62～64 页。

来转移商品所有权上的“主要风险和报酬”改为“商品控制权”的转移，强调“履行了合同中的履约义务”。

根据新收入准则应用指南的规定，企业收入确认时应判断“合同中的履约义务”是否履行。新收入准则应用指南支出：“企业应当在履行了合同中的履约义务，即在客户取得相关商品控制权时确认收入”。“企业在评估其因向客户转让商品而有权取得的对价是否很可能收回时，仅应考虑客户到期时支付对价的能力和意图（即客户的信用风险）”，“实务中，企业在对合同组合中的每一份合同进行评估时，均认为其合同对价很可能收回，但是，根据历史经验，企业预计可能无法收回该合同组合中的全部对价。此时，企业应当认为这些合同满足‘因向客户转让商品而有权取得的对价很可能收回’这一条件，并以此为基础估计交易价格。同时，企业应当考虑这些合同下确认的合同资产或应收款项是否存在减值”。新收入准则应用指南所作的这些新规定有五层含义：① 企业根据合同向客户销售商品，其商品的控制权转移，则企业就“履行了合同中的履约义务”，确认收入实现。② 企业履行合同确认收入实现还有一个附加条件是：“是否很可能收回”商品的对价，仅“考虑客户到期时支付对价的能力和意图”。③ 在会计实务中，评估每一份合同业务时，“均认为其合同对价很可能收回，但是，根据历史经验，企业预计可能无法收回该合同组合中的全部对价”，即会计人员主观判断合同对价很可能收回，但实际情况（经验）可能无法收回。④ 当主观和客观发生矛盾时，会计人员应当认为该合同仍然符合收入准则第五条第五款“向客户转让商品而有权取得的对价很可能收回”的规定，并以此“估计交易价格”确认收入。⑤ 期末，企业会计人员应对按该合同确认的“应收账款”进行减值测试，如果“存在减值”，计提减值准备。

从以上规定中不难看出，企业销售商品时，如果得知购买方（客户）资金出现断裂或财务陷入困境等不良现象，销售的商品收回货款的可能性不大，仍然要作收入入账。笔者认为，其理由主要有以下三条：

一是突出了“商品控制权的转移”。企业向客户销售商品，如果按销售合同规定先发货后收款，当企业发出商品后，并将有关的结算手续办理完毕，则表明该发出商品的控制权已经转移。根据新收入准则的规定，企业应“在客户取得相关商品控制权时确认收入”。

二是突出了收入确认的经济实质。《企业会计准则解释第 5 号》提出了“经济实质”这个概念。2014 年 7 月 23 日，财政部新修订的《企业会计准则——基本准则》规定，企业应当按照交易或者事项的经济实质进行会计确认、计量和报告。此后，新修订的会计准则及应用指南和会计规章制度不断使用“经济实质”这一会计术语。例如，2019 年 4 月 30 日，财政部发布了《关于修订印发 2019 年度一般企业财务报表格式的通知》，在一般企业财务报表格式附件中，将“经济实质”这一术语用于利润表“营业外收入”项目的编制填列。所谓经济实质，从构建会计理论的经济学法分析，是指所选用的会计政策和方法能够反映经济现实（即经济的真实性）和经济后果。

企业销售商品收回货款的可能性不大时仍然确认为收入就是考虑经济现实性和经济后果性。① 考虑会计确认的经济现实，是用辩证的观点看待的经济现实。从辩证的经济现实看，根据历史经验，企业预计所售商品货款可能无法收回，但仍视同为“很可能收回”予以确认收入。这是会计实质服从于经济实质的需要。会计业务实质是货款预计可能无法收回，但从经济实质看，这一会计事项不予确认有偏离经济现实的状况：销售发票已开具，并上传税务部门，税务部门已认可企业以收入为依据所计算缴纳的税款；运输部门运送的货物随着运货单、提货单交给购货方后，运输部门对属于购货方的货物负责；销售单位发出货物后已向银行办妥了委托收款手续，应收货款的债权已全部确定，不是部分确定。考虑经济现实的另一个观点是经济影响。从经济影响看：企业有销售合同作支撑，明知货款可能无法收回，但还要继续按销售合同发货；否则，不发货就违反了销售合同，产生了不利的经济影响。因此，履行合同义务做到物权和债权相统一则会产生积极的经济影响。② 考虑会计确认的经济后果。从经济后果看，企业将所售货物发给了客户，商品控制权已转移给了客户，购货方可以支配已购进的货物，包括用于生产经营或对外销售等，即与商品有关的风险和报酬也已经转移给了客户。企业即便收不回货款，也要作收入实现，因为反映经济后果的经济利益已经被购货方所拥有，即商品控制权的转移实质上是经济利益的转移。

三是突出了债权列报的“谨慎性原则”。新收入准则规定，企业在附注中披露与收入有关的信息之一是“收入确认和计量所采用的会计政策、对于确定收入确认的时点和金额具有重大影响的判断以及这些判断的变更”。新收入准则应用指南规定，企业确认收入时，应当认为这些合同满足“因向客户转让商品而有权取得的对价很可能收回”这一条件，并以此为基础估计交易价格。同时，企业应当考虑这些合同下确认的合同资产或应收款项是否存在减值”。从“判断的变更”、“对价很可能收回”、“应收款项是否存在减值”的规定中可以得出这样的结论：企业销售商品时收回货款的可能性不大仍然视同“很可能收回”确认为收入。如果以后的现实证明，如年末对这项债权进行评测，发现该项业务的货款不能如期收回，企业再确认资产减值，计提“坏账准备”。

（3）新收入准则下货款回收可能性不大的相关账务处理

【例 9】　逢达公司 2019 年 5 月 15 日以托收承付方式向袁新公司发出甲产品一批，成本 120 000 元，开出的增值税专用发票上价款 152 400 元，增值税 19 812 元。该批商品发出后随即向银行办妥了托收 172 212 元款项的手续。此时得知，袁新公司在另一项交易中发生了巨额损失，资金周转十分困难。企业预测，此项收入目前收回款的可能性不大。

① 2019 年 5 月 15 日，逢达公司发出甲产品时：

借：应收账款——袁新公司	172 212	
贷：主营业务收入——甲产品		152 400
应交税费——应交增值税（销项税额）		19 812

② 2019 年 5 月 31 日，逢达公司结转上述甲产品销售的成本时：

借：主营业务成本——甲产品	120 000	
贷：库存商品——甲产品		120 000

③ 2019 年 12 月 31 日，逢达公司仍然没有收到上述货款。调查发现，袁新公司仍处于财务困境状态，且估计该款一年内难以收回。逢达公司制定的应收账款管理政策规定，预计 1 年内难以收回的应收账款，坏账准备计提率为 20%，1 年以上（含 1 年，下同）不到 2 年的，坏账准备计提率为 50%，2 年以上不到 3 年的，坏账准备计提率为 80%，3 年以上或有确凿证据证明不能收回的（不管多少账龄），坏账准备计提率为 100%。逢达公司根据销售人员职业判断上述“应收账款”1 年内难以收回，故按 20%坏账准备率计提坏账准备 34 442.40 元（172 212×20%），会计分录如下：

借：信用减值损失	34 442.40	
贷：坏账准备		34 442.40

④ 2020 年 3 月 31 日，逢达公司同袁新公司进行协商，双方同意就上述款项进行债务重组。重组协议规定：豁免债务 22 212 元，剩余 150 000 元延长一年，延长期间收取 6.5%的利息，折现率选用银行一年期贷款利率 6%。

此项业务适用于财政部 2019 年修订的《企业会计准则第 12 号——债务重组》。该准则应用指南规定，债务重组采用以修改其他条款方式进行的，如果修改其他条款导致全部债权终止确认，债权人应当按照修改后的条款以公允价值初始计量重组债权，重组债权的确认金额与债权终止确认日账面价值之间的差额，记入“投资收益”科目。如果修改其他条款未导致债权终止确认，债权人应当根据其分类，继续以摊余成本、以公允价值计量且其变动计入其他综合收益或者以公允价值计量且其变动计入当期损益进行后续计量。对于以摊余成本计量的债权，债权人应当根据重新议定合同的现金流量变化情况，重新计算该重组债权的账面余额，并将相关利得或损失记入“投资收益”科目。重新计算的该重组债权的账面余额，应当根据将重新议定或修改的合同现金流量按债权原实际利率折现的现值确定，购买或源生的已发生信用减值的重组债权，应按经信用调整的实际利率折现。

上述债务重组业务属于“修改其他债务条件”未导致债权终止确认的情况。逢达公司(债权人)债务重组新确认的债权现值为 150 707.55 元[150 000×(1+6.5%)÷(1+6%)]。

借：应收账款——债务重组(袁新公司)	150 707.55	
坏账准备	34 442.40	
贷：应收账款——袁新公司		172 212
投资收益		12 937.95

⑤ 2021 年 3 月 31 日，上述重组债务到期，袁新公司账务状况恢复正常，逢达公司收到重组后的货款本息 159 750 元[150 000×(1+6.5%)]。

借：银行存款	159 750	
贷：应收账款——债务重组(袁新公司)		150 707.55
财务费用		9042.45

(五) 与收入易混淆的几个概念及会计核算的变化

2019 年 4 月 30 日，财政部发布《关于修订印发 2019 年度一般企业财务报表格式的通知》，所列利润表中出现了几个易混淆的收入、收益概念。

1. 其他收益

企业日常会计核算要设置“其他收益”会计科目，核算计入其他收益的政府补助，以及其他与日常活动相关且计入其他收益的项目。后者包括“债务重组收益”、企业作为个人所得税的扣缴义务人根据《中华人民共和国个人所得税法》收到的扣缴税款的手续费等。需要说明，企业收到与日常活动无关的政府补助，计入“营业外收入”科目。期末，企业要将“其他收益”科目贷方发生额转入“本年利润”科目的借方，并将当期发生额填入利润表“其他收益”项目。

2. 资产处置收益

企业日常会计核算要设置“资产处置损益”会计科目，核算企业出售划分为持有待售的非流动资产(金融工具、长期股权投资和投资性房地产除外)或处置组(子公司和业务除外)时确认的处置利得或损失，以及处置未划分为持有待售的固定资产、在建工程、生产性生物资产及无形资产而产生的处置利得或损失。企业债务重组中因处置非流动资产(金融工具、长期股权投资和投资性房地产除外)产生的利得或损失和非货币性资产交换中换出非流动资产(金融工具、长期股权投资和投资性房地产除外)产生的利得或损失也在“资产处置损益”会计科目核算。期末,企业要将“资产处置损益”科目贷方(或借方)发生额转入“本年利润”科目的借方(或贷方),并将当期处置收益填入利润表“资产处置收益”项目,如为处置损失,则以“—”号填列。

3. 净敞口套期收益

敞口,是指金融活动中存在金融风险的部位及受金融风险影响的程度;净敞口,是指敞口的净宽,反映所面临风险的概率。套期,是指企业为管理外汇风险、利率风险、价格风险、信用风险等特定风险引起的风险敞口,指定金融工具为套期工具,以使套期工具的公允价值或现金流量变动,预期抵销被套期项目全部或部分公允价值或现金流量变动的风险管理活动。净敞口套期是指不受保护的、有一定风险概率的套期工具。企业日常会计核算要设置“净敞口套期损益”会计科目,核算企业净敞口套期下被套期项目累计公允价值变动转入当期损益的金额或现金流量套期储备转入当期损益的金额。期末,企业要将“净敞口套期损益”科目贷方(或借方)发生额转入“本年利润”科目的借方(或贷方),并将当期套期收益填入利润表“净敞口套期收益”项目,如为套期损失,则以“—”号填列。

六、减值损失与减值准备核算内容的变化

减值损失和减值准备是同一事物的两个方面,前者是企业的一种费用——损失费用,后者定性为企业的一种资金来源,但期末按内容归属为资产的减项,是企业的“不良资产”。

根据新会计准则及应用指南的规定,企业要设置以下两类减值损失。

(一) 信用减值损失

企业日常核算设置“信用减值损失”一级会计科目的明细内容包括:应收款项信用减值损失(减值严重的企业还可按应收款项类别细设明细项目),应收融资租赁款预期信用损失,债权投资预期信用损失,贷款信用减值损失,合同资产减值损失,贷款承诺及财务担保信用减值损失。

(二) 资产减值准备

企业日常核算设置“资产减值准备”的一级会计科目包括:坏账准备,存货跌价准备,债权投资减值准备,其他综合收益——信用减值准备,长期股权投资减值准备,投资性房地产减值准备,油气资产减值准备,使用权资产减值准备,合同资产减值准备,持有待售资产减值准备,固定资产减值准备,在建工程减值准备,工程物资减值准备,应收融资租赁款减值准备,无形资产减值准备,生产性生物资产减值准备,商誉减值准备,委托贷款减值准备,合同取得成本减值准备,合同履约成本减值准备。

七、行业特色业务核算内容的变革

(一) 专项储备

2009 年 6 月 23 日,财政部颁布的《企业会计准则解释第 3 号》规定,高危行业企业提取的安全生产费、维简费,应当设置“专项储备”一级会计科目进行核算,并在资产负债表中单独设置“专项储备”项目予以列示。此之前专项储备作为“盈余公积”的明细科目进行核算。

(二) 碳排放权资产

2019 年 12 月 16 日,财政部印发《碳排放权交易有关会计处理暂行规定》的通知(财会〔2019〕22 号),要求开展碳排放权交易业务的重点排放单位中的相关企业设置“碳排放权资产”科目，核算通过购入方式取得的碳排放配额。企业使用购入的碳排放配额履约（履行减排义务）时，按照所使用配额计入“营业外支出”科目的借方；企业出售购入的碳排放配额的，取得净收益计入“营业外收入”科目，发生净损失计入“营业外支出”科目。

（三）用能权资产

所谓用能权，是指在能源消费总量和强度控制的前提下，用能单位经核发或交易取得、允许其使用或投入生产的综合能源消费量权益。例如，甲煤矿经国家核定批准全年煤炭产能 5 000 万吨，如果甲煤矿全年产煤 4 900 万吨，多余的 100 万吨“用能权”可以出售给乙煤矿生产。也就是说，如果乙煤矿全年的“用能权”指标，如 8 000 万吨已用完，要想再开采煤炭，必须购买甲矿等单位的“用能权”才能再生产煤炭产能。

2021 年 10 月 24 日，中共中央、国务院印发《关于完整准确全面贯彻新发展理念做好碳达峰碳中和工作的意见》。该意见除了提出完善全国碳排放权交易市场外，还提出完善用能权有偿使用和交易制度，加快建设全国用能权交易市场，加强电力交易、用能权交易和碳排放权交易的统筹衔接，发展市场化节能方式，推行合同能源管理，推广节能综合服务。

2022 年 5 月 30 日，财政部印发《财政支持做好碳达峰碳中和工作的意见》，支持完善绿色低碳市场体系，充分发挥碳排放权、用能权、排污权等交易市场作用，引导产业布局优化。

截至 2022 年 7 月，财政部还未对“用能权”核算作出具体规定。本书编写委员会认为，“用能权”交易可以比照“碳排放权”交易进行核算。

第二节　会计科目的设置和使用说明

一、会计科目设置说明和要求

本会计科目的名称和编号以财政部制定出版的《企业会计准则应用指南（2020 年版）》中所列“会计科目和主要账务处理”为依据，结合煤炭工业企业的特点设置。

本办法规定的一级科目及其编号，各企业必须统一执行，不得擅自改变；二级科目的设置，除本办法已有规定者外，企业可以根据需要自行规定，并报集团公司财务部备案。

二、会计科目表

煤炭企业会计科目的设置见“附录一　煤炭企业会计科目表”。

三、会计科目使用说明

1001　库存现金

本科目核算企业的库存现金。企业增加库存现金，借记本科目；减少库存现金，贷记本科目。本科目期末借方余额，反映企业持有的库存现金。

1002　银行存款

本科目核算企业存入银行或其他金融机构的各种款项。

收入的一切款项，除国家另有规定的以外，都必须当日解交银行；一切支出，除规定可用现金支付的以外，应按现行有关结算规定，通过银行办理转账结算。公司将款项存入银行，借记本科目，贷记“库存现金”等有关科目；提取和支付存款时，借记“库存现金”等有关科目，贷记本科目。

本科目期末借方余额，反映企业存放在银行或其他金融机构的各种款项。

1004 资金结算中心存款

矿业集团一般设立内部银行或财务公司统筹归集矿业集团下属公司的资金，通过设置“资金结算中心存款”会计科目核算企业存入内部银行或财务公司的各种款项。增加资金结算中心存款，借记本科目，减少资金结算中心存款，贷记本科目。

企业可按内部银行开户账号设置“资金结算中心存款日记账”，根据收付款凭证，按照业务的发生顺序逐笔登记。每月终了，“资金结算中心存款日记账”与“资金结算中心银行对账单”应核对相符。企业资金结算中心存款账面余额与资金结算中心银行对账单余额之间不存在差额。

本科目期末借方余额，反映企业存在资金结算中心的各种款项。

1012 其他货币资金

本科目核算企业的银行汇票存款、银行本票存款、信用卡存款、信用证保证金存款、存出投资款、外埠存款、微信、支付宝等其他货币资金。

根据核算种类分别设置“银行汇票”、“银行本票”、“信用卡”、“信用证保证金”、“存出投资款”、“外埠存款”、“微信”、“支付宝”等二级科目进行明细核算。

增加其他货币资金，借记本科目，减少其他货币资金，贷记本科目。本科目期末借方余额，反映企业持有的其他货币资金。

1101 交易性金融资产

本科目核算企业为交易目的所持有的债券投资、股票投资、基金投资等交易性金融资产的公允价值。企业持有的直接指定为以公允价值计量且其变动计入当期损益的金融资产，也在本科目核算。衍生金融资产不在本科目核算，而通过“衍生工具”科目核算。本科目应当按照交易性金融资产的类别和品种，分别设置“成本”、“公允价值变动”进行明细核算。交易性金融资产的主要账务处理如下：

（1）企业取得交易性金融资产时，按其公允价值，借记本科目（成本），按发生的交易费用，借记“投资收益”科目，对于价款中包含已宣告但尚未发放的现金股利或利息，借记“应收股利”或“应收利息”，按实际支付的金额，贷记“银行存款”等科目。

（2）在持有交易性金融资产期间被投资单位宣告发放的现金股利或债券利息，借记“应收股利”或“应收利息”科目，贷记“投资收益”科目。

收到现金股利或利息时，借记“银行存款”，贷记“应收股利”或“应收利息”。

（3）资产负债表日，交易性金融资产的公允价值高于其账面余额的差额，借记本科目（公允价值变动），贷记“公允价值变动损益”科目；公允价值低于其账面余额的差额，作相反的会计分录；同时，在期末要结转“公允价值变动损益”科目，借记或贷记“公允价值变动损益”科目，贷记或借记“本年利润”科目。

（4）出售交易性金融资产时，应按实际收到的金额，借记“银行存款”等科目；按该项交易性金融资产的账面余额，贷记本科目（成本）；按该项交易性金融资产的公允价值变动，贷记或借记本科目(公允价值变动);按卖出价扣除买入价的余额换算为未含税价计算应缴纳的增值税,贷记“应交税费——转让金融商品应交增值税”科目;按其差额,贷记或借记“投资收益”科目。

(5) 对企业持有的指定为以公允价值计量且其变动计入当期损益的金融资产,可在本科目下单独设置“指定类”明细科目。衍生金融资产在“衍生工具”科目核算。

本科目期末借方余额,反映企业交易性金融资产的公允价值。

1121 应收票据

(1) 企业因销售商品、提供劳务、提供服务、销售不动产、无形资产等而收取的商业汇票,按票面金额,借记本科目,按确认的营业收入,贷记“主营业务收入”、“其他业务收入”等科目。涉及增值税销项税额的,还应进行相应的处理,贷记“应交税费——应交增值税(销项税额)”科目。

(2) 企业将到期的商业汇票交资金结算中心,资金结算中心收到票款时,借记“银行存款”科目,贷记“内部单位存款”科目;所属单位借记“资金结算中心存款”,贷记本科目。

(3) 企业将未到期的商业汇票交资金结算中心,资金结算中心持未到期的商业汇票向银行贴现,应按实际收到的金额(即减去贴现利息后的净额),借记“银行存款”等科目,按贴现息部分,借记“财务费用”等科目,按商业汇票的票面金额,贷记“内部单位存款”科目;所属单位借记“资金结算中心存款”,贷记本科目。

(4) 将持有的商业汇票背书转让以取得所需物资,按应计入取得物资成本的金额,借记“材料采购”或“原材料”、“库存商品”等科目,按商业汇票的票面金额,贷记本科目,如有差额,借记或贷记“银行存款”等科目。涉及增值税进项税额的,还应进行相应的处理。

(5) 期末,带息应收票据计提的利息增加应收票据的账面价值。

借:应收票据

　贷:财务费用

期末借方余额,反映企业持有的商业汇票的票面金额和已计提的利息。

1122 应收账款

(1) 应收账款的核算内容。

应收账款是指企业因销售商品、提供劳务提供服务、销售不动产、无形资产等经营活动应收取的款项。因销售商品、提供劳务等,采用递延方式收取合同或协议价款、实质上具有融资性质的,在“长期应收款”科目核算。

根据应收账款的内容设置“煤款”、“材料”、“外转供电”、“工程及劳务”、“其他产品”等款项种类进行二级明细核算,并按债务人设置辅助核算。

(2) 应收账款的主要账务处理。

① 销售业务。按应收金额,借记本科目,按确认的营业收入,贷记“主营业务收入”、“其他业务收入”等科目,涉及增值税销项税额的,还应进行相应的处理。收回应收账款时,借记“资金结算中心存款”或“银行存款”等科目,贷记本科目。代购货物单位垫付的包装费、运杂费,借记本科目,贷记“资金结算中心存款”、“银行存款”等科目。收回代垫费用时,借记“资金结算中心存款”、“银行存款”科目,贷记本科目。

② 债务重组业务。编制的会计分录是：

借：资金结算中心存款/银行存款

原材料

库存商品

应交税费——应交增值税(进项税额)

固定资产

无形资产

长期股权投资(债权转投资)

坏账准备(重组债权已计提的坏账准备)

投资收益(若收到债务人清偿债务的款项、非现金资产公允价值、享有股份的公允价值以及修改其他债务条件后债权的公允价值小于该项应收账款公允价值的差额，可借可贷)

贷：应收账款(重组债权的账面余额)

涉及税金的，还应进行相应的处理。

期末借方余额，反映企业尚未收回的应收账款；期末如为贷方余额，反映企业预收的账款。

1123　预付账款

本科目核算企业按照合同规定预付的款项。预付款项情况不多的，也可以不设置本科目，将预付的款项直接记入"应付账款"科目。可按款项种类进行明细核算，并设置供货单位辅助核算。预付账款的主要账务处理如下：

(1) 企业因购货而预付的款项。

借：预付账款

贷：资金结算中心存款等

(2) 收到所购物资，按计入购入物资成本的金额。

借：材料采购、原材料、库存商品等

贷：预付账款

(3) 补付的款项，也通过此科目核算。退回多付的款项作相反的会计分录。

涉及增值税进项税额的，还应进行相应的处理。

期末借方余额，反映企业预付的款项；期末如为贷方余额，反映企业尚未补付的款项。

1131　应收股利

本科目核算企业应收取的现金股利和应收取其他单位分配的利润。可按被投资单位进行明细核算。应收股利的主要账务处理如下：

(1) 企业取得交易性金融资产、长期股权投资、以公允价值计量且其变动计入其他综合收益的股权性金融资产，按支付的价款中所包含的已宣告但尚未发放的现金股利：

借：交易性金融资产等

应收股利

贷：银行存款等

被投资单位实际发放时：

借：银行存款等

　贷：应收股利

（2）长期股权投资持有期间被投资单位宣告发放现金股利或利润的，根据《财政部关于印发〈企业会计准则解释第 3 号〉的通知》（财会〔2009〕8 号）"采用成本法核算的长期股权投资，除取得投资时实际支付的价款或对价中包含的已宣告但尚未发放的现金股利或利润外，投资企业应当按照享有被投资单位宣告发放的现金股利或利润确认投资收益，不再划分是否属于投资前和投资后被投资单位实现的净利润"的规定，不管有关利润分配是投资前还是取得投资后被投资单位实现净利润的分配，按应享有的份额：

借：应收股利

　贷：投资收益（成本法）

　　或长期股权投资——损益调整（权益法）

（3）以公允价值计量且其变动计入其他综合收益的股权性金融资产持有期间被投资单位宣告发放的现金股利，按应享有的份额：

借：应收股利

　贷：投资收益

（4）实际收到现金股利或利润，借记"银行存款"等科目，贷记本科目。

1132　应收利息

本科目核算企业交易性金融资产、以摊余成本计量的金融资产、买入返售金融资产等应收取的利息。可按借款人或被投资单位进行明细核算。账务处理如下：

（1）交易性金融资产。

取得交易性金融资产：

借：交易性金融资产——成本（公允价值）

　应收利息（买价中所含的已到付息期尚未领取的利息）

　投资收益（交易费用）

　贷：银行存款等（实际支付的金额）

持有期间取得的债券利息：

借：应收利息

　贷：投资收益

借：银行存款等

　贷：应收利息

（2）以摊余成本计量的金融资产。

① 取得时：

借：债权投资——成本（投资的面值）

　应收利息（买价中所含的已到付息期尚未领取的利息）

　贷：银行存款等

　　债权投资——利息调整（差额，借记或贷记）

② 资产负债表日，债权投资为分期付息、一次还本债券投资的：

借：应收利息（票面利率×面值）

贷：投资收益（按债权投资摊余成本和实际利率计算确定的利息收入）

持有至到期投资——利息调整（差额，借记或贷记）

持有期间取得债权投资的利息：

借：银行存款等

贷：应收利息

③ 债权投资为一次还本付息债券投资的：

借：债权投资——应计利息（票面利率×面值）

贷：投资收益（按债权投资摊余成本和实际利率计算确定的利息收入）

持有至到期投资——利息调整（差额，借记或贷记）

④ 到期时：

借：银行存款等

贷：债权投资——成本

债权投资——应计利息

（3）企业发放的贷款，应于资产负债表日按贷款的合同本金和合同利率计算确定的应收未收利息，借记本科目，按贷款的摊余成本和实际利率计算确定的利息收入，贷记“利息收入”科目，按其差额，借记或贷记“贷款——利息调整”科目。

（4）应收利息实际收到时，借记“银行存款”科目，贷记本科目。

1136 内部往来

内部往来是矿业集团内部核算自设科目，按照分公司、子公司和集团本部三项核算集团公司与下属公司往来款项。可按下属公司进行辅助核算。主要账务处理如下：

（1）集团公司与下属公司发生往来款项时，借记“内部往来——集团公司分公司往来或子公司往来”，贷记相应科目；下属公司收到或转销各种款项时，借记相应科目，贷记“内部往来——集团公司本部往来”。

（2）下属公司上交各种款项时，下属单位借记“内部往来——集团公司本部往来”，贷记相应科目；集团公司收到下属公司款项时，集团公司借记相应科目，贷记“内部往来——集团公司分公司往来或子公司往来”。

（3）本科目期末借方余额，反映企业尚未收回的款项；贷方余额反映企业尚欠的款项。

本科目在集团公司合并报表时抵销至零。

1221 其他应收款

本科目核算企业除存出保证金、应收票据、应收账款、预付账款、应收股利、应收利息、长期应收款等经营活动以外的其他各种应收、暂付的款项。可按对方单位（或个人）进行明细或者辅助核算。其他应收款主要账务处理如下：

（1）企业发生其他各种应收、暂付款项时：

借：其他应收款

贷：库存现金

银行存款

递延收益（政府补贴）等

（2）收回或转销各种款项时，作相反分录。

（3）期末借方余额，反映企业尚未收回的其他应收款项。

（三）新旧准则转换

“其他应收款”在报表项目列示时，需根据“其他应收款”、“应收利息”、“应收股利”三个总账科目余额的合计数减去“坏账准备”中这三个科目计提的坏账准备期末余额填列。

1231 坏账准备

本科目核算企业“应收账款”、“应收票据”、“其他应收款”、“内部往来”、“预付账款”、“长期应收款”等科目，按照预期信用损失情况计提的减值准备。坏账准备的计提范围是：应收账款、应收票据、预付账款、其他应收款、长期应收款等。坏账准备的计提采用账龄分析和个别认定相结合的方法。母公司、内部各单位及子公司根据预期信用损失情况，先对大额应收款项进行个别分析计提专项坏账准备，然后再对剩余应收款项按账龄分析法计提一般坏账准备。其他应收款、应收账款的坏账准备计提标准分别见表1-3、表1-4。

表1-3 其他应收款坏账准备计提标准表

账龄	计提比例
3个月～1年（含1年）	8%
1～2年（含2年）	25%
2～3年（含3年）	40%
3～5年（含5年）	60%
5年以上	90%

表1-4 应收账款坏账准备计提标准表

行业分类＼计提比例		应收账款坏账准备				
		3个月～1年（含1年）	1～2年（含2年）	2～3年（含3年）	3～5年（含5年）	5年以上
工业企业	机械	4%	30%	50%	90%	100%
	煤矿	4%	25%	40%	60%	100%
	电子	4%	25%	40%	90%	100%
	发电	0%	15%	25%	40%	65%
	其他工业	8%	20%	40%	70%	100%
建筑业		2%	4%	25%	40%	70%
房地产业		8%	25%	40%	60%	100%
地质勘查		4%	15%	40%	60%	100%
商贸业		4%	10%	40%	60%	100%
技术、咨询等服务业		4%	20%	40%	60%	100%
其他		4%	15%	40%	60%	100%

坏账核销的确认标准有二：一是债务人破产或者死亡，以其破产财产或者遗产清偿后仍

无法收回的应收款项;二是债务人逾期未履行偿债义务,而且具有明显特征或确凿证据表明无法收回的应收款项。坏账准备的主要账务处理如下:

(1) 资产负债表日,应收款项发生减值的:

借:信用减值损失

　贷:坏账准备(应减记的金额)

本期应计提的坏账准备大于其账面余额的,应按其差额计提;应计提的坏账准备小于其账面余额的差额作相反的会计分录。

(2) 企业对于不能收回的应收款项应当查明原因,追究责任。对有确凿证据表明确实无法收回的应收款项,如债务单位已撤销、破产、资不抵债、现金流量严重不足等,根据企业的管理权限,经股东大会或董事会,或经理(厂长)办公会或类似机构批准作为坏账损失进行核销,冲销提取的坏账准备。

借:坏账准备

　贷:应收账款、其他应收款、长期应收款等

(3) 已确认并转销的应收款项以后又收回的,应按实际收回的金额:

借:应收账款、其他应收款、长期应收款等

　贷:坏账准备

借:资金结算中心存款

　贷:应收账款、其他应收款、长期应收款等

期末贷方余额,反映企业已计提但尚未转销的坏账准备。

1304　贷款损失准备

本科目核算企业(银行)以摊余成本计量的贷款以预期信用损失为基础计提的损失准备。计提贷款损失准备的资产包括客户贷款、拆出资金、贴现资产、银团贷款、贸易融资、协议透支、信用卡透支、转贷款和垫款等。

企业(保险)的保户质押贷款计提的减值准备,也在本科目核算。企业(典当)的质押贷款、抵押贷款计提的减值准备,也在本科目核算。

1321　受托代销商品

受托代销商品主要核算企业采用收取手续费方式的受托代销商品。受托代销商品核算的主要账务处理如下:

(1) 收到受托方代销的商品,按约定的价格:

借:受托代销商品

　贷:受托代销商品款

(2) 售出受托代销商品后:

借:银行存款

　　应收账款等

　贷:受托代销商品

(3) 计算代销手续费等收入:

借:受托代销商品款

贷:其他业务收入

(4) 结清代销商品款:

借:受托代销商品款

贷:资金结算中心存款

(5) 科目期末借方余额,反映企业代理业务资产的价值。

1401 材料采购

本科目核算企业采购中,处于在途、尚未验收入库的物资,也可以核算企业采用计划成本进行材料日常核算而购入材料的采购成本。采购材料多的企业可按供应单位或材料品种进行明细核算。企业购入的工程用材料,通过“工程物资”科目核算。材料采购核算的主要账务处理如下:

(1) 企业支付材料价款和运杂费等,应计入材料采购成本的金额:

借:材料采购

贷:应付账款等

涉及增值税进项税额的,还应进行相应的处理。

(2) 期末,企业应将仓库转来的外购收料凭证,分别下列不同情况进行处理:

① 对于已经付款或已开出、承兑商业汇票的收料凭证,仍按照计划成本核算的单位,应按实际成本和计划成本分别汇总,按计划成本作如下分录:

借:原材料等

贷:材料采购

将实际成本大于计划成本的差异,借记“材料成本差异”科目,贷记本科目;实际成本小于计划成本的差异作相反的会计分录。

按照实际成本核算的单位,直接借记“原材料”等科目,贷记“材料采购”科目即可。

② 对于尚未收到发票账单的收料凭证,应按计划成本暂估入账:

借:原材料等

贷:应付账款——暂估应付账款

下期初作相反分录予以冲回。

下期收到发票账单的收料凭证:

借:材料采购

贷:资金结算中心存款、应付账款、应付票据等

涉及增值税进项税额的,还应进行相应的处理。

期末借方余额,反映企业在途材料的采购成本。

1402 在途物资

在途物资核算企业采用实际成本(或进价)进行材料、商品等物资的日常核算、货款已付尚未验收入库的在途物资的采购成本。该科目按物资的状态分别“在途”和“其他”进行二级明细核算。在途物资的主要账务处理如下:

(1) 企业购入材料、商品未收到时,按应计入材料、商品采购成本的金额:

借:在途物资

贷:资金结算中心存款等

涉及增值税进项税额的,还应进行相应的处理。

(2) 所购材料、商品到达验收入库:

借:原材料、库存商品等

贷:在途物资

库存商品采用售价核算的,按售价,借记“库存商品”科目,按进价,贷记本科目,进价与售价之间的差额,借记或贷记“商品进销差价”科目。

期末借方余额,反映企业在途材料、商品等物资的采购成本。

1403 原材料

本科目核算企业库存的各种材料,包括原料及主要材料、辅助材料、外购半成品(外购件)、修理用备件(备品备件)、包装材料、燃料等的计划成本或实际成本。收到来料加工装配业务的原料、零件等,应当设置备查簿进行登记。购入工程用材料,在“工程物资(1605)”科目核算。本科目可按材料的保管地点(仓库)、材料的类别、品种和规格等进行明细核算。原材料主要账务处理如下:

(1) 入库。

借:原材料(计划成本或实际成本)

贷:材料采购或在途物资(外购)

生产成本(自制)

委托加工物资(委托外单位加工)

材料成本差异(计划成本与实际成本的差异,借记或贷记)

(2) 生产经营领用。

借:生产成本

制造费用

销售费用

管理费用

研发支出等

贷:原材料

材料成本差异(计划成本与实际成本的差异,借记或贷记)

(3) 出售材料。

借:银行存款

贷:其他业务收入

应交税费——应交增值税——销项税额

同时,结转相应的成本:

借:其他业务成本

存货跌价准备

贷:原材料

材料成本差异(计划成本与实际成本的差异,借记或贷记)。

(4) 发出委托外单位加工的材料。

借:委托加工物资

贷:原材料

材料成本差异(计划成本与实际成本的差异,借记或贷记)

采用实际成本进行材料日常核算的,发出材料的实际成本,可以采用先进先出法、加权平均法或个别计价法计算确定。

期末借方余额,反映企业库存材料的计划成本(计划成本法)或实际成本(实际成本法)。

1404 材料成本差异

“材料成本差异”科目用于企业按照计划成本对材料的采购、领用进行核算的单位。按照实际成本核算的单位,无须使用该科目。

“材料成本差异”科目可以分“原材料”、“包装物”、“低值易耗品”等,按照类别或品种进行明细核算。材料成本差异的主要账务处理如下:

(1) 入库材料发生的材料成本差异,实际成本大于计划成本的差异:

借:材料成本差异

贷:材料采购

实际成本小于计划成本的差异作相反的会计分录。

(2) 结转发出材料应负担的材料成本差异,按实际成本大于计划成本的差异:

借:生产成本等管理费用、销售费用、委托加工物资、其他业务成本等

贷:材料成本差异

实际成本小于计划成本的差异作相反的会计分录。

(3) 期末借方余额,反映企业库存材料等的实际成本大于计划成本的差异;贷方余额,反映企业库存材料等的实际成本小于计划成本的差异。

企业分配材料成本差异按下列公式计算:

$$\text{本期材料成本差异率}=\frac{\text{期初结存材料的成本差异}+\text{本期验收入库材料的成本差异}}{\text{期初结存材料的计划成本}+\text{本期验收入库材料的计划成本}}\times 100\%$$

$$\text{期初材料成本差异率}=\frac{\text{期初结存材料的成本差异}}{\text{期初结存材料的计划成本}}\times 100\%$$

$$\text{发出材料应负担的成本差异}=\text{发出材料的计划成本}\times\text{材料成本差异率}$$

1405 库存商品

库存商品科目核算企业库存的各种商品的实际成本(或进价)或计划成本(或售价),包括库存产成品、外购商品、存放在门市部准备出售的商品、发出展览的商品以及寄存在外的商品、完成验收入库后的制造和修理接受来料加工制造的代制品以及为外单位加工修理的代修品等。库存商品科目按企业库存商品的种类分别“煤炭产品”、“非煤类产品”等进行明细核算。库存商品核算过程如下:

(1) 加工生产。加工生产取得存货的成本即存货加工生产的成本,包括直接材料、直接人工和制造费用。能分清核算对象的,应直接计入相应产品的成本。不能分清核算对象的,如洗煤产品,选取一种洗后产品的销售价格为基准,其他洗后产品按同口径的销售价格比进

行折合，成本在折合后的产量间进行平均分配；也可以按照生产工人工时、机器工时、产量等分配。

为需要经过相当长时间的购建或者生产活动才能达到预定可使用或者可销售状态的存货发生的借款费用应计入存货成本。此借款费用需要满足资本化的条件：购建或者生产活动已经开始；为活动支付现金、转移非现金资产或者承担带息债务形式发生了支出；借款费用已经发生。

（2）期末计量。煤炭产品，按照存货累计单位制造成本与可变现净值孰低法，作为期末库存单位成本，计算期末库存。其他企业期末存货按照期初存货加上本期入库成本减去本期发出成本，计算期末存货成本。发生存货减值的，计提存货跌价准备。

（3）发出计量。煤炭产品，按照期初存货加上本期生产成本减去期末库存成本，计算发出存货成本。

煤矿企业领用材料，采用实际成本法的，按照实际成本计算；采用计划成本法的，按月计算材料成本差异率，计算实际发出存货成本。

其他企业发出存货可以按照先进先出法、加权平均法或个别计价法计算。

（4）库存商品的核算。

① 企业生产的产成品一般应按实际成本核算，产成品的入库和出库，平时只记数量不记金额，期(月)末计算入库产成品的实际成本。生产完成验收入库的产成品，按其实际成本确认库存商品成本。

借：库存商品

　　贷：生产成本等

对外销售产成品(包括采用分期收款方式销售产成品)，结转销售成本时：

借：主营业务成本

　　贷：库存商品

② 从外取得。

A. 购入商品采用进价核算的，在商品到达验收入库后，按商品进价确认库存商品。

借：库存商品

　　贷：资金结算中心存款

　　　　在途物资等

委托外单位加工收回的商品，按商品进价确认库存商品。

借：库存商品

　　贷：委托加工物资

B. 购入商品采用售价金额法核算的，在商品到达验收入库后，按商品售价，借记本科目，按商品进价，贷记“资金结算中心存款”、“在途物资”等科目，按商品售价与进价的差额，贷记“商品进销差价”科目。委托外单位加工收回的商品，按商品售价，借记本科目，按委托加工商品的账面余额，贷记“委托加工物资”科目，按商品售价与进价的差额，贷记“商品进销差价”科目。期(月)末按照商品进销差价率结转商品进销差价，借记“商品进销差价”科目，贷记“主营业务成本”科目。

期末，企业结转对外转让、销售和结算开发产品的实际成本，借记“主营业务成本”科目，贷记“库存商品——开发产品”科目。

企业将开发的营业性配套设施用于本企业从事第三产业经营用房，应作为投资性房地产，借记“投资性房地产”科目，贷记“库存商品——开发产品”科目。

（5）投资者投入。投资者投入存货的成本按照合同或协议约定的价值确定，但合同或协议约定的价值不公允时，应按照公允价值入账。借记“原材料”等存货科目，贷记“实收资本”，合同或协议价值与公允价值差额记入“资本公积”；涉及税金的，借记“应交税费/应交增值税/进项税额”。

（6）企业接受捐赠。企业接受捐赠存货的成本按照发票、合同或协议约定的价值确定，但发票、合同或协议约定的价值不公允时，应按照公允价值入账。

借：库存商品等

　贷：营业外收入

（7）债务重组。

① 换出的存货视同销售处理。

借：固定资产等（换入资产科目，并且以公允价值计量）

　　应付账款等（债务科目）

　贷：主营业务收入（换出库存商品的公允价值）

　　　应交税费——应交增值税——销项税额

　　　银行存款等科目（补价，借方或贷方）

　　　其他收益（债务重组收益）

同时结转成本：

借：主营业务成本

　　存货跌价准备

　贷：库存商品

② 换入的存货视同购进处理。

借：库存商品等（换入资产科目，并且以公允价值计量）

　　应交税费——应交增值税——进项税额

　　投资收益

　　坏账准备（债务重组债权计提坏账准备）

　　银行存款等科目（补价，借方或贷方）

　贷：应收账款（债务重组债权账面价值）

（8）非货币性资产交换。

① 不涉及补价，具有商业实质的交换。

借：固定资产等（按照公允或换出资产账面价值计量）

　贷：主营业务收入（具有商业实质的库存商品）

　　　应交税费——应交增值税——销项税额

同时，结转存货成本：

借：主营业务成本

　　存货跌价准备

　贷：库存商品

② 不涉及补价，不具有商业实质的交换。

借:固定资产等

存货跌价准备

贷:库存商品

应交税费——应交增值税——销项税额

③ 涉及补价,满足非货币性交换的。

借:固定资产等(公允价值计量)

贷:主营业务收入

应交税费——应交增值税——销项税额

银行存款(涉及补价,借方或贷方)

同时,结转存货成本:

借:主营业务成本

存货跌价准备

贷:库存商品

④ 涉及补价,不满足非货币性交换的。

借:固定资产等

存货跌价准备

贷:库存商品

应交税费——应交增值税——销项税额

银行存款(涉及补价,借方或贷方)

(9) 企业合并的账务处理。企业合并取得的存货,按照公允价值进行计量。对其中的在产品、产成品和商品,估计其实现的利润,即用估计售价减去估计达到销售状态时发生的成本及销售费用、相关税金;原材料按照现行重置成本确定。

(10) 以存货作为合并对价取得的长期股权投资的核算:存货视同销售进行处理。

借:长期股权投资

贷:主营业务收入

应交税费——应交增值税——销项税额

同时,结转销售成本:

借:主营业务成本

贷:库存商品

(11) 盘盈存货的账务处理。企业在财产清查中盘盈的存货,根据“存货盘存报告单”所列金额,编制会计分录如下:

借:原材料

包装物

低值易耗品

库存商品等

贷:待处理财产损溢——待处理流动资产损溢

盘盈的存货,通常是由企业日常收发计量或计算上的差错所造成的,其盘盈的存货,可冲减管理费用,按规定手续报经批准后,会计分录如下:

借:待处理财产损溢——待处理流动资产损溢

贷:管理费用

(12) 盘亏存货的账务处理。企业对于盘亏的存货,根据“存货盘存报告单”编制如下会计分录:

借:待处理财产损溢——待处理流动资产损溢

贷:原材料

包装物

低值易耗品

库存商品等

对于购进的货物、在产品、产成品发生非正常损失引起盘亏存货应负担的增值税,应一并转入“待处理财产损溢”科目。

借:待处理财产损溢——待处理流动资产损溢

贷:应交税费——应交增值税——进项税额转出

对于盘亏的存货应根据造成盘亏的原因,分别情况进行转账,属于定额内损耗以及存货日常收发计量上的差错、管理不善所造成的毁损净损失,经批准后转作管理费用。

借:管理费用

贷:待处理财产损溢——待处理流动资产损溢

对于应由过失人赔偿的损失,应作如下分录:

借:其他应收款

贷:待处理财产损溢——待处理流动资产损溢

对于自然灾害等不可抗拒的原因而发生的存货损失,应作如下分录:

借:营业外支出——非常损失

贷:待处理财产损溢——待处理流动资产损溢

企业存货的清查盘点,可分为定期盘点和不定期盘点两种,定期盘点一般在月末、季末、年终进行;不定期盘点是指临时性的盘点以及发生事故损失、会计交接、存货调价等而进行的盘点清查。企业应当做好存货的清查工作,加强管理,防止存货的呆滞积压或毁损。

1406 发出商品

发出商品科目核算采用支付手续费方式委托其他单位代销的商品(委托代销商品)以及企业未满足收入确认条件但已发出商品的实际成本(或进价)或计划成本(或售价)。

发出商品,指企业未满足收入确认条件,但已发出的商品,包括委托代销商品。按发出商品的结算方式分别“委托代销商品”、“其他”等进行明细核算。还可按发出商品的类别加以辅助核算。发出商品的主要账务处理如下:

(1) 对于未满足收入确认条件的发出商品,应按发出商品的实际成本(或进价)或计划成本(或售价),借记本科目,贷记“库存商品”科目。退回时,作反方向分录。

(2) 发出商品满足收入确认条件时,应结转销售成本,借记“主营业务成本”科目,贷记本科目。采用计划成本或售价核算的,还应结转应分摊的产品成本差异或商品进销差价。退回时,作反方向分录。

本科目期末借方余额,反映企业发出商品的实际成本(或进价)或计划成本(或售价)。

1407 商品进销差价

商品进销差价用于商品零售企业核算企业采用售价进行日常核算的商品售价与进价之间的差额。企业可按商品类别或实物管理负责人进行辅助核算。商品进销差价的主要账务处理如下：

(1) 企业购入、加工收回以及销售退回等增加的库存商品，按商品售价，借记“库存商品”科目，按商品进价，贷记“银行存款”、“委托加工物资”等科目，按售价与进价之间的差额，贷记本科目。

(2) 期(月)末分摊已销商品的进销差价，借记本科目，贷记“主营业务成本”科目。

销售商品应分摊的商品进销差价，按以下公式计算：

商品进销差价率＝期末分摊前本科目余额÷(“库存商品”科目期末余额＋“委托代销商品”科目期末余额＋“发出商品”科目期末余额＋本期“主营业务收入”科目贷方发生额)×100%

$$\text{本期销售商品应分摊的商品进销差价}=\text{本期“主营业务收入”科目贷方发生额}\times\text{商品进销差价率}$$

企业的商品进销差价率各期之间比较均衡的，也可以采用上期商品进销差价率计算分摊本期的商品进销差价。年度终了，应对商品进销差价进行核实调整。

本科目的期末贷方余额，反映企业库存商品的商品进销差价。

1408 委托加工物资

委托加工物资科目核算企业委托外单位加工的各种材料、商品等物资的实际成本。可按加工合同、受托加工单位以及加工物资的品种等进行明细核算。委托加工物资的主要账务处理如下：

(1) 企业发给外单位加工的物资。

借：委托加工物资

　贷：原材料

　　库存商品等

按计划成本或售价核算的，还应同时结转材料成本差异或商品进销差价。

(2) 支付加工费、运杂费等。

借：委托加工物资

　贷：银行存款、资金结算中心存款等

(3) 需要缴纳消费税的委托加工物资，由受托方代收代交的消费税。

借：委托加工物资(收回后用于直接销售的)

　应交税费——应交消费税(收回后用于继续加工的)

　贷：银行存款、资金结算中心存款等

(4) 加工完成验收入库的物资和剩余的物资。

借：原材料

　库存商品等

　贷：委托加工物资

采用计划成本或售价核算的，按实际成本与计划成本或售价之间的差额，借记或贷记“材料成本差异”或贷记“商品进销差价”科目。

采用计划成本或售价核算的，也可以采用上期材料成本差异率或商品进销差价率计算分摊本期应分摊的材料成本差异或商品进销差价。

本科目期末借方余额，反映企业委托外单位加工尚未完成物资的实际成本。

1411 包装物

（1）本科目核算企业库存的各种包装物的实际成本或计划成本。包装物是指为了包装本企业商品而储备的各种包装容器，如桶、箱、瓶、坛、袋等。包括：

① 生产过程中用于包装产品作为产品组成部分的包装物；

② 随同商品出售而不单独计价的包装物；

③ 随同商品出售而单独计价的包装物；

④ 出租或出借给购买单位使用的包装物。

各种包装材料，如纸、绳、铁丝、铁皮等，应在“原材料”科目内核算；用于储存和保管商品、材料而不对外出售的包装物，应按价值大小和使用年限长短，分别在“固定资产”或“低值易耗品”科目核算。包装物数量不大的企业，可以不设置本科目，将包装物和低值易耗品合并设置“周转材料”科目核算。单独列作企业商品产品的自制包装物，应作为库存商品处理，不在本科目核算。

（2）购入、自制、委托外单位加工完成验收入库的包装物。企业接受的债务人以非现金资产抵偿债务方式取得的包装物、非货币性交易取得的包装物等，以及对包装物的清查盘点，比照“原材料”科目的相关规定进行会计处理。

（3）生产领用包装物，借记“生产成本”等科目，贷记本科目；随同商品出售但不单独计价的包装物，借记“销售费用”科目，贷记本科目；随同商品出售并单独计价的包装物，借记“其他业务成本”科目，贷记本科目。

（4）包装物一般采用一次摊销法。出租、出借包装物，在第一次领用新包装物时，应结转成本，借记“其他业务成本”科目（出租包装物），借记“销售费用”科目（出借包装物），贷记本科目。以后收回已使用过的出租、出借包装物，应加强实物管理，并在备查簿上进行登记。

收到出租包装物的租金，借记“库存现金”、“银行存款”等科目，贷记“其他业务收入”等科目。

收到出租、出借包装物的押金，借记“库存现金”、“银行存款”等科目，贷记“其他应付款”科目，退回押金作相反会计分录。对于逾期未退包装物，按没收的押金，借记“其他应付款”科目，按应交的增值税，贷记“应交税费——应交增值税（销项税额）”科目，按其差额，贷记“其他业务收入”科目。这部分没收的押金收入应交的消费税等税费，计入其他业务成本，借记“其他业务成本”科目，贷记“应交税费——应交消费税”等科目；对于逾期未退包装物没收的加收的押金，应转作“营业外收入”处理，企业应按加收的押金，借记“其他应付款”科目，按应交的增值税、消费税等税费，贷记“应交税费”等科目，按其差额，贷记“营业外收入——逾期包装物押金没收收入”科目。

出租、出借的包装物，不能使用而报废时，按其残料价值，借记“原材料”等科目，贷记“其他业务成本”（出租包装物）、“销售费用”（出借包装物）等科目。

(5) 采用计划成本进行材料日常核算的企业,月度终了,结转生产领用、出售、出租、出借所领用新包装物应分摊的成本差异,借记"生产成本"、"其他业务成本"、"销售费用"等科目,贷记"材料成本差异"科目(实际成本小于计划成本的差异,作相反的会计分录)。

(6) 出租、出借包装物频繁、数量多、金额大的企业,出租、出借包装物的成本,也可以采用五五摊销法计算出租、出借包装物的摊销价值。在这种情况下,本科目应设置"库存未用包装物"、"库存已用包装物"、"出租包装物"、"出借包装物"、"包装物摊销"五个明细科目,本科目的期末余额,为期末库存未用包装物的实际成本或计划成本和出租、出借以及库存已用包装物的摊余价值。

(7) 本科目应按包装物的种类设置明细账,进行明细核算。

(8) 除第六条规定外,本科目期末借方余额,反映企业库存未用包装物的实际成本或计划成本。

1412 低值易耗品

本科目核算企业低值易耗品的计划成本或实际成本。按照低值易耗品的种类进行明细核算。低值易耗品可以采用一次摊销法或五五摊销法。低值易耗品的主要账务处理如下:

(1) 购入、自制、委托外单位加工完成验收入库的低值易耗品等,应当比照"原材料"科目进行处理。

(2) 采用一次转销法的,领用时应按其账面价值,借记"生产成本"、"其他业务成本"、"管理费用"等科目,贷记本科目。

(3) 采用五五摊销法的,领用时应按其账面价值,借记本科目(在用),贷记本科目(在库);摊销时应按摊销额,借记"管理费用"、"生产成本"、"销售费用"、"工程施工"等科目,贷记本科目(摊销)。

(4) 采用计划成本进行材料日常核算的,领用等发出低值易耗品时,还应同时结转应分摊的成本差异。

本科目期末借方余额,反映低值易耗品的计划成本或实际成本。

如果企业包装物、低值易耗品业务不多,种类不繁杂,可合设一个"1411 周转材料"科目。周转材料,指企业能够多次使用、逐渐转移其价值但仍保持原有形态,但不确认为固定资产的材料,如用于盛装、装潢产品或商品的包装物以及低值易耗品。采用一次转销法或五五摊销法,建造承包单位的模板、脚手架等周转材料还可以使用分次摊销法。

按"包装物"和"低值易耗品"分类,设置"在库"、"在用"和"摊销"进行明细核算。周转材料的主要账务处理如下:

企业购入、自制、委托外单位加工完成并已验收入库的周转材料等,比照"原材料"科目的相关规定进行处理。

采用一次转销法的,领用时应按其账面价值,借记"管理费用"、"生产成本"、"销售费用"、"工程施工"等科目,贷记本科目。

周转材料报废时,应按报废周转材料的残料价值,借记"原材料"等科目,贷记"管理费用"、"生产成本"、"销售费用"、"工程施工"等科目。

采用其他摊销法的,领用时应按其账面价值,借记本科目(在用),贷记本科目(在库);摊销时应按摊销额,借记"管理费用"、"生产成本"、"销售费用"、"工程施工"等科目,贷记本科目(摊销)。

周转材料报废时应补提摊销额,借记“管理费用”、“生产成本”、“销售费用”、“工程施工”等科目,贷记本科目(摊销);同时,按报废周转材料的残料价值,借记“原材料”等科目,贷记“管理费用”、“生产成本”、“销售费用”、“工程施工”等科目;并转销全部已提摊销额,借记本科目(摊销),贷记本科目(在用)。

周转材料采用计划成本进行日常核算的,领用等发出周转材料时,还应同时结转应分摊的成本差异。

科目期末借方余额,反映企业在库周转材料的计划成本或实际成本以及在用周转材料的摊余价值。

1413 自制半成品

自制半成品科目核算经过一定生产过程并已检验合格并交付半成品仓库保管,但尚未制造完工成为产成品,仍需要进一步加工的中间产品等。自制半成品按半成品的种类等进行明细核算,其主要账务处理如下:

(1) 生产完成验收入库的半成品。

借:自制半成品

　贷:生产成本等

(2) 领用半成品。

借:生产成本

　贷:自制半成品

本科目期末借方余额,反映企业半成品的实际成本(或计划成本)。

1422 合同资产

本科目核算企业已向客户转让商品而有权收取对价的权利,仅取决于时间流逝因素的权利不在本科目核算。如企业向客户销售两项可明确区分的商品,企业因已交付其中一项商品而有权收取款项,但收取该款项还取决于企业交付另一项商品的,企业应当将该收款权利作为合同资产。企业拥有的、无条件,即仅取决于时间流逝而向客户收取合同对价的权利应当作为“应收款项”进行核算。本科目应按合同进行明细核算,合同资产的主要账务处理如下:

(1) 企业在客户实际支付合同对价或在该对价到期应付之前,已经向客户转让了商品的,应当按因已转让商品而有权收取的对价金额,借记:“合同资产”、“应收账款”等科目,贷记“主营业务收入”、“其他业务收入”等科目。涉及增值税的,还应进行相应的处理。

(2) 当企业取得无条件收款权时,借记“应收账款”等科目,贷记“合同资产”科目。

(3) 当合同资产发生减值时,按计提减值准备借记“资产减值损失”科目,贷记“合同资产减值准备”科目。转回已计提的资产减值准备时,作相反的会计分录。

(4) 本科目期末贷方余额,反映企业在向客户转让商品之前,已经收到的合同对价或已经取得的无条件收取合同对价权利的金额。

“合同资产”和“合同负债”在资产负债表中单独列示,并按流动性分别列示为“合同资产”或“其他非流动资产”以及“合同负债”或“其他非流动负债”。同一合同下的合同资产和合同负债以净额列示，不同合同下的合同资产和合同负债不能互相抵销。“合同资产减值准备”科目作为“合同资产”的备抵科目。

1423 合同资产减值准备

本科目核算合同资产的减值准备。本科目应按合同进行明细核算。合同资产减值准备的主要账务处理是：合同资产发生减值的，按应减记的金额，借记“资产减值损失”科目，贷记本科目；转回已计提的资产减值准备时，作相反的会计分录。

本科目期末贷方余额，反映企业已计提但尚未转销的合同资产减值准备。

1461 融资租赁资产

本科目核算租赁企业作为出租人为开展融资租赁业务取得资产的成本。租赁业务不多的企业，也可通过“固定资产”等科目核算。租赁企业和其他企业对于融资租赁资产在未融资租赁期间的会计处理遵循固定资产准则或其他适用的会计准则。本科目可按租赁资产类别和项目进行明细核算。与本科目有关的主要账务处理如下：

(1) 出租人购入和以其他方式取得融资租赁资产的，借记本科目，贷记“银行存款”等科目。

(2) 在租赁期开始日，出租人应当按尚未收到的租赁收款额，借记“应收融资租赁款——租赁收款额”科目，按预计租赁期结束时的未担保余值，借记“应收融资租赁款——未担保余值”科目，按已经收取的租赁款，借记“银行存款”等科目，按融资租赁方式租出资产的账面价值，贷记本科目；融资租赁方式租出资产的公允价值与账面价值的差额，借记或贷记“资产处置损益”科目；按发生的初始直接费用，贷记“银行存款”等科目；差额贷记“应收融资租赁款——未实现融资收益”科目。

(3) 本科目期末借方余额，反映企业融资租赁资产的成本。

1462 应收融资租赁款

本科目核算出租人融资租赁产生的租赁投资净额。本科目可分别设置“租赁收款额”、“未实现融资收益”、“未担保余值”等进行明细核算。租赁业务较多的，出租人还可以在“租赁收款额”明细科目下进一步设置明细科目核算。与本科目有关的主要账务处理如下：

(1) 在租赁期开始日，出租人应当按尚未收到的租赁收款额，借记“应收融资租赁款——租赁收款额”科目，按预计租赁期结束时的未担保余值，借记“应收融资租赁款——未担保余值”科目，按已经收取的租赁款，借记“银行存款”等科目，按融资租赁方式租出资产的账面价值，贷记“融资租赁资产”等科目，按融资租赁方式租出资产的公允价值与其账面价值的差额，借记或贷记“资产处置损益”科目，按发生的初始直接费用，贷记“银行存款”等科目，差额贷记“应收融资租赁款——未实现融资收益”科目。

企业认为有必要对发生的初始直接费用进行单独核算的，也可以按照发生的初始直接费用的金额，借记“应收融资租赁款——初始直接费用”科目，贷记“银行存款”等科目；然后借记“应收融资租赁款——未实现融资收益”科目，贷记“应收融资租赁款——初始直接费用”科目。

(2) 出租人在确认租赁期内各个期间的利息收入时，应当借记“应收融资租赁款——未实现融资收益”科目，贷记“租赁收入——利息收入”、“其他业务收入”、“应交税费——应交增值税（销项税额）”等科目。

（3）出租人收到租赁收款额时，应当借记“银行存款“科目，贷记“应收融资租赁款——租赁收款额”科目。

（4）本科目的期末借方余额，反映未担保余值和尚未收到的租赁收款额的现值之和。

（5）期末，本科目余额在资产负债表中“长期应收款”项目中填列，其中，自资产负债表日起一年内（含一年）到期的，在“一年内到期的非流动资产”中填列。出租业务较多的出租人，也可在“长期应收款”项目下单独列示为“其中：应收融资租赁款”。

1463　应收融资租赁款减值准备

本科目核算应收融资租赁款的减值准备，主要账务处理如下：

（1）应收融资租赁款的预期信用损失，按应减记的金额，借记“信用减值损失”科目，贷记本科目。

（2）转回已计提的减值准备时，作相反的会计分录。

（3）本科目期末贷方余额，反映应收融资租赁款的累计减值准备金额。

1471　存货跌价准备

企业应于期末对企业的存货进行减值测试，对可变现净值低于账面价值的存货按其差额计提存货减值准备。待影响存货减值的事项消除后，可将相应的存货减值准备转回，但转回的金额不得高于当初的计提金额。存货跌价准备可按存货项目或类别进行明细核算，主要账务处理如下：

（1）确定存货可变现净值。直接出售的存货可变现净值计算公式如下：

可变现净值＝估计售价－估计的销售费用及相关税金

用于生产的存货可变现净值计算公式如下：

可变现净值＝产品的估计售价－至完工估计将要发生的成本－销售产品估计的销售费用及相关税金

其中：估计售价的确定。有合同的，在合同数量范围内的，使用合同价作为估计售价。超过合同数量范围的和没有合同的，使用一般市场销售价格。

（2）存货跌价准备的计提。资产负债表日，按照存货成本与可变现净值孰低法计提存货跌价准备，即当存货账面价值高于可变现净值时，按照账面价值高于可变现净值的差额计提存货跌价准备，计入当期损益；当存货账面价值低于可变现净值时，不计提存货跌价准备，不调整存货账面价值。

借：资产减值损失——存货跌价损失

　贷：存货跌价准备

若存货已经霉变、过期、生产已不需要等，能证明其无使用价值和转让价值，则应将存货账面价值全部转入当期损益。

存货跌价准备可以按照单个存货项目或类别计提，也可以合并计提。

（3）存货跌价准备的转回。资产负债表日，当存货成本低于可变现净值时，在原已计提的存货跌价准备金额内转回。

借:存货跌价准备

　贷:资产减值损失——存货跌价损失

(4) 存货跌价准备的终止确认。存货销售或盘亏、毁损时,结转已计提的存货跌价准备。

① 销售时。

借:存货跌价准备

　主营业务成本(其他业务成本)等

　贷:存货类科目

② 盘亏、毁损时。

借:存货跌价准备

　待处理财产损溢等

　贷:存货类科目

　　应交税费——应交增值税——进项税转出

1481 持有待售资产

本科目核算持有待售的非流动资产和持有待售的处置组中的资产。本科目按照资产类别进行明细核算。企业将相关非流动资产或处置组划分为持有待售类别时,按各类资产的账面价值或账面余额,借记本科目,按已计提的累计折旧、累计摊销等,借记"累计折旧"、"累计摊销"等科目,按各项资产账面余额,贷记"固定资产"、"无形资产"、"长期股权投资"、"应收账款"、"商誉"等科目,适用本准则计量规定的非流动资产已计提减值准备的,还应同时结转已计提的减值准备。本科目期末借方余额,反映企业持有待售的非流动资产和持有待售的处置组中资产的账面余额。

1482 持有待售资产减值准备

本科目核算适用本准则计量规定的持有待售的非流动资产和持有待售的处置组计提的允许转回的资产减值准备和商誉的减值准备。本科目按照资产类别进行明细核算。初始计量或资产负债表日,持有待售的非流动资产或处置组中的资产发生减值的,按应减记的金额,借记"资产减值损失"科目,贷记本科目。后续资产负债表日持有待售的非流动资产或处置组中的资产减值转回的,按允许转回的金额,借记本科目,贷记"资产减值损失"科目。本科目期末贷方余额,反映企业已计提但尚未转销的持有待售资产减值准备。

1501 债权投资

本科目核算以摊余成本计量的金融资产。要求企业管理该金融资产的业务模式是以收取合同现金流量为目标。本科目核算的一般是满足条件的债券投资。债券投资是指债券购买人(投资人,债权人)以购买债券的形式投放资本,到期向债券发行人(借款人、债务人)收取固定的利息以及收回本金的一种投资方式。

债权投资初始计量时,按公允价值和交易费用之和作为初始入账金额,已到付息期但尚未领取的利息单独确认为应收项目。按照内含利率法计算债权投资的实际利率,在债权投资存续期间不变。

债权投资后续计量时，按照实际利率法和摊余成本，即账面余额进行后续计量。但在持有过程中发生的公允价值变动，不需要进行账务处理。企业应当在资产负债表日计算金融工具（或金融工具组合）预期信用损失。如果该债权投资发生减值，预期信用损失大于该工具（或组合）当前减值准备的账面金额，企业应当将其差额确认为减值损失；如果预期信用损失小于该工具（或组合）当前减值准备的账面金额，则应当将差额确认为减值利得，作相反的会计分录。

债权投资处置时，按出售所得的价款与其账面价值的差额计入当期损益，已提取的减值准备一并结转。债权投资的主要账务处理如下：

（1）取得金融资产时的初始计量。

借：债权投资——面值

　　应收利息

　贷：银行存款

　　　贷或借：债权投资——利息调整

（2）债权投资的后续计量。

① 确认利息。

借：应收利息（面值×票面利率）

　　借或贷：债权投资——利息调整（与初始确认时相反）

　贷：投资收益（摊余成本×实际利率）

② 发生减值损失。

借：信用减值损失

　贷：债权投资减值准备

信用减值损失转回，作相反分录。

③ 收取本金、利息。

A. 分次付息，到期还本。

借：银行存款

　贷：应收利息

借：银行存款

　　债权投资减值准备

　贷：债权投资——成本

　　　投资收益

B. 到期一次还本付息。

借：银行存款

　　债权投资减值准备

　贷：债权投资——成本

　　　债权投资——应计利息（每期利息×期数）

　　　投资收益

（3）未到期处置的账务处理。

借：银行存款

　　债权投资减值准备

贷：债权投资——成本

——应计利息

贷或借：债权投资——利息调整

贷或借：投资收益

1503 其他债权投资

本科目核算以公允价值计量且其变动计入其他综合收益的债权性金融资产。企业管理该金融资产的业务模式既以收取合同现金流量为目标又以出售该金融资产为目标。其他债权投资的核算如下：

（1）初始计量。按公允价值和交易费用之和作为初始入账金额；对已到付息期但尚未领取的利息或已宣告发放但尚未领取的现金利息单独确认为应收项目。

（2）后续计量。在初始计量基础上测算实际利率，据此计算投资收益和利息调整；资产负债表日按公允价值计量，公允价值的变动计入其他综合收益。

① 持有期间的利息确认、利息调整和投资收益的确认与“债权投资”核算原理相同。

② 在持有过程中发生的公允价值变动，需要纳入公允价值变动进行处理，但不影响利息确认、利息调整和投资收益的确认。

③ 公允价值的波动不影响摊余成本，仍按照未调整公允价值的摊余成本计算投资收益和利息调整。

④ 企业应当在资产负债表日计算金融工具（或金融工具组合）预期信用损失。如果该债权投资发生减值，预期信用损失大于该工具（或组合）当前减值准备的账面金额，企业应当将其差额确认为减值损失；如果预期信用损失小于该工具（或组合）当前减值准备的账面金额，则应当将差额确认为减值利得，作相反的会计分录。

（3）处置。按出售所得的价款与其账面价值的差额计入当期损益，其他综合收益结转至投资收益。

（4）其他债权投资的账务。

① 取得金融资产时的初始计量。

借：其他债权投资——成本

应收利息（按期付息，到期还本宣告发放但尚未领取的现金股利）

贷：银行存款等

贷或借：其他债权投资——利息调整

② 后续计量。

A. 确认利息。

借：应收利息（面值×票面利率）

借或贷：其他债权投资——利息调整

贷：投资收益（摊余成本×实际利率）

B. 正常的公允价值变动升值。

公允价值上升：

借：其他债权投资——公允价值变动

贷：其他综合收益——其他债权投资公允价值变动

公允价值下降：

借：其他综合收益——其他债权投资公允价值变动

贷：其他债权投资——公允价值变动

C. 偏离正常情况的公允价值下降，形成减值损失。

借：信用减值损失

贷：其他综合收益——信用减值准备

信用减值损失转回，作相反分录。

D. 收取本金、利息。

第一种情况：分次付息，到期还本。

借：银行存款

贷：应收利息

借：银行存款

贷：其他债权投资——成本

贷或借：其他债权投资——公允价值变动

贷或借：投资收益

同时，对以前记入“其他综合收益”科目的累计金额结转至投资收益，作如下会计分录：

借或贷：其他综合收益

贷或借：投资收益

第二种情况：到期一次还本付息。

借：银行存款

贷：债权投资——成本

贷或借：债权投资——利息调整

贷或借：其他债权投资——公允价值变动

贷或借：投资收益

同时，对以前记入“其他综合收益”科目的累计金额结转至投资收益，作如下会计分录：

借或贷：其他综合收益

贷或借：投资收益

③ 未到期处置。出售所得的价款与其账面价值的差额计入当期损益，同时，将原直接计入其他综合收益的公允价值变动的累计额转出，计入当期损益。

借：银行存款

贷：其他债权投资——成本

贷或借：债权投资——利息调整

贷或借：其他债权投资——公允价值变动

贷或借：投资收益

借或贷：其他综合收益——其他债权投资公允价值变动

贷或借：投资收益

1504 其他权益工具投资

本科目核算企业指定为以公允价值计量且其变动计入其他综合收益的非交易性权益工

具投资。企业管理该金融资产的业务模式既以收取合同现金流量为目标又以出售该金融资产为目标。其他债权投资的核算过程如下：

（1）初始计量。按“成本”入账，包括公允价值、交易费用和其他价值。对已到付息期但尚未领取的利息或已宣告发放但尚未领取的现金利息单独确认为应收项目。

（2）后续计量。资产负债表日按公允价值计量，公允价值的变动计入其他综合收益，不需要计提成值准备。

（3）处置。按出售所得的价款与其账面价值的差额计入留存收益；将原直接计入其他综合收益的公允价值变动的累计额转出，计入留存收益。

（4）其他权益工具的账务处理。

① 取得金融资产时的初始计量。

借：其他权益工具投资——成本（公允价值、交易费用和其他价值）

　　应收股利

　贷：银行存款等

② 后续计量。

A. 持有期间被投资单位宣告发放现金股利。

借：应收股利

　贷：投资收益

B. 正常的公允价值变动升值。

公允价值上升：

借：其他权益工具投资——公允价值变动

　贷：其他综合收益——其他权益工具投资公允价值变动

公允价值下降：

借：其他综合收益——其他权益工具投资公允价值变动

　贷：其他权益工具投资——公允价值变动

③ 处置。按照出售所得的价款与其账面价值的差额计入留存收益；同时，将原直接计入其他综合收益的公允价值变动的累计额转出，计入留存收益。

借：银行存款

借或贷：盈余公积

借或贷：利润分配——未分配利润

　贷：其他权益工具投资——成本

　贷或借：其他权益工具投资——公允价值变动

同时：

借或贷：其他综合收益——其他权益工具投资公允价值变动

　贷或借：盈余公积

　贷或借：利润分配——未分配利润

1511 长期股权投资

（1）长期股权投资核算的内容

本科目核算企业对子公司的投资；对联营企业和合营企业的投资；对被投资单位施加重

大影响的股权投资。

对子公司的投资，采用成本法核算，投资方为投资性主体且子公司不纳入其合并财务报表的除外；对联营企业和合营企业的投资和对被投资单位施加重大影响的股权投资，采用权益法核算。同时，对对施加重大影响的投资，要依据投资合同和实质影响情况决定。

投资方在判断对被投资单位是否具有控制时，应综合考虑直接持有的股权和通过子公司间接持有的股权。在个别财务报表中，投资方进行成本法核算时，应仅考虑直接持有的股权份额。

本科目可按被投资单位进行明细核算。

采用权益法核算的，还应当分别“成本”、“损益调整”、“其他综合收益变动”、“其他权益变动”进行明细核算。

（2）长期股权投资主要账务处理

① 初始取得长期股权投资。

A. 以支付现金、非现金资产等其他方式（非企业合并）形成的长期股权投资。

借：长期股权投资（包括购买过程中的支付的手续费等必要支出）

　　应收股利（被投资单位已宣告但尚未发放的现金股利或利润）

　贷：银行存款等

B. 以发行权益证券方式取得的长期股权投资。

借：长期股权投资（包括购买过程中的支付的手续费等必要支出）

　　应收股利（被投资单位已宣告但尚未发放的现金股利或利润）

　贷：股本

　　　资本公积——资本溢价或股本溢价（公允价值与实收资本或股本的差额）

支付给有关证券承销机构等的手续费、佣金等与权益证券的发行直接相关的费用，冲减溢价收入，溢价收入不足冲减的，应依次冲减盈余公积和未分配利润。

C. 投资者投入的长期股权投资。一般而言，投资者投入的长期股权投资应根据法律法规的要求进行评估作价，在公平交易当中，投资者投入的长期股权投资的公允价值，与所发行证券（工具）的公允价值不应存在重大差异。如有确凿证据表明，取得长期股权投资的公允价值比所发行证券（工具）的公允价值更加可靠的，以投资者投入的长期股权投资的公允价值为基础确定其初始投资成本。投资方通过发行债务性证券（债务性工具）取得长期股权投资的，比照通过发行权益性证券（权益性工具）处理。

借：长期股权投资

　贷：实收资本或股本

　　　资本公积——资本溢价或股本溢价（公允价值与实收资本或股本的差额，借方或贷方）

D. 以债务重组、非货币性资产交换等方式取得长期股权投资。其初始投资成本应按照《企业会计准则第 12 号——债务重组》和《企业会计准则第 7 号——非货币性资产交换》的原则确定。

E. 企业进行公司制改建。此时，对资产、负债的账面价值按照评估价值调整的，长期股权投资应以评估价值作为改制时的认定成本评估值与原账面价值的差异应计入资本公积（资本溢价或股本溢价）。

F. 企业合并形成的长期股权投资，应分别同一控制下控股合并与非同一控制下控股合并确定其初始投资成本。

通过多次交易分步实现的企业合并，各项交易是否属于“一揽子交易”，应按合并财务报表准则的有关规定进行判断。

a. 同一控制下企业合并。同一控制下的企业合并，采用权益结合法核算，合并方以支付现金、转让非现金资产或承担债务方式作为合并对价的，应当在合并日按照取得被合并方所有者权益账面价值的份额作为长期股权投资的初始投资成本。长期股权投资初始投资成本与支付的现金、转让的非现金资产以及所承担债务账面价值之间的差额，应当调整资本公积；资本公积不足冲减的，依次冲减盈余公积和未分配利润。合并方以发行权益性证券作为合并对价的，按照发行股份的面值总额作为股本，长期股权投资初始投资成本与所发行股份面值总额之间的差额，应当调整资本公积；资本公积不足冲减的，依次冲减盈余公积和未分配利润。

发生的与合并相关的费用，纳入当期损益核算，借记“管理费用”科目，贷记“银行存款”科目。

b. 非同一控制下企业合并。采用购买法核算，根据实际支付的对价作为长期股权投资成本，借记“长期股权投资”科目，贷记或借记有关资产、负债科目。

实际支付的对价大于被合并方的公允价值及相关份额的，作为内含商誉，在个别报表中不进行调整；实际支付的对价小于被合并方的公允价值及相关份额的，在个别报表中进行调整，作为当期损益，纳入“营业外收入”科目核算。对多次购买、但未形成控股权的长期股权投资，纳入“营业外收入”核算时要进行综合考虑。

发生的与合并相关的费用，纳入当期损益核算，借记“管理费用”科目，贷记“银行存款”科目。

借：长期股权投资（合并成本）
　　应收股利（被投资单位已宣告但尚未发放的现金股利或利润）
　贷：银行存款等资产科目
　　　营业外收入（差额）

合并成本包括购买方付出的资产、发生或承担的负债、发行的权益性证券的公允价值以及为进行企业合并发生的各项直接相关费用之和。

非同一控制下企业合并涉及以库存商品等作为合并对价的，应按库存商品的公允价值，贷记“主营业务收入”科目，并同时结转相关的成本。涉及增值税的，还应进行相应的处理。

② 后续计量。

A. 采用成本法核算的长期股权投资。在个别报表中，应按被投资单位宣告发放的现金股利或利润中属于本企业的部分，借记“应收股利”科目，贷记“投资收益”科目；除被投资单位宣告发放的现金股利或利润外的其他权益变动，个别报表不进行账务处理。追加投资，按照追加投资时的成本增加长期股权投资的账面价值。被投资单位宣告分配的现金股利或利润中，投资企业按应享有的部分，确认为当期投资收益。企业按照上述规定确认自被投资单位应分得的现金股利或利润后，应当考虑长期股权投资是否发生减值。在判断该类长期股权投资是否存在减值迹象时，应当关注长期股权投资的账面价值是否大于享有被投资单位净资产（包括相关商誉）账面价值的份额等类似情况。出现类似情况时，企业应当按照资产减值准则对长期股权投资进行减值测试，可收回金额低于长期股权投资账面价值的，应当计提减值准备。

值得注意的是，子公司将未分配利润或盈余公积直接转增股本（实收资本），且未向投资方提供等值现金股利或利润的选择权时，母公司并没有获得收取现金股利或者利润的权力，上述交易通常属于子公司自身权益结构的重分类，母公司不应确认相关的投资收益。

B. 采用权益法核算的长期股权投资。采用权益法核算的，在个别财务报表中，对被投资单位当年形成的净利润、其他综合收益变动、其他权益变动等，要进行账务处理。在资产负债表日：

a. 根据被投资单位实现的净利润计算应享有的份额，借记“长期股权投资/损益投资”科目，贷记“投资收益”科目；若亏损，反向进行账务处理。

若亏损额度较大，超过“长期股权投资”科目的借方余额，以“长期股权投资”科目的借方余额为限，借记“投资收益”科目，贷记“长期股权投资”科目。若存在对被投资单位的债权，以债权为限，借记“投资收益”科目，贷记“应收账款”等债权对应的科目。剩余部分，不进行账务处理，在备查账中登记，待被投资企业实现盈利后，先抵减该部分未进行账务处理的亏损，再还原原冲减的债权，最后再纳入“长期股权投资”核算。

b. 发放股利。当被投资单位以后宣告发放现金股利或利润时，企业按持股比例计算应分得的部分，借记“应收股利”科目，贷记“长期股权投资/损益投资”科目。收到时，借“银行存款”科目，贷“应收股利”科目。

当收到被投资单位发放的股票股利，不进行账务处理，但应在备查簿中登记。

C. 其他综合收益变动的核算。当被投资单位其他综合收益发生变动时，投资企业按照归属于本企业的部分，相应调整长期股权投资的账面价值，同时增加或减少其他综合收益，借记“长期股权投资/其他综合收益”，贷记“其他综合收益”科目，或相反的会计分录。

D. 被投资单位所有者权益其他变动的核算。对上述以外的所有者权益的其他变动，投资企业应按照持股比例与被投资单位所有者权益的其他变动计算的归属于本企业的部分，相应调整长期股权投资的账面价值，同时增加或减少资本公积（其他资本公积），借记“长期股权投资/其他权益变动”，贷记“资本公积/其他资本公积”，或相反的会计分录。

E. 发生减值的核算。长期股权投资发生减值时，计提资产减值损失，借记“资产减值损失”科目，贷记“长期股权投资”科目。计提的减值不允许冲回，在处置时，应同时结转已计提的长期股权投资减值准备。

③ 长期股权投资核算方法的转换。

A. 成本法转权益法核算。因处置投资、少数股东增资等原因，导致对被投资单位由能够实施控制转为具有重大影响或者与其他投资方一起实施共同控制的，在个别报表中：按处置投资的比例结转应终止确认的长期股权投资成本。比较剩余长期股权投资的成本与按照剩余持股比例计算自取得原投资时应享有被投资单位可辨认净资产公允价值的份额，前者大于后者的，属于投资作价中体现的商誉部分，不调整长期股权投资的账面价值；前者小于后者的，在调整长期股权投资成本的同时，调整留存收益。对于原取得投资时至处置投资时（转为权益法核算）之间被投资单位实现净损益中投资方应享有的份额，一方面应当调整长期股权投资的账面价值，同时，对于原取得投资时至处置投资当期期初被投资单位实现的净损益(扣除已宣告发放的现金股利和利润)中应享有的份额,调整留存收益,对于处置投资当期期初至处置投资之日被投资单位实现的净损益中享有的份额,调整当期损益;在被投资单位其他综合收益变动中应享有的份额,在调整长期股权投资账面价值的同时,应当计入其他综合收益;除净损益、其他综合收益和利润分配外的其他原因导致被投资单位其他所有者权益变动中应享有的份额,在调整长期股权投资账面价值的同时,应当计入资本公积(其他资本公积)。

长期股权投资自成本法转为权益法后,未来期间应当按照长期股权投资准则规定计算确认应享有被投资单位实现的净损益、其他综合收益和所有者权益其他变动的份额。

B. 权益法转成本法核算。应当按照原持有的股权投资账面价值加上新增投资成本(公允价值)之和,作为改按成本法核算的初始投资成本。

借:长期股权投资(原股权＋新增投资成本)

　贷:长期股权投资——投资成本

　　　　　　　　——损益调整(可借可贷)

　　　　　　　　——其他综合收益(可借可贷)

　　　　　　　　——其他权益变动(可借可贷)

　　银行存款等(新增投资成本)

购买日之前持有的股权采用权益法核算的权益变动核算。账务处理原则是暂不作处理,待处置时再结转。在处置该项投资时,采用与被投资单位直接处置相关资产或负债相同的基础进行会计处理。被投资方重新计量设定受益计划净负债或净资产变动而引起的其他综合收益、被投资单位持有的以公允价值计量且其变动计入其他综合收益的非交易性权益工具投资变动需要结转至留存收益。

C. 公允价值计量转权益法的核算。原持有的、对被投资单位不具有控制、共同控制或重大影响的股权投资,按照金融工具确认和计量准则进行会计处理的,因追加投资等原因导致持股比例上升,能够对被投资单位施加共同控制或重大影响的,在转按权益法核算时,投资方应当按照金融工具确认和计量准则确定的原股权投资的公允价值加上为取得新增投资而应支付对价的公允价值,作为改按权益法核算的初始投资成本。原持有的股权投资分类为公允价值计量且变动计入当期损益的金融资产,其公允价值与账面价值之间的差额,应当在转为按照权益法核算时确认为当期损益;对原持有的股权投资分类为公允价值计量且变动计入综合收益的金融资产,其公允价值与账面价值之间的差额,应当在转为按照权益法核算时,采取与被投资单位直接处置相关资产或负债相同的基础进行会计处理,即被投资企业不是因重新计量设定受益计划净负债或净资产变动,以及指定为以公允价值计量且其变动计入其他综合收益的金融资产,其公允价值与账面价值之间的差额,要纳入留存收益核算,除此之外的,纳入当期损益核算。

然后,比较上述计算所得的初始投资成本,与按照追加投资后全新的持股比例计算确定的应享有被投资单位在追加投资日可辨认净资产公允价值份额之间的差额,前者大于后者的,不调整长期股权投资的账面价值;前者小于后者的,差额应调整长期股权投资的账面价值,并计入当期营业外收入。

D. 公允价值计量法转成本法的核算。投资方原持有的对被投资单位不具有控制、共同控制或重大影响的按照金融工具确认和计量准则进行会计处理的权益性投资,因追加投资等原因，能够对被投资单位实施控制的，参照“公允价值计量转权益法的核算”方法进行会计处理。

E. 权益法核算转公允价值的核算。原持有的对被投资单位具有共同控制或重大影响的长期股权投资，因部分处置等原因导致持股比例下降，不能再对被投资单位实施共同控制或重大影响的，应改按金融工具确认和计量准则对剩余股权投资进行会计处理，其在丧失共同控制或重大影响之日的公允价值与账面价值之间的差额计入当期损益。原采用权益法核算的相关其他综合收益应当在终止采用权益法核算时，采用与被投资单位直接处置相关资产或负债相同的基础进行会计处理，因被投资方除净损益、其他综合收益和利润分配以外的其他所有者权益变动而确认的所有者权益，应当在终止采用权益法核算时全部转入当期损益。

F. 成本法核算转公允价值的核算。原持有的对被投资单位具有控制的长期股权投资，因部分处置等原因导致持股比例下降，不能再对被投资单位实施控制、共同控制或重大影响的，应改按金融工具确认和计量准则进行会计处理，在丧失控制之日的公允价值与账面价值之间的差额计入当期投资收益。

G. 关于投资性主体转变时的会计处理：当企业由非投资性主体转变为投资性主体时，其对自转变日起不再纳入合并财务报表范围的子公司采用公允价值计量且其变动计入当期损益，转变日公允价值和原账面价值的差额计入所有者权益；当企业由投资性主体转变为非投资性主体时，其对自转变日起开始纳入合并财务报表范围的于公司采用成本法进行后续计量。转变日的公允价值为成本法核算的初始成本。

④ 处置长期股权投资。企业持有长期股权投资的过程中，由于各方面的考虑，决定将所持有的对被投资单位的股权全部或部分对外出售时，应相应结转与所售股权相对应的长期股权投资的账面价值。一般情况下，出售所得价款与处置长期股权投资账面价值之间的差额，应确认为处置损益。

投资方全部处置权益法核算的长期股权投资时，原权益法核算的相关其他综合收益应当在终止采用权益法核算时采用与被投资单位直接处置相关资产或负债相同的基础进行会计处理，因被投资方除净损益、其他综合收益和利润分配以外的其他所有者权益变动而确认的所有者权益，应当在终止采用权益法核算时全部转入当期投资收益。投资方部分处置权益法核算的长期股权投资，剩余股权仍采用权益法核算的，原权益法核算的相关其他综合收益应当采用与被投资单位直接处置相关资产或负债相同的基础处理并按比例结转，因被投资方除净损益、其他综合收益和利润分配以外的其他所有者权益变动而确认的所有者权益，应当按比例结转入当期投资收益。

已计提减值准备的，还应同时结转减值准备。

1512　长期股权投资减值准备

(1) 长期股权投资减值准备的核算内容

长期股权投资减值准备科目核算企业长期股权投资的减值准备。可按被投资单位进行明细核算。

对子公司、联营企业及合营企业的投资，应当按照有关规定确定其可收回金额及应予计提的减值准备。

企业持有的对被投资单位不具有共同控制或重大影响，在活跃市场没有报价，公允价值不能可靠计量的长期股权投资，应当按照规定确定其可收回金额及应予计提的减值准备。

长期股权投资的减值准备在提取之后，均不允许转回。

（2）长期股权投资减值的账务处理

① 资产负债表日，长期股权投资发生减值。

借：资产减值损失

　贷：长期股权投资减值准备

② 处置长期股权投资时，应同时结转已计提的长期股权投资减值准备。

期末贷方余额，反映企业已计提但尚未转销的长期股权投资减值准备。

1518 继续涉入资产

本科目核算企业（转出方）由于对转出金融资产提供信用增级（如提供担保，持有次级权益）而继续涉入被转移金融资产时，企业所承担的最大可能损失金额（即企业继续涉入被转移金融资产的程度）。企业可以按金融资产转移业务的类别、继续涉入的性质或者被转移金融资产的类别设置本科目的明细科目。

1521 投资性房地产

（1）投资性房地产的核算内容

投资性房地产科目核算企业为赚取租金或资本增值，或两者兼有而持有的房地产。主要包括已出租的土地使用权、持有并准备增值后转让的土地使用权和已出租的建筑物。

对企业持有以备经营出租的空置建筑物或在建建筑物，董事会或类似机构作出书面决议，明确表明将其用于经营出租且持有意图短期内不再发生变化的，即使尚未签订租赁协议，也应视为投资性房地产。

（2）投资性房地产账务处理规定

投资性房地产必须同时满足：与该投资性房地产有关的经济利益很可能流入企业且该投资性房地产的成本能够可靠地计量，才能予以确认。

投资性房地产的累计折旧或累计摊销，可以单独设置“投资性房地产累计折旧（摊销）（1522/1523）”科目，比照“累计折旧”等科目进行处理。出租土地使用权时用“投资性房地产累计摊销”，作为建筑物时使用“投资性房地产累计折旧”。

投资性房地产发生减值的，可以单独设置“投资性房地产减值准备（1524）”科目，比照“固定资产减值准备”等科目进行处理。

（3）投资性房地产按照成本进行初始计量

① 外购投资性房地产的成本，包括购买价款、相关税费和可直接归属于该资产的其他支出。

② 自行建造投资性房地产的成本，由建造该项资产达到预定可使用状态前所发生的必要支出构成。建造过程中发生的非正常损失，直接计入当期损益，不计入建造成本。

③ 以其他方式取得的投资性房地产，按照相关会计准则的规定确定。

④ 与投资性房地产有关的后续支出，满足投资性房地产确认条件的，计入投资性房地

产成本;不满足投资性房地产确认条件的,发生时计入当期损益。

(4)投资性房地产的后续计量

投资性房地产后续计量可以选择成本模式或公允价值模式,但同一企业只能采用一种模式对其所有投资性房地产进行后续计量,不得同时采用两种计量模式,即不得对一部分投资性房地产采用成本模式进行后续计量,对另一部分投资性房地产采用公允价值模式进行后续计量。

① 采用成本模式计量。按照转换时资产的原值和提取的折旧摊销进行相应科目的转换,需要计提折旧或摊销,发生减值的还需计提减值准备。

A. 初始计量。

借:投资性房地产

　　固定资产累计折旧/累计摊销

　　固定资产减值准备/无形资产减值准备

　贷:固定资产/无形资产

　　　投资性房地产累计折旧(摊销)

　　　投资性房地产减值准备

B. 后续支出。

满足资本化的,增加"投资性房地产"账面价值,在"投资性房地产/在建"科目核算。

不满足资本化的,借"其他业务成本"、"主营业务成本",贷记"银行存款"等科目。

收到租金收入,借记"银行存款",贷"其他业务收入"、"主营业务收入"、"应交税费/应交增值税(销项税额)"科目。

按期(月)对投资性房地产计提折旧或进行摊销,借记"其他业务成本"、"主营业务成本",贷记"投资性房地产累计折旧(摊销)"科目。

存在减值迹象,经减值测试后确定发生减值的,应当计提减值准备,借记"资产减值损失",贷记"投资性房地产减值准备"科目,提取的减值不允许转回。

② 采用公允价值模式计量。采用公允价值模式进行后续计量的,不计提折旧或摊销,不计提减值准备。

A. 初始计量。

借:投资性房地产/成本

　　固定资产累计折旧/累计摊销

　　固定资产减值准备/无形资产减值准备

　　公允价值变动损益(借差)

　贷:固定资产/无形资产

　　　其他综合收益(贷差)

B. 后续支出。

资产负债表日,按公允价值调整投资性房地产的账面价值,投资性房地产的公允价值与账面余额之间的差额计入当期损益。

借:投资性房地产/公允价值变动

　贷:公允价值变动损益(有利差额)

或反向。

满足资本化的，资本化部分，增加“投资性房地产”账面价值，在“投资性房地产/在建”科目核算，借记“投资性房地产/在建”，贷记“投资性房地产/成本”、“投资性房地产/公允价值变动”科目。

不满足资本化的，借“其他业务成本”、“主营业务成本”，贷记“银行存款”等科目。

收到租金收入，借记“银行存款”，贷“其他业务收入”、“主营业务收入”、“应交税费/应交增值税(销项税额)”科目。

③ 成本模式计量转为公允价值模式计量。按照公允价值，借记“投资性房地产/成本”，贷记“投资性房地产”、“投资性房地产累计折旧(摊销)”、“投资性房地产减值准备”等科目，差额部分在“盈余公积”、“利润分配/未分配利润”科目核算。

④ 采用成本模式计量转为自用。

借：固定资产/无形资产

　投资性房地产累计折旧(摊销)

　投资性房地产减值准备

　贷：投资性房地产

　　固定资产累计折旧/累计摊销

　　固定资产减值准备/无形资产减值准备

⑤ 采用公允价值模式计量转为自用。

借：固定资产/无形资产(按转换日的公允价值)

　贷：投资性房地产/成本

　　投资性房地产/公允价值变动

　　公允价值变动损益(差额，可借可贷)

⑥ 出售投资性房地产。

A. 采用成本模式计量的。

收到款项时：

借：银行存款等

　贷：其他业务收入

　　应交税费/应交增值税(销项税额)

结转成本时：

借：其他业务成本

　投资性房地产累计折旧(摊销)

　投资性房地产减值准备

　贷：投资性房地产(账面余额)

B. 采用公允价值模式计量的。

收到款项时：

借：银行存款等

　贷：其他业务收入

　　应交税费/应交增值税/销项税额

结转成本时：

借：其他业务成本

贷：投资性房地产/成本

投资性房地产/公允价值变动

对以前确认的公允价值变动损益，予以结转：

借：公允价值变动损益

贷：其他业务成本

对以前记入的其他综合收益，予以结转：

借：其他综合收益

贷：其他业务成本

⑦ 本科目期末借方余额，反映企业投资性房地产的价值。

1531 长期应收款

长期应收款科目核算企业的长期应收款项，包括采用递延方式具有融资性质的销售商品和提供劳务等产生的应收款项等。实质上构成对被投资单位净投资的长期权益，也通过本科目核算。本科目按照承租人或购货单位等进行明细核算。长期应收款的主要账务处理如下：

(1) 采用递延方式分期收款销售商品或提供劳务等经营活动产生的长期应收款。

借：长期应收款——分期收款销售商品或提供劳务(应收的合同或协议价款)

贷：主营业务收入(应收合同或协议价款的公允价值或折现值)

应交税费——应交增值税——销项税额

未实现融资收益(差额)

(2) 如有实质上构成对被投资单位净投资的长期权益，被投资单位发生的净亏损应由本企业承担的部分，在"长期股权投资"的账面价值减记至零以后，还需承担的投资损失，应以本科目中实质上构成了对被投资单位净投资的长期权益部分账面价值减记至零为限，继续确认投资损失，借记"投资收益"科目，贷记本科目。除上述已确认投资损失外，投资合同或协议中约定仍应承担的损失，确认为"预计负债"。

1532 未实现融资收益

未确认融资收益科目核算企业分期计入租赁收入或利息收入的未实现融资收益。可按未实现融资收益项目进行明细核算。未实现融资收益的主要账务处理如下：

(1) 出租人融资租赁产生的未实现融资收益。

具体参看"融资租赁资产(1461)"科目账务处理。

采用实际利率法按期计算确定融资收入：

应确认的融资收入＝租赁投资摊余成本×实际利率

租赁投资摊余成本＝初始投资－已摊销的金额

已摊销的金额＝租金－应确认的融资收入

借：未实现融资收益

贷：租赁收入

(2) 采用递延方式分期收款销售商品或提供劳务等经营活动产生的未实现融资收益具体参看"未实现融资收益(1531)"科目账务处理。

采用实际利率法按期计算确定利息收入：

借：未实现融资收益

　贷：财务费用

1601 固定资产

本科目核算满足为生产商品、提供劳务、出租或经营管理而持有的，且使用寿命超过一个会计年度特征的有形资产。下列各项满足固定资产确认条件的，也在本科目核算：企业（航空）的高价周转件；企业以经营租赁方式租入的固定资产发生的改良支出，如满足固定资产确认条件的装修费用等；企业（建造承包商）为保证施工和管理的正常进行而购建的各种临时设施；企业购置计算机硬件所附带的、未单独计价的软件，与所购置的计算机硬件一并作为固定资产；企业为开发新产品、新技术购置的符合固定资产定义和确认条件的设备；采用成本模式计量的已出租的建筑物。未作为固定资产管理的工具、器具等，在"包装物及低值易耗品"科目核算。固定资产的主要账务规定及处理如下：

固定资产取得成本包括企业为购建某项固定资产达到预定可使用状态前所发生的一切合理的、必要的支出，如：购买价款、相关税费（不能抵扣的增值税，以及其他相关税费，如契税，车辆购置税）、使固定资产达到预定可使用状态前所发生的可归属于该项资产的运输费、装卸费、安装费、专业人员服务费、可行性研究费用、设计费等。

（1）企业购入不需要安装的固定资产，按应计入固定资产成本的金额，借记本科目，贷记"银行存款"、"其他应付款"、"应付票据"等科目。

购入需要安装的固定资产，先记入"在建工程"科目，安装完毕交付使用时再转入本科目。

购入固定资产超过正常信用条件延期支付价款（如分期付款购买固定资产），实质上具有融资性质的，应按所购固定资产购买价款的现值，借记本科目或"在建工程"科目，按应支付的金额，贷记"长期应付款"科目，按其差额，借记"未确认融资费用"科目。

（2）自行建造完成的固定资产，借记本科目，贷记"在建工程"科目。

已达到预定可使用状态但尚未办理竣工决算手续的固定资产，可先按估计价值记账，待确定实际价值后再进行调整。

（3）以其他方式取得的固定资产，按不同方式下确定的应计入固定资产成本的金额，借记本科目，贷记有关科目。

（4）固定资产存在弃置义务的，应在取得固定资产时，按预计弃置费用的现值，借记本科目，贷记"预计负债"科目。在该项固定资产的使用寿命内，按弃置费用计算确定各期应负担的利息费用，借记"财务费用"科目，贷记"预计负债"科目。

（5）固定资产装修发生的装修费用满足固定资产确认条件的，借记本科目，贷记"银行存款"等科目。

（6）处置固定资产应通过"固定资产清理"科目核算，应按该项固定资产账面净额，借记"固定资产清理"科目，按已提的累计折旧，借记"累计折旧"科目，原已计提减值准备的，借记"固定资产减值准备"科目，按其账面余额，贷记本科目。

（7）本科目期末借方余额，反映企业固定资产的账面原价。

为做好固定资产管理工作，企业需要确保核算规范化：直接购入的固定资产，按照购买价格入账并按照规定年限计提折旧；需建造的固定资产，满足转资条件的要及时转资，对于已达到预定可使用状态但尚未办理竣工决算的固定资产，应当按照暂估价值确定其成本，并计提折旧；待办理竣工决算后再按实际成本调整暂估价值，但不需要调整原已计提的折旧额；固定资产折旧年限和折旧方法应符合集团公司规定，不得随意变更，确需按照行业标准调整固定资产折旧方法及年限的，须履行内部决策程序后报集团公司审批。

1602　累计折旧

核算企业对固定资产计提的资产折旧，属于固定资产的备抵调整账户，贷方登记折旧增加，借方登记减少，余额在贷方。累计折旧的核算过程如下：

（1）固定资产折旧的计提

企业应当根据与固定资产有关的经济利益的预期消耗方式，合理选择折旧方法，原则上一般按照平均年限法计提折旧，但也可以采用其他方式，经董事会批准后，采用其他的折旧方法计提折旧。

采用平均年限法的各下属公司统一执行集团公司规定的固定资产使用年限，按月计提折旧，按服务对象计入其成本或费用。集团公司下属煤矿矿井建筑物按照煤炭可采储量和本年实际产量计提折旧，固定资产净残值率按固定资产原值的5%计算。固定资产类别、折旧年限及年折旧率列示见表1-10。

表1-10　固定资产分类折旧率表

固定资产类别	折旧年限	年折旧率
房屋及建筑物	20～45年	5%～2.22%
机器设备	10～16年	10%～6.25%
运输用具	7～14年	14.28%～7.14%
工具仪器用具	5～8年	20%～12.5%

折旧的计算公式为：

① 采用平均年限法。

年折旧率＝(1－预计净残值率)/预计使用年限×100%

月折旧率＝年折旧率/12

月折旧额＝固定资产原值×月折旧率

② 采用加速折旧法(以双倍余额递减法为例)。

年折旧率＝2/预计使用年限×100%

年折旧额＝期初固定资产账面净值×年折旧率

月折旧率＝年折旧额/12

最后两年，将固定资产账面净值扣除预计净残值后的余额平均摊销。

（2）固定资产折旧的核算

① 按期(月)计提固定资产的折旧。

借：制造费用

销售费用

管理费用

研发支出

其他业务成本等

贷:累计折旧

② 处置固定资产。

借:固定资产减值准备

累计折旧

固定资产清理

贷:固定资产

应交税费

1603 固定资产减值准备

(1) 企业固定资产的减值准备

公司应在每期期末对固定资产进行逐项检查,对于市价持续下跌,或技术陈旧、损坏、长期闲置等原因,导致其可收回金额低于其账面价值的,按单项固定资产可收回金额低于其账面价值的差额计提减值准备。

(2) 固定资产减值准备的主要账务处理

① 资产负债表日,固定资产发生减值的,按应减记的金额:

借:资产减值损失

贷:固定资产减值准备

固定资产减值计提后,在使用期间,不得转回。

② 处置固定资产应将固定资产转入清理的同时结转减值准备。

期末贷方余额,反映企业已计提但尚未转销的固定资产减值准备。

1604 在建工程

(1) 在建工程的核算内容

本科目核算固定资产的新建,符合资本化条件的改建、扩建、更新改造、设备更新、修理修缮和大修理工程等尚未完工工程的支出。

(2) 在建工程的主要账务处理

设置“在建工程”科目,可在其科目下设置“建筑工程”、“安装工程”、“在安装设备”、“待摊支出”以及单项工程进行明细核算,以便核算更清晰。

发生减值的,在“在建工程减值准备”科目核算。

① 在建工程发生的管理费、征地费、可行性研究费、临时设施费、公证费、监理费及应负担的税费(不包括可抵扣的增值税进项税额)。

借:在建工程

应交税费

贷:银行存款、资金结算中心存款等

② 企业发包的在建工程,应按合理估计的发包工程进度和合同规定结算的进度款

结算。

借:在建工程

贷:银行存款、资金结算中心存款

预付账款等

③ 企业自营在建工程。

A. 自营的在建工程领用工程物资、原材料或库存商品,付出工程人员工资等。

借:在建工程

应交税费——应交增值税——进项税额

贷:工程物资

原材料

库存商品

应付职工薪酬等

采用计划成本核算的,应同时结转应分摊的成本差异。涉及增值税的,还应进行相应的处理。

B. 辅助生产部门为工程提供的水、电、设备安装、修理、运输等劳务时。

借:在建工程

贷:生产成本——辅助生产成本等

C. 在建工程发生的借款费用满足借款费用资本化条件的。

借:在建工程

贷:应付利息等

D. 在建工程进行负荷联合试车发生的费用、领用的材料等。

借:在建工程

应交税费——应交增值税——进项税额

贷:银行存款、资金结算中心存款、原材料等

试车形成的产品或副产品对外销售或转为库存商品,或者在建设过程中取得残料收入的

借:银行存款、资金结算中心存款、库存商品、原材料等

贷:在建工程

E. 工程完工,已领出的剩余物资应办理退库手续。

借:工程物资

贷:在建工程

将完工的工程结转入固定资产:

借:固定资产等

贷:在建工程

工程达到预定可使用状态而未办理竣工决算手续的,应先按暂估价值转增固定资产,并开始计提折旧。待工程决算后再根据决算金额调整固定资产价值,已计提的折旧不再调整。

F. 由于正常原因(如自然灾害)造成的单项工程或单位工程报废或毁损,减去残料价值和过失人或保险公司等赔款后的净损失或净收益,如果工程项目尚未达到预定可使用状态

的，冲减继续施工的工程成本，同时记入“营业外支出”；如果工程项目已经达到预定可使用状态的，属于筹建期间的计入或冲减管理费用，不属于筹建期间的计入当期营业外支出。如为非正常原因造成的报废或毁损，或在建工程项目全部报废或毁损，应将其净损失直接计入当期营业外支出。

G. 建设期间发生的工程物资盘亏、报废及毁损净损失，借记“在建工程”科目，贷记“工程物资”科目；盘盈的工程物资或处置净收益，作相反的会计分录。

H. 在建工程完工后，已领出的剩余物资应办理退库手续，借记“工程物资”科目，贷记“在建工程”科目。

I. 在建工程达到预定可使用状态时，应计算分配待摊支出，借记“在建工程”科目，贷记“在建工程”科目（待摊支出）；结转在建工程成本时，借记“固定资产”等科目，贷记“在建工程”科目。

（3）其他

财政部和税务总局颁布的《关于租入固定资产进项税额抵扣等增值税政策的通知》（财税〔2017〕90 号）中规定：自 2018 年 1 月 1 日起，纳税人租入固定资产、不动产，既用于一般计税方法计税项目，又用于简易计税方法计税项目、免征增值税项目、集体福利或者个人消费的，其进项税额准予从销项税额中全额抵扣。

1605 工程物资

（1）工程物资的核算内容

本科目核算企业为在建工程准备的各种物资的价值，包括工程用材料、尚未安装的设备以及为生产准备的工器具等。在资产负债表中列示为非流动资产。

（2）工程物资的核算

可按“专用材料”、“专用设备”、“为生产准备的工具及器具”和“预付大型设备款”进行明细核算。

① 购入为工程准备的物资。

借：工程物资

　应交税费——应交增值税——进项税额

　贷：银行存款、资金结算中心存款

　　其他应付款等

② 领用工程物资。

借：在建工程

　贷：工程物资

工程完工后将领出的剩余物资退库时作相反的会计分录。已计提减值准备的，还应同时结转减值准备。

③ 工程完工后剩余的工程物资转作本企业存货。

借：原材料等

　贷：工程物资

1606 固定资产清理

(1) 对处于处置状态的固定资产以及预期通过使用或处置不能产生经济利益的固定资产，应当终止确认，转入清理。企业对固定资产清理过程中发生的费用和清理收入通过固定资产清理核算。

按被清理的固定资产项目进行明细核算。

(2) 固定资产清理的账务处理。

① 企业因报废、毁损、对外投资、非货币性资产交换、债务重组等原因处置固定资产，将固定资产转入清理。

借：固定资产清理
　　固定资产减值准备
　　累计折旧
　贷：固定资产

② 清理过程中支付或发生的相关税费及其他费用。

借：固定资产清理
　　应交税费——应交增值税——进项税额
　贷：银行存款、资金结算中心存款等

③ 收回出售固定资产的价款、残料价值和变价收入、保险赔款等。

借：银行存款、资金结算中心存款
　　原材料
　　其他应收款等
　贷：固定资产清理
　　　应交税费——应交增值税——销项税额

④ 固定资产清理完成后，结转固定资产清理净损益。

借：营业外支出——非流动资产毁损作废损失
　　资产处置损益
　　其他收益——债务重组收益等
　贷：固定资产清理

或者：

借：固定资产清理
　贷：营业外收入
　　　资产处置损益等

1621 生产性生物资产

(1) 生产性生物资产的核算内容

生产性生物资产科目核算为产出农产品、提供劳务或出租等目的而持有的生物资产，包括经济林、薪炭林、产畜和役畜等。

生产性生物资产的特征：具备自我生长性，能够在持续的基础上予以消耗并在未来的一段时间内保持其服务能力或未来经济利益，属于劳动手段。

与消耗性生物资产相比较，生产性生物资产的最大不同在于，生产性生物资产具有能够在生产经营中长期、反复使用，从而不断产出农产品或者是长期役用的特征，在一定程度上具有固定资产的特性。消耗性生物资产收获农产品之后，该资产就不复存在。

（2）生产性生物资产的主要账务处理

① 生产性生物资产的取得。

A. 企业外购的生产性生物资产，按应计入生产性生物资产成本的金额，借记本科目，贷记“资金结算中心存款”等科目。

B. 自行营造的林木类生产性生物资产、自行繁殖的产畜和役畜，应按达到预定生产经营目的前发生的必要支出，借记本科目（未成熟生产性生物资产），贷记“资金结算中心存款”等科目。

C. 育肥畜转为产畜或役畜，应按其账面余额，借记本科目，贷记“消耗性生物资产”科目。已计提跌价准备的，还应同时结转跌价准备。

产畜或役畜淘汰转为育肥畜，按转群时的账面价值，借记“消耗性生物资产”科目，按已计提的累计折旧，借记“生产性生物资产累计折旧”科目，按其账面余额，贷记本科目。已计提减值准备的，还应同时结转减值准备。

② 未成熟生产性生物资产的核算。

未成熟生产性生物资产达到预定生产经营目的时，按其账面余额，借记本科目（成熟生产性生物资产），贷记本科目（未成熟生产性生物资产）。已计提减值准备的，还应同时结转减值准备。

③ 后续支出。

择伐、间伐或抚育更新等生产性采伐而补植林木类生产性生物资产发生的后续支出，借记本科目，贷记“资金结算中心存款”等科目。

生产性生物资产达到预定生产经营目的后发生的管护、饲养费用等后续支出，借记“管理费用”科目，贷记“资金结算中心存款”等科目。

④ 处置生产性生物资产：

借：银行存款/资金结算中心存款
　　生产性生物资产减值准备
　　生产性生物资产累计折旧
　　营业外支出——处置非流动资产损失
　贷：生产性生物资产
　　　营业外收入——处置非流动资产利得

1622　生产性生物资产累计折旧

本科目核算企业（农业）成熟生产性生物资产的累计折旧。可按生产性生物资产的种类、群别、所属部门等进行明细核算。企业按期（月）计提成熟生产性生物资产的折旧的账务处理如下：

借：生产成本/管理费用等
　贷：生产性生物资产减值准备

处置该生产性生物资产应同时结转生产性生物资产累计折旧。

1651 使用权资产

本科目核算承租人在租赁期内使用租赁资产的权利。本科目可按租赁资产的类别和项目进行明细核算。与本科目有关的主要账务处理如下：

(1) 在租赁期开始日，承租人应当按成本借记本科目，按尚未支付的租赁付款额的现值贷记“租赁负债”科目；对于租赁期开始日之前支付租赁付款额的(扣除已享受的租赁激励)，贷记“预付款项”等科目；按发生的初始直接费用，贷记“银行存款”等科目；按预计将发生的为拆卸及移除租赁资产、复原租赁资产所在场地或将租赁资产恢复至租赁条款约定状态等成本的现值，贷记“预计负债”科目。

(2) 在租赁期开始日后，承租人按变动后的租赁付款额的现值重新计量租赁负债的，当租赁负债增加时，应当按增加额借记本科目，贷记“租赁负债”科目；除下述(3)中的情形外，当租赁负债减少时，应当按减少额借记“租赁负债”科目，贷记本科目；若使用权资产的账面价值已调减至零，应当按仍需进一步调减的租赁负债金额，借记“租赁负债”科目，贷记“制造费用”、“销售费用”、“管理费用”、“研发支出”等科目。

(3) 租赁变更导致租赁范围缩小或租赁期缩短的，承租人应当按缩小或缩短的相应比例，借记“租赁负债”、“使用权资产累计折旧”、“使用权资产减值准备”科目，贷记本科目，差额借记或贷记“资产处置损益”科目。

(4) 企业转租使用权资产形成融资租赁的，应当借记“应收融资租赁款”、“使用权资产累计折旧”、“使用权资产减值准备”科目，贷记本科目，差额借记或贷记“资产处置损益”科目。

(5) 本科目期末借方余额，反映承租人使用权资产的原价。

(6) 承租人应当在资产负债表中单独列示“使用权资产”项目。

1652 使用权资产累计折旧

本科目核算使用权资产的累计折旧。本科目可按租赁资产的类别和项目进行明细核算。与本科目相关的主要账务处理如下：

(1) 承租人通常应当自租赁期开始日起按月计提使用权资产的折旧，借记“营业成本”、“制造费用”、“销售费用”、“管理费用”、“研发支出”等科目，贷记本科目。当月计提确有困难的，也可从下月起计提折旧，并在附注中予以披露。

(2) 因租赁范围缩小、租赁期缩短或转租等原因减记或终止确认使用权资产时，承租人应同时结转相应的使用权资产累计折旧。

(3) 本科目期末贷方余额，反映使用权资产的累计折旧额。

1653 使用权资产减值准备

本科目核算使用权资产的减值准备。本科目可按租赁资产的类别和项目进行明细核算。与本科目相关的主要账务处理如下：

(1) 使用权资产发生减值的，按应减记的金额，借记“资产减值损失”科目，贷记本科目。

(2) 因租赁范围缩小、租赁期缩短或转租等原因减记或终止确认使用权资产时，承租人应同时结转相应的使用权资产累计减值准备。

（3）使用权资产减值准备一旦计提，不得转回。

（4）本科目期末贷方余额，反映使用权资产的累计减值准备金额。

1701 无形资产

本科目核算企业持有的无形资产成本，包括专利权、非专利技术、商标权、著作权、土地使用权等。本科目按无形资产项目进行明细核算，期末借方余额，反映企业无形资产的成本。

（1）无形资产的主要账务处理

① 企业外购的无形资产，按应计入无形资产成本的金额，借记本科目，贷记“银行存款”等科目。自行开发的无形资产，按应予资本化的支出，借记本科目，贷记“研发支出”科目。

② 无形资产预期不能为企业带来经济利益的，应按已计提的累计摊销，借记“累计摊销”科目，按其账面余额，贷记本科目，按其差额，借记“营业外支出”科目。已计提减值准备的，还应同时结转减值准备。

③ 处置无形资产，应按实际收到的金额等，借记“银行存款”等科目，按已计提的累计摊销，借记“累计摊销”科目，按应支付的相关税费及其他费用，贷记“应交税费”、“银行存款”等科目，按其账面余额，贷记本科目，按其差额，贷记“营业外收入——处置非流动资产利得”科目或借记“营业外支出——处置非流动资产损失”科目。已计提减值准备的，还应同时结转减值准备。

（2）“无形资产——采矿权”的账务处理

在西方，采矿权作“递耗资产”核算。在我国，由于会计准则没有设置“递耗资产”会计科目，则企业在“无形资产”会计科目下，增设“采矿权”二级明细科目，并按不同矿名称增设三级明细科目，用于核算企业通过资源资本化或缴纳采矿权价款方式取得或者由于报废等原因减少的采矿权成本。企业按照经济利益的预期消耗方式分期摊销的采矿权价款，在“生产成本——资源成本”科目核算。在“无形资产减值准备”科目下增设“采矿权”二级科目，按不同煤矿名称增设三级明细科目，核算企业计提或者转销的原已计提的采矿权减值准备。在“其他应付款”科目下增设“应付采矿权价款”二级科目，按不同矿名称增设三级明细科目，核算企业应付未付的采矿权价款。

① 取得采矿权。实施“债转股”的企业，按照国家有关政策规定，以资源资本化的方式，将采矿权价款作为出资额注入“债转股”后新公司的，应将批准转增国家资本金的采矿权价款作为无形资产核算。账务处理时，企业应依据由国土资源和财政部门批复的采矿权评估价款转增国家资本金的相关文件，借记“无形资产——采矿权”科目，贷记“实收资本——国家资本金”科目。

企业通过缴纳采矿权价款方式取得的采矿权，按照规定应当缴纳的采矿权价款，作为无形资产核算。企业按照应缴纳的采矿权价款，借记“无形资产——采矿权”科目，贷记“银行存款”，未交部分，纳入“其他应付款——应付采矿权价款”科目核算。

② 缴纳价款。企业按照与国土资源部门签署的合同或约定，在以后各期缴纳采矿权价款时，应借记“其他应付款——应付采矿权价款”科目，贷记“银行存款”科目。

③ 分期摊销价款。采矿权作为企业的无形资产，应当自取得当月起，按照经济利益的预期消耗方式分期摊销，并记入“生产成本——资源成本”科目。依据国土资源部门确定的

矿业权评估规则，采矿权评估受益年限是根据评估动用可采储量和实际生产能力计算得出的。采矿权评估项目的服务年限一般不超过30年。当服务年限超过30年时，可采用分段评估的办法。只以首期拟动用的储量为基数评估采矿权价款，即先按前30年计算评估动用可采储量；当服务年限低于30年时，按实际开采年限计算评估动用可采储量。因此，企业根据不同采矿权的实际评估受益年限，分别计算出各期应摊销的采矿权价款时，应借记“生产成本——资源成本”科目，贷记“无形资产——采矿权”科目。

④ 期末计提减值准备。依据会计稳健性原则，企业应当定期或至少于每年末，检查各项采矿权预计给企业带来的未来获取经济利益的能力。随着矿产资源采矿权的市场化操作，矿产资源采矿权价格必将随着价格的波动而波动。例如，随着国家加大环保力度等宏观政策调控的影响，将会直接影响矿产企业产品的销量和价格；若矿地质条件随着井田的不断开采，发生了不可预见的变化，将会影响采矿权的价值；若市场出现供大于求的不利局面，将影响到矿产品的价格在短期内难以回升等等。在会计期末，这都有可能导致企业所持有的采矿权账面价值高于其可收回金额。

企业计提采矿权减值准备，借记“资产减值损失”科目，贷记“无形资产减值准备——采矿权”科目。提取的减值损失，在以后年度不能转回。

⑤ 报废矿井核销。如果矿由于实施政策性关闭破产或者发生不可抗力的自然地质灾害等损失，导致矿井提前报废的，该采矿权已不能给企业带来未来获取经济利益的能力，此时应将其账面价值，扣除未动用资源部分国家返还的采矿权价款外，全部转入当期损益。在账务处理时，企业应按该采矿权的账面价值，借记“管理费用——无形资产摊销”科目，按该项采矿权已计提的减值准备，借记“无形资产减值准备——采矿权”科目，按应收国家返还款，借记“其他应收款”科目，按采矿权的账面余额，贷记“无形资产——采矿权”科目。

⑥ 转让采矿权。在实行有偿转让的制度下，采矿权转让将由国土资源部门通过公开组织竞拍来确定新的采矿权人。企业在转让采矿权时，首先应向国土资源部门补交所欠缴的剩余采矿权价款部分，并借记“其他应付款——应付采矿权价款”科目，贷记“银行存款”科目。凡是有偿或以国家注入资本金方式取得采矿权的企业，通过公开竞拍，应按实际收到的采矿权拍卖款，借记“银行存款”科目、按该项采矿权已计提的减值准备，借记“无形资产减值准备——采矿权”科目，按采矿权的账面余额，贷记“无形资产——采矿权”科目，按其差额，贷记“资产处置损益”科目。

1702 累计摊销

本科目核算企业对使用寿命有限的无形资产计提的累计摊销。本科目可按无形资产项目进行明细核算。企业按期（月）计提无形资产的摊销，借记“管理费用”、“其他业务成本”等科目，贷记本科目。处置无形资产还应同时结转累计摊销。本科目期末贷方余额，反映企业无形资产的累计摊销额。

1703 无形资产减值准备

（1）无形资产减值准备的核算内容

每期期末，应对无形资产逐项进行检查，检查各项无形资产预计给公司带来未来经济利益的能力，对预计可收回金额低于其账面价值的，按单个无形资产项目的可收回金额低于其账面价值的部分计提无形资产减值准备。

(2) 无形资产减值准备的账务处理

资产负债表日,无形资产发生减值的,按应减记的金额:

借:资产减值损失

　贷:无形资产减值准备

处置无形资产应转销无形资产减值准备。但在无形资产处置前,即使无形资产价值回升,也不得将无形资产减值损失转回。因此,本科目期末贷方余额,反映企业已计提但尚未转销的无形资产减值准备。

1711 商誉

本科目核算企业合并中形成的商誉价值。商誉发生减值的,可以单独设置"商誉减值准备"科目,比照"无形资产减值准备"科目进行处理。非同一控制下企业合并中确定的商誉价值,借记本科目,贷记有关科目。本科目期末借方余额,反映企业商誉的价值。

1801 长期待摊费用

本科目核算企业已经发生但应由本期和以后各期负担的分摊期限在 1 年以上的各项费用,如以经营租赁方式租入的固定资产发生的改良支出等。本科目可按费用项目进行明细核算。企业发生的长期待摊费用,借记本科目,贷记"银行存款"、"原材料"等科目。摊销长期待摊费用,借记"管理费用"、"销售费用"等科目,贷记本科目。本科目期末借方余额,反映企业尚未摊销完毕的长期待摊费用。

1811 递延所得税资产

本科目核算企业确认的可抵扣暂时性差异产生的递延所得税资产。本科目应按可抵扣暂时性差异等项目进行明细核算。根据税法规定可用以后年度税前利润弥补的亏损及税款抵减产生的所得税资产,也在本科目核算。递延所得税资产的主要账务处理如下:

(1) 资产负债表日,企业确认的递延所得税资产,借记本科目,贷记"所得税费用——递延所得税费用"科目。资产负债表日递延所得税资产的应有余额大于其账面余额的,应按其差额确认,借记本科目,贷记"所得税费用——递延所得税费用"等科目;资产负债表日递延所得税资产的应有余额小于其账面余额的差额作相反的会计分录。

企业合并中取得资产、负债的入账价值与其计税基础不同形成可抵扣暂时性差异的,应于购买日确认递延所得税资产,借记本科目,贷记"商誉"等科目。

与直接计入所有者权益的交易或事项相关的递延所得税资产,借记本科目,贷记"资本公积——其他资本公积"科目。

(2) 资产负债表日,预计未来期间很可能无法获得足够的应纳税所得额用以抵扣可抵扣暂时性差异的,按原已确认的递延所得税资产中应减记的金额,借记"所得税费用——递延所得税费用"、"资本公积——其他资本公积"等科目,贷记本科目。

本科目期末借方余额,反映企业确认的递延所得税资产。

1901 待处理财产损溢

本科目核算企业在清查财产过程中查明的各种财产盘盈、盘亏和毁损的价值。物资在运输途中发生的非正常短缺与损耗，也通过本科目核算。企业如有盘盈固定资产的，应作为前期差错记入“以前年度损益调整”科目。本科目可按盘盈、盘亏的资产种类和项目进行明细核算。待处理财产损溢的主要账务处理如下：

（1）盘盈的各种材料、产成品、商品、生物资产等，借记“原材料”、“库存商品”、“消耗性生物资产”等科目，贷记本科目。

盘亏、毁损的各种材料、产成品、商品、生物资产等，盘亏的固定资产，借记本科目，贷记“原材料”、“库存商品”、“消耗性生物资产”、“固定资产”等科目。材料、产成品、商品采用计划成本（或售价）核算的，还应同时结转成本差异（或商品进销差价）。涉及增值税的，还应进行相应处理。

（2）盘亏、毁损的各项资产，按管理权限报经批准后处理时，按残料价值，借记“原材料”等科目，按可收回的保险赔偿或过失人赔偿，借记“其他应收款”科目，按本科目余额，贷记本科目，按其借方差额，借记“管理费用”、“营业外支出”等科目。

盘盈的除固定资产以外的其他财产，借记本科目，贷记“管理费用”、“营业外收入”等科目。

企业的财产损溢，应查明原因，在期末结账前处理完毕，处理后本科目应无余额。

2001 短期借款

本科目核算企业向银行或其他金融机构等借入的期限在一年以下（含一年）的各种借款。本科目可按借款种类、贷款人和币种进行明细核算。企业借入的各种短期借款，借记“银行存款”科目，贷记本科目；归还借款作相反的会计分录。资产负债表日，应按计算确定的短期借款利息费用，借记“财务费用”、“利息支出”等科目，贷记“银行存款”、“应付利息”等科目。本科目期末贷方余额，反映企业尚未偿还的短期借款。

2101 交易性金融负债

本科目核算企业承担的交易性金融负债的公允价值。企业持有的直接指定为以公允价值计量且其变动计入当期损益的金融负债，也在本科目核算。衍生金融负债在“衍生工具”科目核算。本科目可按交易性金融负债类别，分别“本金”、“公允价值变动”等进行明细核算。交易性金融负债的主要账务处理如下：

（1）企业承担的交易性金融负债，应按实际收到的金额，借记“银行存款”、“存放中央银行款项”、“结算备付金”等科目，按发生的交易费用，借记“投资收益”科目，按交易性金融负债的公允价值，贷记本科目（本金）。

（2）资产负债表日，按交易性金融负债票面利率计算的利息，借记“投资收益”科目，贷记“应付利息”科目。

资产负债表日，交易性金融负债的公允价值高于其账面余额的差额，借记“公允价值变动损益”科目，贷记本科目（公允价值变动）；公允价值低于其账面余额的差额作相反的会计分录。

(3) 处置交易性金融负债,应按该金融负债的账面余额,借记本科目,按实际支付的金额,贷记“银行存款”、“存放中央银行款项”、“结算备付金”等科目,按其差额,贷记或借记“投资收益”科目。同时,按该金融负债的公允价值变动,借记或贷记“公允价值变动损益”科目,贷记或借记“投资收益”科目。

本科目期末贷方余额,反映企业承担的交易性金融负债的公允价值。

2102 资金结算中心借款

(1) 资金结算中心借款的核算内容

资金结算中心借款科目核算分、子公司向资金结算中心借入各种款项。

按借款种类进行明细核算。

(2) 资金结算中心借款的账务处理

① 企业借入各种借款。

借:资金结算中心存款

　贷:资金结算中心借款

② 资产负债表日,计算确定的应偿还借款利息。

借:财务费用等

　贷:资金结算中心存款等

③ 归还借款。

借:资金结算中心借款

　贷:资金结算中心存款

本科目期末贷方余额,反映企业尚未偿还的借款。

2201 应付票据

本科目核算企业购买材料、商品和接受劳务供应等开出、承兑的商业汇票,包括银行承兑汇票和商业承兑汇票。本科目可按债权人进行明细核算。应付票据的主要账务处理如下:

(1) 企业开出、承兑商业汇票或以承兑商业汇票抵付货款、应付账款等,借记“材料采购”、“库存商品”等科目,贷记本科目。涉及增值税进项税额的,还应进行相应的处理。

(2) 支付银行承兑汇票的手续费,借记“财务费用”科目,贷记“银行存款”科目。支付票款,借记本科目,贷记“银行存款”科目。

(3) 银行承兑汇票到期,企业无力支付票款的,按应付票据的票面金额,借记本科目,贷记“短期借款”科目。

企业应当设置“应付票据备查簿”,详细登记商业汇票的种类、号数和出票日期、到期日、票面金额、交易合同号和收款人姓名或单位名称以及付款日期和金额等资料。应付票据到期结清时,在备查簿中应予注销。

本科目期末贷方余额,反映企业尚未到期的商业汇票的票面金额。

2202 应付账款

本科目核算企业因购买材料、商品和接受劳务等经营活动应支付的款项。

企业(金融)应支付但尚未支付的手续费和佣金,可将本科目改为"2202 应付手续费及佣金"科目,并按照对方单位(或个人)进行明细核算。企业(保险)应支付但尚未支付的赔付款项,可以单独设置"应付赔付款"科目。本科目可按债权人进行明细核算。

企业购入材料、商品等验收入库,但货款尚未支付,根据有关凭证(发票账单、随货同行发票上记载的实际价款或暂估价值),借记"材料采购"、"在途物资"等科目,按应付的款项,贷记本科目。

接受供应单位提供劳务而发生的应付未付款项,根据供应单位的发票账单,借记"生产成本"、"管理费用"等科目,贷记本科目。支付时,借记本科目,贷记"银行存款"等科目。

上述交易涉及增值税进项税额的,还应进行相应的处理。

企业与债权人进行债务重组,应当分别债务重组的不同方式进行处理。

(1) 债务人以金融资产清偿债务债务人以单项或多项金融资产清偿债务的,债务的账面价值与偿债金融资产账面价值的差额,记入"投资收益"科目。偿债金融资产已计提减值准备的,应结转已计提的减值准备。对于以分类为以公允价值计量且其变动计入其他综合收益的债务工具投资清偿债务的,之前计入其他综合收益的累计利得或损失应当从其他综合收益中转出,记入"投资收益"科目。对于以指定为以公允价值计量且其变动计入其他综合收益的非交易性权益工具投资清偿债务的,之前计入其他综合收益的累计利得或损失应当从其他综合收益中转出,记入"盈余公积"、"利润分配——未分配利润"等科目。

(2) 清偿债务债务人以单项或多项非金融资产(如固定资产、日常活动产出的商品或服务等)清偿债务,或者以包括金融资产和非金融资产在内的多项资产清偿债务的,不需要区分资产处置损益和债务重组损益,也不需要区分不同资产的处置损益,而应将所清偿债务账面价值与转让资产账面价值之间的差额,记入"其他收益——债务重组收益"科目。偿债资产已计提减值准备的,应结转已计提的减值准备。

债务人以包含非金融资产的处置组清偿债务的,应当将所清偿债务和处置组中负债的账面价值之和,与处置组中资产的账面价值当务人的会计处理之间的差额,记入"其他收益——债务重组收益"科目。处置组所属的资产组或资产组组合按照《企业会计准则第 8 号——资产减值》分摊了企业合并中取得的商誉的,该处置组应当包含分摊至处置组的商誉。处置组中的资产已计提诚值准备的,应结转已计提的减值准备。

2203 预收账款

本科目核算企业按照合同规定预收的款项。预收账款情况不多的,也可以不设置本科目,将预收的款项直接记入"应收账款"科目。

预收账款的主要账务处理如下:

企业向购货单位预收的款项,借记"银行存款"等科目,贷记"合同负债"科目;销售实现时,按实现的收入,借记"合同负债"科目,贷记"主营业务收入"科目。涉及增值税销项税额的,还应进行相应的处理。企业向其他非购货单位预收的款项,如预收租金等,通过"预收账款"科目核算。

本科目期末贷方余额,反映企业预收的款项;期末如为借方余额,反映企业尚未转销的款项。

2206 合同负债

（1）合同负债的核算内容

合同负债，是指企业已收或应收客户对价而应向客户转让商品的义务。企业在向客户转让商品之前，如果客户已经支付了合同对价或企业已经取得了无条件收取合同对价的权利，则企业应当在客户实际支付款项与到期应支付款项孰早时点，将该已收或应收的款项列示为合同负债。本科目应按合同进行明细核算。

（2）合同负债的账务处理

企业在向客户转让商品之前，客户已经支付了合同对价或企业已经取得了无条件收取合同对价权利的，企业应当在客户实际支付款项与到期应支付款项孰早时点，按照该已收或应收的金额，借记"银行存款"、"应收账款"、"应收票据"等科目，贷记本科目；企业向客户转让相关商品时，借记本科目，贷记"主营业务收入"、"其他业务收入"等科目。涉及增值税的，还应进行相应的处理。

① 企业在向客户转让商品之前，客户已经支付了合同对价或企业已经取得了无条件收取合同对价权利的，企业应当在客户实际支付款项与到期应支付款项孰早时点，按照该已收或应收的金额：

借：银行存款、应收账款、应收票据等

　贷：合同负债

② 企业向客户转让相关商品时：

借：合同负债

　贷：主营业务收入、其他业务收入等

涉及增值税的，还应进行相应的处理。

同时，结转相应的成本：

借：主营业务成本、其他业务成本

　贷：库存商品等

（3）期末余额

本科目期末贷方余额，反映企业在向客户转让商品之前，已经收到的合同对价或已经取得的无条件收取合同对价权利的金额。

（4）新旧科目转换

《企业会计准则第14号——收入》（财会〔2017〕22号）对原收入准则做了重大修订，其中新增了"合同负债"的概念，自2018年1月1日起施行，准则规定，企业因转让商品收到的预收款适用本准则进行会计处理时，不再使用"预收账款"科目及"递延收益"科目。

2211 应付职工薪酬

本科目核算企业根据有关规定应付给职工的各种薪酬。企业（外商）按规定从净利润中提取的职工奖励及福利基金，也在本科目核算。本科目可按"工资"、"职工福利"、"社会保险费"、"住房公积金"、"工会经费"、"职工教育经费"、"非货币性福利"、"辞退福利"、"股份支付"等进行明细核算。企业发生应付职工薪酬的主要账务处理如下：

（1）生产部门人员的职工薪酬，借记"生产成本"、"制造费用"、"劳务成本"等科目，贷记本科目。应由在建工程、研发支出负担的职工薪酬，借记“在建工程”、“研发支出”等科目，贷记本科目。管理部门人员、销售人员的职工薪酬，借记“管理费用”或“销售费用”科目，贷记本科目。

(2) 企业以其自产产品发放给职工作为职工薪酬的，借记“管理费用”、“生产成本”、“制造费用”等科目，贷记本科目。

无偿向职工提供住房等固定资产使用的，按应计提的折旧额，借记“管理费用”、“生产成本”、“制造费用”等科目，贷记本科目；同时，借记本科目，贷记“累计折旧”科目。

租赁住房等资产供职工无偿使用的，按每期应支付的租金，借记“管理费用”、“生产成本”、“制造费用”等科目，贷记本科目。

(3) 因解除与职工的劳动关系给予的补偿，借记“管理费用”科目，贷记本科目。

(4) 企业以现金与职工结算的股份支付，在等待期内每个资产负债表日，按当期应确认的成本费用金额，借记“管理费用”、“生产成本”、“制造费用”等科目，贷记本科目。在可行权日之后，以现金结算的股份支付当期公允价值的变动金额，借记或贷记“公允价值变动损益”科目，贷记或借记本科目。企业(外商)按规定从净利润中提取的职工奖励及福利基金，借记“利润分配——提取的职工奖励及福利基金”科目，贷记本科目。

(5) 向职工支付工资、奖金、津贴、福利费等，从应付职工薪酬中扣还的各种款项(代垫的家属药费、个人所得税等)等，借记本科目，贷记“银行存款”、“库存现金”、“其他应收款”、“应交税费——应交个人所得税”等科目。

(6) 支付工会经费和职工教育经费用于工会活动和职工培训，借记本科目，贷记“银行存款”等科目。

(7) 按照国家有关规定缴纳社会保险费和住房公积金，借记本科目，贷记“银行存款”科目。

(8) 企业以其自产产品发放给职工的，借记本科目，贷记“主营业务收入”科目；同时，还应结转产成品的成本。涉及增值税销项税额的，还应进行相应的处理。

支付租赁住房等资产供职工无偿使用所发生的租金，借记本科目，贷记“银行存款”等科目。

(9) 企业以现金与职工结算的股份支付，在行权日，借记本科目，贷记“银行存款”、“库存现金”等科目。

(10) 企业因解除与职工的劳动关系给予职工的补偿，借记本科目，贷记“银行存款”、“库存现金”等科目。

本科目期末贷方余额，反映企业应付未付的职工薪酬。

需要说明的是，作为煤炭企业来说，基本上属于资本密集和人员密集型行业，为了规避职工福利费发生的不可预见性，月度按照工资总额的适当比例进行预提。在月度，以不出现潜亏为标准进行补提；在年末再根据福利费的实际使用情况，进行补提或冲减。该科目年末余额为零，期中可以有余额。

2221 应交税费

本科目核算企业按照税法等规定计算应缴纳的各种税费，包括增值税、消费税、所得税、资源税、土地增值税、城市维护建设税、房产税、土地使用税、车船使用税、教育费附加、矿产资源补偿费等。企业代扣代缴的个人所得税等，也通过本科目核算。本科目可按应交的税费项目进行明细核算。应交增值税还应分别“进项税额”、“销项税额”、“出口退税”、“进项税额转出”、“已交税金”等设置专栏。应交增值税的主要账务处理如下：

(1) 企业采购物资等，按应计入采购成本的金额，借记“材料采购”、“在途物资”或“原材料”、“库存商品”等科目，按可抵扣的增值税额，借记本科目(应交增值税——进项税额)，按应付或实际支付的金额，贷记“应付账款”、“应付票据”、“银行存款”等科目。购入物资发生退货作相反的会计分录。

(2) 销售物资或提供应税劳务，按营业收入和应收取的增值税额，借记“应收账款”、“应收票据”、“银行存款”等科目，按专用发票上注明的增值税额，贷记本科目(应交增值税——销项税额)，按确认的营业收入，贷记“主营业务收入”、“其他业务收入”等科目。发生销售退回作相反的会计分录。

(3) 出口产品按规定退税的，借记“其他应收款”科目，贷记本科目(应交增值税——出口退税)。

(4) 一般纳税人缴纳当月增值税，借记本科目(应交增值税——已交税金)，贷记“银行存款”科目；缴纳上月未交的增值税，借记本科目(应交增值税——未交增值税)，贷记“银行存款”科目。

企业(小规模纳税人)以及购入材料不能抵扣增值税的，发生的增值税计入材料成本，借记“材料采购”、“在途物资”等科目，贷记本科目。

(5) 企业按规定计算应交的消费税、资源税、城市维护建设税、教育费附加等，借记“税金及附加”科目，贷记本科目。实际交纳时，借记本科目，贷记“银行存款”等科目。

出售不动产计算应交的增值税，借记“固定资产清理”等科目，贷记本科目(应交增值税)。

(6) 企业转让土地使用权应交的土地增值税，土地使用权与地上建筑物及其附着物一并在“固定资产”等科目核算的，借记“固定资产清理”等科目，贷记本科目(应交土地增值税)。土地使用权在“无形资产”科目核算的，按实际收到的金额，借记“银行存款”科目，按应交的土地增值税，贷记本科目(应交土地增值税)，同时冲销土地使用权的账面价值，贷记“无形资产”科目，按其差额，借记“营业外支出”科目或贷记“营业外收入”科目。实际缴纳土地增值税时，借记本科目，贷记“银行存款”等科目。

企业按规定计算应交的房产税、土地使用税、车船使用税、矿产资源补偿费，借记“税金及附加”科目，贷记本科目。实际缴纳时，借记本科目，贷记“银行存款”等科目。

(7) 企业按照税法规定计算应交的所得税，借记“所得税费用”等科目，贷记本科目(应交所得税)。缴纳的所得税，借记本科目，贷记“银行存款”等科目。

本科目期末贷方余额，反映企业尚未缴纳的税费；期末如为借方余额，反映企业多交或尚未抵扣的税费。

2231　应付利息

本科目核算企业按照合同约定应支付的利息，包括吸收存款、分期付息到期还本的长期借款、企业债券等应支付的利息。本科目可按存款人或债权人进行明细核算。

资产负债表日，应按摊余成本和实际利率计算确定的利息费用，借记“利息支出”、“在建工程”、“财务费用”、“研发支出”等科目，按合同利率计算确定的应付未付利息，贷记本科目，按其差额，借记或贷记“长期借款——利息调整”、“吸收存款——利息调整”等科目。合同利率与实际利率差异较小的，也可以采用合同利率计算确定利息费用。实际支付利息时，借记本科目，贷记“银行存款”等科目。

本科目期末贷方余额，反映企业应付未付的利息。

2232　应付股利

本科目核算企业分配的现金股利或利润，包括普通股股利、优先股股利和永续债利息。本科目可按投资者进行明细核算。

企业根据股东大会或类似机构审议批准的利润分配方案，按应支付的现金股利或利润，借记“利润分配”科目，贷记本科目。实际支付现金股利或利润，借记本科目，贷记“银行存款”等科目。董事会或类似机构通过的利润分配方案中拟分配的现金股利或利润，不做账务处理，但应在附注中披露。

本科目期末贷方余额，反映企业应付未付的现金股利或利润。

2241　其他应付款

本科目核算企业除应付票据、应付账款、预收账款、应付职工薪酬、应付利息、应付股利、应交税费、长期应付款等以外的其他各项应付、暂收的款项。按照其他应付款的项目和对方单位（或个人）进行明细核算。

主要账务处理：企业发生的其他各种应付、暂收款项，借记资产成本或费用类科目，贷记本科目；支付的其他各种应付、暂收款项，借记本科目，贷记“银行存款”、“资金结算中心存款”等科目。

本科目期末贷方余额，反映企业应付未付的其他应付款项。

2314　受托代销商品款

本科目核算企业采用收取手续费方式收到的代销商品款。受托代销商品款的主要账务处理如下：

（1）收到受托代销的商品。

借：受托代销商品

　贷：受托代销商品款

（2）售出受托代销商品。

借：“银行存款”、资金结算中心存款、应收账款等

　贷：受托代销商品

（3）计算代销手续费等收入。

借：受托代销商品款

　贷：其他业务收入

（4）结清代销商品款。

借：受托代销商品款

　贷：“银行存款”、资金结算中心存款等

本科目期末贷方余额，反映企业收到的代理业务资产。

2401 递延收益

本科目核算企业确认的应在以后期间计入当期损益的政府补助。本科目可按政府补助的项目进行明细核算。递延收益的主要账务处理如下：

（1）企业收到或应收的与资产相关的政府补助，借记“银行存款”、“其他应收款”等科目，贷记本科目。在相关资产使用寿命内分配递延收益，借记本科目，贷记“营业外收入”科目。

（2）与收益相关的政府补助，用于补偿企业以后期间相关费用或损失的，按收到或应收的金额，借记“银行存款”、“其他应收款”等科目，贷记本科目。在发生相关费用或损失的未来期间，按应补偿的金额，借记本科目，贷记“营业外收入”科目。用于补偿企业已发生的相关费用或损失的，按收到或应收的金额，借记“银行存款”、“其他应收款”等科目，贷记“营业外收入”科目。

本科目期末贷方余额，反映企业应在以后期间计入当期损益的政府补助。

2501 长期借款

（1）长期借款的核算内容

长期借款科目核算企业向银行或其他金融机构借入的期限在1年以上（不含1年）的各项借款。

可按贷款单位和贷款种类，分别“本金”、“利息调整”等进行明细核算。

（2）长期借款的主要账务处理

① 企业借入长期借款时。

借：“银行存款”、资金结算中心存款（实际收到款项）

　长期借款——利息调整（差额）

　贷：长期借款——本金（合同约定借款额）

② 资产负债表日，应按摊余成本和实际利率计算确定的长期借款的利息费用，借记“在建工程”、“制造费用”、“财务费用”、“研发支出”等科目，按合同利率计算确定的应付未付利息，贷记“应付利息”科目，按其差额，贷记本科目（利息调整）。

实际利率与合同利率差异较小的，也可以采用合同利率计算确定利息费用。

③ 归还的长期借款本金，借记本科目（本金），贷记“银行存款”、“资金结算中心存款”科目。同时，存在利息调整余额的，借记或贷记“在建工程”、“制造费用”、“财务费用”、“研发支出”等科目，贷记或借记本科目（利息调整）。

本科目期末贷方余额，反映企业尚未偿还的长期借款。

2502 应付债券

本科目核算企业为筹集（长期）资金而发行债券的本金和利息以及优先股本金和利息。企业发行的可转换公司债券，应将负债和权益成分进行分拆，分拆后形成的负债成分在本科目核算。本科目可按“面值”、“利息调整”、“应计利息”等进行明细核算。

（1）应付债券的主要账务处理

① 企业发行债券，应按实际收到的金额，借记“银行存款”等科目，按债券票面金额，贷记本科目（面值）。存在差额的，还应借记或贷记本科目（利息调整）。

发行的可转换公司债券，应按实际收到的金额，借记“银行存款”等科目，按该项可转换公司债券包含的负债成分的面值，贷记本科目（可转换公司债券—面值），按权益成分的公允价值，贷记“资本公积——其他资本公积”科目，按其差额，借记或贷记本科目（利息调整）。

② 资产负债表日，对于分期付息、一次还本的债券，应按摊余成本和实际利率计算确定的债券利息费用，借记“在建工程”、“制造费用”、“财务费用”、“研发支出”等科目，按票面利率计算确定的应付未付利息，贷记“应付利息”科目，按其差额，借记或贷记本科目（利息调整）。对于一次还本付息的债券，应于资产负债表日按摊余成本和实际利率计算确定的债券利息费用，借记“在建工程”、“制造费用”、“财务费用”、“研发支出”等科目，按票面利率计算确定的应付未付利息，贷记本科目（应计利息），按其差额，借记或贷记本科目（利息调整）。实际利率与票面利率差异较小的，也可以采用票面利率计算确定利息费用。

③ 长期债券到期，支付债券本息，借记本科目（面值、应计利息）、“应付利息”等科目，贷记“银行存款”等科目。同时，存在利息调整余额的，借记或贷记本科目（利息调整），贷记或借记“在建工程”、“制造费用”、“财务费用”、“研发支出”等科目。

④ 可转换公司债券持有人行使转换权利，将其持有的债券转换为股票，按可转换公司债券的余额，借记本科目（可转换公司债券—面值、利息调整），按其权益成分的金额，借记“资本公积——其他资本公积”科目，按股票面值和转换的股数计算的股票面值总额，贷记“股本”科目，按其差额，贷记“资本公积——股本溢价”科目。如用现金支付不可转换股票的部分，还应贷记“银行存款”等科目。

⑤ 发行方发行的优先股归类为债务工具并以摊余成本计量的，应按实际收到的金额，借记“银行存款”或“存放中央银行款项”等科目，按债务工具的面值，贷记“应付债券——优先股（面值）”科目，按其差额，贷记或借记“应付债券——优先股（利息调整）”科目。在该工具（优先股）存续期间，计提利息并对账面的利息调整进行调整等的会计处理，按照金融工具确认和计量准则中有关金融负债按摊余成本后续计量的规定进行会计处理。

（2）企业应当设置“企业债券备查簿”，详细登记企业债券的票面金额、债券票面利率、还本付息期限与方式、发行总额、发行日期和编号、委托代售单位、转换股份等资料。企业债券到期兑付，在备查簿中应予注销。

（3）本科目期末贷方余额，反映企业尚未偿还的长期债券摊余成本。

2601 租赁负债

（1）租赁负债的核算内容

租赁负债是新租赁准则下的产物，即承租人在租入资产确认使用权资产的同时确认租赁负债，不管是经营租赁还是融资租赁均要在资产负债表列示，它等于按照租赁期开始日尚未支付的租赁付款额的现值。

租赁负债分别在非流动负债和一年内到期的非流动负债列示。

（2）租赁负债的核算

① 确认和初始计量。

根据新租赁准则规定，在租赁期开始日，承租人应当对租赁确认使用权资产和租赁负债

（根据准则规定进行简化处理的短期租赁和低价值资产租赁除外）进行确认。

根据新租赁准则规定，使用权资产是承租人可在租赁期内使用租赁资产的权利，应当按照成本进行初始计量。

根据新租赁准则规定，租赁负债应当按照租赁期开始日尚未支付的租赁付款额的现值进行初始计量。

② 后续计量。

根据新租赁准则规定，在租赁期开始日后，承租人应当采用成本模式对使用权资产进行后续计量，参照《企业会计准则第 4 号——固定资产》有关折旧规定，对使用权资产计提折旧。通常应自租赁期开始日起（租赁期开始的当月）对使用权资产计提折旧，当月计提确有困难的，可以选择自租赁期开始的下月计提折旧，但应对同类使用权资产采取相同的折旧政策。

根据新租赁准则规定，承租人应当按照固定的周期性利率（如租赁内含利率，或承租人增量借款利率）计算租赁负债在租赁期内各期间的利息费用，并计入当期损益。

③ 账务处理。

设置“租赁负债/租赁付款额”科目，核算尚未支付的租赁付款额。

设置“租赁负债/未确认融资费用”科目，核算尚未支付的租赁付款额与其现值之间的差额。在后续确认时，按照租赁付款额的现值乘以实际利率进行摊销，借记“在建工程”、“财务费用”等科目，贷记“租赁负债/未确认融资费用”科目。

2701 长期应付款

（1）长期应付款的核算内容。长期应付款科目核算企业除长期借款和应付债券以外的其他各种长期应付款项，包括以分期付款方式购入固定资产等发生的应付款项以及集团公司计提、拨付下属公司的可持续发展准备金等费用等。可按长期应付款的种类明细核算。

（2）长期应付款的主要账务处理。购入有关资产超过正常信用条件延期支付价款、实质上具有融资性质的，应按购买价款的现值，借记“固定资产”、“在建工程”等科目，按应支付的金额，贷记本科目，按其差额，借记“未确认融资费用”科目。

按期支付的价款，借记本科目，贷记资金类科目。

（3）本科目期末贷方余额，反映企业应付未付的长期应付款项。

2702 未确认融资费用

（1）未确认融资费用的核算内容。未确认融资费用科目核算企业非租赁业务应当分期计入利息费用的未确认融资费用。可按债权人和长期应付款项目进行明细核算。

（2）未确认融资费用的主要账务处理。企业购入有关资产超过正常信用条件延期支付价款、实质上具有融资性质的，应按购买价款的现值，借记“固定资产”、“在建工程”等科目，按应支付的金额，贷记“长期应付款”科目，按其差额，借记本科目。

采用实际利率法分期摊销未确认融资费用，借记“在建工程”、“财务费用”等科目，贷记本科目。

（3）本科目期末借方余额，反映企业未确认融资费用的摊余价值。

2711 专项应付款

本科目核算企业接受国家拨入的具有专门用途或特定用途的款项所形成的不需要以资产或增加其他负债偿还的负债，如专项用于技术改造、技术研究等，以及从其他来源取得的款项。本科目按资本性投资项目进行明细核算。

企业收到或应收的资本性拨款，借记“银行存款”等科目，贷记本科目。将专项或特定用途的拨款用于工程项目，借记“在建工程”等科目，贷记“银行存款”、“应付职工薪酬”等科目。工程项目完工形成长期资产的部分，借记本科目，贷记“资本公积——资本溢价”科目；对未形成长期资产需要核销的部分，借记本科目，贷记“在建工程”等科目；拨款结余需要返还的，借记本科目，贷记“银行存款”科目。

上述资本溢价转增实收资本或股本，借记“资本公积——资本溢价或股本溢价”科目，贷记“实收资本”或“股本”科目。

本科目期末贷方余额，反映企业尚未转销的专项应付款。

2801 预计负债

本科目核算企业确认的对外提供担保、未决诉讼、产品质量保证、重组义务、亏损性合同等预计负债。本科目可按形成预计负债的交易或事项进行明细核算。

（1）预计负债的主要账务处理。

① 企业由对外提供担保、未决诉讼、重组义务产生的预计负债，应按确定的金额，借记“营业外支出”等科目，贷记本科目。由产品质量保证产生的预计负债，应按确定的金额，借记“销售费用”科目，贷记本科目。

由资产弃置义务产生的预计负债，应按确定的金额，借记“固定资产”或“油气资产”科目，贷记本科目。在固定资产或油气资产的使用寿命内，按计算确定各期应负担的利息费用，借记“财务费用”科目，贷记本科目。

② 实际清偿或冲减的预计负债，借记本科目，贷记“银行存款”等科目。

③ 根据确凿证据需要对已确认的预计负债进行调整的，调整增加的预计负债，借记有关科目，贷记本科目；调整减少的预计负债作相反的会计分录。

（2）本科目期末贷方余额，反映企业已确认尚未支付的预计负债。

2901 递延所得税负债

本科目核算企业确认的应纳税暂时性差异产生的所得税负债。本科目可按应纳税暂时性差异的项目进行明细核算。递延所得税负债的主要账务处理如下：

（1）资产负债表日，企业确认的递延所得税负债，借记“所得税费用——递延所得税费用”科目，贷记本科目。资产负债表日递延所得税负债的应有余额大于其账面余额的，应按其差额确认，借记“所得税费用——递延所得税费用”科目，贷记本科目；资产负债表日递延所得税负债的应有余额小于其账面余额的作相反的会计分录。

与直接计入所有者权益的交易或事项相关的递延所得税负债，借记“资本公积——其他资本公积”科目，贷记本科目。

（2）企业合并中取得资产、负债的入账价值与其计税基础不同形成应纳税暂时性差异的，应于购买日确认递延所得税负债，同时调整商誉，借记“商誉”等科目，贷记本科目。

本科目期末贷方余额，反映企业已确认的递延所得税负债。

4001 实收资本

本科目核算企业接受投资者投入的实收资本。股份有限公司应将本科目改为“4001 股本”科目。企业收到投资者出资超过其在注册资本或股本中所占份额的部分，作为资本溢价或股本溢价，在“资本公积”科目核算。本科目可按投资者进行明细核算。企业（中外合作经营）在合作期间归还投资者的投资，应在本科目设置“已归还投资”明细科目进行核算。实收资本的主要账务处理如下：

(1) 企业接受投资者投入的资本，借记“银行存款”、“其他应收款”、“固定资产”、“无形资产”、“长期股权投资”等科目，按其在注册资本或股本中所占份额，贷记本科目，按其差额，贷记“资本公积——资本溢价或股本溢价”科目。

(2) 股东大会批准的利润分配方案中分配的股票股利，应在办理增资手续后，借记“利润分配”科目，贷记本科目。

经股东大会或类似机构决议，用资本公积转增资本，借记“资本公积——资本溢价或股本溢价”科目，贷记本科目。

(3) 可转换公司债券持有人行使转换权利，将其持有的债券转换为股票，按可转换公司债券的余额，借记“应付债券——可转换公司债券（面值、利息调整）”科目，按其权益成分的金额，借记“资本公积——其他资本公积”科目，按股票面值和转换的股数计算的股票面值总额，贷记本科目，按其差额，贷记“资本公积——股本溢价”科目。如有现金支付不可转换股票，还应贷记“银行存款”等科目。

企业将重组债务转为资本的，应按重组债务的账面余额，借记“应付账款”等科目，按债权人因放弃债权而享有本企业股份的面值总额，贷记本科目，按股份的公允价值总额与相应的实收资本或股本之间的差额，贷记或借记“资本公积——资本溢价或股本溢价”科目，按其差额，贷记“营业外收入——债务重组利得”科目。

(4) 以权益结算的股份支付换取职工或其他方提供服务的，应在行权日，按根据实际行权情况确定的金额，借记“资本公积——其他资本公积”科目，按应计入实收资本或股本的金额，贷记本科目。

(5) 企业按法定程序报经批准减少注册资本的，借记本科目，贷记“库存现金”、“银行存款”等科目。

(6) 股份有限公司采用收购本公司股票方式减资的，按股票面值和注销股数计算的股票面值总额，借记本科目，按所注销库存股的账面余额，贷记“库存股”科目，按其差额，借记“资本公积——股本溢价”科目，股本溢价不足冲减的，应借记“盈余公积”、“利润分配——未分配利润”科目；购回股票支付的价款低于面值总额的，应按股票面值总额，借记本科目，按所注销库存股的账面余额，贷记“库存股”科目，按其差额，贷记“资本公积——股本溢价”科目。

(7) 企业（中外合作经营）根据合同规定在合作期间归还投资者的投资，借记本科目（已归还投资），贷记“银行存款”等科目；同时，借记“利润分配——利润归还投资”科目，贷记“盈余公积——利润归还投资”科目。

中外合作经营清算，借记本科目、“资本公积”、“盈余公积”、“利润分配——未分配利润”等科目，贷记本科目（已归还投资）、“银行存款”等科目。

本科目期末贷方余额，反映企业实收资本或股本总额。

4002 资本公积

本科目核算企业收到投资者出资额超出其在注册资本或股本中所占份额的部分。直接计入所有者权益的利得和损失，也通过本科目核算。本科目应当分别“资本溢价（股本溢价）”、“其他资本公积”进行明细核算。资本公积的主要账务处理如下：

（1）企业接受投资者投入的资本、可转换公司债券持有人行使转换权利、将债务转为资本等形成的资本公积，借记有关科目，贷记“实收资本”或“股本”科目、本科目（资本溢价或股本溢价）等。

与发行权益性证券直接相关的手续费、佣金等交易费用，借记本科目（股本溢价）等，贷记“银行存款”等科目。经股东大会或类似机构决议，用资本公积转增资本，借记本科目（资本溢价或股本溢价），贷记“实收资本”或“股本”科目。

（2）同一控制下控股合并形成的长期股权投资，应在合并日按取得被合并方所有者权益账面价值的份额，借记“长期股权投资”科目，按享有被投资单位已宣告但尚未发放的现金股利或利润，借记“应收股利”科目，按支付的合并对价的账面价值，贷记有关资产科目或借记有关负债科目，按其差额，贷记本科目（资本溢价或股本溢价）；为借方差额的，借记本科目（资本溢价或股本溢价），资本公积（资本溢价或股本溢价）不足冲减的，借记“盈余公积”、“利润分配——未分配利润”科目。同一控制下吸收合并涉及的资本公积，比照上述原则进行处理。

（3）长期股权投资采用权益法核算的，在持股比例不变的情况下，被投资单位除净损益以外所有者权益的其他变动，企业按持股比例计算应享有的份额，借记或贷记“长期股权投资——其他权益变动”科目，贷记或借记本科目（其他资本公积）。处置采用权益法核算的长期股权投资，还应结转原记入资本公积的相关金额，借记或贷记本科目（其他资本公积），贷记或借记“投资收益”科目。

（4）以权益结算的股份支付换取职工或其他方提供服务的，应按照确定的金额，借记“管理费用”等科目，贷记本科目（其他资本公积）。

在行权日，应按实际行权的权益工具数量计算确定的金额，借记本科目（其他资本公积），按计入实收资本或股本的金额，贷记“实收资本”或“股本”科目，按其差额，贷记本科目（资本溢价或股本溢价）。

（5）自用房地产或存货转换为采用公允价值模式计量的投资性房地产，按照“投资性房地产”科目的相关规定进行处理，相应调整资本公积。

（6）股份有限公司采用收购本公司股票方式减资的，按股票面值和注销股数计算的股票面值总额，借记“股本”科目，按所注销的库存股的账面余额，贷记“库存股”科目，按其差额，借记本科目（股本溢价），股本溢价不足冲减的，应借记“盈余公积”、“利润分配——未分配利润”科目；购回股票支付的价款低于面值总额的，应按股票面值总额，借记“股本”科目，按所注销的库存股的账面余额，贷记“库存股”科目，按其差额，贷记本科目（股本溢价）。

（7）资产负债表日，满足运用套期会计方法条件的现金流量套期和境外经营净投资套期产生的利得或损失，属于有效套期的，借记或贷记有关科目，贷记或借记本科目(其他资本公积)；属于无效套期的，借记或贷记有关科目，贷记或借记“公允价值变动损益”科目。

本科目期末贷方余额，反映企业的资本公积。

4003 其他综合收益

本科目核算企业根据会计准则规定未在当期损益中确认的各项利得和损失。企业在处理其他综合收益业务时，要进行以下两种分类：

一是以后会计期间不能重分类进损益的其他综合收益项目，主要包括：重新计量设定受益计划净负债或净资产导致的变动；按照权益法核算的在被投资单位以后会计期间不能重分类进损益的其他综合收益中所享有的份额；其他权益工具投资发生的公允价值变动；企业自身信用风险引起的公允价值变动等；

二是以后会计期间在满足规定条件时将重分类进损益的其他综合收益项目，主要包括：按照权益法核算的在被投资单位以后会计期间在满足规定条件时将重分类进损益的其他综合收益中所享有的份额；其他债权投资公允价值变动形成的利得或损失；金融资产重分类计入其他综合收益的金额；其他债权投资信用减值准备；现金流量套期工具产生的利得或损失中属于有效套期的部分；外币财务报表折算差额等。

企业形成其他综合收益时，借记有关科目，贷记本科目；企业根据形成的其他综合收益金额计算所得税费用进行纳税调整时，借记本科目，贷记“递延所得税资产”或“递延所得税负债”或“所得税费用”等科目。如果形成其他综合收益时，借记本科目，贷记有关科目，纳税调整时贷记本科目。

期末，“其他综合收益”的余额填入资产负债表“所有者权益”类下“其他综合收益”项目。

4101 盈余公积

本科目核算企业从净利润中提取的盈余公积。本科目应当分别“法定盈余公积”、“任意盈余公积”进行明细核算。外商投资企业还应分别“储备基金”、“企业发展基金”进行明细核算。中外合作经营在合作期间归还投资者的投资，应在本科目设置“利润归还投资”明细科目进行核算。盈余公积的主要账务处理如下：

(1) 企业按规定提取的盈余公积，借记“利润分配——提取法定盈余公积、提取任意盈余公积”科目，贷记本科目(法定盈余公积、任意盈余公积)。

外商投资企业按规定提取的储备基金、企业发展基金、职工奖励及福利基金，借记“利润分配——提取储备基金、提取企业发展基金、提取职工奖励及福利基金”科目，贷记本科目(储备基金、企业发展基金)、“应付职工薪酬”科目。

(2) 经股东大会或类似机构决议，用盈余公积弥补亏损或转增资本，借记本科目，贷记“利润分配——盈余公积补亏”、“实收资本”或“股本”科目。

经股东大会决议，用盈余公积派送新股，按派送新股计算的金额，借记本科目，按股票面值和派送新股总数计算的股票面值总额，贷记“股本”科目。

中外合作经营根据合同规定在合作期间归还投资者的投资，应按实际归还投资的金额，借记“实收资本——已归还投资”科目，贷记“银行存款”等科目；同时，借记“利润分配——利润归还投资”科目，贷记本科目(利润归还投资)。

本科目期末贷方余额,反映企业的盈余公积。

4103　本年利润

本科目核算企业当期实现的净利润(或发生的净亏损)。企业期(月)末结转利润时,应将各损益类科目的金额转入本科目,结平各损益类科目。结转后本科目的贷方余额为当期实现的净利润;借方余额为当期发生的净亏损。

年度终了,应将本年收入和支出相抵后结出的本年实现的净利润,转入"利润分配"科目,借记本科目,贷记"利润分配——未分配利润"科目;如为净亏损作相反的会计分录。结转后本科目应无余额。

4104　利润分配

本科目核算企业利润的分配(或亏损的弥补)和历年分配(或弥补)后的余额。本科目应当分别"提取法定盈余公积"、"提取任意盈余公积"、"应付现金股利或利润"、"应付优先股股利"、"应付永续债利息"、"转作股本的股利"、"盈余公积补亏"和"未分配利润"等进行明细核算。利润分配的主要账务处理如下:

(1) 企业按规定提取的盈余公积,借记本科目(提取法定盈余公积、提取任意盈余公积),贷记"盈余公积——法定盈余公积、任意盈余公积"科目。

外商投资企业按规定提取的储备基金、企业发展基金、职工奖励及福利基金,借记本科目(提取储备基金、提取企业发展基金、提取职工奖励及福利基金),贷记"盈余公积——储备基金、企业发展基金"、"应付职工薪酬"等科目。

企业(金融)按规定提取的一般风险准备,借记本科目(提取一般风险准备),贷记"一般风险准备"科目。

(2) 经股东大会或类似机构决议,分配给股东或投资者的现金股利或利润,借记本科目(应付现金股利或利润),贷记"应付股利"科目。

经股东大会或类似机构决议,分配给股东的股票股利,应在办理增资手续后,借记本科目(转作股本的股利),贷记"股本"科目。

(3) 优先股、永续债发行方根据经批准的股利分配方案,按应分配给金融工具持有者的股利金额,借记"利润分配——应付优先股股利、应付永续债利息等"科目,贷记"应付股利——优先股股利、永续债利息等"科目。

(4) 用盈余公积弥补亏损,借记"盈余公积——法定盈余公积或任意盈余公积"科目,贷记本科目(盈余公积补亏)。

企业(金融)用一般风险准备弥补亏损,借记"一般风险准备"科目,贷记本科目(一般风险准备补亏)科目。

(5) 年度终了,企业应将本年实现的净利润,自"本年利润"科目转入本科目,借记"本年利润"科目,贷记本科目(未分配利润),为净亏损的作相反的会计分录;同时,将"利润分配"科目所属其他明细科目的余额转入本科目"未分配利润"明细科目。结转后,本科目除"未分配利润"明细科目外,其他明细科目应无余额。

本科目年末余额,反映企业的未分配利润(或未弥补亏损)。

4201 库存股

本科目核算企业收购、转让或注销的本公司股份金额。库存股的主要账务处理如下：

(1) 企业为减少注册资本而收购本公司股份的，应按实际支付的金额，借记本科目，贷记“银行存款”等科目。

(2) 为奖励本公司职工而收购本公司股份的，应按实际支付的金额，借记本科目，贷记“银行存款”等科目，同时做备查登记。

将收购的股份奖励给本公司职工属于以权益结算的股份支付，如有实际收到的金额，借记“银行存款”科目，按根据职工获取奖励股份的实际情况确定的金额，借记“资本公积——其他资本公积”科目，按奖励库存股的账面余额，贷记本科目，按其差额，贷记或借记“资本公积——股本溢价”科目。

(3) 股东因对股东大会作出的公司合并、分立决议持有异议而要求企业收购本公司股份的，企业应按实际支付的金额，借记本科目，贷记“银行存款”等科目。

(4) 转让库存股，应按实际收到的金额，借记“银行存款”等科目，按转让库存股的账面余额，贷记本科目，按其差额，贷记“资本公积——股本溢价”科目；为借方差额的，借记“资本公积——股本溢价”科目，股本溢价不足冲减的，应借记“盈余公积”、“利润分配——未分配利润”科目。

(5) 注销库存股，应按股票面值和注销股数计算的股票面值总额，借记“股本”科目，按注销库存股的账面余额，贷记本科目，按其差额，借记“资本公积——股本溢价”科目，股本溢价不足冲减的，应借记“盈余公积”、“利润分配——未分配利润”科目。

本科目期末借方余额，反映企业持有尚未转让或注销的本公司股份金额。

4301 专项储备

(1) 专项储备的核算内容。专项储备科目核算高危行业企业按照规定提取的安全生产费以及维持简单再生产费用等具有类似性质的费用。

形成固定资产的，在纳税时，每年扣除的金额是按照企业的资产一样计提折旧部分，其余部分需要进行纳税调整，不确认递延所得税资产。

(2) 专项储备的核算。

① 专项储备的提取，借记“生产成本”、“制造费用”，贷记“专项储备”科目。

② 企业使用提取的专项费用时，属于费用性支出的，直接冲减专项储备，即借记“专项储备”科目，贷记“银行存款”科目。

③ 企业使用提取的专项费用形成固定资产的，应当通过“在建工程”科目归集所发生的支出，待安全项目完工达到预定可使用状态时确认为固定资产；同时，按照形成固定资产的成本一次性冲减专项储备，并确认相同金额的累计折旧，即借记“专项储备”科目，贷记“累计折旧”科目，该固定资产在以后期间不再计提折旧。

4401 其他权益工具

本科目核算企业发行的除普通股以外的归类为权益工具的各种金融工具。本科目可按照发行金融工具的种类等进行明细核算。主要账务处理如下：

(1) 企业发行的金融工具归类为其他权益工具的,应按实际收到的金额,借记“银行存款”或“存放中央银行款项”等科目,贷记本科目。

(2) 分类为其他权益工具的金融工具,在存续期间分派股利(含分类为权益工具的工具所产生的“利息”,下同)的,作为利润分配处理。发行方应根据经批准的股利分配方案,按应分配给金融工具持有方的股利金额,借记“利润分配”科目,贷记“应付股利”科目。

(3) 发行方发行的金融工具为既有负债成分又有权益工具成分的复合金融工具的,应按实际收到的金额,借记“银行存款”或“存放中央银行款项”等科目,按金融工具的面值,贷记“应付债券——面值”等科目,按负债成分的公允价值与金融工具面值之间的差额,借记或贷记“应付债券——利息调整”等科目,按实际收到的金额扣除负债成分的公允价值后的金额,贷记本科目。

发行复合金融工具发生的交易费用,应当在负债成分和权益成分之间按照各自占总发行价款的比例进行分摊。与多项交易相关的共同交易费用,应当在合理的基础上,采用与其他类似交易一致的方法,在各项交易之间进行分摊。对于分摊至负债成分的交易费用,应当计入该负债成分的初始计量金额(若该负债成分按摊余成本进行后续计量)或计入当期损益(若该负债成分按公允价值进行后续计量且其变动计入当期损益);对于分摊至权益成分的交易费用,应当从权益中扣除。

(4) 由于发行的金融工具原合同条款约定的条件或事项随着时间的推移或经济环境的改变而发生变化,导致原归类为权益工具的金融工具重分类为金融负债的,应当于重分类日,按该工具的账面价值,借记本科目,按该工具的面值,贷记“应付债券——面值”等科目,按该工具的公允价值与面值之间的差额,借记或贷记“应付债券——利息调整”等科目,按该工具的公允价值与账面价值的差额,贷记或借记“资本公积——资本溢价(或股本溢价)”科目,如资本公积不够冲减的,依次冲减盈余公积和未分配利润。发行方以重分类日计算的实际利率作为应付债券后续计量利息调整等的基础。

因发行的金融工具原合同条款约定的条件或事项随着时间的推移或经济环境的改变而发生变化,导致原归类为金融负债的金融工具重分类为权益工具的,应于重分类日,按金融负债的账面价值,贷记本科目,按金融负债的面值,借记“应付债券——面值”等科目,按其差额,借记或贷记“应付债券——利息调整”等科目。

(5) 发行方按合同条款约定赎回所发行的除普通股以外的分类为权益工具的金融工具,按赎回价格,借记“库存股——其他权益工具”科目,贷记“银行存款”或“存放中央银行款项”等科目;注销所购回的金融工具,按该工具对应的其他权益工具的账面价值,借记本科目,按该工具的赎回价格,贷记“库存股——其他权益工具”科目,按其差额,借记或贷记“资本公积——资本溢价(或股本溢价)”等科目,如资本公积不够冲减的,依次冲减盈余公积和未分配利润。

(6) 发行方按合同条款约定将发行的除普通股以外的金融工具转换为普通股的,按该工具对应的其他权益工具或金融负债的账面价值,借记本科目、“应付债券”等科目,按普通股的面值,贷记“(实收资本或股本”)等科目,按其差额,贷记“资本公积——资本溢价(或股本溢价)”等科目(如转股时金融工具的账面价值零头不足转换为1股普通股,发行方以现金或其他金融资产退换零头时,还需按支付的现金或其他金融资产的金额,贷记“银行存款”或“存放中央银行款项”等科目)。

5001 生产成本

本科目核算企业进行工业性生产发生的各项生产成本，包括生产各种产品(产成品、自制半成品等)、自制材料、自制工具、自制设备等。

企业(农业)进行农业生产发生的各项生产成本，可将本科目改为“5001 农业生产成本”科目，并分别种植业、畜牧养殖业、林业和水产业确定成本核算对象(消耗性生物资产、生产性生物资产、公益性生物资产和农产品)和成本项目，进行费用的归集和分配。

企业(房地产开发)可将本科目改为“5001 开发成本”科目。

本科目可按基本生产成本和辅助生产成本进行明细核算。基本生产成本应当分别按照基本生产车间和成本核算对象(产品的品种、类别、订单、批别、生产阶段等)设置明细账(或成本计算单，下同)，并按照规定的成本项目设置专栏。生产成本的主要账务处理如下：

(1) 企业发生的各项直接生产成本，借记本科目(基本生产成本、辅助生产成本)，贷记“原材料”、“库存现金”、“银行存款”、“应付职工薪酬”等科目。各生产车间应负担的制造费月，借记本科目(基本生产成本、辅助生产成本)，贷记“制造费用”科目。辅助生产车间为基本生产车间、企业管理部门和其他部门提供的劳务和产品，期(月)末按照一定的分配标准分配给各受益对象，借记本科目(基本生产成本)、“管理费用”、“销售费用”、“其他业务成本”、“在建工程”等科目，贷记本科目(辅助生产成本)。

企业已经生产完成并已验收入库的产成品以及入库的自制半成品，应于期(月)末，借记“库存商品”等科目，贷记本科目(基本生产成本)。

(2) 生产性生物资产在产出农产品过程中发生的各项费用，借记“农业生产成本”科目，贷记“库存现金”、“银行存款”、“原材料”、“应付职工薪酬”、“生产性生物资产累计折旧”等科目。

(3) 农业生产过程中发生的应由农产品、消耗性生物资产、生产性生物资产和公益性生物资产共同负担的费用，借记“农业生产成本——共同费用”科目，贷记“库存现金”、“银行存款”、“原材料”、“应付职工薪酬”、“农业生产成本”等科目。期(月)末，可按一定的分配标准对上述共同负担的费用进行分配，借记“农业生产成本——农产品”、“消耗性生物资产”、“生产性生物资产”、“公益性生物资产”等科目，贷记“农业生产成本——共同费用”科目。应由生产性生物资产收获的农产品负担的费用，应当采用合理的方法在农产品各品种之间进行分配；如有尚未收获的农产品，还应当在已收获和尚未收获的农产品之间进行分配。生产性生物资产收获的农产品验收入库时，按其实际成本，借记“农产品”科目，贷记本科目(农产品)。

本科目期末借方余额，反映企业尚未加工完成的在产品成本或尚未收获的农产品成本。

5101 制造费用

(1) 制造费用的核算内容。制造费用科目核算企业生产车间(部门)为生产产品和提供劳务而发生的各项间接费用。可按不同的生产车间、部门和费用项目进行明细辅助核算。

(2) 制造费用的主要账务处理。

① 生产车间发生的机物料消耗。

借：制造费用

贷:原材料等

② 发生的生产车间管理人员的工资等职工薪酬。

借:制造费用

贷:应付职工薪酬

③ 生产车间计提的固定资产折旧。

借:制造费用

贷:累计折旧

④ 生产车间支付的办公费、水电费、修理费等。

借:制造费用

贷:银行存款、资金结算中心存款等

⑤ 发生季节性的停工损失。

借:制造费用

贷:原材料等

⑥ 将制造费用分配计入有关的成本核算对象。

借:生产成本——基本生产成本、辅助生产成本

劳务成本等

贷:制造费用

⑦ 季节性生产企业制造费用全年实际发生额与分配额的差额,除其中属于为下一年开工生产做准备的可留待下一年分配外,其余部分实际发生额大于分配额的差额:

借:生产成本——基本生产成本

贷:制造费用

实际发生额小于分配额的差额作相反的会计分录。

⑧ 资源成本核算。核算间接的、与企业生产量缺乏密切关联的各项资源成本支出,如:土地塌陷赔偿费、无形资产土地的摊销、采矿权使用费等。

⑨ 折旧费核算。核算企业生产部门(含直接生产部门和间接生产部门)所使用固定资产计提的折旧。由于折旧费在产品成本中所占的比重不大,一般都把它作为间接费用处理。对于现代化技术密集型企业来看,折旧费用在产品成本中所占的比重会越来越大,在这种情况下,折旧费用也可以在“生产成本”科目进行核算。

⑩ 安全生产费用核算。按照国家和地方相关文件规定提取,借记“制造费用/安全生产费用”科目,贷记“专项储备/安全生产费用”科目。

⑪ 维简费用核算。按照国家和地方相关文件规定提取,借记“制造费用/维简费用”科目,贷记“专项储备/维简费用”科目。

⑫ 除季节性的生产性企业外,本科目期末应无余额。

5301 研发支出

(1) 研发支出的核算内容

研发支出科目核算企业进行研究与开发无形资产过程中发生的各项支出。

在“研发支出”科目下分别设置“费用化支出”、“资本化支出”二级科目进行明细核算,可按项目设置辅助核算。

企业开发无形资产过程中发生的各项支出，要于实际发生时区分无形资产的研制属于研究阶段还是开发阶段，是否能够资本化作为构成无形资产的成本。能够资本化的，计入资本化支出，形成无形资产的成本；不满足资本化条件的，计入费用化支出，于期末结转计入当期损益。

(2) 研发支出的主要账务处理

① 企业自行开发无形资产发生的研发支出。

借：研发支出——费用化支出(不满足资本化条件的支出)

研发支出——资本化支出(满足资本化条件的支出)

贷：原材料、"银行存款"、资金结算中心存款、应付职工薪酬等

② 研究开发项目达到预定用途形成无形资产的。

借：无形资产

贷：研发支出——资本化支出

期(月)末，将本科目归集的费用化支出金额转入"管理费用"科目

借：管理费用

贷：研发支出——费用化支出

期末借方余额，反映企业正在进行无形资产研究开发项目满足资本化条件的支出。

5401 合同履约成本

(1) 合同履约成本的内容

合同履约成本科目核算为履行当前或预期取得的合同所发生的、不属于其他企业会计准则规范范围且按照本准则应当确认为一项资产的成本。企业因履行合同而产生的毛利不在本科目核算。本科目可按合同分别"服务成本"、"工程施工"等进行明细核算。

(2) 合同履约成本

① 企业发生上述合同履约成本时：

借：合同履约成本——工程施工等

贷：应付职业薪酬、原材料、银行存款等

② 企业按工程进度确定应收工程款时：

借：合同资产

贷：合同结算——价款结算

应交税费——应交增值税(销项税额)

③ 企业按投入法或产出法确认合同收入实现时：

借：合同结算——收入结转

贷：主营业务收入

④ 企业结转合同履约成本或对合同履约成本进行摊销时：

借：主营业务成本、其他业务成本等

贷：合同履约成本

(3) 本科目期末余额，反映企业尚未结转的合同履约成本

5402 合同结算

(1) 合同结算的核算内容

合同结算科目核算企业(建造承包商)根据建造合同约定向业主办理结算的累计金额。可按建造合同进行明细核算。

(2) 合同结算的主要账务处理

① 企业向业主结算工程价款时:

借:合同资产

　贷:合同结算——价款结算

　　应交税费——应交增值税(销项税额)

② 企业确认合同收入实现时:

借:合同结算——收入结转

　贷:主营业务收入等

③ 合同完工时,应将本科目“价款结算”余额与“收入结转”余额对冲。

借:合同结算——价款结算

　贷:合同结算——收入结转

(3) 本科目期末贷方余额,反映企业尚未完工建造合同已办理结算的累计金额。

6001 主营业务收入

本科目核算企业确认的销售商品、提供劳务等主营业务的收入。本科目可按主营业务的种类进行明细核算。主营业务收入的主要账务处理如下:

(1) 企业销售商品或提供劳务实现的收入,应按实际收到或应收的金额,借记“银行存款”、“应收账款”、“应收票据”等科目,按确认的营业收入,贷记本科目。

(2) 采用递延方式分期收款、具有融资性质的销售商品或提供劳务满足收入确认条件的,按应收合同或协议价款,借记“长期应收款”科目,按应收合同或协议价款的公允价值(折现值),贷记本科目,按其差额,贷记“应收融资租赁款——未实现融资收益”科目。

(3) 以库存商品进行非货币性资产交换(非货币性资产交换具有商业实质且公允价值能够可靠计量)、债务重组的,应按该产成品、商品的公允价值,借记有关科目,贷记本科目。

(4) 本期(月)发生的销售退回或销售折让,按应冲减的营业收入,借记本科目,按实际支付或应退还的金额,贷记“银行存款”、“应收账款”等科目。

上述销售业务涉及增值税销项税额的,还应进行相应的处理。

(5) 确认建造合同收入,按应确认的合同费用,借记“主营业务成本”科目,按应确认的合同收入,贷记本科目,按其差额,借记或贷记“工程施工——合同毛利”科目。

(6) 期末,应将本科目的余额转入“本年利润”科目,结转后本科目应无余额。

6051 其他业务收入

(1) 其他业务收入的核算内容

其他业务收入科目核算企业确认的除主营业务活动以外的其他经营活动实现的收入,包括出租固定资产、出租无形资产、出租包装物和商品、销售材料等。

按其他业务收入种类进行明细核算。

(2) 其他业务收入的主要账务处理

企业确认其他业务收入实现时:

借:银行存款、应收账款等

 贷:其他业务收入

  应交税费——应交增值税(销项税额)

同时结转其他业务成本:

借:其他业务成本

 贷:原材料等

期末,应将余额转入"本年利润"科目,结转后本科目无余额。

6101 公允价值变动损益

(1) 公允价值变动损益的核算内容

本科目核算企业交易性金融资产、交易性金融负债,直接指定为以公允价值计量且其变动计入当期损益的金融资产或金融负债,以及采用公允价值模式计量的投资性房地产、衍生工具、套期保值业务等公允价值变动形成的应计入当期损益的利得或损失按交易性金融资产、交易性金融负债、投资性房地产等进行明细核算。

(2) 公允价值变动损益的主要账务处理

① 交易性金融资产。

A. 资产负债表日,交易性金融资产的公允价值高于其账面余额的差额:

借:交易性金融资产——公允价值变动

 贷:公允价值变动损益

公允价值低于其账面余额的差额作相反的会计分录。

B. 出售交易性金融资产时,将原计入该金融资产的公允价值变动不需要转出。

② 交易性金融负债。

A. 资产负债表日,交易性金融负债的公允价值高于其账面余额的差额:

借:公允价值变动损益

 贷:交易性金融负债——公允价值变动

公允价值低于其账面余额的差额作相反的会计分录。

B. 处置交易性金融负债时,将原计入该金融负债的公允价值变动不需要转出。

期末,应将余额转入"本年利润"科目,结转后本科目无余额。

6111 投资收益

(1) 投资收益的核算内容

投资收益科目核算企业确认的投资收益或投资损失。

可按投资项目进行明细核算。

(2) 投资收益的主要账务处理

① 长期股权投资采用成本法核算的,企业应按被投资单位宣告发放的现金股利或利润中属于本企业的部分,借记"应收股利"科目,贷记本科目。

处置长期股权投资时，应按实际收到的金额，借记“银行存款”、“资金结算中心存款”等科目，按其账面余额，贷记“长期股权投资”科目，按尚未领取的现金股利或利润，贷记“应收股利”科目，按其差额，贷记或借记本科目。已计提减值准备的，还应同时结转减值准备。

② 长期股权投资采用权益法核算的，应按根据被投资单位实现的净利润或经调整的净利润计算应享有的份额，借记“长期股权投资——损益调整”科目，贷记本科目。被投资单位发生净亏损的，借贷记本科目，贷记“长期股权投资——损益调整”科目，以“长期股权投资”科目借方余额为限，若还有其他债权需要冲减的或承担相关债务，在“长期股权投资”科目借方余额为零后，在借记本科库，贷记相关对被投资单位的债权科目或承担债务的科目。

处置采用权益法核算的长期股权投资，按实际收到的金额，借记“银行存款”、“资金结算中心存款”等科目，按其账面余额，贷记“长期股权投资”科目，按其差额，贷记或借记本科目。已计提减值准备的，还应同时结转减值准备。除上述规定外，还应结转原记入资本公积的相关金额，借记或贷记“资本公积——其他资本公积”科目，贷记或借记本科目。

③ 企业持有交易性金融资产、交易性金融负债、指定为以公允价值计量且其变动计入当期损益的金融资产或金融负债、比照“交易性金融资产”、“交易性金融负债”等科目的相关规定进行处理。

期末，应将余额转入“本年利润”科目，本科目结转后应无余额。

6115　资产处置损益

本科目核算企业出售划分为持有待售的非流动资产（金融工具、长期股权投资和投资性房地产除外）或处置组（子公司和业务除外）时确认的处置利得或损失，以及处置未划分为持有待售的固定资产、在建工程、生产性生物资产及无形资产而产生的处置利得或损失。本科目按照处置的资产类别或处置组进行明细核算。债务重组中因处置非流动资产产生的利得或损失和非货币性资产交换中换出非流动资产产生的利得或损失也在本科目核算。

企业处置持有待售的非流动资产或处置组时，按处置过程中收到的价款，借记“银行存款”等科目，按相关负债的账面余额，借记“持有待售负债”科目，按相关资产的账面余额，贷记“持有待售资产”科目，按其差额借记或贷记本科目，已计提减值准备的，还应同时结转已计提的减值准备；按处置过程中发生的相关税费，借记本科目，贷记“银行存款”、“应交税费”等科目。

期末，应将本科目余额转入“本年利润”科目，本科目结转后应无余额。

6211　其他收益

（1）其他收益的核算内容

“其他收益”是新增的一个损益类会计科目，主要核算以下四个方面内容：核算总额法下与企业日常活动相关的政府补助；核算小微企业因免征增值税而产生的收益（与企业的日常活动相关）；核算企业因代扣个人所得税而获得的代扣手续费收益；债务重组相关业务。

（2）其他收益的主要账务处理

① 企业实际收到或应收到政府补助（与日常活动相关的部分），如软件行业收到的增值税即征即退返还的税款。

借：银行存款、其他应收款

贷:其他收益

或者,先计入递延收益,然后再从递延收益转入其他收益:

借:银行存款

贷:递延收益

在分摊期限内,进行分摊:

借:递延收益

贷:其他收益

期末结转至本年利润,结转后该科目无余额:

借:其他收益

贷:本年利润

② 核算小微企业因免征增值税而产生的收益(与企业的日常活动相关)。

小微企业在取得销售收入时,应当按照税法的规定计算应交增值税,并确认为应交税费[《增值税会计处理规定》(财会〔2016〕22 号)]

借:银行存款

贷:主营业务收入

应交税费——应交增值税

在达到增值税制度规定的免征增值税条件时,将有关应交增值税转入当期损益:

借:应交税费——应交增值税

贷:其他收益

期末结转至本年利润,结转后该科目无余额:

借:其他收益

贷:本年利润

③ 核算企业因代扣个人所得税而获得的代扣手续费收益。

A. 企业收到该手续费返还:

借:银行存款

贷:其他收益

应交税费——应交增值税(销项税额)

B. 使用代扣手续费收益奖励相关办税人员:

借:应付职工薪酬

贷:银行存款

同时,转由代扣手续费收益开支时:

借:其他收益

贷:应付职工薪酬

C. 期末结转至本年利润,结转后该科目无余额:

借:其他收益

贷:本年利润

④ 债务重组相关业务。在债务重组业务中,债务人在相关资产和所清偿债务符合终止确认条件时予以终止确认,所清偿债务账面价值与转让资产账面价值之间的差额计入当期损益,若清偿债务的资产是金融资产以外的资产,所清偿债务的账面价值与清偿资产的账面

价值差额，记入“其他收益”科目核算。

6301 营业外收入

(1) 营业外收入的核算内容

营业外收入科目核算与企业生产经营活动没有直接关系的各种收入。营业外收入并不是由企业经营资金耗费所产生的，不可能也不需要与有关费用进行配比。因此，在会计核算上，应当严格区分营业外收入与营业收入的界限。营业外收入主要包括：与企业日常活动无关的政府补助、盘盈利得、非股东方的捐赠利得、罚款净收入、因债权人原因确实无法支付的应付款项，以及在非同一控制下的权益法核算下，初始投资成本小于取得投资时应享有被投资单位可辨认净资产公允价值份额的差额等。

按营业外收入项目进行明细核算。营业外收入的账务处理如下：

① 与企业日常活动无关的政府补助。

收到或确认应收取的补助：

借：银行存款、其他应收款等

  贷：递延收益

分摊时，或一次性纳入损益核算时：

借：递延收益

  贷：营业外收入

② 盘盈利得。

企业对于现金等资产清查盘点中盘盈的资产，报经批准后计入营业外收入的金额。

对于存货的盘盈，报经批准后冲减管理费用。

对于固定资产的盘盈，通过“以前年度损益调整”科目，报经批准后调整留存收益，不计入营业外收入。

③ 非股东方的捐赠利得。

借：银行存款、资产类科目

  贷：营业外收入

④ 罚款净收入。

借：银行存款

  贷：营业外收入

⑤ 因债权人原因确实无法支付的应付款项。

借：应付账款、其他应付款

  贷：营业外收入

⑥ 在非同一控制下的权益法核算下，初始投资成本小于取得投资时应享有被投资单位可辨认净资产公允价值份额的差额。

借：长期股权投资

  贷：营业外收入

期末，应将本科目余额转入“本年利润”科目，结转后本科目无余额。

6401 主营业务成本

主营业务成本科目为主营业务收入的对应科目，核算企业确认销售商品、提供劳务等主营业务收入时应结转的成本。采用与主营业务收入相同的辅助明细核算。主营业务成本的主要账务处理如下：

(1) 期(月)末，企业应根据本期(月)销售各种商品、提供各种劳务等实际成本，计算应结转的主营业务成本。

借：主营业务成本

　贷：库存商品、劳务成本等

采用计划成本或售价核算库存商品的，平时的营业成本按计划成本或售价结转，月末，还应结转本月销售商品应分摊的产品成本差异或商品进销差价。

本期(月)发生的销售退回，如已结转销售成本的，作以上的相反分录。

(2) 确认建造合同收入的同时确认合同费用。

借：主营业务成本

　工程施工——合同毛利(差额)

　贷：主营业务收入

合同完工时，已计提存货跌价准备的，还应结转跌价准备。

期末，应将余额转入“本年利润”科目，结转后本科目无余额。

6402 其他业务成本

其他业务成本为其他业务收入的对应科目，核算企业确认的除主营业务活动以外的其他经营活动所发生的支出，包括销售材料的成本、出租固定资产的折旧额、出租无形资产的摊销额、出租包装物的成本或摊销额等。

采用成本模式计量投资性房地产的，其投资性房地产计提的折旧额或摊销额，也通过本科目核算。

采用与其他业务收入相同的辅助明细核算。其他业务成本的主要账务处理如下：

(1) 企业发生的其他业务成本。

借：其他业务成本

　贷：原材料等

(2) 采用成本模式计量投资性房地产的，计提的折旧额或摊销额。

借：其他业务成本

　贷：累计折旧/摊销

期末，应将余额转入“本年利润”科目，结转后本科目无余额。

6403 税金及附加

(1) 税金及附加的核算内容

根据财会〔2016〕22号文规定，全面试行“营业税改征增值税”后，“营业税金及附加”科目名称调整为“税金及附加”科目。

该科目核算企业经营活动发生的消费税、城市维护建设税、资源税、教育费附加及房产税、土地使用税、车船使用税、印花税、耕地占用税等相关税费；利润表中的“营业税金及附加”项目调整为“税金及附加”项目。2016 年 5 月 1 日之前是在“管理费用”科目中列支的“四小税”，即房产税、土地使用税、车船税、印花税，2016 年 5 月 1 日之后调整到“税金及附加”科目。

(2) 税金及附加的主要账务处理

平时，企业按规定计算确定的与经营活动相关的税费。

借：税金及附加

　贷：应交税费

期末，应将余额转入“本年利润”科目，结转后本科目无余额。

(3) 新旧科目转换

本科目为原营业税金及附加的替换科目，扩大了原有的核算范围，“税金及附加”科目除核算主营业务负担的税金及附加以外，对于其他经营活动发生的税金及附加，也应通过本科目核算。

6601　销售费用

(1) 销售费用的核算内容

销售费用科目核算企业销售商品和材料、提供劳务的过程中发生的各种费用，包括保险费、包装费、展览费和广告费、商品维修费、预计产品质量保证损失、运输费、装卸费等以及为销售本企业商品而专设的销售机构(含销售网点、售后服务网点等)的职工薪酬、业务费、折旧费等经营费用。企业发生的与专设销售机构相关的固定资产修理费用等后续支出，也在本科目核算。

(2) 销售费用的主要账务处理

① 企业在销售商品过程中发生的包装费、保险费、展览费和广告费、运输费、装卸费等费用。

借：销售费用

　贷：银行存款、资金结算中心存款等

② 发生的为销售本企业商品而专设的销售机构的职工薪酬、业务费等经营费用。

借：销售费用

　贷：应付职工薪酬等

期末，应将余额转入“本年利润”科目，结转后本科目无余额。

6602　管理费用

(1) 管理费用的核算内容

管理费用科目核算企业为组织和管理企业生产经营所发生的管理费用，包括企业在筹建期间内发生的开办费、董事会和行政管理部门在企业的经营管理中发生的或者应由企业统一负担的公司经费(包括行政管理部门职工工资及福利费、物料消耗、低值易耗品摊销、办公费和差旅费等)、工会经费、董事会费(包括董事会成员津贴、会议费和差旅费等)、聘请中介机构费、咨询费(含顾问费)、诉讼费、业务招待费、技术转让费、研究与开发费、排污费、党建工作经费等。

企业(商品流通)管理费用不多的,可不设置本科目,本科目的核算内容可并入“销售费用”科目核算。

企业行政管理部门等发生的固定资产修理费用等后续支出,也在本科目核算。管理费用按费用项目进行明细核算。

(2) 管理费用的主要账务处理

管理费用的主要账务处理如下:

① 企业在筹建期间内发生的开办费,包括人员工资、办公费、培训费、差旅费、印刷费、注册登记费以及不计入固定资产成本的借款费用等,在实际发生时作如下分录:

借:管理费用——开办费

　贷:银行存款、资金结算中心存款等

② 行政管理部门人员的职工薪酬。

借:管理费用

　贷:应付职工薪酬

③ 行政管理部门计提的固定资产折旧。

借:管理费用

　贷:累计折旧

④ 发生的办公费、水电费、业务招待费、聘请中介机构费、咨询费、诉讼费、技术转让费、研究费用。

借:管理费用

　贷:银行存款、资金结算中心存款、研发支出等

⑤ 期末,应将余额转入“本年利润”科目,结转后本科目无余额。

6603 财务费用

(1) 账务费用的核算内容

财务费用科目核算企业为筹集生产经营所需资金等而发生的筹资费用,包括利息支出(减利息收入)、汇兑损益以及相关的手续费、企业发生的现金折扣或收到的现金折扣等。为购建或生产满足资本化条件的资产发生的应予资本化的借款费用,则在“在建工程”、“制造费用”等科目核算。财务费用按费用项目进行明细核算。

(2) 财务费用的主要账务处理

财务费用的主要账务处理如下:

① 企业发生的财务费用。

借:财务费用

　贷:银行存款、资金结算中心存款、未确认融资费用等

② 企业应当收取的利息收入。

借:银行存款等

　贷:财务费用

期末,应将余额转入“本年利润”科目,结转后本科目无余额。

6701　信用减值损失

（1）信用减值损失的核算内容

信用减值损失科目核算金融工具减值损失。企业应当在资产负债表日计算金融工具（或金融工具组合）预期信用损失。如果该预期信用损失大于该工具（或组合）当前减值准备的账面金额，企业应当将其差额确认为减值损失。

（2）信用减值损失的主要账务处理

企业实际发生信用损失，认定相关金融资产无法收回，经批准予以核销的，应当根据批准的核销金额，借记“贷款损失准备”等科目，贷记相应的资产科目，如“贷款”、“应收账款”、“合同资产”等。若核销金额大于已计提的损失准备，还应按其差额借记“信用减值损失”科目。

借：信用减值损失

　贷：贷款损失准备

　　债权投资减值准备

　　坏账准备

　　合同资产减值准备

　　应收融资租赁款减值准备

　　预计负债（用于贷款承诺及财务担保合同）

　　其他综合收益——信用减值准备等（以公允价值计量且其变动计入其他综合收益的债权类资产）

6701　资产减值损失

（1）资产减值损失的核算内容

资产减值损失科目核算企业计提各项资产减值准备所形成的损失。

按发生资产减值损失的项目设置二级明细核算。

企业在资产发生减值时，对所发生的减值损失应及时加以确认和计量，计入资产减值损失。而且资产减值损失一经确认，在以后持有的会计期间不得转回，但以下资产的减值损失除外：

① 存货的减值；

② 消耗性生物资产的减值；

③ 建造合同形成的资产的减值；

④ 递延所得税资产的减值；

⑤ 融资租赁中出租人未担保余值的减值；

⑥ 未探明石油天然气矿区权益的减值。

（2）资产减值损失的主要账务处理

① 企业的存货、长期股权投资、固定资产、无形资产等资产发生减值的：

借：资产减值损失

　贷：存货跌价准备

　　生产性生物资产减值准备

长期股权投资减值准备

固定资产减值准备

无形资产减值准备

商誉减值准备

投资性房地产减值准备等

② 企业计提存货跌价准备等，相关资产的价值又得以恢复的，应在原已计提的减值准备金额内，恢复增加的金额。

借：存货跌价准备

　贷：资产减值损失

③ 按照新准则规定，存货等有确凿证据证明能够收回的资产减值允许转回，转回时，冲减当期损益。但是固定资产、摊销期明确的无形资产、商誉等非流动资产减值不允许转回。

期末，应将余额转入“本年利润”科目，结转后本科目无余额。

6711　营业外支出

营业外支出是营业外收入的对应科目，核算企业发生的各项经常营业活动外的支出，包括非流动资产毁损报废损失、公益性捐赠支出、非常损失、盘亏损失赔偿金违约金等。按营业外支出项目进行明细核算。营业外支出的主要账务处理如下：

企业固定资产毁损发生净损失，按管理权限报经批准后，借记本科目，贷记“固定资产清理”科目。企业发生捐赠支出等，借记“营业外支出”等科目，贷记“银行存款”等科目。期末，应将余额转入“本年利润”科目，结转后本科目无余额。

6801　所得税费用

(1) 所得税费用的核算内容

所得税费用科目核算企业确认的应从当期利润总额中扣除的所得税费用。

可按“当期所得税费用”、“递延所得税费用”进行明细核算。

(2) 所得税费用的主要账务处理

① 资产负债表日，企业按照税法规定计算确定的当期应交所得税：

借：所得税费用——当期所得税费用

　贷：应交税费——应交所得税

② 资产负债表日，递延所得税资产的应有余额大于“递延所得税资产”科目余额的差额：

借：递延所得税资产

　贷：所得税费用——递延所得税费用

　　资本公积——其他资本公积等

递延所得税资产的应有余额小于“递延所得税资产”科目余额的差额作相反的会计分录。

③ 企业应予确认的递延所得税负债，应当比照上述原则调整本科目、“递延所得税负债”科目及有关科目。

期末，应将本科目的余额转入“本年利润”科目，结转后本科目无余额。

6901　以前年度损益调整

（1）以前年度损益调整的核算内容

以前年度损益调整科目核算企业本年度发生的调整以前年度损益的事项以及本年度发现的重要前期差错更正涉及调整以前年度损益的事项。

企业在资产负债表日至财务报告批准报出日之间发生的需要调整报告年度损益的事项，也通过本科目核算。

企业对以前年度发生的损益进行调整时，将涉及应纳所得税、利润分配以及会计报表相关项目的调整。

（2）以前年度损益调整的主要账务处理

① 企业调整以前年度的损益时致使以前年度利润增加或以前年度亏损减少的，借记相关科目，贷记“以前年度损益调整”；调整减少以前年度损益时致使以前年度利润减少或以前年度亏损增加时作相反的会计分录。

② 由于对以前年度损益进行调整所增加的所得税费用，借记“以前年度损益调整”，贷记“应交税费——应交所得税”等科目；由于对以前年度损益进行调整所减少的所得税费用，作相反的会计分录。

③ 经上述调整后，应将本科目的余额转入“利润分配——未分配利润”科目。当本科目为贷方余额时，借记“以前年度损益调整”，贷记“利润分配——未分配利润”科目，同时计提“盈余公积”，如为借方余额时作相反的会计分录。

本科目结转后应无余额。

第二章　货币资金及资金结算中心的核算

货币资金是企业生产经营过程中处于货币形态的资金，按其存放的地点和用途不同，分为库存现金、银行存款和其他货币资金三部分。

第一节　库存现金的核算

一、库存现金的管理

为了加强和改善现金管理，国务院 1988 年颁发了《现金管理暂行条例》，并在 2011 年进行了修订。企业各种款项的收支必须遵守并执行国家现金管理制度和结算制度的规定。

（一）现金的使用范围

根据《现金管理暂行条例》的规定，开户单位在下列范围内使用现金：职工工资，各种工资性津贴；个人劳务报酬；根据国家规定颁发给个人的科学技术、文化艺术、体育等各种奖金；各种劳保，福利费用以及国家规定的对个人的其他现金支出；向个人收购农副产品和其他物资支付的价款；出差人员必须随身携带的差旅费；结算起点以下的零星支出；中国人民银行确定需要支付现金的其他支出。钱款结算起点为 1 000 元。结算起点的调整，由中国人民银行确定，报国务院备案。

（二）库存现金的限额

为了满足企业日常零星开支的需要，每个企业必须经常保留一定数额的库存现金。库存现金限额为多少，由银行根据企业实际需要核定，一般保持企业 3～5 天的零星开支量，边远地区和交通不便地区的企业的库存现金限额可多于 5 天，但最多不得超过 15 天的日常零星开支。必须指出，核定库存现金限额中的日常零星开支量不包括定期发放的工资和不定期支付的差旅费等大额现金支出。

（三）现金的日常收支管理

（1）企业取得的现金收入应于当日送存开户银行。当日送存确有困难的，由开户银行确定送存时间。

（2）企业支付现金，可从现金限额中支付或从开户银行提取，一般不得坐支现金。所谓坐支现金是指从企业现金收入中直接支付自身的支出。因为企业取得现金收入时，要及时送存银行，在送款单上注明款项的来源；企业支取现金时，在现金支票上注明款项的用途，银行对违反现金管理制度规定的款项随时拒绝办理。如果企业坐支现金，就逃避了银行的监督，扰乱了现金收支渠道，为许多不良行为提供了条件。当然，企业因特殊情况需要坐支现金的，应事先报开户银行审查批准，由开户银行核定坐支范围和限额；坐支单位应定期向开户银行报送坐支金额和使用情况。

（3）企业从开户银行提取现金，应签发现金支票，注明用途，由本单位财会部门负责人签字盖章，经开户银行审核后，提取现金。

（4）设立内部牵制制度。所谓内部牵制制度，是指凡涉及财物和货币资金的收付、结算及其登记的任何一项工作，规定由两人或两人以上分工掌管，以起相互制约作用的一种内部控制制度，包括会计与出纳分管、审批与经办分管、账与货分管、钱与物分管等。在货币资金管理方面，要实行钱账分管，即经管现金的出纳人员不得兼管收入、费用、债权、债务等账簿的登记工作以及会计稽核和会计档案保管工作；非出纳人员管账不管钱。银行预留印鉴应分开保管，严禁一人同时保管所有银行预留印鉴。财务专用章由会计机构负责人或会计主管保管，保管人外出期间应书面授权其他人员代为保管。银行预留印鉴和银行结算票据应分开保管。

(5) 规定票据的管理办法。出纳人员保管企业的空白收据、空白支票和各种有价证券，专设登记簿办理空白收据、空白支票的领用注销手续。

(6) 严格现金收支手续。会计人员填制收付款凭证，经会计主管人员审核后，由出纳人员办理款项收付。出纳人员收付款后，要在收付款凭证上签章，并加盖“收讫”、“付讫”戳记，据以登记日记账。

(7) 建立现金收支的审核、检查制度。出纳人员保管库存现金，登记库存现金日记账，要做到日清月结，账款相符。会计机构负责人、会计主管人员必须不定期对库存现金、有价证券、银行对账单和日记账进行抽查核对，每月不少于 2 次，抽查情况要有记录。会计机构负责人、会计主管人员应在抽查记录和抽查日日记账余额栏外盖章，发现问题要及时处理。

企业可设置“现金抽查盘点表”记录抽查结果。“现金抽查盘点表”的格式见表 2-1。

一旦发现现金溢缺，要查明原因，及时处理。开户银行应检查企业是否遵守现金管理制度规定。比如，企业是否谎报用途套取现金，是否利用银行账号为其他单位和个人套取现金，是否将企业的现金收入作为个人储蓄存入银行，是否保留账外公款(即建立“小金库”)，等等。如有违反，应进行相应罚款或处罚。

二、库存现金的核算

企业一切现金收支都必须取得或填制原始凭证，作为收付款的书面证明。比如，企业向银行提取现金，要以现金支票存根作为提现的证明；将现金存入银行，要以银行回单作为存入现金的证明；职工交来现金，要以开具的收款收据副联作为收款的证明；支付职工借支的差旅费，要以经有关人员签证的借款单作为付款证明；收入小额销售货款，要以销售部门开出的发票副联作为收款证明；等等。会计部门对一切收付款的原始凭证都要进行认真的审核，符合规定要求的原始凭证可据以填制收款凭证或付款凭证。

要设置库存现金日记账进行现金的序时核算。库存现金日记账账页一般采用收付余三栏式，由出纳人员按业务先后顺序据收付款凭证逐笔登记。每日终了，要计算全日的现金收入合计数、现金支出合计数和结存数，并与实际库存数核对相符。有外币现金的企业要分别人民币、每种外币设置库存现金日记账进行序时核算。库存现金日记账账页还可以采用多栏式格式。账页内按现金收支的对应科目设置专栏。这种日记账，可以是现金收支一本账，也可以是现金收入和现金支出两本账。在两本账下，每日终了要将现金支出日记账当日支出的合计数过入现金收入日记账支出合计栏，以便结出当日余额。多栏式库存现金日记账可以反映现金的来龙去脉，并能代替汇总收款凭证和汇总付款凭证，为登记现金总账提供方便，还为编制现金流量表(直接法)直接提供依据。

表 2-1　现金抽查盘点表

单位名称：　　　　　　　　　　　　　　年　月　日

面　值	张　数	金　额	备　注
100 元			
50 元			
20 元			
10 元			
5 元			
2 元			
1 元			
5 角			
2 角			
1 角			
5 分			
2 分			
1 分			
盘点合计			
	大写金额：		
盘点时已记账凭证截止编号			
现金日记账余额	大写金额：		
盘点与账面差异	大写金额：		
差异原因	1. 已记账未支付：		
	2. 已支付未记账：		
	3.		
	4.		
	5.		

出纳：　　　　　　　　　　　　　　会计主管：

库存现金除了进行序时核算(明细核算)外,还要进行总分类核算。现金总分类核算是在会计总账上通过设置“库存现金”账户进行的。该账户可根据收付款凭证或汇总收付款凭证登记,也可根据科目汇总表登记,还可根据多栏式日记账登记,企业应视会计核算形式而定。必须注意的是,在按多栏式日记账合计数登记总账之前,应由非出纳人员对多栏式日记账记录加以审核,以保证总账登记的正确性。

月末终了,“库存现金日记账”余额应与总账上“库存现金”账户余额核对相符。

三、库存现金的清查

库存现金清查的基本方法是实地盘点,包括出纳人员的每日清点以及清查小组定期和不定期清查。清查的库存现金实有数应与账面余额相符。这里所指的库存现金实有数不包括白条抵充的现金。现金管理条例规定不准白条顶库,即不准以不符合财务会计制度规定的凭证(如借条、收据等白条)顶替库存现金。现金清查中发现有待查明原因的现金短缺或溢余,大中型企业应通过“待处理财产损溢”科目核算。查明原因后,属于应由保险公司或责任人赔偿的现金短缺,记入“其他应收款”科目;无法查明原因的现金短缺,经批准后记入“管理费用”科目;属于应支付给有关人员或单位的现金溢余,记入“其他应付款”科目;无法查明原因的现金溢余,经批准后记入“营业外收入”科目。

四、现金的主要账务处理

(1) 从银行提取现金。

借:库存现金

　贷:银行存款

(2) 销售产品收到现金。

借:库存现金

　贷:主营业务收入

　　应交税费——应交增值税——销项税额

(3) 企业行政管理人员报销差旅费,交回现金余款。

借:库存现金

　管理费用

　贷:其他应收款——备用金——××

出差人员报销差旅费金额大于原借款金额。补足现金时,贷记“库存现金”科目。

(4) 行政部门购买办公用品付现金。

借:管理费用

　贷:库存现金

(5) 现金清查中发现现金溢余。

借:库存现金

　贷:待处理财产损溢——待处理流动资产损溢

(6) 上述现金溢余未查明原因,报经批准作营业外收入处理。

借:待处理财产损溢——待处理流动资产损溢

　贷:营业外收入——其他

(7) 现金清查中发现现金短缺。

借:待处理财产损溢——待处理流动资产损溢

　贷:库存现金

(8) 经查,上述现金短缺是出纳员责任,应由出纳员赔偿。

借:其他应收款——应收现金短缺——××

　贷:待处理财产损溢——待处理流动资产损溢

无法查明原因的现金短缺,经批准后记入“管理费用”科目。

第二节　银行存款的核算

一、银行存款账户的开立

银行存款是指企业存入银行或其他金融机构账户上的货币。按规定,企业除了可以用现金收付的现金结算外,其他各项经济业务都必须通过银行办理转账结算。我国《商业银行法》第四十八条和《银行账户管理办法》规定，企事业单位日常转账结算和现金收付应自主选择一家银行的一个营业机构开立一个基本存款账户，企事业单位的工资、奖金等通过该账户支取。企事业单位还可在其他银行的一个营业机构开立一个一般存款账户，该账户可办理转账结算和存入现金，但不得支取现金。企业根据需要，还可在银行开立临时存款账户（适应临时经营活动需要而开立的账户）、专用存款账户（因特定用途需要而开立的账户）等。

二、银行存款的核算

（一）总分类核算

会计在总账上设立“银行存款”账户，总括反映银行存款的收支结存情况。

（二）序时核算

为了随时掌握银行存款动态，合理组织货币资金收支，企业应按开户银行（或其他金融机构）、存款种类及货币种类设置银行存款日记账进行序时核算。银行存款日记账的格式可以采用三栏式或多栏式。采用多栏式既可以反映银行存款的来源和用途，代替汇总收付款凭证，又可以为编制现金流量表提供便利。

在经济业务种类繁多的企业，多栏式银行存款日记账对应科目过多，势必造成栏目过多、账页过宽的现实，不太实用。为了解决这一问题，可采用“重点突出、一般兼顾”的办法设置栏目，即收入方或支出方各选择一、两个最常用的对应科目设置专栏，其他对应科目在收入方或支出方专设一栏，并在账页最右边增设对应科目汇总栏，以反映对应全貌关系。其格式举例见表 2-2。

表 2-2　多栏式银行存款日记账

户名：工行存款　　　　　　　　　　　　　　　　　　　　　　第　页；银汇字号

<table>
<tr><th colspan="2" rowspan="2">20××年</th><th colspan="2" rowspan="2">凭证</th><th rowspan="3">摘要</th><th colspan="4">收入</th><th colspan="4">支出</th><th rowspan="3">结余</th><th colspan="4">对应科目汇总</th></tr>
<tr><th colspan="3">应贷科目</th><th rowspan="2">收入合计</th><th colspan="3">应借科目</th><th rowspan="2">支出合计</th><th colspan="2">银行存款收入</th><th colspan="2">银行存款支出</th></tr>
<tr><th>月</th><th>日</th><th>种类</th><th>号数</th><th>主营业务收入</th><th>应交税费</th><th>其他科目编号</th><th>材料采购</th><th>应交税费</th><th>其他科目编号</th><th>对应科目</th><th>金额</th><th>对应科目</th><th>金额</th></tr>
<tr><td></td><td></td><td></td><td></td><td></td><td></td><td></td><td></td><td></td><td></td><td></td><td></td><td></td><td></td><td></td><td></td><td></td><td></td></tr>
<tr><td></td><td></td><td></td><td></td><td></td><td></td><td></td><td></td><td></td><td></td><td></td><td></td><td></td><td></td><td></td><td></td><td></td><td></td></tr>
<tr><td></td><td></td><td></td><td></td><td></td><td></td><td></td><td></td><td></td><td></td><td></td><td></td><td></td><td></td><td></td><td></td><td></td><td></td></tr>
</table>

银行存款日记账由出纳人员根据收付款凭证按业务发生顺序逐日逐笔登记，每日结出余额，月末结出本月收入合计、本月支出合计和月末结存。

三、银行存款的清查

为了检查企业和开户银行账目是否有错漏，查明银行存款实有数，企业应定期将银行存款日记账记录和银行对账单进行核对（每月至少一次）。如有不符，应查明原因，及时调整。一般说，两者存款余额不一致，除企业或银行记账差错外，还可能存在着未达账项。所谓未达账项，是指一方已经登记入账而另一方尚未登记入账的款项。具体有以下四种情况：

① 企业已经收款入账，而银行尚未入账的款项；

② 企业已经付款入账，而银行尚未入账的款项；

③ 银行已经收款入账，而企业尚未入账的款项；

④ 银行已经付款入账，而企业尚未入账的款项。

企业收到银行对账单后，应与银行存款日记账收支数逐笔核对，发现未达账项，应编制银行存款余额调节表. 银行存款余额调整的格式见表 2-3。

表 2-3 银行存款余额调节表

20××年×月×日 单位：元

项 目	金额	项 目	金额
企业银行存款日记账余额		银行对账单余额	
加：银行已收，企业未收的款项		加：企业已收，银行未收的款项	
减：银行已付，企业未付的款项		减：企业已付，银行未付的款项	
调节后的存款余额		调节后的存款余额	

经过上述调整，如果余额仍不相符，表明账目有差错，应进一步查明原因，加以更正。对于银行已经入账企业尚未入账的项目，我国规定待结算凭证到达后再进行账务处理，这主要是出于简化会计核算工作的需要。但如果这部分款项期末很大，势必影响企业财务状况的正确反映。按国际流行的做法，这部分款项需在编制银行存款余额调节表时就编制分录予以入账。

企业存在银行或其他金融机构的款项有确凿证据已部分或全部不能收回，如这些单位破产等，应将其转作营业外支出。

四、银行往来的汇总登记

企业如果在多个银行开户，除了按各开户银行设置银行存款日记账外，还应该设置“银行往来登记簿”，根据各个银行存款日记账按日登记各户头存款每日收入、支出和结余额，再汇总计算出全部银行存款收支存总额。银行往来登记簿格式见表 2-4。

表 2-4 银行往来登记簿 单位：元

20××年		中国工商银行			建设银行			本日合计		
月	日	收入	支出	余额	收入	支出	余额	收入	支出	余额

五、银行转账结算方式与核算

银行转账结算方式分为同城结算和异地结算两类。前者有支票、银行本票、银行汇票、委托收款、商业汇票结算；后者有汇兑、银行汇票、托收承付、委托收款、商业汇票、信用证(卡)结算。企业应设置“银行存款”和设置“其他货币资金”一级科目进行转账结算的总分类核算；同时，企业应设置银行存款日记账进行序时核算，还要在“其他货币资金”一级科目下设置“外埠存款”、“银行本票”、“银行汇票”、“信用证保证金”、“信用卡”、“存出投资款”等明细科目进行其他货币资金的明细核算。其中，存出投资款是指企业已存入证券公司但尚未进行短期性证券投资的现金。

(一) 托收承付结算方式

(1) 企业发出商品代垫运杂费，同时办妥托收手续取回托收承付结算凭证第一联回单时：

借：应收账款

贷：主营业务收入

应交税费——应交增值税——销项税额

银行存款

收到银行传来的收账通知时：

借：银行存款

贷：应收账款

（2）如果企业采用托收承付方式购买材料，在承付购料款时：

借：材料采购

应交税费——应交增值税——进项税额

贷：银行存款

收到上述原材料入库时：

借：原材料

贷：材料采购

以上是一般纳税人的账务处理。如果企业为小规模纳税人，本月购料付款的增值税不得抵扣，同时，销售商品的增值税税率3%（新冠肺炎疫情期间降为1%）。企业购料时，借记“材料采购”科目（含增值税），贷记“银行存款”科目；企业销售商品时，借记“应收账款”科目，贷记“主营业务收入”科目和“应交税费——应交增值税”科目。

（二）委托收款结算方式

委托收款结算方式与托收承付结算方式的账务处理基本一致。

（三）支票结算方式

1. 现金支票

我国《票据法》第八十四条规定：“支票中专门用于支取现金的，可以另行制作现金支票，现金支票只能用于支取现金。”现金支票有两大作用：一是用于本单位向其开户行提取现金；二是用于同城有关单位的款项结算。企业开给收款单位现金支票后，收款单位需在支票背面签章（称为背书），然后到签发单位开户行提取现金。

2. 转账支票

转账支票只能用于转账，不能提取现金。转账支票首先适用于同城或票据交换地区商品交易、劳务供应、清偿债务以及其他款项的结算。《票据法》规定：支票的持票人应当自出票日起10天内提示付款；支票限于见票即付，不得另行记载付款日期；禁止签发空头支票，即：禁止签发的支票金额超过付款人实有存款金额而不能兑现的支票。

转账支票由付款单位用墨汁或碳素墨水签发。转账支票签发后，留下存根，将转账支票下联交收款单位。收款单位收到转账支票后，填写进账单一式二联，将支票和进账单交其开户行收款入账。开户行受理后退回进账单第一联（回单）；将转账支票传送付款单位开户行，自己留下进账单第2联（收入凭证）。转账支票在中国人民银行总行批准的地区背书转让，即由收款人在支票背面签章将支票款项转让给另一个收款人（被背书人）。

转账支票原来是同城结算工具，只能在同一个票据交换区域使用。2006年，中国人民银行开发了全国支票影像交换系统，2007年7月实现了支票在全国的流通使用。

企业签发支票购买材料、办公用品等，借记“材料采购”、“管理费用”等科目，贷记“银行存款”科目。收款单位收到转账支票送存银行，根据进账单回单、销售货物或提供劳务的增值税专用发票等凭证，借记“银行存款”科目，贷记“主营业务收入”、“应交税费——应交增值税(销项税额)”等科目；收到现金支票提回现金，借记“库存现金”科目，贷记有关科目。

第三节　其他货币资金的核算

其他货币资金，是指企业除现金和银行存款以外的货币资金，包括外埠存款、银行本票存款、银行汇票存款、信用证存款、信用卡存款、存出投资款等。在“其他货币资金”一级科目下设置“外埠存款”、“银行本票”、“银行汇票”、“信用证保证金”、“信用卡”、“存出投资款”等明细科目进行核算。其中，存出投资款是指企业已存入证券公司但尚未进行短期性证券投资的现金。

一、汇兑结算方式

汇兑结算分为信汇和电汇两种方式。采用这一方式不受金额起点限制，可用于异地各种资金调拨、清理旧欠、结算货款等项结算。付款单位采用汇兑方式结算时，应填制信汇结算凭证或电汇结算凭证(在电子汇兑和网银转账方式下填写“结算申请表”)交开户行办理付款手续。银行受理退回汇兑凭证(或“结算申请表”)第一联(回单)给付款单位后，再通过计算机联网进行电子汇兑。

(1) 汇款单位结算货款、清理旧欠汇出款项时：

借：应付账款或预付账款

　贷：银行存款

(2) 企业在异地开立采购专户时：

借：其他货币资金——外埠存款

　贷：银行存款

(3) 收到采购原材料的支出报销凭证时：

借：材料采购

　应交税费——应交增值税——进项税额

　贷：其他货币资金——外埠存款

(4) 上述原材料验收入库时：

借：原材料

　贷：材料采购

(5) 银行传来收账通知，外埠存款多余款退回时：

借：银行存款

　贷：其他货币资金——外埠存款

(6) 收款单位收到货款，发出货物时：

借：银行存款

　贷：主营业务收入

　　应交税费——应交增值税——销项税额

二、银行本票结算方式

银行本票分为定额本票和不定额本票两种。前者指的是预先印好固定面额的银行本票，如 1 000 元、5 000 元、10 000 元、50 000 元；后者指的是根据实际需要填写金额的银行本票，没有起点金额限制。银行本票一律记名，即填写收款人名称，适用于同城范围内单位、个体经济和个人之间的商品交易、劳务供应以及其他款项的结算。银行本票可以转账结算，也可以到兑付行支取现金，还可以背书转让。银行本票付款期限自出票日起最长不得超过 2 个月。银行本票实行全额结算。

银行本票签发后，付款单位的银行存款就按签发金额转在银行本票上了。银行本票在一定结算期限内使用或转让，直至兑现为止。为了反映银行本票的形成、结算、兑付等过程，企业应设置“其他货币资金——银行本票”科目进行核算。

1. 付款单位账务处理

（1）申请签发银行本票，根据银行本票申请书第一联（存根）：

借：其他货币资金——银行本票

　贷：银行存款

（2）持票购买材料，多余款返回现金时：

借：材料采购

　　应交税费——应交增值税——进项税额

　　库存现金

　贷：其他货币资金——银行本票

如果银行本票不足以支付结算款，企业可用现金或支票补付，贷记“库存现金”或“银行存款”科目。

上述材料验收入库时：

借：原材料

　贷：材料采购

（3）期末，结转材料采购的超支成本差异时：

借：材料成本差异

　贷：材料采购

如果产生节约成本差异，会计分录与此相反。

2. 收款单位账务处理

收款单位收到银行本票，提交材料给购货方，办理了票款兑现手续，据进账单回单、销售发票等凭证作如下分录：

借：银行存款

　贷：主营业务收入

　　　应交税费——应交增值税——销项税额

同时结转相应的销售成本。

三、银行汇票结算方式

银行汇票是由企业单位或个人将款项交存银行，由银行签发给其持往异地采购商品时办理结算或支取现金的票据。银行汇票通常不记载付款日期，即它是见票即付的汇票，其有效期为 1 个月（自出票日起计算）；没有汇款金额起点限制；可用于同城结算和异地结算；可背书转让或转汇到其他地点；签发时一律记名。如果手持银行汇票需到兑付银行支取现金，则在签发汇票时填写“现金”字样。银行汇票结算业务通过“其他货币资金——银行汇票”科目进行。

(1) 企业申请签发银行汇票时：

借：其他货币资金——银行汇票

　贷：银行存款

(2) 企业持票购货取得购料发票等：

借：材料采购

　应交税费——应交增值税——进项税额

　贷：其他货币资金——银行汇票

(3) 购入原材料等验收入库时：

借：原材料等

　贷：材料采购

(4) 接到银行退回汇票多余款通知时：

借：银行存款

　贷：其他货币资金——银行汇票

(5) 收款单位收到银行汇票款，并发出货物时：

借：银行存款

　贷：主营业务收入

　　应交税费——应交增值税——销项税额

四、商业汇票结算方式

商业汇票是出票人签发的，委托付款人在指定日期无条件支付确定的金额给收款人或者持票人的票据。凡是在银行开立存款账户的法人以及其他组织之间，具有真实的交易关系或债权债务关系，均可使用商业汇票结算。商业汇票一律记名，可以背书转让、贴现。

商业汇票按其承兑人不同，分为商业承兑汇票和银行承兑汇票两种。由企业承兑的汇票称为商业承兑汇票；由企业委托其开户银行承兑的汇票称为银行承兑汇票。承兑期由购销双方商定，最长不超过 6 个月，但电子商业汇票可延长至 1 年。商业汇票可以定日付款，即付款期限自出票日起计算，并在汇票上记载具体的到期日；也可出票后定期付款，即付款期限自出票日按月计算，并在汇票上记载；还可见票后定期付款，即付款期限自承兑或拒绝承兑日起按月计算，并在汇票上记载。对于商业汇票业务，销方(或收款方)设置“应收票据”科目核算，购方设置“应付票据”科目核算。具体账务处理应收票据、应付票据章节阐述。

五、信用证结算方式

国内信用证(以下简称信用证)，是指开证银行依照申请人的申请开立的、对相符交单予以付款承诺的书面文件，它适用于国内企业之间货物和贸易的支付结算。信用证结算业务通过“其他货币资金——信用证保证金存款”科目进行。

(1) 企业向银行申请开立信用证，缴纳保证金，银行受理开证，据银行退回的进账单第一联：

借：其他货币资金——信用证保证金存款

　贷：银行存款

(2) 根据开证行传来的信用证来单通知书及有关单据列明的金额，信用证存款资金不足付清货款，还需补足差额：

借：材料采购

　　应交税费——应交增值税——进项税额

　贷：其他货币资金——信用证保证金存款

　　　银行存款

(3) 购入原材料等验收入库时：

借：原材料等

　贷：材料采购

(4) 收款单位收到信用证保证金存款，发出货物时：

借：银行存款

　贷：主营业务收入

　　　应交税费——应交增值税——销项税额

同时结转主营业务成本。

六、信用卡结算方式

信用卡是指商业银行向个人和单位发行的，凭以向特约单位购物、消费和向银行存取现金，且具有消费信用的特制载体卡片。信用卡按使用对象分为单位卡和个人卡；按信誉等级分为金卡和普通卡。凡在中国境内金融机构开立基本存款账户的单位可申领单位卡。单位卡可申领若干张，持卡人资格由申领单位法定代表人或其委托的代理人书面指定和注销，持卡人不得出租或转借信用卡。单位卡账户的资金一律从其基本存款账户转账存入，在使用过程中，需要向其账户续存资金的，也一律从其基本存款账户转账存入，不得交存现金，不得将销货收入的款项存入其账户。严禁将单位的款项存入个人卡账户中。单位卡一律不得用于 10 万元以上的商品交易、劳务供应款项的结算，不得支取现金。

信用卡在规定的限额和期限内允许善意透支，透支额金卡最高不得超过 10 000 元，普通卡最高不得超过 5 000 元。透支期限最长 60 天。透支利息，自签单日或银行记账日起 15 日内按日息 5‱计算，超过 15 日按日息 10‱计算，超过 30 日或透支金额超过规定限额的，按日息 15‱计算。透支计算不分段，按最后期限或者最高透支额的最高利率档次计息。超过规定限额或规定期限，并且经发卡银行催收无效的透支行为称为恶意透支，持卡人使用信用卡不得发生恶意透支行为。

单位或个人申领信用卡，应按规定填制申请表，连同有关资料一并送交发卡银行。符合条件并按银行要求交存一定金额的备用金后，银行为申请人开立信用卡存款账户并发放信用卡。采用信用卡结算的单位和个人应该执行中国人民银行于 1999 年 1 月 5 日发布的《关于下发〈银行卡业务管理办法〉的通知》(银发〔1999〕17 号，该办法于 1999 年 3 月 1 日起施行)。

(1) 单位申请使用信用卡，应按发卡银行规定向发卡银行填写申请表，连同支票和进账单一并送交发卡银行，根据银行盖章退回的进账单第一联：

借：其他货币资金——信用卡存款

　贷：银行存款

(2) 用信用卡在特约单位购物或消费时，按实际支付的金额：

借:管理费用等

贷:其他货币资金——信用卡存款

(3) 在信用卡上续存资金时:

借:其他货币资金——信用卡存款

贷:银行存款

七、微信、支付宝等结算方式

近年来,随着微信、支付宝等第三方支付结算平台的推广应用,现金使用量大幅减少,微信、支付宝账户内的余额可以随时提现到银行账户,通过“其他货币资金”核算第三方支付平台的收支情况。

(1) 单位通过微信、支付宝收款时:

借:其他货币资金——微信(或支付宝)

贷:应收账款(或预收账款)

(2) 单位确认收入时:

借:应收账款(或预收账款)

贷:主营业务收入

应交税费——应交增值税——销项税额

(3) 单位通过微信、支付宝提现时:

借:银行存款

财务费用——手续费

贷:其他货币资金——微信(或支付宝)

八、银行承兑汇票保证金、保函保证金方式

为了保证银行承兑汇票按期兑现,对使用银行承兑汇票进行结算的客户要求缴纳保证金,同样,为了保证银行保函按期兑现,要求办理保函的当事人缴纳保证金,这两种保证金通过“其他货币资金”科目进行核算。

(1) 企业收到银行承兑汇票保证金、保函保证金时:

借:其他货币资金——银行承兑汇票保证金或保函保证金

贷:其他应付款

(2) 退回银行承兑汇票保证金、保函保证金时:

借:其他应付款

贷:其他货币资金——银行承兑汇票保证金或保函保证金

(3) 没收银行承兑汇票保证金或保函保证金时:

借:营业外收入

贷:其他货币资金——银行承兑汇票保证金或保函保证金

第四节 外币的核算

外币是指记账本位币以外的货币,如美元、日元、欧元等。

它与外汇的概念不同。外汇是指以外国货币表示的,用于国际结算的支付手段,也就是国外货币资金,包括外国货币、外国有价证券(如政府公债、国库券、公司债券)、外币支付凭证(如票据、银行存款凭证、邮政储蓄凭证)和其他外汇资金。

企业涉及记账本位币以外的货币进行的款项收付、往来结算以及计价等业务的,应进行外币业务的核算。

外币交易与外币兑换不同。外币交易是指以外币计价或者结算的交易。外币兑换是指企业从银行买入外汇、把外汇卖给银行以及以一种货币兑换为另一种货币的行为。这种兑换主要是为了清偿国际间经济往来所发生的各种债权债务。

《企业会计准则——基本准则》规定,会计核算以人民币为记账本位币。业务收支以外币为主的企业,也可选定某种外币作为记账本位币,但在编制会计报表时应当折算为人民币反映。境外企业向国内有关部门呈报的会计报表,也应当折算为人民币反映。

进行外币核算,必然涉及外币的汇率。中国人民银行每天都对不同的市场汇率进行汇总,平均计算、公布统一的市场汇价。会计应采用统一的市场汇价的中间价记账。《企业会计准则第 19 号——外币折算》及应用指南规定:"外币交易应当在初始确认时,采用交易发生日的即期汇率将外币金额折算为记账本位币金额;也可以采用按照系统合理的方法确定的、与交易发生日即期汇率近似的汇率折算"。"即期汇率,通常是指中国人民银行公布的当日人民币外汇牌价的中间价";"即期汇率的近似汇率,是指按照系统合理的方法确定的、与交易发生日即期汇率近似的汇率,通常采用当期平均汇率或加权平均汇率等。企业通常应当采用即期汇率进行折算。汇率变动不大的,也可以采用即期汇率的近似汇率进行折算。"平均汇率分为周平均汇率、月平均汇率等多种,它以每天即期汇率之和除以天数得出;月加权平均汇率要以当月外币交易的外币金额作为权数进行计算。

对平时外币业务增减处理所选择的市场汇价既可以是业务发生日的即期汇率,也可以是业务发生当月确定的即期汇率的近似汇率。但选择哪种汇率记账,一经确定一般不得随意改变。会计记录外币业务时,要同时反映外币金额、汇率和记账本位币金额。

会计期末,企业要将所有外币货币性项目的外币余额按期末汇率折算为记账本位币金额反映。所谓货币性项目,是指企业持有的货币资金和将以固定或可确定的金额收取的资产或者偿付的负债。货币性项目分为货币性资产和货币性负债。货币性资产包括库存现金、银行存款、应收账款、其他应收款、长期应收款等;货币性负债包括短期借款、应付账款、其他应付款、长期借款、应付债券、长期应付款等。反映外币货币性项目的账户,涉及外币记账的账户有:库存现金——某外币、银行存款——某外币、应收账款、应收票据、预付账款、其他应收款、长期应收款、短期借款、长期借款、应付账款、应付票据、应付职工薪酬、应付股利、预收账款、应付债券、长期应付款等。这些账户按期末汇率折算的记账本位币金额与按此汇率折算前账面记账本位币余额之间的差额即为汇兑差额(或称汇兑损益)一般计入当期损益。

外币业务记账方法一般有"外币统账法"和"外币分账法"两种。外币统账法,亦称统一货币记账法或记账本位币法,是指企业选择一种货币作为记账本位币,对发生的各种非记账本位币的业务均按一定汇率全部折算成记账本位币金额入账的方法。在此方法下,如果每一笔外币业务按业务发生当日市场汇价(率)入账的,称为逐日折算法;如果按业务发生当月1日的市场汇率(月初汇率)入账的,称为月终调整法。外币分账法,也称原币记账法或分币记账法,是指企业发生的涉及货币性项目的外币业务按原币记账,涉及非货币性项目的外币业务按规定汇率折算为编表货币金额记入相应账户的一种记账方法。按规定,企业一般采用外币统账法，其中，金融企业既可以采用外币统账法，也可采用外币分账法。

一、外币交易业务的账务处理

（一）采用逐日折算法

（1）向国外某公司购入材料（该国流通货币为美元）：

借：材料采购

　贷：应付账款——某公司（美元）

借：应交税费——应交增值税（进项税额）

　贷：银行存款——人民币户

（2）向外国某公司出口商品：

借：应收账款——某公司（美元）

　贷：主营业务收入

涉及增值税，还要贷记“应交税费——应交增值税——销项税额”科目。

（3）收回国外某公司欠款时：

借：银行存款——美元户

　贷：应收账款——某公司（美元）

（4）用一种外币买入另一种外币时，如用美元存款向银行兑换成港元：

借：银行存款——港元户

　　财务费用——汇兑损益

　贷：银行存款——美元户

（5）期末，企业各种货币性外币账户应按期末市场汇价反映的人民币余额，并与调整前人民币余额比较，前者大于后者的，反映外币的汇兑收益。

借：银行存款——某外币户

　　应收账款——国外某公司

　　应付账款——国外某公司等

　贷：财务费用——汇兑损益

如果是反映外币汇兑损失：

借：财务费用——汇兑损益

　贷：银行存款——某外币户

　　　应收账款——国外某公司

　　　应付账款——国外某公司等

（二）采用月终调整法

企业平时外币业务核算采用固定的汇率记账。会计期末，企业应按市场汇率调整确定汇兑损益，账务处理同上述（5）。

二、外币买卖业务账务处理

（1）企业出口商品时（如果增值税采用零税率）：

借：应收账款

　贷：主营业务收入

（2）上列款项收到，并随时向银行结汇：

借：银行存款——人民币户

财务费用——汇兑损益

贷：应收账款

(3) 企业为归还某外币的应付账款而向银行购入外汇时：

借：应付账款——某公司(美元)

财务费用——汇兑损益

贷：银行存款——人民币户

(4) 会计期末，企业调整确定汇兑损益，账务处理同上述(5)。

此外，外币借款业务、外币资本投入业务等将在后述“长期借款”、“实收资本”章节中阐述。

企业如果发生的汇兑损益数额过大，也可单独设置“汇兑损益”科目核算。

第五节　资金结算中心的核算

集团公司所属分、子公司等单位财务部门的货币资金包括库存现金、银行存款和其他货币资金三种。外部存款包括存在银行的款项(称为“银行存款”)和存在集团公司资金结算中心的款项(称为“资金结算中心存款”)两部分。严格地讲，资金结算中心存款不是货币资金，它是债权的一种转换，但实际工作中却把它作为货币资金一样对待。

一、集团公司资金结算中心存贷款的建(确)立

1990年以前，为反映矿厂与矿务局(后称“集团公司”)债权、债务情况，通常设置“应收局款”、“应付局款”或“内部往来”或“局矿(厂)往来”科目核算。矿务局资金结算中心建立时，将这种债权、债务的余额相抵后转为“资金结算中心存款”或“资金结算中心借款”。具体讲：

(1) 当矿厂等单位“应收局款”科目借方余额大于“应付局款”科目贷方余额时，矿厂等单位财务科在局资金结算中心产生“资金结算中心存款”(原称“内部银行存款”)。

(2) 当矿厂等单位“应收局款”科目借方余额小于“应付局款”科目贷方余额时，矿厂等单位财务科在局资金结算中心取得“资金结算中心借款”(原称“内部银行借款”)。

(3) 当矿厂等单位“资金结算中心存款”不足以支出，可以向矿务局资金结算中心取得内部借款(定额借款、超定额借款、临时借款、多种经营借款等)存在资金结算中心，借记“资金结算中心存款”科目，贷记“资金结算中心借款”科目。

二、集团公司资金结算中心存贷款的计息

集团公司资金结算中心按月计算内部存贷款单位的利息，直接增加或减少“资金结算中心存款”。分、子公司等单位取得内部存款利息收入时，借记“资金结算中心存款”科目，贷记“财务费用——内部存款利息收入”科目；分、子公司等单位支付内部贷款利息支出时，借记“财务费用——内部贷款利息支出”科目，贷记“资金结算中心存款”科目。

三、集团公司内部单位资金结算专用科目的设计

(一) 集团公司所属单位会计科目的设置

1. 设置“资金结算中心存款”科目

该科目核算集团公司内部各单位在资金结算中心存放的各种款项，包括活期存款、定期存款、保证金存款等。本科目属资产类科目，期末余额在借方，反映存款单位在资金结算中心的结存金额。本科目应当按照存款类别和存款单位进行明细核算。资金结算中心存款的主要账务处理如下：

（1）缴款单位交存外部银行转账支票、现金缴款单、银行汇票、电汇汇入凭证等，根据资金结算中心盖章转回的转换收款进账单：

借：资金结算中心存款——基本户存款

贷：主营业务收入等

（2）缴款单位委托资金结算中心收取客户银行承兑汇票款时，根据资金结算中心盖章转回的转换收款进账单：

借：资金结算中心存款——承兑户存款

贷：应收票据等

（3）存款单位将活期存款转为定期存款。转存单位根据资金结算中心盖章转回的特种转账凭证：

借：资金结算中心存款——定期存款

贷：资金结算中心存款——基本户存款

（4）存款单位支取定期存款，根据资金结算中心盖章转回的特种转账凭证：

借：资金结算中心存款——基本户存款

贷：资金结算中心存款——定期存款

（5）付款单位委托资金结算中心支付现款时，付款单位根据资金结算中心盖章转回的委托付款通知单：

借：材料采购、应付账款等

贷：资金结算中心存款——基本户存款

（6）付款单位委托资金结算中心支付银行承兑汇票时，付款单位根据资金结算中心盖章转回的委托付款通知单：

借：材料采购、应付账款等

贷：资金结算中心存款——承兑户存款

（7）付款单位通过资金下拨方式进行款项支付时，付款单位根据资金结算中心盖章转回的下拨申请单：

借：银行存款

贷：资金结算中心存款——基本户存款

同时，付款单位根据各自单位审批后的付款申请单等：

借：材料采购、应付账款等

贷：银行存款

（8）付款单位通过资金结算中心对内部单位进行内部转账时，付款单位根据资金结算中心盖章转回的内部转账单：

借：内部往来等：

贷：资金结算中心存款

（9）内部单位通过资金结算中心对内部单位进行托收相关款项时，托收单位根据资金结算中心盖章转回的委托收款单：

借：资金结算中心存款

贷：内部往来

（10）存款单位收到资金结算中心的存款利息时，存款单位根据资金结算中心盖章转回的利息单：

借：资金结算中心存款

　贷：财务费用——内部存款利息收入

2. 设置“资金结算中心借款”科目

该科目核算内部借款单位向集团公司资金结算中心借入的各种款项。除资金结算中心以外的借款单位使用该科目。本科目属负债类科目，期末余额在贷方，反映借款单位在资金结算中心的实际贷款金额。本科目应当按照借款类别进行明细核算。资金结算中心借还款及利息的账务处理如下：

（1）借款时，借款单位根据借款合同和借据金额：

借：资金结算中心存款——基本户存款

　贷：资金结算中心借款——某种类借款

（2）支付借款利息，借款单位每月根据资金结算中心盖章转回的内部贷款利息单：

借：财务费用——内部贷款利息支出

　贷：资金结算中心存款——基本户存款

（3）归还借款时，借款单位根据还款计划及数额：

借：资金结算中心借款——某种类借款

　贷：资金结算中心存款——基本户存款

（二）集团公司资金结算中心会计科目的设置

1. 设置“内部单位存款”科目

该科目核算集团公司内部各单位存放在资金结算中心的各种款项，由集团公司资金结算中心专用。本科目属负债类科目，期末余额在贷方，反映存款单位在资金结算中心的结存金额。分、子公司等单位取得销售收入存入集团公司资金结算中心时，集团公司资金结算中心借记“银行存款”科目，贷记“内部单位存款——某单位”科目；分、子公司等单位动用内部存款采购材料物资时，集团公司资金结算中心借记“内部单位存款——某单位”科目，贷记“银行存款”等科目。

2. 设置“内部单位借款”科目

该科目核算内部借款单位向集团公司资金结算中心借入的各种款项，由集团公司资金结算中心专用。本科目属资产类科目，期末余额在借方，反映借款单位在资金结算中心的实际贷款金额。分、子公司等单位取得内部借款存入集团公司资金结算中心时，集团公司资金结算中心借记“内部单位借款——××借款单位”科目，贷记“内部单位存款——某单位”科目；分、子公司等单位偿还内部借款时，集团公司资金结算中心借记“内部单位存款——某单位”科目，贷记“内部单位借款——××借款单位”科目。

（三）集团财务公司的核算

2021 年 12 月 30 日，财政部发布《企业会计准则解释第 15 号》，规定企业集团可以设置“内部结算中心”（如上述内容所示），也可以成立“财务公司”。财务公司履行银行职能。企业集团成员单位对直接存入财务公司的资金，在资产负债表“货币资金”项目反映，或在“货币资金”下单独设置“存放财务公司款项”项目列示；成员单位从财务公司拆借的资金，在资产负债表“短期借款”项目中列示。

第三章　交易性金融资产的核算

第一节　金融资产概述

一、金融资产的内涵与分类

金融资产是指企业或其他经济组织中持有的以价值形态存在的资产，是企业持有的现金、其他方的权益工具以及符合金融资产界定条件的合同权利、衍生或非衍生工具合同。它与“实物资产”相对称，代表持有者对资产的索取权，即对有形资产所创造的一部分收入流量的索取权，这种索取权能够为持有者带来货币收入流量。

我国《企业会计准则第 22 号——金融工具确认和计量》第十六条规定，企业根据管理金融资产的业务模式和金融资产的合同现金流量特征，将金融资产划分为三类：① 以摊余成本计量的金融资产；② 以公允价值计量且其变动计入其他综合收益的金融资产；③ 以公允价值计量且其变动计入当期损益的金融资产。该准则第十九条还对金融资产进行了特殊分类，即④ 将非交易性权益工具投资指定为以公允价值计量且其变动计入其他综合收益的金融资产。

二、金融资产的会计确认与核算

会计确认是指对经济业务是否作为会计要素正式加以记录和报告所做的认定，包括会计记录的确认和编制会计报表的确认。会计确认的首要工作是确认（规定）会计科目。我国《企业会计准则第 22 号——金融工具确认和计量》应用指南规定，企业对金融资产的核算应设置以下会计科目：

（1）设置“交易性金融资产”科目。它是一个流动资产类的会计科目。该科目核算企业分类为以公允价值计量且其变动计入当期损益的金融资产，包括为交易目的所持有的股票投资、基金投资和可转换债券投资等。企业持有的直接指定为以公允价值计量且其变动计入当期损益的金融资产，也在本科目核算。

（2）设置“债权投资”科目。它是一个非流动资产类的会计科目。该科目核算企业以摊余成本计量的金融资产。如企业持有至到期的债券投资的摊余成本等。

（3）设置“其他债权投资”科目。它是一个非流动资产类的会计科目。该科目核算企业以公允价值计量且其变动计入其他综合收益的金融资产。如企业持有的、不准备至到期的、相时变现的、非交易性债券投资。

（4）设置“其他权益工具投资”科目。它是一个非流动资产类的会计科目。该科目核算企业指定为以公允价值计量且其变动计入其他综合收益的非交易性权益工具投资。如企业购买的股票既不是交易性目的，又不是控制或影响被投资企业目的，而是相时观望变现的投资，即为其他权益工具投资。

（5）设置“应收账款”、“应收票据”、“应收股利”、“应收利息”、“其他应收款”、“贷款”、“银行存款”、“其他货币资金”等会计科目，核算金融资产中以摊余成本计量的“应收款项”内容和货币资金内容。

在以上会计科目设置过程中，本章重点阐述“归为流动资产类的投资项目”——交易性金融资产的核算；对于“归为非流动资产类的投资项目”——债权投资、其他债权投资、其他权益工具投资的核算内容列入第六章《非流动资产投资的核算》阐述；对于“应收款项的核算”的核算内容列入本书第四章阐述。

第二节　交易性金融资产的核算

交易性金融资产中的“交易性”术语是我国特定术语，是对国际会计准则使用的“为交易而持有”术语的提炼。判别“交易性”金融资产的基本条件是：主要是为近期出售目的而获得或发生。交易性金融资产核算包括交易性股票投资核算、交易性债券投资核算、交易性基金投资核算、交易性权证核算等。

一、交易性股票投资的账务处理

企业从证券交易所购买股票，一般要支付三部分款项：① 股票的买价，包括股票票面价格（面值）和溢价两部分。② 交易费用，包括支付给代理机构（如证券交易所等）、咨询公司、券商等的手续费和佣金、缴纳的税金（印花税、交易税）及其他必要支出，但不包括融资费用、内部管理成本及其他与交易不直接相关的费用。③ 支付给股票持有人应获取的已宣告分红但尚未发放的现金股利。

《企业会计准则第 22 号——金融工具确认和计量》第三十三条规定，企业初始确认金融资产或金融负债，应当按照公允价值计量。根据这一规定，企业取得交易性金融资产，按其公允价值计入“交易性金融资产”科目。所谓公允价值，是指市场参与者在计量日发生的有序交易中，出售一项资产所能收到的收益或者转移一项负债所需支付的价格。市场参与者是指在相关资产或负债的主要市场（或最有利市场）中相互独立（不存在关联方关系）、熟悉情况（能够根据可取得的信息对相关资产或负债以及交易具备合理认知）、有能力并自愿进行相关资产或负债交易的主体。有序交易是指在计量日前一段时期内相关资产或负债具有惯常市场活动的交易。清算等被迫交易不属于有序交易。投资者计量“交易性金融资产”时，在活跃的证券交易市场中（如在证券交易所），股票持有人的股票报价能被购买人接受而成交，则股票报价应作为股票的公允价值计量。企业在购买股票过程中发生的交易费用，在企业以公允价值计量且其变动损益计入当期损益的计价模式下，直接记入“投资收益”科目，视为当期损益的减少。企业在购买股票时支付给股票持有人应获得的现金股利，是一种暂付性债权，记入“应收股利”科目，待股份公司实际发放股利时再收回暂付性款项，转销已入账的债权。

企业取得的交易性金融资产按其公允价值入账，但由于市场交易的公允价值会不断变动，企业应设置“公允价值变动损益”科目反映这种情况的变动。与此相对应，“交易性金融资产”科目除了设置“成本”明细科目外，还应设置“公允价值变动”明细科目。其中，“成本”明细科目，在以公允价值计量且其变动损益计入当期损益的计价模式下反映投资的买价，在其他计价模式下反映投资的买价和交易费用。《企业会计准则应用指南（2020 年版）》附录一介绍会计科目应用时指出：期末，应将“公允价值变动损益”科目的余额转入“本年利润”科目，结转后该科目无余额。

（1）购入股票列作交易性金融资产时：

借：交易性金融资产——××股票（成本）

　　投资收益（发生的交易费用）

　　应收股利（已宣告但尚未发放的现金股利）

　贷：银行存款等

（2）资产负债表日，上述股票价格上升时：

借：交易性金融资产——××股票（公允价值变动）

　贷：公允价值变动损益——交易性金融资产损益

借：公允价值变动损益——交易性金融资产损益

　贷：本年利润

若股票价格下降，作相反会计分录。

（3）宣告分配现金股利时：

借：应收股利

　贷：投资收益

（4）收到现金股利时：

借：银行存款

　贷：应收股利

（5）售出股票时，需要按转让收益，即卖出价扣除买入价后的余额（再换算为不含税额）计交增值税（增值税率6%）。

借：银行存款

　贷：交易性金融资产——××股票（成本）

　　　　　　　　　　——××股票（公允价值变动）

　　应交税费——转让金融商品应交增值税

借或贷：投资收益

若转让金融商品产生转让损失，借记“应交税费——转让金融商品应交增值税”科目。期末，该科目借方余额可结转下一纳税期与下期转让金融商品销售额相抵，但年末时仍出现负差的，不得转入下一个会计年度。

对交易性金融资产公允价值变动损益，由于各期末都结转到“本年利润”科目，处置时无须结转至投资收益。

企业从证券市场上购入基金（交易性基金投资）、购入权证（交易性权证投资）与购入股票（交易性股票投资）的账务处理相同。

二、交易性债券投资的账务处理

企业购买债券，包括购买政府发行的国库券、国家重点建设债券，银行发行的金融债券，企业发行的企业债券（也称公司债券）等。企业可以按债券票面价格（面值）购买，或溢价购买，或折价购买。债券的这种价格（含折溢价），统称为“买价”，计入“交易性金融资产”科目。企业购买债券时同样要发生一定的交易费用，包括支付给证券承销机构、咨询公司等的手续费和佣金及其他必要支出，但不包括债券溢价、折价、融资费用、内部管理成本及其他与交易不直接相关的费用。这些交易费用计入“投资收益”科目，反映当期损益的减少。企业购买债券时，如果付款额中包含债券已到付息期但尚未领取的利息，视同一项债权记入“应收利息”科目。

(1) 购入债券列作交易性金融资产时：

借:交易性金融资产——××债券(成本)

　投资收益

　应收利息

　贷:银行存款

(2) 资产负债表日,对于分期付息、到期还本的债券,按票面利率计算利息收入时：

借:应收利息

　贷:投资收益

(3) 收到债券利息时：

借:银行存款

　贷:应收利息

(4) 资产负债表日,上述债券价格上升时：

借:交易性金融资产——公允价值变动(××债券)

　贷:公允价值变动损益——××债券

借:本年利润

　贷:公允价值变动损益——××债券

若债券价格下降,作相反会计分录。

(5) 企业出售债券时,需要按转让收益,即卖出价扣除买入价后的余额(再换算为不含税额)计交增值税(增值税率6%)。

借:银行存款

借或贷:交易性金融资产——公允价值变动(××债券)

　贷:交易性金融资产——成本(××债券)

　　应收利息

　　应交税费——转让金融商品应交增值税

　贷或借:投资收益

若转让金融商品产生转让损失,借记“应交税费——转让金融商品应交增值税”科目。期末,该科目借方余额可结转下一纳税期与下期转让金融商品销售额相抵,但年末时仍出现负差的,不得转入下一个会计年度。

对交易性金融资产公允价值变动损益,由于各期末都结转到“本年利润”科目,处置时无须结转至投资收益。

借:银行存款

主营业务收入

应交税费——应交增值税——销项税额

贷:应收账款

(9) 坏账的核算。坏账损失采用备抵法核算。估计坏账的方法有应收账款余额百分比法、账龄分析法和个别认定法。按企业会计准则规定,计提坏账准备的方法由企业自行确定。计提坏账准备的比例应根据企业以往的经验、债务单位的实际财务状况和现金流量的情况,以及其他相关信息合理估计。矿业公司应当将账龄分析法和个别认定法相结合计提坏账准备。确定坏账准备计提比例原则为,五年以上按 100%计提,4~5 年按 70%计提,3~4 年按 50%计提,2~3 年按 20%计提,1~2 年按 8%计提,1 年以下按 3%计提。

采用账龄分析法计提坏账准备时,收到债务单位当期偿还的部分债务后,剩余的应收款项,不应改变其账龄,仍应按原账龄加上本期应增加的账龄确定。在存在多笔应收款项且各笔应收款项账龄不同的情况下,收到债务单位当期偿还的部分债务,应当逐笔认定收到的是哪一笔应收款项;如果确实无法认定的,按照先发生先收回的原则确定,剩余应收款项的账龄按上述同一原则确定。

当债务单位撤销、破产、资不抵债、现金流量严重不足、发生严重的自然灾害等导致停产而短期内无法偿付债务等,以及应收账款已逾期 3 年以上,这种应收账款不能收回,或收回的可能性不大,企业应该对此全额计提坏账准备。

企业的应收账款、应收票据、其他应收款、长期应收款计提坏账准备,预付账款发生坏账时,转入其他应收款后计提坏账准备。

关联方之间如何计提坏账?除有确凿证据表明该项应收款项不能够收回或收回的可能性不大以外,与关联方之间发生的应收款项不能全额计提坏账准备。这一规定并不意味着企业对与关联方之间发生的应收款项可以不计提坏账准备。如果矿业集团下属子公司涉及有上市公司的情况,需要按照上市要求对关联方之间往来按照相关要求计提坏账准备。企业与关联方之间发生的应收款项与其他应收款项一样,也应当在期末时分析其可回收性,并预计可能发生的坏账损失。对预计可能发生的坏账损失,计提相应的坏账准备。企业与关联方之间发生的应收款项一般不能全额计提坏账准备,但如果有确凿证据表明关联方(债务单位)已撤销、破产、资不抵债、现金流量严重不足等,并且不准备对应收款项进行重组或无其他收回方式的,则对预计无法收回的应收关联方的款项也可以全额计提坏账准备。

企业期末计提坏账准备时:

借:信用减值损失

贷:坏账准备

企业实际发生坏账损失时,冲销已提的坏账准备:

借:坏账准备

贷:应收账款等

企业已转销的坏账经过催收又收回时:

借:应收账款等

贷:坏账准备

借:银行存款

贷:应收账款等

为了简化,上述分录也可以直接借记“银行存款”科目,贷记“坏账准备”科目,即仅作一笔会计分录。

期末,“应收账款”等账户余额扣除其“坏账准备”账户余额后的净额列入资产负债表“应收账款”等项目(下同)。

第三节　应收票据的核算

应收票据是由付款人或收款人签发、由付款人承兑、到期无条件付款的一种书面凭证。应收票据按承兑人不同分为商业承兑汇票和银行承兑汇票,按其是否附息分为附息商业汇票和不附息商业汇票。商业汇票既可以依法背书转让,也可以向银行申请贴现。

(1) 销售商品、产品、提供劳务等收到商业汇票。

借:应收票据

　贷:主营业务收入

　　应交税费——应交增值税——销项税额

(2) 以商业汇票抵偿应收账款。

借:应收票据

　贷:应收账款

(3) 企业收到商业汇票票款。

借:银行存款

　贷:应收票据

如果票据单独计息,还应贷记“财务费用”科目。

(4) 若商业汇票到期付款人无力支付票款,企业收到银行退回的商业承兑汇票、委托收款凭证、未付票款通知书或拒绝付款证明等。

借:应收账款

　贷:应收票据

(5) 企业持未到期的商业汇票向银行贴现。

借:银行存款(扣除利息后的净额)

　财务费用(贴现利息)

　贷:应收票据或短期借款(票面金额)

如果是带息应收票据贴现,企业应将票据到期利息小于贴现利息的差额,借记“财务费用”科目;票据到期利息大于贴现利息的差额,贷记“财务费用”科目。

(6) 已贴现的商业承兑汇票到期,因承兑人的银行存款不足以支付票款,贴现银行从申请贴现企业的银行存款中扣回贴现款项,银行存款余额不足部分转作逾期贷款。

借:应收账款

　贷:银行存款

　　短期借款

(7) 将持有的商业汇票背书转让,以取得所需物资。

借:材料采购或原材料或库存商品等

应交税费——应交增值税——进项税额

贷:应收票据

银行存款(差额,借方或贷方)

(8) 企业开出、承兑的商业汇票或以承兑的商业汇票抵付货款、应付账款。

借:材料采购或原材料或库存商品等

应付账款

应交税费——应交增值税——进项税额

贷:应收票据

(9) 企业支付银行承兑汇票手续费。

借:财务费用

贷:银行存款

(10) 资产负债表日,企业未到期的应收票据,如果存在不能收回的迹象,应该计提减值准备。

借:信用减值损失

贷:坏账准备

第四节　其他应收款的核算

其他应收款是指企业除买入返售金融资产、应收票据、应收账款、预付账款、应收股利、应收利息、应收代位追偿款、应收分保账款、应收分保合同准备金、长期应收款等以外的其他各种应收及暂付款项。

其主要内容包括应收的各种赔款、罚款,如因企业财产等遭受意外损失而向有关保险公司收取的赔款等;应收的出租包装物租金;应向职工收取的各种垫付款项,如为职工垫付的水电费、应由职工负担的医药费;备用金(向企业各职能科室、车间、个人周转使用等拨出的备用金);存出保证金(如租入包装物所支付的押金);预付账款转入;其他各种应收、暂付款项。

(1) 企业职工预借备用金。

借:其他应收款——备用金——××

贷:银行存款

(2) 企业职工报销还借款。

借:管理费用

银行存款

贷:其他应收款——备用金——××

若报销额超过预借款需要补付现金时,贷记“银行存款”科目。

(3) 资产负债表日,企业对其他应收款计提减值准备。

借:信用减值损失

贷:坏账准备

企业应当定期或者至少于每年年度终了,对其他应收款进行检查,企业对于不能收回的其他应收款应当查明原因,追究责任。对确实无法收回的,应当履行程序上报集团公司批准后，作为坏账损失核销。

经批准作为坏账的其他应收款，借记“坏账准备”科目，贷记“其他应收款”科目。

已确认并转销的坏账损失，如果以后又收回，按实际收回的金额，借记“其他应收款”科目，贷记“坏账准备”科目；同时，借记“银行存款”科目，贷记“其他应收款”科目。其他应收款科目应按其他应收款的项目分类，并按不同的债务人设置明细账，进行明细核算。其他应收款科目期末借方余额，反映企业尚未收回的其他应收款。

第五节　内部往来的核算

一、内部往来核算体系的确定

内部往来核算通常有两种体系：一是广泛的内部往来核算体系。包括集团公司本部，集团公司各独立核算分公司、子公司及其下属独立核算单位之间商品销售、劳务、费用缴、交等形成的结算经济业务。二是限定的内部往来核算体系。如仅限定矿业集团内部经费单位拨款与核销的核算等。本办法规范第一种核算体系。第二种核算体系可参照执行。

二、内部往来管理体系的确定

集团公司内部往来管理采取分级管理的体系进行。集团公司财务部负责集团公司与集团所属单位之间以及集团公司直属单位之间往来核对的组织、检查、督促、内部仲裁。集团公司直属单位会计机构负责该单位与其所属单位内部之间以及所辖单位与集团公司其他单位之间往来核对的协调、督促，及其所辖单位之间往来核对的组织、检查、督促、内部仲裁。还要建立月度入账对账、季度检查、年度总结的内部往来分期对账机制。月度入账对账是指各级财务部门对涉及往来的业务处理必须及时进行单据传递，及时进行账务处理，确保月末双方往来核对一致。

三、内部往来的账务处理

（一）物资供应中的内部往来业务处理

（1）物资供销公司根据提货人签认的内部调拨汇总结算单的第三联（调出单位记账联）：

借：内部往来——各单位

　贷：其他业务收入等科目

（2）物资供销公司根据各单位签认后的内部调拨汇总结算单的第四联（委托收款联）办理委托收款：

借：资金结算中心存款

　贷：内部往来——各单位

（3）各单位财务收到集团公司资金结算中心办理的委托收款：

借：内部往来——物资供销公司

　贷：资金结算中心存款

（4）各单位财务收到由矿供应站提供有验收入签字的物资供销公司物资内部调拨单的第五联（付款联）：

借：材料采购——在途

　贷：内部往来——物资供销公司

(5) 各单位财务根据矿供应站稽核后的材料汇总入库单和物资供销公司物资内部调拨单的第七联(入库后转财务联):

借:原材料

　贷:材料采购——采购

(6) 各单位财务将物资供销公司物资内部调拨单的第七联(入库后转财务联)和物资供销公司物资内部调拨单的第五联(付款联)核对后:

借:材料采购——采购

　贷:材料采购——在途

(二) 电力供应中的内部往来业务处理

各单位财务收到供电处转来的电费结算单。

(1) 对于外转供电部分:

借:应收账款——转供电——××单位

　贷:内部往来——供电处

(2) 对于自用部分:

借:生产成本

　制造费用

　管理费用

　其他业务成本——招待所等

　应付职工薪酬——职工福利

　贷:内部往来——供电处

(3) 供电处根据电费结算单通过资金结算中心办理委托收款:

借:资金结算中心存款

　贷:内部往来——各单位

(4) 各单位财务收到集团公司资金结算中心办理的委托收款:

借:内部往来——供电处

　贷:资金结算中心存款

(5) 供电处月终根据电费结算表(实用量):

借:内部往来——各单位

　贷:其他业务收入

(6) 供电处每月 5 号调整托收金额,补收时:

借:资金结算中心存款

　贷:内部往来——各单位

(7) 供电处每月 5 号调整托收金额,多收退款时:

借:内部往来——各单位

　贷:资金结算中心存款

(8) 各单位财务科收到供电处调整托收金额补收凭证时:

借:内部往来——供电处

　贷:资金结算中心存款

(9) 各单位财务科收到供电处调整托收金额,多收退款时:

借:资金结算中心存款

　贷:内部往来——供电处

(三)内部租赁中的内部往来业务处理

(1)各单位财务根据签认后的"综采、普采使用费收取单"第三联:

借:制造费用——综采设备租赁费

　　　　　　——普采设备租赁费

　贷:内部往来——物资供销公司

(2)物资供销公司根据签认后的"综采、普采使用费收取单"和"使用费结算签认单"的第二联:

借:内部往来——各单位

　贷:制造费用——综采设备统筹费

　　　　　　　——普采设备统筹费

(3)次月物资供销公司根据"使用费结算签认单"的第三联通过资金结算中心办理委托收款:

借:资金结算中心存款

　贷:内部往来——各单位

(4)各单位财务收到集团公司资金结算中心根据"使用费结算签认单"的第三联办理的委托收款:

借:内部往来——物资供销公司

　贷:资金结算中心存款

(四)单体液压支柱租赁费的账务处理

(1)物资供销公司根据各单位签认的《矿业集团单体液压支柱大修费结算单》第二联通过资金结算中心办理委托收款:

借:资金结算中心存款

　贷:其他业务收入

(2)各单位财务根据矿供应部门提供的数据:

借:生产成本——直接材料费

　贷:其他应付款

(3)各单位财务收到集团公司资金结算中心根据《矿业集团单体液压支柱大修费结算单》第二联办理的委托收款:

借:其他应付款

　贷:资金结算中心存款

第六节　债务重组的核算

财政部《关于印发修订〈企业会计准则第 12 号——债务重组〉的通知》(财会〔2019〕9 号)定义的债务重组,是指在不改变交易对手方的情况下,经债权人和债务人协定或法院裁定,就清偿债务的时间、金额或方式等重新达成协议的交易。

新的债务重组突出:一是不改变交易对手方的情况下进行的交易;二是只要债权人和债

务人就债务条款重新达成了协议，就符合债务重组的定义，属于《企业会计准则第12号——债务重组》(2019修订)规范的范围；三是债务重组涉及的债权和债务，是指《企业会计准则第22号——金融工具确认和计量规范》的债权和债务，不包括合同资产、合同负债、预计负债，但包括租赁应收款和租赁应付款。

一、债务重组的方式

(1) 以资产清偿债务。债务人用于偿债的资产通常是已经在资产负债表中确认的资产；也可能以不符合确认条件而未予确认的资产清偿债务，如债务人以未确认的内部产生品牌清偿债务，债权人在获得的商标权符合无形资产确认条件的前提下作为无形资产核算。债务人还可能以处置组，即一组资产和与这些资产直接相关的负债用以清偿债务。

(2) 将债务转为权益工具。权益工具，是指根据《企业会计准则第37号——金融工具列报》分类为"权益工具"的金融工具，会计处理上体现为股本、实收资本、资本公积等科目，不包括同时包含金融负债成分和权益工具成分的复合金融工具。

(3) 修改其他条款。如调整债务本金、改变债务利息、变更还款期限等。

(4) 组合方式。上述三种方式的组合。

二、债务重组的债权人的账务处理

(一) 受让的资产为金融资产以外的资产

(1) 初始计量。

① 存货。按照放弃债权的公允价值加上使该存货达到当前位置和状态所发生的可直接归属于该资产的税金、运输费、装卸费、保险费等作为取得成本。

② 对联营企业或合营企业的长期股权投资。按照放弃债权的公允价值加上可直接归属于该资产的相关税费等作为初始取得成本。

③ 投资性房地产。按照放弃债权的公允价值加上可直接归属于该资产的相关税金等作为初始取得成本。

④ 固定资产。按照放弃债权的公允价值加上使该固定资产达到预定可使用状态前所发生的可直接归属于该资产的税金、运输费、装卸费、安装费、专业人员服务费等作为初始取得成本。

⑤ 无形资产。按照放弃债权的公允价值加上可直接归属于使该资产达到预定用途所发生的税金等作为初始取得成本。

(2) 确认债务重组损益。

按照放弃债权的公允价值与账面价值之间的差额，应当计入当期损益(投资收益)。

借：固定资产、存货等(放弃债权的公允价值－增值税进项税额＋直接相关税费等)
　　应交税费——应交增值税——进项税额
　　坏账准备
　贷：应收账款等
　　　银行存款(支付的相关税费)
　　　投资收益(放弃债权的公允价值与账面价值之间的差额，或借方)

(二) 受让的资产为金融资产

债权人初始确认受让的金融资产时，应当按公允价值计量。

受让金融资产的公允价值与放弃债权账面价值之间的差额，应当计入当期损益。

① 受让的资产为交易性金融资产：

借：交易性金融资产（公允价值）

　　投资收益（交易费用）

　　坏账准备

　贷：应收账款等

　　　银行存款（支付的相关税费）

　　　投资收益（受让的金融资产的公允价值与放弃债权账面价值之间的差额，或借方）

② 受让的资产为其他债权投资等：

借：其他债权投资等（公允价值＋相关交易费用）

　　坏账准备

　贷：应收账款等

　　　银行存款（支付的相关税费）

　　　投资收益（受让的金融资产的公允价值与放弃债权账面价值之间的差额，或借方）

（三）受让多项资产

（1）初始计量。首先，按照《企业会计准则第 22 号——金融工具确认和计量》的规定确认和计量受让的金融资产；然后，按照受让的金融资产以外的各项资产在债务重组合同生效日的公允价值比例，对放弃债权在合同生效日的公允价值扣除受让金融资产当日公允价值后的净额进行分配，并以此为基础分别确定各项资产的成本。

（2）确认损益。放弃债权的公允价值与账面价值之间的差额，应当计入当期损益（投资收益）。

（四）受让处置组

（1）初始计量。首先，按照《企业会计准则第 22 号——金融工具确认和计量》和其他相关准则的规定，对处置组中的金融资产和负债进行初始计量；然后，按照金融资产以外的各项资产在债务重组合同生效日的公允价值比例，对放弃债权在合同生效日的公允价值以及承担的处置组中负债的确认金额之和，扣除受让金融资产当日公允价值后的净额进行分配，并以此为基础分别确定各项资产的成本。

（2）确认损益。放弃债权的公允价值与账面价值之间的差额，应当计入当期损益（投资收益）。

（五）债权人将受让的资产或处置组划分为持有待售类别

债务人以资产或处置组清偿债务，且债权人在取得日将受让的相关资产或处置组划分为持有待售类别的，债权人应当在初始计量时，比较假定其不划分为持有待售类别情况下的初始计量金额和公允价值减去出售费用后的净额，以两者孰低计量。

（六）将债务转为权益工具

将债务转为权益工具方式进行债务重组导致债权人将债权转为对联营企业或合营企业的权益性投资的，债权人应当按照放弃债权的公允价值和直接相关税费计量其初始投资成本，放弃债权的公允价值与账面价值之间的差额，应当计入当期损益。

借：长期股权投资（放弃债权的公允价值＋直接相关税费）

　　坏账准备

　贷：应收账款等

银行存款(支付的直接相关税费)

投资收益(放弃债权的公允价值与账面价值之间的差额,或借方)

(七)采用修改其他条款方式进行债务重组

(1)修改其他条款导致全部债权终止确认。按照修改后的条款以公允价值初始计量新的金融资产;新金融资产的确认金额与债权终止确认日账面价值之间的差额,计入当期损益(投资收益)。

(2)修改其他条款未导致债权终止确认。继续按照原分类对重组债权进行后续计量。

对于以摊余成本计量的债权,债权人应当根据重新议定合同的现金流量变化情况,重新计算该重组债权的账面余额,并将相关利得或损失记入"投资收益"科目。重新计算的该重组债权的账面余额,应当根据将重新议定或修改的合同现金流量按债权原实际利率折现的现值确定,购买或源生的已发生信用减值的重组债权,应按经信用调整的实际利率折现。

修改或重新议定合同所产生的成本或费用,债权人应当调整修改后的重组债权的账面价值并在修改后重组债权的剩余期限内摊销。

(八)以组合方式进行债务重组

(1)债权人应当按照修改后的条款,以公允价值初始计量新的金融资产和受让的新金融资产。

(2)按照受让的金融资产以外的各项资产在债务重组合同生效日的公允价值比例,对放弃债权在合同生效日的公允价值扣除受让金融资产和重组债权当日公允价值后的净额进行分配,并以此为基础分别确定各项资产的成本。

(3)放弃债权的公允价值与账面价值之间的差额,应当计入当期损益(投资收益)。

三、债务重组的债务人的账务处理

(一)以资产偿还债务

债务人应当在相关资产和所清偿债务符合终止确认条件时予以终止确认,所清偿债务账面价值与转让资产账面价值之间的差额计入当期损益(其他收益或投资收益)。

对债务人以存货清偿债务,因不属于企业的日常活动,不适用收入准则,不应作为存货的销售处理。

对于以分类为以公允价值计量且其变动计入其他综合收益的债务工具投资清偿债务的,之前计入其他综合收益的累计利得或损失应当从其他综合收益中转出,记入"投资收益"科目。

对于以指定为以公允价值计量且其变动计入其他综合收益的非交易性权益工具投资清偿债务的,之前计入其他综合收益的累计利得或损失应当从其他综合收益中转出,计入留存收益。

借:应付账款等(账面价值)

贷:××资产(账面价值)

应交税费——应交增值税(销项税额)

其他收益(涉及金融资产以外的资产清偿债务的)

投资收益(仅以单项或多项金融资产清偿债务的)

(二)将债务转为权益工具

(1)债务人应当在所清偿债务符合终止确认条件时予以终止确认。

(2) 债务人初始确认权益工具时应当按照权益工具的公允价值计量,权益工具的公允价值不能可靠计量的,应当按照所清偿债务的公允价值计量。

(3) 所清偿债务账面价值与权益工具确认金额之间的差额,应当计入当期损益。

(4) 债务人因发行权益工具支出的相关税费等,应当依次冲减资本溢价、盈余公积、未分配利润等。

借:应付账款等

　贷:股本

　　　资本公积——股本溢价(权益工具确认金额与面值之间的差额)

　　　投资收益(清偿债务账面价值与权益工具确认金额之间的差额)

(三) 采用修改其他条款方式进行债务重组

(1) 修改其他条款导致全部债务终止确认。按照公允价值计量重组债务;终止确认的债务账面价值与重组债务确认金额之间的差额,计入当期损益(投资收益)。

(2) 修改其他条款未导致债务终止确认。继续按照原分类对未终止确认的债务进行后续计量

对于以摊余成本计量的债务,债务人应当根据重新议定合同的现金流量变化情况,重新计算该重组债务的账面价值,并将相关利得或损失记入"投资收益"科目。重新计算的该重组债务的账面价值,应当根据将重新议定或修改的合同现金流量按债务的原实际利率或《企业会计准则第 24 号——套期会计》第二十三条规定的重新计算的实际利率(如适用)折现的现值确定。

修改或重新议定合同所产生的成本或费用,债务人应当调整修改后的重组债务的账面价值并在修改后重组债务的剩余期限内摊销。

(四) 以组合方式进行债务重组

(1) 对于权益工具,债务人应当在初始确认时按照权益工具的公允价值计量,权益工具的公允价值不能可靠计量的,应当按照所清偿债务的公允价值计量。

(2) 对于修改其他条款形成的重组债务,债务人应当参照上述"修改其他条款方式进行债务重组"相关内容确认和计量重组债务。

(3) 所清偿债务的账面价值与转让资产的账面价值以及权益工具和重组债务的确认金额之和的差额,计入其他收益或投资收益(仅涉及金融工具时)。

四、会计核算变化

2019 年 5 月 16 日,财政部下发《关于印发修订〈企业会计准则第 12 号——债务重组〉的通知》(财会〔2019〕9 号),规定企业 2019 年 1 月 1 日后发生的债务重组,应根据本准则进行调整。

第七节　应收账款融资的核算

应收账款融资是以应收账款作为担保品来筹措资金的一种方式,具体说又有应收账款抵借和应收账款出售两种形式。2019 年 4 月 30 日,财政部《关于修订印发 2019 年度一般企业财务报表格式的通知》规定,资产负债表中要增列"应收款项融资"项目,反映资产负债表日以公允价值计量且其变动计入其他综合收益的应收票据和应收账款等。本书编写委员

会增设“应收账款融资”一级会计科目，并在该科目下设“应收账款抵借”和“应收账款出售”两个明细科目。

一、应收账款抵借

应收账款抵借是指以应收账款作为担保品，向银行或其他金融机构取得借款。借款比率视抵押应收账款客户的信誉而定，从75%到95%不等，一般为80%左右。

企业以应收账款向外抵押借款，通常并不通知债务人。因此，企业仍向欠款人收取账款，但每收一笔款就得将收款额外加利息转交提供借款的信贷机构。应收账款担保借款的利息一般按日计息，有两种计算依据：一是按抵押的应收账款余额计息；二是按应收账款借款额计息。

（1）企业以应收账款向某信贷公司抵借时，按应收账款抵借额：

借：应收账款融资——应收账款抵借（成本）

　贷：应收账款

同时，按实际得到的抵借款：

借：银行存款

　贷：应付账款——某信贷公司

企业如果抵借时签发了票据，则上述分录中应贷记“应付票据”科目；如果抵借需要支付一定的手续费时，应借记“财务费用”科目。

（2）企业收到上述抵借账款中某一客户的账款时：

借：银行存款

　贷：应收账款融资——应收账款抵借（成本）

同时，企业于收款当日将所收账款连同借款利息一起归还给某信贷公司。

借：应付账款——某信贷公司

　　财务费用

　贷：银行存款

（3）期末，某评估公司评估已抵借的应收账款发现有某个客户所欠款项难以收回，则企业要计提减值准备。

借：其他综合收益——信用减值准备

　贷：应收账款融资——应收账款抵借（公允价值变动）

由于利润表中“其他综合收益”项目要填列扣除所得税后净额，则信用减值准备还要扣除25%的所得税。期末，企业作所得税调整的会计分录如下：

借：所得税费用

　贷：其他综合收益——信用减值准备

二、应收账款出售

应收账款出售是企业将应收账款出售给银行等金融机构以筹措资金的一种方法。银行等金融机构对此要收取一定比例的佣金（一般为该项应收账款净额的1%或2%左右）和利息作为回报。应收账款出售分为附有追索权出售和不附有追索权出售两种情况。在不附有追索权的情况下，企业售出应收账款的同时要通知购货客户，请客户以后将账款直接支付给金融机构。如有拖欠，由金融机构催收；如客户无力偿付，出售账款的企业不承担损失。由于出让风险全部转给了金融机构，对应收账款中可能出现的现金折扣、销售折让、销货退回，金融机构要预留一部分余款。除现金折扣外，预留款由双方商定，一般为应收账款的10％。

(1) 企业出售应收账款，不预留款，按实收出售款入账，注销应收账款账面价值时：

借：银行存款

　　财务费用

　贷：应收账款

(2) 企业出售应收账款，需要预留款（称“让售扣存款”），还要付手续费等，企业终止确认应收账款时：

借：财务费用　　　　（应支付的手续费）

　　其他应收款——让售扣存款　　　　（预留款）

　　　　　　——A债权收购公司　　　　（出售债权款）

　贷：应收账款

(3) 企业出售上述应收账款，计算至赊销期结束时的利息，收到出售债权款时：

借：银行存款

　　财务费用

　贷：其他应收款——A债权收购公司

(4) 上述应收账款赊销期满，A债权收购公司收回全部应收账款，未出现销售退回和折让，A债权收购公司退回全部扣存款时：

借：银行存款

　　财务费用

　贷：其他应收款——让售扣存款

若有销售退回和折让，要借记“主营业务收入”、“应交税费”等科目。

第五章 存货的核算

第一节 存货核算概述

一、煤炭企业存货核算的特点

存货是指企业在日常活动中持有以备出售的产成品或商品、处在生产过程中的在产品、在生产过程或提供劳务过程中耗用的材料或物料等，包括各类材料、在产品、半成品、产成品或库存商品以及包装物、低值易耗品、委托加工物资等。

煤炭企业存货核算有以下特点：

(1) 原煤产品生产没有构成产品实体的原料及主要材料，而且大部分材料可多次回收复用，如坑木、支柱、钢轨等。

(2) 煤炭工业企业专用的12种小型设备（风镐、电风钻、7.5 kW及以下的电动机、水泵、10 kVA以下低压防爆开关、矿车、自救器、综合保护器、瓦斯检定器等），由于使用年限短，价值低、数量多、流动性大、更换频繁，不作固定资产核算，而作材料（低值易耗品）核算。

(3) 煤矿所耗材料，可由物资供销公司统一采购，也可由煤矿自行采购。前者通过资金结算中心进行内部结算，后者由煤矿自行对外结算。

二、存货的分类

(一) 材料存货的分类

煤矿材料存货按管理要求区分为四种类型共以下三十二类①。

1. 一类物资

(1) 燃料及油脂。

(2) 黑色金属、炉料及金属制品。

(3) 有色及稀有金属。

(4) 化工产品及火工产品。

(5) 橡胶制品及塑料制品。

(6) 建筑材料及轻纺材料。

(7) 木材。

(8) 坑代及水泥制品。

(9) 电缆、电线。

(10) 小型设备及其他。

2. 二类物资

(11) 二类机械。

(12) 二类工具。

① 为了方便统计，这里各类材料连续编号。

(13) 轴承。

(14) 二类电工器材。

(15) 二类仪器、仪表。

3. 三类物资

(16) 三类金属制品。

(17) 三类工具器具。

(18) 三类电工器材及仪器。

(19) 通风及电子元件器件。

(20) 三类化工及轻纺制品。

(21) 劳动保护用品。

(22) 土产材料及杂品。

4. 备品配件

(23) 煤炭专用设备配件。

(24) 煤炭定点供应配件。

(25) 地质勘探设备配件。

(26) 进口综机设备配件。

(27) 工矿通用设备配件。

(28) 工矿电器设备配件。

(29) 机修配件。

(30) 机车车辆及信号配件。

(31) 汽车配件。

(32) 农机配件。

煤矿上述三十二类材料通过“原材料”、“低值易耗品”等科目进行核算。非煤单位的材料存货核算一般设置“原材料”(包括原料及主要材料、辅助材料、外购半成品、修理用备件、包装材料、燃料等)、“包装物”、“低值易耗品”、“委托加工物资”等科目进行核算。其中对于包装物和低值易耗品业务不多的企业也可设置“周转材料”科目核算。

(二) 在制品的分类

在制品分为“在产品”和“自制半成品”两类。在产品是指在煤炭生产过程中在已开采运到井底煤仓的原煤、正在洗(选)煤厂洗选的煤矿和正在车间加工的产品。自制半成品是指非煤企业经过一定生产过程并已检验合格交付半成品仓库,但尚未完工,仍需继续加工的中间产品。外购的半成品(外购件)应作为原材料处理,不作为自制半成品处理。

(三) 库存商品的分类

库存商品包括库存的外购商品、自制商品、存放在门市部准备出售的商品、发出展览的商品以及寄存在外库或存放在仓库的商品、委托代销发出商品等。接受外来原材料加工的企业还包括代制品和代修品。

三、存货的计价

存货可以按实际成本计价,也可以按计划成本计价。材料采购业务不太频繁的企业一般采用实际成本计价;煤矿、煤机厂等单位的材料存货,由于品种繁多、采购业务频繁,可采用计划成本的计价。《企业会计准则第 1 号——存货》第五条规定:“存货应当按照成本进行初始计量。存货成本包括采购成本、加工成本和其他成本。”

（一）存货的采购成本

包括购买价款、相关税费、运输费、装卸费、保险费以及其他可归属于存货采购成本的费用。具体包含：

（1）企业外购存货主要包括原材料和商品。外购存货的成本即存货的采购成本，指企业从物资采购到入库前所发生的全部支出，包括购买价款、需计入成本的相关税费、运输费、装卸费保险费以及其他可归属于存货采购成本的费用。

（2）商品流通企业在采购商品过程中发生的运输费、装卸费、保险费以及其他可旧属于存货采购成本的费用等进货费用，应计入所购商品成本。在实务中，企业也可以将发生的运输费、装卸费、保险费以及其他可归属于存货采购成本的费用等进货费用先进行归集，期末按照所购商品的存销情况进行分摊。对于已销售商品的进货费用，计入主营业务成本；对于未售商品的进货费用，计入期末存货成本。商品流通企业采购商品的进货费用金额较小的，可以在发生时直接计入当期销售费用。

（二）加工取得存货的成本

企业通过进一步加工取得的存货，主要包括产成品、在产品、半成品、委托加工物资等，其成本由采购成本、加工成本构成。某些存货还包括使存货达到目前场所和状态所发生的其他成本，如可直接认定的产品设计费用等。通过进一步加工取得的存货的成本中采购成本是由所使用或消耗的原材料采购成本转移而来的，因此，计量加工取得的存货成本，重点是要确定存货的加工成本。

存货加工成本由直接人工和制造费用构成，其实质是企业在进一步加工存货的过程中追加发生的生产成本，因此，不包括直接由材料存货转移来的价值。其中，直接人工是指企业在生产产品过程中，直接从事产品生产的工人的职工薪酬。直接人工和间接人工的划分依据通常是生产工人是否与所生产的产品直接相关，即可否直接确定其服务的产品对象。制造费用是指企业为生产产品和提供劳务而发生的各项间接费用。制造费用是一项间接生产成本，包括企业生产部门，如生产车间管理人员的职工薪酬、折旧费、办公费、水电费、机物料消耗、劳动保护费、车间固定资产的修理费用、季节性和修理期间的停工损失等。

（三）其他方式取得存货的成本

企业取得存货的其他方式，主要包括接受投资者投资、非货币性资产交换、债务重组、企业合并以及存货盘盈等。

（1）投资者投入存货的成本。投资者投入存货的成本，应当按照投资合同或协议约定的价值确定，但合同或协议约定价值不公允的除外。在投资合同或协议约定价值不公允的情况下，按照该项存货的公允价值作为其入账价值。

（2）通过非货币性资产交换、债务重组、企业合并等方式取得的存货的成本。企业通过非货币性资产交换、债务重组、企业合并等方式取得的存货，其成本应当分别按照《企业会计准则第 7 号——非货币性资产交换》、《企业会计准则第 12 号——债务重组》、《企业会计准则第 20 号——企业合并》等的规定确定。但是，其后续计量和披露应当执行《企业会计准则第 1 号——存货》的规定。

（3）盘盈存货的成本。盘盈的存货应按其重置成本作为入账价值，并通过“待处理财产损溢”科目进行会计处理，按管理权限报经批准后，冲减当期管理费用。

（四）通过提供劳务取得的存货

通过提供劳务取得的存货，其成本按从事劳务提供人员的直接人工和其他直接费用以及可归属于该存货的间接费用确定。

在确定存货成本的过程中，下列费用不应当计入存货成本，而应当在其发生时计入当期损益：

（1）非正常消耗的直接材料、直接人工及制造费用，应计入当期损益。由于这些费用的发生无助于使该存货达到预定场所和状态，不应计入存货成本，而应计入当期损益。

（2）仓储费用，指企业在采购入库后发生的储存费用，应计入当期损益。但是，在生产过程中为达到下一个生产阶段所必需的仓储费用则应计入存货成本。例如，某种酒类产品生产企业为使生产的酒达到规定的产品质量标准，而必须发生的仓储费用，就应计入酒的成本，而不是计入当期损益。

（3）不能归于使存货达到目前场所和状态的其他支出。

（4）企业采购用于广告营销活动的特定商品，向客户预付货款未取得商品时，应作为预付账款进行会计处理，待取得相关商品时计入当期损益（销售费用）。企业取得广告营销性质的服务比照该原则进行处理。

四、存货的入账依据

存货入账的依据有三类：

（1）采购凭证。包括银行结算凭证、供货单位发票、运单、提货单及其他单据。

（2）入库凭证。收料（货）单、收购凭证、交（入）库单、验收单及各种入库汇总凭证。

（3）出库凭证。领料单、限额领料单、领料登记表、配比发料单、发货票（单）、提货单、发料（货）汇总凭证及其他出库凭证。

以上收发凭证中，除汇总凭证外，一般要一式多联，分别给财务部门、供销部门和仓库作为记账、稽核以及汇总的依据。

第二节　材料存货的核算

一、材料存货按实际成本计价核算

（一）外购材料存货的核算

材料采购业务不多的非煤企业，其材料存货可按实际成本计价核算。在材料存货按实际成本计价核算方式下，外购材料存货核算要分别设置“在途物资”、“原材料”等科目，一般不设“材料采购”科目。

（1）货款两清的采购业务。企业购入存货验收入库，按支付的款项：

借：原材料等

　　应交税费——应交增值税——进项税额

　贷：银行存款

（2）先付款，后收货的采购业务。企业购入存货未到而票据已到，按支付的款项：

借：在途物资

　　应交税费——应交增值税——进项税额

　贷：银行存款

上列存货到达并验收入库：

借：原材料等

贷：在途物资

(3) 先收货，后付款的采购业务，如果企业在当月接到结算凭证并付款，则应作如下会计分录：

借：原材料等

应交税费——应交增值税——进项税额

贷：银行存款

如果该入库存货在月末仍未收到结算凭证，则应按暂估价值入账：

借：原材料等

贷：应付账款

待实际收到结算凭证时，应用红字冲销暂估入账分录，并按结算凭证记载的价值入账：

借：原材料等(红字金额)

贷：应付账款(红字金额)

借：原材料等

应交税费——应交增值税——进项税额

贷：应付账款或银行存款

(4) 先预付，后收货的采购业务。一般设置“预付账款”科目核算。若企业预付货款情况不多，也可不设“预付账款”科目，而通过“应付账款”科目核算。

企业按合同规定预付购货款时：

借：预付账款

贷：银行存款

对方发来材料一批已验收入库，同时，收到增值税专用发票等凭证时：

借：原材料

应交税费——应交增值税——进项税额

贷：预付账款

企业补付上述材料存货货款时：

借：预付账款

贷：银行存款

(二) 自制材料存货的核算

自制材料完工入库时：

借：原材料(实际成本)

贷：生产成本(实际成本)

(三) 委托加工材料的核算

委托外单位加工材料完工收回入库时：

借：原材料等(实际成本)

贷：委托加工物资(实际成本)

(四) 材料存货发出的核算

《企业会计准则第1号——存货》规定采用先进先出法、加权平均法或个别计价法确定发出存货的实际成本。存货发出的账务处理如下：

(1) 发出存货用于生产消耗时：

借：生产成本等

　贷：原材料等

(2) 发出存货委托外单位加工时：

借：委托加工物资等

　贷：原材料等

(3) 为销售而发出材料存货，结转销售成本时：

借：其他业务成本

　贷：原材料等

二、材料存货按计划成本计价核算

在材料计划成本计价模式下，煤矿设置"材料采购"、"原材料"、"材料成本差异"、"委托加工物资"等科目进行核算，非煤企业设置"材料采购"、"原材料"、"包装物"、"低值易耗品"、"材料成本差异"、"委托加工物资"等科目进行核算。

(一) 煤矿财务科材料账的设置

(1)"材料采购明细账"按材料类别设置。"材料采购明细账"中的材料类别一般有以下四种设置方法：

① 三类法。"材料采购"一级账户下设三个明细账户："辅助材料"、"燃料"、"工矿配件"。

② 四类法。"材料采购"一级账户下设四个明细账户："一类物资"、"二类物资"、"三类物资"、"备品配件"。

③ 六类法。"材料采购"一级账户下设六个明细账户："1～6 类"、"7～8 类"、"9～10 类"、"11～15 类"、"16～22 类"、"23～32 类"。

④ 七类法。"材料采购"一级账户下设七个明细账户："一类材料"、"二类材料"、"三类材料"、"土产材料"、"燃料"、"普机配件"、"综机配件"。

在以上设账方法中，采用六类法设账比较好。

(2)"材料成本差异明细账"按材料类别设置。"材料成本差异明细账"的设置要和"材料采购明细账"的材料类别保持一致。

(3)"材料明细账"采用三级账簿体系。煤矿财务科按材料一级科目设"材料总账"，同时按材料大类(如 1～6 类、7～8 类等)设"材料二级账"；煤矿供应科设"材料类别账"(可设 32 个类别账)；煤矿材料仓库按材料品种设"材料保管账"(如圆钢等)。在材料三级账簿体系中，"材料保管账"采用数量金额式，其余均为金额式。

(4)"委托加工物资明细账"按加工单位设置。

(二) 集团统一采购材料的核算

(1) 集团传来付款凭证等，统一订货的材料已购入。煤矿购料的价款、增值税进项税和供方代垫运杂费已予支付，煤矿编制以下会计分录：

借：材料采购——××类

　　应交税费——应交增值税——进项税额

　贷：资金结算中心存款

(2) 煤矿材料仓库传来集团购入材料收料单,上述橡胶制品按计划成本入库:

借:原材料——××类

  贷:材料采购——××类

(3) 月终,对煤矿材料仓库传来未付款的集团购入材料(如油脂)收料单,按计划成本暂估入库:

借:原材料——××类

  贷:应付账款——暂估应付账款

(4) 从物资供销公司移拨若干材料,款项通过集团资金结算中心支付。根据集团传来的有关内部结算付款的单证作付款论据。同时,该材料已入矿材料仓库,按计划成本入账:

借:材料采购——××类

  贷:资金结算中心存款

借:原材料——××类

  贷:材料采购——××类

(三) 自集团外自行采购材料的核算

煤矿从集团外自行采购材料,价款、增值税进项税等已付,料未到:

借:材料采购——××类

  应交税费——应交增值税——进项税额

  贷:银行存款

上述材料直至月终尚未到达,“材料采购”账户借方余额即为款已付料未到的在途材料。

(四) 材料采购差异的结转

月终,煤矿结转本月收入材料的节约价差(据上述“材料采购”账户借贷方对应相抵销得出,不包括已付款尚未入库的在途材料)。

借:材料采购——××类

  贷:材料成本差异——××类

若产生超支价差,上述会计分录方向相反。

为了简化,上述业务核算可以不采用“逐笔结转法”,而是采用“综合结转法”,即企业平时收料和结转材料采购差异通过编制“收料凭证汇总表”(表 5-1)的方式于月末一次处理。

月终,煤矿要据“收料凭证汇总表”结转入库材料计划成本[即上述业务(2)、(3)、(4)涉及借记“原材料”科目的分录可合成一笔处理]:

借:原材料——××类

  贷:材料采购——××类

    应付账款

同时,再据“收料凭证汇总表”结转入库材料成本节约价差异。

借:材料采购——××类

  贷:材料成本差异——××类

注:若超支价差,分录与此相反。

(五) 煤矿材料发出核算

首先,煤矿财务科材料核算员定期据发料凭证按材料类别和去向编制“发料凭证汇总表”(表 5-2);财务科成本核算员按领料单位和材料用途编制“材料及差异分配汇总表”(表 5-3)。

表 5-1　收料凭证汇总表

20××年×月 1 日至 30 日　　　　料汇 1 号

类别	项目	计划成本						实际成本	成本差异
		局购直达	局外自购	局库移拨	局内调入	加工收回	合计		
1～6 类	燃料及油脂								
	黑色金属炉料及金属制品								
	有色及稀有金属								
	化工产品及火工产品								
	橡胶制品及塑料制品								
	建筑材料及轻纺材料								
	1～6 类小计								
7～8 类	木材								
	坑代及水泥制品								
	7～8 类小计								
9～10 类	电缆、电线								
	统部管小型设备及其他								
	9～10 类小计								
11～15 类	二类机械								
	二类工具								
	轴承								
	二类电工器材								
	二类仪器、仪表								
	11～15 类小计								
16～22 类	三类金属制品								
	三类工具器具								
	三类电工器材及仪器								
	通风及电子元件器件								
	三类化工及轻纺制品								
	劳动保护用品								
	土产材料及杂品								
	16～22 类小计								
23～32 类	煤炭专用设备配件								
	煤炭定点供应配件								
	地质勘探设备配件								
	进口综机设备配件								
	工矿通用设备配件								
	工矿电器设备配件								
	机修配件								
	机车车辆及信号配件								
	汽车配件								
	农机配件								
	23～32 类小计								
合　计									
其中:暂估材料									

表 5-2 发料凭证汇总表

20××年×月1日至30日　　　　料汇2号

类别	发料去向	计划成本						合计		
		生产用料	非生产用料	委托加工	材料销售	矿内移拨	合计	计划成本	差异率	差异额
1～6类	燃料及油脂									
	黑色金属、炉料及金属制品									
	有色及稀有金属									
	化工产品及火工产品									
	橡胶制品及塑料制品									
	建筑材料及轻纺材料									
	1～6类小计									
7～8类	木材									
	坑代及水泥制品									
	7～8类小计									
9～10类	电缆、电线									
	小型设备及其他									
	9～10类小计									
11～15类	二类机械									
	二类工具									
	轴承									
	二类电工器材									
	二类仪器、仪表									
	11～15类小计									
16～22类	三类金属制品									
	三类工具器具									
	三类电工器材及仪器									
	通风及电子元件器件									
	三类化工及轻纺制品									
	劳动保护用品									
	土产材料及杂品									
	16～22类小计									
23～32类	煤炭专用设备配件									
	煤炭定点供应配件									
	地质勘探设备配件									
	进口综机设备配件									
	工矿通用设备配件									
	工矿电器设备配件									
	机修配件									
	机车车辆及信号配件									
	汽车配件									
	农机配件									
	23～32类小计									
合计										

注：根据“材料成本差异明细账”计算各类材料成本差异率填入“差异率”各类行，乘以各类发出材料计划成本，得出发出材料负担的成本差异填入“差异额”各类行。再将合计行“差异额”除以发出材料计划成本合计，得出“材料综合差异率”交财务科成本核算员用于按材料用途编制“材料及差异分配汇总表”。

表 5-3　材料及差异分配汇总表

20××年×月 1 日至 30 日　　　　料汇 3 号

应借科目		应贷科目:原材料							差异率	差异额	实际成本
		木材	支护用品	火工产品	大型材料	配件	…	计划成本合计			
生产成本	原选煤										
	其中:掘进										
	回采										
	井下运输										
	通风										
	排水										
	井巷维修										
	设备装修										
	筛选加工										
	其他过程										
	洗煤										
制造费用	原选煤										
	洗煤										
管理费用											
生产用料小计											
在建工程											
研发支出											
应付职工薪酬											
非生产用料小计											
委托加工物资											
其他业务成本	材料销售										
合　计											

(1) 煤矿财务科成本核算员根据表 5-2“发料凭证汇总表”、表 5-3“材料及差异分配汇总表”编制以下发料(计划成本)会计分录:

借:生产成本——原选煤(材料)

　　　　　　——洗煤(材料)

　　制造费用——原选煤(材料)

　　　　　　——洗煤(材料)

　　管理费用——材料及低值易耗品

　　在建工程

　　研发支出

　　应付职工薪酬

其他业务成本

贷:原材料

(2) 煤矿财务科成本核算员根据“材料及差异分配汇总表”编制以下分配材料成本差异(超支价差)的会计分录:

借:生产成本——原选煤(材料)

——洗煤(材料)

制造费用——原选煤(材料)

——洗煤(材料)

管理费用——材料及低值易耗品

在建工程

研发支出

应付职工薪酬

其他业务成本

贷:材料成本差异

如果分配材料节约价差,会计分录相反。

其次,煤矿财务科成本核算员根据“材料及差异分配汇总表”编制“发出材料增值税进项税额转出计算表”(表 5-4)。

表 5-4 发出材料增值税进项税额转出计算表

20××年×月 1 日至 30 日 料汇 4 号

应借科目	转出原因	计算依据		增值税率	进项税额转出额
		原进项税	当期实际成本		
应付职工薪酬	用于福利部门				
…					
合　　计					

(3) 根据表 5-4 编制进项税额转出的会计分录:

借:应付职工薪酬等

贷:应交税费——应交增值税——进项税额转出

(六) 材料归口核算体制下账务处理的说明

一些矿业集团成立物资部或配货中心,或其他类似机构,矿厂等基层单位材料核算交归口单位,如供应科或器材科等进行,归口单位直接向物资部等上级单位报送会计报表。在这种管理体制下,矿厂没有材料收发存的核算业务,这些业务全由供应科等归口单位进行,账务处理和上述材料核算相同。矿厂从供应科等归口单位领用材料,按市场价格付款,并采用“实耗实支法”;定期结算付款时,借记“应付料款”科目,为了与外部单位区别,可自行增设该科目,贷记“结算中心存款”科目;月终分配材料费用时,借记“生产成本”等科目,贷记“应付料款”科目。

(七) 煤矿委托加工材料核算

委托加工材料,是指发出材料委托外单位制成另一种性能、用途不同的材料。如将生铁制成铸件，布料制成工作服，木材制成木箱等。企业应设置“委托加工物资”科目核算企业委托外单位加工的各种材料物资的实际成本，包括发往外单位加工的物资的实际成本、支付的加工费用（含增值税等）、应负担的运杂费。

（1）发出材料委托外单位加工时，按计划成本：

借：委托加工物资

　贷：原材料等

（2）按上月材料成本差异率计算发出材料应负担超支价差：

借：委托加工物资

　贷：材料成本差异

（3）支付加工费用（含增值税）和外地运输费用时：

借：委托加工物资

　应交税费——应交增值税——进项税额

　贷：银行存款

（4）加工的物资完工入库，按计划成本：

借：原材料等

　贷：委托加工物资

（5）结转上述入库物资的超支差异时：

借：材料成本差异

　贷：委托加工物资

若节约价差，分录方向相反。

如果加工后有剩余材料退回入库，则按计划成本借记“原材料”科目，按实际成本贷记“委托加工物资”科目，按两者的差额借记或贷记“材料成本差异”科目。

（八）其他企业材料按计划成本计价核算

煤矿机械厂等非煤企业材料采购、发出的核算可参考煤矿材料核算方法进行。对于自制材料的核算规范如下：

（1）非煤企业自制材料完工入库时，据交库单（财务入账联）作如下会计分录：

借：原材料（计划成本）

　贷：生产成本（计划成本）

（2）企业月终计算出完工入库材料的实际成本时，据成本计算单和交库单（财务结算联）实际成本和计划成本的差额作如下会计分录：

借：材料成本差异（超支差异）

　贷：生产成本（超支差异）

如果是节约价差：

借：生产成本（节约差异）

　贷：材料成本差异（节约差异）

说明：上述自制材料入库也可于月终汇总一笔做，即将平时交库单定期汇总填入前述“收料凭证汇总表”中，并附上成本计算单，作如下复合分录：

借：原材料（计划成本）

　材料成本差异（超支价差）

贷:生产成本(实际成本)

若为节约价差,贷记“材料成本差异”科目。

第三节　在制品存货的核算

在制品存货分为“在产品存货”和“自制半成品存货”两类。“在产品存货”通过设置“生产成本”,或设置“基本成本”、“辅助生产”两个一级科目进行核算。自制半成品收发频繁的企业,可增设“自制半成品”科目核算。

一、自制半成品按实际成本计价核算

(1) 自制半成品发生各项费用时:

借:生产成本

　贷:原材料

　　应付职工薪酬等

(2) 自制半成品完工入库:

借:自制半成品

　贷:生产成本

(3) 后续车间从半成品库领用自制半成品继续加工时:

借:生产成本

　贷:自制半成品

(4) 为销售而发出自制半成品,在结转销售成本时:

借:主营业务成本

　贷:自制半成品

二、自制半成品按计划成本计价核算

(1) 生产完工的自制半成品验收入库时:

借:自制半成品(计划成本)

　贷:生产成本(实际成本)

　　产品成本差异(节约差异)

若存在超支价差,记入“产品成本差异”科目借方。

(2) 生产过程领用自制半成品继续加工时:

借:生产成本(计划成本)

　贷:自制半成品(计划成本)

(3) 自制半成品对外销售结转成本时:

借:主营业务成本(计划成本)

　贷:自制半成品(计划成本)

(4) 分配生产领用自制半成品和对外销售半成品应负担的差异时:

借:生产成本(超支差异)

　主营业务成本(超支差异)

　贷:产品成本差异(超支差异)

若为节约差异,会计分录方向相反。

说明：在企业实行内部结算的情况下，车间与车间、车间与部门之间按内部计划价格进行结算，则后续车间向半成品库领用自制半成品，按计划价格向生产科“付款”，则分配的成本差异一般不再借或贷记“生产成本”科目，为了简化核算，而是借或贷记“制造费用”科目。

第四节　商品存货的核算

一、产成品的核算

（一）产成品按实际成本核算

煤矿等企业产成品品种较少，其成本核算一般按实际成本计价；煤矿机械厂等企业产成品种类较多，其成本核算可以按实际成本计价，也可以按计划成本计价。产成品按实际成本计价的账务处理如下：

（1）产品完工入库时，按实际成本：

借：库存商品

　贷：生产成本

（2）企业销售产品时，按先进先出法、加权平均法计算实际成本：

借：主营业务成本

　贷：库存商品

（二）产成品按计划成本计价核算

（1）产品完工入库时：

借：库存商品（计划成本）

　贷：生产成本（实际成本）

　　　产品成本差异（节约价差）

若超支价差，记入“产品成本差异”科目借方。

（2）企业销售产品，按计划成本：

借：主营业务成本（计划成本）

　贷：库存商品（计划成本）

（3）月终，计算调整已销售产品负担的超支价差：

借：主营业务成本（超支价差）

　贷：产成品成本差异（超支价差）

若为节约差异，会计分录方向相反。

二、库存商品的核算

本办法规范库存商品的核算，主要是规范煤炭企业中“商品流通企业”库存商品的核算。

（一）零售企业采用零售价格法核算

（1）零售商店从本地批发站购进商品已付款，并已验收入库。

借：在途物资

　　应交税费——应交增值税——进项税额

　贷：银行存款

借：库存商品（零售价）

　贷：在途物资（实际价）

商品进销差价(零售价与实际价的差额)

(2) 零售商店从外地某百货公司购进商品,银行传来托收承付结算凭证和发货单结算联,经审核,同意承付,商品尚未运到。

借:在途物资

应交税费——应交增值税——进项税额

贷:银行存款

上列商品运到,经百货柜验收无误,按含税零售价记账。根据“商品验收单”和“发货单”随货同行联:

借:库存商品(零售价)

贷:在途物资(实际价)

商品进销差价(零售价与实际价的差额)

如果上列已付款的商品直到月终还未到,则“在途物资”科目借方余额为在途商品。

(3) 零售企业某日收到各柜组交来的货款时:

① 据内部缴款单:

借:库存现金(零售价)

贷:主营业务收入(零售价)

② 将上述款项送存银行,据送款单(回单):

借:银行存款

贷:库存现金

如果各柜组直接将现款送存银行,则不通过“库存现金”账户。

③ 据收款员填制的“销货收款日报表”和营业柜组填制的“商品进销存日报表”随时结转营业成本:

借:主营业务成本(零售价)

贷:库存商品——百货组(零售价)

——针织组(零售价)

——服装柜(零售价)

——文具柜等(零售价)

④ 月终(或月内定期)将含税销售收入调整为不含税收入,以此确定已销商品销项税额作如下会计分录:

借:主营业务收入[零售价÷(1+增值税率)×增值税率]

贷:应交税费——应交增值税——销项税额(不含税价×增值税率)

(4) 月终,零售企业采用差价率法或毛利法分配进销差价:

借:商品进销差价

贷:主营业务成本

(二) 批发企业采用进价金额核算法核算

(1) 某批发企业采用进价金额核算库存商品,购进商品付款时:

借:在途物资

应交税费——应交增值税——进项税额

贷:银行存款

(2) 上述商品验收入库,按不含税进价:

借:库存商品

　贷:在途物资

(3) 商品销售收款时,按零售价:

借:银行存款

　贷:主营业务收入

(4) 按上季毛利率计算已销商品的销售成本:

借:主营业务成本

　贷:库存商品

(5) 月终,计算销项税额时作如下会计分录:

借:主营业务收入[零售价÷(1+增值税率)×增值税率]

　贷:应交税费——应交增值税——销项税额(不含税价×增值税率)

(三) 委托代销商品的核算

(1) 委托企业将商品发给代销单位代销时,按售价:

借:委托代销商品——某代销单位

　贷:库存商品

(2) 委托企业收到代销单位报来的代销清单,列明本月销售款,并结算应付代销手续费时:

借:应收账款——某代销单位

　贷:主营业务收入

　　应交税费——应交增值税——销项税额

借:销售费用

　贷:应收账款——某代销单位

(3) 委托企业结转代销商品成本和进销差价时:

借:主营业务成本

　贷:委托代销商品——某代销单位

借:商品进销差价

　贷:主营业务成本

(四) 受托代销商品的核算

受托代销商品核算有两种方式:一是购销核算方式;二是手续费核算方式。受托企业通常后一种核算方式,即受托企业以收取手续费的方式进行受托商品的核算。

(1) 收到受托代销商品时,按约定的价格:

借:受托代销商品

　贷:受托代销商品款

(2) 出售受托商品后,按实际收到或应收的金额:

借:银行存款或应收账款

　贷:受托代销商品

(3) 计算代销手续费等收入时:

借:受托代销商品款

贷:其他业务收入

(4) 结清代销商品款时:

借:受托代销商品款

贷:银行存款

注:如果接收受托商品采用"购销方式"入账时,借记"受托代销商品"科目,贷记"受托代销商品款"科目;出售受托商品收款时,借记"银行存款"科目,贷记"主营业务收入"、"应交税费"科目;结转受托方营业务成本时,借记"主营业务成本"科目,贷记"受托代销商品"科目,同时,借记"受托代销商品款"科目,贷记"应付账款"科目;实际支付受托商品款时,借记"应付账款"科目,贷记"银行存款"科目。

第五节　存货期末计价的核算

一、存货期末采用成本与可变现净值孰低法计量

《企业会计准则第1号——存货》第十五条规定:"资产负债表日,存货应当按照成本与可变现净值孰低计量"。"可变现净值,是指在日常活动中,存货的估计售价减去至完工时估计将要发生的成本、估计的销售费用以及相关税费后的金额"。可变现净值应根据取得的确凿证据为基础,并且考虑持有存货的目的、资产负债表日后事项的影响等因素合理确定。具体讲:① 为生产而持有的材料等,用其生产的产成品的可变现净值高于成本的,该材料仍然应当按照成本计量;材料价格的下降表明产成品的可变现净值低于成本的,该材料应当按照可变现净值计量。② 为执行销售合同或者劳务合同而持有的存货,其可变现净值应当以合同价格为基础计算。企业持有存货的数量多于销售合同订购数量的,超出部分的存货的可变现净值应当以一般销售价格为基础计算。

《企业会计准则第1号——存货》第十八条规定:"企业通常应当按照单个存货项目计提存货跌价准备。对于数量繁多、单价较低的存货,可以按照存货类别计提存货跌价准备。与在同一地区生产和销售的产品系列相关、具有相同或类似最终用途或目的,且难以与其他项目分开计量的存货,可以合并计提存货跌价准备"。企业一旦确定选用哪一种方法,应前后保持一致,不得随意变更。

二、存货可变现净值的确定

(一) 材料存货期末可变现净值的确定

企业期末结存的材料存货采用成本与可变现净值孰低计量,仅包括原材料、委托加工材料,不包括包装物和低值易耗品。

(1) 继续投入生产的材料计价。要将继续生产的材料存货预计生产出产成品,再据产成品的成本与其可变现净值进行比较,确定是选其成本计价,还是选其可变现净值计价。若产成品的成本低,选成本计价,则期末结存材料按材料成本计价,不计提跌价准备;若产成品的可变现净值低,以可变现净值作计价依据,重新推算材料存货期末可变现净值,进而计提跌价准备。推算的继续生产的材料存货期末可变现净值的计算公式如下:

$$\begin{matrix}\text{继续生产材料存货}\\\text{期末可变现净值}\end{matrix}=\begin{matrix}\text{用其所产的产}\\\text{成品估计售价}\end{matrix}-\begin{matrix}\text{至完工估计将}\\\text{要发生的成本}\end{matrix}-\begin{matrix}\text{估计的销售费}\\\text{用及相关税费}\end{matrix}$$

上述公式中"估计售价"要根据企业是否有产成品销售合同而定。如果企业已签订不可

撤销的销售合同，在订购数量以内的产成品，按销售合同规定的价格（称合同价格）作“估计售价”，超出合同订购数量的产成品以及没有销售合同的产成品，按市场一般销售价格（市价）作“估计售价”。该估计售价的确定方法同样适合下列“在产品存货期末可变现净值的确定”和“库存商品存货期末可变现净值的确定”。

（2）准备直接对外销售的材料计价。它直接以材料的市场售价为基础计算可变现净值。计算公式如下：

$$\text{准备外售材料存货期末可变现净值}=\text{该材料市场售价}-\text{估计的销售费用及相关税费}$$

（二）在制品存货期末可变现净值的确定

在制品存货包括在产品存货和自制半成品存货两部分。在制品存货期末可变现净值的确定方法与材料存货期末可变现净值的确定方法相同。

（三）库存商品存货期末可变现净值的确定

库存商品存货期末可变现净值的计算公式如下：

库存商品货期末可变现净值＝库存商品估计售价－估计的销售费用及相关税费

三、存货期末计价账务处理

《企业会计准则第 1 号——存货》第十五条规定：资产负债表日，企业“存货成本高于其可变现净值的，应当计提存货跌价准备，计入当期损益”，列支资产减值损失；第十九条规定“以前减记存货价值的影响因素已经消失的，减记的金额应当予以恢复，并在原已计提的存货跌价准备金额内转回，转回的金额计入当期损益”，列支资产减值损失。

（1）企业期末对结存材料计提跌价准备时：

借：资产减值损失——存货跌价损失

　贷：存货跌价准备——原材料

（2）企业期末对结存在产品计提跌价准备时：

借：资产减值损失——存货跌价损失

　贷：存货跌价准备——在产品

（3）企业期末对库存商品计提跌价准备时：

借：资产减值损失——存货跌价损失

　贷：存货跌价准备——库存商品

（4）已计提存货跌价准备后的存货，期末价值回升时，在不超过已计提的存货跌价准备金额内：

借：存货跌价准备——原材料

　　　　　　　　——在产品

　　　　　　　　——库存商品

　贷：资产减值损失——存货跌价损失

（5）企业期末对存货进行盘点，对霉烂变质、陈旧过时的商品，按其成本冲减已计提的存货跌价准备，其余存货比较其成本与可变现净值，成本低于可变现净值不需要计提存货跌价准备，反之计提。如果已计提的存货跌价准备余额不足以冲减霉烂变质、陈旧过时的商品成本，不足部分转作当期费用，编制以下会计分录：

借：存货跌价准备——库存商品等（账面余额）

资产减值损失——存货跌价损失(转销存货成本大于账面余额的差额)
贷:库存商品(转销的存货成本)
(6) 企业期末将已计提的存货跌价准备分配给已销商品时:
借:存货跌价准备——库存商品等
贷:主营业务成本
生产成本

第六节　存货的其他业务核算

一、低值易耗品的账务处理

低值易耗品是指单项价值在规定限额以下并且使用期限不满一年,能多次使用而基本保持其实物形态的劳动资料。低值易耗品与固定资产都是企业中的劳动资料,所不同的是固定资产是主要劳动资料。2006年新的会计制度中,将包装物与低值易耗品,合并为包装物及低值易耗品。

财政部2020年制定的《企业会计准则应用指南(2020年版)》的附录一规定,企业可以单独设置“低值易耗品”、“包装物”科目核算,也可合并设置“周转材料”一级会计科目进行核算。以下介绍“周转材料”会计科目的核算方法。

(1) 企业外购、自制或委托外单位加工完成的低值易耗品验收入库时,按计划成本:
借:周转材料——低值易耗品
贷:材料采购
生产成本
委托加工物资
(2) 上述低值易耗品产生超支价差时:
借:材料成本差异
贷:材料采购
生产成本
委托加工物资

若为节约价差,借记“材料采购”、“生产成本”和“委托加工物资”科目,贷记“材料成本差异”科目。

(3) 低值易耗品的摊销。《企业会计准则第1号——存货》应用指南规定:“包装物和低值易耗品,应当采用一次摊销法或者五五摊销法进行摊销;企业(建造承包商)的钢模板、木模板、脚手架和其他周转材料等,可以采用一次转销法、五五摊销法或者分次摊销法进行摊销”。在五五摊销法下,企业一般在“低值易耗品”科目下设“在库低值易耗品”、“在用低值易耗品”和“低值易耗品摊销”三个明细科目进行明细核算。

① 领用低值易耗品,价值一次摊销。
借:制造费用、管理费用、其他业务成本等
贷:低值易耗品、材料成本差异
② 领用低值易耗品,采用五五摊销法摊销。
借:低值易耗品——在用(计划成本)

贷:低值易耗品——在库(计划成本)

借:制造费用(计划成本×50%)

贷:低值易耗品——摊销(计划成本×50%)

借:制造费用(计划成本×材料成本差异率)

贷:材料成本差异(计划成本×材料成本差异率)

③ 报废低值易耗品,摊销剩余一半价值,反映残料入库,并注销低值易耗账面价值。

借:制造费用(剩余一半价值的计划成本)

贷:低值易耗品——摊销(剩余一半价值的计划成本)

借:原材料

贷:制造费用

借:低值易耗品——摊销

贷:低值易耗品——在用

二、包装物的账务处理

(1) 生产领用包装物,价值一次摊销时:

借:生产成本

贷:包装物

材料成本差异(月终分摊差异,下同)

(2) 随同产品销售不单独计价的包装物:

借:销售费用

贷:包装物

材料成本差异

(3) 随同产品销售单独计价的包装物:

① 发出时:

借:银行存款或应收账款(价款和税额)

贷:其他业务收入(包装物价款)

应交税费——应交增值税——销项税额

② 结转包装物成本,并分摊价差时:

借:其他业务成本(实际成本)

贷:包装物(计划成本)

材料成本差异(分配的差异)

(4) 周转使用包装物——出租、出借包装物价值一次摊销。

① 发出时:

借:其他业务成本(出租包装物计划成本)

销售费用(出借包装物计划成本)

贷:包装物(在库包装物计划成本)

② 收到包装物押金时:

借:银行存款(押金)

贷:其他应付款(押金)

③ 月终,出租、出借包装物分摊材料价差时:

借:其他业务成本(出租包装物分摊价差)

销售费用(出借包装物分摊价差)

贷:材料成本差异(包装物计划成本×价差率)

④ 收到出租包装物租金和增值税时:

借:银行存款(租金和税额)

贷:其他业务收入(租金)

应交税费——应交增值税——销项税额

⑤ 出租、出借包装物到期部分退回时:

A. 退回相应押金:

借:其他应付款(全部押金×退回率)

贷:银行存款(全部押金×退回率)

B. 没收剩余押金:

借:其他应付款

贷:其他业务收入

应交税费——应交增值税——销项税额

C. 如果没收包装物随应税消费品(如烟、酒等)出租出借,没收的押金还要计算缴纳消费税:

借:税金及附加

贷:应交税费——应交消费税[没收的押金/(1+增值税率)×消费税率]

D. 如果包装物已作价随同产品销售,为促其按期退回而另外加收的押金,在到期不能退回而没收押金时,应当计交增值税(对应税消费品业务的包装物逾期没收押金还应计交消费税),剩余金额转作营业外收入,分录如下:

借:其他应付款

贷:应交税费——应交增值税——销项税额

——应交消费税

营业外收入

E. 退回的包装物发生修理费用时:

借:其他业务成本(出租包装物修理费)

销售费用(出借包装物修理费)

贷:银行存款等(实际发生的修理费)

F. 退回的包装物有一部分报废,残料作价入库时:

借:原材料(残料入库作价)

贷:其他业务成本(出租包装物报废残料)

销售费用(出借包装物报废残料)

(5) 周转使用包装物——出借包装物价值五五摊销。

在五五摊销法下,“包装物”下设的明细科目有:“库存未用包装物”、“库存已用包装物”、“出租包装物”、“出借包装物”、“包装物摊销”。

① 出借库存未用包装物,按计划成本:

借:包装物——出借包装物

贷:包装物——库存未用包装物

② 上项包装物按五五摊销法摊销 50%的价值:

借:销售费用

贷:包装物——包装物摊销

③ 上项出借包装物分摊材料价差:

借:销售费用

贷:材料成本差异

④ 上项包装物到期全部收回,但有一部分(如 1/3)不能使用而报废,报废残料作价入库:

借:包装物——库存已用包装物(收回包装物计划成本×2/3)

贷:包装物——出借包装物(收回包装物计划成本×2/3)

借:销售费用(收回包装物计划成本×1/3×50%)

贷:包装物——包装物摊销(收回包装物计划成本×1/3×50%)

借:原材料(残值)

贷:销售费用(残值)

借:包装物——包装物摊销(收回包装物计划成本×1/3)

贷:包装物——出借包装物(收回包装物计划成本×1/3)

(6) 周转使用包装物——出租包装物价值五五摊销。

① 出租库存未用包装物,按计划成本:

借:包装物——出租包装物

贷:包装物——库存未用包装物

② 上项包装物按五五摊销法摊销 50%的价值:

借:其他业务成本

贷:包装物——包装物摊销

③ 上项出租包装物分摊材料价差:

借:其他业务成本

贷:材料成本差异

④ 上项包装物到期全部收回,但有一部分(如 1/3)不能使用而报废,报废残料作价入库:

借:包装物——库存已用包装物(收回包装物计划成本×2/3)

贷:包装物——出租包装物(收回包装物计划成本×2/3)

借:其他业务成本(收回包装物计划成本×1/3×50%)

贷:包装物——包装物摊销(收回包装物计划成本×1/3×50%)

借:原材料(残值)

贷:其他业务成本(残值)

借:包装物——包装物摊销(收回包装物计划成本×1/3)

贷:包装物——出租包装物(收回包装物计划成本×1/3)

⑤ 收取出租包装物租金,并计算应交增值税时:

借:银行存款

贷:其他业务收入

应交税费——应交增值税——销项税额

三、存货清查的账务处理

(一)采购中的存货清查

存货清查,是指通过对存货的实地盘点,确定存货的实有数量,并与账面结存数核对,从而确定存货实存数与账面结存数是否相符的一种专门方法,同时,也能为存货的质量提供相关证据。

由于存货种类繁多、收发频繁,在日常收发过程中可能发生计量错误、计算错误、自然损耗、还可能发生损坏变质以及贪污、盗窃等情况、造成账实不符。形成存货的盘盈、盘亏。对于存货的盘盈、盘亏、应填写存货盘点报告,及时查明原因,按照规定程序报批处理。

为反映和监督企业在财产清查中查明的各种存货的盘盈、盘亏和毁损情况,企业应当设置"待处理财产损溢"科目,借方登记存货的盘亏、毁损金额及盘盈的转销金额,贷方登记存货的盘盈金额及盘亏的转销金额。企业清查的各种存货损益,应在期末结账前处理完毕,处理后"待处理财产损溢"科目应无余额。

企业发生存货盘盈时,应借记"原材料"、"库存商品"等科目,贷记"待处理财产损溢"科目;在按管理权限报经批准后,借记"待处理财产损溢"科目,贷记"管理费用"科目。

业务采购的货物到货时发生短缺,应分别具体情况作出处理:属于供应单位少发的,记入"应付账款"科目借方;属于外部运输机构运输时丢失、损坏的,记入"其他应收款"科目借方;属于意外灾害损失和尚待查明原因的途中超定额损耗,先记入"待处理财产损溢"科目借方,查明原因报批后再作处理。

(1)短缺货物由供货单位少发所致时:

借:应付账款

贷:材料采购等

(2)短缺货物由运输部门丢失或毁损,应由运输部门赔偿时:

借:其他应收款[货物成本×(1+增值税率)]

贷:材料采购等(货物成本)

应交税费——应交增值税——进项税额转出

(3)短缺货物属于尚待查明原因的超定额损耗时:

借:待处理财产损溢[货物成本×(1+增值税率)]

贷:材料采购等(货物成本)

应交税费——应交增值税——进项税额转出

(4)短缺货物属于自然灾害损失的,其增值税不是纳税人没有尽到"保全货物"义务造成的损失,不应该由纳税人承担这种税赋,而由国家承担。必须指出,自然灾害损失不是非正常损失,也就是说,非正常损失不包括自然灾害损失。2016 年 3 月 23 日,财政部、国家税务总局发布《关于全面推开营业税改征增值税试点的通知》(财税〔2016〕36 号)所附《营业税改征增值税试点实施办法》对"非正常损失"作了修改,第二十八条第二项规定:"非正常损失,是指因管理不善造成货物被盗、丢失、霉烂变质,以及因违反法律法规造成货物或者不动产被依法没收、销毁、拆除的情形"。

当短缺货物由自然灾害造成,应进行如下会计处理:

借：待处理财产损溢［损失货物的成本×(1＋增值税率)］
　贷：材料采购等（损失货物成本）
　　应交税费——应交增值税——减免税款[①]
（5）查明原因报经批准后转销
借：应付账款（由供货单位负责赔偿的损失）
　其他应收款（由运输、保险单位或其他过失人赔偿的损失）
　营业外支出（由自然灾害等原因造成的净损失）
　管理费用（无法收回的其他损失）
　贷：待处理财产损溢（损失转销额）
（二）在库存货的清查
（1）对于盘盈存货：
借：原材料等
　贷：待处理财产损溢
报批后转销：
借：待处理财产损溢
　贷：管理费用
（2）对于盘亏和毁损存货：
借：待处理财产损溢
　贷：原材料等
　　应交税费——应交增值税——进项税额转出
报批后转销：
借：原材料等
　贷：待处理财产损溢
（3）对于无价值（如霉变、过期等）而处理的存货：
借：存货跌价准备
　管理费用——存货报废损失
　贷：库存商品
　　应交税费——应交增值税——进项税额转出

四、接受存货捐赠

企业接受其他单位捐赠的存货，如果捐赠(出)方提供了发票等凭据的，按凭据上标明的金额加上应支付的相关税费作为实际成本入账；如果捐出方没有提供凭据的，参照同类或类似存货的市场价格及应支付的相关税费估计实际成本入账，市场上没有同类或类似存货，则按存货预计未来现金流量现值作为实际成本入账。国家税法规定，捐出方捐出货物，视同销售，要缴纳增值税；同时受赠方将受赠货物用于生产经营项目，取得捐出方开具的增值税专

① 新会计准则修改前通过“应交税费——应交增值税——进项税额转出”科目核算，或不予核算（即自然灾害损失涉及的增值税由国家承担，企业不将进项税额转出，意味着自然灾害损失涉及的增值税可以抵扣），这里设置“减免税款”处理自然灾害损失涉及的增值税能明确反映国家对企业的税收减免，见高玉梅、朱学义《自然灾害损失的增值税是否进行账务处理?》，《中国注册会计师》2021 年第 2 期，第 124—126 页。

用发票，其进项税额可以抵扣，未取得专用发票的不得抵扣。接受捐赠的存货还要缴纳企业所得税。

（1）接受存货捐赠，按取得的增值税发票金额：

借：材料采购等

　应交税费——应交增值税——进项税额

　贷：营业外收入——捐赠利得

（2）接受捐赠的材料按计划成本入库时：

借：原材料

　贷：材料采购

　　材料成本差异（节差）

若为超支价差，借记“材料成本差异”科目。

五、通过非货币性资产交换取得存货

我国《企业会计准则第 7 号——非货币性资产交换》第二条规定：“非货币性资产交换，是指企业主要以固定资产、无形资产、投资性房地产和长期股权投资等非货币性资产进行的交换。该交换不涉及或只涉及少量的货币性资产（即补价）。货币性资产，是指企业持有的货币资金和收取固定或可确定金额的货币资金的权利。非货币性资产，是指货币性资产以外的资产”。第三条规定：“企业以存货换取客户的非货币性资产的，适用《企业会计准则第 14 号——收入》”。因此，企业通过非货币性资产交换取得存货的情况主要有：用产成品或库存商品换入存货，用固定资产换入存货，用无形资产换入存货，用投资性房地产换入存货，用长期股权投资换入存货等。

对非货币性资产交换业务进行账务处理，首先要判断该项交换是否具有商业实质。企业会计准则规定，符合下列条件之一的非货币性资产交换具有商业实质（不包括与关联方发生的非货币性资产交换）：

一是换入资产的未来现金流量在风险、时间分布和金额方面与换出资产显著不同；

二是换入资产所产生的预计未来现金流量现值与继续使用换出资产不同，且其差额与换入资产和换出资产的公允价值相比是重大的。

非货币性资产交换如果具有商业实质，对于换入资产，应按换入资产的公允价值和应支付的相关税费作为换入资产的初始计量金额；对于换出资产，应当在终止确认时，将换入资产的公允价值与换出资产账面价值的差额计入当期损益；如果非货币性资产交换不具有商业实质，对于换入资产，企业应当以换出资产的账面价值和应支付的相关税费作为换入资产的初始计量金额；对于换出资产，终止确认时不确认损益。

在进行非货币性资产交换时，有时还涉及少量的货币性资产交换（补价）情况。《企业会计准则第 7 号——非货币性资产交换》应用指南规定：“判断涉及少量货币性资产的交换是否为非货币性资产交换时，通常以补价占整个资产交换金额的比例是否低于 25％作为参考比例。支付的货币性资产占换出资产公允价值与支付的货币性资产之和（或占换入资产公允价值）的比例，或者收到的货币性资产占换出资产公允价值（或占换入资产公允价值和收到的货币性资产之和）的比例低于 25％的，视为非货币性资产交换；高于 25％（含 25％）的，不视为非货币性资产交换”。

（1）企业用存货采用非货币性交易换入原材料、库存商品，收到补价。

借:原材料、库存商品等

　应交税费——应交增值税(进项税额)

　银行存款

　贷:主营业务收入

　　应交税费——应交增值税(销项税额)

(2) 结转换出存货成本。

借:其他业务成本

　主营业务成本

　存货跌价准备

　贷:原材料、库存商品等

(3) 支付补价的单位换入原材料。

借:原材料

　应交税费——应交增值税——进项税额

　贷:主营业务收入

　　应交税费——应交增值税——销项税额

　　银行存款

(4) 支付补价的单位结转换出库存商品成本。

借:其他业务成本(或主营业务成本)

　存货跌价准备

　贷:库存商品

说明:如果非货币性资产交换不具商业实质,公允价值不能可靠计量,上述分录中取消"主营业务收入"、"其他业务收入"、"主营业务成本"、"其他业务成本"科目。换入存货入账价值按换出存货账面价值加上相关税费确定。

第六章 非流动资产投资的核算

第一节 非流动资产投资概述

非流动资产投资是指企业对外进行的、不准备在一年内或长于一年的一个营业周期内变现的投资。投资目的是实现长期战略目标，如获取新的货源，开拓新的市场，扩大企业影响提高声誉等，谋求长期经济利益，影响和控制其他企业的重大经营决策，获取较高的投资收益。它同调节企业现金流量、借以提高资金使用效益的短期性投资行为截然不同，具有投资金额大、回收期限长、投资报酬率高等特点。进行非流动资产投资时，要以不影响本企业正常资金周转和本企业信誉为基本原则。非流动资产投资按会计核算项目分类，主要包括债权投资、其他债权投资、长期股权投资、其他权益工具投资、投资性房地产、拨付所属资金等。

第二节 债权投资的核算

债权投资是指企业持有的、具有固定到期日的、回收金额固定或可确定的、企业有明确意图和能力持有至到期的非衍生金融资产，是以摊余成本计量的金融资产。它包括债券投资、委托银行贷款等。此概念明确了划分债权投资的五个主要条件：一是到期日固定；二是回收金额固定或可确定；三是企业有明确意图持有至到期；四是企业有能力持有至到期；五是以摊余成本计量。任何一个条件不满足，则不能被划为债权投资。

企业应设置“债权投资”一级会计科目，在该科目下按投资的类别和品种分别“面值”、“利息调整”、“应计利息”等进行明细核算。

一、债权投资账务处理

(1) 初始计量：

借：债权投资——××债券　　　　（面值）

　　　　——××债券（利息调整）　　　　（溢折价＋交易费用）

　应收利息　　　　（已到期尚未领取的利息）

　贷：银行存款

(2) 收到上述垫付的利息：

借：银行存款

　贷：应收利息

(3) 资产负债表日计算债券利息时：

借：应收利息　　　　（债券面值×票面利率）

　债权投资——××债券（应计利息）

　　　　（到期一次还本付息债券面值×票面利率×计息期）

贷：投资收益　　　　　　　　　　　　（债券价值×实际利率×期数）

贷或借：债权投资——××债券（利息调整）　　　　　　　　（差额）

（4）资产负债表日，债券公允价值变化时，不进行账务处理。

（5）资产负债表日，发生资产减值，计提信用减值准备时：

借：信用减值损失

贷：债权投资减值准备

（6）如果下个资产负债表日已提减值准备的债券价值回升：

借：债权投资减值准备

贷：信用减值损失

（7）出售时：

借：银行存款　　　　　　　　　　　　（收款净额）

债权投资减值准备　　　　　　　　　　（减值余额）

贷：债权投资——××债券　　　　　　　　　　（面值）

贷或借：债权投资——××债券（利息调整）　　　　（账面余额）

贷或借：投资收益　　　　　　　　　　　　　　（差额）

二、可转换公司债券的核算

可转换公司债券是指企业发行的、债券持有人可在一定时期以后按规定转换为发行公司普通股票的债券。它是一种混合性债券，既具有负债性质，又具有权益性质。我国发行可转换公司债券采取记名式无纸化发行方式，最短期限1年，最长期限6年。发行可转换公司债券的企业先形成负债——“应付债券”，转换为股权时，再计入“股本”等科目。企业购入可转换公司债券，先比照上述债权投资业务处理，转为股份后，再按股权投资业务处理。

（1）企业购入可转换债券时：

借：债权投资——可转换债券投资（面值）

贷：银行存款

（2）资产负债日计提利息时：

借：债权投资——可转换债券投资（应计利息）

贷：投资收益

（3）在特定日将债券转换为股票时：

① 计算可转换债券利息：

借：债权投资——可转换债券投资（应计利息）

贷：投资收益

② 注销债券账面价值，转为股权投资：

借：其他权益工具投资——××股票

其他综合收益——其他权益工具投资公允价值变动

贷：债权投资——可转换债券投资（面值）

——可转换债券投资（应计利息）

必须指出，上述可转换债券的购买者（购买企业）将购买的可转换债券先作为债权（获取合同现金流量并持有至债券期满获取利息为目标）后作为股权的核算模式。如果可转换债券的购买者不是这种业务模式，而是一种“交易性”行为，则将列入“交易性金融资产”科目进行核算。《企业会计准则第 22 号——金融工具确认和计量》应用指南规定:“企业持有的可转换债券不再将转股权单独分拆,而是将可转换债券作为一个整体进行评估,由于可转换债券不符合本金加利息的合同现金流量特征,企业持有的可转换债券投资应当分类为以公允价值计量且其变动计入当期损益的金融资产”(交易性金融资产)。

三、委托贷款的核算

企业如有货币资金富余,可以委托银行对外贷款,从而获取利息收入。这实质上也是企业对外进行的一种投资。由于委托贷款有一定期限,且贷款未到期不能收回,则它实质上就是一种“债权投资”,通过增设“债权投资——委托贷款”科目进行核算。期末,该科目余额如为一年内到期的,列入资产负债表流动资产类下中“一年内到期的非流动资产”项目;如为超过一年到期的,列入资产负债表中“债权投资”项目。

必须指出,企业委托银行贷款的用途要符合国家规定。2018 年 1 月 5 日,中国银行业监督管理委员会发布的《商业银行委托贷款管理办法》规范了委托贷款的资金用途,明确指出:“委托资金用途应符合法律法规、国家宏观调控和产业政策,资金不得用于生产、经营或投资国家禁止的领域和用途,不得从事债券、期货、金融衍生品、资产管理产品等投资,不得作为注册资本金、注册验资,不得用于股本权益性投资或增资扩股等”。委托贷款的账务处理如下:

(1) 企业委托开户银行对外贷款时:

借:债权投资——委托贷款(成本)

　贷:银行存款

(2) 当年年末,企业计算应计利息时:

借:债权投资——委托贷款(应计利息)

　贷:投资收益

(3) 期末,企业计提委托贷款减值准备时(《企业会计准则应用指南 2020》附录一阐述“1304 贷款损失准备”科目时规定:“企业委托银行或其他金融机构向其他单位贷出的款项计提的减值准备,可将本科目改为‘1304 委托贷款损失准备’科目”):

借:信用减值损失——债权投资预期信用减值损失

　贷:委托贷款损失准备

注:如果已计提减值准备的委托贷款得以恢复,再编制转回的会计分录(与此相反)。

(4) 委托贷款到期,企业收回委托贷款的全部本息时:

借:银行存款

　委托贷款损失准备

　贷:债权投资——委托贷款(应计利息)

　　　　　　——委托贷款(成本)

　　投资收益

第三节　其他债权投资的核算

一、其他债权投资的含义

《企业会计准则第 22 号——金融工具确认和计量》第十六条规定:“企业应当根据其管

理金融资产的业务模式和金融资产的合同现金流量特征，将金融资产划分为以下三类：(一)以摊余成本计量的金融资产。(二)以公允价值计量且其变动计入其他综合收益的金融资产。(三)以公允价值计量且其变动计入当期损益的金融资产”。《企业会计准则第22号——金融工具确认和计量》应用指南规定：“上述分类一经确定，不得随意变更”。企业设置“其他债权投资”科目，核算“以公允价值计量且其变动计入其他综合收益的金融资产”。

所谓其他债权投资，是指企业购买的具有固定到期日的、固定回收金额的、但企业没有明确意图和能力持有至到期的债券而进行的非流动性金融资产投资。债券的非流动性是指企业持有债券的期限在一年以上。此概念区别于其他金融资产的定义：

(1)“其他债权投资”不是“交易性金融资产”。交易性金融资产主要是指企业为了近期内出售而持有的金融资产，如企业以赚取差价为目的从二级市场购入的准备近期内出售的股票、基金、可转换债券等。企业持有的指定为以公允价值计量且其变动计入当期损益的金融资产也列作“交易性金融资产——指定类”内容进行核算。

(2)“其他债权投资”不是“债权投资”。债权投资是指企业持有的、具有固定到期日的、回收金额固定或可确定的、企业有明确意图和能力持有至到期兑现的非衍生金融资产，是以摊余成本计量的债权投资。而其他债权投资虽然有固定期限和固定金额，但企业没有明确意图和能力持有至到期兑现，而是持有期限在一年以上相机观望适时收回的投资，且以公允价值进行计量的金融资产投资。

(3)“其他债权投资”不是“以摊余成本计得的”其他金融资产。“以摊余成本计量的金融资产”设置的会计科目包括：银行存款、其他货币资金、买入返售金融资产、应收账款、应收票据、其他应收款、坏账准备、贷款、贷款损失准备、债权投资、债权投资减值准备等。但不包括预付账款，因为它产生的未来经济利益是商品或服务，不是收取现金或其他金融资产的权利。

二、其他债权投资核算的特征

企业设置“其他债权投资”一级会计科目，核算企业持有的其他债权投资。企业还应按金融资产类别和品种，分别“成本”、“利息调整”、“公允价值变动”等进行明细核算。与“交易性金融资产”比较，“其他债权投资”核算具有以下不同特征：

(1)初始计量价值不同。交易性金融资产初始计量时以其公允价值作为购入“成本”入账，发生的交易费用计入当期损益(冲减“投资收益”)；其他债权投资初始计量时以债券面值作为入账“成本”，即“其他债权投资——成本”科目以债券面值为依据，不包括构成公允价值的溢折价，也不包括交易费用。

(2)利息及折溢价的处理不同。交易性金融资产涉及债券的利息不通过“交易性金融资产”科目核算，涉及债券的折溢价纳入公允价值范畴记入“交易性金融资产”科目；其他债权投资涉及债券的部分利息、折溢价、佣金等交易费用通过“其他债权投资”科目下设置的“利息调整”明细科目进行核算。

(3)公允价值变动的处理不同。交易性金融资产在资产负债表日计量其公允价值变动，变动差额记入“公允价值变动损益”科目，进而调整了当期利润；其他债权投资在资产负债表日计量其公允价值变动，变动差额记入“其他综合收益——其他债权投资公允价值变动”科目，它不设置“公允价值变动损益”科目核算变动差额，因而不影响当期利润总额。

(4)发生减值的处理方式不同。交易性金融资产在资产负债表日仅对其公允价值变动进行调整，不进行减值测试；其他债权投资需要在资产负债表日进行减值测试，并单独设置“其他综合收益——信用减值准备”科目对其减值进行专门核算。

(5) 出售处理的销账方式不同。交易性金融资产出售时要注销“交易性金融资产”所属“成本”、“公允价值变动”两个明细科目和“公允价值变动损益——交易性金融资产损益”明细科目的余额，差额记入“投资收益”科目；其他债权投资出售时要注销“其他债权投资”所属“成本”、“利息调整”、“公允价值变动”明细科目和“其他综合收益——其他债权投资公允价值变动”、“其他综合收益——信用减值准备”明细科目的余额，其差额记入“投资收益”科目。

三、其他债权投资的账务处理

(1) 初始计量。

借：其他债权投资——××债券(成本)　　(面值)

——××债券(利息调整)　　(溢折价＋交易费用)

应收利息(已到期尚未领取的利息)

贷：银行存款　　(实付款)

(2) 收到上述垫付的利息。

借：银行存款

贷：应收利息

(3) 资产负债表日计算债券利息(分期付息利息)时：

借：应收利息　　(债券面值×票面利率)

贷：投资收益　　(债券价值×实际利率×期数)

其他债权投资——××债券(利息调整)　　(差额)

说明，如果以上债券不是分期付息，而是到期一次还本付息，则红星厂应在资产负债表日将上述会计分录中的“应收利息”科目改为“其他债权投资——海洋债券(利息调整)”科目。

(4) 资产负债表日，债券公允价值下跌时：

借：其他综合收益——其他债权投资公允价值变动

贷：其他债权投资——××债券(公允价值变动)

如果公允价值升值，会计分录相反。

(5) 资产负债表日，发生资产减值，计提信用减值准备时：

借：信用减值损失

贷：其他综合收益——信用减值准备

(6) 如果下个资产负债表日已提减值准备的债券价值回升：

借：其他综合收益——信用减值准备

贷：信用减值损失

(7) 出售时：

借：银行存款

其他债权投资——××债券(公允价值变动)

其他综合收益——信用减值准备

贷：其他债权投资——××债券(成本)

其他债权投资——××债券(利息调整)

贷或借:其他综合收益——其他债权投资公允价值变动

贷或借:投资收益

第四节　长期股权投资的核算

一、长期股权投资的分类

长期股权投资是指企业投出的、期限在一年以上(不含一年)的各种股权性质的投资,分为长期股票投资和其他长期投资两部分。

长期股票投资,是以购买股票的方式所进行的长期投资。企业购买股票的核算,应根据购买股票的目的、资金安排计划和实际财务能力分别列入"交易性金融资产"科目、"长期股权投资"科目和"其他权益工具投资"科目进行核算。如果所购股票准备近期变现的,属于交易性股票投资,记入"交易性金融资产"科目;如果所购股票准备长期持有,用以达到长期目标的,属于长期股票投资,记入"长期股权投资"科目;如果所购股票既不准备近期变现,也不准备长期持有的,而是相时观望归属于非流动性股票投资的,记入"其他权益工具投资"科目。

其他长期投资是指除了证券投资外的其他实物投资,分为以下几种:

(1) 固定资产对外投资,是指企业将闲置未用的厂房、设备等固定资产转给其他单位作为参与联合经营或控股的一种投资方式。

(2) 流动资产对外投资,是指企业利用现金、材料物资对外单位进行联营或控股投资的一种方式。

(3) 无形资产对外投资,是指企业利用专利权、商标权等无形资产向外单位进行投资的一种方式。

长期股权投资按取得的方式分为"企业合并"方式形成的投资和非企业合并方式(称"其他方式")形成的投资。前者应区分企业合并的类型,分别同一控制下的企业合并和非同一控制下的企业合并形成的长期股权投资;后者取得的方式有:以支付现金取得长期股权投资;以发行权益性证券方式取得的长期股权投资;通过非货币性资产交换、债务重组方式取得的长期股权投资;企业进行公司化改造形成长期股权投资等。

二、长期股权投资的初始计量

(一) 企业合并形成的长期股权投资的初始计量

企业合并形成的长期股权投资,应当区分"同一控制下的企业合并"和"非同一控制下的企业合并"两种情况分别确定其初始投资成本。

1. 同一控制下的企业合并形成的长期股权投资的初始计量

(1) 初始确认的投资成本。《企业会计准则第2号——长期股权投资》规定:"同一控制下的企业合并,合并方以支付现金、转让非现金资产或承担债务方式作为合并对价的,应当在合并日按照取得被合并方所有者权益账面价值的份额作为长期股权投资的初始投资成本。长期股权投资初始投资成本与支付的现金、转让的非现金资产以及所承担债务账面价值之间的差额,应当调整资本公积;资本公积不足冲减的,依次冲减盈余公积和未分配利润。合并方以发行权益性证券作为合并对价的,应当在合并日按照取得被合并方所有者权益账面价值的份额作为长期股权投资的初始投资成本。按照发行股份的面值总额作为股本,长期股权投资初始投资成本与所发行股份面值总额之间的差额，应当调整资本公积；资本公积不足冲减的，依次冲减盈余公积和未分配利润。

(2) 初始相关费用的处理。《企业会计准则第2号——长期股权投资》应用指南规定：“合并方发生的审计、法律服务、评估咨询等中介费用以及其他相关管理费用，于发生时计入当期损益”(管理费用)。“与发行权益性工具作为合并对价直接相关的交易费用，应当冲减资本公积(资本溢价或股本溢价)，资本公积(资本溢价或股本溢价)不足冲减的，依次冲减盈余公积和未分配利润。与发行债务性工具作为合并对价直接相关的交易费用，应当计入债务性工具的初始确认金额”。

2. 非同一控制下的企业合并形成的长期股权投资的初始计量

非同一控制下的企业合并，购买方在购买日应当按照《企业会计准则第20号——企业合并》的有关规定确定的合并成本作为长期股权投资的初始投资成本。

(1) 合并成本的计量。在非同一控制下的企业合并情况下，购买方(取得合并企业控制权的一方)应当区别下列情况计量合并成本：

① 一次交换交易实现的企业合并，合并成本为购买方在购买日为取得购买方的控制权而付出的资产、发生或承担的负债及发行的权益性证券的公允价值之和。

② 通过多次交换交易分步实现的企业合并，合并成本为每一单项交易成本之和。

③ 购买方为进行企业合并发生的各项直接相关费用也应当计入企业合并成本。

④ 在合并合同或协议中对可能影响合并成本的未来事项作出约定的，购买日如果估计未来事项很可能发生并且对合并成本的影响金额能够可靠计量的，购买方应当将其计入合并成本。

(2) 合并价差的计量。购买方在购买日对作为企业合并对价付出的资产、发生或承担的负债应当按照公允价值计量，公允价值与其账面价值的差额，计入当期损益(营业外收入或营业外支出)。非同一控制下企业合并涉及以库存商品等作为合并对价的，应按库存商品的公允价值，贷记“主营业务收入”科目，并同时结转相关的成本。涉及增值税的，还应进行相应的处理。

(二) 非企业合并形成的长期股权投资的初始计量

除企业合并形成的长期股权投资以外，其他方式取得的长期股权投资，应当按照下列规定确定其初始投资成本：

(1) 以支付现金取得的长期股权投资，应当按照实际支付的购买价款作为初始投资成本。初始投资成本包括与取得长期股权投资直接相关的费用、税金及其他必要支出。

(2) 以发行权益性证券(如股票等)取得的长期股权投资，应当按照发行权益性证券的公允价值作为初始投资成本。

(3) 通过非货币性资产交换取得的长期股权投资，根据《企业会计准则第7号——非货币性资产交换》应用指南的规定，其初始投资成本的确认应区分以下两种情况分别进行处理：

① 在非货币性资产交换具有商业实质，且公允价值能够可靠地计量的情况下，长期股权投资的初始投资成本应当以换出资产公允价值、支付的补价和应支付的相关税费确定。如为收到补价的一方确认长期股权投资初始成本的，应当以换出资产公允价值减去收到的补价加上应支付的相关税费确定。公允价值与换出资产(指固定资产、在建工程、生产性生物资产和无形资产)账面价值的差额计入当期损益(资产处置损益)。如果换出资产为存货，

应作为销售处理，按存货的公允价值确认收入，同时结转相关成本；如果投出资产为投资性房地产的，按换出资产公允价值或换入资产公允价值确认其他业务收入，按换出资产账面价值结转其他业务成本，二者之间的差额计入当期损益，即二者在利润表中分别以“营业收入”和“营业成本”中列示后计算产生当期损益；如果换出资产为长期股权投资的，计入当期损益的部分通过“投资收益”科目核算，在利润表“投资收益”项目中列示。

② 如果非货币性资产交换不具有商业实质，且公允价值不能够可靠地计量，长期股权投资的初始投资成本应当以换出资产账面价值、支付的补价和应支付的相关税费确定。如为收到补价的一方确认长期股权投资初始成本的，应当以换出资产账面价值减去收到的补价加上应支付的相关税费确定。这种按账面价值作为计量长期股权投资初始投资成本基础的行为，不产生损益。

(4) 通过债务重组取得长期股权投资，是指将重组的应收款项等债权转为长期股权投资，则长期股权投资的初始投资成本应当按享有股份的公允价值确定。重组债权的账面价值与享有股份的公允价值之间的差额，计入当期损益（投资收益）。由于重组的债权方在重组时一般要作出让步，得到重组收益的债务方要将重组收益记入“其他收益——债务重组收益”科目。

三、长期股权投资的成本法和权益法

（一）长期股权投资的成本法

企业进行长期股权投资，投资企业对被投资单位能够实施控制，即持股比例大于50%且具有实际控制权，或持股比例不大于50%但具有实质控制权的长期股权投资，即投资企业对子公司的长期股权投资，采用成本法核算，但编制合并财务报表时按照权益法进行调整。投资方为投资性主体且子公司不纳入其合并财务报告的不采用成本法进行核算。

长期股权投资采用成本法核算的一般程序如下：

(1) 取得投资时，“长期股权投资”按初始投资成本计价。初始投资成本分“企业合并”取得和“其他方式”取得两种情况分别加以确认。

(2) 初始投资成本入账后除下列情况外，长期股权投资的账面价值保持不变：

① 投资企业在“控制”条件下追加投资，按追加投资时的投资成本增加长期股权投资的账面价值。

② 投资企业在“控制”条件下因转让股份而减少投资尚未达到“共同影响或重大影响”时，按减少投资时的投资成本减少长期股权投资的账面价值。

③ 股票市价发生暂时性下跌和永久性下跌，要计提减值准备，把“长期股权投资”价值调整到市价水平（准确地讲，调整到估计未来可收回金额水平）。已提减值准备的长期股权投资价值后又得以恢复，按《企业会计准则第8号——资产减值》规定不得转回。长期投资的减值准备按个别投资项目计提。

(3) 被投资企业发放现金股利。长期股权投资企业收到现金股利时，借记“银行存款”等科目，贷记“投资收益”科目。

采用成本法核算的企业，长期股权投资按被投资单位进行明细核算，即通过设置“长期股权投资——××单位投资”账户进行，属于股票投资的，设置“长期股权投投资——××股票”账户进行。

（二）长期股权投资的权益法

权益法的适用范围是：投资企业对被投资单位具有共同控制或重大影响时，长期股权投资采用权益法核算。

1. 共同控制

共同控制，是指按照相关约定对某项安排所共有的控制，并且该安排的相关活动必须经过分享控制权的参与方一致同意后才能决策。共同控制不同于控制，共同控制是由两个或两个以上的参与方实施，而控制由单一参与方实施。共同控制形成的长期投资股权投资是合营企业投资。

2. 重大影响

重大影响指对一个企业的财务和经营政策有参与决策的权力，但并不能够控制或者与其他方一起共同控制这些政策的制定。投资企业能够对被投资单位施加重大影响的，即对联营企业投资。投资企业直接或通过子公司间接持有被投资单位20%或以上但低于50%的表决权资本时，一般认为对被投资单位具有重大影响，除非有明确的证据表明该种情况下不能参与被投资单位的生产经营决策，不形成重大影响。

重大影响不同于共同控制。享有重大影响的参与方只拥有参与安排的财务和经营政策的决策权力，但并不能够控制或者与其他方一起共同控制这些政策的制定。重大影响的投资者不能共同控制被投资者所安排的相关活动，这些活动是指对某项安排的回报产生重大影响的活动，具体应视安排的情况而定，通常包括商品或劳务的销售和购买、资产的购买和处置、研究及融资活动等。

关于重大影响的判断，《企业会计准则第2号——长期股权投资》应用指南规定，企业通常可以通过以下一种或几种来判断是否对被投资单位具有重大影响：

(1) 在被投资单位的董事会或类似权力机构中派有代表。在这种情况下，由于在被投资单位的董事会或类似权力机构中派有代表，并相应享有实质性的参与决策权，投资方可以通过该代表参与被投资单位财务和经营政策的制定，达到对被投资单位施加重大影响。

(2) 参与被投资单位财务和经营政策制定过程。这种情况下，在制定政策过程中可以为其自身利益提出建议和意见，从而可以对被投资单位施加重大影响。

(3) 与被投资单位之间发生重要交易。有关的交易因对被投资单位的日常经营具有重要性，进而一定程度上可以影响到被投资单位的生产经营决策。

(4) 向被投资单位派出管理人员。在这种情况下，管理人员有权力主导被投资单位的相关活动，从而能够对被投资单位施加重大影响。

(5) 向被投资单位提供关键技术资料。因被投资单位的生产经营需要依赖投资方的技术或技术资料，表明投资方对被投资单位具有重大影响。

需要说明的是，《企业会计准则解释第3号》（财会〔2009〕8号）规定，投资方对被投资企业进行的股权投资，如果“不具有控制、共同控制或重大影响的”，应当按《企业会计准则第22号——金融工具确认和计量》规定，划分为“以公允价值计量且其变动计入当期损益的金融资产”（交易性金融资产），或指定为“以公允价值计量且其变动计入其他综合收益的非交易性权益工具投资”（《企业会计准则第22号——金融工具确认和计量》应用指南确定为特殊分类的金融资产，通过“其他权益工具投资”科目核算）。

采用权益法核算的企业，应在“长期股权投资”科目下分别设置“投资成本”、“损益调整”、“其他综合收益”、“其他权益变动”四个明细科目，对因权益法核算所产生的影响长期股权投资账面余额的增减变动因素分别核算和反映。

四、矿业集团(母公司)长期股权投资的核算

(一) 矿业集团对外投资(含对集团内子公司投资)采用成本法核算

矿业集团对外投资(含对内投资)，形成“控制”的，采用成本法核算。

取得投资时：

借：长期股权投资

　贷：银行存款

收到现金股利时：

借：银行存款

　贷：投资收益

发生减值时：

借：资产减值损失

　贷：长期股权投资减值准备

长期股权投资减值准备一旦计提，不得转回。

(二) 矿业集团对外投资采用权益法核算

在权益法下，投资企业的投资额在初始投资成本确认后要随享有被投资单位所有者权益份额的变动而调整。其会计核算分五大步骤进行：一是股权投资差额的处理；二是要按被投资企业实现的净利润或发生的净亏损调整；三是反映其他综合收益变动；四是反映被投资企业除净损益和其他综合收益以外的所有者权益变动；五是长期股权投资减值的处理。其中：股权投资差额，是指采用权益法核算长期股权投资时，初始投资成本与应享有被投资单位所有者权益份额的差额，准则明确规定：一是长期股权投资的初始投资成本大于投资时应享有被投资单位可辨认净资产公允价值份额而形成的差额，视同商誉处理，调整长期股权投资的初始投资成本；二是长期股权投资的初始投资成本小于投资时应享有被投资单位可辨认净资产公允价值份额而形成的差额，这种差额计入当期损益(营业外收入)，同时调整长期股权投资的成本；三是原采用成本法核算后改为权益法核算，长期股权投资的账面价值与应享有被投资单位可辨认净资产公允价值份额而形成的差额，这种差额计入留存收益。

矿业集团权益法下的账务处理：

(1) 矿业集团用银行存款向集团内某公司进行投资，付款额大于该投资企业享有该公司可辨认净资产公允价值的份额，采用权益法核算时，其差额不予反映，矿业集团按实付款作如下会计分录：

借：长期股权投资——××公司(投资成本)　　　　(实付款)

　贷：银行存款　　　　(实付款)

如果实付款小于应享有被投资公司可辨认净资产公允价值的份额时，矿业集团应作如下会计分录：

借：长期股权投资——××公司(投资成本)　　　　(股权投资份额)

　贷：银行存款　　　　(实付款)

　　营业外收入　　　　(份额大于实付款的差额)

(2) 年末，矿业集团根据被投资公司的净利润(或调整后的净利润)调增长期股权投资账面价值：

借：长期股权投资——××公司（损益调整）

贷：投资收益

（3）被投资公司宣告分配现金股利，矿业集团按应分得股利：

借：应收股利

贷：长期股权投资——××公司（损益调整）

（4）矿业集团收到股利时：

借：银行存款

贷：应收股利

（5）第二年末，上述被投资公司发生亏损，矿业集团按持股比例调整长期投资账面余额：

借：投资收益（亏损额×持股比例）

贷：长期股权投资——××公司（损益调整）

如果调减额大于长期股权投资账面余额，以长期股权投资账面余额为限；不足冲减部分，不进行账务处理，备查即可。如果企业对被投资企业还有其他相关债权，借记“投资收益”，贷相关债权科目；仍有未冲减部分，如果对于按照投资合同或协议约定企业仍承担额外义务的，应按预计承担的义务确认预计负债，借记“投资收益”，即贷记“预计负债”科目。

（6）矿业集团长期股权投资价值随着受资企业“其他综合收益”变动而调整，作以下会计分录：

借或贷：长期股权投资——××公司（其他综合收益）

贷或借：其他综合收益——权益法下不能转损益的其他综合收益

——权益法下可转损益的其他综合收益

（7）矿业集团发生净损益和其他综合收益以外的所有者权益变动：

借或贷：长期股权投资——××公司（其他权益变动）

贷或借：资本公积——其他资本公积等

五、长期股权投资减值的账务处理

期末，企业计提长期股权投资减值准备时：

借：资产减值损失

贷：长期股权投资减值准备

六、成本法改为权益法

投资方因处置投资导致对被投资单位的影响能力由“控制”转为“共同控制”或“重大影响”时，投资企业应当区分个别财务报表和合并财务报表进行相关会计处理。

（一）个别财务报表的会计处理

（1）处置部分股权。按处置投资的比例结转应终止确认的长期股权投资成本，作以下会计分录：

借：银行存款等

贷：长期股权投资

贷或借：投资收益

若存在当初因追加投资而使核算方法由权益法转换为成本法核算时形成的未进行会计

处理的“其他综合收益”和“资本公积（其他资本公积）”，应对“其他综合收益”和“资本公积（其他资本公积）”按比例结转，结转的部分按相关规定进行会计处理。

（2）剩余部分股权，按照权益法核算，进行追溯调整。

① 原投资时。

比较剩余的长期股权投资成本与按照剩余持股比例计算原投资时应享有被投资单位可辨认净资产公允价值的份额。

当剩余的长期股权投资成本大于应享有原取得投资时可辨认净资产的份额，差额部分属于投资作价中体现的商誉部分，不调整剩余长期股权投资的成本。

当剩余的长期股权投资成本小于应享有原取得投资时可辨认净资产的份额，差额部分调整剩余长期股权投资成本，同时调整留存收益（原投资非处置当年取得），或营业外收入（原投资为处置当年取得）。

会计分录：

借：长期股权投资——××公司（投资成本）

　贷：盈余公积

　　利润分配——未分配利润

　　营业外收入（原投资为处置当年取得）

② 自取得投资后至处置投资时之间被投资单位所有者权益变动的调整。

A. 原取得投资时至处置投资当期期初被投资单位实现的净损益（扣除已宣告发放的现金股利或利润）中应享有的份额，调整留存收益。会计分录：

借：长期股权投资——××公司（损益调整）

　贷：盈余公积

　　利润分配——未分配利润

或作相反账务处理。

B. 处置投资当期期初至处置投资之日被投资实现的净损益（扣除已宣告发放的现金股利或利润）中应享有的份额，调整当期损益。

借：长期股权投资——××公司（损益调整）

　贷：投资收益

或作相反账务处理。

C. 被投资单位其他综合收益的变动。

借：长期股权投资——××公司（其他综合收益）

　贷：其他综合收益

或作相反账务处理。

D. 被投资单位除净损益、其他综合收益及利润分配外所有者权益的其他变动。

借：长期股权投资——××公司（其他权益变动）

　贷：资本公积——其他资本公积等

或作相反账务处理。

（二）合并财务报表的会计处理

（1）对于剩余股权，应当按照其在丧失控制权日的公允价值进行重新计量。

借：长期股权投资（丧失控制权日的公允价值）

贷:长期股权投资(个别报表追溯调整后的账面价值)

贷或借:投资收益(差额)

(2) 处置股权取得的对价和剩余股权公允价值之和,减去按原持股比例计算应享有原有子公司自购买日开始按公允价值持续计算的净资产(含商誉)的份额之间的差额,计入丧失控制权当期的投资收益。

(3) 与原有子公司的股权投资相关的其他综合收益、其他所有者权益变动,应当在丧失控制权时一并转入当期投资收益或留存收益。

七、权益法改为成本法

投资方原持有的对被投资单位具有共同控制或重大影响的,属于对联营企业、合营企业的长期股权投资,采用权益法核算"长期股权投资",现因追加投资等原因,能够对被投资单位实施控制的(如持股比例大于50%),应按《企业会计准则第2号——长期股权投资》应用指南有关企业合并形成的长期股权投资的指引进行会计处理,记入"长期股权投资——××公司投资"科目,注销权益法核算的"长期股权投资"所属"投资成本"、"损益调整"、"其他综合收益"、"其他权益变动"明细科目余额。

八、长期股权投资的处置

(1) 企业处置长期股权投资时,应相应结转与所售股权相对应的长期股权投资的账面价值,出售所得价款与处置长期股权投资账面价值之间的差额,应确认为处置损益(投资收益)。

(2) 采用权益法核算的长期股权投资,原计入其他综合收益或资本公积(其他资本公积)中的金额:

① 如处置后因具有重大影响或共同控制仍然采用权益法核算的,在处置时亦应进行结转,将与所出售股权相对应的其他综合收益转入当期损益或留存收益;同时将与所出售股权相对应的资本公积(其他资本公积)转入当期损益。

② 如处置后对有关投资终止采用权益法的,则原计入其他综合收益中的金额全部转入当期损益或留存收益,同时将原计入资本公积(其他资本公积)中的金额全部转入当期损益。

第五节　其他权益工具投资的核算

企业购买股票有三种处理方式:一是作为"交易性"投资,准备近期变现,通过设置"交易性金融资产"科目进行核算;二是作为"长期性"投资,控制或共同控制或影响被投资企业生产经营和回报决策,通过设置"长期股权投资"科目进行核算;三是作为"非流动性"投资,相时观望变现,通过设置"其他权益工具投资"科目进行核算。

本节内容涉及第三种方式的投资。它是《企业会计准则第22号——金融工具确认和计量》应用指南确定的"指定为以公允价值计量且其变动计入其他综合收益的非交易性权益工具投资"。由于这种特殊金融资产的公允价值的后续变动计入其他综合收益,所以不需要计提减值准备。应用指南还规定,这种权益工具投资,"除了获得的股利收入(明确作为投资成本部分收回的股利收入除外)计入当期损益外,其他相关的利得和损失(包括汇兑损益)均应当计入其他综合收益,且后续不得转入损益。当金融资产终止确认时,之前计入其他综合收益的累计利得或损失应当从其他综合收益中转出,计入留存收益"。企业要在"其他权益工具投资”科目下按其他权益工具投资的类别和品种分别设置“成本”、“公允价值变动”明细科目进行核算。

一、其他权益工具投资基本业务的账务处理

(1) 初始计量,按公允价值、交易费用、投出资产损益之和作投资成本。

借:其他权益工具投资——××股票(成本)

　应收股利

　贷:银行存款等

(2) 后续计量。

① 升值。

借:其他权益工具投资——××股票(公允价值变动)

　贷:其他综合收益——其他权益工具投资公允价值变动

② 贬值。

借:其他综合收益——其他权益工具投资公允价值变动

　贷:其他权益工具投资——××股票(公允价值变动)

③ 持有期间被投资单位宣告发放现金股利。

借:应收股利

　贷:投资收益

(3) 处置时:

借:银行存款

　贷:其他权益工具投资——××股票(成本)

　贷或借:其他权益工具投资——××股票(公允价值变动)

　贷或借:盈余公积

　贷或借:利润分配——未分配利润

同时,对以前记入“其他综合收益”科目的进行结转:

借或贷:其他综合收益——其他权益工具投资公允价值变动

　贷或借:盈余公积

　贷或借:利润分配——未分配利润

二、其他权益工具投资转换业务的账务处理

(一) 公允价值计量转按成本法核算

投资方原持有的对被投资单位不具有控制、共同控制或重大影响的按照金融工具确认和计量准则进行会计处理的权益性投资,已通过“其他权益投资”科目核算,现因追加投资等原因,能够对被投资单位实施控制的(如持股比例大于50%),应按《企业会计准则第2号——长期股权投资》应用指南有关企业合并形成的长期股权投资的指引进行会计处理。

(二) 公允价值计量转按权益法核算

原持有的对被投资单位进行的不具有控制、共同控制或重大影响的股权投资,按照金融工具确认和计量准则规定,作为“其他权益投资”进行会计处理的,因追加投资等原因导致持股比例上升,能够对被投资单位施加共同控制或重大影响的(如持股比例大于20%,小于等于50%的,或符合重大影响条件的),在转按权益法核算时,投资方应当按照金融工具确认和计量准则确定的原股权投资的公允价值加上为取得新增投资而应支付对价的公允价值,作为改按权益法核算的“长期股权投资”的初始投资成本。原持有的股权投资分类为“其他权益投资”的，其公允价值与账面价值之间的差额，以及原记入“其他综合收益”科目的累计公允价值变动应当转入改按权益法核算的当期损益(投资收益)。

然后，比较上述计算所得的初始投资成本，与按照追加投资后全新的持股比例计算确定的应享有被投资单位在追加投资日可辨认净资产公允价值份额之间的差额，前者大于后者的，不调整长期股权投资的账面价值；前者小于后者的，差额应调整长期股权投资的账面价值，并计入当期营业外收入。

（三）权益法核算转按公允价值计量

原持有的对被投资单位具有共同控制或重大影响的长期股权投资，因部分处置等原因导致持股比例下降，不能再对被投资单位实施共同控制或重大影响的，应改按金融工具确认和计量准则对剩余股权投资进行会计处理，记入“其他权益投资”科目，其在丧失共同控制或重大影响之目的公允价值与账面价值之间的差额计入当期损益(投资收益)。原采用权益法核算的相关其他综合收益应当在终止采用权益法核算时，采用与被投资单位直接处置相关资产或负债相同的基础进行会计处理，因被投资方除净损益、其他综合收益和利润分配以外的其他所有者权益变动而确认的所有者权益，应当在终止采用权益法核算时全部转入当期损益(投资收益)。

（四）成本法核算转公允价值计量

原持有的对被投资单位具有控制的长期股权投资，因部分处置等原因导致持股比例下降，不能再对被投资单位实施控制、共同控制或重大影响的，应改按金融工具确认和计量准则进行会计处理，记入“其他权益投资”科目，在丧失控制之日的公允价值与账面价值之间的差额计入当期投资收益。

第六节　投资性房地产的核算

一、投资性房地产的分类

《企业会计准则第3号——投资性房地产》界定的投资性房地产概念是：投资性房地产是指为赚取租金或资本增值，或两者兼有而持有的房地产。投资性房地产应当能够单独计量和出售。投资性房地产包括：已出租的土地使用权；持有并准备增值后转让的土地使用权；已出租的建筑物。但不包括自用房地产，即为生产商品、提供劳务或者经营管理而持有的房地产和作为存货的房地产。需要说明的是，持有以备经营出租的空置建筑物，如果董事会或类似机构作出书面决议，明确表明将其用于经营出租且持有意图短期内不再发生变化的，即使尚未签订租赁协议，也作为投资性房地产处理。判断是否属于投资性房地产的特殊情形如下：

(1) 在实务中，存在某项房地产部分自用或作为存货出售、部分用于赚取租金或资本增值的情形。如果房地产不同用途的部分能够单独计量和出售的，应当分别确认为固定资产、无形资产、存货和投资性房地产。

(2) 企业将建筑物出租，按租赁协议向承租人提供的相关辅助服务(安保、维修等)在整个协议中不重大的，应当将该建筑物确认为投资性房地产；所提供的服务在整个协议中如为重大的，该建筑物应视为企业的经营场所，应当确认为自用房地产。

(3) 关联企业之间租赁房地产的，出租方应将出租的房地产确认为投资性房地产。但对于母公司与子公司之间租赁房地产的，出租方的个别财务报表应确认为投资性房地产，而在编制合并财务报表时，应将其作为企业集团的自用房地产。

(4) 企业拥有并自行经营的旅馆饭店，其经营目的主要是通过提供客房服务赚取服务收入，该旅馆饭店不确认为投资性房地产。

(5) 按照国家有关规定认定的闲置土地，不属于持有并准备增值后转让的土地使用权，不作“投资性房地产”处理。

二、投资性房地产的初始计量

投资性房地产应当按照成本进行初始计量。具体情况是：

(1) 外购投资性房地产的成本，包括购买价款、相关税费和可直接归属于该资产的其他支出。

(2) 自行建造投资性房地产的成本，由建造该项资产达到预定可使用状态前所发生的必要支出构成。

(3) 以其他方式取得的投资性房地产的成本，按照相关会计准则的规定确定。

企业应设置“投资性房地产”一级会计科目进行核算，在该科目下，可按投资性房地产类别和项目进行明细核算。

三、投资性房地产的后续计量

(一) 后续支出的处理

与投资性房地产有关的后续支出，如果满足初始确认条件的(与该投资性房地产有关的经济利益很可能流入企业；该投资性房地产的成本能够可靠地计量)，应当计入投资性房地产成本；不满足初始确认条件的，应当在发生时计入当期损益。

(二) 后续计量模式的确定

投资性房地产后续计量模式有两种：一是采用成本计量模式；二是采用公允价值计量模式。企业对投资性房地产的计量模式一经确定，不得随意变更。

1. 公允价值计量模式

有确凿证据表明投资性房地产的公允价值能够持续可靠取得的，可以对投资性房地产采用公允价值模式进行后续计量。采用公允价值模式计量的，应当同时满足下列条件：

(1) 投资性房地产所在地有活跃的房地产交易市场。其中，“所在地”，通常是指投资性房地产所在的城市。对于大中型城市，应当为投资性房地产所在的城区。

(2) 企业能够从房地产交易市场上取得同类或类似房地产的市场价格及其他相关信息，从而对投资性房地产的公允价值作出合理的估计。其中，“同类或类似房地产”，对建筑物而言，是指所处地理位置和地理环境相同、性质相同、结构类型相同或相近、新旧程度相同或相近、可使用状况相同或相近的建筑物；对土地使用权而言，是指同一城区、同一位置区域、所处地理环境相同或相近、可使用状况相同或相近的土地。

采用公允价值模式计量的，不对投资性房地产计提折旧或进行摊销，应当以资产负债表日投资性房地产的公允价值为基础调整其账面价值，公允价值与原账面价值之间的差额计入当期损益(公允价值变动损益)。因此，采用公允价值模式计量的投资性房地产，应在“投资性房地产”一级会计科目下分别“成本”和“公允价值变动”进行明细核算。

2. 成本计量模式

采用成本模式计量的投资性房地产要计提折旧或摊销。对计提折旧的投资性房地产，如投资性建筑物，企业要单独设置“投资性房地产累计折旧”科目进行核算；对进行摊销的投资性房地产，如投资性土地使用权，企业要单独设置“投资性房地产累计摊销”科目进行核算。

采用成本模式计量的投资性房地产发生减值的，还要单独设置“投资性房地产减值准备”科目进行核算。

四、投资性房地产的转换

投资性房地产成本模式可以转为公允价值模式，但已采用公允价值模式计量的投资性房地产，不得再转为成本模式计量。

(一) 转换的具体情况

(1) 将投资性房地产转换为其他资产。如将投资性房地产开始转为自用。

(2) 将其他资产转换为投资性房地产。例如，将作为存货的房地产改为出租；将自用土地使用权停止自用而用于赚取租金或资本增值；将自用建筑物停止自用而改为出租。

(二) 转换的会计处理规定

(1) 在成本模式下的转换处理规定。在成本模式下，应当将房地产转换前的账面价值作为转换后的入账价值。

(2) 在公允价值模式下的转换处理规定。采用公允价值模式计量的投资性房地产转换为自用房地产时，应当以其转换当日的公允价值作为自用房地产的账面价值，公允价值与原账面价值的差额计入当期损益(公允价值变动损益)。

自用房地产或存货转换为采用公允价值模式计量的投资性房地产时，投资性房地产按照转换当日的公允价值计价，转换当日的公允价值小于原账面价值的，其差额计入当期损益(公允价值变动损益)；转换当日的公允价值大于原账面价值的，其差额计入所有者权益(资本公积——其他资本公积)。

五、投资性房地产的处置

当投资性房地产被处置，或者永久退出使用且预计不能从其处置中取得经济利益时，应当终止确认该项投资性房地产。

企业出售、转让、报废投资性房地产或者发生投资性房地产毁损，应当将处置收入扣除其账面价值和相关税费后的金额计入当期损益。其中，收入和成本一般通过设置“其他业务收入”、“其他业务成本”科目进行核算。若投资性房地产作为企业主营业务的，应通过“主营业务收入”和“主营业务成本”科目核算相关的损益。

六、投资性房地产的账务处理

(一) 采用成本模式计量投资性房地产

(1) 外购投资性房地产。

借：投资性房地产

　　应交税费——应交增值税(进项税额)

　贷：银行存款

说明，投资性房地产业务若通过矿业集团资金结算中心核算的，会计分录中的“银行存款”科目改为“资金结算中心存款”科目。

(2) 自建投资性房地产(如厂房造价,占用土地使用权)。

借:投资性房地产——厂房

　贷:在建工程

借:投资性房地产——土地使用权

　贷:无形资产——土地使用权

(3) 作为存货房地产转换投资性房地产。

借:投资性房地产

　贷:开发产品

(4) 将自用房地产转换为投资性房地产(如将一栋自用写字楼出租,注销写字楼原价和已提折旧)。

借:投资性房地产——写字楼

　累计折旧

　贷:固定资产

　　投资性房地产累计折旧

(5) 上述出租投资性房地产收到租金存入银行。

借:银行存款

　贷:其他业务收入

　　应交税费——应交增值税(销项税额)

(6) 上述出租投资性房地产计提折旧。

借:其他业务成本

　贷:投资性房地产累计折旧

(7) 上述出租投资性房地产计提减值准备。

借:资产减值损失

　贷:投资性房地产减值准备

(8) 将一栋正在出租的厂房进行扩改建,注销该投资性房地产原价和已提折旧,反映改扩建支出,并已完工。

借:在建工程

　投资性房地产累计折旧

　贷:投资性房地产——厂房

借:在建工程

　贷:银行存款

借:投资性房地产——厂房

　贷:在建工程

(9) 上述出租厂房发生维修支出。

借:其他业务成本

　贷:银行存款

(10) 上述出租厂房收回后予以出售,取得收入存入银行,注销账面成本和已提折旧。

借:银行存款

　贷:其他业务收入

应交税费——应交增值税(销项税额)

借:其他业务成本

投资性房地产累计折旧

贷:投资性房地产——厂房

(二)采用公允模式计量投资性房地产

(1)外购投资性房地产。

借:投资性房地产——成本

贷:银行存款

(2)自用办公楼出租(注销办公楼原价和已提折旧,同时按公允价值反映出租办公楼的成本)。

借:投资性房地产——成本

累计折旧

公允价值变动损益

贷:固定资产

(3)结转上述业务“公允价值变动损益”。

借:公允价值变动损益

贷:本年利润

(4)某企业将已开发的产品——某写字楼对外出租。注销该写字楼(开发产品)的账面余额,按公允价值计入该写字楼出租成本。

借:投资性房地产——成本

贷:开发产品

资本公积——其他资本公积

若公允价值小于账面价值,借记“公允价值变动损益”科目。

(5)资产负债表日,上述出租办公楼公允价值上升时:

借:投资性房地产——公允价值变动

贷:公允价值变动损益

若公允价值下跌,借记“公允价值变动损益”科目。

(6)资产负债表日,结转上述“公允价值变动损益”时:

借:公允价值变动损益

贷:本年利润

对公允价值下跌的结转,分录相反。

(7)收回上述出租办公楼随即售出,取得价款存入银行。

借:银行存款

资本公积——其他资本公积

其他业务成本

贷:其他业务收入

投资性房地产——成本

贷或借:投资性房地产——公允价值变动

（三）成本模式下投资性房地产综合业务账务处理

（1）某项固定资产建成时：

借：固定资产

　贷：在建工程

（2）上述固定资产提折旧时：

借：制造费用或管理费用等

　贷：累计折旧

（3）上述固定资产对外出租时：

借：投资性房地产——某资产

　　累计折旧

　贷：固定资产

　　　投资性房地产累计折旧

（4）每年收到租金时：

借：银行存款

　贷：其他业务收入

　　　应交税费——应交增值税（销项税额）

（5）每年计提折旧时：

借：其他业务成本

　贷：投资性房地产累计折旧

（6）上述出租投资性房地产发生消防设施费，未来经济利益流入没有超过原估计，作费用性支出：

借：其他业务成本

　贷：银行存款

（7）资产负债表日，上述出租投资性房地产发生减值，可收回金额低于账面价值，应计提减值准备：

借：资产减值损失

　贷：投资性房地产减值准备

（8）收回上述出租投资性房地产自用时：

借：固定资产

　　投资性房地产累计折旧

　　投资性房地产减值准备

　贷：投资性房地产——某资产

　　　累计折旧

　　　固定资产减值准备

（9）上述自用固定资产每年计提折旧时：

借：制造费用或管理费用等

　贷：累计折旧

（10）采用成本模式计量投资性房地产改为公允价值计量时：

借：投资性房地产——办公楼（成本）　　　　　　　　（公允价值）

投资性房地产累计折旧　　（已提折旧）
贷：投资性房地产——办公楼　　（账面原价）
盈余公积（升值额×10%）　　（按升值额计提盈余公积）
利润分配——未分配利润　　（升值额－计提的盈余公积）

(11) 在成本模式下，处置投资性房地产时：

借：银行存款　　（实收额）
贷：其他业务收入　　（实收额）
应交税费——应交增值税（销项税额）　　（增值税）

借：投资性房地产累计折旧　　（已提折旧额）
投资性房地产减值准备　　（减值额）
其他业务成本　　（差额）
贷：投资性房地产　　（账面余额）

（四）公允价值模式下投资性房地产综合业务账务处理

(1) 某项固定资产建成时：

借：固定资产
贷：在建工程

(2) 上述固定资产提折旧时：

借：制造费用或管理费用等
贷：累计折旧

(3) 上述固定资产对外出租时：

借：投资性房地产——某资产（成本）　　（公允价值）
累计折旧　　（已提折旧）
贷：固定资产　　（账面原值）
资本公积——其他资本公积　　（增值额）

如果对外出租资产的公允价值小于账面价值，应借记“公允价值变动损益”科目。

(4) 每年收到租金时：

借：银行存款
贷：其他业务收入
应交税费——应交增值税（销项税额）

(5) 上述投资性房地产发生消防设施费，未来经济利益流入没有超过原估计，作费用性支出处理：

借：其他业务成本
贷：银行存款

(6) 资产负债表日，上述投资性房地产公允价值上升时：

借：投资性房地产——某资产（公允价值变动）
贷：公允价值变动损益

(7) 资产负债表日，结转上述投资性房地产公允价值变动损益时：

借：公允价值变动损益
贷：本年利润

若资产负债表日，上述投资性房地产公允价值下降，借记“公允价值变动损益”科目，而后再转入“本年利润”科目借方。

(8) 上述投资性房地产转为自用时：

借：固定资产　　（公允价值）

　贷：投资性房地产——办公楼（成本）　　（账面余额）

　贷或借：投资性房地产——办公楼（公允价值变动）　　（账面余额）

　贷或借：公允价值变动损益　　（差额）

(9) 结转上述公允价值变动损益时：

借或贷：公允价值变动损益

　贷或借：本年利润

(10) 上述自用固定计提折旧时：

借：制造费用或管理费用等

　贷：累计折旧

(11) 在公允价值模式下，处置投资性房地产时：

① 收到银行存款时：

借：银行存款　　（实收额）

　贷：其他业务收入　　（实收额）

　　应交税费——应交增值税（销项税额）　　（增值税）

② 转销投资性房地产账面有关价值时：

借：资本公积——其他资本公积　　（账面余额）

　其他业务成本　　（借贷差额）

　贷：投资性房地产——成本　　（账面余额）

借或贷：投资性房地产——公允价值变动　　（账面余额）

第七节　拨付所属资金的核算

拨付所属资金是指由总公司或总厂拨付给直属的各级生产、经营单位用于生产经营周转的各项资金。如总公司拨给分公司的生产经营资金，对总公司来说，它是“拨付所属资金”；对分公司来说，它是“上级拨入资金”。本办法规定设置“拨付所属资金”和“上级拨入资金”一级科目进行核算。

(1) 矿业集团（或总公司或总厂）向所属单位（分公司或分厂）拨出流动资产时：

借：拨付所属资金

　贷：银行存款、原材料等

(2) 矿业集团（或总公司或总厂）向所属单位拨付固定资产时：

借：拨付所属资金

　累计折旧

　贷：固定资产

(3) 拨入方收到流动资产时：

借：银行存款、原材料等

贷:上级拨入资金

(4) 拨入方收到固定资产时,按固定资产净值:

借:固定资产

贷:上级拨入资金

说明两点:① 报表列示。期末,编制资产负债表时,"拨付所属资金"科目的余额列入"长期股权投资"项目,"上级拨入资金"科目列入"实收资本"项目。② 矿业集团内部之间无偿调拨固定资产时,拨出单位应按固定资产净值借记"资本公积——其他资本公积"科目,按已提折旧借记"累计折旧"科目,按原值贷记"固定资产"科目;调入单位应按固定资产原值借记"固定资产"科目,按已提折旧贷记"累计折旧"科目,按固定资产净值贷记"资本公积——其他资本公积"科目。

第七章　固定资产的核算

第一节　固定资产的定义与分类

固定资产是指企业为生产商品、提供劳务、出租或经营管理而持有的，使用寿命超过一个会计年度的有形资产。使用寿命，是指企业使用固定资产的预计期间，或者该固定资产所能生产产品或提供劳务的数量。

确认固定资产必须同时满足两个条件：

① 与该固定资产有关的经济利益很可能流入企业；

② 该固定资产的成本能够可靠地计量。

固定资产按经济用途和使用情况综合分类，可分为以下九类：

一、生产经营用固定资产

生产经营用固定资产指直接用于生产经营，或为生产经营服务的各种固定资产，包括：

(1) 房屋：钢结构、钢筋混凝土结构、钢筋混凝土砖混结构、砖木结构和简易结构。

(2) 地面建筑物：露天建筑物、洗(选)建筑物、运输建筑物、供水建筑物、发电建筑物、窑业建筑物和杂项建筑物等。

(3) 矿井建筑物：主井井筒及装备、副井井筒、风井井筒、主井通道、副井底水窝泵房、副井车场绕道、中央变电所及通道、中央泵房及通道、主井内车场、主井外车场、井下调度室、主井装卸峒室、主井煤仓等。

(4) 动力设备：电力设备、风力设备、内燃设备、汽力设备。

(5) 传导设备：管路、线路。

(6) 生产设备：采掘机械、提运机械、排水机械、通风机械、洗选设备、冷冻机械、钻探机械、钻井机械、机械制修设备、木工建材及土建设备、火工设备、窑工设备、印刷机械、矿灯机械、其他机械。

(7) 综采设备：支架、溜子、煤机、采运设备、电器设备、掘进设备、其他设备。

(8) 运输设备：铁路运输设备、汽车运输设备、其他运输设备。

(9) 工具仪器及生产管理用具：试验仪器、测重机械、地质测绘仪器、通信设备、管理用具。

二、非生产经营用固定资产

非生产经营用固定资产指不直接用于生产经营和不直接服务于生产经营的各种固定资产，包括房屋(公有住房、校舍、其他)、建筑物、文化生活用具、农副生产用具、医疗设备、其他设备。

三、租出固定资产

租出固定资产指出租或出借给其他单位使用并收取一定租金的固定资产。

四、未使用固定资产

未使用固定资产指未投入使用的固定资产，包括未使用的新增固定资产、调入尚待安装的固定资产、进行改扩建的固定资产以及经批准停止使用的固定资产。

五、不需用固定资产

不需用固定资产指本企业不需用、已经上级批准准备处理的固定资产。

六、融资租入固定资产

融资租入固定资产指企业采用融资租赁方式租入的，尚在租赁期内未转归企业所有的固定资产，在租赁期间内视同自有固定资产进行管理。

七、一次折旧固定资产

企业动用安全、维简等专项基金购置的固定资产采用一次折旧法。即固定资产达到预定可使用状态交付生产使用时，一次计提全部折旧价值，以后使用时不再计提折旧。这些固定资产是企业资产的组成部分，但使用时又不提折旧，将其单独列为一类，有利于反映固定资产和累计折旧的构成，有利于编制"累计折旧明细表"。

八、超龄使用固定资产

超龄使用固定资产是指企业已提足折旧仍继续使用的固定资产，包括超龄矿井建筑物和其他超龄使用固定资产。将该固定资产单独设一类反映，有利于从会计账面上监督这些固定资产的使用及折旧额的计提与否，有利于编制"累计折旧明细表"。

九、土地

土地指过去已经估价单独入账的土地，因征用土地而支付的补偿费，应计入与土地有关的房屋、建筑物的价值内，不单独作为土地价值入账。企业取得的土地使用权不能作为固定资产入账和管理，而是作为无形资产处理。

企业应设置"固定资产"一级科目，按上述分类进行二级核算；同时，企业还要按固定资产项目设置"固定资产登记簿"和"固定资产卡片"进行固定资产的明细分类核算。

第二节　固定资产增加的核算

一、用拨款购建固定资产

(1) 用矿业集团拨款购建固定资产发生各有关支出，包括支付设备价款、包装费、运输费、发生安装费(含自用产品及其不可抵扣的增值税、材料费、人工费、工程分摊的水电等辅助生产费、出包工程安装费等，不包含员工培训费)，记入"在建工程"科目；购置固定资产支付的增值税，记入"应交税费"科目的借方，可以抵扣。

借：在建工程

　　应交税费——应交增值税——进项税额

　　贷：资金结算中心存款或银行存款

　　　　应付职工薪酬

　　　　库存商品

　　　　应交税费

　　　　生产成本等

(2) 工程完工，固定资产达到预计可使用状态交付使用时，考虑预计弃置费用现值

（下同）：

借：固定资产

　贷：在建工程

　　预计负债——预计弃置费

（3）每年年末，计提预计弃置费时（下同）：

借：财务费用

　贷：预计负债——预计弃置费

二、用自有资金购建固定资产

（1）支付固定资产价款及其增值税、包装费、运杂费，并发生安装费用时：

借：在建工程

　应交税费——应交增值税——进项税额

　贷：银行存款或资金结算中心存款

　　原材料

　　应付职工薪酬等

（2）固定资产交付使用，转资手续批复后：

借：固定资产

　贷：在建工程

三、调入固定资产

（1）从矿业集团无偿调入不需安装的固定资产。

借：固定资产

　贷：累计折旧

　　资本公积——其他资本公积

（2）无偿、有偿调入需安装的固定资产。

借：在建工程

　贷：资本公积——其他资本公积

　　银行存款或资金结算中心存款

　　应付职工薪酬等

借：固定资产

　贷：在建工程

　　累计折旧

四、股东投入固定资产，按双方确认的固定资产公允价值

借：固定资产

　贷：实收资本

五、接受捐赠固定资产

借：固定资产

　贷：递延收益

企业按税务机关确认的接受捐赠应计入纳税所得的期限（最长不超过5年），于各年年末结转捐赠收入时：

借：递延收益

贷：营业外收入——捐赠利得

六、采用租赁方式租入固定资产

除短期租赁和低价值资产租赁外，企业在租赁期开始日，承租人应当对租赁固定资产及应支付的租赁费确认为“使用权资产”和“租赁负债”。由于租入固定资产不列入固定资产核算，故将这一内容列入第八章第四节使用权资产的核算阐述

七、以补偿贸易方式从国外引进设备的核算

补偿贸易是指企业从国外工商业者引进设备、技术、专利等，不立即使用现款支付，而是等到这些项目投产产生效果后，再用该项目所生产的产品或双方议定的其他内容清偿。清偿的方式一般有：① 用投产项目的部分产品或全部产品分期清偿，称产品返销形式的补偿贸易；② 用双方议定的其他产品分期清偿，称回购或互购形式的补偿贸易（又称综合补偿）；③ 用收入和利润分期清偿。因此，以补偿贸易方式引进的设备，是企业的长期应付款项，它通过发售商品或支付存款分期偿付。

（1）企业按照补偿贸易合同从国外引进某种新设备和专用工具，按应付外币金额和当时的市场汇率折算为人民币价值入账：

借：在建工程

　　材料采购

　贷：长期应付款——应付引进设备款

（2）上列设备入关企业用银行存款（人民币）支付进口关税、增值税和入关后国内运杂费等时（其中，入账价值要在设备和工具之间进行分摊，并反映可抵扣增值税进项税额）：

借：在建工程

　　材料采购

　　应交税费——应交增值税——进项税额

　贷：银行存款

（3）设备运到企业，办完了验收入库手续，按其计划成本入账；设备进入安装程序，支付安装费：

借：低值易耗品

　贷：材料采购

　贷或借：材料成本差异

借：在建工程

　　应交税费

　贷：银行存款

（4）设备安装完工，达到预定可使用状态，交付生产使用：

借：固定资产

　贷：在建工程

（5）按引进协议规定，企业所欠引进设备款用所产产品均衡偿还时（跨境应税行为的增值税税率为零）：

借：应收账款——××外商

　贷：主营业务收入

借：主营业务成本

贷：库存商品

(6) 上述发出产品外商已收到，认可抵销一部分欠款时：

借：长期应付款——应付引进设备款

贷：应收账款——××外商

(7) 资产负债表日，外币汇率发生升值，企业计算汇兑损益，调整“长期应付款”、“应收账款”账户余额时：

借：财务费用

贷：长期应付款——应付引进设备款

应收账款——××外商

如果外币汇率下降，应贷记“财务费用”科目。

八、固定资产盘盈

企业盘盈固定资产时，按当前市场上类似该固定资产全新价格——重置价值，扣除据该固定资产新旧程度估计的价值损耗(市场上若无类似固定资产，按该固定资产预计未来现金流量现值)入账

借：固定资产

贷：以前年度损益调整

九、用产成品交换取得固定资产

(1) 交换具有商业实质，公允价值能够可靠地计量。

借：固定资产(换出产成品公允价值＋产成品销项税额－固定资产进项税额)

应交税费——应交增值税——进项税额(固定资产进项税额)

贷：主营业务收入(产成品公允价值)

应交税费——应交增值税——销项税额(产成品销项税额)

借：主营业务成本(产成品账面成本)

存货跌价准备(已提跌价准备)

贷：库存商品(产成品账面成本)

(2) 非货币性资产交换没有活跃市场，不具有商业实质，且公允价值不能够可靠地计量，企业换入设备时作如下会计分录：

借：固定资产(换出产成品账面价值－跌价准备＋产成品销项税额)

存货跌价准备(已提跌价准备)

贷：库存商品(产成品账面成本)

应交税费——应交增值税——销项税额

十、用原材料交换取得固定资产

(1) 交换具有商业实质，公允价值能够可靠地计量。《企业会计准则第 7 号——非货币性资产交换》规定：如果非货币性资产交换具有商业实质，且换入资产或换出资产的公允价值能够可靠地计量，换出方“应当以换出资产的公允价值为基础和应支付的相关税费作为换入资产的初始计量金额，对于换出资产，应当在终止确认时，将换出资产的公允价值与账面价值之间的差额计入当期损益”。

借：固定资产

应交税费——应交增值税——进项税额

贷：其他业务收入

应交税费——应交增值税——销项税额

借：其他业务成本

存货跌价准备

贷：原材料

贷或借：材料成本差异

换出方用原材料交换取得固定资产，其原材料公允价值与账面价值的差额通过“其他业务收入”、“其他业务成本”科目计算反映“当期损益”。

(2) 非货币性资产交换没有活跃市场，不具有商业实质，且公允价值不能够可靠地计量，根据《企业会计准则第 7 号——非货币性资产交换》规定，换出方“应当以换出资产的账面价值和应支付的相关税费作为换入资产的初始计量金额，对于换出资产，终止确认时不确认损益”。

税务机关按原材料核定价计算应交增值税时：

借：固定资产

贷：原材料

应交税费——应交增值税——销项税额

贷或借：材料成本差异

十一、用安全费用购建固定资产

企业用计提的安全费用购建固定资产，在通过“安全工程”核算后，于工程完工时：

借：固定资产

贷：在建工程——安全工程

同时，按固定资产实际成本结转所有者权益账户：

借：专项储备——安全生产费用

贷：利润分配——未分配利润

该项固定资产在以后使用期间正常计提折旧。

十二、用维简费购建固定资产

企业用计提的维简费购建固定资产，在通过“维简工程”核算后，于工程完工时：

借：固定资产

贷：在建工程——维简工程

同时，确认从超龄矿井建筑物计提的折旧额中开支的数额，将其形成的固定资产价值结转“专项储备”科目：

借：专项储备——煤矿维简费

贷：利润分配——未分配利润

该项固定资产在以后使用期间正常计提折旧。

十三、用环境治理补偿费购建固定资产

企业用计提的环境治理补偿费购建固定资产，在通过“环境治理工程”核算后，于工程完工形成固定资产时：

借：固定资产

贷：在建工程——环境治理工程

借：长期应付款——应付环境治理补偿费

　贷：累计折旧——一次折旧固定资产

该项固定资产在以后使用期间不再计提折旧。

第三节　固定资产折旧和修理

一、固定资产折旧

《企业会计准则第 4 号——固定资产》准则对折旧的定义是："折旧，是指在固定资产使用寿命内，按照确定的方法对应计折旧额进行系统分摊"。其中，"应计折旧额，是指应当计提折旧的固定资产的原价扣除其预计净残值后的金额。已计提减值准备的固定资产，还应当扣除已计提的固定资产减值准备累计金额。"

（一）折旧的方法

《企业会计准则第 4 号——固定资产》准则规定采用的折旧方法有年限平均法、工作量法、双倍余额递减法和年数总和法，企业一经确定某种方法，不得随意变更。结合煤炭企业实际，固定资产折旧计提类型分以下三种：

1. 矿井建筑物的折旧方法

对于矿井建筑物，包括矿井井筒、巷道、井底车场、峒室、井塔、天轮等，按产量提取维简费。根据财政部、国家发展改革委、国家煤矿安全监察局 2004 年 5 月 21 日财建〔2004〕119 号文《关于印发〈煤炭生产安全费用提取和使用管理办法〉和〈关于规范煤矿维简费管理问题的若干规定〉的通知》的规定，企业应该根据原煤实际产量，每月按下列标准在成本中提取煤矿维简费：

① 河北、山西、山东、安徽、江苏、河南、宁夏、新疆、云南等省（区）煤矿，吨煤 8～50 元；

② 黑龙江、吉林、辽宁等省煤矿，吨煤 8～70 元；

③ 内蒙古自治区煤矿，吨煤 9～50 元；

④ 其他省（区、市）煤矿，吨煤 10～50 元。

2. 其他固定资产的折旧方法

对其他固定资产按原值和分类折旧率计提折旧费。折旧方法有年限平均法、工作量法、双倍余额递减法和年数总和法。

3. 一次折旧法固定资产

对用环境治理基金购置的固定资产采用一次折旧法。即固定资产达到预定可使用状态交付生产使用时，一次计提全部折旧价值。因为这些基金平时计提时已计入了成本费用账户，当使用这些基金形成固定资产时再分期计提折旧，就会二次进成本费用。

（二）折旧的范围

1. 矿井建筑物折旧范围

矿井建筑物应当每月按原煤实际产量和计提标准计提维简费，当计提的维简费累计达到矿井建筑物应提折旧额时，仍要对超龄矿井建筑物计提维简费，但所提维简费不再增加"累计折旧"，而是增加"专项储备——维简费"。

2. 其他固定资产折旧范围

企业应以月初应提折旧固定资产的账面原值为依据按月计提折旧。其范围包括：房屋和建筑物，在用的机器设备、仪器仪表、运输工具、工具器具，季节性停用、大修理停用的固定资产，以经营租赁方式租出的和以融资租赁方式租入的固定资产。当月增加的固定资产，当月不提折旧，从下月起计提折旧；当月减少的固定资产，当月照提折旧，从下月起停提折旧。企业提足折旧的固定资产继续使用时，不再提取折旧；提前报废的固定资产不补提折旧。

3. 不提折旧的固定资产

下列固定资产（不包括矿井建筑物）不提折旧：

① 已提足折旧仍继续使用的固定资产；

② 按规定单独计价作为固定资产入账的土地。

（三）折旧的账务处理

（1）按月计提维简费时：

借：制造费用——原选煤——维简费（计提数）

　贷：累计折旧——生产经营用——矿井建筑物（未到龄矿井建筑物折旧）

借：利润分配——提取专项储备（计提数）

　贷：专项储备——维简费（超龄矿井建筑物折旧）

煤矿维简费，主要用于煤矿生产正常接续的开拓延深、技术改造等，以确保矿井持续稳定和安全生产，提高效率。具体使用范围：矿井（露天）开拓延深工程，矿井（露天）技术改造，煤矿固定资产更新、改造和固定资产零星购置，矿区生产补充勘探，综合利用和“三废”治理支出，大型煤矿一次拆迁民房50户以上的费用和中小煤矿采动范围的搬迁赔偿，矿井新技术的推广，小型矿井的改造联合工程。

（2）其他固定资产按月计提折旧时，应编制固定资产折旧计算表作为会计核算的依据。

借：制造费用（生产部门固定资产折旧）

　销售费用（销售机构固定资产折旧）

　管理费用（管理部门、非生产部门固定资产折旧）

　其他业务成本（经营性租出和附营业务部门固定资产折旧）

　贷：累计折旧——各类别固定资产

二、固定资产修理

固定资产修理是恢复固定资产磨损价值和保持其正常生产能力并持续发挥其效能的活动的总称。固定资产修理，是固定资产“后续支出”的一种。“固定资产大修理费用等后续支出，符合资本化条件的，可以计入固定资产成本；不符合资本化条件的，应当计入当期损益（财会函〔2008〕60号）。如果采用“费用化”的方式进行账务处理，即固定资产修理费用“应当在发生时计入当期损益”。这种处理适用于固定资产经常性修理和大修理两种情况。固定资产在定期大修理间隔期间，照提折旧。

《企业会计准则——应用指南》附录中规定：“企业生产车间（部门）和行政管理部门等发生的固定资产修理费用等后续支出”，均在“管理费用”科目核算。

（1）企业发生固定资产修理费用时：

借：管理费用

　贷：原材料

　　应付职工薪酬

　　银行存款等

(2) 固定资产大修理费用实行矿业集团统筹管理办法时：

① 各矿厂按矿业集团管理要求缴纳统筹大修费用时：

借:其他应收款——专项应收——维修基金(上交数)

　贷:银行存款或资金结算中心存款

② 矿业集团拨入统筹大修理款时：

借:银行存款或资金结算中心存款

　贷:其他应收款——统筹大修费——拨入数(拨入数)

③ 矿厂实际发生大修理费用时：

借:管理费用

　贷:应付职工薪酬

　　原材料

　　工程物资

　　银行存款等

④ 年终核销统筹大修费用时：

借:其他应收款——专项应收——维修基金(拨入数)

　贷:其他应收款——专项应收——维修基金(上交数)

借或贷:管理费用

第四节　固定资产减少的核算

一、固定资产出售

(1) 将出售设备转入清理时：

借:固定资产清理

　固定资产减值准备

　累计折旧

　贷:固定资产

　　应交税费——应交增值税——销项税额

(2) 收到出售固定资产的价款时：

借:银行存款

　贷:固定资产清理

(3) 企业销售不动产(房屋、建筑物等)应缴纳的增值税、城建税和教育费附加：

借:固定资产清理

　贷:应交税费——应交增值税——销项税额

　　　　——应交城建税

　　　　——应交教育费附加

(4) 结转出售固定资产的净损失时：

借:资产处置损益

　贷:固定资产清理

(5) 结转出售固定资产的净收益时：

借:固定资产清理

贷:资产处置损益

注:筹建期间的,冲减"管理费用"。

二、固定资产报废

(1) 报废的生产线转入清理时:

借:固定资产清理

固定资产减值准备

累计折旧

贷:固定资产

(2) 支付清理费用、计算应交增值税时:

借:固定资产清理

贷:银行存款

应交税费——应交增值税——销项税额

(3) 反映清理收入(变卖收入、残值)时:

借:银行存款等

贷:固定资产清理

(4) 结转报废固定资产净损失时:

借:营业外支出——非流动资产毁损报废损失

贷:固定资产清理

非流动资产毁损报废损失,通常包括因自然灾害发生的毁损、已丧失使用功能等原因而报废清理产生的净损失。

三、固定资产毁损

(1) 毁损固定资产转入清理时:

借:固定资产清理

固定资产减值准备

累计折旧

贷:固定资产

(2) 发生清理费用、计算应交增值税时:

借:固定资产清理

贷:银行存款

应交税费——应交增值税——销项税额

(3) 反映残料收入时:

借:银行存款等

贷:固定资产清理

(4) 反映赔偿收入时:

借:银行存款

贷:固定资产清理

如有向过失人应收的赔款,通过"其他应收款"科目核算。

(5) 结转毁损固定资产净损失时:

借:营业外支出——非流动资产毁损报废损失
　贷:固定资产清理

四、固定资产投出

固定资产投出分两类情况分别进行处理:一是“企业合并”情况下的固定资产投出。在投资双方都受同一方控制的情况下,企业投出固定资产按合并日取得被合并方所有者权益账面价值的份额作为长期股权投资的初始成本,同时注销固定资产账面价值。长期股权投资初始投资成本与投出资产账面价值之间的差额,调整资本公积,资本公积不足冲减的,调整留存收益。在投资双方不受同一方控制的情况下(即“非同一控制下的企业合并”),企业于合并日按投出固定资产的公允价值作为长期股权投资的初始成本,同时注销固定资产账面价值,长期股权投资初始投资成本与投出资产账面价值之间的差额,计入当期损益(资产处置损益)。二是“非企业合并”情况下的固定资产投出。与“非同一控制下的企业合并”账务处理相同。

(1) 采用“企业合并”方式投出固定资产转入清理(相应转销其未抵扣的增值税)。

借:固定资产清理
　固定资产减值准备
　累计折旧
　贷:固定资产
　　应交税费——进项税额——计算抵扣

(2) 确认上述长期股权投资初始成本时:

① 同一控制下:

借:长期股权投资——其他股权投资(股权份额)
　资本公积——资本溢价(以该账户余额为限)
　盈余公积(未冲销损失×10%)
　利润分配——未分配利润(剩余冲销额)
　贷:固定资产清理(账面价值)

② 非同一控制下:

借:长期股权投资——其他股权投资(公允价值)
　贷:固定资产清理(账面价值)
　贷或借:营业外收入或营业外支出

(3) 采用“非企业合并”方式投出固定资产转入清理(相应转销其未抵扣的增值税)。

借:固定资产清理
　累计折旧
　固定资产减值准备
　贷:固定资产
　　应交税费——进项税额——计算抵扣

确认上述长期股权投资初始成本时:

借:长期股权投资——其他股权投资(公允价值)
借或贷:营业外收入或营业外支出(差额)
　贷:固定资产清理(账面价值)

五、固定资产盘亏

借:待处理财产损溢

累计折旧

固定资产减值准备

贷:固定资产

应交税费——应交增值税——进项税额转出

上列盘亏固定资产,报批后同意转销:

借:营业外支出——盘亏损失

贷:待处理财产损溢

上述盘亏和毁损的固定资产“报批处理”,是指报经股东大会或董事会,或经理(厂长)会议或类似机构批准处理。一般说,报批处理要在会计期末结账前处理完毕。如果期末结账前尚未批准的,应在对外提供的财务会计报告时由会计人员先进行处理,并在会计报表附注中作出说明,如果以后批准处理的金额与已处理的金额不一致,应按其差额调整会计报表相关项目的年初数。

六、固定资产捐出

(1) 捐出固定资产转入清理时:

借:固定资产清理

累计折旧

固定资产减值准备

贷:固定资产

(2) 捐赠转出固定资产应支付的相关税费(含未抵扣的固定资产增值税):

借:固定资产清理

贷:银行存款

应交税费等

(3) 结转捐出固定资产净损失时:

借:营业外支出——捐赠支出

贷:固定资产清理

七、用固定资产抵偿债务

(1) 转销固定资产账面价值(相应转销其未抵扣的增值税)时:

借:固定资产清理

累计折旧

固定资产减值准备

贷:固定资产、应交税费

(2) 发生清理费用时:

借:固定资产清理

贷:银行存款等

(3) 支付补价时:

借:固定资产清理

贷:银行存款

(4) 不区分固定资产处置损益，但确认债务重组收益时：

借：应付账款

　贷：固定资产清理

　贷或借：其他收益——债务重组收益

八、用固定资产交换固定资产

用固定资产交换固定资产，首先要计算补价比率。

补价比率＝收到补价÷换出资产公允价值

若补价比率＜25%，属于非货币性资产交换行为。

当交换固定资产属于非货币性资产交接规范的范围后，换入固定资产账务处理如下：

(1) 换出固定资产转入清理(相应转销其未抵扣的增值税)：

借：固定资产清理

　　累计折旧

　贷：固定资产、应交税费

(2) 收到补价时：

借：银行存款

　贷：固定资产清理

(3) 换入固定资产入账时(换入多项固定资产需按其公允价值比例进行分配)：

借：固定资产——A

　　　　　　——B

　贷：固定资产清理

　贷或借：资产处置损益

第五节　固定资产建造核算

为了反映固定资产建造情况，企业要设置“在建工程”和“工程物资”一级科目。在“工程物资”科目下设置“专用材料”、“专用设备”、“预付大型设备”、“工具及器具”等明细科目进行明细核算；在“在建工程”科目下设置“待摊支出”、“维简工程”、“安全工程”、“环境治理工程”、“其他单项工程”(如“技术改造工程”、“自制设备工程”等)明细科目进行明细核算。

一、自营工程核算

(一) 自制机器设备

(1) 企业在建工程发生的管理费、征地费、可行性研究费、临时设施费、公证费、监理费等支出：

借：在建工程——待摊支出

　贷：银行存款等

(2) 企业购入自制设备用材料物资一批已验收入库，按该批工程物资价款和增值税：

借：工程物资——专用材料

　　应交税费——应交增值税——进项税额

　贷：银行存款

(3) 企业自制设备，领用工程物资和本企业生产的产品，其产品成本计入在建工程：

借:在建工程——自制设备工程

贷:工程物资——专用材料

库存商品

应交税费——应交增值税——销项税额

(4) 应付自制设备的工人工资直接计入工程成本:

借:在建工程——自制设备工程

贷:应付职工薪酬

(5) 企业辅助生产部门为工程提供的水、电、设备安装、修理、运输等费用已经计入“生产成本——辅助生产成本”科目的借方,月终,将其中应由上述自制设备负担的费用分配转入自营工程成本:

借:在建工程——自制设备工程

贷:生产成本——辅助生产成本

(6) 企业从银行取得专门借款用于在建工程,应予资本化的借款费用(包括利息和借入外币因市场汇价变动而发生的外币折合差额)在固定资产达到预计可使用状态前:

借:在建工程——自制设备工程

贷:长期借款

应付利息

(7) 企业在建工程进行负荷联合试车发生的费用:

借:在建工程——待摊支出

贷:银行存款

原材料等

(8) 上述试车形成的产品或副产品对外销售(根据财政部 2021 年 12 月 31 日发布的《企业会计准则解释第 15 号规定》作收入处理)或转为库存商品的:

借:银行存款

库存商品等

贷:在建工程——待摊支出

主营业务收入

应交税费——应交增值税(销项税额)

(9) 自制设备建设期间,盘点工程物资,发现有一部分工程物资不能使用,应报废,报废损失(不是自然灾害造成)计入在建工程成本(假定该物资无残值收入):

借:在建工程——自制设备工程

贷:工程物资——专用材料

应交税费——应交增值税——进项税额转出

(10) 当在建工程达到预定可使用状态时,应计算分配待摊支出:

借:在建工程——自制设备工程

贷:在建工程——待摊支出

(11) 将自制完工的设备交付生产使用:

借:固定资产——生产经营用

贷:在建工程——自制设备工程

（二）自营技改工程

(1) 企业将使用中的某项固定资产停用，开始技术改造时：

借：在建工程——技术改造工程

　　累计折旧

　　固定资产减值准备

　贷：固定资产——生产经营用

(2) 改造上述固定资产时，领用工程用料和生产用料，对生产用料要按实际成本转账：

借：在建工程——技术改造工程

　贷：工程物资——专用材料

　　　原材料

(3) 月终，分配由该上述固定资产负担的各项生产费用：

借：在建工程——技术改造工程

　贷：生产成本

(4) 上述固定资产改造过程中，有一部件被更换，该部件剩余价值不能构成改造后固定资产的价值，应按其账面价值注销，注销额扣除其残料价值后记入“资产处置收益”科目：

借：原材料

　　资产处置收益

　贷：在建工程——技术改造工程

(5) 上述技改工程完工，改造后的固定资产已达到可使用状态交付生产使用：

借：固定资产——生产经营用

　贷：在建工程——技术改造工程

二、出包工程核算

(1) 工程出包企业预付工程款时：

借：在建工程——安装工程

　贷：银行存款

(2) 工程完工，补付工程价款时：

借：在建工程——安装工程

　贷：银行存款

(3) 工程完工达到可使用状态交付使用时：

借：固定资产——生产经营用

　贷：在建工程——安装工程

三、固定资产装修

企业对归属本企业的固定资产进行装修，是扩展固定资产功能或效用的一种行为。符合资本化的支出，纳入固定资产核算，企业设置“固定资产——固定资产装修”科目进行核算。

(1) 固定资产装修发生装修费时：

借：在建工程

　贷：原材料

　　　应付职工薪酬等

(2) 装修完毕,固定资产达到预定可使用状态时:

借;固定资产——固定资产装修

贷:在建工程

(3) 当装修的固定资产投入使用单独计提折旧时(折旧年限按固定资产尚可使用年限与预计下次装修间隔期孰短确定):

借:制造费用

管理费用

其他业务成本等

贷:累计折旧

(4) 当固定资产应计提折旧提完后该固定资产仍继续使用,并未再次装修,不再计提折旧;当固定资产应计提折旧未提完时又再次装修时,应按未提完折旧的价值:

借:累计折旧

固定资产减值准备

借或贷:资产处置损益

贷:固定资产——固定资产装修

四、维简工程核算

煤炭企业固定资产更新除了计提折旧作为内部自有资金的来源外,还可以动用维简费用于煤矿生产正常接续的开拓延深、技术改造等。

(1) 煤矿每月按原煤产量和计提标准计提维简费时:

借:制造费用——原选煤——提取维简费

贷:专项储备——煤矿维简费——提取数

(2) 煤矿将计提的维简费交矿业集团统筹使用时:

借:专项储备——煤矿维简费——上交数

贷:银行存款或资金结算中心存款

(3) 矿业集团拨入统筹维简费时:

借:银行存款或资金结算中心存款

贷:专项储备——煤矿维简费——拨入数

(4) 煤矿将维简费实际用于维简工程时:

借:在建工程——维简工程

贷:应付职工薪酬

工程物资

原材料

银行存款等

(5) 维简工程完工,形成固定资产达到预计可使用状态时确认资本化支出时:

借:固定资产

贷:在建工程——维简工程

同时,全额计提资产折旧。

借:专项储备——维简工程——已使用数

贷:累计折旧

五、安全费用核算

(1) 煤矿每月按原煤产量和计提标准计提安全费用时：

借：制造费用——原选煤——安全费

　贷：专项储备——安全生产费用——计提数

(2) 煤矿使用已提取的安全费用时：

① 对于支付安全生产检查与评价支出、安全技能培训及进行应急救援等费用性支出：

借：专项储备——安全生产费用——使用数

　贷：应付职工薪酬

　　原材料

　　银行存款等

② 对于安全工程项目发生的支出：

借：在建工程——安全工程

　贷：应付职工薪酬

　　工程物资

　　原材料

　　银行存款等

③ 对于安全工程项目最终形成固定资产，按计入固定资产成本的金额：

借：固定资产

　贷：在建工程——安全工程

同时，全额计提资产折旧：

借：专项储备——安全生产费用——已使用数

　贷：累计折旧

六、在建工程及工程物资的减值

企业应当定期或者至少于每年年末，对在建工程进行全面检查，如果有证据表明在建工程已经发生了减值，应当计提减值准备。按规定，有下列一项或若干项情况的应当计提减值准备：

第一，长期停建并且预计在未来 3 年内不会重新开工的在建工程；

第二，所建项目无论在性能上，还是在技术上已经落后，并且给企业带来的经济利益具有很大的不确定性；

第三，其他足以证明在建工程已经发生减值的情况。

在建工程及工程物资计提减值准备的账务处理如下：

(1) 企业期末计提在建工程减值准备时：

借：资产减值损失

　贷：在建工程减值准备

(2) 企业期末计提工程物资减值准备时：

借：资产减值损失

　贷：工程物资减值准备

以上在建工程、工程物资计提减值准备后价值回升时不得转回。

第六节 固定资产及其折旧的明细核算

一、固定资产明细分类核算

《企业会计准则——应用指南》规定：固定资产应“按固定资产类别或项目进行明细核算”。固定资产明细分类核算由会计部门采用设置“固定资产登记簿”和“固定资产卡片”的方式进行。

（一）固定资产登记簿

固定资产登记簿按固定资产类别设置账页，账内按使用部门设置专栏。固定资产类别按固定资产目录中的具体分类确定，如房屋、建筑物、动力设备、传导设备、生产设备等。对于具体类别不多的固定资产，也可按大类设置固定资产登记簿，如租出固定资产、未使用固定资产等。

固定资产登记簿根据记账凭证逐笔登记，月终结出本月发生额、本月累计发生额和期末余额。

企业在每本固定资产登记簿前按大类，如生产用固定资产、非生产用固定资产等设置汇总账页，每月根据所属类别账页汇总登记。

（二）固定资产卡片

固定资产卡片，按每一固定资产项目开设。固定资产项目，是固定资产独立登记的对象，是指具有一定用途的独立物体，包括固定资产主体和必要的附属设备或附件，如房屋，以房屋和附属建筑物及设备为一个固定资产项目；又如，动力设备，要连同基座和附属设备作为一个独立登记对象。

固定资产卡片要列示固定资产名称、类别、编号、建造单位、原价、验收日期、开始使用日期、预计使用年限、折旧率、使用单位、存放地点、附属设备以及使用单位内部转移记录、大修理记录、停用记录、调动记录、原价变动记录、报废清理记录等内容。凡是与上列内容有关的情况均要及时登记。在采用分类折旧率的企业，卡片上预计使用年限要按该类固定资产平均使用年限登记。卡片中，已提折旧额一般于调入、调出和清理报废时按有关原始凭证填列或直接计算填列。

固定资产卡片一式两份：会计部门一份，固定资产管理部门一份。会计部门的固定资产卡片按固定资产类别和保管、使用单位顺序排列，妥善保管。

固定资产在企业内部进行转移时，如从一个部门转到另一个部门，包括生产单位之间的转移，生产单位和设备库房之间的转移，在用转未使用，未使用转在用，在用和未使用转不需用等，只进行明细分类核算，不进行总分类核算，即要在固定资产登记簿和固定资产卡片上据内部调拨单作相应记录；同时，要将固定资产卡片的安置位置进行调换。

二、固定资产折旧的明细分类核算

《企业会计准则——应用指南》规定：固定资产折旧可“按固定资产类别或项目进行明细核算”。“累计折旧”明细核算反映的固定资产类别要和固定资产登记簿的类别一致，以便及时计算出各类固定资产的净值。累计折旧明细账可采用三栏式或多栏式。

三、固定资产及折旧联合明细账的设置

由于固定资产登记簿和累计折旧明细账均按同一固定资产类别设置账页，为了减少账

本，两者可结合起来，设置联合明细账。其格式见表 7-1。

表 7-1　固定资产及折旧明细账

固定资产类别：×××　　　　　　　　　　　　　　　　　　　　单位：元

年		凭证		摘要	固定资产									累计折旧		
月	日	字	号		借方				贷方				余额	借方	贷方	余额
							…	合计			…	合计				

第七节　固定资产减值核算

一、资产减值及其会计科目的设置

（一）资产减值的含义

资产减值，是指资产的可收回金额低于其账面价值。资产可收回金额根据资产的公允价值减去处置费用后的净额与资产预计未来现金流量的现值两者之间较高者确定。处置费用包括与资产处置有关的法律费用、相关税费、搬运费以及为使资产达到可销售状态所发生的直接费用等。资产的公允价值减去处置费用后的净额与资产预计未来现金流量的现值，只要有一项超过了资产的账面价值，就表明资产没有发生减值，不需再估计另一项金额。

（二）预计未来现金流量现值应考虑的因素

《企业会计准则第 8 号——资产减值》应用指南规定：预计资产未来现金流量应当考虑下列因素：

（1）预计资产未来现金流量和折现率，应当在一致的基础上考虑因一般通货膨胀而导致物价上涨等因素的影响。如果折现率考虑了这一影响因素，资产预计未来现金流量也应当考虑；折现率没有考虑这一影响因素的，预计未来现金流量则不予考虑。

（2）预计资产未来现金流量，应当分析以前期间现金流量预计数与实际数的差异情况，以评判预计当期现金流量所依据的假设的合理性。通常应当确保当期预计现金流量所依据假设与前期实际结果相一致。

（3）预计资产未来现金流量应当以资产的当前状况为基础，不应包括与将来可能会发生的、尚未作出承诺的重组事项有关或者与资产改良有关的预计未来现金流量。未来发生的现金流出是为了维持资产正常运转或者原定正常产出水平所必需的，预计资产未来现金流量时应当将其考虑在内。

（4）预计在建工程、开发过程中的无形资产等的未来现金流量，应当包括预期为使该资产达到预定可使用或可销售状态而发生的全部现金流出。

（5）资产的未来现金流量受内部转移价格影响的，应当采用在公平交易前提下企业管理层能够达成的最佳价格估计数进行预计。

以上规定中的“折现率”通常应当以该资产的市场利率为依据。无法从市场获得的，可以使用替代利率估计折现率。替代利率可以根据加权平均资金成本、增量借款利率或者其他相关市场借款利率作适当调整后确定。调整时，应当考虑与资产预计未来现金流量有关的特定风险以及其他有关货币风险和价格风险等。估计资产未来现金流量现值时，通常应当使用单一的折现率；资产未来现金流量的现值对未来不同期间的风险差异或者利率的期限结构反应敏感的，应当使用不同的折现率。

（三）资产减值会计科目的设置

《企业会计准则第8号——资产减值》规定了下列四类资产要计提减值准备：

一是固定资产减值，设置"固定资产减值准备"科目核算；

二是在建工程减值，设置"在建工程减值准备"、"工程物资减值准备"科目核算；

三是无形资产减值，设置"无形资产减值准备"科目核算；

四是其他资产减值，设置"长期股权投资减值准备"科目、"商誉减值准备"科目、"投资性房地产减值准备"科目（在投资性房地产按成本计价模式下）、"生产性生物资产减值准备"科目、"油气资产减值准备"科目核算。

以上四类资产减值损失一经确认，在以后会计期间不得转回。

此外，在其他有关会计准则中还规定了以下资产减值准备的计提（除金融、保险企业外）：

（1）存货减值——设"存货跌价准备"科目核算。

（2）建造合同资产减值——设"存货跌价准备"科目核算。

（3）金融资产减值——设"坏账准备"、"贷款损失准备"（或"委托贷款损失准备"）、"债权投资减值准备"、"其他综合收益——信用减值准备"科目核算。

（4）未担保余值减值——在"应收融资租赁款减值准备"科目核算。

以上特定准则规定的资产减值，在以后价值得以恢复时，应该转回。

二、资产减值的判断

《企业会计准则第8号——资产减值》规定：存在下列迹象的，表明资产可能发生了减值：

（1）资产的市价当期大幅度下跌，其跌幅明显高于因时间的推移或者正常使用而预计的下跌。

（2）企业经营所处的经济、技术或者法律等环境以及资产所处的市场在当期或者将在近期发生重大变化，从而对企业产生不利影响。

（3）市场利率或者其他市场投资报酬率在当期已经提高，从而影响企业计算资产预计未来现金流量现值的折现率，导致资产可收回金额大幅度降低。

（4）有证据表明资产已经陈旧过时或者其实体已经损坏。

（5）资产已经或者将被闲置、终止使用或者计划提前处置。

（6）业内部报告的证据表明资产的经济绩效已经低于或者将低于预期，如资产所创造的净现金流量或者实现的营业利润（或者亏损）远远低于（或者高于）预计金额等。

（7）其他表明资产可能已经发生减值的迹象。

企业应当在资产负债表日对各项资产进行全面检查，判断资产是否存在可能发生减值的迹象。如果存在上述减值迹象，就应该计提资产减值准备。有迹象表明一项资产可能发生减值的，企业应当以单项资产为基础估计其可收回金额。企业难以对单项资产的可收回金额进行估计的，应当以该资产所属的资产组为基础确定资产组的可收回金额。

本办法下述内容仅指固定资产减值的核算。它一般按“单项资产”为基础进行估计；企业难以按单项资产进行估计的，应当按“资产组”为基础进行估计。

三、按单项资产计提固定资产减值准备

（1）计算固定资产的账面价值。

固定资产账面价值＝原值－已提折旧－已提固定资产减值准备

（2）计算固定资产可收回金额（在下列两种结果中选择较高者作可收回金额）。

固定资产减值测试时处置净额＝处置收入－处置费用

$$\begin{array}{c}\text{固定资产持续使用预计}\\\text{未来现金流量现值}\end{array}=\sum[\text{各年现金净流量}\times(1+\text{折现率})^{-n}]$$

（n为测算现金流的持续自然年限，如1，2，3，4，5，等等；现金净流量要企业管理层签字认定）

（3）计算计提的固定资产减值准备。

固定资产计提的减值准备＝账面价值－可收回金额

（4）编制计提固定资产减值准备的会计分录。

借：资产减值损失

　贷：固定资产减值准备

（5）企业在计提固定资产减值准备的同时，重新调整预计净残值的现值，并按计提减值准备后的账面价值扣除预计净残值现值确定折旧额（率）。

借：制造费用

　　管理费用

　　销售费用

　　其他业务成本

　贷：累计折旧

四、按资产组计提固定资产减值准备

（一）“资产组”的概念及其认定

《企业会计准则第8号——资产减值》应用指南定义的“资产组”概念是：资产组是企业可以认定的最小资产组合，其产生的现金流入应当基本上独立于其他资产或者资产组。资产组应当由创造现金流入相关的资产组成。这个概念的基本含义有以下三点：

一是资产组是由多个资产组成，这多个资产共同创造现金流入。

二是认定资产组是以独立产生现金流量为依据，国际会计准则称之为“现金产出单元”。

三是确定资产组独立产生现金流量的目的是为了计提资产减值准备。

《企业会计准则第8号——资产减值》第十一条规定：“建立在预算或者预测基础上的预计现金流量最多涵盖5年，企业管理层如能证明更长的期间是合理的，可以涵盖更长的期间”。计算未来现金流量现值要选择一个恰当的折现率。这个折现率是反映当前市场货币时间价值和资产特定风险的税前利率。该折现率是企业在购置或者投资资产时所要求的必要报酬率。在预计资产的未来现金流量时已经对资产特定风险的影响作了调整的，估计折现率不需要考虑这些特定风险。如果用于估计折现率的基础是税后的，应当将其调整为税前的折现率。

（1）资产组的认定。《企业会计准则第8号——资产减值》第十八条规定：“资产组的认定，应当以资产组产生的主要现金流入是否独立于其他资产或者资产组的现金流入为依据。

同时，在认定资产组时，应当考虑企业管理层管理生产经营活动的方式（如是按照生产线、业务种类还是按照地区或者区域等）和对资产的持续使用或者处置的决策方式等"。该准则应用指南还规定："几项资产的组合生产的产品（或者其他产出）存在活跃市场的，无论这些产品或者其他产出是用于对外出售还是仅供企业内部使用，均表明这几项资产的组合能够独立创造现金流入，应当将这些资产的组合认定为资产组。"

(2) 资产组组合的确定。《企业会计准则第 8 号——资产减值》第二十条规定："有迹象表明某项总部资产可能发生减值的，企业应当计算确定该总部资产所归属的资产组或者资产组组合的可收回金额，然后将其与相应的账面价值相比较，据以判断是否需要确认减值损失。资产组组合，是指由若干个资产组组成的最小资产组组合，包括资产组或者资产组组合，以及按合理方法分摊的总部资产部分"。

（二）资产组减值的账务处理

1. 有负债时资产组减值的账务处理

《企业会计准则第 8 号——资产减值》第十九条规定："资产组的账面价值包括可直接归属于资产组与可以合理和一致地分摊至资产组的资产账面价值，通常不应当包括已确认负债的账面价值，但如不考虑该负债金额就无法确定资产组可收回金额的除外。资产组的可收回金额应当按照该资产组的公允价值减去处置费用后的净额与其预计未来现金流量的现值两者之间较高者确定。资产组在处置时如要求购买者承担一项负债（如环境恢复负债等）、该负债金额已经确认并计入相关资产账面价值，而且企业只能取得包括上述资产和负债在内的单一公允价值减去处置费用后的净额的，为了比较资产组的账面价值和可收回金额，在确定资产组的账面价值及其预计未来现金流量的现值时，应当将已确认的负债金额从中扣除"。

企业期末确定资产组减值，并将减值准备分摊于该资产组各项资产时：

借：资产减值损失

　贷：固定资产减值准备——房屋、建筑物

　　　　　　　　　　——机器设备

　　　　　　　　　　——投资性房地产

2. 需要分摊总部资产的资产组减值账务处理

《企业会计准则第 8 号——资产减值》第二十条规定："企业总部资产包括企业集团或其事业部的办公楼、电子数据处理设备等资产。总部资产的显著特征是难以脱离其他资产或者资产组产生独立的现金流入，而且其账面价值难以完全归属于某一资产组。有迹象表明某项总部资产可能发生减值的，企业应当计算确定该总部资产所归属的资产组或者资产组组合的可收回金额，然后将其与相应的账面价值相比较，据以判断是否需要确认减值损失。资产组组合，是指由若干个资产组组成的最小资产组组合，包括资产组或者资产组组合，以及按合理方法分摊的总部资产部分。"

《企业会计准则第 8 号——资产减值》第二十一条规定："企业对某一资产组进行减值测试，应当先认定所有与该资产组相关的总部资产，再根据相关总部资产能否按照合理和一致的基础分摊至该资产组分别下列情况处理"。

(1) 对于相关总部资产能够按照合理和一致的基础分摊至该资产组的部分，应当将该部分总部资产的账面价值分摊至该资产组，再据以比较该资产组的账面价值（包括已分摊的总部资产的账面价值部分)和可收回金额,确定计提的资产减值准备。

(2) 对于相关总部资产中有部分资产难以按照合理和一致的基础分摊至该资产组的,应当按照下列步骤处理:

首先,在不考虑相关总部资产的情况下,估计和比较资产组的账面价值和可收回金额,确定计提的资产减值准备。

其次,认定由若干个资产组组成的最小的资产组组合,该资产组组合应当包括所测试的资产组与可以按照合理和一致的基础将该部分总部资产的账面价值分摊其上的部分。

最后,比较所认定的资产组组合的账面价值(包括已分摊的总部资产的账面价值部分)和可收回金额,确定计提的资产减值准备。

(3) 会计期末,企业所属资产组或者资产组组合分摊总部资产价值,比较所属各资产组或者资产组组合的处置净额和未来现金流量现值,确定可收回金额,再将可收回金额和账面价值比较,可收回金额低于账面价值时,应确认为资产减值损失。该资产减值损失扣除商誉价值后分配给总部资产和所属各资产组或者资产组组合。企业计提资产减值准备会计分录如下:

借:资产减值损失

　贷:商誉减值准备

　　固定资产减值准备——房屋、建筑物

　　　　　　　　　　——机器设备

　　　　　　　　　　——投资性房地产

需要说明的是,分摊资产减值损失给总部资产和所属各资产组或者资产组组合时,总部资产和所属各资产组抵减后的账面价值不得低于以下三者之中最高者:该资产的公允价值减去处置费用后的净额(如可确定的)、该资产预计未来现金流量的现值(如可确定的)和零。因此而导致的未能分摊的减值损失金额,应当按照相关资产组或者资产组组合中其他各项资产的账面价值所占比重进行分摊。

第八章　无形资产和其他资产的核算

第一节　无形资产的核算

一、无形资产的分类

《企业会计准则第6号——无形资产》规定的无形资产定义是："无形资产，是指企业拥有或者控制的没有实物形态的可辨认非货币性资产"。无形资产包括专利权、非专利技术、商标权、著作权、土地使用权、特许权、矿业权等(本章第七节阐述矿业权)。无形资产定义中的"可辨认"标准是：能够从企业中分离或者划分出来，并能单独或者与相关合同、资产或负债一起，用于出售、转移、授予许可、租赁或者交换；源自合同性权利或其他法定权利，无论这些权利是否可以从企业或其他权利和义务中转移或者分离。无形资产按不同来源区分，可分为：

(1) 购入无形资产：从外单位购进的无形资产，如购入专利权。

(2) 自创无形资产：企业自身形成的无形资产，如企业自己研制的新产品而获得的专利权等。

(3) 投入无形资产：其他单位或投资者投资转入的无形资产，如投入土地使用权等。

(4) 换入无形资产：企业用资产向其他单位换取的无形资产。

(5) 债务重组取得的无形资产。

(6) 接受捐赠取得的无形资产。

(7) 企业合并取得的无形资产。

二、无形资产的确认和计量

无形资产必须满足两个条件才可确认：一是与该无形资产有关的经济利益很可能流入企业；二是该无形资产的成本能够可靠地计量。

无形资产计量分为初始计量和后续计量两种。

无形资产应当按照成本进行初始计量。

(1) 企业外购的无形资产，按购入时实际支付的价款作无形资产成本入账，包括购买价款、相关税费以及直接归属于使该项资产达到预定用途所发生的其他支出。购买无形资产的价款超过正常信用条件延期支付，实质上具有融资性质的，无形资产的成本以购买价款的现值为基础确定。实际支付的价款与购买价款的现值之间的差额，除按照《企业会计准则第17号——借款费用》应予资本化的以外，应当在信用期间内计入当期损益(财务费用)。

(2) 企业自行开发的无形资产，其成本包括自企业进入开发阶段至达到预定用途前所发生的符合资本化确认条件的支出总额，但是对于以前研究期间已经费用化的支出不再调整。

《企业会计准则第6号——无形资产》规定，企业内部研究开发项目的支出，应当区分研究阶段支出与开发阶段支出。"研究"，是指为获取并理解新的科学或技术知识而进行的独创性的有计划调查。“开发”，是指在进行商业性生产或使用前，将研究成果或其他知识应用于某项计划或设计，以生产出新的或具有实质性改进的材料、装置、产品等。企业研究阶段的支出，采用“费用化”的方式处理，即研究费用于发生时计入当期损益（管理费用）。企业开发阶段的支出，采用“资本化”的方式处理，即在同时满足下列条件的情况下确认为无形资产：

① 完成该无形资产以使其能够使用或出售在技术上具有可行性；

② 具有完成该无形资产并使用或出售的意图；

③ 无形资产产生经济利益的方式，包括能够证明运用该无形资产生产的产品存在市场或无形资产自身存在市场，无形资产将在内部使用的，应当证明其有用性；

④ 有足够的技术、财务资源和其他资源支持，以完成该无形资产的开发，并有能力使用或出售该无形资产；

⑤ 归属于该无形资产开发阶段的支出能够可靠地计量。

(3) 投资者投入的无形资产，应当按照投资合同或协议约定的价值作为无形资产成本入账，但合同或协议约定价值不公允的除外。

(4) 企业通过非货币性资产交换取得的无形资产，其初始成本的计量应区分以下两种情况分别进行处理：

① 在非货币性资产交换具有商业实质，且公允价值能够可靠地计量的情况下，除非换入资产公允价值能更可靠地计量外，无形资产的初始成本应当以换出资产公允价值、支付的补价和应支付的相关税费确定；如为收到补价的一方确认无形资产初始成本的，应当以换出资产公允价值减去收到的补价加上应支付的相关税费确定。换出资产公允价值与其账面价值的差额分别以下情况处理：

换出资产为存货的，应当作为销售处理，按存货公允价值确认“主营业务收入”或“其他业务收入”，并相应结转其成本。

换出资产为固定资产、无形资产的，换出资产公允价值与其账面价值的差额，计入资产处置收益。

换出资产为长期股权投资的，换出资产公允价值与其账面价值的差额，计入投资损益。

② 如果非货币性资产交换不具有商业实质，且公允价值不能够可靠地计量，无形资产的初始成本应当以换出资产账面价值、支付的补价和应支付的相关税费确定。如为收到补价的一方确认无形资产初始成本的，应当以换出资产账面价值减去收到的补价加上应支付的相关税费确定。这种按账面价值作为计量无形资产初始成本基础的行为，不产生损益。

(5) 企业通过债务重组方式取得的无形资产，应按放弃债权的公允价值加上可直接归属于使该资产达到预定用途所发生的税金等作为无形资产的初始成本入账。放弃债权的账面价值（应收债权账面余额扣除已提坏账准备后的余额）与其公允价值之间的差额，计入当期损益（投资收益）。

(6) 企业接受捐赠的无形资产，要区分是否有凭据分别进行处理。

① 捐赠方提供凭据的，按照凭据上标明的金额和相关税费确定无形资产的入账价值。

② 捐赠方未提供凭据的，若存在活跃市场的，按照同类或类似资产市场价值加上相关税费确定无形资产的入账价值；若不存在活跃市场的，按该资产的未来现金流现值确定无形资产的入账价值。

企业在确认受赠无形资产入账价值的同时，将受赠金额计入当期损益(营业外收入)。

(7) 通过“政府补助”方式取得无形资产，如行政划拨土地使用权等，应当按照公允价值计量；公允价值不能可靠取得的，按照名义金额计量。

(8) 企业合并取得的无形资产，其初始成本的计量应区分以下两种情况分别进行处理：

① 同一控制下企业合并取得的无形资产，应当按照合并日被合并方的账面价值计量。合并方入账的无形资产账面价值与支付的合并对价账面价值(或发行股份面值总额)的差额，应当调整资本公积；资本公积不足冲减的，调整留存收益。

② 非同一控制下企业合并取得的无形资产，其公允价值能够可靠计量的，应当按公允价值为无形资产的初始成本入账。

三、无形资产的摊销

无形资产摊销是将无形资产价值在使用寿命内分期摊入各受益期间的过程。无形资产使用寿命有确定、不确定之分。使用寿命确定的(有限的)无形资产，其应摊销金额应当在使用寿命内系统合理摊销；使用寿命不确定的无形资产，即无法预见无形资产未来经济利益，其价值不予摊销，只计减值，即在期末确认该无形资产可收回金额，与其账面价值的差额作为无形资产减值准备计提。

无形资产的摊销金额一般应当计入当期损益(管理费用)。某项无形资产包含的经济利益通过所生产的产品或其他资产实现的，其摊销金额应当计入相关资产的成本。无形资产(专利权)直接用于产品生产，其摊销价值记入“制造费用——专利权摊销”科目。

企业选择无形资产摊销方法，应当反映与该项无形资产有关的未来经济利益的预期实现方式。无法可靠确定经济利益的预期实现方式的，应当采用直线法摊销，其计算公式如下：

$$\begin{array}{c}\text{某项无形资产}\\\text{月摊销额}\end{array}=\frac{\text{该项无形资产成本}-\text{预计残值}-\text{已提减值准备}}{\text{使用寿命年限}\times 12}$$

使用寿命有限的无形资产，其残值应当视为零，但有两种情况除外：① 如果有第三方承诺在无形资产使用寿命结束时购买该无形资产；② 可以根据活跃市场得到预计残值信息，并且该市场在无形资产使用寿命结束时很可能存在。

无形资产摊销，记入“累计摊销”账户贷方，期末作为“无形资产”备抵账户，同“无形资产减值准备”一起，抵减无形资产价值后进入资产负债表。

四、无形资产取得和摊销的账务处理

(1) 企业接受某单位专利权等无形资产投资，按双方协议确认的公允价值入账。

借：无形资产——专利权等

　贷：实收资本——法人资本

股份公司则贷记“股本”科目，下同。

(2) 企业购入专利权和专有技术，按实付款。

借：无形资产——专利权

　贷：银行存款

(3) 企业自创无形资产，发生研究、调查和试验等费用时：

借：研发支出——费用化支出

　贷：银行存款等

(4) 企业自创无形资产，发生材料、人工等支出符合资化支出条件时：

借：研发支出——资本化支出

　贷：原材料

　　应付职工薪酬

(5) 月末，将费用化支出转入管理费用。

借：管理费用

　贷：研发支出——费用化支出

月末，上述“研发支出——资本化支出”账户借方余额填入资产负债表“开发支出”项目。

(6) 企业自创无形资产，继续发生资本化支出，包括发生材料、人工、场地设备租金、其他费用等。

借：研发支出——资本化支出

　贷：原材料

　　应付职工薪酬

　　银行存款

(7) 上述无形资产开发完成时：

借：无形资产——×××

　贷：研发支出——资本化支出

(8) 企业接受捐赠一项专利权，按市场公允价值：

借：无形资产——专利权

　贷：营业外收入

若专利权价值很大，需要分期结转收入时，通过“递延收益”科目过渡。

(9) 国有企业改组成股份制企业，将原有的国有土地作价入股，按投资合同确认的公允价值入账：

借：无形资产——土地使用权

　贷：股本

每月摊销土地使用权价值时：

借：管理费用

　贷：累计摊销——土地使用权

(10) 外购土地及建筑物支付的价款难以在建筑物与土地使用权之间进行分配，则在建设厂房发生支出时：

借：在建工程

　贷：银行存款

《企业会计准则第6号——无形资产》应用指南规定：“自行开发建造厂房等建筑物，相关的土地使用权与建筑物应当分别进行处理。外购土地及建筑物支付的价款应当在建筑物与土地使用权之间进行分配；难以合理分配的，应当全部作为固定资产”。

同时，准则对房地产开发公司用地作了不同的规定：“企业(房地产开发)取得土地用于建造对外出售的房屋建筑物，相关的土地使用权账面价值应当计入所建造的房屋建筑物成本”。即房地产开发公司将购入的土地使用权用于商品房开发，应借记“开发成本”科目。

若购入的土地使用权准备增值后转让的，购买时直接借记“投资性房地产”科目。

(11) 国家行政划拨增量土地使用权的处理。《企业会计准则第 7 号——非货币性资产交换》应用指南规定:"企业从政府无偿取得非货币性资产(比如,企业从政府无偿取得土地使用权等)的,适用《企业会计准则第 16 号——政府补助》"。《企业会计准则第 16 号——政府补助》应用指南规定:"无偿划拨非货币性资产。比如,行政划拨土地使用权、天然起源的天然林等","政府补助为非货币性资产的,应当按照公允价值计量;公允价值不能可靠取得的,按照名义金额计量"。在按公允价值入账时,如有相关凭证,该凭证所列明金额与公允价值差额不大可以按该凭证所列金额入账;如没有注明价值或注明价值与公允价值差异较大、但有活跃市场的,应当根据有确凿证据表明的同类或类似资产市场价格作为公允价值。对于公允价值不能可靠取得的,按名义价格计量。国家行政划拨土地使用权时,企业作如下会计分录:

借:无形资产——土地使用权

　贷:递延收益

在相关资产使用寿命内平均分摊递延收益,计入当期收益(营业外收入——捐赠利得);以名义金额计量的政府补助,在取得时计入当期损益。

五、无形资产减值和处置的账务处理

(1) 计提无形资产减值准备时:

借:资产减值损失

　贷:无形资产减值准备

(2) 出售无形资产所有权时:

借:银行存款

　累计摊销

　无形资产减值准备

　贷:无形资产

　　应交税费——应交增值税——销项税额

　　　　——应交城建税

　　　　——应交教育费附加

　贷或借:资产处置损益

(3) 出租无形资产(某商标)使用权。

① 为了维护品牌声誉,特派技术服务队去承租单位帮助解决关键技术问题,发生工资、差旅费等:

借:其他业务成本

　贷:应付职工薪酬

　　库存现金等

② 收到租金:

借:银行存款

　贷:其他业务收入

　　应交税费——应交增值税——销项税额

③ 出租无形资产按照账面余额分期摊销,按出租该商标权所获收益和自用该商标权所获收益的比例进行分摊:

借:其他业务成本(出租商标权分摊额)

　管理费用(自用商标权分摊额)

　贷:累计摊销——商标权(摊销额)

(4) 无形资产价值转销。当企业的无形资产已经失去效用,预期不能再为企业带来经济利益时,企业应将该无形资产的账面价值全部予以转销。会计分录如下:

借:累计摊销

　无形资产减值准备

　资产处置损益

　贷:无形资产

第二节　商誉的核算

一、商誉的概念

商誉,是指企业具有获得超过同行业一般利润水平的能力而形成的一种价值。形成商誉的主要原因是:企业所处的地理位置优越;企业信誉好而获得了客户信任;企业组织好,生产经营效益超出正常水平;企业技术进步,掌握了特殊生产技术;等等。

《企业会计准则第20号——企业合并》第十三条规定:"购买方对合并成本大于合并中取得被购买方可辨认净资产公允价值份额的差额,应当确认为商誉"。我国就商誉的初始确认及计量与国际会计准则的规定完全一致,即都是差额式的间接计量。按照我国新颁布的企业会计准则,涉及企业合并的会计处理首先应区分是同一控制下的企业合并,还是非同一控制下的企业合并。对于在同一控制下的企业合并,新准则规定相关资产和负债均以账面价值计量,合并溢价只能调整资本公积和留存收益,并不确认商誉。商誉这个法定概念的基本含义有以下五点:

(1) 商誉是在企业合并时产生。投资方合并被投资方取得股权有两种情况:一是同一控制下的企业合并取得股权,如企业集团内的企业合并;二是非同一控制下的企业合并取得股权。《企业会计准则——应用指南》附录一中"会计科目和主要账务处理"中规定:企业要设置"商誉"一级会计科目。该科目核算"非同一控制下企业合并中确定的商誉价值"。因此,商誉是在非同一控制下企业合并时产生的。

(2) 商誉的确认是指"正商誉",不包括"负商誉"。根据《企业会计准则第20号——企业合并》第十三条规定,"企业合并成本大于合并中取得的被购买方可辨认净资产公允价值份额的差额"作为商誉(正商誉)处理;如果"企业合并成本小于合并中取得的被购买方可辨认净资产的公允价值份额的差额"(负商誉),非同一控制下控股合并的一方在购买日合并资产负债表时调整盈余公积和未分配利润则计入,非同一控制下吸收合并的一方,将其差额计入当期损益(营业外收入)。作"营业外收入"处理的依据:按非同一控制下企业合并形成的长期股权投资的"合并价差"规定处理。

(3) 商誉的确认以"公允价值"为基础。

(4) 商誉与企业自身不可分离,不具有可辨认性。

(5) 商誉的理论属性为无形资产,但法定概念不是无形资产,即商誉不属于《企业会计准则第6号——无形资产》规范的内容,而是按《企业会计准则第20号——企业合并》和《企业会计准则第33号——合并财务报表》的规定进行处理。

二、商誉的产生与确认

企业对外投资时确认商誉的情况：分为确认“合并报表商誉”和“入账核算商誉”两种情况：

不形成母子公司关系的企业合并交易，即吸收合并和新设合并，购买日购买方的账务处理中就能够单独确认商誉，从而在合并后存续企业的单独资产负债表中单项列示，而形成母子公司关系的控股合并交易，因在合并日账务中作为长期股权投资成本入账的合并成本中就包括商誉价值，所以在合并日购买方的单独资产负债表中商誉并未单独列报，而是包含在“长期股权投资”项目中，而在合并日合并资产负债表中才需要单独列报合并商誉。

(1)“非同一控制下”企业控股合并，采用“成本法”进行日常核算，采用“权益法”编制合并报表的，当合并日控股方合并成本大于股权投资“份额”，并在合并日编制合并报表，则合并报表中产生“合并报表商誉”。

(2)“非同一控制下”企业新设合并，如果有控股方在合并日需要编制合并报表的，也有可能产生“合并报表商誉”。

(3)“非同一控制下”企业吸收合并，被合并方独立法人资格注销，合并方拥有被合并方全部净资产，被合并方各项资产、负债纳入合并方账簿体系中。当合并日合并方合并成本大于被合并方可辨认净资产公允价值的，合并方要确认所产生的商誉，计入“商誉”账户进行详细核算，这是“入账核算商誉”。

(4)企业采用“非合并”方式取得长期股权达到控股情况时，期末编制合并报表有可能产生“合并报表商誉”。

三、商誉的账务处理

《企业会计准则第20号——企业合并》应用指南规定：非同一控制下的控股合并，母公司在购买日编制合并资产负债表时，对于被购买方可辨认资产、负债应当按照合并中确定的公允价值列示，企业合并成本大于合并中取得的被购买方可辨认净资产公允价值份额的差额，确认为合并资产负债表中的商誉。企业合并成本小于合并中取得的被购买方可辨认净资产公允价值份额的差额，在购买日合并资产负债表中调整盈余公积和未分配利润。

非同一控制下的企业合并形成母子公司关系的，母公司应自购买日起设置备查簿，登记其在购买日取得的被购买方可辨认资产、负债的公允价值，为以后期间编制合并财务报表提供基础资料。

(1)用银行存款对外投资，实现“控股合并”产生的商誉核算。

个别报表：

借：长期股权投资——其他股权投资

贷：银行存款

控股单位在购买日要编制“合并资产负债表”，计算归属于控股单位——母公司的商誉列示在“合并资产负债表”资产类下。

(2)用固定资产对外投资，实现“控股合并”产生的商誉核算。

① 将固定资产转入清理时：

借：固定资产清理

累计折旧

贷:固定资产

② 个别财务报表确认长期股权初始投资额:

借:长期股权投资——其他股权投资

资产处置收益

贷:固定资产清理

③ 控股单位在合并日编制“合并资产负债表”,计算归属于控股单位——母公司的商誉列示在“合并资产负债表”资产类下。

(3) 吸收合并产生的商誉核算。

《企业会计准则第 20 号——企业合并》应用指南规定:非同一控制下的吸收合并,购买方在购买日应当按照合并中取得的被购买方各项可辨认资产、负债的公允价值确定其入账价值,确定的企业合并成本与取得被购买方可辨认净资产公允价值的差额,应确认为商誉或计入当期损益。

投资方吸收合并被投资单位,拥有被投资单位 100%的股权(被投资单位为投资单位的全资子公司),投资方收购价大于被投资单位可辨认净资产公允价值,产生“入账核算商誉”,投资方收购时作如下会计分录:

借:资产类科目(被投资单位资产公允价值)

商誉(收购价大于被投资单位可辨认净资产公允价值的差额)

贷:负债类科目(被投资单位负债公允价值)

银行存款(支付的购价)

(4) 商誉的减值核算。

《企业会计准则第 8 号——资产减值》第二十三条规定:“企业合并所形成的商誉,至少应当在每年年度终了进行减值测试。商誉应当结合与其相关的资产组或者资产组组合进行减值测试”。第二十四条规定:“企业进行资产减值测试,对于因企业合并形成的商誉的账面价值,应当自购买日起按照合理的方法分摊至相关的资产组;难以分摊至相关的资产组的,应当将其分摊至相关的资产组组合。在将商誉的账面价值分摊至相关的资产组或者资产组组合时,应当按照各资产组或者资产组组合的公允价值占相关资产组或者资产组组合公允价值总额的比例进行分摊。公允价值难以可靠计量的,按照各资产组或者资产组组合的账面价值占相关资产组或者资产组组合账面价值总额的比例进行分摊”。“企业因重组等原因改变了其报告结构,从而影响到已分摊商誉的一个或者若干个资产组或者资产组组合构成的,应当按照合理的分摊方法,将商誉重新分摊至受影响的资产组或者资产组组合”。第二十五条规定:“在对包含商誉的相关资产组或者资产组组合进行减值测试时,如与商誉相关的资产组或者资产组组合存在减值迹象的,应当先对不包含商誉的资产组或者资产组组合进行减值测试,计算可收回金额,并与相关账面价值相比较,确认相应的减值损失。再对包含商誉的资产组或者资产组组合进行减值测试,比较这些相关资产组或者资产组组合的账面价值(包括所分摊的商誉的账面价值部分)与其可收回金额,如相关资产组或者资产组组合的可收回金额低于其账面价值的,应当确认商誉的减值损失”。

期末,“入账核算商誉”同所属资产组测试减值时:

借:资产减值损失

贷:商誉减值准备

期末,“合并报表商誉”同所属资产组测试减值时,如果商誉已部分或完全减值,应相应减少归属公司的商誉。控股单位在编制“合并资产负债表”时计提商誉减值准备的“抵销分录”如下:

借:资产减值损失

　贷:商誉减值准备

上述分录不登账,而是在编制“合并资产负债表”时作相关项目的抵销数用。

第三节　长期待摊费用的核算

长期待摊费用是指企业已经支出,但摊销期超过 1 年的各项费用,包括固定资产修理支出、租入固定资产的改良支出以及摊销期限在 1 年以上的其他待摊费用。长期待摊费用的特征是:本身没有交换价值,不可转让,一经发生就已消耗,但能为企业创造未来收益,并能从未来收益的会计期间抵补的各项支出。这些支出不能全部计入当年损益,应当在以后年度内分期摊销,所以也称递延费用或递延资产。财政部 2020 年出版、发行的《企业会计准则》应用指南附录一规定,企业在筹建期间内发生的开办费列入“管理费用”科目核算,不再要求开办费通过“长期待摊费用”科目核算。

固定资产改良支出是指企业以经营租赁方式租入的固定资产,为使其增加效用或延长使用寿命而进行改装、翻修、改建发生的支出。这种支出应于发生时确认为长期待摊费用,并在租赁尚可使用期限或改良工程耐用期限两者孰短的期限内分期平均摊销,计入各期损益。以经营租赁方式租入的固定资产,由于其所有权不归本企业所有,不计入本企业“固定资产”账户,仅设备查簿登记。

(1) 发生改良支出时:

借:长期待摊费用——租入固定资产改良支出

　贷:工程物资

　　原材料

　　应付职工薪酬

　　银行存款等

(2) 按月摊销时:

借:制造费用

　管理费用

　销售费用

　其他业务成本

　贷:长期待摊费用——租入固定资产改良支出

以经营租赁方式租入的固定资产租赁期满,固定资产归还给出租人,对改良支出增加的设备,价值可无偿赠与,也可作价收款,收款时增加营业外收入。

第四节　使用权资产的核算

《企业会计准则第 21 号——租赁》定义的租赁概念:“指在一定期内,出租人将资产的使用权让与承租人以获取对价的合同”。其中,承租人和出租人对租赁的分类是不同的。(1) 承租人对租赁的分类。《企业会计准则第 21 号——租赁》第十四条规定:“在租赁期开始日,承租人应当对租赁确认使用权资产和租赁负债”,另外,对于简化处理的租赁,分为“短期租赁和低价值资产租赁”两类,这两类租赁排除在使用权资产和租赁负债之外。(2) 出租人对租赁的分类。《企业会计准则第 21 号——租赁》第三十五条规定:“出租人应当在租赁开始日将租赁分为融资租赁和经营租赁”。“融资租赁,是指实质上转移了与租赁资产所有权有关的几乎全部风险和报酬的租赁。其所有权最终可能转移,也可能不转移。经营租赁,是指除融资租赁以外的其他租赁”。

承租人和出租人对租赁进行的会计核算有很大的区别。(1)《企业会计准则第 21 号——租赁》应用指南规定:承租人设置“使用权资产”、“租赁负债”等科目进行核算,这是本节阐述的主体内容。(2)《企业会计准则第 21 号——租赁》应用指南规定:出租人设置“融资租赁资产”、“应收融资租赁款“等科目进行核算,这一内容将在下一节应收融资租赁款的核算中阐述。

使用权资产,是指承租人可在租赁期内使用租赁资产的权利。

准则将融资租赁概念对应用于承租人,则称为“使用权资产”。其应用指南定义的“使用权资产”的实质有两条:一是承租人有权利获得与“使用权资产”相关的“几乎全部经济利益”;二是承租人有权利主导所获得的“使用权资产”的使用。

将租赁是一定时间内出租人将资产使用权让与承租人“以获取租金的协议”改为“以获取对价的合同”,很显然,“对价”的实质远大于“租金”的实质。对于出租人,租赁分为两大类:融资租赁和经营租赁;对于承租人,租赁分为三大类:使用权资产、短期租赁和低价值资产租赁。短期租赁的租赁期通常不超过 12 个月;低价值资产租赁是指价值较低的小型租赁,例如,租入电话机、租入平板电脑、租入普通办公家具小型资产。新租赁准则在定义和分类方面的突出变化有两点:① 将租赁是“获取租金的协议”改成“获取对价的合同”。对价的概念远大于租金,不仅仅是货币租金形式,还包括等价于租金的其他非货币资产形式。合同概念的法律述语远比协议概念强得多。② 区分了出租人和承租人对租赁的不同分类。增加了承租人对租赁的新分类方式。站在出租人的角度定义“融资租赁”,租赁准则第三十五条规定:融资租赁的实质是与租赁资产所有权有关的“几乎全部风险和报酬”的转移。将融资租赁概念对应用于承租人,则称为“使用权资产”。其应用指南定义的“使用权资产”的实质有两条:一是承租人有权利获与“使用权资产”相关的“几乎全部经济利益”;二是承租人有权利主导所获得的“使用权资产”的使用。

一、使用权资产的初始计量

使用权资产,是指承租人可在租赁期内使用租赁资产的权利。《企业会计准则第 21 号——租赁》应用指南定义“使用权资产”的实质有两条:一是承租人有权利获得与“使用权资产”相关的“几乎全部经济利益”;二是承租人有权利主导所获得的“使用权资产”的使用。

根据租赁准则规定,在租赁期开始日,承租人应当按照成本对使用权资产进行初始计量。使用权资产的初始计量成本包括以下四项内容:

① 租赁负债的初始计量金额;

② 在租赁期开始日或之前支付的租赁付款额,存在租赁激励的,应扣除已享受的租赁激励相关金额;

③ 承租人发生的初始直接费用；

④ 承租人为拆卸及移除租赁资产、复原租赁资产所在场地或将租赁资产恢复至租赁条款约定状态预计将发生的成本。

计入“使用权资产”初始价值的租赁负债，是租赁开始日承租方尚未支付的租赁付款额的现值。租赁付款额，是指承租人向出租人支付的与在租赁期内使用租赁资产的权利相关的款项，包括以下五项内容：固定付款额及实质固定付款额（扣除租赁激励相关金额）；取决于指数或比率的可变租赁付款额；购买选择权的行权价格（前提是承租人合理确定将行使该选择权）；行使终止租赁选择权需支付的款项（前提是租赁期反映出承租人将行使终止租赁选择权）；根据承租人提供的担保余值预计应支付的款项。

根据以上规定，承租人“使用权资产”入账价值的计算公式如下：

使用权资产入账价值＝租赁付款额现值＋初始直接费用＋拆卸移除场地恢复费用

其中：

租赁付款额现值＝各期支付的租赁费现值＋担保余值现值

初始直接费用＝佣金或手续费＋印花税＋法律费用＋差旅费等

若租赁资产期满时转让给承租方，则上述公式中“担保余值现值”改为“租赁期满优惠行权价格或费用现值”。上述计算公式中的现值要利用租赁内含利率（作为折现率）计算，无法确定内含利率的，用承租人增量借款利率作为折现率计算。

二、承租方与“使用权资产”相关的账务处理

（1）承租企业租入固定资产时：

借：使用权资产——租入固定资产　　（使用权资产入账价值）

　　租赁负债——未确认融资费用　　（差额）

　贷：租赁负债——租赁付款额　　（年租赁费×租赁期）

　　　银行存款　　（初始直接费用等）

（2）承租企业对上述租入固定资产按月计提折旧时（折旧期按租赁期计算）：

借：制造费用、管理费用等

　贷：使用权资产累计折旧

（3）各年年末或年初向租赁公司支付年租赁费用时：

借：租赁负债——租赁付款额

　贷：银行存款

对未纳入租赁负债计量的可变租赁付款额，即并非取决于指数或比率的可变租赁付款额，在实际发生时计入当期损益或相关资产成本，借记“其他业务成本”或“销售费用”科目，贷记“银行存款”等科目。

（4）各年年末，按各年年末摊余价值（未偿还的租赁负债）与租赁内含利率计算各年未确认融资费用摊销额（编制“未确认融资费用摊销表”）时：

借：财务费用

　贷：租赁负债——未确认融资费用

（5）年末，使用权资产发生减值时：

借：资产减值损失

　贷：使用权资产减值准备

使用权资产减值准备一经计提，不得转回。“使用权资产减值准备”科目期末贷方余额，反映使用权资产的累计减值准备金额。

(6) 租赁期满，如果租赁固定资产实际价值小于担保余值，承租方补付差额时：

借：制造费用——资本租赁损失

　贷：银行存款

(7) 租赁期满，承租方将融资租赁固定资产退还给融资租赁公司，同时注销租入固定资产账面价值时：

借：使用权资产累计折旧

　使用权资产减值准备

　贷：使用权资产——租入固定资产

　贷或借：资产处置损益

(8) 租赁期满，如果租赁固定资产转让承租方，承租方享受优惠价购买设备时：

借：使用权资产——租入固定资产

　贷：银行存款

借：固定资产——生产经营用

　贷：使用权资产——租入固定资产

(9) 上述优惠价购买的固定资产按剩余使用年限按月计提折旧时：

借：制造费用、管理费用等

　贷：累计折旧

三、承租方其他租赁资产的核算

(1) 短期租赁的核算。短期租赁，通常是指租赁期不超过 12 个月的经营租赁。采用经营租赁方式租入固定资产不记入本企业“固定资产”科目，也不设置“使用权资产”科目核算，而是另设备查簿登记。根据《企业会计准则第 4 号——固定资产》应用指南规定：“企业以经营租赁方式租入的固定资产发生的改良支出，应予资本化，作为长期待摊费用，合理进行摊销”。

(2) 低价值资产租赁的核算。对于低价值资产租赁，如平板电脑、普通办公家具、电话等小型资产，租赁企业可以采用类似经营租赁的简化方式进行账务处理。但是，如果承租人已经或者预期要把相关资产进行转租赁，则不能将原租赁按照低价值资产租赁进行简化会计处理。

四、承租方租赁资产在财务报表上的列报

期末，承租方“使用权资产”账户的借方余额扣除“使用权资产累计折旧”账户的贷方余额和“使用权资产减值准备”账户的贷方余额后，在资产负债表“使用权资产”项目列报；期末，承租方“租赁负债”账户的贷方余额，属于一年内应予偿还的租赁负债，在资产负债表“一年内到期偿还的非流动负债”项目反映，其他余额在资产负债表“租赁负债”项目反映。

在利润表中，承租人应当分别列示租赁负债的利息费用与使用权资产的折旧费用。租赁负债的利息费用在财务费用项目列示；在现金流量表中，偿还租赁负债本金和利息所支付的现金应当计入筹资活动现金流出，支付的按简化处理方式处理的短期租赁付款额和低价值资产租赁付款额以及未纳入租赁负债计量的可变租赁付款额应当计入经营活动现金流出。

第五节　应收融资租赁款的核算

《企业会计准则第 21 号——租赁》应用指南规定:租赁,是指一定时期内,出租人将资产使用权让与承租人以获取对价的合同。出租人将租赁分为融资租赁和经营租赁两大类。融资租赁产生的应收款项,设置“应收融资租赁款”科目进行核算,在该科目下分别设置“租赁收款额”、“未实现融资收益”、“未担保余值”等进行明核算。租赁业务较多的,出租人还可以在“租赁收款额”明细科目下进一步设置明细科目核算。

一、出租人融资租赁产生的应收租赁款的核算

(1) 某融资租赁公司购入某全新机械设备准备对外租赁,付款时:

借:融资租赁资产——生产设备

　贷:银行存款

(2) 融资租出上述固定资产时:

借:应收融资租赁款——租赁收款额　　　　(租赁付款额现值)

　　　　　　　　——未担保余值　　　　(未担保余值现值)

　资产处置损益　　　　(设备租赁公允价值与账面价值的差额)

　贷:融资租赁资产——生产设备　　　　(账面价值)

　　银行存款　　　　(初始直接费用等)

　　应收融资租赁款——未实现融资收益

　　　　　　　　(应收融资租赁款与租赁投资净额的差额)

(3) 某融资租赁公司各年收到融资租赁费时:

借:银行存款

　贷:应收融资租赁款——租赁收款额

(4) 每年年末,某融资租赁公司按实际利率法编制“未实现融资收益摊销表”,摊销当年未实现融资租赁收益。

借:应收融资租赁款——未实现融资收益

　贷:租赁收入

　　应交税费——应交增值税(销项税额)

说明:租赁企业摊销未实现融资租赁收益通过设置“租赁收入”科目核算。对于租赁企业作为日常经营活动核算的利息收入和租赁收入等,在期末利润表中应作为营业收入列报。而一般企业取得的租赁收入则通过“其他业务收入”科目核算。

(5) 租赁期满收回设备时发现,由于承租方未妥善使用和保管设备,致使担保余值未能保值,此时(资产负债表日)设备市场价值仅低于租赁合同确定的租赁期满时估计的余值,产生保值损失,承租方同意按原担保比例承担相关责任,补偿相应的担保损失,另一部分损失由融资租赁公司自身承担,作未担保余值减值处理。融资租赁公司收回设备和收到补偿损失时分别作如下会计分录:

借:信用减值损失　　　　(融资租赁公司自身承担的未担保余值损失)

　贷:应收融资租赁款减值准备　　　　(计提的未担保余值减值准备)

借:银行存款　　　　(收到承租方担保补偿损失)

贷:应收融资租赁款——租赁收款额　　　　　　　　　　　　　　　　　　　　（实收款）

(6) 租赁期满,某融资租赁公司在收回设备记入“融资租赁资产”的同时注销有关账户余额。

借:融资租赁资产

　应收融资租赁款减值准备

　贷:应收融资租赁款——租赁收款额

　　　　　　　　　　——未担保余值

二、出租人应收租赁款在财务报表中的列报

《企业会计准则第 21 号——租赁》第五十六规定:期末,“出租人应当根据资产的性质,在资产负债表中列示经营租赁资产”。鉴于资产负债表尚未单独设置“经营租赁资产”项目,出租人期末“融资租赁资产”账户借方余额,加上“应收融资租赁款”账户借方余额扣除“应收融资租赁款减值准备”贷方余额后,在资产负债表“其他非流动资产”项目中列示,其中,属于一年期到期的应收融资租赁款在资产负债表“一年内到期的非流动资产”项目反映。

第六节　长期应收款的核算

《企业会计准则》应用指南附录一阐述“长期应收款”科目核算内容时规定:“本科目核算企业的长期应收款项,包括融资租赁产生的应收款项、采用递延方式具有融资性质的销售商品和提供劳务等产生的应收款项等。实质上构成对被投资单位净投资的长期权益,也通过本科目核算”。由于融资租赁产生的应收款项已通过新设“应收融资租赁”科目核算,“长期应收款”科目主要核算两大内容:一是应收分期销售款;二是应收长期权益。

一、销售方分期收款产生的应收销货款的核算

《企业会计准则第 14 号——收入》及其应用指南规定:“企业销售商品满足收入确认条件时,应当按照已收或应收合同或协议价款的公允价值确定销售商品收入金额”。企业如为分期收款销售商品,实质上具有融资性质,应当按照应收的合同或协议价款的现值确定其公允价值。应收的合同或协议价款与其公允价值之间的差额,应当在合同或协议期间内,按照应收款项的摊余成本和实际利率计算确定的摊销金额,冲减财务费用。

反映分期收款方式销售商品或提供劳务的企业,应设置“长期应收款”科目进行挂账核算。销售商品满足收入确认条件的,按应收的合同或协议价款“名义金额”,借记“长期应收款”科目,按应收合同或协议价款的公允价值(折现值),贷记“主营业务收入”科目,按其差额,贷记“未实现融资收益”科目(准则应用指南附录一确定“1532 未实现融资收益”为资产类会计科目)。涉及增值税的,还要通过“应交税费”科目核算。

(1) 企业采用分期收款方式销售商品时:

借:长期应收款

　贷:主营业务收入

　　　应交税费——待转销项税额

　　　未实现融资收益

说明:在实际工作中,企业采用分期收款方式销售商品或提供劳务有两种开具增值税专用发票的方式:一是按各期收款额开具发票;二是销售方在售出产品或提供劳务时一次全额开具增值税专用发票。本核算办法规定的账务处理是第一种开票方式。如果销售方采用第二种方式销售商品或提供劳务时，借记“长期应收款”科目，贷记“主营业务收入”、“应交税费——待转销项税额”、“递延收益”科目。

(2) 企业分期收到销货款(含当期增值税)，开具增值专用发票时：

借：银行存款

　贷：长期应收款

借：未实现融资收益

　应交税费——待转销项税额

　贷：财务费用

　　应交税费——应交增值税——销项税额

二、投资方调整损益产生的应收长期权益的核算

企业对外投资采用权益法核算的，每年年末都要据被投资企业实现的净利润或亏损调整长期股权投资。当被投资企业亏损很大，投资方调整的亏损份额冲减“长期股权投资”账面余额不足时，如果投资方还有被投资方的“长期应收款”挂账，这实质上构成了对被投资单位净投资的长期权益。投资方年末调账时，被投资单位发生的亏损应由本企业承担的部分，在“长期股权投资”的账面价值减记至零以后，还需承担的投资损失，应以“长期应收款——被投资单位”科目中实质上构成了对被投资单位净投资的长期权益部分账面价值减记至零为限，继续确认为投资损失，借记“投资收益”科目，贷记“长期应收款——被投资单位”科目。除上述已确认投资损失外，投资合同或协议中约定仍应承担的损失，确认为预计负债。

采用权益法核算的企业，期末据被投资企业亏损调整账面价值时：

借：投资收益(亏损额×持股比例)

　贷：长期股权投资(账面余额)

　　长期应收款——被投资单位(账面余额)

　　预计负债——亏损义务(差额)

三、长期应收款减值的账务处理

(1) 资产负债表日，企业应检查长期应收款预计可收回金额与账面价值的情况，如果长期应收款发生减值的，应计提坏账准备。

借：资产减值损失

　贷：坏账准备

(2) 对于确实无法收回的长期应收款，应按管理权限报经批准后作为坏账转销。

借：坏账准备

　贷：长期应收款

(3) 已确认并转销的长期应收款以后又收回的，应按实际收回的金额：

借：长期应收款

　贷：坏账准备

借：银行存款

　贷：长期应收款

上述两笔分录也可以合并编制以下一笔会计分录：

借：银行存款

贷:坏账准备

第七节　矿业权的核算

一、矿业权的内容

矿业权,简称矿权,是指探采人依法在已经登记的特定矿区或工作区勘探开采一定的矿产资源,取得矿产品,排除他人干涉的权利,也就是矿产资源所有人将其享有的使用、收益、处分的权利与自身分离而形成的权利。我国将矿业权分为探矿权和采矿权两部分。

(一) 探矿权

所谓探矿权,是指在依法取得的勘查许可证规定的范围内,勘查矿产资源并优先取得作业区矿产资源采矿权的权利。取得勘查许可证的单位和个人称为探矿权人。探矿权人取得探矿权有两种方式:一是直接购买探矿权;二是缴纳探矿权使用费取得探矿权。其会计核算应包括以下两大内容:

(1) 探矿权价款。国家将其出资勘查形成的探矿权出让给探矿权人,探矿权人购买探矿权而付出的价款。

(2) 探矿权使用费。国家将矿产资源探矿权出让给探矿权人,探矿权人为取得探矿权而支付的使用费。

(二) 采矿权

所谓采矿权,是指在依法取得的采矿许可证规定的范围内,开采矿产资源和获得所开采的矿产品的权利。取得采矿许可证的单位或个人称为采矿权人。采矿权人取得采矿权有两种方式:一是采矿权人取得增量矿产资源必须直接购买采矿权;二是采矿权人已占有的存量矿产资源必须缴纳采矿权使用费才能取得采矿权。其会计核算应包括以下两大内容:

(1) 采矿权价款。国家将其出资勘查形成的采矿权出让给采矿权人,采矿权人购买采矿权而付出的价款。

(2) 采矿权使用费。国家将矿产资源采矿权出让给采矿权人,采矿权人为取得采矿权而支付的使用费。

二、矿业权会计科目的设置

煤炭企业为获取矿业权而支付的价款和使用费,目前有两种方法:一是通过“长期待摊费用”科目核算,设置“资源成本”二级科目,借方反映资源成本支出数,贷方反映资源成本摊销数。该科目应按矿业权支出的内容设置三级明细科目,包括“探矿权价款”、“探矿权使用费”、“采矿权价款”、“采矿权使用费”。二是通过“无形资产”科目核算,设置“矿业权”二级科目,借方反映矿业权支出数,贷方反映矿业权摊销数。该科目应按矿业权支出的内容设置三级明细科目,包括“探矿权价款”、“探矿权使用费”、“采矿权价款”、“采矿权使用费”。本书采用第二种核算方法。

三、矿业权账务处理的规定

根据财政部、国土资源部和国家发展改革委《关于深化煤炭资源有偿使用制度改革试点的实施方案》的规定,煤炭企业发生的矿业权支出应分以下两种情况进行处理:

一是存量矿业权的账务处理。即企业已经无偿占有国家出资探明的煤炭探矿权和无偿取得采矿权的处理。对于无偿占有属于国家出资探明的煤炭探矿权和无偿取得的采矿权,企业应依据国家有关规定对剩余资源储量评估作价后，缴纳探矿权、采矿权价款和使用费。一次性缴纳确有困难的，经探矿权、采矿权登记管理机关批准，可在探矿权、采矿权有效期内分期缴纳。其中，探矿权价款和使用费最多可分 2 年缴纳，采矿权价款和使用费最多可分 10 年缴纳，分期缴纳的企业应承担不低于同期银行贷款利率水平的资金占用费。分期缴纳仍有困难的国有煤炭企业，经财政部会同国土资源部批准，允许将应缴纳的探矿权、采矿权价款和使用费部分或全部以折股形式上缴，划归中央地质勘查基金（周转金）持有。

二是增量矿业权的账务处理。即企业对一次性付款购买新的煤炭资源探矿权和采矿权的处理。

(1) 企业取得存量矿业权，支付矿业权价款和使用费时：

借：无形资产——探矿权——探矿权价款

——探矿权使用费

——采矿权——采矿权价款

——采矿权使用费

贷：银行存款

如果企业分期缴纳，需承担资金占用费，在缴纳资金占用费时：

借：财务费用

贷：银行存款

如果分期缴纳仍有困难的，经批准折股，在确认股权时：

借：无形资产——探矿权——探矿权价款

——探矿权使用费

——采矿权——采矿权价款

——采矿权使用费

贷：股本（或实收资本）

(2) 企业一次性付款购买的新设煤炭资源探矿权和采矿权时：

借：无形资产——探矿权——探矿权价款

——探矿权使用费

——采矿权——采矿权价款

——采矿权使用费

贷：银行存款

(3) 企业分期摊销矿业权价值时，根据《企业会计准则第 27 号——石油天然气开采》油气资产摊销进入“生产成本”的规定：

借：生产成本——原选煤——资源成本

制造费用——原选煤——资源成本

贷：累计摊销——探矿权

——采矿权

(4) 资产负债表日，矿业权价值发生减值时：

借：资产减值损失

贷：无形资产减值准

(5) 处置矿业权价值，应按该项矿业权的账面价值和已计提的累计摊销：

借:累计摊销——探矿权

——采矿权

无形资产减值准备

贷:无形资产——探矿权

——采矿权

贷或借:资产处置损益

第八节 碳排放权交易和用能权交易的核算

一、碳排放权交易核算

2019年12月16日,财政部印发《碳排放权交易有关会计处理暂行规定》的通知(财会〔2019〕22号),要求开展碳排放权交易业务的重点排放单位中的相关企业(简称重点排放企业)对碳排放权交易设置"1489 碳排放权资产"科目进行会计核算。

(一)碳排放权交易的账务处理

(1)重点排放企业购入碳排放配额时:

借:碳排放权资产 (支付或应付的价款+交易手续费+相关税费)

贷:银行存款、其他应付款等 (实付或应付额)

重点排放企业无偿取得碳排放配额的,不作账务处理。

(2)重点排放企业使用购入的碳排放配额履行减排义务时:

借:营业外支出 (所使用配额的账面余额)

贷:碳排放权资产 (所使用配额的账面余额)

重点排放企业使用无偿取得的碳排放配额实施履约的,不作账务处理。

(3)重点排放企业出售碳排放配额,应当根据配额取得来源的不同,分别以下情况进行账务处理:

① 重点排放企业出售购入的碳排放配额的,按照出售日实际收到或应收的价款(扣除交易手续费等相关税费):

借:银行存款、其他应收款等 (实际收到或应收的款项)

贷:碳排放权资产 (出售配额的账面余额)

营业外收入 (差额收益)

或为差额损失,借记"营业外支出"科目。

② 重点排放企业出售无偿取得的碳排放配额的,按照出售日实际收到或应收的价款(扣除交易手续费等相关税费):

借:银行存款、其他应收款等 (实际收到或应收的款项)

贷:营业外收入 (出售碳排放配额收益)

(4)重点排放企业自愿注销购入的碳排放配额的。

借:营业外支出 (注销配额的账面余额)

贷:碳排放权资产 (注销配额的账面余额)

重点排放企业自愿注销无偿取得的碳排放配额的,不作账务处理。

（二）碳排放权交易的财务报表列示和披露

（1）期末，重点排放企业“碳排放权资产”科目的借方余额，在资产负债表中的“其他流动资产”项目列示。

（2）期末，重点排放企业应在财务报表附注中披露下列信息：

① 列示在资产负债表“其他流动资产”项目中的碳排放配额的期末账面价值，列示在利润表“营业外收入”项目和“营业外支出”项目中碳排放配额交易的相关金额。

② 与碳排放权交易相关的信息，包括参与减排机制的特征、碳排放战略、节能减排措施等。

③ 碳排放配额的具体来源，包括配额取得方式、取得年度、用途、结转原因等。

④ 节能减排或超额排放情况，包括免费分配取得的碳排放配额与同期实际排放量有关数据的对比情况、节能减排或超额排放的原因等。

⑤ 重点排放企业要编制“碳排放配额变动情况表”反映企业当年碳排放配额变动情况，具体披露格式见表 8-1。

表 8-1　碳排放配额变动情况表

编制单位：　　　　　　　　　　　　年　月　日

项目	本年度		上年度	
	数量（单位：吨）	金额（单位：元）	数量（单位：吨）	金额（单位：元
1. 本期期初碳排放配额				
2. 本期增加的碳排放配额				
（1）免费分配取得的配额				
（2）购入取得的配额				
（3）其他方式增加的配额				
3. 本期减少的碳排放配额				
（1）履约使用的配额				
（2）出售的配额				
（3）其他方式减少的配额				
4. 本期期末碳排放配额				

（三）财政部碳排放权交易会计处理通知附则

重点排放企业的国家核证自愿减排量相关交易，参照本规定进行会计处理，在“碳排放权资产”科目下设置明细科目进行核算。本规定自 2020 年 1 月 1 日起施行，重点排放企业应当采用未来适用法应用本规定。

二、用能权交易核算①

2021 年 10 月 24 日，中共中央、国务院印发的《关于完整准确全面贯彻新发展理念做好碳达峰碳中和工作的意见》提出，要“完善用能权有偿使用和交易制度，加快建设全国用能权交易市场”。2022 年 5 月 30 日，财政部印发的《财政支持做好碳达峰碳中和工作的意见》提

① 本部分内容摘自朱亮峰、杨华：《用能权交易的核算》，《财务与会计》2022 年第 19 期，第 38～41 页。

出，“充分发挥碳排放权、用能权、排污权等交易市场作用，引导产业布局优化”，“完善绿色低碳市场体系”。

从国家文件可见，我国用能权交易是继碳排放权交易、排污权交易后的一项重大交易。国家建立用能权交易市场，是要在国家控制能源消费总量和强度的前提下，通过核发用能权限额，促使用能单位之间开展用能权交易、调节用能权限额，达到节能降耗、提高综合能源消费效益的目的。在财政部尚未出台用能权交易会计核算规定之前，用能权交易核算可以比照碳排放权交易核算办法进行，通过增设“用能权资产”科目进行核算。

(1) 甲煤矿经国家核定批准的全年煤炭产能指标，按煤炭市场价格确定用能权限额时，由于该用能权无偿取得，甲煤矿不编制会计分录，但要设置“煤炭用能权备查簿”登记增加的用能权数量、金额。

(2) 甲煤矿将90%的用能权指标出售给乙煤矿，甲煤矿按用能权售出价值(公允价值)作如下会计分录，同时在“煤炭用能权备查簿”登记减少的用能权数量、金额。

借：银行存款

　贷：营业外收入

(3) 乙煤矿从甲煤矿购入煤炭产能指标，按实付款：

借：用能权资产

　贷：银行存款

(4) 乙煤矿将购入煤炭产能指标用于煤炭生产，按实际使用的用能权指标及相应价值(原购买价值分摊额)：

借：生产成本——原选煤——资源成本

　贷：用能权资产

(5) 全国煤炭能源消费需求扩大，国家调增煤炭生产消费量指标，甲煤矿、乙煤矿相应得到国家无偿给予的新增用能权指标。甲煤矿、乙煤矿不作会计分录，仅在“煤炭用能权备查簿”登记增加的用能权数量、金额。

(6) 乙煤矿将未用完的煤炭产能指标(购买的指标和新增的指标)出售给丙煤矿，按实际收到的价值(公允价值)：

借：银行存款　　　　(实际收到的款项)

　贷：用能权资产　　　　(用能权账面余值)

　　营业外收入　　　　(剩余用能权增值收益)

若产生剩余用能权减值损失，借记“营业外支出”科目。

(7) 年终，甲煤矿注销结余未用的煤炭产能指标时，甲煤矿不作会计分录，但要设置“煤炭用能权备查簿”登记减少的用能权数量、金额。

第九节　其他长期资产的核算

其他长期资产是指除流动资产、债权投资、其他债权投资、其他权益工具、长期股权投资、投资性房地产、固定资产、在建工程、使用权资产、无形资产、开发支出、商誉、长期待摊费用、长期应收款等以外的非流动资产，包括油气资产、生产性生物资产、递延所得税资产、特准储备物资等。本核算办法结合煤炭企业特点对其中“特准储备物资”的核算作以下规范：

特准储备物资是指由于特殊需要，经国家特准，企业在正常范围内储备的物资，如为了应付自然灾害和战争等特殊需要，或为了保证对进口物品备件和奇缺材料的需要而必须专门储备特定的物资。这些物资通过"特准储备物资"和"特准储备基金"科目核算，期末余额分别列入资产负债表"其他长期资产"和"其他长期负债"项目。

(1) 国家调入特种物资时：

借：特准储备物资

　贷：特准储备基金

(2) 国家拨入特种基金时：

借：银行存款

　贷：特准储备基金

(3) 企业购买特种物资时：

借：特准储备物资

　贷：银行存款

(4) 动用特准物资时：

借：特准储备基金

　贷：特准储备物资

(5) 特种物资转入正常储备时：

借：原材料

　贷：特准储备物资

第十节　或有资产的核算

《企业会计准则第 13 号——或有事项》第二条规定的或有事项概念是："或有事项，是指过去的交易或者事项形成的，其结果须由某些未来事项的发生或不发生才能决定的不确定事项"。或有事项分为或有资产、或有负债和预计负债三大类。或有资产是指过去的交易或者事项形成的潜在资产，其存在须通过未来不确定事项的发生或不发生予以证实。或有资产主要包括未决诉讼、未决仲裁等内容。《企业会计准则第 13 号——或有事项》从稳健性原则出发，在第十四条规定："企业通常不应当披露或有资产。但或有资产很可能会给企业带来经济利益的，应当披露其形成的原因、预计产生的财务影响等"。或有资产只有在企业基本确定能够收到的情况下，才转变为真正的资产，从而予以确认。《企业会计准则第 13 号——或有事项》对各种可能性及其对应概率的规定见表 8-2。处于"很可能"以上区间时，或有资产应当予以披露。

表 8-2　结果的可能性及其概率

结果的可能性	对应的概率区间
基本确定	大于 95%但小于 100%
很可能	大于 50%但小于或等于 95%
可能	大于 5%但小于或等于 50%
极小可能	大于 0 但小于或等于 5%

第九章　流动负债的核算

第一节　流动负债的分类

流动负债是指企业过去的交易或者事项形成的、预期会在1年（含1年）或者超过1年的一个营业周期内导致经济利益流出企业的现时义务。现时义务是指企业在现行条件下已承担的义务。它分为以下几类：

（1）短期借款，是指企业向银行或其他金融机构等借入的期限在1年以下（含1年）的各种借款。

（2）结算中确定的债务，如应付账款、应付票据，交易性金融负债，一年内到期的长期应付款和应付债券等。

（3）各类预收暂收款，如预收货款或合同负债、预收租金、存入保证金等。

（4）应计负债，指根据经营成果、推定义务等累计计算的尚未支付的负债，包括：应付职工薪酬、应交税费、应付股利等。

（5）或有负债，指过去的交易或者事项形成的潜在义务，其存在须通过未来不确定事项的发生或不发生予以证实；或过去的交易或者事项形成的现时义务，履行该义务不是很可能导致经济利益流出企业或该义务的金额不能可靠计量。如应收票据贴现、未决诉讼、为其他单位提供债务担保等。

第二节　短期借款的核算

短期借款是指企业从银行和其他金融机构借入的期限在一年（含一年）以内的借款，如为解决商品生产和商品流转过程中短期资金周转不足而向银行取得的借款等。

各种短期借款的取得和归还，通过“短期借款”账户核算，其明细分类核算按借款种类设账。各种短期借款的使用，均要支付利息，一般于季末支付，也有的到期付息。利息的处理有两种方法：一是年内付息，企业在付息的当期记入“财务费用”科目；二是跨年度付息，企业应于资产负债表日计算应付利息，记入年末月份“财务费用”科目。如果利息数额不大，为了简化，可在支付利息时计入当期财务费用。

（1）企业从外部取得短期借款时：

借：银行存款

　　贷：短期借款

（2）企业期末计算应付利息时：

借：财务费用

　　贷：应付利息

（3）企业到期还本付息时：

借:财务费用

应付利息

短期借款

贷:银行存款

在实际工作中,企业短期借款分为临时性短期借款和经常性短期借款。经常性短期借款往往是一年期。银行将企业的经常性借款按日累计积数,一般是按季结息,于每个季度最后一个月的20日给企业结息通知予以付息。这样,企业各季末付息时:

借:财务费用

贷:银行存款

对于一年内到期的长期借款,不需要作调整分录,但在编制资产负债表时,需单独在流动负债类下设立"一年内到期的非流动负债"反映。

(4) 矿业集团内部单位向集团结算中心(资金结算中心)取得借款时:

借:资金结算中心存款

贷:资金结算中心借款

集团结算中心作如下会计分录:

借:内部单位借款——××单位

贷:内部单位存款——××单位

(5) 矿业集团内部单位按月向集团结算中心(资金结算中心)支付借款利息时:

借:财务费用——内部贷款利息支出

贷:资金结算中心存款

集团结算中心作如下会计分录:

借:内部单位存款——××单位

贷:财务费用——内部存款利息收入

发生内部存款利息收入分录与上述相反。

第三节　应付票据的核算

应付票据是指企业购买材料、商品和接受劳务供应等而开出、承兑的商业票据,包括商业承兑汇票和银行承兑汇票两种。

(1) 企业购买原材料提交商业承兑汇票或银行承兑汇票时:

借:材料采购

应交税费——应交增值税——进项税额

贷:应付票据

(2) 上列材料验收入库,按计划成本:

借:原材料

贷:材料采购

(3) 月终,结转材料采购成本差异时:

借或贷:材料成本差异

贷或借:材料采购

(4) 上列业务如果是用银行承兑汇票结算，企业向开户行申请承兑时必须支付承兑手续费：

借：财务费用

　贷：银行存款

(5) 上列商业汇票到期，企业兑付全部票款时：

借：应付票据

　贷：银行存款

(6) 上列商业承兑汇票到期，购货企业无力偿付而退回有关单证，并被银行罚款时：

借：应付票据

　贷：应付账款

借：营业外支出

　贷：银行存款

(7) 上列银行承兑汇票到期，购货企业无力支付票款，银行无条件付款，银行将付款额转作购货单位的逾期贷款，每天按逾期贷款标准计收利息。购货企业收到其开户行注明"××汇票无款支付转入逾期贷款户"的特种转账传票(支款通知)时：

借：应付票据

　贷：短期借款

第四节　应付账款的核算

应付账款是指企业因购买材料、物资、商品或接受劳务供应等业务而形成的债务。企业购货(或接受劳务)时未付款，应通过"应付账款"科目核算。该科目贷方登记发生的应付账款数，借方登记已经支付或已转销的应付账款数，期末贷方余额反映尚未支付的应付账款数，若期末出现借方余额反映多偿还的账款数。

一、应付账款一般业务的核算

(1) 企业购入材料、商品等验收入库，但货款尚未支付。

借：材料采购、在途物资等

　贷：应付账款

(2) 企业接受供应单位提供劳务而发生的应付未付款项。

借：生产成本、管理费用等

　贷：应付账款

二、应付账款重组业务的核算

企业债务重组过程中涉及应付账款的处理是债务人债务重组业务的处理，一般说，债务重组过程中债权人要作出一定的让步，才能使债务重组得以完成，则债务方是债务重组的受益方。根据《企业会计准则第12号——债务重组》就其应用指南规定和其他相关准则规定，债务重组的受益方(债务方)产生的债务重组收益分以下情况处理：

(1) 债务人以低于重组债务账面价值的金融资产(如银行存款等)清偿债务产生的收益作"投资收益"，作如下会计分录：

借：应付账款

贷:银行存款等

投资收益

(2) 债务人以低于重组债务账面价值的"长期股权投资"抵债(本企业已提"长期股权投资提减值准备"),得到重组收益,首选债务重组准则规定的依据,作"其他收益"处理,在股权转让过程中,本企业支付一定的手续费用。

借:应付账款

长期股权投资减值准备

贷:长期股权投资——股票投资(成本)

银行存款

其他收益——债务重组收益

(3) 企业采用"债转股"方式进行债务重组,即债务方所欠债务不予偿还,而是让债权人作本企业股东(债权转为股权),若确认的股权公允价值(入账"股本"+股本溢价)低于"应付账款",债务方产生重组收益,属于债务人将债务转为权益工具的重组收益,作"投资收益"处理。

借:应付账款

贷:股本——法人资本

资本公积——资本溢价

投资收益

(4) 债务人以低于重组债务账面价值的非流动资产抵债(金融工具、长期股权投资、投资性房地产除外),得到重组收益,首选债务重组准则规定的依据,作"其他收益"处理。

第五节　合同负债及暂收款的核算

一、合同负债

合同负债,指企业已收或应收客户对价而应向客户转让商品的义务。企业在向客户转让商品之前,如果客户已经支付了合同对价或企业已经取得了无条件收取合同对价的权利,则企业应当在客户实际支付款项与到期应支付款项孰早时点,将该已收或应收的款项列示为合同负债。

与"合同负债"相近的概念是"预收账款"。预收账款企业在销售商品或提供劳务之前可按合同或协议规定向购货单位或个人预收一部分或全部款项。企业预收的这种款项在未交付商品或提供劳务之前,是占用购买单位或个人的资金,形成了欠预付人的一笔债务,构成企业的流动负债。

合同负债和预收账款的区别是:合同负债以履约义务相关性为前提,当预收款尚未被企业收取时,如果能够认定企业对这笔款项有无条件收取的权利,企业仍然应该对此确认合同负债。预收账款的概念并不强调和已成立与客户之间的合同,在合同成立前已收到的对价不能称为合同负债,但仍可作为预收账款。合同一旦正式成立,要将原记入"预收账款"科目的金额转入"合同负债"科目。两者都是先收钱再提供商品。合同负债科目核算企业已收或者应收客户对价而应向客户转让商品的义务,应该按合同进行明细核算。合同负债账务处理如下:

（1）合同成立前已收到的对价：
借：银行存款
　贷：预收账款
（2）合同正式成立后：
借：预收账款
　贷：合同负债
（3）企业生产出预定的产品发出时：
借：合同负债
　贷：主营业务收入
　　应交税费——应交增值税——销项税额
（4）企业收到补付的货款时：
借：银行存款
　贷：合同负债
若退回多付的款项，分录与此相反。

二、暂收款

暂收款是指从有关单位或个人收到的代为保管或暂时尚未确定性质的款项。如存入保证金、职工未按期领取的工资、购货人暂存款项等。这些款项是企业暂时收存的等待支付的款项，通过“其他应付款”科目核算。

（1）企业出租、出借包装物收取押金时：
借：银行存款
　贷：其他应付款
（2）企业退回上述押金时：
借：其他应付款
　贷：银行存款

通过“其他应付款”科目核算的内容除以上暂收（存）款外，还有应付经营租入固定资产和包装物的租金、应付上级和所属单位款等。

第六节　应付职工薪酬的核算

《企业会计准则第 9 号——职工薪酬》定义的职工薪酬，是指企业为获得职工提供的服务或解除劳动关系而给予各种形式的报酬或补偿。从性质上讲凡是企业为获得职工提供的服务给予或付出的各种形式的对价，都构成职工薪酬，都应当作一种耗费，与这些服务产生的经济利益相匹配。

职工，包括与企业订立正式劳动合同的所有人员，含全职、兼职和临时职工；也包括未与企业订立正式劳动合同、但由企业正式任命的人员，如董事会成员、监事会成员和内部审计委员会成员等。在企业的计划、领导和控制下，虽与企业未订立正式劳动合同、或企业未正式任命的人员，但为企业提供了类似服务，也纳入职工范畴，如劳务用工合同人员。

职工薪酬从涵盖的时间和支付的形式来看，包括职工在职和离职后所有的货币性薪酬和非货币性福利；从支付的对象来看，包括提供给职工本人和其配偶、子女或其他被赡养人的福利。

一、职工及职工薪酬的核算范围

本办法的职工薪酬，是指企业集团为获得职工提供的服务或解除劳动关系而给予职工的各种形式的报酬、补偿、对价和股份，包括企业集团为职工在职期间和离职后提供的全部货币性薪酬和非货币性福利，既包括提供给职工本人的薪酬，也包括提供给职工配偶、子女或其他被赡养人的福利等。职工薪酬按《企业会计准则第 9 号——职工薪酬》分类分为短期薪酬、离职后福利、辞退福利和其他长期职工福利。

（一）短期薪酬

短期薪酬是指企业在职工提供相关服务的年度报告期间结束后 12 个月内需要全部予以支付的职工薪酬，因解除与职工的劳动关系给予的补偿除外。短期薪酬具体包括：

1. 职工工资、奖金、津贴和补贴

职工工资、奖金、津贴和补贴包括：① 工资：指按照国家统计局规定的构成工资总额的、计提并进入成本的计时工资、计件工资、加班加点工资、包干工资和效益工资。② 经常性奖金：包括生产奖、节约奖、劳动竞赛奖、创造发明奖、合理化建议奖、技术改进奖和其他奖金。③ 各种工资性津贴和补贴：指为了补偿职工额外或特殊的劳动消耗，以及为了保证职工的身体健康和工资水平不受物价和特殊条件影响而支付给职工的津贴。包括中班津贴、夜班津贴、井下津贴、矿龄津贴、井下工人岗位津贴、野外津贴、班组长津贴、井下区队干部（包括技术人员）临时补贴、高温作业临时补贴、高原地区临时补贴、冷库低温补贴、基层审计人员外勤工作补贴、公安干警值勤岗位津贴、广播天线工岗位津贴、科技保健津贴、科研津贴、工人技师津贴、体育运动员和教练员伙食补助、房贴、水电贴、物价补贴、煤贴、国民伙食津贴、班主任津贴、救护津贴、粮价补贴、农民轮换工粮食补差、卫生防疫和环境监测津贴、教龄津贴、书报费以及其他根据规定标准计算的属于工资性质的各种津贴。④ 非工作时间工资：根据国家法律、法规和政策规定，因病、工伤、产假、计划生育假、婚丧假、事假、探亲假、定期休假、停工学习、执行国家或社会义务等原因按计时工资标准或计时工资标准的一定比例支付的工资以及保留工资和附加工资（是指过去实行计件工资和奖励的单位在取消计件和奖励制度时，在标准工资外附加的工资，而在 1979 年以后几次调整工资中没有被冲完的部分）、级差补助。

2. 职工福利费

根据财政部《关于企业加强职工福利费财务管理的通知》（财企〔2009〕242 号）文件规定，企业职工福利费是指企业为职工提供的除职工工资、奖金、津贴、纳入工资总额管理的补贴、职工教育经费、社会保险费和补充养老保险费（年金）、补充医疗保险费及住房公积金以外的福利待遇支出，包括发放给职工或为职工支付的以下各项现金补贴和非货币性集体福利。

（1）职工福利费列支范围。① 为职工卫生保健、生活等发放或支付的各项现金补贴和非货币性福利，包括职工因公外地就医费用、暂未实行医疗统筹企业职工医疗费用、职工供养直系亲属医疗补贴、职工疗养费用、自办职工食堂经费补贴或未办职工食堂统一供应午餐支出、符合国家有关财务规定的供暖费补贴、防暑降温费等。② 企业尚未分离的内设集体福利部门所发生的设备、设施和人员费用，包括职工食堂、职工浴室、理发室、医务所、托儿所、疗养院、集体宿舍等集体福利部门设备、设施的折旧、维修保养费用以及集体福利部门工

作人员的工资薪金、社会保险费、住房公积金、劳务费等人工费用。③ 职工困难补助，或者企业统筹建立和管理的专门用于帮助、救济困难职工的基金支出。④ 离退休人员统筹外费用，包括离休人员的医疗费及离退休人员其他统筹外费用。企业重组涉及的离退休人员统筹外费用，按照财政部《关于企业重组有关职工安置费用财务管理问题的通知》(财企〔2009〕117号)执行。国家另有规定的，从其规定。⑤ 按规定发生的其他职工福利费，包括丧葬补助费、抚恤费、职工异地安家费、独生子女费、探亲假路费，以及符合企业职工福利费定义但没有包括在本通知各条款项目中的其他支出。

(2) 不纳入职工福利费列支的范围。① 企业为职工提供的交通、住房、通信待遇，已经实行货币化改革的，按月按标准发放或支付的住房补贴、交通补贴或者车改补贴、通信补贴，应当纳入职工工资总额，不再纳入职工福利费管理；尚未实行货币化改革的，企业发生的相关支出作为职工福利费管理，但根据国家有关企业住房制度改革政策的统一规定，不得再为职工购建住房。② 企业给职工发放的节日补助、未统一供餐而按月发放的午餐费补贴，应当纳入工资总额管理。

(3) 职工福利是企业对职工劳动补偿的辅助形式，企业应当参照历史一般水平合理控制职工福利费在职工总收入的比重。按照《企业财务通则》第四十六条的规定，应当由个人承担的有关支出，企业不得作为职工福利费开支。

(4) 企业职工福利一般应以货币形式为主。对以本企业产品和服务作为职工福利的，企业要严格控制。国家出资的电信、电力、交通、热力、供水、燃气等企业，将本企业产品和服务作为职工福利的，应当按商业化原则实行公平交易，不得直接供职工及其亲属免费或者低价使用。

3. “三险一金”

“三险一金”是指按职工工资总额一定比例计算向有关部门缴纳的医疗保险费、工伤保险费和生育保险等社会保险费和住房公积金。原称“五险一金”的另两金(养老保险基金、失业保险基金)列作“离职后福利”(下述)。企业按照国务院《住房公积金管理条例》规定的标准和比例计算，向住房公积金管理机构缴存的住房公积金。企业为1998年12月1日以后职工交付的“98后”职工购房补贴，也在此科目核算。

4. 工会经费和职工教育经费

工会经费和职工教育经费是指企业为改善职工文化生活、为职工学习先进技术和提高文化水平和业务素质，用于开展工会活动和职工教育及职业技能培训等相关支出。

(1) 工会经费。主要用于职工的工会活动。根据2017年12月18日起实施新的《基层工会经费收支管理办法》(总工办发〔2017〕32号)，将基层工会经费支出范围分为六类，即：职工活动支出、维权支出、业务支出、资本性支出、事业支出和其他支出。① 职工活动支出。指基层工会组织开展职工教育、文体、宣传等活动所发生的支出和工会组织的职工集体福利支出。A. 工会文体活动中开支的伙食补助费，不得超过当地差旅费中的伙食补助标准。B. 明确可以向全体会员发放节日慰问品的节日是新年、春节、清明节、劳动节、端午节、中秋节和国庆节，以及经自治区以上人民政府批准设立的少数民族节日。工会会员结婚生育时，可以给予一定金额的慰问品。工会会员生病住院、工会会员或其直系亲属去世时，可以给予一定金额的慰问金。工会会员退休离岗时，可以发放一定金额的纪念品。C. 可以组织劳模和先进职工疗休养补贴等。② 维权支出。指基层工会用于维护职工权益的支出。包括：劳动关系协调费、劳动保护费、法律援助费、困难职工帮扶费、送温暖费和其他维权支出。其中:工会会员本人及家庭因大病、意外事故、子女就学等原因致困时,基层工会可给予一定金额的慰问。③ 业务支出。指基层工会培训工会干部、加强自身建设以及开展业务工作发生的各项支出。④ 资本性支出。指基层工会从事工会建设工程、设备工具购置、大型修缮和信息网络购建而发生的支出。⑤ 事业支出。是指基层工会对独立核算的附属事业单位的补助和非独立核算的附属事业单位的各项支出。⑥ 其他支出。是指基层工会除上述支出以外的其他各项支出。包括:资产盘亏、固定资产处置净损失、捐赠、赞助等。另外,根据《中华人民共和国工会法》的有关规定,基层工会专职工作人员的工资、奖励、补贴由所在单位承担,基层工会办公和开展活动必要的设施和活动场所等物质条件由所在单位提供。所在单位保障不足且基层工会经费预算足以保证的前提下,可以用工会经费适当弥补。

(2) 职工教育经费。指专项用于企业职工后续职业教育和职业培训支出。根据《关于企业职工教育经费提取与使用管理的意见》的通知(财建〔2006〕317 号)规定,企业职工教育培训经费列支范围包括:上岗和转岗培训;各类岗位适应性培训;岗位培训;职业技术等级培训;高技能人才培训;专业技术人员继续教育;特种作业人员培训;企业组织的职工外送培训的经费支出;职工参加的职业技能鉴定、职业资格认证等经费支出;购置教学设备与设施;职工岗位自学成才奖励费用;职工教育培训管理费用;有关职工教育的其他开支。

根据上述列支范围,企业职工参加社会上的学历教育以及个人为取得学位而参加的在职教育,所需费用应由个人承担,不能挤占企业的职工教育培训经费;对企业零星购买的书刊,应分清不同的用途计入“管理费用”科目和职工教育经费列支,学员用书应由其自理,不应计入职工教育经费。

它是指企业为了改善职工文化生活、为职工学习先进技术和提高文化水平和业务素质,用于开展工会活动和职工教育及技能培训等相关支出。

5. 短期带薪缺勤

短期带薪缺勤是指职工虽然缺勤但企业仍向其支付工报酬的安排,包括年休假、病假、短期伤残、婚假、产假、丧假、探亲假等。

6. 短期利润分享计划

短期利润分享计划是指因职工提供服务而与职工达成的基于利润或其他经营成果提供薪酬的协议。履行该协议的期限是:在职工为其提供相关服务的年度报告期间结束后 12 个月内。

7. 非货币性福利

非货币性福利是指企业以非货币形式提供给职工的福利,包括企业以自产产品或外购商品发放给职工作为福利、将企业拥有的资产无偿提供给职工使用、为职工无偿提供医疗保健服务等。

8. 其他短期薪酬

略。

(二) 离职后福利

离职后福利,是指企业为获得职工提供的服务而在职工退休或与企业解除劳动关系后,提供的各种形式的报酬和福利,短期薪酬和辞退福利除外。企业与职工就离职后福利达成的协议,或者企业为向职工提供离职后福利制定的规章或办法等,称“离职后福利计划”。离职后福利计划分为设定提存计划和设定受益计划两大类。设定提存计划，是指向独立的基金缴存固定费用后，企业不再承担进一步支付义务的离职后福利计划，包括企业为职工向有关部门缴纳的养老保险费(基本养老保险费、补充养老费)、失业保险费。设定受益计划，是指除设定提存计划以外的离职后福利计划。

(三) 辞退福利

辞退福利，是指企业在职工劳动合同到期之前解除与职工的劳动关系，或者为鼓励职工自愿接受裁减而给予职工的补偿。辞退福利通常采取在解除劳动关系时一次性支付补偿的方式，也有通过提高退休后养老金或其他离职后福利的标准，或者将职工工资支付至辞退后未来某一期间的方式。辞退福利预期在其确认的年度报告期结束后12个月内完全支付的，应当适用短期薪酬的相关规定，其实质是一种货币性福利。辞退福利还包括当公司控制权发生变动时，对辞退的管理层人员进行补偿的情况。辞退福利包括两方面的内容：一是在职工劳动合同尚未到期前，不论职工本人是否愿意，企业决定解除与职工的劳动关系而给予的补偿；二是在职工劳动合同尚未到期前，为鼓励职工自愿接受裁减而给予的补偿，职工有权利选择继续在职或接受补偿离职。

(四) 其他长期职工福利

是指除短期薪酬、离职后福利、辞退福利之外所有的职工薪酬，包括长期带薪缺勤、长期残疾福利、长期利润分享计划等。

(五) 股份支付

以股份为基础的薪酬，适用《企业会计准则第11号——股份支付》。该准则规定，企业对职工用现金结算的股份支付属于职工薪酬范畴(后述)。

二、应付职工薪酬的账务处理

(一) 职工工资的账务处理

(1) 发放工资，扣还垫款、代扣款项时：

借：应付职工薪酬——工资——工资支出

　其他应收款

　贷：银行存款

　　其他应付款

(2) 企业根据有关职工薪酬计算应缴纳的个人所得税从职工工资中代扣时：

借：应付职工薪酬——工资——工资支出

　贷：应交税费——应交个人所得税

(3) 企业实际向税务机关缴纳个人所得税时：

借：应交税费——应交个人所得税

　贷：银行存款

(4) 企业月终编制“工资分配汇总表”分配工资时：

借：生产成本

　劳务成本

　制造费用

　管理费用

　销售费用

应付职工薪酬——职工福利——福利支出

在建工程

研发支出等

贷:应付职工薪酬——工资——工资基金

(5)月末核销实发工资:

借:应付职工薪酬——工资——工资基金

贷:应付职工薪酬——工资——工资支出

注:若企业有“长期带薪缺勤”、“长期残疾福利”等人员,应发放和未发放的薪酬及后述工资附加费等,通过“应付职工薪酬——其他长期职工福利”科目核算。下述此明细科目的应用略。

(二)职工福利费的账务处理

(1)企业每月按工资总额一定比例计提职工福利费时,应根据“职工福利费计提表”:

借:生产成本

劳务成本

制造费用

管理费用

销售费用

在建工程

研发支出等

贷:应付职工薪酬——职工福利——福利基金

(2)企业月终分配医务和福利部门人员薪酬时:

借:应付职工薪酬——职工福利——福利支出

贷:应付职工薪酬——工资——工资支出

(3)企业实际发生职工困难补助、医务及福利部门经费和其他福利费用时:

借:应付职工薪酬——职工福利——福利支出

贷:库存现金

银行存款

年末,当“应付职工薪酬——职工福利”账户发生借方余额时,表明实际发生金额大于各月预计提取的金额,企业应当补提职工福利费;当“应付职工薪酬——职工福利”账户发生贷方余额时,表明实际发生金额小于各月预计提取的金额,企业应当冲销多提职工福利费。

(三)“三险一金”的账务处理

(1)企业按月提取医疗保险费、工伤保险费、生育保险费等社会保险费和住房公积金时:

借:生产成本

劳务成本

制造费用

销售费用

管理费用

在建工程

研发支出

贷:应付职工薪酬——社会保险费

——住房公积金

——其他长期职工福利

(2) 企业支付“三险一金”时:

借:应付职工薪酬——社会保险费

——住房公积金

——其他长期职工福利

贷:银行存款

(四) 工会经费和职工教育经费的账务处理

(1) 企业每月按工资总额的一定比例计提工会经费(2%)、职工教育经费(2.5%)时:

借:生产成本

劳务成本

制造费用

销售费用

管理费用

在建工程

研发支出等

贷:应付职工薪酬——工会经费

——职工教育经费

(2) 将计提的工会经费拨付工会使用或发生职教经费时:

借:应付职工薪酬——工会经费

——职工教育经费

贷:银行存款等

(五) 带薪缺勤薪酬的账务处理

1. 累积带薪缺勤薪酬的账务处理

累积带薪缺勤是指权利可以结转下期的带薪缺勤,如果本期的权利没有用完,可以在未来期间使用。有些累积带薪缺勤在职工离开企业时,对未行使的权利有权得到现金支付。累积带薪缺勤通过设置“应付职工薪酬——累积带薪缺勤”科目进行核算。

(1) 企业确认职工累积带薪缺勤时:

借:生产成本

管理费用

在建工程等

贷:应付职工薪酬——累积带薪缺勤

(2) 企业职工行使累积带薪缺勤薪酬权利时:

借:应付职工薪酬——累积带薪缺勤

贷:库存现金

银行存款

(3) 企业职工未行使累积带薪缺勤薪酬权利导致权利作废时:

借:应付职工薪酬——累积带薪缺勤

贷:生产成本

管理费用等

2. 非累积带薪缺勤薪酬的账务处理

非累积带薪缺勤是指权利不能结转下期的带薪缺勤,即如果当期权利没有行使完,就可以取消,并且在职工离开企业时对未使用的权利无权获得现金支付。非累积带薪缺勤一般是在缺勤期间计提应付工资时一并处理。

(六) 短期利润分享计划的账务处理

企业为了留住销售骨干、中高级管理人才,决定实行“净利润分享计划”。

(1) 企业按当年实现净利润和提取率计提“利润分享”奖金时:

借:销售费用、管理费用等

贷:应付职工薪酬——短期利润分享计划

——其他长期职工福利——长期利润分享计划

(2) 下一年支付上述“利润分享”奖金时:

借:应付职工薪酬——短期利润分享计划

贷:库存现金

利润分享计划不作利润分配的原因:它是一种“绩效奖”,由职工提供劳务(如特殊贡献)而产生,不是企业(职工)与所有者的交易而产生,所以作企业“费用”(作为资产成本的一部分)处理。

(七) 非货币性福利的账务处理

(1)企业将自己的产品或外购商品发放给职工作福利时:

借:生产成本(售价+销项税额)

管理费用等(售价+销项税额)

贷:应付职工薪酬——非货币性福利(售价+销项税额)

借:应付职工薪酬——非货币性福利

贷:主营业务收入

应交税费——应交增值税——销项税额

借:主营业务成本

贷:库存商品

(2) 企业无偿向职工提供住房等资产使用的,按应计提的折旧额确认应付职工薪酬:

借:制造费用

管理费用等

贷:应付职工薪酬——非货币性福利

借:应付职工薪酬——非货币性福利

贷:累计折旧

(3) 企业租赁住房供职工无偿使用的,每期按应支付的租金:

借:生产成本

制造费用

管理费用等

贷:应付职工薪酬——非货币性福利

(4) 企业向职工提供补贴的商品或支付服务时,分以下两种情况处理:

① 没有规定职工在取得商品或服务后至少应为企业工作年限时,企业应当将支付的补贴部分差额根据受益对象直接计入当期损益或成本费用。支付补贴差额部分的会计分录如下:

借:应付职工薪酬——非货币性福利

　贷:银行存款或相关科目

借:生产成本

　制造费用

　管理费用等

　贷:应付职工薪酬——非货币性福利

② 规定职工在取得商品或服务后至少应为企业工作年限时,企业应当将支付的补贴部分差额作为长期待摊费用处理,并根据协议规定的工作年限平均摊销,根据收益对象分别计入相关资产成本或当期损益。每个工作年度支付补贴差额部分的会计分录如下:

借:应付职工薪酬——非货币性福利

　贷:长期待摊费用

借:生产成本

　制造费用

　管理费用等

　贷:应付职工薪酬——非货币性福利

(八) 离职后福利的账务处理

1. 设定提存计划的账务处理

(1) 计提基本养老保险费、失业保险费。企业每月按全部职工工资总额的一定比例计提基本养老保险费、失业保险费等社会保险费时,对应于有关部门人员工资总额和提取率计算,作如下会计分录:

借:生产成本

　制造费用

　劳务成本

　销售费用

　在建工程

　研发支出

　管理费用

　贷:应付职工薪酬——离职后福利——设定提存计划

(2) 计提补充养老保险费。企业经济效益很好,计划为工作满 20 年的职工缴纳补充退休金。年末,企业根据与中国银行签订的"养老金设定提存计划"计提补充退休金时

借:生产成本、制造费用、管理费用等

　贷:应付职工薪酬——离职后福利——设定提存计划

企业实际向中国银行缴纳补充退休金时

借:应付职工薪酬——离职后福利——设定提存计划

　贷:银行存款

2. 受益提存计划的核算

企业作出规定，凡是在该企业工作至退休的员工可每月在法定受保范围外还享受公司给予一定数额的额外退休金。该企业为45岁的员工开始办理了“设定受益计划”，预计交存15年基金，退休职工后预计平均享受15年额外退休金，按一定折现率计算确定各年交存金额。企业年末按“设定受益计划”提存额外退休金时：

借：生产成本、制造费用、管理费用等

贷：应付职工薪酬——离职后福利——设定受益计划

企业实际缴纳额外退休金时：

借：应付职工薪酬——离职后福利——设定受益计划

贷：银行存款

（九）辞退福利的账务处理

企业应预测因辞退福利产生的预计负债，若实质性辞退工作在一年内实施完毕但补偿款超过一年支付，企业应选择恰当的折现率，借记“管理费用”（折现后的金额）、“未确认融资费用”（折现后的金额与实际支付辞退福利差额），贷记“应付职工薪酬——辞退福利”。各期支付时，借记“应付职工薪酬——辞退福利”，贷记资金类科目；同时，借记“财务费用”，贷记“未确认融资费用”。

(1) 企业在劳动合同尚未到期前，职工没有选择继续在职的权利，应当根据计划条款规定拟解除劳动关系的职工数量和每一位职位的辞退补偿等计提辞退福利。

借：管理费用

贷：应付职工薪酬——辞退福利

(2) 企业在劳动合同尚未到期前，对于职工有选择权的辞退计划，应当按照或有事项准则和所承担的重组义务预计将接受裁减建议的职工数量，根据预计的职工数量和每一职位的辞退补偿等计提辞退福利。

借：管理费用

贷：预计负债——辞退福利

（十）以现金与职工结算的股份支付核算

《企业会计准则第11号——股份支付》规定：股份支付，是指企业为获取职工和其他方提供服务而授予权益工具或者承担以权益工具为基础确定的负债的交易。股份支付分为以权益结算的股份支付和以现金结算的股份支付。以权益结算的股份支付是指企业为获取服务以股份或其他权益工具作为对价进行结算的交易。以现金结算的股份支付，是指企业为获取服务承担以股份或其他权益工具为基础计算确定的交付现金或其他资产义务的交易。

企业授予职工股份、股份期权等在职工行权时确认股权投资（权益结算）的，就是以权益结算的股份支付。企业设置“资本公积——其他资本公积”、“股本”、“资本公积——股本溢价”科目核算。企业授予职工股份或其他权益工具在职工行权时用现金结算的，就是以现金结算的股份支付。企业设置“应付职工薪酬——股份支付”科目核算。

1. 以权益结算的股份支付股份

(1) 授予日。除了立即可行权的股份支付外，企业在授予日不作会计处理。授予后立即可行权的股份支付，应当在授予日按照权益工具的公允价值计入相关资产成本或费用，同时计入资本公积：

借:管理费用等

　贷:资本公积——股本溢价

(2) 等待期。企业应当在等待期内的每个资产负债表日,将取得职工或其他方提供的服务计入成本费用,同时确认所有者权益:按照授予日权益工具的公允价值计入成本费用和资本公积(其他资本公积),不确认其后续公允价值变动;企业应当根据最新取得的可行权职工人数变动等后续信息作出最佳估计,修正预计可行权的权益工具数量。

借:管理费用等

　贷:资本公积——其他资本公积

(3) 可行权日。与等待期内的资产负债表日会计处理一样,只是可行权权益工具的数量是确定的。

(4) 可行权日之后。不再对已确认的成本费用和所有者权益总额进行调整。

(5) 行权日。根据行权情况,确定股本和股本溢价,同时结转等待期内确认的资本公积:

借:银行存款等(收到的款项)

　资本公积——其他资本公积(结转等待期内确认的资本公积)

　贷:股本

　　资本公积——股本溢价(差额)

2. 以现金结算的股份支付

(1) 授予日。除了立即可行权的现金结算的股份支付,企业在授予日不作会计处理;授予后立即可行权的现金结算的股份支付,企业应当在授予日按照企业承担负债的公允价值计入相关资产成本或费用,同时计入负债。

借:管理费用等

　贷:应付职工薪酬

(2) 等待期。对于现金结算的涉及职工的股份支付,应当按照每个资产负债表日权益工具的公允价值重新计量。企业根据最新取得的可行权职工人数变动等后续信息作出最佳估计,修正预计可行权的权益工具数量。

借:管理费用等

　贷:应付职工薪酬

(3) 可行权日。与等待期内的资产负债表日会计处理一样。

(4) 可行权日之后。企业在可行权日之后不再确认成本费用,负债公允价值的变动应当计入当期损益。

借:公允价值变动损益

　贷:应付职工薪酬

或作相反会计分录。

(5) 行权日。根据行权情况,按照所支付现金:

借:应付职工薪酬——股份支付

　贷:银行存款

第七节　应交税费的核算

一、应交税费的核算范围

涉及的主要税费包括：增值税、消费税、企业所得税、个人所得税、城市维护建设税、资源税、环境保护税、城镇土地使用税、耕地占用税、房产税、契税、土地增值税、车辆购置税、车船税、印花税以及各项地方基金等。

二、应交税费的核算办法

（一）增值税

增值税是以商品和劳务在流转过程中产生的增值额作为征税对象而征收的一种流转税。按照我国增值税法的规定，增值税是对在我国境内销售货物或者加工、修理修配劳务，销售服务、无形资产、不动产以及进口货物的单位和个人，就其销售货物、劳务、服务、无形资产、不动产的增值额和货物进口金额为计税依据而课征的一种流转税。增值税税率分别为13%、9%、6%三档税率和5%、3%两档征收率（新冠肺炎期间小规模纳税人征收率为1%），以及零税率。集团公司煤炭、电力、煤化工、机械制造等产业适用13%税率，矿业工程、房地产开发适用9%税率。

增值税一般纳税人取得2017年1月1日及以后开具的增值税专用发票、海关进口增值税专用缴款书、机动车销售统一发票、收费公路通行费增值税电子普通发票，取消认证确认、稽核比对、申报抵扣的期限。纳税人在进行增值税纳税申报时，应当通过本省（自治区、直辖市和计划单列市）增值税发票综合服务平台对上述扣税凭证信息进行用途确认。

增值税一般纳税人取得2016年12月31日及以前开具的增值税专用发票、海关进口增值税专用缴款书、机动车销售统一发票，超过认证确认、稽核比对、申报抵扣期限，但符合规定条件的，仍可按照《国家税务总局关于逾期增值税扣税凭证抵扣问题的公告》（2011年第50号，国家税务总局公告2017年第36号、2018年第31号修改）、《国家税务总局关于未按期申报抵扣增值税扣税凭证有关问题的公告》（2011年第78号，国家税务总局公告2018年第31号修改）规定，继续抵扣进项税额。

增值税一般纳税人应当在“应交税费”科目下设置“应交增值税”、“未交增值税”、“预交增值税”、“待认证进项税额”、“待转销项税额”、“增值税留抵税额”、“简易计税”、“转让金融商品应交增值税”、“代扣代交增值税”等明细科目。

1.“应交增值税”的核算（以增值税一般纳税人为例，下同）

增值税一般纳税人应在“应交增值税”明细账内设置“进项税额”、“销项税额抵减”、“已交税金”、“转出未交增值税”、“减免税款”、“出口抵减内销产品应纳税额”、“销项税额”、“出口退税”、“进项税额转出”、“转出多交增值税”等科目。其中：

（1）“进项税额”科目，记录一般纳税人购进货物、加工修理修配劳务、服务、无形资产或不动产而支付或负担的、准予从当期销项税额中抵扣的增值税额。

（2）“销项税额抵减”科目，记录一般纳税人按照现行增值税制度规定因扣减销售额而减少的销项税额。

（3）“已交税金”科目，记录一般纳税人当月已缴纳的应交增值税额。

（4）“转出未交增值税”和“转出多交增值税”科目，分别记录一般纳税人月度终了转出当月应交未交或多交的增值税额。

(5)“减免税款”科目，记录一般纳税人按现行增值税制度规定准予减免的增值税额。

(6)“出口抵减内销产品应纳税额”科目，记录实行“免、抵、退”办法的一般纳税人按规定计算的出口货物的进项税抵减内销产品的应纳税额。

(7)“销项税额”科目，记录一般纳税人销售货物、加工修理修配劳务、服务、无形资产或不动产应收取的增值税额。

(8)“出口退税”科目，记录一般纳税人出口货物、加工修理修配劳务、服务、无形资产按规定退回的增值税额。

(9)“进项税额转出”科目，记录一般纳税人购进货物、加工修理修配劳务、服务、无形资产或不动产等发生非正常损失以及其他原因而不应从销项税额中抵扣、按规定转出的进项税额。

(10)“留抵退税”科目，用于核算企业收到的税务机关退还的增值税留抵税额。收到退税款时，借记“银行存款”，贷记“应交税费——应交增值税——留抵退税”。

2.“未交增值税”的核算

“未交增值税”科目，核算一般纳税人月度终了从“应交增值税”或“预交增值税”明细科目转入当月应交未交、多交或预缴的增值税额，以及当月缴纳以前期间未交的增值税额。

3.“预交增值税”的核算

“预交增值税”科目，核算一般纳税人转让不动产、提供不动产经营租赁服务、提供建筑服务、采用预收款方式销售自行开发的房地产项目等，以及其他按现行增值税制度规定应预缴的增值税额。

4.“待认证进项税额”的核算

“待认证进项税额”科目，核算一般纳税人由于未经税务机关认证而不按照现行增值得从当期销项税额中抵扣的进项税额。包括：一般纳税人已取得增值税扣税凭证、税制度规定准予从销项税额中抵扣，但尚未经税务机关认证的进项税额；一般纳税人已申请稽核但尚未取得稽核相符结果的海关缴款书进项税额。

5.“待转销项税额”的核算

“待转销项税额”科目，核算一般纳税人销售货物、加工修理修配劳务、服务、无形资产或不动产，已确认相关收入(或利得)但尚未发生增值税纳税义务而需于以后期间确认为销项税额的增值税额。

6.“简易计税”的核算

“简易计税”科目，核算一般纳税人采用简易计税方法发生的增值税计提、扣减、预缴、缴纳等业务。

7.“转让金融商品应交增值税”的核算

“转让金融商品应交增值税”科目，核算增值税纳税人转让金融商品发生的增值税额。

8.“代扣代交增值税”的核算

“代扣代交增值税”科目，核算纳税人购进在境内未设经营机构的境外单位或个人在境内的应税行为代扣代缴的增值税。

9.一般纳税人的账务处理

(1)采购等业务进项税额允许抵扣的账务处理。一般纳税人购进货物、加工修理修配劳务、服务、无形资产或不动产，按应计入相关成本费用或资产的金额，借记“在途物资”、“原材料”、“库存商品”、“生产成本”、“制造费用”、“无形资产”、“固定资产”、“管理费用”等科目，按当月已认证的可抵扣增值税额，借记“应交税费－应交增值税（进项税额）”科目，按当月未认证的可抵扣增值税额，借记“应交税费－待认证进项税额”科目，按应付或实际支付的金额，贷记“应付账款”、“应付票据”、“银行存款”等科目。发生退货的，如原增值税专用发票已作认证，应根据税务机关开具的红字增值税专用发票作相反的会计分录；如原增值税专用发票未作认证，应将发票退回并作相反的会计分录。

（2）采购等业务进项税额不得抵扣的账务处理。一般纳税人购进货物、加工修理修配劳务、服务、无形资产或不动产，用于简易计税方法计税项目、免征增值税项目、集体福利或个人消费等，其进项税额按照现行增值税制度规定不得从销项税额中抵扣的，取得增值税专用发票时，应借记相关成本费用或资产科目，借记“应交税费——待认证进项税额”科目，贷记“银行存款”、“应付账款”等科目。经税务机关认证后，再将“应交税费——待认证进项税额”转入“进项税额”，借记“应交税费——应交增值税（进项税额）”科目，贷记“应交税费——待认证进项税额”科目。进项税额转出时，记入“进项税额转出”科目，借记相关成本费用或资产科目，贷记“应交税费——应交增值税（进项税额转出）”科目。

（3）货物等已验收入库但尚未取得增值税扣税凭证的账务处理。一般纳税人购进的货物等已到达并验收入库，但尚未收到增值税扣税凭证并未付款的，应在月末按货物清单或相关合同协议上的价格暂估入账，不需要将增值税的进项税额暂估入账。下月初，用红字冲销原暂估入账金额，待取得相关增值税扣税凭证并经认证后，按应计入相关成本费用或资产的金额，借记“原材料”、“库存商品”、“固定资产”、“无形资产”等科目，按可抵扣的增值税额，借记“应交税费——应交增值税（进项税额）”科目，按应付金额，贷记“应付账款”等科目。

（4）购买方作为扣缴义务人的账务处理。按照现行增值税制度规定，境外单位或个人在境内发生应税行为，在境内未设有经营机构的，以购买方为增值税扣缴义务人。境内一般纳税人购进服务、无形资产或不动产，按应计入相关成本费用或资产的金额，借记“生产成本”、“无形资产”、“固定资产”、“管理费用”等科目，按可抵扣的增值税额，借记“应交税费——进项税额”科目，按应付或实际支付的金额，贷记“应付账款”等科目，按应代扣代缴的增值税额，贷记“应交税费——代扣代交增值税”科目。实际缴纳代扣代交增值税时，按代扣代交的增值税额，借记“应交税费——代扣代交增值税”科目，贷记“银行存款”。

（5）销售业务的账务处理。企业销售货物、加工修理修配劳务、服务、无形资产或不动产，应当按应收或已收的金额，借记“应收账款”、“应收票据”、“银行存款”等科目，按取得的收入金额，贷记“主营业务收入”、“其他业务收入”、“固定资产清理”、“工程结算”等科目，按现行增值税制度规定计算的销项税额，贷记“应交税费——应交增值税（销项税额）”或“应交税费——简易计税”科目。发生销售退回的，应根据按规定开具的红字增值税专用发票作相反的会计分录。

按照国家统一的会计制度确认收入或利得的时点早于按照增值税制度确认增值税纳税义务发生时点的，应将相关销项税额计入“应交税费——待转销项税额”科目，待实际发生纳税义务时再转入“应交税费——应交增值税（销项税额）”或“应交税费——简易计税”科目。

按照增值税制度确认增值税纳税义务发生时点早于按照国家统一的会计制度确认收入或利得的时点的，应将应纳增值税额，借记“应收账款”科目，贷记“应交税费——应交增值税

（销项税额）”或“应交税费——简易计税”科目，按照国家统一的会计制度确认收入或利得时，应按扣除增值税销项税额后的金额确认收入。

（6）视同销售的账务处理。企业发生税法上视同销售的行为，应当按照企业会计准则制度相关规定进行相应的会计处理，并按照现行增值税制度规定计算的销项税额（或采用简易计税方法计算的应纳增值税额），借记“应付职工薪酬”、“利润分配”等科目，贷记“应交税费一应交增值税（销项税额）”或“应交税费——简易计税”科目。

（7）差额征税的账务处理。① 企业发生相关成本费用允许扣减销售额的账务处理。按现行增值税制度规定企业发生相关成本费用允许扣减销售额的，发生成本费用时，按应付或实际支付的金额，借记“主营业务成本”、“库存商品”等、“工程施工”等科目，贷记“应付账款”、“应付票据”、“银行存款”等科目。待取得合规增值税扣税凭证且纳税义务发生时，按照允许抵扣的税额，借记“应交税费——应交增值税（销项税额抵减）”或“应交税费——简易计税”科目，贷记“主营业务成本”、“存货”、“工程施工”等科目。② 金融商品转让按规定以盈亏相抵后的余额作为销售额的账务处理。金融商品实际转让月末，如产生转让收益，则按应纳税额借记“投资收益”等科目，贷记“应交税费——转让金融商品应交增值税”科目；如产生转让损失，则按可结转下月抵扣税额，借记“应交税费——转让金融商品应交增值税”科目，贷记“投资收益”等科目。月末，将“应交税费——转让金融商品应交增值税”科目余额转入“应交税费——应交增值税（销项税额）”科目。

（8）进项税额抵扣情况发生改变的账务处理。因发生非正常损失或改变用途等，原已计入进项税额或待认证进项税额，但按现行增值税制度规定不得从销项税额中抵扣的，借记“待处理财产损溢”、“应付职工薪酬”、“固定资产”、“无形资产”等科目，贷记“应交税费——应交增值税（进项税额转出）”或“应交税费——待认证进项税额”科目；原不得抵扣且未抵扣进项税额的固定资产、无形资产等，因改变用途用于允许抵扣进项税额的应税项目的，应按允许抵扣的进项税额，借记“应交税费——应交增值税（进项税额）”科目，贷记“固定资产”、“无形资产”等科目。固定资产、无形资产等经上述调整后，应按调整后的账面价值在剩余尚可使用寿命内计提折旧或摊销。

（9）月末转出未交增值税和留抵增值税的账务处理。月度终了，企业应将当月应交未交的增值税或留抵的增值税自“应交增值税”明细科目转入“未交增值税”明细科目。当月形成应交增值税的，按正数结转，借记“应交税费——应交增值税（转出未交增值税）”科目，贷记“应交税费——未交增值税”科目；当月形成留抵增值税的，按负数结转，借记“应交税费——应交增值税（转出未交增值税）”科目，贷记“应交税费——未交增值税”科目。

（10）缴纳增值税的账务处理。① 缴纳当月应交增值税的账务处理。企业缴纳当月应交的增值税，借记“应交税费——应交增值税（已交税金）”科目，贷记“银行存款”。② 缴纳以前期间未交增值税的账务处理。企业缴纳以前期间未交的增值税，借记“应交税费——未交增值税”科目，贷记“银行存款”。③ 预缴增值税的账务处理。企业预缴增值税时，借记“应交税费——预交增值税”科目，贷记“银行存款”。月末，企业应将“预交增值税”明细科目余额转入“未交增值税”明细科目，借记“应交税费——未交增值税”科目，贷记“应交税费——预交增值税”科目。房地产开发企业等在预缴增值税后，应直至纳税义务发生时方可从“应交税费——预交增值税”科目结转至“应交税费——未交增值税”科目。④ 减免增值税的账务处理。对于当期直接减免的增值税，借记“应交税费——应交增值税（减免税款）”

科目，贷记相关损益类科目。

（11）增值税税控系统专用设备和技术维护费用抵减增值税额的账务处理。

按现行增值税制度规定，企业初次购买增值税税控系统专用设备支付的费用以及缴纳的技术维护费允许在增值税应纳税额中全额抵减的，按规定抵减的增值税应纳税额，借记“应交税费——应交增值税（减免税款）”科目，贷记“管理费用”等科目。

10. 财务报表相关项目列示

“应交税费”科目下的“应交增值税”、“未交增值税”、“待认证进项税额”等明细科目期末借方余额应根据情况，在资产负债表中的“其他流动资产”或“其他非流动资产”项目列示；“应交税费——待转销项税额”科目期末贷方余额应根据情况，在资产负债表中的“其他流动负债”或“其他非流动负债”项目列示；“应交税费”科目下的“未交增值税”、“简易计税”、“转让金融商品应交增值税”、“代扣代交增值税”等科目期末贷方余额应在资产负债表中的“应交税费”项目列示。

（二）消费税

消费税是对消费品和特定的消费行为按流转额征收的一种商品税。凡在我国境内生产、委托加工和进口我国《消费税暂行条例》规定的消费品的单位和个人，为消费税的纳税人，应当依照我国《消费税暂行条例》缴纳消费税。根据我国《消费税暂行条例》的规定，消费税应纳税额的计算分为从价计征、从量计征和从价从量复合计征三种方法。

企业应在“应交税费”科目下设置“应交消费税”明细科目用于消费税的账务核算。该科目借方发生额反映实际缴纳的消费税和待抵扣的消费税，贷方发生额反映按规定计提并应缴纳的消费税；期末借方余额反映多交或待抵扣的消费税，期末贷方余额反映尚未缴纳的消费税。企业销售应税消费品应缴纳的消费税，应借记“税金及附加”科目，贷记“应交税费——应交消费税”。企业将自产应税消费品用于非货币性资产交换、债务重组、在建工程、非应税项目、非生产机构、管理部门、提供劳务以及用于馈赠、赞助、集资、广告、样品、职工福利、奖励等方面，应借记“固定资产”、“在建工程”、“营业外支出”、“管理费用”、“应付职工薪酬”、“生产成本”、“销售费用”等科目，贷记“应交税费——应交消费税”。需要缴纳消费税的委托加工物资，应由受托方代收代交消费税，受托方按照应交税款金额，借记“应收账款”、“银行存款”等科目，贷记“应交税费——应交消费税”。委托加工物资收回后，直接用于销售的，应将受托方代收代交的消费税计入委托加工物资的成本，借记“委托加工物资”等科目，贷记“应付账款”、“银行存款”等科目；委托加工物资收回后用于连续生产应税消费品，按规定准予抵扣的，应按已由受托方代收代交的消费税，借记“应交税费——应交消费税”科目，贷记“应付账款”、“银行存款”等科目。企业进口应税物资在进口环节应交的消费税，计入该项物资的成本，借记“材料采购”、“固定资产”等科目，贷记“银行存款”。

（三）企业所得税

企业所得税是对我国境内的企业和其他取得收入的组织的生产经营所得和其他所得征收的一种税，征税对象是企业的生产经营所得、其他所得和清算所得。居民企业应就来源于中国境内、境外的所得作为征税对象。所得包括销售货物所得、提供劳务所得、转让财产所得、股息红利等权益性投资所得、利息所得、租金所得、特许权使用费所得、接受捐赠所得和其他所得。应纳税所得额是企业所得税的计税依据，按照企业所得税法的规定，应纳税所得额为企业每一个纳税年度的收入总额，减除不征税收入、免税收入、各项扣除以及允许弥补的以前年度亏损后的余额。企业应纳税所得额的计算以权责发生制为原则，属于当期的收入和费用，不论款项是否收付，均作为当期的收入和费用；不属于当期的收入和费用，即使款项已经在当期收付，均不作为当期的收入和费用。

企业应在“应交税费”科目下设置“应交所得税”明细科目用于企业所得税的账务核算。企业依据当期应纳税所得额计算应交所得税时，借记“所得税费用”，贷记“应交税费——应交所得税”。确认递延所得税资产时，借记“递延所得税资产”，贷记“所得税费用”、“其他综合收益”等科目；转回递延所得税资产时，借记“所得税费用”、“其他综合收益”等科目，贷记“递延所得税资产”。确认递延所得税负债时，借记“所得税费用”、“其他综合收益”等科目，贷记“递延所得税负债”；转回递延所得税负债时，借记“递延所得税负债”，贷记“所得税费用”、“其他综合收益”等科目。缴纳企业所得税时，应借记“应交税费——应交所得税”，贷记“银行存款”。

（四）个人所得税

个人所得税主要是以自然人取得的各类应税所得为征税对象而征收的一种所得税，征税范围包括工资薪金所得、劳务报酬所得、稿酬所得、特许权使用费所得、经营所得、利息股息红利所得、财产租赁所得、财产转让所得、偶然所得。企业作为扣缴义务人，向个人支付所得时，均应代扣代交个人所得税。所称支付，包括现金支付、汇拨支付、转账支付和以有价证券、实物以及其他形式的支付。扣缴义务人应当依法办理全员全额扣缴申报。

企业应在“应交税费”科目下设置“应交个人所得税”明细科目用于个人所得税的账务核算。实际支付所得并代扣个人所得税时，借记“应付职工薪酬”、“应付股利”等科目，贷记“应交税费——应交个人所得税”；缴纳个人所得税时，借记“应交税费－应交个人所得税”，贷记“银行存款”。

（五）城市维护建设税

城市维护建设税是对从事工商经营，缴纳增值税、消费税的单位和个人征收的一种附加税，其计算公式为：

应纳税额＝纳税人实际缴纳的增值税、消费税税额×适用税率

企业应在“应交税费”科目下设置“应交城市维护建设税”明细科目用于城市维护建设税的账务核算。计提城市维护建设税时，借记“税金及附加”，贷记“应交税费——应交城市维护建设税”。缴纳税款时，借记“应交税费——应交城市维护建设税”，贷记“银行存款”。

（六）资源税

资源税是对在我国领域和管辖的其他海域开发应税资源的单位和个人课征的一种税，属于对自然资源开发课税的范畴。计税依据为应税产品的销售额或销售量，各税目的征税对象包括原矿或选矿。资源税适用从价计征为主、从量计征为辅的征税方式。集团公司现有产业涉及资源税的征税税目主要是煤和矿泉水，其中煤的征税对象为原矿或选矿，税率为2％～10％；矿泉水的征税对象为原矿，税率为1％～20％或者每立方米1～30元。企业销售应税产品，纳税义务发生时间为收讫销售款或者取得索取销售款凭据的当日；自用应税产品的，纳税义务发生时间为移送应税产品的当日。

企业应在“应交税费”科目下设置“应交资源税”明细科目用于资源税的账务核算。根据当月应税产品的销售额计提资源税时，借记“税金及附加”，贷记“应交税费——应交资源税”；自用应税产品时，借记“生产成本”、“制造费用”等科目，贷记“应交税费——应交资源

税”;缴纳税款时,借记“应交税费——应交资源税”,贷记“银行存款”。

（七）环境保护税

环境保护税是对在我国领域以及管辖的其他海域直接向环境排放应税污染物的企业事业单位和其他生产经营者征收的一种税,其立法目的是保护和改善环境,减少污染物排放,推进生态文明建设。环境保护税税目包括大气污染物、水污染物、固体废物和噪声四大类。环境保护税采用定额税率,应税污染物的计税依据,按照下列方法确定:

① 应税大气污染物按照污染物排放量折合的当量数确定;

② 应税水污染物按照污染物排放量折合的污染当量数确定;

③ 应税固体废物按照固体废物的排放量确定;

④ 应税噪声按照超过国家规定标准的分贝数确定。

企业应在“应交税费”科目下设置“应交环境保护税”明细科目用于环境保护税的账务核算。计提环境保护税时,借记“税金及附加”,贷记“应交税费——应交环境保护税”;缴纳税款时,借记“应交税费——应交环境保护税”,贷记“银行存款”科目。

（八）城镇土地使用税

城镇土地使用税是以国有土地为征税对象,对拥有土地使用权的单位和个人征收的一种税,其征税范围包括在城市、县城、建制镇和工矿区内的国家所有和集体所有的土地。城镇土地使用税采用定额税率,即采用有幅度的差别税额,按大、中、小城市和县城、建制镇、工矿区分别规定每平方米城镇土地使用税年应纳税额。纳税人以实际占用的土地面积乘以该土地所在地段的适用税额求得。

企业应在“应交税费”科目下设置“应交城镇土地使用税”明细科目用于城镇土地使用税的账务核算。计提城镇土地使用税时,借记“税金及附加”,贷记“应交税费——应交城镇土地使用税”;缴纳税款时,借记“应交税费——城镇土地使用税”,贷记“银行存款”科目。

（九）耕地占用税

耕地占用税是对占用耕地建房或从事其他非农业建设的单位和个人,就其实际占用的耕地面积征收的一种税,它属于对特定土地资源占用课税。耕地占用税在税率设计上采用了地区差别定额税率,以纳税人实际占用的属于耕地占用税范围的土地面积为计税依据,按应税土地当地适用税额计税,实行一次性征收。

企业应在“应交税费”科目下设置“应交耕地占用税”明细科目用于耕地占用税的账务核算。计提耕地占用税时,借记“税金及附加”,贷记“应交税费——应交耕地占用税”;缴纳税款时,借记“应交税费——应交耕地占用税”,贷记“银行存款”科目。

（十）房产税

房产税是以房产为征税对象,按照房屋的计税余值或租金收入,向产权所有人征收的一种财产税。所谓房产,是指有屋面和围护结构(有墙或两边有柱),能够遮风避雨,可供人们在其中生产、学习、工作、娱乐、居住或储藏物资的场所。房地产开发企业建造的商品房,在出售前不征收房产税;但对出售前房地产开发企业已使用或出租、出借的商品房应按规定征收房产税。我国现行房产税采用的是比例税率。由于房产税的计税依据分为从价计征和从租计征两种形式,所以房产税的税率也有两种:一种是按房产原值一次减除10%～30%后的余值计征,税率为1.2%;另一种是按房产出租的租金收入计征,税率为12%。按房产原值计征房产税的,按季分期缴纳,纳税人应于期满之日起15日内申报纳税;按租金收入计征房产税的，纳税人应于实际收取租金收入的次月 15 日内申报纳税。

企业应在“应交税费”科目下设置“应交房产税”明细科目用于房产税的账务核算。计提房产税时，应借记“税金及附加”，贷记“应交税费——应交房产税”；缴纳税款时，借记“应交税费——应交房产税”，贷记“银行存款”科目。

（十一）契税

契税是以在我国境内转移土地、房屋权属为征税对象，向产权承受人征收的一种财产税，征税范围包括国有土地使用权出让、土地使用权的转让、房屋买卖、房屋赠与、房屋互换。契税实行 3%～5%的幅度税率，计税依据不含增值税。契税的纳税义务发生时间是纳税人签订土地、房屋权属转移合同的当日，或者纳税人取得其他具有土地、房屋权属转移合同性质凭证的当日。纳税人应当在依法办理土地、房屋权属登记手续前申报缴纳契税。

企业应在“应交税费”科目下设置“应交契税”明细科目用于契税的账务核算。计提契税时，借记“固定资产——房屋”、“无形资产——土地使用权”等科目，贷记“应交税费——应交契税”；缴纳税款时，借记“应交税费——应交契税”，贷记“银行存款”科目。

（十二）土地增值税

土地增值税是对有偿转让国有土地使用权及地上建筑物和其他附着物产权，取得增值收入的单位和个人征收的一种税，其征税的基本范围包括转让国有土地使用权、地上的建筑物及其附着物连同国有土地使用权一并转让、存量房地产的买卖。土地增值税实行四级超率累进税率，按照纳税人转让房地产所取得的增值额和规定的税率计算征收。

企业应在“应交税费”科目下设置“应交土地增值税”明细科目用于土地增值税的账务核算。主营房地产业务的企业，计提土地增值税时，借记“税金及附加”，贷记“应交税费——应交土地增值税”；兼营房地产业务的企业，计提土地增值税时，借记“其他业务成本”，贷记“应交税费——应交土地增值税”；企业将已作为固定资产入账的地上建筑物及其附着物连同国有土地使用权一并转让的，借记“固定资产清理”，贷记“应交税费——应交土地增值税”；缴纳税款时，借记“应交税费——应交土地增值税”，贷记“银行存款”科目。

（十三）车辆购置税

车辆购置税是以在中国境内购置规定车辆为课税对象、在特定的环节向车辆购置者征收的一种税，其计税依据为应税车辆的计税价格。自 2020 年 6 月 1 日起，纳税人购置应税车辆，以发票电子信息中的不含增值税价作为计税价格，税率为 10%。

企业应在“应交税费”科目下设置“应交车辆购置税”明细科目用于车辆购置税的账务核算。企业购置应税车辆时，借记“固定资产——车辆”，贷记“应交税费——应交车辆购置税”；缴纳税款时，借记“应交税费——应交车辆购置税”，贷记“银行存款”。

（十四）车船税

车船税是以车船为征税对象，向拥有车船的单位和个人征收的一种税。车船税实行定额税率，纳税人按照纳税地点所在的省、自治区、直辖市人民政府确定的具体适用税额缴纳车船税。根据《车船税管理规程（试行）》（国家税务总局公告 2015 年第 83 号公告），自 2016 年 1 月 1 日起，保险机构应当在收取机动车第三者责任强制保险费时依法代收车船税，并将注明已收税款信息的机动车第三者责任强制保险单及保费发票作为代收税款凭证。

企业应在“应交税费”科目下设置“应交车船税”明细科目用于车船税的账务核算。企业计提车船税时，借记“税金及附加”，贷记“应交税费——应交车船税”，缴纳税款时，借记“应交税费——应交车船税”，贷记“银行存款”科目。

（十五）印花税

印花税是以经济活动和经济交往中书立、领受应税凭证的行为为征税对象征收的一种税。印花税的税目，指我国《印花税暂行条例》明确规定的应当纳税的项目，它具体划分了印花税的征税单位。一般来说，列入税目的要征税，未列入税目的不征税。印花税共有13个税目，包括购销合同、加工承揽合同、建设工程勘察设计合同、建筑安装工程承包合同、财产租赁合同、货物运输合同、仓储保管合同、借款合同、财产保险合同、技术合同、产权转移数据、营业账簿、权利、许可证照等。印花税的计税依据为各种应税凭证上所记载的计税金额。

企业应在“应交税费”科目下设置“应交印花税”明细科目用于印花税的账务核算。企业计提印花税时，借记“税金及附加”科目，贷记“应交税费——应交印花税”科目，缴纳税款时，借记“应交税费——应交印花税”科目，贷记“银行存款”科目。对于一次性购买的印花税票，直接借记“税金及附加”科目，贷记“银行存款”科目。

第八节　或有负债的核算

一、或有负债的概念

或有负债，是指过去的交易或者事项形成的潜在义务，其存在须通过未来不确定事项的发生或不发生予以证实；或过去的交易或者事项形成的现时义务，履行该义务不是很可能导致经济利益流出企业或该义务的金额不能可靠地计量。

（1）潜在义务。或有负债作为一项潜在义务，其结果只能由未来不确定事项的发生或不发生来证实。例如，甲企业与乙企业发生了经济纠纷，被乙企业提出诉讼。直至年末，法院尚未进行审理，诉讼的结果最终如何很难确定。这时，甲企业承担的义务就是一种潜在的义务。

（2）特殊的现时义务。或有负债作为特殊的现时义务，其特殊之处在于：该现时义务的履行不是很可能导致经济利益流出企业，或者是现时义务的金额不能可靠地计量。其中，“不是很可能”的概率区间是“大于5%但小于或等于50%”。

二、或有负债的内容

企业常见的或有负债主要包括：已贴现商业承兑汇票、未决诉讼或仲裁、债务担保等。

三、或有负债的披露

企业披露或有负债的方式依据《企业会计准则第13号——或有事项》。该准则规定：“企业不应当确认或有负债和或有资产”，但要在报表附注中披露“或有负债”（不包括极小可能导致经济利益流出企业的或有负债）。披露或有负债时，要披露或有负债的种类及其形成原因，包括已贴现商业承兑汇票、未决诉讼、未决仲裁、对外提供担保等形成的或有负债；经济利益流出不确定性的说明；或有负债预计产生的财务影响，以及获得补偿的可能性，无法预计的，应当说明原因。

需要注意的是，在涉及未决诉讼、未决仲裁的情况下，如果企业披露全部或部分信息预期对企业造成重大不利影响的，企业无须披露这些信息，但应当披露该未决诉讼、未决仲裁的性质，以及没有披露这些信息的事实和原因。

第十章　长期负债的核算

长期负债，又称非流动负债，是指企业过去的交易或者事项形成的、预期在一年或者超过一年的一个营业周期以上会导致经济利益流出企业的现时义务。长期负债按负债的内容分类，分为长期借款、应付债券、租赁负债、长期应付款、专项应付款、预计负债、递延收益、递延所得税负债和其他长期负债。

第一节　借款费用的核算

一、借款费用定义和处理方式

《企业会计准则第 17 号——借款费用》规定，借款费用是指企业因借款而发生的利息及其他相关成本，包括借款利息、折价或者溢价的摊销、辅助费用以及因外币借款而发生的汇兑差额等。辅助费用是指企业在借款过程中发生的诸如手续费、佣金、印刷费、承诺费等费用。

借款费用有两种处理方式：一是采用费用化的处理方式，即将借款费用直接计入当期损益；二是采用资本化的处理方式，即将借款费用计入相关资产的成本。

符合资本化条件的资产，是指需要经过相当长时间的购建或者生产活动才能达到预定可使用或者可销售状态的固定资产、无形资产、投资性房地产和存货等资产。借款费用具体处理时，可考虑以下五种情况：

(1) 企业筹建期间发生的借款费用符合资本化条件的，采用资本化的处理方式。即用于购建固定资产而发生的借款费用符合资本化条件的，记入“在建工程”科目，待所建固定资产达到预定可使用状态时再转入“固定资产”科目，筹建期间内以后发生的借款费用计入当期管理费用(开办费)；企业在筹建期间内发生的不符合资本化条件的借款费用，计入当期管理费用(开办费)。

(2) 企业在生产经营过程中因购建固定资产，也包括委托其他单位建造固定资产而取得的专门借款(即为购建或者生产符合资本化条件的资产而专门借入的款项)所发生的借款费用以及其他一般借款用于购建固定资产符合资本化条件的，采用资本化的处理方式，即将借款费用先记入“在建工程”科目，待所建固定资产达到预定可使用状态时再转入“固定资产”科目，以后发生的借款费用计入当期财务费用。

(3) 企业在生产经营过程中某些存货通常需要经过相当长时间(一般是一年以上)的建造或者生产过程，才能达到预定可销售状态的，其借款费用计入该存货成本；其他不属于这一情况的存货的生产以及在生产经营过程中发生的与购建固定资产无关的借款费用，如从银行取得流动资金借款，为筹集流动资金发行债券等发生的借款费用，由当期财务费用负担。

(4) 企业购建房地产发生的借款费用符合资本化条件的，计入投资性房地产成本。

(5) 企业确认为无形资产开发支出发生的借款费用符合资本化条件的，记入“研发支出——资本化支出”科目。

准则还规定，企业借款中的辅助费用应分别专门借款的辅助费用和一般借款的辅助费用两种情况处理：专门借款发生的辅助费用，在所购建或者生产的符合资本化条件的资产达到预定可使用或者可销售状态之前发生的，应当在发生时根据其发生额予以资本化，计入符合资本化条件的资产的成本；在所购建或者生产的符合资本化条件的资产达到预定可使用或者可销售状态之后发生的，应当在发生时根据其发生额确认为费用，计入当期损益。一般借款发生的辅助费用，应当在发生时根据其发生额确认为费用，计入当期损益。

二、借款费用资本化金额的确定方法

（一）专门借款资本化金额的确定方法

专门借款，是指为购建或者生产符合资本化条件的资产而专门借入的款项。专门借款通常以标明专门用途的借款合同为依据。《企业会计准则第 17 号——借款费用》规定：“为购建或者生产符合资本化条件的资产而借入专门借款的，应当以专门借款当期实际发生的利息费用，减去将尚未动用的借款资金存入银行取得的利息收入或进行暂时性投资取得的投资收益后的金额确定”。

（二）占用一般借款资本化金额的确定方法

《企业会计准则第 17 号——借款费用》规定：“为购建或者生产符合资本化条件的资产而占用了一般借款的，企业应当根据累计资产支出超过专门借款部分的资产支出加权平均数乘以所占用一般借款的资本化率，计算确定一般借款应予资本化的利息金额。资本化率应当根据一般借款加权平均利率计算确定。资本化期间，是指从借款费用开始资本化时点到停止资本化时点的期间，借款费用暂停资本化的期间不包括在内”。

一般借款应予资本化的利息金额按下列公式确定：

$$\begin{matrix}\text{一般借款利息费}\\\text{用资本化金额}\end{matrix}=\begin{matrix}\text{累计资产支出超过专门借款}\\\text{部分的资产支出加权平均数}\end{matrix}\times\begin{matrix}\text{所占用一般借}\\\text{款的资本化率}\end{matrix}$$

$$\begin{matrix}\text{所占用一般借}\\\text{款的资本化率}\end{matrix}=\begin{matrix}\text{所占用一般借款}\\\text{加权平均利率}\end{matrix}=\frac{\text{所占用一般借款当期实际发生的利息之和}}{\text{所占用一般借款本金加权平均数}}$$

$$\begin{matrix}\text{所占用一般借款}\\\text{本金加权平均数}\end{matrix}=\sum\left(\begin{matrix}\text{所占用每笔}\\\text{一般借款本金}\end{matrix}\times\frac{\text{每笔一般借款在当期所占用的天数}}{\text{当期天数}}\right)$$

三、借款费用开始资本化的条件

《企业会计准则第 17 号——借款费用》规定，借款同时满足以下三个条件的，才能开始资本化：

（1）资产支出已经发生。这里所指的资产支出包括为购建或者生产符合资本化条件的资产而以支付现金、转移非现金资产或者承担带息债务形式发生的支出。具体说：

① 购建或者生产符合资本化条件的资产而用现金支付。如用现金、银行存款或其他货币资金等购买工程用材料，用现金支付建造固定资产的职工薪酬等。

② 转移非现金资产是指将非现金资产用于符合资本化条件的资产的建造、安装或生产。如将企业自己生产的产品用于固定资产的建造，或以企业自己生产的产品向其他企业换取用于固定资产建造所需要的物资等。

③ 承担带息债务是指因购买工程用材料等而承担的带息应付款项（如带息应付票据）。企业以赊购方式向供货单位购买工程用物资，由此产生的债务可能带息，也可能不带息。如

果是不带息债务，就不计入资产支出，因为在该债务偿付前不需承担利息，企业不会因这部分未偿付债务而承担借款费用，亦即没有任何借款费用是应当归属于这部分未偿付债务的。直到企业偿付债务实际发生了资源流出时，才能作为资产的支出。而对于带息债务来说，情况就不同了，由于企业要为这笔债务付出代价，承担利息，与企业用银行借款支付资产支出的性质是一样的。因此，带息债务应当作为资产支出，用以计算应予资本化的借款费用金额。

需要注意的是，如果企业委托其他单位建造固定资产，则企业向受托单位支付第一笔预付款或第一笔进度款时，即认为资产支出已经发生。

(2) 借款费用已经发生。该条件是指已经发生了与购建或生产符合资本化条件的资产有关的借入款项的利息、折价或溢价的摊销、辅助费用或汇兑差额。例如，企业以发行债券的方式筹集资金来建造一项固定资产，在债券本身可能还没有开始计息时，就为发行债券向承销机构支付了一笔承销费，即发生了专门借款的辅助费用。此时，应当认为借款费用已经发生。

(3) 为使资产达到预定可使用状态或者可销售状态所必要的购建或者生产活动已经开始。"为使资产达到预定可使用状态所必要的购建活动"主要是指资产的实体建造活动。例如主体设备的安装、厂房的实际建造等。但是"为使资产达到预定可使用状态所必要的购建活动已经开始"不包括仅仅持有资产、但没有发生为改变资产状态而进行建造活动的情况。如只购置了建筑用地但未发生有关房屋建造活动就不包括在内。

在上述三个条件同时满足的情况下，因借款而发生的利息、折价或溢价的摊销或汇兑差额应当开始资本化，只要其中有一个条件没有满足，就不能开始资本化。例如，企业为购置或建造某项固定资产借入的专门借款已经划入企业账户，即借款费用已经发生，固定资产的实体建造工作也已经开始，但由于为建造该项资产所购买的工程物资款项均未支付，而且这些应付款项都是不带息债务，另外，也没有发生其他与固定资产购建有关的支出，因而已发生的专门借款的借款费用，尽管是为建造该项固定资产而专门借入的款项所发生的，也不能计入该项资产的成本，只能确认为当期费用，因为不符合开始资本化的第一个条件。又如，企业已经使用银行存款购买了建造某项固定资产所需的工程物资，固定资产的实体建造工作也已经开始，但为建造该项资产专门借入的款项还没有到位，因此没有发生相应的借款费用，此时，也不能开始资本化，因为不符合开始资本化的第二个条件。但是如果这项工程是动用一般借款建造，一般借款的利息可以资本化。再比如，企业为了建造一项固定资产已经使用银行存款购买了工程所需物资，发生了资产支出，为购建该项固定资产专门借入的款项也已经开始计息，即借款费用已经发生，此时，已经符合了开始资本化的第一、二个条件，但固定资产的实体建造还没有开始，即为使资产达到预定可使用状态所必要的购建活动还没有开始，不符合开始资本化的第三个条件，在这种情况下，专门借款发生的借款费用也不能开始资本化。

准则还规定，符合资本化条件的资产在购建或者生产过程中发生非正常中断、且中断时间连续超过 3 个月的，应当暂停借款费用的资本化。在中断期间发生的借款费用应当确认为费用，计入当期损益，直至资产的购建或者生产活动重新开始。如果中断是所购建或者生产的符合资本化条件的资产达到预定可使用或者可销售状态必要的程序，借款费用的资本化应当继续进行。此外，购建或者生产符合资本化条件的资产达到预定可使用或者可销售状态时，借款费用应当停止资本化。在符合资本化条件的资产达到预定可使用或者可销售状态之后所发生的借款费用，应当在发生时根据其发生额确认为费用，计入当期损益。

第二节　长期借款的核算

长期借款是指企业向银行和其他金融机构借入的期限在一年以上（不含一年）的各种借款。长期借款根据需要可以借入人民币，也可以借入外币。长期借款按合同规定，可到期一次还本付息，也可分期付息一次还本，还可分次还本付息；长期借款在多数情况下用于固定资产，有时也用于同购置固定资产相关联的流动资产。

长期借款按实际发生额计价，包括实际取得的借款本金和实际支付的借款利息。企业应在“长期借款”科目下设置“本金”和“利息调整”等明细科目进行明细核算。

一、长期银行借款

长期银行借款是指企业向银行或其他金融机构借入的归还期在一年以上（不含一年）的借款。如企业扩大经营范围和更新改造设备等需要增加固定资产，可向银行取得长期借款。

（一）长期借款的账务处理

（1）取得长期银行借款时：

借：银行存款

　贷：长期借款——本金

（2）在分期付息方式下，企业期末计算应付银行专门借款利息、外币汇兑损益，其中，将资本化利息计入在建工程，将未使用的专门借款利息计入当期费用。

借：在建工程

　财务费用

　贷：应付利息

如果是到期还本付息方式，应贷记“长期借款——利息调整”科目。

（3）支付上述利息时：

借：应付利息

　贷：银行存款

（4）工程完工，所建固定资产达到预计可使用状态交付生产使用时：

借：固定资产

　贷：在建工程

若固定资产交付使用时同时交付生产用备件、工具时，应借记“原材料”、“低值易耗品”等科目，对这部分用于流动资产的长期借款，其利息支出分开计算，按期计入当期“财务费用”科目。

（5）此后，企业计算应付银行借款利息，由于工程早已竣工，利息支出计入当期财务费用。

借：财务费用

　贷：应付利息

　　或长期借款——利息调整

（6）长期借款到期，企业偿付借息时：

借:长期借款——本金

　应付利息

　长期借款——利息调整

　贷:银行存款

说明:如果长期银行借款采用按年计算复利,到期一次还本付息,则企业每年(固定资产建造期间或固定资产交付使用后)应计算复利,借记"在建工程"、"财务费用"科目,贷记"长期借款——利息调整"科目。

(二) 债务重组中长期借款的账务处理

(1) 豁免部分长期借款,用现款了结借款本息时(这是用金融资产清偿债务):

借:长期借款(借款账面余额)

　贷:银行存款(现金清偿额)

　　投资收益(两者差额)

(2) 修改债务条件,未来偿债额小于现有债务额,债务方进行债务结转,并将其差额冲销时:

借:长期借款

　贷:长期借款——债务重组

　　投资收益(两者差额)

(3) 将长期借款转为资本时(简称"债转股",这是债务人将债务转为权益工具):

借:长期借款

　贷:实收资本——法人资本

　　资本公积——资本溢价

　　投资收益

(4) 用非现金资产抵债(以库存商品为例)时:

借:长期借款(借款本息)

　贷:主营业务收入(公允价值)

　　应交税费——应交增值税——销项税额

借:主营业务成本(商品成本－已计提的跌价准备)

　存货跌价准备(已计提的跌价准备)

　贷:库存商品(商品成本)

《企业会计准则第 12 号——债务重组》应用指南规定:"债务人以单项或多项非金融资产(如固定资产、日常活动产出的商品或服务等)清偿债务,或者以包括金融资产和非金融资产在内的多项资产清偿债务的,不需要区分资产处置损益和债务重组损益,也不需要区分不同资产的处置损益,而应将所清偿债务账面价值与转让资产账面价值之间的差额",作"其他收益——债务重组收益"处理。本例以库存商品清偿债务取得债务重组收益,通过计算主营业务收入与主营业务成本的差额予以体现。

二、其他长期借款

企业除主要从银行取得长期借款外,还可以向其他债权人取得长期借款,如向信托投资公司、中国人民保险公司以及其他单位借款,其核算方法与长期银行借款基本相同。

第三节 应付债券的核算

一、应付债券的账务处理

企业发行的债券，如果不超过一年，属于流动负债范畴，单独增设“应付短期债券”科目核算；如果超过一年，属于长期负债范畴，通过设置“应付债券”科目核算。在“应付债券”一级科目下，企业应设置“面值”、“利息调整”和“应计利息”三个明细科目进行明细核算。企业发行债券，按债券面值入账，记入“应付债券——面值”科目；对债券发行中产生的溢价或折价记入“应付债券——利息调整”科目，以后分期摊销；企业发行一次还本付息的债券，应于资产负债表日按债券票面利率计算应付利息，记入“应付债券——应计利息”科目，分期付息、一次还本的债券利息通过“应付利息”科目核算。企业各期计息，既要采用实际利率，又要采用票面利率，两种利率产生的计息差额记入“应付债券——利息调整”科目，但实际利率与票面利率差异较小的，也可以只按票面利率计算确定利息费用。

企业发行债券，要发生一定的发行费用，一般包括债券承销费、印刷费、律师费、发行手续费及其他直接费用等，属于借款费用中的辅助费用，在购建或者生产的符合资本化条件的资产达到预定可使用或者可销售状态之前发生的予以资本化，之后发生的予以费用化。

（一）企业发行债券的账务处理

（1）企业溢价发行债券用于筹集流动资金时：

借：银行存款

　贷：应付债券——面值

　　　　　　——利息调整

企业折价发行债券，借记“应付债券——利息调整”科目。

（2）企业期末采用实际利率法计算应付债券利息（分期付息方式），并摊销债券溢价时：

借：财务费用

　应付债券——利息调整

　贷：应付利息

如果采用债券到期息随本清的支付方式，各期计息通过“应付债券——应计利息”科目核算。企业折价发行债券计算应付债券利息贷记“应付债券——利息调整”科目。

（3）企业各期支付利息时：

借：应付利息

　贷：银行存款

（4）债券到期收回全部本息时：

借：应付债券——面值

　　　　　——应计利息

　应付利息

　贷：银行存款

同时，如果“利息调整”明细科目存在余额的，借记或贷记“应付债券——利息调整”科目，贷记或借记“在建工程”、“制造费用”、“财务费用”、“研发支出”等科目。

（5）企业举借新债偿还旧债，采用“直接交换”的方式所进行的账务处理：

借：应付债券——面值（旧债）

——利息调整（旧债）

贷：应付债券——面值（新债）

——利息调整（新债）

贷或借：投资收益（差额）

（6）企业举借新债偿还旧债，采用“发新购旧”的方式所进行的账务处理：

借：银行存款（新债券价值）

贷：应付债券等（新债券价值）

同时，偿还旧债券时：

借：应付债券——面值

——利息调整

贷：银行存款

注销旧债券折价和上述溢价的分录相反；偿还旧债产生的损失，记入“投资收益”科目借方。

（二）可转换公司债券的账务处理

可转换公司债券是指企业发行的、债券持有人可按规定转换成发行公司的普通股票的债券。《企业会计准则第37号——金融工具列报》应用指南规定：“企业发行的一项非衍生工具同时包含金融负债成分和权益工具成分的，应于初始计量时先确定金融负债成分的公允价值（包括其中可能包含的非权益性嵌入衍生工具的公允价值），再从复合金融工具公允价值中扣除负债成分的公允价值，作为权益工具成分的价值。可转换债券等可转换工具可能被分类为复合金融工具”。我国《企业会计准则——应用指南》附录一规定，可转换债券转换为普通股票时，企业应按股票面值记作股本，可转换债券的账面价值与股票面值之间的差额记作资本公积。企业发行的可转换公司债券账务处理如下：

（1）企业为筹集流动资金发行可转换公司债券（折价发行）收款存行，并对债券进行了拆分：

借：银行存款（实际收到的金额＝发行价格－交易费用）

应付债券——可转换永续债（利息调整）

贷：应付债券——可转换永续债（面值）

其他权益工具——可转换永续债（股份转换权）

（2）计算上述已拆分过的债券应付利息（采用分期付息方式），并采用实际利率法摊销折价时：

借：财务费用

贷：应付利息

应付债券——可转换永续债（利息调整）

（3）实际支付债券利息时：

借：应付利息

贷：银行存款

（4）债券转换前计提和实际支付利息时：

借：财务费用

贷:应付利息

应付债券——可转换永续债(利息调整)

借:应付利息

贷:银行存款

(5)企业将可转换公司债券转换为股票时:

借:应付债券——可转换永续债(面值)

其他权益工具——可转换永续债(股份转换权)

贷:应付债券——可转换永续债(利息调整)

股本

资本公积——股本溢价

(三)附认股权证的债券账务处理

认股权证,又称股票购买权证或认股凭单,是指公司在发行债券(或优先股股票)时发生的给予购买债券(或优先股股票)人享有按一定认购价格,在规定时间内购买一定数量普通股票的权利证书。由于认股权证可以购买普通股票,所以债券利率可以定得较低,以便节省举债成本。附认股权证的债券分为附可分离认股权证的债券和附不可分离认股权证的债券两种。

(1)企业债券发行时附发可分离认股权证的处理。可分离认股权证是指认股权证不与债券连在一起,持券人可将认股权证直接出售获利或购买普通股票。发行附可分离认股权证的债券时,应把发行净收入按认股权证和债券的公允价值,在这两种证券间分配,由债券负担的部分作为企业负债,由认股权证负担的部分作其他权益工具处理。债券的公允价值等于债券到期应支付的面值的贴现值加上各期应计利息的贴现值;认股权证的公允价值等于发行净收入与债券公允价值的差额(差额为负,认股权证的公允价值以零表示)。

企业发行附认股权证的债券收款存入银行时:

借:银行存款(实收款)

贷:应付债券——面值(面值)

——利息调整(溢价)

其他权益工具(认股权证公允价值)

(2)企业债券发行时附发不可分离认股权证的处理。这种债券与认股权证连在一起,不可分离。如要行使认股权利,必须交出企业债券,其性质和可转换债券相同。因此,发行附不可分离认股权证的债券账务处理比照可转换公司债券进行。

第四节 长期应付款的核算

长期应付款是指长期负债中除长期借款、应付债券以外的超过一年以上的其他各种应付款项,包括以分期付款方式购入固定资产、采用补偿贸易方式引进国外设备价款等。下面就分期应付设备款的核算进行阐述。

(1)企业采用分期付款方式购入设备,按设备款和折现率(实际利率)确定购入设备现值。

借:固定资产(现值)

　　未确认融资费用(差额)
　　应交税费——应交增值税——进行税额
　贷:长期应付款——分期应付设备款(设备款)
(2) 期末,企业按实际利率法分期摊销未确认融资费用时:
借:财务费用
　贷:未确认融资费用
(3) 分年度支付设备款时:
借:长期应付款——分期应付设备款
　贷:银行存款

第五节　预计负债的核算

一、预计负债的确认

《企业会计准则第 13 号——或有事项》第四条规定:"与或有事项相关的义务同时满足下列条件的,应将其确认为预计负债":

(1) 该义务是企业承担的现时义务。现时义务是指企业在现行条件下已承担的义务,包括现时的法定义务和推定义务两种。企业没有其他现实的选择,只能履行该义务,如法律要求企业必须履行、有关各方合理预期企业应当履行等。

(2) 履行该义务很可能导致经济利益流出企业。经济利益流出是指直接或间接流出企业的现金或现金等价物。

(3) 该义务的金额能够可靠地计量。履行预计负债的可能性界定为"很可能"。"很可能"的概率区间是"大于 50%但小于或等于 95%",即履行该义务导致经济利益流出企业的可能性超过 50%。

企业确认预计负债,就是要将经济业务确认在"预计负债"账户反映。该账户的期末余额既要在资产负债表中单独设立"预计负债"项目反映(与所确认负债有关的费用或支出还应在扣除确认的补偿金额后在利润表中反映),又要在会计报表附注中专门披露相应的"预计负债"内容。企业应该在"预计负债"一级科目下设置"未决诉讼"、"债务担保"、"产品质量保证"、"亏损性合同"等明细科目进行明细核算。

二、预计负债的账务处理

(1) 货款纠纷引起的未决诉讼,企业在接到法院判决书(败诉,但仍要反诉)时:
借:管理费用——诉讼费
　　营业外支出——罚息支出
　贷:预计负债——未决诉讼

以上"预计负债"的月末余额填入资产负债表中"预计负债"项目,并在表下附注中对预计负债作概括性的披露;以上计入"管理费用"的诉讼费和计入"营业外支出"的罚息在其利润表中各该项目反映。下同。

(2) 污染纠纷引起的未决诉讼,起诉人要求本单位赔偿损失,直至年末,该诉讼尚未判决。本单位年末应在资产负债表附注中披露该项或有负债。

(3) 债务担保引起的未决诉讼,虽到年终诉讼尚未判决,但预计承担还款连带责任的可能性超过50%，且承担还款的金额能够计量，符合或有事项确认为负债入账的三个条件时：

借：营业外支出——赔偿支出

　贷：预计负债——未决诉讼

需要说明，为其他单位提供债务担保并不一定都被起诉。企业年末存在的每一笔担保事项（均未被起诉），都要在资产负债表下附注中以“或有负债”的形式出现（可列表反映），详细列明“被担保单位”、“担保金额”、“对本单位的财务影响”。其中，“财务影响”可以表述为“造成重大不利影响”，“可能因承担相应的连带责任而发生损失”、“极小可能对本单位造成不利影响”等。

（4）产品质量保证引起的预计负债，在计提产品保修费时：

借：销售费用

　贷：预计负债——产品质量保证

（5）亏损合同业务引起的预计负债。待执行合同变为亏损合同的，应当作为或有事项。① 待执行合同变为亏损合同，同时该亏损合同产生的义务满足预计负债确认条件的，应当确认为预计负债。预计负债的计量应当反映退出该合同的最低净成本，即履行该合同的成本与未能履行该合同而发生的补偿或处罚两者之中的较低者。② 企业对亏损合同进行会计处理，需要遵循两点原则：A. 如果与亏损合同相关的义务不需支付任何补偿即可撤销，企业通常就不存在现时义务，不应确认为预计负债；如果与亏损合同相关的义务不可撤销，企业就存在现时义务，同时满足该义务很可能导致经济利益流出企业且金额能够可靠地计量的，应当确认为预计负债。B. 合同存在标的资产的，应当对标的资产进行减值测试并按规定确认减值损失，在这种情况下，企业通常不需确认预计负债；如果预计亏损超过该减值损失，应将超过的部分确认为预计负债；合同不存在标的资产的，亏损合同相关义务满足预计负债确认条件时，应当确认预计负债。

亏损合同业务引起的预计负债在期末分两种情况予以处理：

一是不存在标的资产的。

借：营业外支出

　贷：预计负债——亏损性合同

在产品生产出来后，将预计负债冲减成本。

借：预计负债

　贷：库存商品

二是存在标的资产的，合同为亏损合同，确认减值损失。

借：资产减值损失

　贷：存货跌价准备

（6）企业购建固定资产发生各种支出，已经记入“在建工程”等科目，工程完工，固定资产达到预计可使用状态交付使用时，考虑预计弃置费用现值时：

借：固定资产

　贷：在建工程

　　预计负债——预计弃置费

每年年末，计提预计弃置费时：

借：财务费用

贷:预计负债——预计弃置费

(7) 采用权益法核算长期股权投资的企业,期末,据被投资企业亏损调减投资时:

借:投资收益　　　　　　　　　　　　　　　　(亏损额×股权比例)

　贷:长期股权投资——××股权投资(成本)　　　　　　(账户余额)

　　　　　　　　——××股权投资(损益调整)　　　　　(账户余额)

　　长期应收款——被投资企业　　　　　　　　　　　(账户余额)

　　预计负债——亏损义务　　　　　　　　　　　(承担的额外义务)

第六节　其他长期负债的核算

其他长期负债是指除了长期借款、应付债券、长期应付款以外的偿还期限在一年或超过一年的一个营业周期以上的债务,包括专项应付款、递延所得税负债、特准储备基金等。本节规范专项应付款的核算。

专项应付款是指政府作为企业所有者投入的具有专项或特殊用途的款项。例如,国家拨给国有企业用于研究开发方面的款项(包括新产品试制、中间试验和重要科学研究等)、科技创新发展方面的款项(包括科技发展基金、技术创新基金等)。企业可用专项拨款支付新产品设计费,工艺规程制定费,设备调试费,原材料和半成品的试验费,技术图书资料费,未列入国家计划的中间试验费,研究人员的薪酬,研究设备的折旧,与新产品试制、技术研究有关的其他经费,委托其他单位进行的科研试制费用以及试制失败损失。这些费用支出,基本上是消耗性质的支出。

我国规定,企业使用国家专项拨款进行研究和开发活动,应将所发生的研究和开发费用冲减专项拨款。需要说明的是,如果动用专项拨款进行资本性支出,如购买固定资产等,应视国家投入资金,转作资本公积。

(1) 企业收到专项拨款时:

借:银行存款

　贷:专项应付款

(2) 动用专项拨款支付各项费用时:

借:专项应付款

　贷:银行存款

(3) 动用专项拨款购买固定资产时:

借:固定资产

　应交税费——应交增值税——进项税额

　贷:银行存款

借:专项应付款

　贷:资本公积——资本溢价

(4) 将专项拨款用于工程项目时:

借:在建工程

　贷:银行存款

(5) 工程项目完工形成长期资产时:

借:固定资产

　贷:在建工程

借:专项应付款

　贷:资本公积——资本溢价

(6)工程项目完工未形成长期资产需要核销的部分:

借:专项应付款

　贷:在建工程

(7)拨款项目完成以后,多余拨款返还时:

借:专项应付款

　贷:银行存款

(8)专项拨款核算的“资本溢价”转增实收资本或股本时:

借:资本公积——资本溢价

　贷:实收资本或股本

第十一章　成本和费用的核算

第一节　成本、费用核算概述

一、成本项目的分类

为便于煤炭工业企业的成本管理，要求煤炭产品成本项目既要按经济用途分类，又要按经济性质（费用要素）分类。这样既便于企业进行纵向控制，落实和考核内部经济责任制，又便于企业进行横向控制，检查企业经济责任制的执行情况。因此，煤炭产品成本要按双重分类标准进行费用的归集与分配，最终形成以经济性质（费用要素）为主体列示的棋盘式成本计算单。

（一）煤炭产品成本项目按费用要素分类

1. 材料

材料是指在生产过程中通过加工或由于使用而消耗或改变其原有实物形态的一切物品。材料是劳动对象，是煤炭生产不可缺少的物质要素。具体包括：木材、支护用品、火工产品、大型材料、配件、专用工具、自用煤、劳保用品、建工材料、油脂、其他材料、材料价差。

2. 电费

电费是指煤炭生产过程中耗用的电、热、水等相关支出，包括买价和附加费等。

3. 职工薪酬

职工薪酬是指煤炭生产过程中所发生的归属于煤炭产品负担的职工薪酬。具体包括：工资、职工福利费、社会保险费、住房公积金、职工住房补贴、工会经费、职工教育经费、非货币性福利、其他职工薪酬。

4. 资源成本

资源成本是指煤炭企业为取得矿业权（包括采矿权和探矿权）而发生的、摊入煤炭生产成本的折耗成本以及摊销用能权的成本。取得矿业权、用能权的费用具体包括：

（1）探矿权使用费：国家将矿产资源探矿权出让给探矿权人，按规定向探矿权人收取的使用费。

（2）采矿权使用费：国家将矿产资源采矿权出让给采矿权人，按规定向采矿权人收取的使用费。

（3）探矿权价款：国家将其出资勘查形成的探矿权出让给探矿权人，按规定向探矿权人收取的价款。

（4）采矿权价款：国家将其出资勘查形成的采矿权出让给采矿权人，按规定向采矿权人收取的价款。

（5）环境治理补偿费：专项用于采矿区生态环境保护、矿区污染源治理、地质灾害防治和环境恢复整治，从资源成本中列支。环境治理补偿费，有些属于事前预防支出，有些属于事后补偿支出，即预防性环境治理补偿费和补偿性环境治理补偿费。补偿性环境治理补偿费包括土地塌陷赔偿费等项目。土地塌陷赔偿费是指煤矿进行井下生产而引起居民用地塌陷所支付的费用,如征地费、土地复垦费用、青苗赔偿费、村庄搬迁补偿费等。

(6) 用能权成本:企业购入的用能权分期转入资源成本的价值。

5. 折旧费

折旧费是指煤炭生产过程中由于固定资产不断发生磨损或损耗而逐渐转移到成本费用中的那部分损耗价值,也称为固定资产折旧。

6. 安全生产费用

安全生产费用,简称安全费用或安全费,是指企业按照原煤实际产量从利润中提取,专门用于煤矿安全生产投入的资金。由煤炭企业根据安全生产实际需要,科学合理地确定提取标准,按月提取,自行安排使用,专户存储,专项用于安全生产。

根据财企〔2012〕16 号《企业安全生产费用提取和使用管理办法》的文件精神,企业按月计提吨煤生产安全费用。

7. 维简费

维简费是指企业从吨煤成本或利润中提取,专门用于维持简单再生产和井下开拓延伸工程的资金。

8. 修理费

修理费是指原煤直接生产过程中所使用设备的修理支出,不包括生产车间(部门)、区队发生的固定资产修理费。《企业会计准则——应用指南》规定:"企业生产车间(部门)和行政管理部门等发生的固定资产修理费用等后续支出",在"管理费用"科目核算;"企业发生的与专设销售机构相关的固定资产修理费用等后续支出",在"销售费用"科目核算。固定资产后续支出是指固定资产在使用过程中发生的修理费用和更新改造支出等。固定资产修理是恢复固定资产磨损价值和保持其正常生产能力并持续发挥其效能的活动的总称。固定资产的更新改造支出,满足固定资产确认条件的,应按扣除被替换部分账面价值的支出计入固定资产成本;不满足固定资产确认条件的固定资产修理费等,应采用"费用化"的方式进行账务处理,在管理费用、销售费用中列支。

9. 其他支出

其他支出是指不属于以上各项并由原煤成本负担的支出。

(1) 办公费,指基本生产车间耗用的文具、印刷、邮电、办公用品及报刊杂志等办公费用。

(2) 差旅费,指全矿生产人员因公外出的各种差旅费、市内交通费、探亲旅费和职工家属调迁费等。工伤转院路费包括陪侍人员路费也列入本项目。

(3) 水费,指生产范围内支付的外购水费及支付的水资源费。

(4) 综采设备租赁费,指生产范围内支付租用外部单位综采设备租金,包括支付的内部租赁综采设备的租赁费。

(5) 普采设备租赁费,指生产范围内支付的租用外部单位普采设备租金,包括支付的内部租赁普采设备的租赁费。

(6) 运输费,指生产范围内支付的产品运输过程中发生的装卸费、停车费、过路费以及按照运输设备缴纳的养路费等。

(7) 保险费,指生产范围内缴纳的各种财产物资保险费用,包含为生产范围内职工缴纳的人身保险费用。

（8）劳动保护费，指生产范围内为防暑降温、防冻保暖、防矽尘毒）等按规定标准支付的保健费用。

（9）设计制图费，指生产设计部门支付的图纸及其他用品费和委托外部设计图纸所支付的费用。

（10）试验检验费，指对材料、产品进行分析、化验、检验所发生的费用，主要指委托外部进行检查试验时所支付的费用。

（11）长期待摊费用摊销，指企业已经发生但应由本期和以后各期负担的摊销期在一年以上的各项费用，如以经营租赁方式租入固定资产的改良支出等。

（12）简易建筑费，指在生产范围内建造供生产使用的临时性的简易建筑发生的支出。

（13）班中餐，指生产范围内支付井下连续工作满 8 小时职工以及跟班的技术管理人员（井下采掘工人、辅助工人、安检人员及下井工作且编制在井下采掘、辅助队的基层干部、技术人员和管理人员）的就餐费用。

（14）其他，指生产范围内上述各项支出以外的各种费用支出。

（二）洗煤分离前成本项目按费用要素分类

洗煤分离前成本项目按费用要素分为以下两类：

（1）入洗原料煤成本。

（2）入洗加工费：① 材料（配件、油脂、其他材料、材料价差）；② 职工薪酬（工资、职工福利、社会保险费、住房公积金、职工住房补贴、工会经费、职工教育经费、非货币性福利、其他职工薪酬）；③ 电费；④ 折旧费；⑤ 修理费；⑥ 其他。

（三）其他主营产品成本项目按费用要素分类

（1）原材料。

（2）商品购入成本（外购煤炭和其他商品）。

（3）辅助材料。

（4）职工薪酬（工资、职工福利、社会保险费、住房公积金、职工住房补贴、工会经费、职工教育经费、非货币性福利、其他职工薪酬）。

（5）电费。

（6）折旧费。

（7）修理费。

（8）其他支出。

（四）其他业务成本项目按费用要素分类

对于集团非主营产品内容的其他业务成本，包括多种经营业务成本和后勤服务业务成本等，其成本项目也按费用要素分类：① 原材料；② 商品购入成本；③ 职工薪酬（工资、职工福利、社会保险费、住房公积金、职工住房补贴、工会经费、职工教育经费、非货币性福利、其他职工薪酬）；④ 电费；⑤ 折旧费；⑥ 修理费；⑦ 其他支出。

二、费用项目的分类

（一）制造费用项目分类

制造费用是用来核算企业为生产产品和提供劳务而发生的各项间接费用。制造费用分为以下几类：① 材料；② 职工薪酬；③ 电费；④ 折旧费；⑤ 维简费；⑥ 安全费；⑦ 生产发展费；⑧ 环境治理补偿费；⑨ 修理费；⑩ 其他支出：办公费、差旅费、水费、综采设备租赁费、普采设备租赁费、运输费、保险费、劳动保护费、设计制图费、试验检验费、长期待摊费用转销、简易建筑费、班中餐、其他。

（二）管理费用项目分类

企业管理费用是指为组织和管理企业生产经营所发生的管理费用，包括企业的董事会、行政管理部门在企业的经营管理中发生的或者应由企业统一负担的公司经费。明细项目如下：

1. 材料及低值易耗品

这里指企业管理部门所使用的材料及低值易耗品，包括自用煤，公务用车油费。

2. 电费

这里指企业管理部门负担的外购及内部自供的电费。

3. 职工薪酬

这里指企业管理部门管理人员的薪酬，以及管理过程中发生的与薪酬的相关费用，含炊管人员薪酬。包括：工资；职工福利；离职后薪酬；住房公积金；职工住房补贴；工会经费；职工教育经费；非货币性福利；辞退福利；股份支付等。其中，离职后薪酬的具体内容如下：

（1）统筹内支出，指在岗管理人员的养老保险统筹费用。包括：医疗保险统筹、失业保险统筹、工伤保险统筹、生育保险统筹（部分地区已合并纳入医疗保险统筹）等。

（2）统筹外支出，指不在岗管理人员的保险费用。包括：

① 离休干部经费，指离休干部发生的经费支出，如用于离休干部举办文体活动的支出；

② 退休人员经费，指退休人员的费用支出，如用于退休人员举办文体活动的支出；

③ 离休干部医药费，指离休干部的医药费；

④ 退休人员医药费，指企业在基本医疗保险之外，专门对退休人员实行的医疗保险统筹形式；

⑤ 离退休人员福利费，指离退休人员相关的福利费支出，如离退休人员在卫生保健、价格补贴、生活困难补助、福利设施等方面的支出；

⑥ 长期病休人员费用，指企业长期病休人员发生的相关支出，如工资薪酬、医药费等支出；

⑦ 离退休人员统筹外补贴，指企业按照相关标准、文件，为离退休人员承担的统筹外补贴。

⑧ 死亡职工抚恤金，指企业职工因公死亡，企业向其直系亲属按照规定发放的丧葬补助金、抚恤金以及一次性工亡补助金等支出。

⑨ 提前退人员费用，指企业执行内部退养政策的职工，在内部退养至正式退休期间的费用。

⑩ 其他劳动保险，指上述以外的相关支出。

4. 折旧费

这里指企业管理部门按照规定计提的各项固定资产的折旧。

5. 修理费

这里指企业管理部门使用的资产发生的修理费。

6. 其他支出

这里具体项目如下：

（1）办公费，指企业管理部门耗用的文具、邮电、办公用品及报刊杂志等办公费用。

（2）差旅费，指企业管理部门人员因公外出的各种差旅费、市内交通费等支出。

（3）探亲费，指企业管理部门人员因回家探亲而发生的差旅费。

（4）书籍资料印刷费，指企业管理部门人员为提高工作技能而购买的各种书籍资料、订阅的报刊杂志以及为印刷各种业务资料所发生的费用。

（5）研究费用，指企业内部科研机构在研究过程中所发生的各项支出，以及委托其他单位进行科研试制发生的相关投入。

（6）运输费，指企业管理部门人员支付的运输过程中发生的停车费、过路费等费用。

（7）会议费，指企业召开会议，按规定支付的各种费用，包括与会议相关的会议伙食补助费、公杂费、住宿费、会场租赁费、会议交通费等。

（8）水费，指企业管理部门支付的外购水费。

（9）长期待摊费用摊销，指企业对过去发生的包括开办费；附服务期限的、低于资产公允价值销售给职工的相关资产的摊销等支出，按月进行摊销。

（10）无形资产摊销，指企业按照规定使用年限分期摊入的、不能记入产品成本的无形资产价值，包括专利权、商标权、著作权、土地使用权、非专利技术和专营权的摊销。

（11）警卫消防费，指企业警卫、消防部门发生的按规定应由管理费用负担的各种费用。

（12）排污费，指企业依据国家环保行政主管部门的规定缴纳的排污费用。

（13）业务招待费，指企业为了开展生产经营业务所发生的合理的、必要的商务接待支出。

（14）出国经费，指企业职工因出国考察、签订合同、培训等按规定支付的各种费用。

（15）咨询费，指企业向有关咨询机构进行生产技术、经营管理咨询所支付的费用及支付企业经济顾问、法律顾问、技术顾问的费用。

（16）聘请中介机构费，指企业聘请会计师事务所等中介机构进行查账、验资、资产评估、税务清算、法律调查等发生的费用。

（17）诉讼费，指企业用法律手段解决经济纠纷，向法院起诉或应诉而支付的费用。

（18）财产保险费，指企业管理部门应负担的固定资产和流动资产的保险费。

（19）技术转让费，指企业使用专利、非专利技术所支付的费用。

（20）绿化费，指企业按照规定缴纳的绿化费，以及对企业工厂范围内进行绿化发生的费用。

（21）简易建筑费，指企业因管理需要，建造的临时性的简易建筑发生的支出。

（22）设计制图费，指企业管理范围内设计部门支付的图纸及其他用品费和委托外部设计图纸所支付的费用。

（23）劳动保护费，指企业管理部门人员发生的劳保用品费用。

（24）存货盘亏及毁损，指企业对已批准的、经实地盘查、发现的存货盘亏和毁损所造成的损失。

（25）存货盘盈，指企业盘盈的存货。

（26）仓库经费，指企业对材料和产成品仓库进行保管、整理等工作所发生的各种费用。

（27）董事会费，指企业董事会或最高权力机构及其成员为履行职能而发生的各项费用，包括差旅费、会议费等。

（28）班中餐，指企业给予管理人员的班中餐补贴费用，按照职工的上班时间和天数予以确定。

（29）补贴支出，指企业集团内部成员单位或管理人员因管理生产经营给予的特殊补贴。

（30）党建工作经费，指按相关规定，根据工资总额及一定比例提取的党建工作经费。

（31）其他，指不能列入以上各项的各种企业管理费用。

（三）销售费用项目分类

销售费用是企业销售产品、自制半成品和提供劳务等过程中发生的各种销售费用以及专设销售机构（含销售网点、售后服务网点等）的各项经费。具体包括销售机构发生的材料、职工薪酬、折旧费、修理费、办公费、差旅费、运输费、财产及产品保险、包装费、广告费、展览费、销售服务费、经营租赁费、预计产品质量损失以及其他销售费用。

（四）财务费用项目分类

财务费用指企业为筹集生产经营所需资金等而发生的筹资费用，具体包括利息收入（含资金结算中心存款利息收入）、利息支出（含资金结算中心存款利息支出）、汇兑净损失、金融机构手续费、融资租赁费以及其他财务费用等。其具体内容如下：

（1）外部银行利息支出，指企业短期借款利息、长期借款利息、应付票据利息、票据贴现利息、应付债券利息、长期应付引进国外设备利息等利息支出（不含资本化的利息支出）。

（2）外部银行存款利息收入，指企业银行存款等的利息收入。

（3）汇兑损益，指企业因向银行出售或购入外汇而产生的银行买入、卖出价与记账所采用的汇率之间的差额，以及月度（季度、年度）终了，各种外币账户的外币期末余额，按照期末规定的汇率折合的记账人民币金额与原账面人民币金额之间的差额等。

（4）相关的手续费，指企业发行债券所需支付的手续费（需资本化的手续费除外）、开出汇票的银行手续费、调剂外汇手续费等，但不包括发行股票所支付的手续费等。

（5）资金结算中心存款利息收入。

（6）资金结算中心借款利息支出。

（7）融资租赁费，指融资租入固定资产发生的融资租赁费用。

（8）其他财务费用，指不包括在以上各项之内又应列入财务费用的费用。

三、产品成本计算的要求

（1）各种制造费用计入产品制造成本（或其他业务成本）时按费用要素项目对应入账。

（2）成本报表中产品成本要按完全成本反映。

完全成本＝制造成本＋期间费用

其中，期间费用仅包括管理费用、财务费用和销售费用三部分内容。

第二节　原煤成本核算

一、原煤成本计算方法

（一）以原选煤作为成本核算对象

（1）原煤。即矿井生产过程，包括井下掘进、回采、运输、通风，排水，井巷维修、设备检修及其地面直接为其服务的提升、矿灯充电、变电、机修等的直接成本和间接费用。

露天矿，包括剥离、推土、回采、线路移设等生产过程的直接成本和间接费用。

（2）选煤。即矿井原煤出井分流到选煤厂（车间）后，经过机械筛选加工，并将产品输送到储煤仓（场）发运前为止的有关生产过程的直接成本和间接费用。

为简化核算手续，原煤、选煤可合并成原选煤一个核算对象核算原选煤成本，采取辅助核算，把筛选加工作为原选煤一个生产过程单独核算选煤加工费，然后通过会计报表分别计算原煤、选煤成本。有自成体系选煤厂的比照洗煤核算选煤成本。

（二）原选煤采用品种法计算成本

井下生产的原煤从工作面开始，经过井下运输、提升到井口选煤车间，连续生产不间断，属于简单生产（或称单步骤生产）；原煤经选煤工人手选或机械筛选，形成选煤运送到煤仓，其生产过程紧接着原煤生产进行，连续生产不间断，属于简单生产。因此，原选煤都是简单生产，采用品种法计算成本。

（三）原选煤同时计算两种成本

1．原选煤按成本构成项目计算成本

原选煤按成本构成项目分为：材料、电力、职工薪酬、折旧费、维简费、修理费、安全费用、资源成本、其他支出。

2．原选煤按生产过程计算成本

原选煤生产分井工矿开采和露天矿开采两种类型，其生产过程不太相同。

井工矿生产过程一般分为：掘进、回采、井下运输、通风，排水、井巷维修、设备检修、筛选加工、其他生产过程等九个生产过程。

露天生产过程一般分为：剥离、排土、回采、运输、线路维修、设备检修、排水、筛选加工、其他生产过程等九个生产过程。

（1）掘进，指由生产成本开支的为生产衔接保持合理的采掘比例而进行的巷道掘进和开拓工作过程。

（2）剥离，指露天煤矿为生产接续进行表土岩剥离工作过程。

（3）回采，指在准备好的采区工作面内进行回采工作过程。回采还要分综采、高档普采、普采、水采和炮采。

（4）井下运输，指井下工作面接车点到井底车场的运输过程。即井底车场以下全算井下运输，往上算提升。

（5）通风，指瓦斯排放、防尘、监测、灭火密闭、灌浆和井下利用机械或借自然因素造成空气的压力，使新鲜的空气通过风井送入井下，同时把不清洁的空气和有害气体通过风井排出井外，使矿井空气和工作环境良好，保持井下安全生产的全部工作过程。

（6）排水，指矿井利用水泵等排水机械，把井下涌水、积水排出井外全部工作过程。

（7）井巷维修，指井筒、绞车遭、风道、运输遭和人行道等的拆换支架、复喷、刷帮，挑顶，拉底、拉沟的维护修理，保证井下安全畅通的全部工作过程。

（8）设备检修，指为掘进剥离、回采、通风，排水、运输等所有为原选煤生产服务的机械设备检修维护。

（9）筛选加工，指原煤的机械筛选或人工手选的全部工作过程。

（10）其他生产过程，包括提升、地面运输、矿灯充电等。各矿业集团可结合具体情况适当增加生产过程。

原选煤生产成本按生产过程核算时的成本项目按经济内容分为六类(包括井工矿、露天矿):材料、职工薪酬、电力、折旧费、修理费、其他支出。其中职工薪酬项目各生产过程按实际数填列,最后再增列一个提存数与应发数的差额。生产过程的划分与生产组织不一致时,为便于成本的分析对比,同时有利于部门经济责任制的考核,应以生产组织为主进行核算,不易划分的费用可并入该部门分管的主要生产过程。如砌碹费用,应按砌碹的性质归属,一次成巷或前掘后砌的应列入掘进过程,属于巷道翻修的包括锚喷后又改砌碹的应列入井巷维修过程。地面运输与井下运输分不开的、井下运输与提升分不开的,也可一并列入井下运输工作过程,筛选加工过程只核算加工费。

二、煤炭产品成本核算账簿体系的设计

煤炭产品成本核算账簿体系可采用二级账簿体系或三级账簿体系,见表 11-1。

表 11-1　煤炭产品成本账簿体系设置表

<table>
<tr><th colspan="3">三级账簿体系</th></tr>
<tr><th>总账</th><th>二级账</th><th>三级账</th></tr>
<tr><td rowspan="5">生产成本</td><td>原选煤</td><td>掘进
回采
井下运输
通风
排水
井巷维修
设备装修
筛选加工
其他生产过程</td></tr>
<tr><td>洗煤</td><td>入洗原料煤
入洗加工费</td></tr>
<tr><td>辅助生产成本</td><td>材料
电力
职工薪酬
制造费用</td></tr>
<tr><td>非煤产品</td><td rowspan="2">材料
商品购入成本
电力
职工薪酬
制造费用</td></tr>
<tr><td>其他业务</td></tr>
<tr><td rowspan="4">制造费用</td><td>原选煤</td><td></td></tr>
<tr><td>洗煤</td><td></td></tr>
<tr><td>非煤产品</td><td></td></tr>
<tr><td>其他业务</td><td></td></tr>
<tr><td colspan="2">二级账簿体系</td><td></td></tr>
</table>

(1) 原选煤成本核算二级明细账的设置,见表 11-2。

表 11-2　“生产成本——原选煤”明细账

年		凭证		摘要	借　方					贷方转出	借或贷	余额
月	日	字	号		材料	电费	职工薪酬	…	借方合计			

（2）原选煤成本核算三级明细账的设置，见表 11-3。

表 11-3　“生产成本——原选煤——掘进”三级账

年		凭证		摘要	工作量（米）	借　方							贷方转出	余额
月	日	字	号			材料	职工薪酬	电费	折旧费	修理费	其他支出	合计		

注：其他三级账科目还有八个：回采、井下运输、通风、排水、井巷维修、设备装修、筛选加工、其他生产过程

（3）洗煤成本核算二级明细账的设置，见表 11-4。

表 11-4　“生产成本——洗煤”明细账

年		凭证		摘要	借　方						贷方转出	借或贷	余额
月	日	字	号		入洗原料煤	材料	外购动力	职工薪酬	…	借方合计			

（4）“制造费用——原选煤”明细账的设置，见表 11-5。

表 11-5　“制造费用——原选煤”明细账

年		凭证		摘要	借　方										贷方转出	余额
月	日	字	号		材料	电费	职工薪酬	折旧费	维简费	安全费用	环境治理补偿费	…	其他支出	借方合计		

（5）“制造费用——洗煤”明细账的设置，见表 11-6。

表 11-6 “制造费用——洗煤”明细账

年		凭证		摘要	借方						贷方转出	借或贷	余额
月	日	字	号		材料	电费	职工薪酬	折旧	…	借方合计			

三、原选煤成本核算程序及账务处理

(一)材料费用的归集与分配

1. 编制材料耗用分配表

(1)煤矿财务科成本核算员按材料用途编制“材料及差异分配汇总表”,据以编制以下发料(计划成本)会计分录:

借:生产成本——原选煤——材料
　　　　　——洗煤——入洗加工——材料
　制造费用——原选煤——材料
　　　　　——洗煤——材料
　管理费用——材料及值易耗品
　在建工程
　研发支出
　其他业务成本等
　贷:原材料

根据以上分录登记“生产成本——原选煤”二级明细账;同时,根据九大生产过程登记“生产成本——原选煤——掘进”等三级明细账。

(2)煤矿财务科成本核算员再根据“材料及差异分配汇总表”编制以下分配材料成本差异(超支价差)的会计分录:

借:生产成本——原选煤——材料
　　　　　——洗煤——入洗加工——材料
　制造费用——原选煤——材料
　　　　　——洗煤——材料
　管理费用——材料及值易耗品
　在建工程
　研发支出
　其他业务成本等
　贷:材料成本差异

如果分配材料节约价差,会计分录相反。

2. 编制自用煤分配表

煤矿生产单位及其他单位耗用自身生产的煤炭,称为自用煤。自用煤属于材料消耗的内容,应按其用途进行分配。煤矿井口锅炉、浴池、茶炉等用煤,记入“生产成本——原选煤”科目;洗煤厂锅炉用煤记入“制造费用——洗煤”科目;矿办公室等管理部门用煤记入“管理费用”科目;医院、托儿所、职工宿舍用煤,记入“应付职工薪酬”科目;驻矿外单位用煤,记入

“其他应收款”科目。

自用煤的价格一般按所用煤的市场价格计价，也可按市场价格的一定折扣计价，还可按税务局核定价格计价。用作销售的原煤和自产自用（生产自用和非生产自用）的原煤均要交资源税和增值税，用于连续生产应税产品的，不缴纳资源税和增值税。企业应编制“自用煤分配表”，据以编制如下会计分录：

（1）反映自用煤销售收入。

借：生产成本——原选煤——材料
　　制造费用——洗煤——材料
　　管理费用——材料及低值易耗品
　　应付职工薪酬/福利费
　贷：主营业务收入——煤炭产品——原选煤
　　　应交税费——应交增值税——销项税额

（2）反映非生产用煤（医院、托儿所等部门用煤，驻矿外单位用煤）应缴纳的增值税（按税务部门核定价和13%的税率计税）。

借：应付职工薪酬/福利费
　　其他应收款等
　贷：主营业务收入——煤炭产品——原选煤
　　　应交税费——应交增值税——销项税额

（3）反映生产自用和非生产自用煤应缴纳的资源税。

借：税金及附加
　贷：应交税费——应交资源税

（二）外购燃料、动力（电力成本）的归集与分配

首先，归集外购动力费用。一般情况下，使用的外购动力都有仪器、仪表计量。在支付外购动力费用时，应根据仪器、仪表上记录的耗用数量、规定的价格向提供动力的单位支付款项。

其次，分配外购动力费用。外购动力费用分配时，应由财会部门根据所支付的外购动力费用总额以及各部门耗用外购动力的数量，通过编制“外购动力费用分配表”（表11-7）进行分配。如果各部门都有仪器、仪表计量，则直接根据仪器、仪表记录的各部门耗用量进行分配。如果部门没有仪器、仪表计量，则可按生产工时比例、机器工时比例、定额耗用量比例等标准进行分配。

表11-7　外购动力费用分配表

年　　月　　　　单位：元

分配对象	成本项目	耗用数量	分配标准	分配率	分配金额
生产成本——原选煤					
生产成本——洗煤					
制造费用——原选煤					
制造费用——洗煤					
管理费用					

续表

分配对象	成本项目	耗用数量	分配标准	分配率	分配金额
销售费用					
应付职工薪酬					
……					
合　计					

根据“外购动力费用分配表”,编制以下会计分录:

借:生产成本——原选煤——电费

——洗煤——入洗加工——电费

制造费用——原选煤——电费

——洗煤——电费

管理费用

销售费用

应付职工薪酬等

贷:应付账款(或银行存款、内部往来)

(三)职工薪酬的归集与分配

1. 工资及职工福利费的归集与分配

工资及职工福利费的归集与分配,应编制“工资及职工福利费分配表”,其中职工福利费按工资总额的一定比例提取,可与工资费用合编一张表,具体格式见表11-8。

表11-8　工资及职工福利费分配表

年　月　　　　单位:元

分配对象	成本项目	分配标准	直接生产人员工资	管理人员工资	工资合计	计提福利费	工资及福利费合计
生产成本——原选煤							
生产成本——洗煤							
制造费用——原选煤							
制造费用——洗煤							
管理费用							
销售费用							
应付职工薪酬							
在建工程							
……							
合　计							

根据“工资及职工福利费分配表”,编制如下会计分录:

(1)分配工资时:

借:生产成本——原选煤——职工薪酬

——洗煤——入洗加工——职工薪酬

制造费用——原选煤——职工薪酬

——洗煤——职工薪酬

管理费用——职工薪酬

销售费用——职工薪酬

应付职工薪酬——职工福利

在建工程等

贷:应付职工薪酬——工资

(2) 提取职工福利费时:

借:生产成本——原选煤——职工薪酬

——洗煤——入洗加工——职工薪酬

制造费用——原选煤——职工薪酬

——洗煤——职工薪酬

管理费用——职工薪酬

销售费用——职工薪酬

在建工程等

贷:应付职工薪酬——职工福利

采用职工福利费直接列支的企业,不需要编制“提取职工福利费”的会计分录,只是在发生福利费支出时,先确认“职工福利”的发生内容,借记有关科目,贷记“应付职工薪酬——职工福利”科目,再反映福利费的实际支出,借记“应付职工薪酬——职工福利”科目,贷记“库存现金”等科目。

退休员工的工资和福利费则是在实际发生时确认为企业的费用。会计分录如下:

借:管理费用

贷:应付职工薪酬——离职后福利

2. “五险一金”、“两费”的归集与分配

“五险一金”指医疗保险费、工伤保险费、生育保险费、失业保险费、养老保险费、补充养老保险和住房公积金;“两费”指按工资总额一定比例计提的工会经费和职工教育经费。计提“五险一金”、“两费”的会计分录如下:

借:生产成本——原选煤——职工薪酬

——洗煤——入洗加工——职工薪酬

制造费用——原选煤——职工薪酬

——洗煤——职工薪酬

管理费用——职工薪酬

销售费用——职工薪酬

在建工程等

贷:应付职工薪酬——社会保险费

——离职后福利

——住房公积金

——工会经费

——职工教育经费

3. 其他职工薪酬的归集与分配

企业以其生产的产品或外购的商品作为非货币性福利提供给职工的，应当按照该产品当期的销售价格及相关税费合计确定应付职工薪酬的金额；企业无偿向职工提供住房等资产使用的，或租赁住房等资产供职工无偿使用的，应当根据受益对象，将每期计提的折旧或支付的租金计入相关资产成本或费用；企业终止劳务合同、辞退员工的，应支付解除劳动关系补偿金；企业以现金与职工结算的股份支付，在等待期内每个资产负债表日，应确认当期的成本费用金额。其会计分录如下：

(1) 确认其他职工薪酬时：

借：生产成本——原选煤——职工薪酬

——洗煤——入洗加工——职工薪酬

制造费用——原选煤——职工薪酬

——洗煤——职工薪酬

管理费用——职工薪酬

销售费用——职工薪酬

在建工程等

贷：应付职工薪酬——非货币性福利

——股份支付等

(2) 作为销售收入入账时：

借：应付职工薪酬——非货币性福利

贷：主营业务收入

应交税费——应交增值税（销项税额）

同时，结转销售成本时：

借：主营业务成本

贷：库存商品

(3) 计提累计折旧时：

借：应付职工薪酬——非货币性福利

贷：累计折旧

(4) 发生支付行为时：

借：应付职工薪酬——非货币性福利

贷：银行存款

（四）折旧费的归集与分配

企业应编制“固定资产累计折旧计算表”，根据计算表编制以下会计分录：

借：制造费用——原选煤——折旧费

——洗煤——折旧费

管理费用——折旧费

贷：累计折旧

（五）维简费的归集与分配

企业根据当月原煤产量和计提标准计提维简费，编制以下会计分录：

借：制造费用——原选煤——维简费

　贷：专项储备——维简费——提取数

（六）修理费的归集与分配

企业发生修理费时：

借：制造费用——原选煤——修理费

　　　　　——洗煤——修理费

　管理费用——修理费

　贷：银行存款等

（七）安全费的归集与分配

煤矿当月提取安全专项储备账务处理如下：

借：制造费用——原选煤——安全费

　贷：专项储备——安全费用——提取数

（八）生产发展费的归集与分配

煤矿当月按原煤产量和计提标准从成本中计提生产发展费时：

借：制造费用——原选煤——生产发展费

　贷：专项储备——生产发展费

（九）其他支出的归集与分配

(1) 煤矿向集团租赁站支付设备租赁费时：

借：制造费用——原选煤——综采设备租赁费或普采设备租赁费

　贷：资金结算中心存款

(2) 煤矿财务科跟生活科结算职工班中餐时：

借：制造费用——原选煤——班中餐

　管理费用——班中餐

　贷：银行存款等

(3) 企业按原煤产量和一定标准计提并缴纳上级管理费时：

借：管理费用——上级管理费

　贷：银行存款、资金结算中心存款

(4) 区队（车间）发生办公费、差旅费、保险费、运输费、试验检验费等其他费用时：

借：制造费用——原选煤——办公费等

　　　　　——洗煤——办公费等

　贷：银行存款

　　其他应收款等

(5) 企业发生资金结算中心借款利息时：

借：财务费用——内部借款利息支出

　贷：资金结算中心存款

（十）辅助生产费用的归集与分配

煤矿修配厂、电管组、土建队、更新厂等单位发生的费用记入“生产成本——辅助生产成本”科目，月末，分配辅助生产费用时：

借：制造费用——原选煤——修理费等

　　　　　　——洗煤——修理费等

　贷：生产成本——辅助生产成本

为了简化，企业也可以不设“生产成本——辅助生产成本”科目，其费用直接记入“生产成本——原选煤”、“生产成本——洗煤”科目。

（十一）制造费用的归集与分配

（1）分配共性制造费用。煤矿原选煤和洗煤共同发生的制造费用是间接费用。对共性间接费用的处理有两种方法可供选择：一是设置“制造费用——混合”明细账户，月终，可按一定标准将其分配记入“制造费用——原选煤”明细账户和“制造费用——洗煤”明细账户；二是平时发生共性费用时，全部记入“制造费用——原选煤”明细账户，月终，再按一定比例从该账户中转出一部分记入“制造费用——洗煤”明细账户。

（2）月终，将记入“制造费用——原选煤”明细账户、“制造费用——洗煤”明细账户的制造费用直接转入“生产成本”账户。结转时要做到相同项目要对应结转，会计分录如下：

（3）结转原选煤制造费用。

借：生产成本——原选煤——材料

　　　　　　　　　　　——职工薪酬

　　　　　　　　　　　——电费

　　　　　　　　　　　——折旧费

　　　　　　　　　　　——修理费

　　　　　　　　　　　——维简费

　　　　　　　　　　　——安全费用

　　　　　　　　　　　——其他支出

　贷：制造费用——原选煤

（4）结转洗煤制造费用。

借：生产成本——洗煤——入洗加工——材料

　　　　　　　　　　　　　　　　——职工薪酬

　　　　　　　　　　　　　　　　——电费

　　　　　　　　　　　　　　　　——折旧费

　　　　　　　　　　　　　　　　——修理费

　　　　　　　　　　　　　　　　——其他支出

　贷：制造费用——洗煤

四、原选煤成本的汇总计算

（一）原煤制造成本计算单的编制

将以上原选煤发生的经济业务登记到“生产成本——原选煤”明细账户，并据以编制“原煤制造成本计算单”，格式见表11-9。

表 11-9　原煤制造成本计算单

本月原煤产量：　　　　　　　　年　　月　　　　　　　　单位：

项　　目	本月总制造成本	本月单位制造成本
一、材料		
1. 木材		
2. 支护用品		
3. 火工产品		
4. 大型材料		
5. 配件		
6. 专用工具		
……		
二、电费		
三、职工薪酬成本		
1. 职工工资		
2. 职工福利费		
3. 社会保险费		
4. 离职后福利		
5. 住房公积金		
6. 工会经费		
7. 职工教育经费		
……		
四、资源成本		
五、生产发展费		
六、环境治理补偿费		
七、折旧费		
八、安全费用		
九、维简费		
十、修理费		
十一、其他支出		
合　　计		

企业根据表“原煤制造成本计算单”编制产品完工入库会计分录：

借：库存商品——煤炭产品——原选煤

　贷：生产成本——原选煤

（二）原煤完全成本计算表的编制

煤炭产品账簿记录核算到制造成本，而报表编制要核算到完全成本，即制造成本加上期间费用为完全成本。

1. 原煤完全成本计算表的基本格式

原煤成本计算表主要反映“制造成本”、“期间费用”和“完全成本”三大内容。其中，“完全成本”是“制造成本”和“期间费用”之和。“制造成本”和“完全成本”既要反映单位成本，又要反映总成本。单位成本和总成本各自都要设“同期”、“本期”、“累计”三栏，“期间费用”也要设置这三栏。

原煤成本计算表中“制造成本”本月数根据表11-9“原煤制造成本计算单”中数据填列。原煤完全成本计算表的格式见表11-10。

表11-10 原煤完全成本计算表

编制单位： 年 月 单位：

项目	制造成本				期间费用				完全成本			
	单位成本		总成本		单位成本		总成本		单位成本		总成本	
	本月	累计	本月	累计	本月	累计	本月	累计	本月	累计	本月	累计
一、材料												
1. 木材												
2. 支护用品												
3. 火工产品												
4. 大型材料												
5. 配件												
6. 专用工具												
……												
二、电费												
三、职工薪酬												
1. 职工工资												
2. 职工福利费												
3. 社会保险费												
4. 离职后福利												
5. 住房公积金												
6. 工会经费												
7. 职工教育经费												
……												
四、资源成本												
五、生产发展费												
六、环境治理补偿费												
七、折旧费												
八、安全费用												
九、维简费												
十、修理费												
十一、其他支出												
合计												

2. 期间费用的分配

煤炭产品账簿记录核算到制造成本，而报表编制要核算到完全成本，即制造成本加上期间费用为完全成本。其中，期间费用仅反映与煤炭生产关联度较强的内容，包括管理费用、销售费用和财务费用，不包括税金及附加、资产减值损失，所得税费用，因为这些期间费用与煤炭生产的相关性不强。

期间费用一般不在产品成本间进行分配，直接纳入当期损益核算，月末，结转至本年利润。账务处理如下：

借：本年利润

　贷：管理费用

　　　财务费用

　　　销售费用

以上期间费用分配额列入表 11-10“原煤完全成本计算表”中“其他支出”项目（期间费用栏）。

第三节　洗煤成本核算

一、洗煤成本计算

洗煤成本核算是把企业在一定时期内发生的洗煤费用归集和汇总，计算出生产费用总额，然后采用适当的方法分配生产费用，计算产品的总成本和单位成本。

洗煤厂分离前成本以全部等级煤产量作为核算对象，分离后的成本应以各种等级煤分别作为核算对象。即矿井原煤出井分流到洗煤厂（系统）后的全部加工过程，包括破碎、洗选、脱水到产品分出后输送到储煤仓（场）发运前止的有关生产过程的直接成本和分摊的期间费用。

洗煤虽然是原煤生产的延续，但有专门的洗煤生产过程，而且能产生各种不同等级的洗煤，计算各种等级的洗煤成本时，一般采用销售价格比例系数法，也可以采用销售价格扣除法。

二、洗煤成本核算程序及其账务处理

（一）入洗原煤的账务处理

煤矿库存的原煤可以直接对外销售，也可以进一步深加工成洗煤对外销售。用于入洗原料煤，每吨应按内部售价计算洗煤成本，此时，因属于连续加工，不考虑资源税。

企业原料煤用于入洗时编制以下会计分录：

借：生产成本——洗煤——入洗原煤

　贷：主营业务收入——煤炭产品——原选煤

（二）入洗加工费的核算

洗煤加工过程中要发生“材料”、“电费”、“职工薪酬”和“制造费用”。在上述原选煤成本计算过程中，同时也对洗煤分离前的综合成本进行了归集，即将洗煤生产发生的入洗加工费用已经登入“生产成本——洗煤”账户借方，并和“入洗原煤”一起计算出洗煤分离前的总制造成本。

（三）洗煤完全成本表的编制

1．洗煤（分离前）完全成本表的编制

洗煤（分离前）成本表中“制造成本”根据“生产成本——洗煤”明细账数据填列，其余数据编制方法和原选煤成本计算表相同。单位成本用总成本除以入洗原煤数量得出。洗煤（分离前）成本表格式见表11-11。

表11-11　洗煤（分离前）成本表

编制单位：　　　　年　　月　　　　单位：

项　目	制造成本				期间费用		完全成本	
	直接成本	制造费用	制造成本		单位成本	总成本	单位成本	总成本
			单位成本	总成本				
一、入洗原料煤								
二、入洗加工费								
1．材料								
① 配件								
② 油脂								
③ 其他材料								
④ 材料成本差异								
2．职工薪酬								
① 工资								
② 社保统筹								
③ 工会经费								
④ 职工教育经费								
……								
3．电费								
4．折旧费								
5．修理费								
6．其他支出								
总　计								

2．洗煤（分离后）完全成本表的编制

洗煤分离后制造成本计算采用系数法计算分离后各等级煤成本，分“销售价格比例系数法”及“销售价格扣除法”。

“销售价格比例系数法”又称“发热量比例系数法”。不同等级的洗煤产品，根据其发热量的大小确定比例系数，由于发热量统计计算上的局限性，采用销售价格代替发热量计算。

入洗原料煤经过加工、生产出各个不同等级的精煤、中煤和煤泥。选一种精煤为标准产品，系数定为“1”，其他各等级煤的售价除以标准产品的售价，得出不同的系数（或比率），将各等级煤的产量按此系数换算成标准煤折合量，将洗煤分离前制造成本（入洗原料煤成本＋加工费用）除以标准煤折合量，得出每吨标准煤折合量应负担的制造成本（也称分配率），各等级煤折合量乘以分配率，就得出各等级煤的制造成本，这种方法称为“销售价格比例系数法”。

洗煤成本系数法的另一种计算方法是“销售价格扣除法”，或称“副产品固定价格扣除法”。在洗煤生产过程中，一般将中煤、煤泥作为副产品。该方法分为三个步骤计算成本：

第一步，副产品制造成本＝副产品产量×核定的单位成本；

第二步，精煤制造总成本＝洗煤制造成本－副产品制造成本；

第三步，采用系数法将精煤制造总成本分配于各等级煤成本。

洗煤分离前的完全成本已经确定，但它还没有产品对象化，因此，还需要将分离前的完全成本按等级品产量标准分配于洗煤各等级品，按照上述“销售价格比例系数法”计算出各个洗煤产品的折合量及分配的制造成本和完全成本，填列洗煤（分离后）成本表（表 11-12）。

表 11-12　洗煤（分离后）成本表

编制单位：　　　　　　　　　　　　年　月　　　　　　　　　　　　单位：

产品名称	回收率（%）	本月产量（t）	比率	本月折合量	制造成本		期间费用		完全成本	
					单位成本	总成本	单位成本	总成本	单位成本	总成本
冶炼用精煤										
其他用精煤										
洗块煤										
洗混煤										
煤泥										
合计										

表 11-12 中洗煤产品回收率是一个反映洗煤产品质量及洗损程度的指标，由各洗煤产品折合前产量除以总入洗量计算得出。完全成本包括分摊的洗煤期间费用，其分配到各产品的方法与制造成本完全相同。

第四节　机械产品成本核算

一、机械产品成本核算的基础工作

要保证成本会计所提供成本信息的质量，必须加强产品成本核算的基础工作，使存货的账面价值真实反映实际成本。工业企业的成本核算基础工作，主要内容有：制订先进而可行的消耗定额；完善物资的计量、验收、领退和盘存制度；建立成本核算的原始记录和凭证传递流程；制订费用的开支标准，明确费用的审批权限；确定合适的企业内部结算价格；利用电算化手段精细化管理存货。

上述各项基础工作通常可通过制定内部成本会计制度加以规范。

二、机械产品成本核算的账户设置和一般程序

（1）产品成本核算的主要账户设置，见表 11-13。

表 11-13　煤矿机械厂产品成本核算账户体系

<table>
<tr><th>总账</th><th>二级账</th><th>三级账</th><th>四级账</th></tr>
<tr><td rowspan="9">生产成本</td><td rowspan="5">非煤产品(某产品)</td><td>材料</td><td></td></tr>
<tr><td>商品购入成本</td><td></td></tr>
<tr><td>电费</td><td></td></tr>
<tr><td>职工薪酬</td><td></td></tr>
<tr><td>制造费用</td><td></td></tr>
<tr><td rowspan="4">辅助生产成本</td><td rowspan="4">某辅助车间</td><td>材料</td></tr>
<tr><td>电费</td></tr>
<tr><td>职工薪酬</td></tr>
<tr><td>制造费用</td></tr>
<tr><td>制造费用</td><td>非煤产品(某车间)</td><td>某费用项目</td><td></td></tr>
</table>

注:表中二级账中“非煤产品”是矿业集团从整体布局上为了区分煤炭产品而设置,“非煤产品”右括号中的名称“某产品”、“某车间”是产品核算时实际运用的二级账户名称。

(2) 产品成本核算的一般程序。

① 根据生产费用的原始凭证和有关资料,对原材料、燃料、动力、职工薪酬、固定资产折旧等生产费用分别进行汇总,编制各种费用分配表;根据费用发生的用途归集记入“生产成本”、“制造费用”等账户。

② 将“生产成本——辅助生产成本”明细账所归集的生产费用,按其所服务的对象,编制辅助生产费用分配表,按一定方法分配记入“生产成本——某产品”明细账户借方和“制造费用”明细账户的借方等。

③ 将“制造费用”明细账所归集的生产费用,编制制造费用分配表,按一定标准分配记入“生产成本——某产品”明细账户的借方。

④ 将“生产成本——某产品”明细账所归集的生产费用在完工产品与在产品之间进行分配,结转完工产品成本。

三、机械产品要素费用的核算

(一) 材料费用的核算

材料费用(包括耗用的外购材料及自制材料)的核算,主要是指通过对材料发出的核算,将本期发出的材料按其用途计入各种产品成本和经营管理费用。

(1) 企业应编制“发料凭证汇总表”,根据发出原材料计划成本、分配的材料超支价差编制以下会计分录:

借:生产成本——某产品——材料
　　　　　——辅助生产成本——某辅助车间——材料
　制造费用——某车间——材料
　管理费用——材料及低值易耗品
　销售费用——材料
　在建工程——某工程
　应付职工薪酬——职工福利

其他业务成本——材料销售等

贷:原材料、材料成本差异

对涉及用于个人消费、集体福利等非应税项目的,还涉及进项税额转出。

若分配材料节约价差,会计分录方向相反。

(2) 生产领用低值易耗品,摊销其价值时:

借:制造费用——某车间——材料

管理费用——材料及低值易耗品

其他业务成本等

贷:低值易耗品、材料成本差异

若分配低值易耗品节约价差,会计分录方向相反。

(3) 生产中多余材料退库或残料入库时:

借:原材料

贷:制造费用——某车间——材料

(4) 生产领用包装物时:

借:生产成本——某产品——材料

贷:包装物

材料成本差异

若分配包装物节约价差,会计分录方向相反。

(二) 外购动力的核算

企业外购动力有的直接用于产品生产(如生产工艺用电),有的间接用于产品生产(如生产车间照明用电),有的用于经营管理(如行政管理部门照明用电、销售门市部照明用电等)。企业应根据外购动力的不同用途进行费用的归集和分配。在分配外购动力费时,应根据各车间、部门耗电计量仪表记录的实际耗用数和外购动力的计价标准进行分配。对于生产车间为生产产品耗用的外购动力,由于一般不能按产品分别安装计量仪表,则外购动力费应选择适当的分配标准在各产品之间进行分配。常用的分配标准有:生产工时、机器工时、机器功率时数(机器标牌功率×机器开动时数)、定额耗用量等。分配公式如下:

分配率=共同耗用外购动力费用总额÷各种产品的分配标准数额之和

某种产品应分配的外购动力费用=分配率×该种产品分配标准数额

企业结算外购动力款时通过"应付账款"科目核算。有自发电的企业电力的生产通过"生产成本——辅助生产成本——供电车间"科目进行核算,如果同时还有外购电力的业务,应将外购电并入辅助生产一起核算。

企业外购动力应编制"电力分配表"(格式参见表11-7)或"热能分配表"等,据分配表编制以下会计分录:

借:生产成本——某产品——电费

——辅助生产成本——某辅助车间——电费

制造费用——某车间——电费

管理费用——电费

销售费用——水电费

在建工程——某工程

应付职工薪酬——职工福利

其他应收款等

贷:应付账款——××单位

(三)职工薪酬的核算

企业分配工资和计提职工福利费,应编制“工资及职工福利费分配表”,编制会计分录如下:

(1)分配工资时:

借:生产成本——某产品——职工薪酬

——辅助生产成本——某辅助车间——职工薪酬

制造费用——某车间——职工薪酬

管理费用——职工薪酬

销售费用——职工薪酬

应付职工薪酬——职工福利

在建工程等

贷:应付职工薪酬——工资

注:若企业有“长期带薪缺勤”、“长期残疾福利”等人员,工资及附加费等薪酬通过“应付职工薪酬——其他长期职工福利”科目核算。本章下述这一内容的核算略。

(2)提取职工福利费时:

借:生产成本——某产品——职工薪酬

——辅助生产成本——某辅助车间——职工薪酬

制造费用——某车间——职工薪酬

——洗煤——职工薪酬

管理费用——职工薪酬

销售费用——职工薪酬

在建工程等

贷:应付职工薪酬——职工福利

采用职工福利费“直接列支”方式的企业不作上述会计分录。

(3)企业发生“五险一金”、“两费”及其他职工薪酬时:

借:生产成本——某产品——职工薪酬

——辅助生产成本——某辅助车间——职工薪酬

制造费用——某车间——职工薪酬

——洗煤——职工薪酬

管理费用——职工薪酬

销售费用——职工薪酬

在建工程等

贷:应付职工薪酬——社会保险费

——住房公积金

——离职后福利

——工会经费

——职工教育经费
——非货币性福利
——股份支付

（四）折旧费的核算

企业应编制“固定资产折旧计算表”，根据计算表编制以下会计分录：

借：制造费用——某车间——折旧费
　管理费用——折旧费
　其他业务成本
　贷：累计折旧

四、机械产品综合费用的核算

（一）辅助生产费用的核算

煤矿机械厂辅助生产车间根据所提供的劳务或产品的品种可以分为两种类型：一类是只提供一种劳务或产品的辅助生产，如供电、供水、运输等；另一类是提供多种劳务或产品的辅助生产，如修理、工模具制造等。尽管辅助生产车间有时也对外提供劳务或产品，但这并不是辅助生产车间的主要任务。

辅助生产车间提供劳务或产品所耗费的各种生产费用之和，构成这些劳务或产品的成本，称为辅助生产成本。但从整个企业来说，这些辅助生产车间的劳务或产品成本又是一种费用，故可称之为辅助生产费用。辅助生产费用具体包括两个部分的内容：一是该车间自身发生的各项费用，如耗用的各项要素费用，分摊的跨期费用等，包括直接材料、直接人工和制造费用等；二是从其他辅助生产车间分进来的费用，这部分费用是当存在多个辅助生产车间时，由于相互提供劳务或产品而从其他辅助生产车间分进来的交互服务费用。

辅助生产费用的归集可以通过设置“生产成本——辅助生产成本”、“制造费用——辅助车间”账户进行核算，也可以只设置“生产成本——辅助生产成本”科目，不设置“制造费用”账户进行核算（辅助生产车间发生的制造费用直接记入“生产成本——辅助生产成本”账户）。企业任选其中一种后一般保持不变。

（1）辅助生产车间之间相互提供劳务、作业，应进行费用的交互分配。交互分配和对外分配同时进行。交互分配的方法有一次交互分配法、代数分配法、顺序分配法（或称阶梯分配法）、计划成本分配法等。企业应编制“辅助生产费用分配表”，根据分配表编制如下会计分录：

借：生产成本——某产品——电费等
　　　——辅助生产成本——供水车间等——电费等
　制造费用——某基本生产车间——电费等
　　　——供水车间等——电费等
　管理费用——电费等
　销售费用——水电费等
　在建工程等
　贷：生产成本——辅助生产成本——供电车间等

企业如果采用“直接分配法”，辅助生产车间不交互分配费用，上述分录中借记“生产成本——辅助生产成本”、“制造费用——某辅助生产车间”的分录取消。企业如果采用“计划成本分配法”分配辅助生产费用,计划成本与实际成本的差额,借记“管理费用”科目,贷记“生产成本——辅助生产成本”科目,超支差异用蓝字,节约差异用红字。

(2) 月终,将辅助生产车间发生的制造费用直接转入(只生产一种产品或提供一种劳务的)或分配计入(生产多种产品或提供多种劳务的)“生产成本——辅助生产成本”账户,编制如下会计分录:

借:生产成本——辅助生产成本——制造费用

　贷:制造费用——某辅助生产车间

(3) 具有多样性辅助生产的企业,如生产工具、模具、修理用备件等,在工具、模具、修理用备件等完工入库时编制如下会计分录:

借:原材料、低值易耗品

　材料成本差异

　贷:生产成本——辅助生产成本

如果是节约价差,贷记“材料成本差异”科目。

(二) 制造费用的核算

煤矿机械厂制造费用项目一般包括:机物料消耗、工资及福利费、折旧费、修理费、租赁(不包括融资租赁)费、保险费、低值易耗品摊销、电费、水费、取暖费、运输费、差旅费、办公费、劳动保护费、低值易耗品摊销、设计制图费、试验检验费、环境保护费(排污费、绿化费等)、在产品盘亏(减盘盈)毁损、季节性和修理性停工损失、简易建筑费、其他制造费用等。

制造费用的核算一般按不同车间(或分厂)分别进行,不应将各车间(或分厂)的制造费用汇总起来在全厂范围内统一分配。但对于制造费用中可能有一部分是厂部或总厂发生的,例如设计制图费和试验检验费等,涉及全厂范围的,由厂部或总厂界定分解到车间(或分厂)进行核算。

企业分配制造费用时应考虑产品生产的不同情况:对于只生产一种产品的车间(或分厂),其制造费用直接转入该种产品成本。对于生产多种产品的车间(或分厂),如果各生产班组按产品品种分工,则各班组本身发生的制造费用也直接计入各该产品的成本,各班组共同发生的制造费用应采用适当的方法分配计入各种产品的成本;如果各生产班组按生产工艺分工,则全部制造费用都应采用适当的分配方法分配计入该车间(或分厂)各种产品的成本。

制造费用的分配方法有:生产工时(实耗工时或定额工时)比例分配法、生产工人工资比例分配法、机器工时比例分配法、直接成本比例分配法、产品产量比例分配法、年度计划分配率分配法等。

企业分配制造费用应编制“制造费用分配表”,据分配表编制如下会计分录:

借:生产成本——某产品——制造费用

　　　　　——辅助生产成本——辅助生产车间——制造费用

　　　　　——其他业务——制造费用

　贷:制造费用——某车间

如果采用年度计划分配率分配法分配制造费用,各月终了,实际成本偏离计划成本的差额,即为“制造费用”账户的余额(借方余额或贷方余额)。年终,除了为下年生产作准备的可保留借方余额外,一般不留余额。企业年终结平“制造费用”账户余额时,对有借方余额的,用蓝字予以转回，即借记“生产成本”科目，贷记“制造费用”科目，若为贷方余额的，用红字予以冲销。

（三）废品损失的核算

废品是指由于生产原因而造成的质量不符合规定的技术标准，不能按原定用途使用，或者需要经过加工修理后才能按原定用途使用的在产品、半成品和产成品等。其不论是在生产过程中发现的还是入库后发现的，凡是由于生产原因造成的，均应包括在废品之内。

废品按其产生的原因不同，可分为料废和工废两类。料废是由于原材料（或半成品）不符合质量要求而造成的废品，工废是由于人工操作失误造成的废品。分清造成废品的原因，目的在于明确责任。

废品按其可否修复，可分为可修复废品和不可修复废品两种。区分时主要考虑技术上、经济上两方面的因素。可修复废品是指技术上可以修复而且所需的修复费用在经济上是合算的废品。不可修复废品是指技术上不可修复，或者所需的修复费用在经济上是不合算的废品。区分可修复废品与不可修复废品的目的，在于明确造成损失的内容。

废品损失是由于生产原因而造成的废品所形成的损失。其内容包括在生产过程中发现的和入库后发现的各种废品的报废损失和修复费用。废品的报废损失，是指不可修复废品的生产成本扣除回收的材料和废料价值后的净损失；废品的修复费用，是指可修复废品在返修过程中所发生的修理费用（耗用的直接材料、直接人工、制造费用等）。对于应由造成废品（不论可修复废品，还是不可修复废品）的过失单位或个人负担的赔款，应抵减废品损失。企业发现废品时，应由质量检验部门填制“废品通知单”，列明废品的种类、数量、产生的原因和过失人等，“废品通知单”经审核后，作为废品损失核算的原始凭证。下列内容不列入废品损失核算范围：

第一，可以降价出售的不合格品（等级品），其降价损失应列入销售损失处理，不应作为废品损失处理；

第二，产成品入库后，由于保管不善而损坏变质的损失，属于管理上的问题，应作为管理费用处理，也不作为废品损失处理；

第三，实行包退、包修、包换“三包”的企业，产品出售以后发现的废品所发生的一切损失，应计入销售费用，不作为废品损失处理。

废品损失核算的账户设置有三种方法：一是单独设置“废品损失”一级科目进行核算；二是仅在“生产成本”科目下设置“废品损失”成本项目进行核算；三是不单独核算废品损失，出现废品，仅作残料入库，其废品损失由合格品承担。企业选其任一方法即可。

（1）企业归集废品损失的各项费用时，对于可修复废品发生的费用：

借：废品损失——某产品

　贷：原材料、应付职工薪酬、应付账款、制造费用

（2）企业归集废品损失的各项费用时，对于不可修复废品发生的损失，应编制“废品损失计算表”，据以编制如下会计分录：

借：废品损失——某产品

　贷：生产成本——某产品——各成本项目

回收废品残料入库或应由责任人赔偿时：

借：原材料

其他应收款

贷:废品损失——某产品

(3) 结转可修复和不可修复废品净损失时:

借:生产成本——某产品——废品损失

贷:废品损失——某产品

(四) 停工损失的核算

停工损失是指企业生产车间或生产班组由于停电、待料、机器设备发生故障或进行大修理、发生非常灾害以及计划减产而停止生产所造成的损失。停工损失主要包括停工期间发生的工资及福利费、制造费用等。由过失单位或保险公司负担的赔偿应冲减停工损失。

企业停工的原因很多,停工的时间有长有短,短则几分钟,长则超过一个月,范围亦有大有小,从某台设备、某个生产班组、车间到全厂。为了简化核算工作,对于全车间或班组停工不满一个工作日的,一般不计算停工损失。本办法规定,全车间或车间的一个班组停工满一个工作日以上的,应该计算停工损失。

停工损失的账户设置方法和废品损失的账户设置方法相同。

(1) 发生停工损失时:

借:停工损失

贷:应付职工薪酬

应付账款

制造费用等

(2) 应向过失单位或保险公司索赔款项时:

借:其他应收款

贷:停工损失

(3) 对于自然灾害等引起的非正常停工损失:

借:营业外支出——非常损失

贷:停工损失

(4) 如果是季节性、机器设备修理期间的停工损失:

借:生产成本——某产品——停工损失

贷:停工损失

说明,如果企业不单独核算停工损失,即不设置"停工损失"账户及成本项目的,停工期间发生的属于停工损失的各种费用,直接记入"制造费用"、"营业外支出"等账户。

五、生产费用在完工产品和在产品之间的分配

生产费用在完工产品和在产品之间的分配方法:在产品按所耗原材料成本计价法、约当产量比例法、在产品按定额成本计价法、定额比例法、在产品成本按年初固定数计算法、在产品按完工成本计算法、在产品不计算成本法。企业应根据在产品的不同状况和特征,综合运用各有关方法。

六、煤矿机械厂采用多种方法核算产品成本

煤矿机械产品可采用品种法、分批法、分步法、定额法、定额比例法计算成本,其中,定额比例法是最普遍的计算方法。企业可根据不同的生产特点和管理要求,综合运用各有关方法。

企业运用有关方法，计算出完工入库的产品成本时：

借：库存商品——某产品

　贷：生产成本——某产品

七、煤矿机修厂采用订单法核算产品成本

矿业集团所属机修厂的代制代修品一般采用分批法（订单法）计算成本。核算方法参考煤矿机械厂产品成本的核算方法。

第五节　其他非煤产品成本核算

其他非煤产品一般包括：房地产开发产品、电力产品、火工产品、建材产品，等等。

一、房地产开发产品成本核算

（一）开发产品成本的类别

开发产品成本是指房地产开发企业在开发过程中所发生的各项费用支出。按其用途可分为以下四类。

（1）土地开发成本。是指房地产开发企业开发土地所发生的各项费用支出。

（2）房屋开发成本。指房地产开发企业开发产品所发生的各项费用支出，开发产品包括商品房、持有性商业用房、周转房等。

（3）配套设施开发成本。是指房地产开发企业开发可以有偿转让的大配套设施，以及不能有偿转让、不能直接计入开发产品成本的公共配套设施所发生的各项费用支出。

（4）代建工程开发成本。是指房地产开发企业接受委托，代为开发建设的土地、房屋以外的其他各种工程所发生的各项费用支出。

（二）开发产品成本项目的内容

在核算开发产品成本时将其费用分为以下六个成本项目：

（1）土地征用及拆迁补偿费，指房地产开发时为征用土地所发生的各项费用，包括土地出让金、安置费、青苗补偿费、土地补偿费、拆迁补偿费及其他因征用土地而发生的费用。

（2）前期工程费，指企业在前期准备阶段发生的各项费用，包括规划设计费、可行性研究费、水文地质勘察测绘费、场地平整等费用。

（3）基础设施费，指建造各项基础设施发生的费用。基础设施主要是指与开发产品相关的道路、供热设施、供水设施、供电设施、供气设施、通信设施、照明设施以及绿化（包括排污、排洪、环卫）等费用。

（4）建筑安装工程费，指开发过程中按照工程施工图施工所发生的各项建筑安装工程费和设备费。

（5）配套设施费，指为开发项目服务的，不能有偿转让的各项公共配套设施发生的费用，如水塔、公共厕所、自行车棚等。可以有偿转让的公共配套设施如商店、邮局、学校、医院等不计入该成本项目内。

（6）开发间接费，指房地产开发企业所属的开发部门或工程部门为组织和管理开发项目而发生的各项费用支出，包括职工薪酬、办公费、差旅费、折旧费、修理费、水电费、劳动保护费以及开发项目完工前为项目融资而发生的利息支出。

（三）土地开发成本的核算

土地开发是指对原有土地进行改造使之具备一定的建设条件。企业开发的土地按用途分为用于销售或者转让而开发的商品性土地和用于建造商品房、周转房、出租房等而开发的自用土地两类。商品性土地开发发生的各项支出借记“开发成本——土地开发成本”科目，贷记“银行存款”等科目。自用土地开发成本最终计入开发产品的开发成本，能分清使用对象的，发生的各项支出借记“开发成本——房屋开发成本”科目，贷记“银行存款”等科目，不能分清成本对象的，先在“开发成本——土地开发成本”科目归集，再按一定标准分配计入有关房屋开发成本。

已完工土地开发成本的结转，应根据已完工开发土地的用途，采用不同的成本结转方法：为转让、出租而开发的商品性土地，在开发完成后，借记“开发产品——土地”科目，贷记“开发成本——商品性土地开发成本”科目；为本企业开发自用的土地，开发完成将土地投入使用时，将土地开发实际成本结转计入房屋开发成本，借记“开发成本——房屋开发成本”科目，贷记“开发成本——自用土地开发成本”科目。

（1）某房地产开发公司开发土地时支付土地征用及拆迁补偿费：

借：开发成本——商品性土地开发成本

——自用土地开发成本

贷：银行存款

（2）支付前期工程款时：

借：开发成本——商品性土地开发成本

——自用土地开发成本

贷：银行存款

（3）应付基础设施工程款时：

借：开发成本——商品性土地开发成本

——自用土地开发成本

贷：应付账款——应付工程款

（4）分配开发间接费时：

借：开发成本——商品性土地开发成本

——自用土地开发成本

贷：开发间接费用

（5）结转完工土地开发成本时：

借：开发产品——土地

——房屋开发成本

贷：开发成本——商品性土地开发成本

——自用土地开发成本

（四）房屋开发成本的核算

（1）土地征用及拆迁补偿费的核算。房屋开发过程中发生的土地征用及拆迁补偿费分以下两种情况进行账务处理：

① 能分清成本核算对象的，直接计入房屋开发成本核算对象的“土地征用及拆迁补偿费”成本项目。

借:开发成本——房屋开发成本——商品房(土地征用及拆迁补偿费)

——商业房(土地征用及拆迁补偿费)

贷:银行存款等

② 如果不能分清成本核算对象,将其支出先通过“开发成本——土地开发成本”科目归集,待土地开发完成投入使用时,再分配计入房屋开发成本。

借:开发成本——房屋开发成本——商品房(土地征用及拆迁补偿费)

——商业房(土地征用及拆迁补偿费)

贷:开发成本——土地开发成本

(2) 前期工程费的核算。房屋开发过程中发生的规划、设计、可行性研究以及水文地质勘察、场地平整等各项前期工程支出,能分清成本核算对象的,直接计入房屋开发成本核算对象的“前期工程费”成本项目。

借:开发成本——房屋开发成本——商品房(前期工程费)

——商业房(前期工程费)

贷:银行存款等

应由两个或两个以上的成本核算对象负担的前期工程费,按一定标准将其分配计入有关房屋开发成本核算对象的“前期工程费”成本项目。

(3) 基础设施费的核算。房屋开发过程中发生的供水、供电、供气、通信、绿化、环卫以及道路等基础设施支出,直接或分配计入房屋开发成本核算对象的“基础设施费”成本项目。

借:开发成本——房屋开发成本——商品房(基础设施费)

——商业房(基础设施费)

贷:银行存款、应付账款

如开发完成商品性土地已转入“开发产品”科目,在该土地投入房屋开发时,应将其负担的基础设施费计入房屋开发成本核算对象的“基础设施费”成本项目。

借:开发成本——房屋开发成本——商品房(基础设施费)

——商业房(基础设施费)

贷:开发产品

(4) 建筑安装工程费的核算。房屋开发过程中发生的建筑安装工程支出应根据不同的施工方式,采用不同的核算方法。

① 采用发包方式开发项目。建筑安装工程支出应根据开发企业承付的已完工工程价款,确定计入房屋开发成本核算对象的“建筑安装工程费”成本项目。

借:开发成本——房屋开发成本——商品房(建筑安装工程费)

——商业房(建筑安装工程费)

贷:银行存款

应付账款——应付工程款等

② 采用自营方式开发项目。发生的各项建筑安装工程支出,如材料费、人工工资等,直接计入房屋开发成本核算对象的“建筑安装工程费”成本项目。

借:开发成本——房屋开发成本——商品房(建筑安装工程费)

——商业房(建筑安装工程费)

贷:原材料、应付职工薪酬、银行存款等

如果是大型工程项目，可以将发生的各项建筑安装工程支出在“工程施工”、“施工间接费用”科目归集，月末将其实际成本转入“开发成本——房屋开发成本”科目。

(5) 配套设施费的核算。房屋开发成本负担的配套设施费是指开发项目内不能有偿转让的公共配套设施支出，根据配套设施的建设情况，采用不同的费用归集和核算方法。

① 配套设施和房屋同时开发。如果能够分清成本核算对象的，计入房屋开发成本核算对象的“配套设施费”成本项目。

借：开发成本——房屋开发成本——商品房（配套设施费）

——商业房（配套设施费）

贷：银行存款

应付账款——应付工程款等

如果由两个或两个以上成本核算对象共同负担的，可以在“开发成本——配套设施开发成本”科目归集，待配套设施完工时，分配计入房屋开发成本核算对象的“配套设施费”成本项目。

借：开发成本——房屋开发成本——商品房（配套设施费）

——商业房（配套设施费）

贷：开发成本——配套设施开发成本

② 配套设施和房屋非同时开发。配套设施和房屋非同时开发是指先开发房屋，后建配套设施。或房屋已开发完成，配套设施尚未全部完成。在结算完工房屋开发成本时对应负担的配套设施费可采用预提的方法，计算完工房屋应负担的配套设施支出，计入房屋开发成本核算对象的“配套设施费”成本项目。

借：开发成本——房屋开发成本——商品房（配套设施费）

——商业房（配套设施费）

贷：其他应付款——预提配套设施费

决算时预提数与实际数的差额，在配套设施完工时调整有关房屋开发成本。

(6) 开发间接费的核算。开发企业发生的各项间接费用，先通过“开发间接费”科目归集，月末，分配计入各有关开发产品成本。由房屋开发成本负担的开发间接费，计入房屋开发成本核算对象的“开发间接费”成本项目。

借：开发成本——房屋开发成本——商品房（开发间接费）

——商业房（开发间接费）

贷：开发间接费

(7) 完工房屋，结转开发成本时：

借：开发产品

贷：开发成本——房屋开发成本——商品房

——商业房

(五) 代建工程开发成本的核算

代建工程是指开发企业接受有关单位委托，代为开发建设的工程，包括建设场地、房屋及其他工程。代建工程中建设场地、房屋开发，其建设内容和特点与开发企业自行开发工程项目基本相同，其开发成本分别归入土地开发成本和房屋开发成本核算。代建的其他工程主要是市政建设工程，如城市道路建设、城市基础设施、旅游风景区的建设等。由于代建的其他工程有着不同的建设特点和建设内容，要根据实际情况确定成本核算对象并归集其开发成本。

（1）发生代建工程支出时：

借：开发成本——代建工程开发

　贷：银行存款、应付账款等

（2）代建工程竣工验收后：

借：开发产品——代建工程

　贷：开发成本——代建工程开发

（六）周转房的核算

房地产开发企业的周转房是指企业用于安置拆迁居民周转使用、产权归企业所有的各种房屋，包括在开发过程中已明确其为安置被拆迁居民使用的房屋，开发的商品房中在未销售前用于安置被拆迁居民使用的房屋，以及用于安置被拆迁居民使用的临时性简易房屋。

（1）周转房投入使用的核算。企业开发完成用于安置被拆迁居民使用的周转房，根据实际开发成本：

借：开发产品

　贷：开发成本——房屋开发成本

（2）用于安置被拆迁居民使用时：

借：周转房——在用周转房

　贷：开发产品

（3）周转房成本摊销的核算。周转房随着使用时间增长会发生损耗并减少使用价值，应按期计算其摊销额，计入土地、房屋的开发成本。摊销方法有平均年限摊销法和周转使用次数摊销法两种：

对于使用时间较长的非临时性周转房，采用平均年限摊销法每月计提摊销额。

月摊销额＝周转房原值×月摊销率

月摊销率＝年摊销额÷12

年摊销额＝(1－预计净残值率)÷预计摊销年限×100%

对于临时性简易周转房，采用周转使用次数摊销法，按照预计周转使用次数计提每周转使用一次的摊销额。

每次摊销额＝周转房原值×(1－预计净残值率)÷预计周转使用次数

企业计算摊销额时编制如下会计分录：

借：开发成本

　开发间接费用等

　贷：周转房——周转房摊销

周转房修理费用的核算。企业发生经常性修理费用时作如下会计分录：

借：开发成本——商品性土地开发成本

　　　　　——房屋开发成本

　开发间接费用

　贷：银行存款

　　原材料

　　应付职工薪酬

企业发生大修理费用时作如下会计分录：

借：长期待摊费用

  贷：银行存款

    原材料

    应付职工薪酬

按期摊销时作如下会计分录：

借：开发成本——商品性土地开发成本

      ——房屋开发成本

  开发间接费用

  贷：长期待摊费用

二、电力、热力产品成本核算

集团电热厂是生产热电产品的企业。电热企业当期为生产电力、热力产品而发生的生产费用，全部计入当期电热产品生产成本。

集团电热厂以电力产品、热力产品或生产环节（发电、输电、供电）为成本核算对象，对每一种产品或每一个生产环节进行成本核算。

（一）热电产品成本项目

根据电力行业的生产特点，电力、热力产品成本核算设置以下成本项目：燃料费、购入电力费、水费、材料费、职工薪酬、折旧费、修理费、委托运行费、其他费用等。各项目的核算内容如下：

(1) 燃料费。燃料费是指火力发电厂（含热电联产的火力发电厂，下同）直接用于生产电力、热力产品所耗用的各种燃料，如煤炭、天然气、液化气等。本项目具体内容包括：发电、供热正常运行（包括埋火、并机、并炉）耗用的燃料及助燃用油；生产厂房防冻耗用燃料；卸煤暖室、卸油、上油加热耗用燃料（蒸汽）；机炉检修（包括大小修、临时检修、事故修理）后烘炉、点火、暖机耗用的燃料；发电机调相运行耗用的燃料；燃料全过程管理规定应列入入炉煤成本的其他费用；供热厂用电量以燃煤折算计入热力燃料成本的价值。本项目不包括：机炉更新改造后，从点火到带负荷前所耗用的燃料（计入有关工程成本））做热效率试验或其他试验的机组，在试验期间由于变化调整操作，超过该机前 5 天的平均实际耗煤而多耗用的燃料（计入“其他费用——研究开发费”）；自备机车、船舶、运输机械耗用的燃料；综合利用及非生产耗用的燃料；其他按规定不应计入发电耗用的燃料。

(2) 购入电力费。购入电力费是指为了销售而向外单位购入有功电量支付的电费。本项目包括：向独立发电企业购入电量，按规定或约定的价格支付的电费；向其他电网经营企业购入电量，按规定或约定的价格支付的电费。本项目不包括购入外单位的无功电费。

(3) 输电费。输电费是指企业为输送、购入或备用电力而支付给流经其他电网经营企业的过网费。输电费包括：售电方为销售电力而支付给其他单位的过网费，购电方为购入电力而支付给其他单位的过网费，购售双方为备用而支付的过网费。

(4) 委托运行维护费。委托运行维护费是指委托其他单位进行电网的维护而支付的费用。

(5) 水费。水费是指发电、供热等生产用水水费，包括外购水费及水资源费、水利工程设施供水（湖、库、河、渠）的费用及水电厂提取的库区维护费、后期扶持基金。本项目包括：

火电厂除灰、冷却和补给水水费；水电厂发电和蓄能用水水费，以及按规定提取的库区维护基金、后期扶持基金；供电部门调相机冷却用水水费；上述项目超限额用水的加价费。本项目不包括：管理部门用水，兴办的集体企业用水，新投产机组联合试运转期间发电用水水费，其他非生产用水水费。

（6）材料费。材料费是指发供电及供热生产运行、维护所耗用的消耗性材料、事故备品配件以及不应计入“燃料”项目的其他各种生产用燃料。本项目包括：生产运行、维护（用料以及生产）耗用的不属于固定资产的各类材料、工器具、仪表、备品备件等；机炉热效率研究试验、技术培训、劳动安全保护措施、小型技术革新等耗用的材料；船舶、运煤机械所耗用的燃材料；生产、管理部门及公共场所通风、照明、维护用料；仓库为维护材料耗用的防锈、防腐、防火、防潮等用料；锅炉点火用材料；生产部门机动车辆用燃料和保养用料；河道、港池清淤及灰场筑坝整修加固用料；更换或增添变压器油、透平油、树脂、磨煤机钢球等消耗材料；除盐等水处理用化学药品；脱硫脱硝等材料费投入支出。本项目不包括：基建、技改等专项工程以及生产其他产品领用的材料、备品配件、专用工具等；固定资产拆除清理的用料；其他不属于生产运行、维护耗用的材料。

（7）职工薪酬。职工薪酬是指企业生产、管理部门职工（包括固定职工、合同制职工、临时工、学徒工、经批准计划外用工等）发生的薪酬。包括：职工工资、职工福利费、社会保险费（失业保险统筹、工伤保险统筹、生育保险统筹、轮换工保险统筹）、离职后福利（养老保险统筹、医疗保险统筹、企业年金）、住房公积金、职工住房补贴、工会经费、职工教育经费、非货币性福利、辞退福利和其他职工薪酬。

（8）折旧费。折旧费是指按规定计提的固定资产折旧费。

（9）修理费。修理费是指在生产经营过程中所使用的低值易耗品的修理费。生产车间（部门）和行政管理部门发生的各项固定资产修理费用，包括为修理固定资产领用的材料（含备品备件等）费用，以及委托外单位进行的房屋、建筑物、设备、工具、仪表、生产和管理用家具、器具修理费等，通过“管理费用”科目核算。

（10）其他费用。其他费用是指不属于以上各项而应计入产品成本的其他费用。包括：办公费、水电费、差旅费、低值易耗品费、劳动保护费、物业管理费、运输费、绿化费、外购无功电费、业务费、保险费、租赁费、试验检验费、研究费用、材料盘亏和损耗、取暖费、排污费、业务招待费、土地使用费、征地补偿费、技术转让费、中介费、董事会费、长期待摊费用摊销、无形资产摊销、其他。

（二）电力成本核算的内容

电力成本是指电力生产、输送、销售过程中发生的全部耗费和支出。根据电力生产的特点，电力成本应按发电、购电、输电、供电分别进行核算。

（1）发电成本：以发电厂或发电机组为核算对象，核算发电企业为发电所发生的各种成本费用。发电成本一般包括燃料费、输电费、水费、材料费、职工薪酬、折旧费、修理费、其他费用等成本项目。

（2）购电成本：核算为了销售而购入电量，按规定或约定的价格支付的购电费用。购电成本一般包括购入电力费和输电费两个成本项目。

（3）输电成本：核算为提供输电服务而发生的成本费用。输电成本一般包括委托运行费、材料费、职工薪酬、折旧费、修理费、其他费用等成本项目。

(4) 供电成本：核算电网经营企业为向客户供、配电而发生的成本费用。供电成本一般包括购电费、输电费、委托运行费、材料费、职工薪酬、折旧费、修理费、其他费用等成本项目。

(三) 热力成本核算的内容

热力成本核算的内容是热电联产的火力发电企业，为生产和输送热力所发生的各种耗费和支出。

(四) 电、热产品成本的分摊

热电厂的电力和热力生产是同时进行的，成本费用发生时不能确定电、热力负担的份额，月末应将所发生的生产成本按以下原则进行分摊：只为电力或热力一种产品服务的车间或部门，其成本全部分配给电力或热力产品负担，为电力和热力两种产品共同服务的车间或部门，其成本按一定的比例加以分摊。具体方法如下：

(1) 变动费用部分。变动费用部分是指供热电厂为生产电力、热力直接耗用燃料的费用，根据发电、供热实际耗用的标准煤量比例分摊。供热厂用电耗用的燃料，应由热力成本负担。发电、供热成本中的燃料费及供热厂用电耗用燃料费的计算公式为：

$$发电成本燃料费=实际燃料费总额\times\frac{发电用标准煤量}{发电、供热耗用标准煤总量}-供热厂用电耗用燃料费$$

$$供热成本燃料费=实际燃料费总额\times\frac{供热用标准煤量}{发电、供热耗用标准煤总量}+供热厂用电耗用燃料费$$

$$供热厂用电耗用燃料费=实际供热厂用电量\times计划发电燃料单位成本(按发电量计算)$$

(2) 固定费用部分。固定费用部分是指供热电厂除燃料费以外的其他各项费用，可选用以下两种方法进行分摊：

一是分项目测算分摊比例的方法。此方法适用于供热量较大(指热力产品所耗用标准煤量占发电、供热用标准煤总量的比重在10%及以上)的供热电厂，可按照年度成本计划或上年度实际发生的各项固定费用进行分析测算，求出电、热固定费用综合分摊比例。具体讲：

① 材料费的分摊：电气、汽机车间用料(不包括热网部分用料)由电能产品负担，热网部分用料由热力产品负担；水处理用料按电、热耗用处理水量比例分摊；其余按电、热耗用标准煤量比例分摊。

② 折旧费的分摊：电气、汽机车间的折旧费(不包括热网部分的折旧费)由电能产品负担，热网部分的折旧费由热力产品负担，其余部分按电、热耗用标准煤量比例分摊。

③ 水费、职工薪酬、修理费、其他费用的分摊：一律按电、热耗用标准煤量比例分摊。

以上三项费用分摊时，电热产品分摊的费用分别加总，除以全部固定费用，求出电、热产品固定费用的综合分摊比例，据以分摊各月电、热产品应负担的固定费用。综合分摊比例原则上应每年测算一次。

二是按实际燃料比例分摊的方法。此方法适用于供热量较少且比较稳定的供热电厂，按发电、供热实际耗用的标准煤量的比例进行分摊。其计算公式为：

$$发电固定费用=发电、供热全部固定费用\times\frac{发电用标准煤量}{发电、供热耗用标准煤总量}$$

$$供热固定费用=发电、供热全部固定费用-发电固定费用$$

(五) 电、热产品成本核算应设置的会计科目

电、热产品成本核算应设置“生产成本”三级账户体系，见表11-14。

表 11-14　电、热产品成本核算的“生产成本”三级账户体系

总账	二级账	三级账	总账	二级账	三级账
生产成本	发电供热成本	燃料费	生产成本	热力成本	燃料费
		材料费			水费
		水费			材料费
		职工薪酬			职工薪酬
		折旧费			折旧费
		修理费			修理费
		其他费用			其他费用
	发电成本	燃料费		购电成本	购入电力费
		输电费			输电费
		水费		输电成本	委托运行费
		材料费			材料费
		职工薪酬			职工薪酬
		折旧费			折旧费
		修理费			修理费
		其他费用			其他费用

（六）发电成本与热力成本核算

(1) 燃料费的核算。月末，财务部门根据燃料管理部门编制的“燃料收、发、结存月报”与会计记录核对相符后，编制“燃料耗用分配表”，据以编制如下会计分录：

借：生产成本——发电供热成本——燃料费

　　　　　　　　　　　　　　——其他费用

　贷：燃料——在库煤

　　　　　——在库油——重油

　　　　　——在库油——柴油

(2) 水费的核算。企业支付水费，根据有关部门编制、审核的费用结算单：

借：生产成本——发电供热成本——水费

　　应交税费——应交增值税(进项税额)

　贷：银行存款、应付账款

(3) 材料费的核算。电、热产品生产领用材料，分批或月末一次汇总编制材料耗用分配表，据分配表编制如下会计分录：

借：生产成本——发电供热成本——修理费

　　　　　　　　　　　　　　——材料费

　贷：原材料

　　　材料成本差异

若为节约价差，会计分录相反。

(4) 职工薪酬的核算。企业按照规定的工效挂钩办法计提工资总额、职工福利费，并发生其他职工薪酬，编制如下会计分录：

借:生产成本——发电供热成本——职工薪酬等
　贷:应付职工薪酬——工资
　　　　　　　　——职工福利
　　　　　　　　——社会保险费
　　　　　　　　——离职后福利
　　　　　　　　——住房公积金
　　　　　　　　——工会经费
　　　　　　　　——职工教育经费
　　　　　　　　——非货币性福利
　　　　　　　　——股份支付

(5) 企业计提折旧,应编制“固定资产折旧计算表”,根据计算表编制以下会计分录:

借:生产成本——发电供热成本——折旧费
　贷:累计折旧

(6) 修理费的核算。企业发生的修理费直接计入生产成本:

借:生产成本——发电供热成本——修理费
　贷:银行存款

(7) 发生其他支出时:

借:生产成本——发电供热成本——其他费用
　贷:其他应收款
　　库存现金等

(8) 电力、热力产品成本的分摊。热电厂为生产电力、热力直接耗用燃料等变动费用,根据发电、供热实际耗用的标准煤量比例分摊;对折旧费、修理费等固定费用应编制“电热产品固定费用综合分摊比例测算表”。据此,再编制“电热产品成本分配表”,合理分摊电热产品成本,作如下会计分录:

① 分配发电成本。

借:生产成本——发电成本——燃料费
　　　　　　　　　　——材料费
　　　　　　　　　　——水费
　　　　　　　　　　——职工薪酬
　　　　　　　　　　——折旧费
　　　　　　　　　　——修理费
　　　　　　　　　　——其他费用
　贷:生产成本——发电供热成本——燃料费
　　　　　　　　　　　　　　——材料费
　　　　　　　　　　　　　　——水费
　　　　　　　　　　　　　　——职工薪酬
　　　　　　　　　　　　　　——折旧费
　　　　　　　　　　　　　　——修理费
　　　　　　　　　　　　　　——其他费用

② 分配热电成本。

借:生产成本——热力成本——燃料费
——材料费
——水费
——职工薪酬
——折旧费
——修理费
——其他费用
贷:生产成本——发电供热成本——燃料费
——材料费
——水费
——职工薪酬
——折旧费
——修理费
——其他费用

(9) 结转电、热产品成本时:

借:主营业务成本——发电成本
——供热成本
贷:生产成本——发电成本
——热力成本

(七) 购电成本的核算

购电成本是核算为转售电力从外单位购入电量所支付的购电费,包括区域电网公司或各省电网公司内部跨区域互购电量所支付的购电费。省电网公司本部及所属的供电企业,应在"生产成本"科目下设置"购电成本"二级科目,核算为转售而购入的有功电量而支付的电费。

"购电成本"二级科目下应按电源的种类(或上网电厂)设置明细科目,对购入电力费进行明细核算。已实行内部模拟市场的省电网公司所属供电企业,应分别对内部购入电力费和外部购入电力费进行核算。购电成本一般包括购入电力费和输电费两个成本项目。

(1) 企业购入电力时:

借:生产成本——购电成本——购入电力费
应交税费——应交增值税——进项税额
贷:应付账款——某水电厂

(2) 企业支付输电费时:

借:生产成本——购电成本——输电费
应交税费——应交增值税——进项税额
贷:银行存款

(3) 购电成本的计算与结转。购电成本一般只计算购电总成本和购电单位成本。购电单位成本是按购电总成本除以购电量计算,各省电网公司在汇总计算购电单位成本时,应将区域电网公司或各省电网公司内部跨区域互购电量所支付的购电费扣除后计算,以元/MW·h为单位。其计算公式为：购电单位成本＝购电总成本(元)÷购电量(MW·h)。月末，企业结转购电总成本时：

借：主营业务成本——购电成本

贷：生产成本——购电成本

三、火工产品成本核算

矿业集团所属火药厂的火工产品一般采用品种法计算成本。其核算程序是：

(1) 设置“生产成本——火药”明细账和“生产成本——雷管”明细账。平时，按产品品种归集生产费用。对于直接费用，直接计入各产品成本；对于间接费用，采用适当的分配方法分配计入各产品成本。

(2) 月终，计算产品成本时，要将归集到各产品的全部生产费用(包括期初在产品成本)采用适当的分配方法在完工产品和在产品之间进行分配，计算出完工产品成本和在产品成本。对于期末没有在产品或期末在产品很少或各期在产品比较均衡的企业，则不计算月末在产品成本，归集各产品的全部生产费用就是完工产品成本。

(3) 月终，企业计算出完工产品单位成本，并结转完工产品总成本时，借记“库存商品——非煤产品——火工产品”，贷记“生产成本——火药”、“生产成本——雷管”。

四、建材产品成本核算

矿业集团所属建材厂的建材产品一般采用分步法计算成本。其核算程序是：

(1) 水泥产品的生产分为原料的提取(采矿)、原料的破碎、原料的储存和预均化、原料的粉磨(球磨机)、生料的均化和储存、煅烧(生料通过旋风筒预热后再进入回转窑烘烤物料，煅烧成熟料)、水泥的粉磨等生产步骤；砖瓦产品的生产分为采土、制坯、焙烧三个生产步骤。成本的核算对象是各产品生产步骤上的半成品。各步骤设立“生产成本明细账”，登记所发生的直接费用和分配计入各成本核算对象的间接费用。

(2) 各步骤完工转出的半成品成本，应从各该步骤的成本计算单中按成本项目分别转出；各步骤领用的半成品成本，应按成本项目记入各该步骤的成本计算单中。

(3) 月终，据各步骤成本计算单中归集的全部生产费用(包括期初在产品成本)，要采用适当的分配方法在完工半成品或完工产品和加工中在产品之间进行分配，计算本步骤完工半成品或完工产品成本和在产品成本。

(4) 月终，计算期末在产品成本。半成品完工后，如直接为下一步骤领用，全厂期末在产品成本则为各步骤在产品成本之和；如果半成品通过半成品库收发，全厂期末在产品成本则为各步骤在产品成本和半成品库结存自制半成品成本之和。

(5) 月终，计算完工产品成本。在逐步结转分步法下，企业最后一个步骤的完工产品成本即为全厂本期完工产品的实际成本；在平行结转分步法下，各生产步骤应计入产成品成本的份额经平行汇总后，即为全厂本期完工产品的实际成本。企业计算出完工产品单位成本，并结转完工产品总成本时，借记“库存商品——非煤产品——建材产品”，贷记“生产成本——水泥”、“生产成本——砖”、“生产成本——瓦”。

其他建材产品(如石膏制品、陶瓷制品、防水卷材、SP 大板等)成本的核算，可参照上述核算方法进行。

第六节 商业服务业成本核算

商业服务业成本包括商品销售、对外贸易、物流、劳务、中介服务、传媒等业务的成本。本办法规范商品流通企业成本、外贸业务成本、物流成本的核算，劳务成本、中介服务成本、传媒等业务的成本可比照其中相关规定进行。

一、商品流通企业成本核算

商品流通企业即商业企业，是指以从事商品流通为主营业务的企业，是商品流通中交换关系的主体。它将生产者生产的产品，从生产领域转移到消费领域，以商品进销差价获得商品经营利润，最终实现商品的价值。煤炭企业所属的商业企业是煤炭企业多元化战略的重要组成部分，是非煤经济利润的重要来源，也是满足煤炭企业职工生活、消费的重要来源。

（一）商品流通企业的经营特点

商品流通企业通过商品购进、销售、调拨、储存（包括运输）等经营业务组织商品流转。其中，购进和销售业务是商品流通企业的关键性活动，调拨、储存、运输等经营活动都是紧紧围绕着商品购销活动展开的。商品流通企业可分为批发企业和零售企业两类。

与工业企业等其他行业企业的经营活动相比较，商品流通企业的经营活动主要有以下三个特点：一是经营活动的主要内容是商品购销活动；二是商品资产在企业全部资产（经济资源）中占有较大的比例，是企业资产管理的重点；三是企业资金运动的基本轨道是“货币—商品—货币”，主要形式是货币与商品的相互转换。

（二）商品流通企业成本核算有关规定

《企业会计准则第1号——存货》第六条指出：“存货的采购成本，包括购买价款、相关税费、运输费、装卸费、保险费以及其他可归属于存货采购成本的费用”。《企业会计准则——应用指南》针对商品流通企业的商品购进成本进行了特别规定：“在采购商品过程中发生的运输费、装卸费、保险费以及其他可归属于存货采购成本的费用等进货费用，应当计入存货采购成本，也可以先进行归集，期末根据所购商品的存销情况进行分摊。对于已售商品的进货费用，计入当期损益；对于未售商品的进货费用，计入期末存货成本。企业采购商品的进货费用金额较小的，可以在发生时直接计入当期损益”。其中，对于已售商品的进货费用，计入当期损益，就是记入“主营业务成本”科目；对于进货费用金额较小可以直接计入当期损益，就是记入“销售费用”科目。

《企业会计准则第1号——存货》第十四条规定，“企业应当采用先进先出法、加权平均法或者个别计价法确定发出存货的实际成本”。财政部会计司编写组编写的《企业会计准则讲解——2010》进一步指出：“企业应当根据各类存货的实物流转方式、企业管理的要求、存货的性质等实际情况，合理地选择发出存货成本的计算方法，以合理确定当期发出存货的实际成本”。“企业在确定发出存货的成本时，可以采用先进先出法、移动加权平均法、月末一次加权平均法和个别计价法四种方法。企业不得采用后进先出法确定发出存货的成本”。

（三）会计科目设置

（1）设置“在途物资”科目。“在途物资”核算企业采用进价进行商品等物资的日常核算、货款已付但尚未验收入库的在途物资的采购成本。

企业购入商品，按应计入商品采购成本的金额，借记本科目，按实际支付或应支付的金额，贷记“银行存款”、“应付账款”、“应付票据”等科目。涉及增值税进项税额的，应进行相应处理。所购商品到达验收入库，借记“库存商品”等科目，贷记本科目。库存商品采用售价核算的，按售价，借记“库存商品”科目，按进价，贷记本科目，进价与售价之间的差额，贷记“商品进销差价”科目。“在途物资”科目期末借方余额，反映企业在途商品等物资的采购成本。该科目可按供应单位和物资品种进行明细核算。

(2) 设置“库存商品”科目。“库存商品”科目核算企业库存的各种商品的进价或售价，包括外购商品、存放在门市部准备出售的商品、发出展览的商品以及寄存在外的商品等。

购入商品采用进价核算的，在商品到达验收入库后，按商品进价，借记本科目，贷记“在途物资”等科目。委托外单位加工收回的商品，按商品进价，借记本科目，贷记“委托加工物资”科目。

购入商品采用售价核算的，在商品到达验收入库后，按商品售价，借记本科目，按商品进价，贷记“在途物资”等科目，按商品售价与进价的差额，贷记“商品进销差价”科目。委托外单位加工收回的商品，按商品售价，借记本科目，按委托加工商品的账面余额，贷记“委托加工物资”科目，按商品售价与进价的差额，贷记“商品进销差价”科目。

对外销售商品（包括采用分期收款方式销售商品），结转销售成本时，借记“主营业务成本”科目，贷记本科目。采用进价进行商品日常核算的，发出商品的实际成本，可以采用先进先出法、加权平均法或个别认定法计算确定。采用售价核算的，还应结转应分摊的商品进销差价。

期末借方余额，反映企业库存商品的进价或售价。本科目可按库存商品的种类、品种和规格等进行明细核算。

(3) 设置“发出商品”科目。“发出商品”科目核算企业未满足收入确认条件但已发出商品的进价或售价。

对于未满足收入确认条件的发出商品，应按发出商品的进价或售价，借记本科目，贷记“库存商品”科目。发出商品发生退回的，应按退回商品的进价或售价，借记“库存商品”科目，贷记本科目。发出商品满足收入确认条件时，应结转销售成本，借记“主营业务成本”科目，贷记本科目。采用售价核算的，还应结转应分摊的商品进销差价。“发出商品”科目期末借方余额，反映企业发出商品的进价或售价。“发出商品”科目可按购货单位、商品类别和品种进行明细核算。

(4) 设置“商品进销差价”科目。“商品进销差价”科目核算企业采用售价进行日常核算的商品售价与进价之间的差额。

企业购入、加工收回以及销售退回等增加的库存商品，按商品售价，借记“库存商品”科目，按商品进价，贷记“在途物资”、“委托加工物资”等科目，按售价与进价之间的差额，贷记本科目。

期(月)末分摊已销商品的进销差价，借记本科目，贷记“主营业务成本”科目。销售商品应分摊的商品进销差价，按以下公式计算：

商品进销差价率＝期末分摊前本科目余额÷(“库存商品”科目期末余额＋“委托代销商品”科目期末余额＋“发出商品”科目期末余额＋本期“主营业务收入”科目贷方发生额)×100%

本期销售商品应分摊的商品进销差价＝本期“主营业务收入”科目贷方发生额×商品进销差价率

企业的商品进销差价率各期之间比较均衡的,也可以采用上期商品进销差价率计算分摊本期的商品进销差价。年度终了,应对商品进销差价进行核实调整。

科目的期末贷方余额,反映企业库存商品的商品进销差价。本科目可按商品类别或实物管理负责人进行明细核算。

（四）商品的进价法核算

商品的进价法核算主要内容包括:总分类账、明细分类账统一按进价记账。明细分类账按商品的编号、品名、规格、等级分户,登记数量和金额。定期计算和结转已销商品的进价成本。在业务、仓储部门等实物管理部门分设调拨账和保管账。

(1) 商品购进时结算凭证和商品同时到达。其进货费用直接计入所购商品成本:

借:库存商品——某商品

　应交税费——应交增值税(进项税额)

　贷:银行存款

(2) 商品购进时结算凭证和商品同时到达。其进货费用需先进行归集期末进行分配:

借:库存商品——某某商品或某类商品(进货成本)

　　　　——进货费用(共同费用)

　应交税费——应交增值税(进项税额)

　贷:银行存款

期末,商品进货费用按存销比例进行分摊时,应由已销商品负担的进货费用:

借:主营业务成本

　贷:库存商品——进货费用

若进货费用很小,在发生时直接计入当期损益。

借:库存商品——某某商品或某类商品

　应交税费——应交增值税(进项税额)

　销售费用——进货费用

　贷:银行存款

(3) 商品购进时,商品先到,结算凭证后到。由于企业收货时尚未取得相应的结算凭证,故不作账务处理,只在库存商品明细账上登记数量,待过几天付款时作钱货两清的会计分录[和上述分录(1)、(2)相同],同时库存商品明细账上补登金额。但如果月末仍未收到相关单据,则按暂估价作如下会计分录:

借:库存商品——某商品

　贷:应付账款——暂估应付账款

下月初用红字冲回:

借:库存商品——某商品红字金额)

　贷:应付账款——暂估应付账款(红字金额)

(4) 商品购进时,结算凭证先到,商品后到。企业接到银行转来的结算凭证、增值税专用发票、随货同行发货单等,经审核无误同意挂账。

借:在途物资——某商品

　应交税费——应交增值税(进项税额)

　贷:应付账款

(5) 上述商品到货，经仓库验收入库时：

借：库存商品——某商品

　贷：在途物资——某商品

(6) 采购商品发生毁损、短缺的处理。企业商品采购过程中发生的商品毁损、短缺等，合理的运输途中损耗应作为商品的采购费用计入采购成本；从供应商、外部运输机构等收回的商品短缺或其他赔款，应冲减所购物资的采购成本；因遭受意外灾害发生的损失和尚待查明原因的途中损耗，暂作为待处理财产损溢进行核算，查明原因后再作处理。企业所购商品入库发生时毁损、短缺：

借：库存商品——某商品(实际入库商品成本)

　管理费用——商品损耗(合理损耗价值)

　待处理财产损溢——待处理流动资产损溢(在途物资价值)

　贷：在途物资——某商品等

上述毁损、短缺商品查明原因后：

借：其他应收款——运输公司(由运输公司赔偿金额)

　管理费用——存货盘亏、毁损(查不清原因的商品成本)

　贷：应交税费——应交增值税(进项税额转出)等(转出的进项税额)

　　待处理财产损溢——待处理流动资产损溢(转销待处理商品成本)

(7) 采购商品发生溢余的处理。商品采购过程中发生溢余，先将商品按实收数入库，查明溢余原因后进行处理。若系供应商多发，采购企业同意购进，则由供货单位补开发货单，采购企业进行账务处理并补付货款；采购企业不同意购进，则应将溢余商品转为“代管商品”，在备查账簿上登记，不进行账务处理；若系运输途中自然升溢，作减少商品损耗处理。

企业所购商品入库发生溢余：

借：库存商品——某商品(实际入库商品成本)

　管理费用——商品损耗(红字金额)

　贷：在途物资——某商品等(所购商品成本)

　　待处理财产损溢——待处理流动资产损溢(溢余商品成本)

上述溢余商品经与供应商协商后决定作为购进处理：

借：待处理财产损溢——待处理流动资产损溢

　应交税费——应交增值税(进项税额)

　贷：应付账款

(8) 采购商品在验收时发现商品的品种、规格、等级或质量与定购商品不符，采购企业要同供应商联系进行商品的调换或退货。若未进行账务处理，则退换货由采购部门协调处理，无须进行退换货账务处理。若已付款或挂账，应视不同情况进行处理。若增值税发票尚未认证且在开票当月，则可作退票处理；若增值税发票已认证或发票已跨月，则采购企业应向在所在地税务机关申请取得开具红字增值税专用发票，经税务部门审批后，将“开具红字增值税专用发票申请单”交予供应商开具红字增值税专用发票。

① 企业所购商品验收入库时发现，该批商品已接近保质期，经协商决定退货，但增值税进项发票已认证，按规定手续取得红字发票后作如下会计分录：

借：在途物资——某商品(红字金额)

应交税费——应交增值税(进项税额)(红字金额)

贷:应付账款(红字金额)

② 企业所购商品验收入库时发现,该批商品规格弄错,经与供应商联系后,供应商予以调换。企业收到换货验收入库时:

借:库存商品——(新规格)某商品

贷:在途物资——(原规格)某商品

(9) 已销商品成本的结转。期末,企业按先进先出法或移动加权平均法或月末一次加权平均法或个别计价法计算已销商品成本,予以结转。

借:主营业务成本

贷:库存商品

(五) 商品的售价核算

商品的售价核算,与进价核算不同之处是:总分类账、明细分类账统一按售价记账。设置"商品进销差价"科目,登记商品进价与销价之间的差额。定期分摊进销差价,计算已销商品进销差价和库存商品进价。

(1) 商品购进时,结算凭证和商品同时到达,其进货费用直接计入所购商品成本:

借:库存商品——某商品

应交税费——应交增值税(进项税额)

贷:银行存款

商品进销差价

(2) 商品购进时,结算凭证和商品同时到达,其进货费用需先进行归集,期末进行分配时:

借:库存商品——某某商品或某类商品(进货商品售价)

——进货费用(共同费用)

应交税费——应交增值税(进项税额)(进项税额)

贷:银行存款(付款额)

商品进销差价(售价大于进价的差额)

期末,商品进货费用按存销比例进行分摊时,应由已销商品负担的进货费用:

借:主营业务成本

贷:库存商品——进货费用

若进货费用很小,在发生时直接计入当期损益。

借:库存商品——某某商品或某类商品

应交税费——应交增值税(进项税额)

销售费用——进货费用

贷:银行存款

商品进销差价

(3) 商品购进时,商品先到结算凭证后到。由于企业收货时尚未取得相应的结算凭证,故不作账务处理,只登记库存商品明细账,待过几天付款时作钱货两清的会计分录。但如果月末仍未收到相关单据,则按暂估价编制如下会计分录:

借:库存商品——某商品

贷:应付账款——暂估应付账款

下月初用红字冲回。

借:库存商品——某商品(红字金额)

贷:应付账款——暂估应付账款(红字金额)

(4) 商品购进时,结算凭证先到,商品后到。企业接到银行转来的结算凭证、增值税专用发票、随货同行发货单等,经审核无误同意挂账。

借:在途物资——某商品

应交税费——应交增值税(进项税额)

贷:应付账款

(5) 上述商品到货,经仓库验收入库时:

借:库存商品——某商品

贷:在途物资——某商品

商品进销差价

(6) 企业所购商品入库发生时毁损、短缺:

借:库存商品——某商品(实际入库商品成本)

管理费用——商品损耗(合理损耗价值)

待处理财产损溢——待处理流动资产损溢(尚待查明原因的商品成本)

贷:在途物资——某商品

商品进销差价

上述毁损、短缺商品查明原因后:

借:其他应收款——运输公司(属运输公司责任应赔偿金额)

管理费用——存货盘亏、毁损(查不清原因的商品成本)

贷:应交税费——应交增值税(进项税额转出)

待处理财产损溢——待处理流动资产损溢

(7) 企业所购商品入库发生溢余时:

借:库存商品——某商品(实际入库商品售价)

管理费用——商品损耗(红字金额)

贷:在途物资——某商品等(所购商品实际成本)

待处理财产损溢——待处理流动资产损溢(溢余商品实际成本)

商品进销差价(所购商品售价大于进价的差额)

经与供应商协商后决定将上述溢余商品作为购进处理:

借:待处理财产损溢——待处理流动资产损溢

应交税费——应交增值税(进项税额)

贷:应付账款

(8) 采购商品退换货的处理。企业所购商品验收入库时发现,该批商品已接近保质期,经协商决定退货,但增值税进项发票已认证,按规定手续取得红字发票后作如下会计分录:

借:在途物资——某商品(红字金额)

应交税费——应交增值税(进项税额)(红字金额)

贷:应付账款(红字金额)

(9) 已销商品进销差价的分摊。售价法商品成本结转与进价法不同的是，售价法需要对已销商品的进销差价进行计算和结转，进销差价的计算结转方法主要有综合差价率法，分类差价率法，实际差价法等。

综合差价率法是根据企业经营的全部商品存、销比例，平均分摊进销差价。分类差价率法一般按各大类或柜组商品的存、销比例分摊各类(柜组)商品进销差价，实际差价法是对库存商品进行盘点，分别计算出库存商品的进价、售价和进销差价，然后倒挤出已销商品进销差价的一种计价方法。综合差价率法基本计算公式如下：

$$综合差价率=\frac{月末分摊前“商品进销差价”科目余额}{月末“库存商品”科目余额+本月“主营业务收入”科目贷方发生额}\times 100\%$$

本月已销商品应分摊的进销差价＝本月“主营业务收入”科目贷方发生额×综合差价率

月末，企业计算出已销商品应分摊的进销差价时：

借：商品进销差价

　贷：主营业务成本

(10) 已销商品成本的结转，编制如下会计分录：

借：主营业务成本

　贷：库存商品

二、外贸业务成本核算

矿业集团的外贸业务包括出口业务和进口业务。按出口业务方式可分为自营出口和代理出口两种方式。自营出口是指矿业集团成立外贸部门出口企业自己生产的产品，称之为生产型企业的自营出口；代理出口是指矿业集团成立独立的进出口公司从事进出口业务。委托其他进出口公司代理出口本企业的产品或进口企业所需要材料物资不在本章的讨论范围。

(一) 外贸业务核算特点

(1) 出口货物以不含税价对外销售并确认销售收入，进行会计处理。

(2) 出口货物一律以离岸价 FOB(即装运港船上交货价)为计税依据，发生的运费、保险费、佣金等价外费用冲减销售收入。

(3) 购进货物发生的增值税进项税额，采取出口退税的办法，超过退税的部分计入采购成本；出口免税货物与国内销售免税货物一样，其购进时发生的增值税进项税额全部计入购进成本。另外，进料加工复出口业务购进的免税进口料件，按“不征不退”的税务处理办法进行相应的会计核算。

(二) 会计科目的设置

(1) 设置“应交税费——应交增值税”科目。在该科目下设置“进项税额”、“已交税金”、“减免税金”、“出口抵减内销产品应纳税金”、“销项税额”、“出口退税”、“进项税额转出”等明细科目。

(2) 设置“其他应收款——应收出口退税”科目。该科目借方反映出口企业销售出口货物后，按规定向税务机关申报应退回的增值税、消费税。申报时，借记本科目，贷记“应交税费——应交增值税”或“主营业务成本”(指消费税)；贷方反映实际收到的出口货物的应退增值税、消费税。收到退税额时，借记银行存款，贷记本科目，期末借方余额，反映尚未收到的应退税额。

（三）外贸业务成本费用的构成和计算

出口商品的成本包括生产成本、加工成本和采购成本三种。对独立的外贸企业而言，商品成本在一般情况下即为采购成本。由于出口商品实行退税政策，外贸企业因购买货物所负担的税款由国家全额或按一定比例（有征退税率差的商品）退还。如果是全额退税的商品，如征税率13%、退税率13%的商品，商品成本即为不含税的采购成本。如果是按一定比例（有征退税率差的商品）退税的出口商品，如征税率13%、退税率9%的商品，商品成本由采购成本和征退税率两部分构成。

生产成本、加工成本和采购成本的具体核算参见本核算办法其他章节。下面就外贸业务的特殊费用成本规范如下：

(1) 国内费用。国内费用包括内陆运费包干费、报关费、管理费用、销售费用、银行手续费及汇率变动成本等。

(2) 海运费用。采用CFR（即成本加运费）、CIF（即成本、保险费加运费）成交的条件下，出口商需核算海运费。由于运价都以美元显示，在核算完海运费后，应根据当天汇率换算成人民币。

(3) 保险费用。在以CIF成交的情况下，出口商需要首先向保险公司查询保险费率，用以核算保险费。公式如下：

保险费＝保险金额×保险费率

保险金额＝CIF价×(1＋保险加成率)

在进出口贸易中，根据有关的国际惯例，保险加成率通常为10%[①]。出口商也可根据进口商的要求与保险公司约定不同的保险加成率。

(4) 佣金。佣金是价格的组成部分，也是给中间商的一种报酬。佣金一般根据合同规定佣金率和付佣方式支付。付佣方一般分为两种：一是明佣。是指根据成交价格条件在发票上列明佣金率，并从货款中扣除的佣金。二是暗佣。是指在合同中规定佣金率及付佣方式，不在发票上列明佣金率，结汇后另行支付。明佣在销售时直接扣除应收外汇账款和销售收入；暗佣经外管局核准支付后直接冲减销售收入。

（四）生产型企业自营出口的成本核算

生产型企业自营出口的成本核算主要包括出口产品的成本核算以及退（免）税核算，其中退（免）税核算是自营出口核算的重点。退（免）税是指在国际贸易业务中，对我国报关出口的货物退还或免征其在国内各生产和流通环节按税法规定缴纳的增值税和消费税。计算退税办法主要有“免、抵、退”和“先征后退”办法，按规定，自2002年1月1日起，生产企业自营或委托代理出口的自产货物，增值税一律实行“免、抵、退”管理办法。“免税”是指对生产企业出口的自产货物，免征本企业生产和销售环节的增值税。“抵税”是指生产企业出口自产货物所耗用的原材料等所含应予退还的进项税，抵减内销货物的应纳税额。“退税”是指生产企业出口自产货物当月应抵减进项税大于应纳税额时，对未抵完部分予以退税。

(1)“免、抵、退”的计算和核算。

① 当期应交增值税的计算。公式如下：

① 国际商会《跟单信用证统一惯例》第三十三条“运费到付/运费预付的运输单据”中规定：“除非信用证另有规定，保险单据必须表明最低投保金额应为货物的CIF或CIP价格的总值加成10%”。

当期应交增值税＝当期内销货物的销项税额－(当期进项税额－当期免抵退税不得免征和抵扣税额)－上期留抵税额

如应纳税额大于等于零，出口退税全用于抵减内销产品应纳增值税额，根据计算出的免抵退税额数：

借：应交税费——应交增值税——出口抵减内销产品应纳税金

　贷：应交税费——应交增值税——出口退税

② 企业出口自产产品计算免抵退税不得免征和抵扣税额的计算。

免抵退税不得免征和抵扣税额＝当期出口货物离岸价格×外汇人民币折合率×(出口货物适用税率－出口货物退税率)－当期不得免征和抵扣税额抵减额

其中：

当期不得免征和抵扣税额抵减额＝当期免税购进原材料价格(当期实际耗用的原材料)×(出口货物适用税率－出口货物退税率)

公式中"当期免税购进原材料价格"的范围：包括当期国内购进的无进项税额且不计提进项税额的免税原材料的价格和当期进料加工保税进口料件的价格，其中当期进料加工保税进口料件的价格为进料加工出口货物耗用的保税进口料件金额。

根据计算的免抵退税不得免征和抵扣税额作如下会计分录：

借：主营业务成本——出口退税

　贷：应交税费——应交增值税——进项税额转出

③ 免抵退税额的计算。公式如下：

进料加工免税进口料件的组成计税价格＝货物到岸价格＋海关实征关税＋海关实征消费税

免抵退税额＝当期出口货物离岸价格×外汇人民币牌价×出口货物退税率－免抵退税额抵减额

免抵退税额抵减额＝免税购进原材料价格×出口货物退税率

根据计算的免抵退税额作如下会计分录：

借：其他应收款——应收出口退税

　贷：应交税费——应交增值税——出口退税

④ 当期应退税额和当期免抵税额的计算。

当期期末留抵税额大于当期免抵退税额时，则当期应退税额＝当期免抵退税额。

借：应交税费——应交增值税——出口抵减内销产品应纳税额

　贷：应交税费——应交增值税——出口退税

当期期末留抵税额小于等于当期免抵退税额时，当期应退税额等于当期留抵税额。

借：应交税费——应交增值税——出口抵减内销产品应纳税金

　其他应收款——应收出口退税

　贷：应交税费——应交增值税——出口退税

(2) 国外费用的核算。以 FOB 价以外的价格条件成交的出口商品，其发生的国外运输费、保险费及佣金等，一律冲减销售收入。企业发生佣金支出、国外运费、国外保险费时作如下会计分录：

借：主营业务收入——产品出口收入

　贷：银行存款

（五）自营进口业务核算

（1）企业从国外进口货物，接到银行转来单据，经审核无误支付货款，作会计分录如下：

借：库存商品——进口商品——某货物

　贷：银行存款

（2）支付国外运保费时：

借：库存商品——进口商品——某货物

　贷：银行存款

（3）缴纳关税时：

借：库存商品——进口商品——某货物

　贷：应交税费——应交关税

（4）缴纳增值税时：

借：应交税费——应交增值税——进项税额

　贷：银行存款

（六）代理进口业务核算

外贸企业代理进口业务通常要求委托单位预付货款，在收到委托单位的预付货款时，借记“银行存款”科目，贷记“预收账款”、“合同负债”等科目。收到银行转来国外全套结算单据时，将其与信用证或合同条款核对无误后，通过银行向国外出口商承付款项时，借记“预收账款”、“合同负债”等科目，贷记“银行存款”科目。同时，外贸企业业务部门根据代理进口商品金额 CIF 价格的一定比例开具收取代理手续费的发票，财会部门根据业务部门转来的发票（记账联）确认代理进口业务销售收入的实现，据以借记“预收账款”、“合同负债”等科目，贷记“主营业务收入”科目。

代理进口的成本核算较为简单，不需要在“库存商品”中归集、核算购进成本，其购进成本可以直接在往来中核算。

三、物流成本核算

物流企业利用先进的管理技术和组织形式，通过计划、实施、控制和协调等手段对运输、仓储、装卸、包装、配送、流通加工、信息处理各环节进行系统整合，以最低的费用和最少的资金占用，安全、及时和高质量地为客户提供多功能、一体化的综合物流服务。

（一）物流企业的成本核算特点

物流企业的组织结构、经营模式不同于煤炭企业以及一般工业企业、商业企业、运输企业。一般说，物流企业的直接材料、直接人工占企业总成本的比重很小，而间接费用比重却很大，因此，间接费用能否合理分配到成本计算对象至关重要。

物流企业的组织结构主要可分为业务管理部门（负责物流业务的承揽工作和客户服务工作）和业务作业部门（负责物流业务合同签订后各个业务环节的具体运作）。

（二）物流企业成本核算流程

物流企业应分别按合同服务项目归集费用核算成本。凡是能直接归属于某一合同服务项目的直接费用，应直接计入该合同服务项目成本；凡不能直接归属于某一合同服务项目的间接费用，应采用合理的基础分配计入合同服务项目成本。基于此，企业成本核算的关键是确定间接成本分配基础。

物流企业应按与客户签订的服务合同确定成本对象。物流成本（系统开发费、运输费、仓储费、装卸费等）中的直接费用，发生时直接计入合同项目；物流成本（系统开发费、运输费、仓储费、装卸费等）中的间接费用，发生时先归集在“物流成本——间接费用”，再确定分配基础，计算间接费用分配率，据此分配到各合同项目。最后汇总各项合同的直接成本与间接成本，计算出合同服务项目的总成本。

物流业务的承揽实质上就是物流业务的前期开发工作。其业务发生的办公费、职工薪酬、物流方案设计费用、承揽业务费用等列入“销售费用”。因为物流业务管理部门所承担的物流业务承揽工作，属于物流企业的市场营销工作，其发生的费用与一般企业的销售费用属性相同。物流业务的客户服务是物流企业提供物流服务的延续，是物流业务的“售后服务”，所以开展客户服务工作所发生的费用也应作为“销售费用”处理。

业务作业部门发生的机构设置费用与管理人员相关费用等都是因运作物流业务而发生的，应该将它们分别计入不同物流业务的物流业务成本。

（三）科目设置

设置“物流成本”科目，核算企业发生的各项服务成本。企业发生的各项直接成本，借记本科目，贷记“原材料”、“库存现金”、“银行存款”、“应付职工薪酬”等科目。

发生系统开发费、运输费、仓储费、装卸费等间接费用，借“物流成本”科目，贷记“原材料”、“库存现金”、“银行存款”等科目。

“物流成本”科目可按合同项目和间接费用进行明细核算。

（四）物流企业业务核算

（1）直接费用。根据各合同涉及的业务所发生的直接费用原始凭证记入“物流成本”及其明细账户的借方，编制如下会计分录：

借：物流成本——某某合同——运输费等

　贷：库存现金等

（2）间接费用。根据各合同涉及的业务所发生的间接费用原始凭证归集间接费用，设置“物流成本——间接费用”，编制如下会计分录：

借：物流成本——间接费用——运输费等

　贷：库存现金等

（3）间接费用成本分配，编制如下会计分录：

借：物流成本——某某合同——运输费等

　贷：物流成本——间接费用——运输费等

（4）发生的各项销售费用：

借：销售费用

　贷：银行存款等

（5）物流业务收入和成本的结转。根据合同内容确认完工的物流业务收入并结转相应的物流成本，编制如下会计分录：

借：应收账款——某某客户

贷:主营业务收入——某某合同

借:主营业务成本

贷:物流成本——某某合同——运输费(或仓储费或装卸费或系统开发费)

第七节　医院成本核算

一、医院支出

医院支出是指医院在开展业务及其他活动中发生的资金耗费和损失。医院支出包括:

(1)医疗支出,即医院在医疗过程中发生的支出。

(2)药品支出,即医院在药品采购、管理过程中发生的支出。

(3)其他支出,即医疗、药品支出以外的支出,包括被没收的财物支出、各项罚款、赞助、捐赠支出、财产物资盘亏损失、与医院医疗业务无关的基础性科研支出、医疗赔偿支出等。

(4)财政专项支出,即财政专项补助支出。如添置固定资产补贴、科研费用补贴等。

二、医院成本

医院实行成本核算,包括医疗成本核算和药品成本核算。成本费用分为直接费用和间接费用。

(1)直接费用,即医院在开展业务活动中可以直接计入医疗支出或药品支出的费用。包括医疗科室和药品部门开支的人工工资、职工福利费、社会保障费、公务费、业务费、卫生材料费、药品费、修缮费、购置费和其他费用。

辅助科室中能明确为医疗和药品服务的科室或班组的费用支出,如营养食堂、洗衣房等的支出,基本是为医疗业务服务的,可直接计入医疗支出。

提取的修购基金应按固定资产使用部门分列计入医疗支出、药品支出。

(2)间接费用,即不能直接计入医疗支出或药品支出的管理费用,包括医院行政管理部门和后勤部门发生的各项支出以及职工教育费、咨询诉讼费、科研费、报刊杂志费、融资租赁费、无形资产摊销、利息支出、银行手续费、汇兑损益等。

间接费用按医疗和药品部门人员比例进行分摊,并按支出明细项目逐项进行分配。

三、医院成本核算设置的会计科目

(一)设置“医疗支出”科目

医院设置“医疗支出”科目核算医院开展业务活动发生的各项费用和摊入的管理费用。

该科目按医疗支出项目设置明细账。

明细项目有:工资、职工福利费、社会保障费、公务费、卫生材料、其他材料、业务费、购置费、修缮费、租赁费等。

(二)设置“药品支出”科目

医院设置“药品支出”科目核算医院药品业务中发生的各项费用和摊入的管理费用。

该科目按药品支出项目设置明细账。

明细项目有:工资、职工福利费、社会保障费、公务费、药品、卫生材料、业务费、购置费等。

（三）设置"管理费用"科目

医院设置"管理费用"科目核算医院行政管理和后勤部门发生的各项费用。

医院管理费用有两种处理方法：

一是经费报账核销法。即医院作为矿业集团"经费财务科"的一个报账单位所进行的经费拨补和核销的报账方法。其做法是：矿业集团"经费财务科"定期向医院拨付经费，医院使用经费后再向矿业集团"经费财务科"报（核）销经费。这种方式适用于医药不能自收自支，需要靠矿业集团进行经费拨补的单位。在这种方式下，医院期末结转管理费用时，要冲销矿业集团所拨的经费。如果矿业集团"经费财务科"通过增设"下拨经费"、"拨入经费"科目核算的，则期末医院结转管理费用时，要冲减"拨入经费"科目；如果矿业集团"经费财务科"通过增设"内部往来"科目核算的，则期末医院结转管理费用时，要借记"内部往来——经费财务科"科目，贷记"管理费用"科目。

二是管理费用分摊法。即医院管理费用自我承担，期末分配计入"医疗支出"、"药品支出"科目，构成医院成本的重要组成部分的一种处理方法。这种方式适用于医药核算能够自收自支基本不需要矿业集团进行经费拨补的单位。在这种方式下，管理费用期末可以采用人员比例法，即按医疗、药品部门人数进行分配。公式如下：

人均分配额＝管理费用÷（医疗人数＋药库、药房人数）

某部门应分担的管理费用＝人均分配额×某部门月末人数

（四）设置"其他支出"科目

医院设置"其他支出"科目核算医院发生的除医疗支出、药品支出、管理费用、财政专项支出以外的其他支出。

四、医院药品进销差价的核算方法

医院药品采用"零售价格法"核算。医院购进药品时，按实际付款额借记"药品采购"科目，贷记"银行存款"等科目；药品验收入库时，按零售价借记"药品"科目，按实际成本贷记"药品采购"科目，按零售价与进价的差额贷记"药品进销差价"科目。期末，医院应计算药品进销差价，并将药品进销差价分摊到"药品支出"科目中去。药品进销差价有两种核算方法供医院选择，具体如下：

（一）综合加成率计算法

（1）计算药品综合加成率。

药品综合加成率＝（药品进销差价期初余额＋本期药品进销差价贷方发生额）÷（药品期初余额＋本期药品借方发生额－药品进销差价期初余额－本期药品进销差价贷方发生额）×100%

（2）计算本期药品实际消耗成本。

本期药品消耗成本＝本期药房药品销售额÷（1＋综合加成率）

（3）计算本期实现的药品进销差价。

本期实现的药品进销差价＝本期药房药品销售额－本期药品消耗成本

（二）综合差价率计算法

（1）计算药品综合差价率。

$$\text{药品综合差价率}=\frac{\text{药品进销差价期初余额}+\text{本期药品进销差价贷方发生额}}{\text{药品期初余额}+\text{本期药品借方发生额}}\times 100\%$$

(2) 计算本期药品实际消耗成本。

本期药品消耗成本=本期药房药品销售额×(1-药品综合差价率)

(3) 计算本期应实现的药品进销差价。

本期实现的药品进销差价=本期药房药品销售额-本期药品消耗成本

五、医院成本核算的账务处理

(1) 发生医疗费用时:

借:医疗支出

　贷:库存现金

　　银行存款

　　库存物资

　　药品

　　专用基金

　　应付职工薪酬

(2) 医疗支出的期末结转:

借:收支结余

　贷:医疗支出

(3) 发生药品支出时:

借:药品支出

　贷:库存现金

　　银行存款

　　库存物资

　　药品

　　专用基金

　　应付职工薪酬

(4) 分摊当期消耗药品实现的进销差价:

借:药品进销差价

　贷:药品支出

(5) 药品支出的期末结转:

借:收支结余

　贷:药品支出

(6) 发生管理费用时:

借:管理费用

　贷:库存现金

　　银行存款

　　库存物资

　　无形资产

　　专用基金

　　应付职工薪酬

(7) 月末,分摊管理费用时:

借：医疗支出
　药品支出
　贷：管理费用

第八节　施工企业成本核算

一、工程成本计算对象

施工企业工程成本计算对象的确定应与施工图预算相适应，并结合具体情况分别作如下处理：

（1）建筑安装工程一般应以每一独立编制施工图预算的单位工程作为成本计算对象。

（2）规模大、工期长的单位工程，可以将工程划分为若干部位，以分部位的工程作为成本计算对象。

（3）同一施工地点、同一结构类型、开竣工时间相接近的若干单位工程，可以合并作为一个成本计算对象。

（4）改建扩建、检修安装的零星工程，可以将开竣工时间相近、属于同一建设项目的各个单位工程，合并为一个成本计算对象。

（5）土石方工程、打桩工程，可以根据实际情况和管理需要，以一个单项工程作为成本计算对象，或将同一施工地点的若干个工程量较小的单项工程合并为一个成本计算对象。

工程成本计算对象在会计核算实务中定义为“项目”。

二、工程项目核算组织

施工企业一般实行公司、分公司（或工程处、工区等）和项目经理部（或施工队）三级管理；或公司、分公司两级管理。与之相适应，施工企业成本核算的组织，一般也实行公司、分公司和项目经理部三级核算或公司、分公司两级核算体制。

（一）实行三级核算

实行三级核算的施工企业，公司一级负责全面领导所属单位的成本核算工作，核算公司本身的管理费用，汇总整个企业的施工生产成本，全面进行企业施工生产成本分析等等。

分公司（或工程处、工区）是施工企业成本核算体系的中心环节，主要负责核算工区本身的管理费用，对施工工程成本核算工作进行直接指导或直接核算工程成本，编制工程成本报表或竣工决算，并进行工程成本分析等等。

项目经理部（或施工队）是工区所属基层成本核算单位，是成本核算体系的基础，登记工程消耗的各种直接费用和间接费用的原始记录，办理因设计变更、材料领用等的签证，核算工程实际成本。

（二）实行两级核算

实行两级核算的施工企业，公司一级核算的内容，与实行三级核算的施工企业公司一级核算的内容基本相同。公司所属的分公司则应同时承担三级核算中的分公司与项目经理部两级成本核算单位的成本核算职责。

工程项目核算组织的基层核算单位在会计核算实务中定义为“部门”。

三、工程施工核算项目

工程施工核算项目的设置见表 11-15。

表 11-15　工程施工核算项目表

工程施工核算项目	辅助核算	是否构成成本报表项目*
一、合同履约成本	项目部门	
（一）人工费	项目部门	是
1. 工资奖金及津贴	项目部门	是
① 全民工	项目部门	是
② 集体工	项目部门	是
③ 派遣工	项目部门	是
④ 其他	项目部门	是
2. 职工福利费	项目部门	是
3. 医疗保险	项目部门	是
4. 养老保险	项目部门	是
5. 失业保险	项目部门	是
6. 工伤保险	项目部门	是
7. 生育保险	项目部门	是
8 . 住房公积金	项目部门	是
9. 工会经费	项目部门	是
10. 职工教育经费	项目部门	是
11. 非货币性福利	项目部门	是
12. 辞退福利	项目部门	是
13. 其他相关支出	项目部门	是
（二）材料费	项目部门	是
1. 原材料	项目部门	是
① 钢材	项目部门	是
② …	项目部门	是
2. 辅助材料	项目部门	是
3. 构配件	项目部门	是
① 机械配件	项目部门	是
② ……	项目部门	是
4. 零件	项目部门	是
5. 低值易耗品	项目部门	是
6. 周转材料	项目部门	是
7. 其他	项目部门	是
（三）机械使用费	项目部门	是
1. 自有机械使用费	项目部门	是
2. 机械租赁费	项目部门	是
3. 施工机械安装、拆卸费	项目部门	是

续表

工程施工核算项目	辅助核算	是否构成成本报表项目*
4. 进出场费	项目部门	是
5. 其他	项目部门	是
（四）其他直接费	项目部门	是
1. 二次搬运费	项目部门	是
2. 临时设施摊销费	项目部门	是
3. 生产工具用具使用费	项目部门	是
4. 检验试验费	项目部门	是
5. 工程定位复测费	项目部门	是
6. 工程点交费	项目部门	是
7. 场地清理费	项目部门	是
8. 水电费	项目部门	是
9. 工程分包	项目部门	是
10. 工程大包	项目部门	是
11. 其他	项目部门	是
（五）间接费用	项目部门	是
1. 职工薪酬	项目部门	是
工资奖金及津贴	项目部门	是
职工福利费	项目部门	是
医疗保险	项目部门	是
养老保险	项目部门	是
失业保险	项目部门	是
工伤保险	项目部门	是
生育保险	项目部门	是
住房公积金	项目部门	是
工会经费	项目部门	是
职工教育经费	项目部门	是
非货币性福利	项目部门	是
辞退福利	项目部门	是
2. 固定资产折旧及修理费	项目部门	是
3. 物料消耗	项目部门	是
4. 低值易耗品摊销	项目部门	是
5. 取暖费	项目部门	是
6. 水电费	项目部门	是
7. 办公费	项目部门	是
8. 差旅费	项目部门	是
9. 财产保险费	项目部门	是

续表

工程施工核算项目	辅助核算	是否构成成本报表项目*
10. 检验试验费	项目部门	是
11. 工程保修费	项目部门	是
12. 劳动保护费	项目部门	是
13. 排污费	项目部门	是
14. 无形资产摊销	项目部门	是
15. 利息	项目部门	是
16. 税费	项目部门	是
17. 其他费用	项目部门	是
二、机械作业	机械种类	
（一）人工费	机械种类	
（二）燃料及动力	机械种类	
（三）折旧及修理	机械种类	
（四）其他直接费	机械种类	
（五）间接费用	机械种类	
三、工程结算	项目部门	
四、临时设施		
五、周转材料		
六、劳务成本	项目部门	
七、税金及附加	项目部门	
八、主营业务成本		
九、主营业务收入	项目部门	
（一）矿建	项目部门	
（二）土建	项目部门	
（三）安装工程	项目部门	

*：仅针对表中“一、合同履约成本”设置专栏。

四、工程项目核算账户的设置

（一）设置“合同履约成本”科目

本科目核算企业（建造承包商）实际发生的合同成本和合同毛利，可按项目核算对象，分别“工程施工”、“间接费用”进行明细核算。

企业进行合同建造时发生的人工费、材料费、机械使用费以及施工现场材料的二次搬运、生产工具和用具使用费、检验试验费、临时设施折旧费等其他直接费用，借记本科目（工程施工），贷记“应付职工薪酬”、“原材料”等科目。发生的施工、生产单位管理人员职工薪酬、固定资产折旧费、财产保险费、工程保修费、排污费等间接费用，借记本科目（间接费用），贷记“累计折旧”、“银行存款”等科目。期（月）末，将间接费用分配计入有关合同成本，借记本科目（工程施工），贷记本科目（间接费用）。

确认合同收入时，借记“合同结算——收入结算”科目，贷记“主营业务收入”科目；结转合同履约成本时，借记“主营业务成本”科目，贷记“合同履约成本”科目；按工程完工程度确定应收工程款时，借记“合同资产”科目，贷记“合同结算——价款结算”、“应交税费——应交增值税（销项税额）”科目。建造合同项目完工时，“合同结算”明细科目的金额对冲，借记“合同结算——价款结算”科目，贷记“合同结算——收入结转”科目。

本科目期末借方余额，反映企业尚未结转的合同履约成本。

实现会计电算化的企业，本科目还应按“项目部门”进行辅助核算。所有能分清受益对象的间接费用可直接列入有关项目的其他直接费，不能分清受益对象的间接费用可在业务发生时按合理的分配方法对象化。

（二）设置“机械作业”科目

本科目核算企业（建造承包商）及其内部独立核算的施工单位、机械站和运输队使用自有施工机械和运输设备进行机械作业（包括机械化施工和运输作业等）所发生的各项费用。

企业及其内部独立核算的施工单位，从外单位或本企业其他内部独立核算的机械站租入施工机械发生的机械租赁费，在“合同履约成本”科目核算。施工企业内部独立核算的机械施工、运输单位使用自有机械或运输设备作业所发生的各项费用，可按成本核算对象和成本项目进行归集。

本科目可按施工机械或运输设备的种类进行明细核算。施工企业内部独立核算的机械施工、运输单位使用自有施工机械或运输设备进行机械作业所发生的各项费用，可按成本核算对象和成本项目进行归集。

成本项目一般分为：人工费、燃料及动力费、折旧及修理费、其他直接费用、间接费用（为组织和管理机械作业所发生的费用）。

企业发生的机械作业支出，借记本科目，贷记“原材料”、“应付职工薪酬”、“累计折旧”等科目。

期（月）末，企业及其内部独立核算的施工单位、机械站和运输队为本单位承包的工程进行机械化施工和运输作业施工的成本，应转入承包工程的成本，借记“合同履约成本”科目，贷记本科目。对外单位、专项工程等提供机械作业（包括运输设备）的成本，借记“劳务成本”科目，贷记本科目。本科目期末应无余额。

在会计实务中，“机械作业”也可在“辅助生产”科目中核算。

（三）设置“临时设施”、“临时设施摊销”、“临时设施清理”科目

（1）“临时设施”科目核算施工企业为保证施工和管理的正常进行而购建的各种临时设施的实际成本。

施工企业购置临时设施发生的各项支出，借记本科目，贷记“银行存款”等科目。需要通过建筑安装才能完成的临时设施，发生的各有关费用，先通过“在建工程”科目核算，工程达到预定可使用状态时，再从“在建工程”科目转入本科目。本科目按临时设施种类和使用部门设置明细账，进行明细核算。

本科目期末借方余额，反映施工企业期末临时设施的账面原价。

（2）“临时设施摊销”科目核算施工企业各种临时设施的累计摊销额。

施工企业的各种临时设施应当在工程建设期间内按月进行摊销，摊销方法可以采用工作量法，也可以采用工期法。当月增加的临时设施，当月不摊销，从下月起开始摊销；当月减少的临时设施，当月继续摊销，从下月起停止摊销。摊销时，按摊销额，借记“合同履约成本”

等科目，贷记本科目。

本科目只进行总分类核算，不进行明细分类核算。需要查明某项临时设施的累计摊销额，可以根据临时设施卡片上所记载的该项临时设施的原价、摊销率和实际使用年限等资料进行计算。

本科目期末贷方余额，反映施工企业临时设施累计摊销额。

(3)“临时设施清理”科目核算施工企业因出售、拆除、报废和毁损等原因转入清理的临时设施价值及其在清理过程中所发生的清理费用和清理收入等。

出售、拆除、报废和毁损不需用或者不能继续使用的临时设施，按临时设施账面价值，借记本科目，按已提摊销额，借记“临时设施摊销”科目，按其账面原价，贷记“临时设施”科目。取得的变价收入和收回的残料价值，借记“银行存款”、“原材料”等科目，贷记本科目。发生的清理费用，借记本科目，贷记“银行存款”等科目。临时设施清理后，如为清理净损失，借记“营业外支出”科目，贷记本科目；如为清理净收益，借记本科目，贷记“营业外收入”科目。

本科目应按被清理的临时设施名称设置明细账，进行明细核算。

本科目期末无余额。

(四) 设置“周转材料”科目

本科目核算施工企业库存和在用的各种周转材料的实际成本或计划成本。周转材料是指施工企业在施工过程中能够多次使用，并可基本保持原来的形态而逐渐转移其价值的材料，主要包括钢模板、木模板、脚手架和其他周转材料等。

(1) 本科目应设置“在库周转材料”、“在用周转材料”和“周转材料摊销”三个明细科目，并按周转材料的种类设置明细账，进行明细核算。采用一次转销法的，可以不设置以上三个明细科目。

购入、自制、委托外单位加工完成并已验收入库的周转材料、施工企业接受的债务人以非现金资产抵偿债务方式取得的周转材料、非货币性交易取得的周转材料等，以及周转材料的清查盘点，比照“原材料”科目的相关规定进行账务处理。

(2) 施工企业应当根据具体情况对周转材料采用一次转销、分期摊销、分次摊销或者定额摊销的方法。一次转销法，一般应限于易腐、易糟的周转材料，于领用时一次计入成本、费用。分期摊销法，根据周转材料的预计使用期限分期摊入成本、费用。分次摊销法，根据周转材料的预计使用次数摊入成本、费用。定额摊销法，根据实际完成的实物工作量和预算定额规定的周转材料消耗定额，计算确认本期摊入成本、费用的金额。

(3) 领用、摊销和退回周转材料时，应分别以下情况进行账务处理：

采用一次转销法的，领用时，将其全部价值计入有关的成本、费用，借记“合同履约成本”等科目，贷记本科目。

采用其他摊销法的，领用时，按其全部价值，借记本科目(在用周转材料)，贷记本科目(在库周转材料)；摊销时，按摊销额，借记“合同履约成本”等科目，贷记本科目(周转材料摊销)；退库时，按其全部价值，借记本科目(在库周转材料)，贷记本科目(在用周转材料)。

(4) 周转材料报废时，应分别以下情况进行账务处理：

采用一次转销法的，将报废周转材料的残料价值作为当月周转材料转销额的减少，冲减有关成本、费用，借记“原材料”等科目，贷记“合同履约成本”等科目。

采用其他摊销法的，将补提摊销额，借记“合同履约成本”等科目，贷记本科目(周转材料摊销)；将报废周转材料的残料价值作为当月周转材料摊销额的减少，冲减有关成本、费用，借记“原材料”等科目，贷记“合同履约成本”等有关科目，同时，将已提摊销额，借记本科目(周转材料摊销)，贷记本科目(在用周转材料)。

(5) 采用计划成本核算的施工企业，月度终了，应结转当月领用周转材料应分摊的成本差异，通过“材料成本差异”科目，记入有关成本、费用科目。在用周转材料，以及使用部门退回仓库的周转材料，应当加强实物管理，并在备查簿上进行登记。

本科目期末借方余额，反映施工企业在库周转材料的实际成本或计划成本，以及在用周转材料的摊余价值。

(五) 设置“劳务成本”科目

本科目核算企业对外提供劳务发生的成本，本科目可按提供劳务种类进行明细核算。

企业发生的各项劳务成本，借记本科目，贷记“银行存款”、“应付职工薪酬”、“原材料”等科目。建造承包商对外单位、专项工程等提供机械作业(包括运输设备)的成本，借记本科目，贷记“机械作业”科目。结转劳务成本，借记“主营业务成本”、“其他业务成本”等科目，贷记本科目。

本科目期末借方余额，反映企业尚未完成或尚未结转的劳务成本。

(六) 建筑施工企业承建项目减值的核算①

建筑施工企业期末确认承建的工程项目发生减值，应区分三种情况计提减值准备。一是收回工程结算款发生困难计提减值准备时，借记“信用减值合同——合同资产减值损失”科目，贷记“合同资产减值准备——应收工程款”科目。二是外购工程物资等涨价确认的减值，借记“资产减值损失——合同资产减值损失”科目，贷记“合同资产减值准备——承建某工程减值”科目。三是工程施工出现意外风险确认减值，借记“预计工程损失——意外风险损失”科目，贷记“预计负债——预计工程损失准备”科目。

五、工程核算程序

(一) 人工费用的归集和分配

施工企业工程成本中的人工费用包括直接从事建筑安装工程施工工人的工资、职工福利费、医疗保险费、养老保险费、补充养老保险、失业保险费、工伤保险、生育保险、住房公积金、工会经费、职工教育经费、非货币性福利、辞退福利和其他职工薪酬。

在工程成本计算中，采用计件工资形式时，应根据“施工任务单”和有关的工资结算凭证，直接将工资费用计入有关的成本计算对象。对于无法直接计入有关成本对象的工资费用，应用适当的分配方法分配计入。

企业财会部门根据各施工队、项目管理部等单位的“施工任务单”、“用工记录”以及“工资结算汇总单”等资料，编制工资费用分配表，作如下会计分录：

借：合同履约成本——工程施工——××工程——人工费用

　贷：应付职工薪酬——工资

　　　　　　　　　——职工福利

　　　　　　　　　——社会保险费

　　　　　　　　　——离职后福利

① 参见朱林、朱学义：《建筑施工企业承建项目减值的核算》，《财务与会计》2022年第24期，第43～47页。

——住房公积金

——工会经费

——职工教育经费等

（二）材料费用的归集与分配

工程成本中的材料费，是指建安工程直接耗用的构成工程实体和有助于工程形成的各种主要材料、结构件等的成本以及工程使用周转料应计的摊销价值。

在实际工程中，对材料的日常核算既可采用实际成本计价，又可采用计划成本计价。由于建筑材料的市场价格变化较大，对于绝大部分中小施工企业来说，比较适宜按实际成本进行材料核算。

发生材料收发业务时，有关部门和人员必须根据不同情况分别填制“领料单”、“定额领料单”和“大堆材料耗用单”等领料凭证。每月月终，财会部门应根据审核无误的“领料单”、“定额领料单”、“退料单”、“大堆材料耗用计算表”、“周转材料摊销计算表”等原始凭证编制“工程施工材料费分配表”，按各成本计算对象汇总计算所耗用的各类材料的实际成本作如下会计分录：

借：合同履约成本——工程施工——××工程——材料费

贷：原材料

周转材料——周转材料摊销

借或贷：材料成本差异

（三）机械使用费的归集与分配

施工企业工程成本中的机械使用费包括工程施工过程中使用自有施工机械发生的机械使用费和租用外单位施工机械发生的租赁费以及施工机械的安装、拆卸和进出场费。

施工企业从外单位或本企业其他内部独立核算的机械站租入施工机械支付的租赁费，如能分清受益对象一般可以根据“机械租赁费结算单”所列的金额，直接记入有关受益工程成本核算对象的“机械使用费”成本项目中。如果租的施工机械是为两个或两个以上的工程服务，应按照租人施工机械为各个工程成本核算对象所提供的作业台班数量作为基数进行分配，并计入各工程成本核算对象的实际成本。

企业内部独立核算的机械站和运输队使用自有施工机械和运输设备进行机械作业（包购机械化施工和运输作业等）所发生的各项费用，应设置“机械作业”明细账，来归集发生的使用费。

期末，企业根据各成本计算对象使用的机械台班数、作业量数，编制“机械使用费分配表”，将机械使用费分配给各个成本计算对象：

借：合同履约成本——工程施工——××工程——机械使用费

贷：机械作业——塔吊

——混凝土搅拌机

——挖土机

机械使用费也可以通过“辅助生产”账户进行核算。

（四）其他直接费的归集与分配

施工企业工程成本中的其他直接费，是指在施工过程中直接发生的但不属于材料费、人工费和机械使用费的其他直接施工生产费用。其主要包括以下内容：

(1) 因场地狭小等原因而发生的材料二次搬运费。

(2) 冬雨季施工增加费，是指为保证工程质量，采取保温、防雨措施等增加的材料、人工和各项设施的费用。

(3) 夜间施工增加费，是指组织夜间连续施工而发生的照明设施摊销费和夜餐补助费等。

(4) 仪器仪表使用费，是指通信、电子等设备安装工程所需安装、测试仪器仪表的摊销及维修费用。

(5) 生产工具用具使用费，是指在施工生产过程中使用的，不属于固定资产的生产工具及检验用具等的购置、摊销和维修费，以及支付给工人自备工具补贴费。

(6) 检验试验费，是指对建筑材料、构件和建筑安装物进行一般鉴定、检查所发生的费用。

(7) 工程定位复测、工程点交、场地清理等费用。

(8) 特殊地区施工增加费，是指铁路、公路、通信、输电、长距离输送管道等工程在森林、高原、沙漠等特殊地区施工的增加费。

(9) 大包工程费、分包工程费是自主分包给分工单位，单独决算的部分工程费用。

此外，还包括临时设施摊销、水电费、特殊工种培训费、流动施工津贴等等。

凡是在其他直接费发生时能够分清受益对象的，应直接记入工程成本核算对象的“其他直接费”成本项目中。凡是在其他直接费发生时不能够分清受益对象的，费用应在发生时就按照一定的方法分配记入各工程成本核算对象的“其他直接费”成本项目中。凡是在其他直接费发生时难于同成本项目中的其他成本项目分开的费用，如冬雨季施工增加费、夜间施工增加费、流动施工津贴、场地清理费、材料二次搬运的人工费等。为了简化核算手续，便于工程成本分析和考核，施工企业可以将这些其他直接费在其发生时直接计入“人工费”、“材料费”和“机械使用费”成本项目中进行核算。

(五) 间接费用的归集与分配

作为一项共同性费用，间接费用通常同时与若干工程有关。因此，该项费用在发生时无法直接计入某个对象，而必须采用一定的方法在有关对象之间进行分配。在分配间接费时，必须遵循一个基本原则，即间接费的分配标准必须与建筑安装工程管理费定额的计算基础保持一致。

施工企业应在“合同履约成本”账户下设置“间接费用”明细账户，汇总本期发生的各项间接费用，期末再按照一定的标准分配计入各有关工程成本核算对象。

随着建筑安装企业内部管理的不断加强，企业信息体系的逐步完善，电子计算机的普及应用，大多数间接费用可以在发生时通过一定的方法对象化，而直接计入工程项目的直接成本项目，有利于对实际成本与计划成本、预算成本明细项目内容的比较分析。

(1) 企业发生间接费用时：

借：合同履约成本——间接费用——人工费用

　　　　　　　　　　　　　　——材料

　贷：银行存款

　　　应付职工薪酬等

(2) 企业分配间接费用时，应编制的“间接费用分配表”，据以编制如下会计分录：

借：合同履约成本——工程施工——××工程

贷：合同履约成本——间接费用

（六）利息及税费的归集与分配

建筑安装企业的城建税、教育费附加在“税金及附加”科目中核算。在该科目下分工程项目核算，更有利于对工程项目全部成本费用支出的归集、比较、分析。

部分为工程垫资而发生的专门借款利息和有关税费，符合资本化的应直接列入工程项目核算对象：

借：合同履约成本——工程施工——××工程——税费

——利息

贷：应交税费

银行存款

（七）建造合同项目完工的核算

建造合同项目完工时，应将“合同结算”科目余额对冲，作如下会计分录：

借：合同结算——价款结算

贷：合同结算——收入结算

需要说明两点：① 各期末确认合同收入、结算合同成本，分别通过“主营业务收入”、“主营业务成本”科目核算，两科目金额之差为合同毛利（只计算得出，不必设明细科目反映）。② 煤矿附属中小施工企业单位工程造价小且项目多、施工时间短，为了简化，可通过“生产成本”账户核算直接成本、“制造费用”账户核算间接成本，按实际结算工作量直接确认收入。

第九节　期间费用核算

企业发生的费用可以对象化，也可以期间化。对象化的费用形成产品成本或劳务成本，在确认其收入时将已销产品或已提供劳务的成本计入当期损益。费用不能归属产品、劳务等核算对象的，应该直接计入当期损益。

企业的期间费用主要包括：销售费用、管理费用、财务费用、税金及附加、资产减值损失、所得税费用等。本节重点规范销售费用、管理费用、财务费用的核算方法。

一、期间费用的日常核算

（一）销售费用的日常核算

销售费用是指企业在销售商品和材料、提供劳务的过程中发生的各种费用。具体包括应由企业负担的材料费、专设销售机构人员职工薪酬、折旧费、修理费、办公费、差旅费、财产及产品保险费、包装费、广告费、展览费、销售服务费、经营租赁费、其他费用。但企业内部销售部门属于行政管理部门，所发生的经费开支，不包括在销售费用之内，而应列入管理费用。

商品流通企业的进货费用，一般情形下，直接计入存货；实务中，可以先归集、期末分配，根据当月的销售情况，发生销售的，记入主营业务成本科目，未销售部分，记入存货成本；对金额较小的，可以在发生当期直接记入“销售费用”科目。

(1) 企业销售产品发生材料费由本企业负担时：

借：销售费用

贷：原材料

包装物

借或贷：材料成本差异

（2）企业发生为销售本企业商品而专设的销售机构的职工薪酬（包括工资、保险统筹等）、业务费等经营费用时：

借：销售费用

贷：应付职工薪酬

库存现金

银行存款

资金结算中心存款

（3）企业销售机构固定资产计提折旧费时：

借：销售费用

贷：累计折旧

（4）结转计入销售费用的辅助生产成本：

借：销售费用

贷：生产成本

（5）销售过程中直接支付的广告费、运输费、装卸费、保险费等：

借：销售费用

贷：库存现金

银行存款

资金结算中心存款

（6）出借包装物收回，报废残料价值时：

借：原材料等

贷：销售费用

（7）企业采购用于广告营销活动的特定商品和取得广告营销性质的服务，向客户预付货款未取得商品时：

借：预付账款/合同负债

贷：库存现金

银行存款

资金结算中心存款

待取得相关商品时计入当期损益：

借：销售费用

贷：预付账款

（8）期末结转销售费用时：

借：本年利润

贷：销售费用

（二）管理费用的日常核算

管理费用是指企业行政管理部门为组织和管理生产经营活动而发生的各项费用，包括：企业在筹建期间内发生的开办费、董事会和行政管理部门在企业的经营管理中发生的或者应由企业统一负担的公司经费（包括行政管理部门职工薪酬、材料及低值易耗品、办公费和差旅费等）、董事会费（包括董事会成员津贴、会议费和差旅费等）、聘请中介机构费、咨询费（含顾问费）、诉讼费、业务招待费、警卫消防费、出国经费、研究与开发费、技术转让费、设计制图费、党建工作经费等。

商品流通企业管理费用不多的，可不设置“管理费用”科目，该科目的核算内容可并入“销售费用”科目核算。企业生产车间（部门）和行政管理部门等发生的固定资产修理费用等后续支出，也在“管理费用”科目核算。

企业在筹建期间内发生的开办费，包括人员工资、办公费、培训费、差旅费、印刷费、注册登记费以及不计入固定资产成本的借款费用等在实际发生时，借记“管理费用——开办费”科目，贷记“银行存款”等科目。

（1）企业发生的办公费、差旅费、水电费、业务招待费、聘请中介机构费、咨询费、诉讼费、技术转让费、研究与开发费、行政管理部门人员的职工薪酬、行政管理部门计提的固定资产折旧等：

借：管理费用

　贷：库存现金

　　银行存款

　　研发支出

　　应付职工薪酬

　　应交税费

　　累计折旧等

（2）企业按照上年度工资总额1%计提党建工作经费：

借：管理费用

　贷：其他应付款

当留存的党建工作经费达到上年度工资总额的2%时，可以不再按照工资总额的1%计提党建工作经费，以后按照差额进行提取，确保党建工作经费余额始终保持在工资总额的2%。

（3）期末，企业结转管理费用时：

借：本年利润

　贷：管理费用

（三）财务费用的日常核算

财务费用是指企业为进行资金筹集等理财活动而发生的各项费用。财务费用主要包括：利息净支出、汇兑净损失、金融机构手续费和其他因资金而发生的费用。利息净支出包括短期借款利息、长期借款利息、应付票据利息、票据贴现利息、应付债券利息、长期应付融资租赁款利息、长期应付引进国外设备款利息等，企业银行存款获得的利息收入应冲减上述利息支出；汇兑损失指企业在兑换外币时因市场汇价与实际兑换汇率所不同形成的损失或收益，以及因汇率变动期末调整外币账户余额而形成的损失或收益，当发生收益时应冲减损失；金融机构手续费包括开出汇票的银行手续费等。

（1）企业发生财务费用时：

借：财务费用

　贷：银行存款、未确认融资费用等

（2）企业发生应冲减财务费用的利息收入、汇兑损益、现金折扣时：

借：银行存款、应付账款等

　贷：财务费用

（3）期末，企业结转财务费用时：

借：本年利润

　贷：账务费用

二、期间费用的报表核算

期间费用的报表核算包括两大内容：一是成本报表中要将三项期间费用分配于原选煤、洗煤、其他主营产品和其他业务；二是单独设置“管理费用明细表”、“财务及销售费用明细表”。

（一）管理费用明细表的设置与编制

（1）管理费用明细表的格式见表11-16。

表11-16　管理费用明细表

项　　目	行次	上年同期	本期实际	累计实际
一、材料及低值易耗品	1			
二、电费	2			
三、职工薪酬	3			
（一）工资	4			
1. 全民工费用	5			
2. 其他工费用	6			
（二）职工福利	7			
（三）社会保险费	8			
1. 医疗保险费	9			
2. 工伤保险费	10			
3. 生育保险费	11			
（四）离职后福利	12			
1. 设定提存计划	13			
（1）上缴养老统筹总额	14			
（2）职工缴纳额(负号)	15			
（3）养老统筹差额	16			
（4）失业保险费	17			
2. 统筹外支出	18			
（1）离休干部经费	19			
（2）退休人员经费	20			
（3）离休干部医药费	21			
（4）退休人员医药费	22			
（5）离退休人员福利费	23			

续表

项　　目	行次	上年同期	本期实际	累计实际
(6) 长期病休人员费用	24			
(7) 离退休人员统筹外补贴	25			
(8) 死亡职工抚恤金	26			
(9) 提前退休人员费用	27			
(10) 其他劳动保险费用	28			
3. 受益提存计划	29			
(五) 企业年金	30			
(六) 住房公积金	31			
(七) 职工住房补贴	32			
(八) 工会经费	33			
(九) 职工教育经费	34			
(十) 非货币性福利	35			
(十一) 辞退福利	36			
(十二) 其他职工薪酬	37			
四、提取的折旧费	38			
五、修理费	39			
六、其他支出	40			
1. 办公费	41			
2. 差旅费	42			
3. 探亲费	43			
4. 书籍资料印刷费	44			
5. 研究费用	45			
6. 运输费	46			
7. 会议费	47			
8. 水费	48			
9. 长期待摊费用摊销	49			
10. 无形资产摊销	50			
11. 警卫消防费	51			
12. 排污费	52			
13. 业务招待费	53			
14. 出国经费	54			
15. 咨询费	55			
16. 聘请中介机构费	56			
17. 诉讼费	57			
18. 财产保险费	58			
19. 技术转让费	59			

续表

项　　目	行次	上年同期	本期实际	累计实际
20. 绿化费	60			
21. 建议建筑费	61			
23. 设计制图费	62			
24. 劳动保护费	63			
25. 存货盘亏及亏损	64			
26. 存货盘盈(－)	65			
27. 仓库经费	66			
28. 董事会费	67			
29. 班中餐	68			
30. 补贴支出	69			
31. 党建工作经费	70			
32. 其他	71			
(1) 物业管理费	72			
(2) 劳务费	73			
(3) 停工费	74			
(4) 零星工程费用	75			
合计				

(2) 管理费用明细表的编制。

管理费用明细表"本期实际"栏、"累计实际"栏数据根据管理费用明细账填列，"上年同期"栏数据根据上年管理费用明细表同期"本年实际"栏数据抄列。

(二) 财务及销售费用明细表的设置与编制

(1) 财务及销售费用明细表的格式见表 11-17。

表 11-17　财务及销售费用明细表

项　　目	行次	上年同期	本期实际	累计实际
一、销售费用合计				
(一) 材料	1			
(二) 职工薪酬	3			
1. 工资	4			
2. 职工福利	5			
3. 社会保险费	6			
4. 离职后福利	7			
5. 住房公积金	8			
6. 职工住房补贴	9			
7. 工会经费	10			

续表

项　　目	行次	上年同期	本期实际	累计实际
8. 职工教育经费	11			
9. 非货币性福利	12			
10. 其他职工薪酬	13			
（三）提取的折旧费	14			
（四）修理费	15			
（五）办公费	16			
（六）差旅费	17			
（七）运输费	18			
（八）财产及产品保险	19			
（九）包装费	20			
（十）广告费	21			
（十一）展览费	22			
（十二）销售服务费	23			
（十三）经营租赁费	24			
（十四）其他销售费用	25			
二、财务费用合计	26			
（一）外部银行利息支出	27			
其中：1. 短期借款	28			
2. 长期借款	29			
3. 贴现利息支出	30			
4. 其他	31			
（二）外行利息收入(一)	32			
（三）汇兑损失	33			
（四）汇兑收益(一)	34			
（五）外汇手续费	35			
（六）金融手续费	36			
（七）内部存款利息收入(一)	37			
（八）内行贷款利息支出	38			
（九）融资租赁费	39			
（十）其他财务费用	40			

(2) 财务及销售费用明细表的编制。

财务及销售费用明细表“本期实际”栏、“累计实际”栏数据根据财务费用明细账、销售费用明细账填列，“上年同期”栏数据根据上年财务及销售费用明细表同期“本年实际”栏数据抄列。

第十二章　收入和利润的核算

第一节　煤炭产品收入及利润的核算

一、煤炭产品销售内容

煤炭产品销售内容有三项：一是经过井下生产或露天开采各个生产过程生产出来的原煤；二是将原煤输入选煤楼或选煤厂，经过筛选形成的各种选煤产品；三是将原选煤送入洗煤厂经过深加工精洗形成的各种洗煤。原煤送入洗煤厂、选煤送入洗煤厂均视同正式销售。

二、煤炭产品对外销售收入的核算

煤炭企业有集团公司集中发煤统一收回货款（其中又分由集团公司运销部门收款和由集团公司资金结算中心收款）和由各分（子）公司（矿）发煤自收货款两种方式。本办法所列总分类核算均以集团公司集中发煤统一收款（不分集团公司运销部门和资金结算中心）及集团公司、各分（子）公司（矿）两方做账的方法处理。

(1) 采用“商业汇票”等结算方式的，有关销售收入作如下账务处理：

① 集团公司支付代垫运费时：

借：应收账款——代垫运费——××单位

　贷：资金结算中心存款

② 集团公司应收取的销售货款及其他款项：

借：应收账款、应收票据

　贷：主营业务收入

　　应交税费——应交增值税——销项税额

③ 集团公司按内部收购价格转各分（子）公司（矿）销售货款：

借：主营业务成本

　贷：内部单位存款

④ 各分（子）公司（矿）接到集团公司转入货款通知单：

借：资金结算中心存款

　贷：主营业务收入

同时，结转相关成本：

借：主营业务成本

　贷：库存商品

(2) 先收到货款后发煤的有关销售收入的账务处理。

① 集团公司先收到货款时：

借：银行存款

　贷：预收账款/合同负债——××单位

② 集团公司发煤以后：

借：预收账款/合同负债——××单位

贷：主营业务收入

应交税费——应交增值税——销项税额

③ 集团公司按内部收购价格转各分(子)公司(矿)销售货款：

借：主营业务成本

贷：内部单位存款

④ 各分(子)公司(矿)接到集团公司转入货款通知单：

借：资金结算中心存款

贷：主营业务收入

同时，结转相关成本：

借：主营业务成本

贷：库存商品

(3) 各矿就地销售，开具发票后连同货款一并上交集团公司，集团公司再按内部收购价格返还给各矿。

(4) 分公司内非生产自用煤的账务处理。

借：其他业务成本

营业外支出

在建工程——××工程等

贷：主营业务收入

应交税费——应交增值税——销项税额

(5) 具有融资性质的分期收款销售商品的处理。

① 根据合同或协议确认销售实现：

借：长期应收款(合同约定的销售价款)

贷：主营业务收入(现销方式下的销售价格)

应交税费——待转销项税额

未实现融资收益(差额)

② 收到货款时：

借：银行存款

贷：长期应收款

③ 期末，按实际利率法摊销(实际利率法摊销与直线法摊销结果相差不大的，也可采用直线法进行摊销)未实现融资收益：

借：未实现融资收益

应交税费——待转销项税额

贷：财务费用

应交税费——应交增值税——销项税额

三、煤炭销售折让的核算

销售折让是指企业因售出商品的质量不合格等原因在商品标价上给予的减让。销售折让应在实际发生时直接从实现的销售收入中抵减。销售折让分为商品销售时的折让和销售之后购买方要求退货时的折让。对于销售折让，企业应分别不同情况进行处理：

（1）已确认收入的售出商品发生销售折让的，通常应当在发生时冲减当期商品销售收入。

（2）已确认收入的销售折让属于资产负债表日后事项的，应当按照有关资产负债表日后事项的相关规定进行处理。

四、煤炭销售退回的核算

在销售过程中，由于煤矿发煤数量短缺或品种、质量不符等原因，煤款遭到用煤企业全部拒付或部分拒付时，应由供需双方协商，分不同情况进行处理：属于已确认收入的售出商品发生退货的，应在发生时冲减当期销售收入，同时冲减当期销售成本；属于未确认收入的售出商品发生销售退回的，企业应按已记入“发出商品”科目的商品成本金额，借记“库存商品”科目，贷记“发出商品”科目；属于数量短缺（含超水分部分）的，应补发煤炭，并按所补发的煤炭数量扣减当期产量，其所支付的运杂费，由企业“销售费用”负担；属于错发煤种和质量不符、质次价高的，按规定由企业降价处理，视同退货应冲减当期销售收入。

五、煤炭内部销售收入的核算

需要作内部销售的煤炭有两种：一是入洗原煤。不论在矿内入洗，还是送集团公司所属中央洗煤厂入洗，都应作为内部销售处理；二是生产自用煤。包括分公司生产自用和提供给集团公司所属企业生产自用的煤炭，都应作内部销售处理。煤炭内部销售价格的确定原则是：分公司按集团公司规定价格确定煤炭内部销售价格，子公司按市场价格确定煤炭内部销售价格。

（一）内部销售的账务处理

内部销售分以下两种情况处理：

（1）分（子）公司（矿）内入洗煤进行原选煤内部销售，按原选煤的内部规定价格或市场价格价格计价：

借：生产成本——入洗原煤

　贷：主营业务收入——原选煤

（2）集团公司中央洗煤厂入洗煤。按集团公司内部销售价格确定的原则，办理外销手续开具“内部结算凭证”或“增值税”发票通过集团公司资金结算中心结算。分公司作如下会计分录：

借：资金结算中心存款

　贷：主营业务收入——原选煤

子公司作如下会计分录：

借：资金结算中心存款

　贷：主营业务收入——原选煤

　　应交税费——应交增值税——销项税额

（二）分公司自用煤的处理

分公司生产自用煤根据运销部门提供的自用产品明细表编制“自用煤分配表”，并按内部销售价格作账务处理。分公司内部生产用自用煤使用本单位的“材料消耗单”，向其他分公司提供的生产自用煤使用“内部结算凭证”由运销部门统一开具发票。分公司生产自用煤的价格按成本价。分公司自用煤的账务处理分以下三种情况进行：

（1）分公司内部生产消耗自用煤时：

借：制造费用

　　管理费用

　贷：库存商品

借：税金及附加

　贷：应交税费——应交资源税

（2）分公司向其他分公司提供的生产自用煤：

借：资金结算中心存款

　贷：主营业务收入——原选煤

（3）集团公司内各分公司生产自用煤，属煤炭企业内部销售性质。按对外销售手续办理，通过资金结算中心结算。

六、煤炭企业利润的核算

煤炭企业利润总额＝营业利润＋营业外收入－营业外支出

（一）营业利润的计算

营业利润是指企业经营业务所取得的利润，包括利润净额、公允价值变动损益和投资净收益。公式如下：

营业利润＝利润净额＋公允价值变动损益（损失则为"－"）＋投资净收益＋资产处置收益＋其他收益

利润净额＝营业收入－营业成本－税金及附加－销售费用－管理费用－财务费用－研发费用－信用减值损失－资产减值损失

营业收入＝主营业务收入＋其他业务收入

营业成本＝主营业务成本＋其他业务成本

营业毛利＝营业收入－营业成本

（1）公允价值变动损益，包括交易性金融资产公允价值变动损益、交易性金融负债公允价值变动损益和投资性房地产公允价值变动损益等。其处理方法有账转法和表转法两种[①]，其表结法如下：

① 交易性金融资产公允价值变动损益，各期发生额及余额列支"公允价值变动损益"科目；

② 交易性金融负债公允价值变动损益，各期发生额及余额列支"公允价值变动损益"科目；

③ 投资性房地产公允价值变动损益，各期发生额及余额暂列支"公允价值变动损益"账户上，留待投资性房地产处置时转入"其他业务收入"科目；

④ 期末，"公允价值变动损益"科目余额直接填入利润表"公允价值变动损益"项目。

（2）投资净收益，是指企业对外投资所取得的收益扣除投资损失后的净额。期末，结转投资净收益时，借记"投资收益"科目，贷记"本年利润"科目；若发生投资净损失，分录相反。结转后，"投资收益"科目期末无余额。

（3）资产处置收益。财政部发布《关于修订印发2019年度一般企业财务报表格式的通

① 参见巩海霞、朱学义：《"公允价值变动损益"的报表列示方法》，《财务与会计》（综合版）2009年第1期，第52～53页。

知》(财会〔2019〕6 号),规定“资产处置收益”行项目在利润表中“营业利润”项目前列报。“资产处置收益”项目反映企业出售划分为持有待售的非流动资产(金融工具、长期股权投资和投资性房地产除外)或处置组时确认的处置利得或损失,以及处置未划分为持有待售的固定资产、在建工程、生产性生物资产及无形资产而产生的处置利得或损失。债务重组中因处置非流动资产(金融工具、长期股权投资和投资性房地产除外)产生的利得或损失和非货币性资产交换中换出非流动资产(金融工具、长期股权投资和投资性房地产除外)产生的利得或损失也包括在本项目内。

(4) 其他收益。根据现行会计制度的规定,其他收益反映与企业日常活动相关的但不在营业收入项目核算的经济利益流入,包括:

① 部分政府补助:与企业日常活动相关的政府补助,应当按照经济业务实质,计入其他收益或冲减相关成本费用。

② 个税扣缴手续费:企业作为个人所得税的扣缴义务人,根据《中华人民共和国个人所得税法》收到的扣缴税款手续费,应作为其他与日常活动相关的收益在该项目中填列。

③ 特定纳税人加计抵减税额:生产、生活性服务业纳税人取得资产或接受劳务时,应当按照《增值税会计处理规定》的相关规定对增值税相关业务进行会计处理;实际缴纳增值税时,按应纳税额借记“应交税费——未交增值税”等科目,按实际纳税金额贷记“银行存款”科目,按加计抵减的金额贷记“其他收益”科目。

④ 债务人以非金融资产偿债的债务重组收益:债务人以非金融资产清偿债务债务人以单项或多项非金融资产(如固定资产、日常活动产出的商品或服务等)清偿债务,或者以包括金融资产和非金融资产在内的多项资产清偿债务的,不需要区分资产处置损益和债务重组损益,也不需要区分不同资产的处置损益,而应将所清偿债务账面价值与转让资产账面价值之间的差额,记入“其他收益——债务重组收益”科目。偿债资产已计提减值准备的,应结转已计提的减值准备。

(二) 煤炭销售成本的核算

1. 煤炭销售成本的计算

煤炭销售成本采用累计加权平均法计算。计算公式如下:

$$产成品单位成本=\frac{年初产成品结存成本+至本月累计产品制造成本}{年初产成品数量+至本月累计产成品入库数量}$$

$$月末库存产成品成本=月末库存产成品数量\times产成品单位成本$$

$$本月发出产成品销售成本=期初产成品结存成本+本月产成品制造成本-月末库存产成品成本$$

2. 煤炭销售成本的结转

期末,各矿根据规定的煤炭销售成本计算方法,按实际销售数量和期末结存数量计算出本期销售产品成本:

借:主营业务成本

　贷:库存商品

3. 煤炭销售成本两步结转的核算

为了合理地反映洗煤的利润,应采取两步结转入洗原煤销售成本的方法。两步结转核算法仅适应于原选煤入洗这种情况,由集团公司统一核算。

第一步:销售生产成本的结转。由分公司(矿)、洗煤厂的财务部门按正常的销售生产成本结转的方法进行。

① 内销煤炭不以生产成本作为销售成本,而以筛混煤市场价作为销售成本。

② 按照累计加权平均法倒挤外销煤炭全部销售成本。

③ 集团公司、分公司销售及其他费用分配到外销煤炭中,按全部外销煤炭销售收入比例,在各种煤炭产品之间分配。

第二步:销售产品成本的结转。由集团公司财务部根据各分公司提供的"主营业务收支表"汇总后进行结转。

① 根据各分公司(矿厂)上报的"主营业务收支表",作会计调整分录:

借:主营业务收入——原选煤

　贷:主营业务成本——洗煤

② 入洗原煤在结转生产成本时,要按外销煤炭主营业务收入比例,将销售生产成本分配到各种洗煤成本中去。

上述结转法,可以采用计算机处理,但各分公司必须按要求提供资料。

(三) 营业外收入

营业外收入是指与企业日常营业无直接关系的各项收入,主要包企业合并损益、盘盈利得、因债权人原因确实无法支付的应付款项、与日常生产经营无关的政府补助、教育费附加返还款、罚款收入、捐赠利得等。

(1) 企业发生营业外收入时:

借:库存现金

　银行存款

　长期应收款

　长期股权投资

　递延收益等

　贷:营业外收入

(2) 期末,企业结转营业外收入时:

借:营业外收入

　贷:本年利润

(四) 政府补助的账务处理。

《企业会计准则第 16 号——政府补助》规定:"政府补助,是指企业从政府无偿取得货币性资产或非货币性资产,但不包括政府作为企业所有者投入的资本"。其应用指南规定了政府补助的主要形式有:财政拨款、财政贴息、税收返还、无偿划拨非货币性资产等。下面阐述政府补助涉及与"营业外收入"和"递延收益"科目有关的核算方法。

《企业会计准则第 16 号——政府补助》第十一条规定:与企业日常活动相关的政府补助,应当按照经济业务实质,计入其他收益或冲减相关成本费用。与企业日常活动无关的政府补,应当计入营业外收支。根据《政府补助应用指南 2018》相关解释,由于政府补助主要是对企业成本费用或损失的补偿,或是对企业某些行为的奖励,因此通常情况下,准则中的日常活动有两项判断标准:

一是政府补助补偿的成本费用是否属于营业利润之中的项目,如果属于,则该项政府补助与日常活动相关。如应用指南中列举的成本费用的补贴、超税负返还、研发费用补助等均属于与企业日常经营活动相关。

二是该补助与日常销售等经营行为是否密切相关，例如，软件企业享受增值税即征即退的税收优惠，该税收优惠与企业销售商品的日常活动密切相关，则属于与日常活动相关的政府补助。

与日常活动无关的政府补助，通常由企业常规经营之外的原因所产生，具备偶发性的特征，例如政府因企业受不可抗力的影响发生停工、停产损失而给予补助等，因此这类补助计入营业外收支。

(1) 与资产相关的政府补助的账务处理。

① 采用总额法。

企业收到或应收的与资产相关的政府补助时：

借：银行存款或其他应收款等

　贷：递延收益

企业在相关资产使用寿命内分配递延收益时：

借：递延收益

　贷：其他收益

② 采用净额法。

企业收到或应收的与资产相关的政府补助时：

借：银行存款或其他应收款等

　贷：递延收益

在相关资产达到可使用状态时：

借：递延收益

　贷：固定资产等

(2) 与收益相关的政府补助核算。

① 采用总额法。

用于补偿企业以后期间相关费用或损失的，按收到或应收的金额：

借：银行存款或其他应收款等

　贷：递延收益

在发生相关费用或损失的未来期间，按应补偿的金额：

借：递延收益

　贷：其他收益

用于补偿企业已发生的相关费用或损失的，按收到或应收的金额：

借：银行存款或其他应收款等

　贷：其他收益

② 采用净额法。

用于补偿企业以后期间相关费用或损失的，按收到或应收的金额：

借：银行存款或其他应收款等

　贷：递延收益

借：递延收益

贷:生产成本/管理费用等

（五）营业外支出

营业外支出是指与企业日常营业无直接关系的各项支出,包括非流动资产处置损失、公益性捐赠支出、非常损失、盘亏损失等。其中,非常损失是指企业由于自然灾害等不可抗拒的原因而发生的损失扣除回收残值和有关赔偿金后的净额。

(1) 企业发生营业外支出时:

借:营业外支出

贷:库存现金

银行存款

待处理财产损溢

固定资产清理等

(2) 期末,企业结转营业外支出时:

借:本年利润

贷:营业外支出

（六）损益科目的结转

企业设置“本年利润”科目核算利润总额。该科目贷方登记从损益类科目转入的各项收入(益),借方登记从损益类科目转入的各项支出(或损失)。收入(益)大于支出及损失的部分,为企业实现的净利润,反之,为企业发生的亏损总额。企业利润的结转在期末进行。

(1) 月终,结转所有收入科目。

借:主营业务收入

其他业务收入

投资收益

营业外收入

贷:本年利润

如果“投资收益”科目为借方余额,则借记“本年利润”科目,贷记“投资收益”科目。

(2) 月终,结转所有支出科目。

借:本年利润

贷:主营业务成本

税金及附加

其他业务成本

销售费用

管理费用

财务费用

营业外支出

第二节　非煤产品收入及利润的核算

一、新收入准则的主要变化内容

矿业集团的非煤产品有机械产品、开发产品、电力产品、火工产品、建材产品、其他产品、服务外包等。其收入、利润的核算既有个性,又有共性。

为保持我国企业会计准则与国际财务报告准则持续趋同,财政部于2017年对原收入准则和建造合同准则进行了修订,形成了《企业会计准则第14号——收入》(以下简称“新收入准则”)。与原准则相比,新收入准则在三个主要方面作出了重大修订。

(一)收入确认的基本判断标准

新收入准则规定,“企业应当在履行了合同中的履约义务,即在客户取得相关商品控制权时确认收入”。这是以商品的控制权为依据确认收入的实现,改变了原先以商品所有权上的主要风险和报酬的转移为收入确认的依据。根据新收入准则规定,客户取得商品控制权同时包括三项要素:一是客户拥有现时主导转移商品的权利,具有从中获益的能力。如果客户只能在未来的某一期间主导该商品的使用并从中获益,则表明其尚未取得该商品的控制权。二是客户能够主导该商品的使用。不仅客户自身在其活动中有权使用该商品,而且能够允许或阻止其他方使用该商品。三是客户能够获得商品几乎全部的经济利益。所谓商品的经济利益,是指该商品的潜在现金流量,既包括现金流入的增加,也包括现金流出的减少。客户可以通过使用、消耗、出售、处置、交换、抵押或持有等多种方式直接或间接地获得商品的经济利益。

新收入准则第五条规定:当企业与客户之间的合同同时满足下列条件时,企业应当在客户取得相关商品控制权时确认收入:

(1)合同各方已批准该合同并承诺将履行各自义务;

(2)该合同明确了合同各方与所转让商品或提供劳务(以下简称“转让商品”)相关的权利和义务;

(3)该合同有明确的与所转让商品相关的支付条款;

(4)该合同具有商业实质,即履行该合同将改变企业未来现金流量的风险、时间分布或金额;

(5)企业因向客户转让商品而有权取得的对价很可能收回。

(二)收入确认类型的变化

1. 单项履约义务收入的确认

新收入准则第九条规定:“合同开始日,企业应当对合同进行评估,识别该合同所包含的各单项履约义务,并确定各单项履约义务是在某一时段内履行,还是在某一时点履行,然后,在履行了各单项履约义务时分别确认收入”。

(1)在某一时段内履行的履约义务收入的确认。新收入准则第十二条规定:“对于在某一时段内履行的履约义务,企业应当在该段时间内按照履约进度确认收入,但是,履约进度不能合理确定的除外。企业应当考虑商品的性质,采用产出法或投入法确定恰当的履约进度。其中,产出法是根据已转移给客户的商品对于客户的价值确定履约进度;投入法是根据企业为履行履约义务的投入确定履约进度。对于类似情况下的类似履约义务,企业应当采用相同的方法确定履约进度。当履约进度不能合理确定时,企业已经发生的成本预计能够得到补偿的,应当按照已经发生的成本金额确认收入,直到履约进度能够合理确定为止”。因此,时段收入的确认方法有产出法、投入法、成本法。

(2)在某一时点履行的履约义务收入的确认。新收入准则第十三条规定:对于在某一时点履行的履约义务,企业应当在客户取得相关商品控制权时点确认收入。在判断客户是否已取得商品控制权时,企业应当考虑迹象是:企业就该商品享有现时收款权利,即客户就该商品负有现时付款义务;企业已将该商品的法定所有权转移给客户,即客户已拥有该商品的法定所有权;企业已将该商品实物转移给客户,即客户已有该商品实物;企业已将该商品所有权上的主要风险和报酬转移给客户,即客户已取得该商品所有权上的主要风险和报酬;客户已接受该商品;其他表明客户已取得商品控制权的迹象。

2. 多项履约义务收入的确认

当合同中包含两项或多项履约义务时,企业需要将交易价格分摊至各单项履约义务,以使企业分摊至各单项履约义务(或可明确区分的商品)的交易价格能够反映其因向客户转让已承诺的相关商品而预期有权收取的对价金额。

(1) 分摊的一般原则。合同中包含两项或多项履约义务的,企业应当在合同开始日,按照各单项履约义务所承诺商品的单独售价的相对比例,将交易价格分摊至各单项履约义务。

(2) 分摊合同折扣。当客户购买的一组商品中所包含的各单项商品的单独售价之和高于合同交易价格时,表明客户因购买该组商品而取得了合同折扣。合同折扣,是指合同中各单项履约义务所承诺商品的单独售价之和高于合同交易价格的金额。

(3) 分摊可变对价。有时,企业销售合同中包含可变对价,如包含折扣、价格折让、返利、退款、奖励积分、激励措施、业绩奖金、索赔等。该可变对价可能与整个合同相关,也可能仅与合同中的某一特定组成部分有关(如为期两年的保洁服务合同中,第二年的服务价格将根据指定的通货膨胀率确定)。新收入准则第十六条规定:"合同中存在可变对价的,企业应当按照期望值或最可能发生金额确定可变对价的最佳估计数"。企业应当将可变对价及可变对价的后续变动额全部分摊至与之相关的某项履约义务,或者构成单项履约义务的一系列可明确区分商品中的某项商品。

(三) 特定交易(或事项)的收入确认和计量

新收入准则对于某些特定交易(或事项)的收入确认和计量给出了明确规定。例如,区分总额和净额确认收入、附有质量保证条款的销售、附有客户额外购买选择权的销售、向客户授予知识产权许可、售后回购、无须退还的初始费等。在新收入准则的执行中,应正确处理上述特定交易的确认和计量,提高会计信息的准确性。以附有销售退回条款的销售为例,企业应当在客户取得相关商品控制权时,按照因向客户转让商品而预期有权收取的对价金额(即不包含预期因销售退回将退还的金额)确认收入,按照预期因销售退回将退还的金额确认负债。例如,某会计主体向客户销售商品 100 万元,协议约定客户应于 1 个月以内支付货款,在 6 个月以内有权退还商品。假定该会计主体根据过去的经验,估计该批商品的退货率约为 20%,那么发出商品时,在将 100 万元计入收入时,应按 20%的比例冲减收入增加预计负债,同时调整相应产品成本,待实际收到退货时,冲减预计负债和增值税销项税额并恢复库存商品。

二、机械产品收入及利润的核算

(1) 销售商品收到转账支票时:

借:银行存款

　贷:主营业务收入

　　　应交税费——应交增值税——销项税额

(2) 发出商品,代垫运杂费,向银行办妥了托收承付结算手续时:

借:应收账款
　贷:银行存款
借:应收账款
　贷:主营业务收入
　　应交税费——应交增值税——销项税额

(3) 上月销售商品货款未收,客户认为商品质量不符合要求,要求让价,本企业同意让价,并收到剩余款项时:

借:银行存款
　主营业务收入
　应交税费——应交增值税——销项税额
　贷:应收账款

(4) 上月销售商品本月全部或部分退回,企业相应退款时:

借:主营业务收入
　应交税费——应交增值税——销项税额
　贷:银行存款

(5) 企业计算出发出商品成本予以结转时:

借:主营业务成本
　贷:库存商品

(6) 企业计算应交城市维护建设税和教育费附加时:

借:税金及附加
　贷:应交税费——应交城建税
　　　　　——教育费附加

机械厂利润的其他各项核算,参照本章第一节中煤炭产品利润核算方法进行。

三、开发产品收入及利润的核算

(一) 房地产开发企业收入的分类

房地产开发企业的收入是指企业在开发经营活动中,由于销售、转让开发产品或提供劳务及让渡资产使用权等日常活动所形成的经济利益的总流入。从经营业务的内容来区分,分为三个类别:一是开发产品的销售和结算收入,包括土地转让收入、商品房销售收入、配套设施销售收入、代建房屋和代建工程结算收入等;二是出租开发产品及经营业务收入,包括出租土地和房屋的经营收入、商业及饮食服务业收入等;三是其他业务收入,包括商品房售后服务收入、材料销售收入、固定资产出租收入等。

(二) 房地产开发企业收入确认的标准及核算要求

根据《企业会计准则第 14 号——收入》中收入确认标准,结合房地产开发企业经营的特点,经营收入的确认应按以下原则进行:

(1) 房地产开发企业合同收入与合同费用确认的原则。① 如果建造合同的结果能够可靠地估计,应根据完工百分比法在资产负债表日确认合同收入和费用。② 当期完成的建造合同,应按实际合同总收入减去以前年度累计已确认的收入后的余额作为当期收入,同时按累计发生的合同成本减去以前年度累计已确认的费用后的余额作为当期费用。③ 如果建造合同的结果不能够可靠地估计,应区别两种情况处理:一是合同成本能够收回的,合同收入根据能够收回的实际合同成本加以确认，合同成本在其发生的当期确认为费用；二是合同成本不可能收回的，应在发生时立即确认为费用，不确认收入。④ 如果合同预计总成本将超过合同预计总收入，应将预计损失立即确认为当期损益。

(2) 没有建造合同情况下，应满足商品销售收入确认的原则。① 转让、销售土地和商品房收入的确定原则是：企业应当在履行了合同中的履约义务，即在客户取得相关商品控制权时确认收入。取得相关商品控制权，是指能够主导该商品的使用并从中获得几乎全部的经济利益。再也不是原收入准则规定的"与商品相关的主要风险报酬转移时确认收入"。② 代建的房屋和代建的工程收入的确认原则是：房地产开发企业代建的房屋和代建的工程，应在房屋和工程竣工验收，办理财产交接手续，并已将代建的房屋和工程价款结算单提交委托单位时，作为销售实现。③ 分期收款或赊销销售收入的确认原则是：房地产开发企业分期收款或赊销销售土地和商品房的，可以按合同规定的收款时间分次转为收入，但是必须以土地和商品房已经移交给购买方作为销售实现的前提条件。

(三) 销售、转让开发产品收入的核算

房地产开发企业转让、销售土地和商品房，在土地和商品房已经移交，将发票账单提交购买方时作为销售的实现。借记"银行存款"、"应收账款"等科目，贷记"主营业务收入"科目。在销售收入实现同时结转销售成本，借记"主营业务成本"科目，贷记"开发产品"科目。

(四) 代建房屋和工程结算收入的核算

房地产开发企业代建房屋和工程，应在房屋和工程竣工验收，办妥财产交接手续，并已将代建房屋和工程价款结算账单提交委托单位时，确认销售收入的实现。借记"银行存款"、"应收账款"等科目，贷记"主营业务收入"科目。同时结转销售成本，借记"主营业务成本"科目，贷记"开发产品"科目。

(五) 分期收款开发产品收入的核算

房地产开发企业采用分期收款销售方式的，应在土地和商品房移交给买主后，按合同规定的收款时间分次转入收入，借记"银行存款"、"应收账款"等科目，贷记"主营业务收入"科目。具体账务处理如下：

(1) 移交商品房时，结转商品房的实际成本：

借：分期收款发出商品

　贷：开发产品

(2) 移交房屋收取一部分房款时：

借：银行存款

　贷：主营业务收入——商品房销售收入

　　应交税金——应交增值税——销项税额

同时，结转相应成本：

借：主营业务成本——商品房销售成本

　贷：分期收款发出商品

(六) 周转房销售的核算

周转房在改变用途对外销售时，视同商品房销售处理，作如下会计分录：

借：银行存款

　贷：主营业务收入——商品房销售收入

应交税金——应交增值税——销项税额

同时，结转成本：

借：主营业务成本——商品房销售成本

周转房——周转房摊销

贷：周转房——在用周转房

出租开发产品收入与支出的核算，参见第六章第六节投资性房地产的核算。

房地产开发企业利润的其他各项核算，参照本章第一节中煤炭产品利润核算方法进行。

四、电力产品、火工产品、建材产品收入及利润的核算

电力产品（含新能源发电）、火工产品、建材产品收入及利润的核算，参照上述机械产品收入及利润核算方法进行。

第三节　商业收入及利润的核算

商业收入及利润的核算主要包括商品销售收入及利润的核算、外贸业务收入及利润的核算和劳务收入及利润的核算三个方面。

一、商品销售收入的核算

（一）一般销售商品收入的核算

企业销售商品时，应按已收或应收的合同或协议价款，加上应收取的增值税额，借记“银行存款”、“应收账款”、“应收票据”等科目，按确定的收入金额，贷记“主营业务收入”、“其他业务收入”等科目，按应收取的增值税额，贷记“应交税费——应交增值税（销项税额）”科目；同时或在资产负债表日，按应缴纳的消费税、资源税、城市维护建设税、教育费附加等税费金额，借记“税金及附加”科目，贷记“应交税费——应交消费税（或应交资源税或应交城建税或应交教育费附加等）”科目。

（二）涉及现金折扣的收入核算

现金折扣，是指债权人为鼓励债务人在规定的期限内付款而向债务人提供的债务扣除。企业销售商品涉及现金折扣的，应当按照扣除现金折扣前的金额确定销售商品收入金额。现金折扣在实际发生时计入财务费用。

(1) 企业销售商品并开具增值税发票，作如下会计分录：

借：应收账款

贷：主营业务收入

应交税费——应交增值税——销项税额

(2) 购货方在折扣期内付清全部货款，享受现金折扣，销货方作如下会计分录：

借：银行存款

财务费用

贷：应收账款

若购货方没有在折扣期付清全部货款，不享受现金拆扣，销货方作如下会计分录：

借：银行存款

贷：应收账款

（三）涉及商业折扣的收入核算

商业折扣是指企业为促进商品销售而在商品标价上给予的价格扣除。企业销售商品涉及商业折扣的，应当按照扣除商业折扣后的金额确定销售商品收入金额，借记“银行存款”科目，贷记“主营业务收入”、“应交税费——应交增值税（销项税额）”科目。

（四）涉及销售折让的收入核算

企业所购商品不符合合同要求，经与供应商协商，同意降价销售。在售价法下，降价打折部分应冲减商品进销差价：

借：主营业务成本

　　商品进销差价

　贷：库存商品

（五）销售退回的核算

销售退回，是指企业售出的商品由于质量、品种不符合要求等原因而发生的退货。对于销售退回，企业应分别不同情况进行会计处理：

对于未确认收入的售出商品发生销售退回的，企业应按已记入“发出商品”科目的商品成本金额，借记“库存商品”科目，贷记“发出商品”科目。采用售价核算的，应按售价记入“库存商品”科目，同时计算商品进销差价。

对于已确认收入的售出商品发生退回的，企业一般应在发生时冲减当期销售商品收入，同时冲减当期销售商品成本。若该项销售退回已发生现金折扣的，应同时调整相关财务费用的金额；若该项销售退回允许扣减增值税额的，应同时调整“应交税费——应交增值税（销项税额）”科目的相应金额。

已确认收入的售出商品发生的销售退回属于资产负债表日后事项的，应当按照有关资产负债表日后事项的相关规定进行会计处理。

若增值税发票交付购货方尚未认证且在开票当月，则可作退票处理；若增值税发票购货方已认证或发票已跨月，则应在购货方所在地税务机关取得“开具红字增值税专用发票申请单”，经税务部门审批后开具红字增值税专用发票。

已售商品因质量问题被全部退回。经税务部门审批后开具红字增值税专用发票：

借：主营业务收入

　　应交税费——应交增值税——销项税额

　贷：应收账款、银行存款

退回的商品未结转成本，只需要作此会计分录；如果企业发出商品时随时结转了成本，同时还要冲减销售成本，借记“库存商品”科目，贷记“主营业务成本”科目。

若销货方承担退货运杂费，则销货方：

借：销售费用

　贷：银行存款

二、外贸业务收入的核算

（一）自营出口的收入核算

自营出口收入入账时间以销售业务完成的时间为准。以商品装运出口，取得各种运输单据（陆运取得铁路运单或联运提单、海运取得出口装船提单、空运取得运单）并向银行交单的时间为准。财务部门以收到储运部门或业务部门交来的出口销售发票和实际出口通知单上所列的时间作为销售收入的入账时间。销售收入以FOB价确认,出口发票所列外汇总金额以银行交单日的银行外汇牌价(买入价)折合人民币金额入账。

(1) 商品出库时:

借:发出商品

 贷:库存商品

(2) 出口交单时:

借:应收账款

 贷:主营业务收入——出口销售收入

(3) 结转商品出口成本时:

借:主营业务成本

 贷:发出商品

(二) 代理出口的收入核算

与"自营出口"相对称的另一个概念是"代理出口"。它是代理出口企业接受出口企业委托代为办理出口的一种贸易方式。代理出口必须事先签订代理出口协议。受托企业与外商签订出口合同,代为报关出口,代为办理外汇结算等服务,受托企业只向委托企业收取一定的手续费,不负担出口产品的盈亏。由委托企业申报出口退(免)税。新收入准则应用指南规定:"受托方应当在商品销售后,按合同或协议约定的方法计算确定的手续费确认收入",受托方通过设置"受托代销商品"科目进行代理出口商品的核算。

受托方收到受托代销的商品,按约定的价格,借记"受托代销商品"科目,贷记"受托代销商品款"科目。售出受托代销商品后,按实际收到或应收的金额,借记"银行存款"、"应收账款"等科目,贷记"受托代销商品"科目。计算代销手续费等收入,借记"受托代销商品款"科目,贷记"其他业务收入"科目。结清代销商品款时,借记"受托代销商品款"科目,贷记"银行存款"科目。

外贸公司为其他企业委托代理出口商品,以间接结汇方式结算,账务处理如下:

(1) 财会部门应根据储运或业务部门开具的盖有"代理业务"戳记的入库单,按合同规定出口金额:

借:受托代销商品——某公司

 贷:受托代销商品款

(2) 代办出口托运。受托方根据代理出口合约及代管商品,代办出口单证并向运输单位办理托运手续时,应根据业务储运部门开具的盖有"代理业务"戳记的出库单:

借:发出商品

 贷:受托代销商品——某公司

(3) 代办出口交单。受托方在代理商品装运出口后,在信用证规定日期内,将全套出口单证按合同规定结算方式向银行办理交单手续时,财会部门应凭储运部门通知:

借:应收账款

 贷:发出商品

(4) 出口收汇。银行收妥货款扣除银行费用,受托方根据银行结汇账单:

借:银行存款(实际收款额)

 应付账款——国内委托单位(银行手续费)

贷:应收账款(债权转销额)

应付账款——国内委托单位(汇率变动产生的汇兑收益)

(5) 结算代理货款。代理出口业务在收妥货物结汇入账、结算国内外各项费用及应收手续费后,按代销合同的规定向委托方结算代理货款时作如下会计分录:

借:应付账款——国内委托单位

贷:银行存款

(6) 应收取手续费

借:受托代销商品款

贷:其他业务收入

三、劳务收入的核算

(一) 劳务收入的确认和计量

新收入准则以控制权转移替代风险报酬转移作为收入确认时点的判断标准,新收入准则不再使用“完工百分比法”确认劳务收入做法,而是使用“按照履约进度确认收入”的方式确认劳务收入的实现。对于在某一时段内履行的履约义务,企业应当在该段时间内按照履约进度确认收入。根据商品或服务的性质,履约进度可以采用产出法或投入法确定。其中,产出法是根据已转移给客户的商品对于客户的价值确定履约进度;投入法是根据企业为履行履约义务的投入确定履约进度。

产出法,以已转让的商品或服务的价值相对于剩余商品或服务对于客户的价值的直接计量结果为基础。新收入准则下确定履约进度的方法举例:测量迄今为止完成的履约情况;评估已实现的结果;已达到的里程碑;流逝的时间;已生产或已交付的单位等。

投入法,以企业履行履约义务所作的工作或投入相对于履行履约义务的预计总投入为基础。新收入准则下确定履约进度的方法举例:消耗的资源;花费的工时数;发生的成本;流逝的时间;使用的机器运转时数等。

新收入准则中规定,符合一段时间确认收入的标准是:客户在企业履约的同时即取得并消耗企业履约所带来的经济利益;客户能够控制企业履约过程中在建的商品;企业履约过程中所产出的商品具有不可替代用途,且该企业在整个合同期间内有权就累计至今已完成的履约部分收取款项。若同时不符合上述三个标准,则应确认为在某一时点确认收入。在实务中,这个时点更接近合同完工时点。

(二) 一般劳务的具体核算

(1) 企业实际发生劳务成本时:

借:劳务成本

贷:应付职工薪酬

(2) 按合同规定预收劳务款时:

借:银行存款

贷:合同负债

(3) 确认劳务收入实现时:

借:合同负债

贷:主营业务收入

应交税费——应交增值税(销项税额)

(4) 结转劳务成本时：

借:主营业务成本

　贷:劳务成本

(三) 商品安装劳务(商品销售价格和安装费用能够区分)的核算

(1) 商品发出结转成本时：

借:发出商品

　贷:库存商品

(2) 实际发生安装费用时：

借:劳务成本

　贷:应付职工薪酬

(3) 商品销售实现,确认收入时：

借:应收账款

　贷:主营业务收入

　　应交税费——应交增值税——销项税额

借:主营业务成本

　贷:发出商品

(4) 确认安装费收入并结转安装成本时：

借:应收账款

　贷:主营业务收入

借:主营业务成本

　贷:劳务成本

(四) 商品安装劳务(商品销售价格和安装费用无法区分)的核算

(1) 商品发出,结转成本：

借:发出商品

　贷:库存商品

(2) 发生安装费用时：

借:劳务成本

　贷:应付职工薪酬

(3) 销售实现确认收入,并结转成本时：

借:应收账款

　贷:主营业务收入

　　应交税费——应交增值税——销项税额

借:主营业务成本

　贷:库存商品

　　劳务成本

四、商业利润的核算

商业利润的核算可参照本章第一节中煤炭产品利润的核算。

第四节　医院收入及收支结余的核算

一、医院收入

医院收入是指医院为开展业务及其他活动依法取得的非偿还性资金。医院收入包括：

（1）财政补助收入，即医院从主管部门或主办单位取得的财政性事业经费（包括定额和定项补助）。

（2）上级补助收入，即医院从主管部门或主办单位取得的非财政性补助收入。

（3）医疗收入，即医院在开展医疗业务活动中所取得的收入，包括挂号收入、床位收入、诊察收入、检查收入、治疗收入、手术收入、化验收入、护理收入和其他收入。

（4）药品收入，即医院在开展医疗业务活动中取得的中、西药品收入。

（5）其他收入、即上述规定范围以外的各项收入，包括培训收入、救护车收入、废品变价收入、不受用途限制的捐赠和对外投资收益、利息收入等。

二、医院收入核算设置的主要会计科目

医院收入核算设置的会计科目主要有以下五个：

（一）设置“财政补助收入”科目

医院设置“财政补助收入”科目核算医院按照核定的预算和经费领报关系从财政部门或主办单位取得的财政性补助收入。在该科目下，医院应设置“经常性补助”和“专项补助”两个明细科目进行明细核算。

（二）设置“上级补助收入”科目

医院设置“上级补助收入”科目核算医院从上级单位或主办单位取得的非财政性补助收入。

（三）设置“医疗收入”科目

医院设置“医疗收入”科目核算医院在开展医疗业务活动中取得的收入，包括挂号收入、床位收入、诊察收入、检查收入、治疗收入、手术收入、化验收入、护理收入和其他收入。在该科目下，医院应按“门诊收入”和“住院收入”设置两个二级明细科目，再按挂号、床位、诊察、检查、治疗、手术、化验、护理和其他设置三级明细科目进行明细核算。

（四）设置“药品收入”科目

医院设置“药品收入”科目核算医院在医疗业务活动中出售药品取得的收入。在该科目下，医院应按“门诊收入”和“住院收入”设置两个二级明细科目，再按“西药”、“中成药”、“中草药”设置三个三级明细科目进行明细核算。

（五）设置“其他收入”科目

医院设置“其他收入”科目核算医院取得的除财政补助收入、上级补助收入、医疗收入、药品收入以外的其他收入，包括培训收入、救护车收入、转让无形资产收入、接受的非限定用途的捐赠资产、对外投资收益、利息收入等。在该科目下，医院应按其他收入种类设置明细科目进行明细核算。

三、收支结余的核算

收支结余是指医院一定期间各项收支相抵后的结余。包括医疗收支结余、药品收支结余、其他收支结余。收支结余计算公式如下：

收支结余＝财政补助收入＋上级补助收入＋医疗收入＋药品收入＋其他收入－医疗支出－药品支出－其他支出

医院应设置“收支结余”科目核算医院收支会计科目的结转情况和结余情况。期末，医院计算各项收支结余时，应将收入及支出类科目余额转入本科目。本科目应按结余种类设置“医疗收支结余”、“药品收支结余”、“其他结余”等明细科目进行明细核算。年终，收支结余应按不同时期的规定比例，以及现金流量状况，计提职工工资和生产发展费，分别记入“应付职工薪酬——工资”和“专用基金——生产发展费”科目。

四、医院收入及收支结余的账务处理

(1) 收到财政补助收入时：

借：银行存款

　贷：财政补助收入

(2) 缴回时：

借：财政补助收入

　贷：银行存款

(3) 收到上级补助收入时：

借：银行存款

　贷：上级补助收入

(4) 医院取得医疗收入时：

借：库存现金

　　银行存款

　　应收在院病人医药费

　　应收医疗款

　贷：医疗收入

(5) 医院取得药品收入时：

借：库存现金

　　银行存款

　　应收在院病人医药费

　　应收医疗款

　贷：药品收入

(6) 医院取得其他收入时：

借：银行存款

　贷：其他收入

(7) 期末结转收入科目。

借：财政补助收入

　　上级补助收入

　　医疗收入

　　药品收入

　　其他收入

　贷：收支结余

(8) 期末结转支出科目。

借:收支结余

　贷:财政专项支出

　　医疗支出

　　药品支出

　　其他支出

(9) 期末,计算收支结余,并对收支结余进行分配。

借:收支结余

　贷:应付职工薪酬——工资

　　专用基金——生产发展费

第五节　施工企业收入及利润的核算[①]

新收入准则取代《企业会计准则15号—建筑合同》后,建筑工程施工企业收入,成本,利润的确认和结转发生较大变化。具体的会计准则核算如下:

一、会计科目调整

(1) 增设"合同履约成本——工程施工"科目(按照工程项目核算),核算原"工程施工——合同成本"科目核算内容。

(2) 增设"合同资产"、"合同负债"科目,废除"工程施工——合同毛利"科目。

(3) 财会〔2019〕6号《关于修订印发2019年度一般企业财务报表格式的通知》规定,企业设置"合同结算"科目,核算同一合同下属于在某一时段内履行履约义务涉及与客户结算对价的合同资产或合同负债,在此科目下设置"合同结算——价款结算"科目反映定期与客户进行结算的金额,设置"合同结算——收入结转"科目反映按履约进度结转的收入金额。

(4) "预收账款"科目调整为"合同负债"科目。

(5) 质保金从"应收账款"科目调整至"合同资产"科目,质保期满调整到"应收账款"科目。

二、核算流程

(1) 施工企业购买材料时:

借:原材料等

　应交税费——应交增值税——进项税额

　　　　——待认证进项税额(当月未认证的可抵扣增值税额)

　　　　——应交增值税(销项税额抵减)(简易计税差额)

　贷:应付账款或银行存款

(2) 项目发生实际成本时:

借:合同履约成本

　应交税费——应交增值税——进项税额

　　　　——待认证进项税额(发票收到时转入应交税费科目)

---

① 本部分内容摘自朱林、朱学义、柳青:《建筑施工企业承建项目减值的核算》,《财务与会计》2022年第24期,第43~47页。

贷:应付账款、银行存款、原材料、应付职工薪酬等

(3) 收到预收款时:

① 开不征税发票的账务处理。

借:银行存款

贷:合同负债

应交税费——预交增值税(一般计税)

应交税费——简易计税(简易计税)

② 开有税率发票的账务处理。

借:银行存款

贷:应交税费——应交增值税——销项税额(一般计税)

应交税费——简易计税(简易计税)

(4) 计算主营业务成本时:

借:主营业务成本

贷:合同履约成本

(5) 确认主营业务收入时(投入法,按成本投入占概算成本推算履约进度确认收入金额,并换算为不含税金额),按不含税收入:

借:合同结算——收入结转

贷:主营业务收入

(6) 业主确认工程量(含质保金)时:

借:应收账款

合同资产——质保金

合同负债——工程款——预收工程款(本次冲减预收工程款金额)

贷:合同结算——价款结算

应交税费——待转销项税额(会计收入确认早于增值税纳税义务发生时点)

应交税费——应交增值税——销项税额(一般计税)

应交税费——简易计税(简易计税)

应收账款——工程款——进度结算(本次冲减预收工程款金额)

(7) 期末,将"合同结算——价款结算"科目的贷方金额与"合同结算——收入结转"科目的借方金额对转。

借:合同结算——价款结算

贷:合同结算——收入结转

(8) 质保期满,合同资产转入应收账款,并开具发票的账务处理:

借:应收账款

贷:合同资产——质保金

应交税费——应交增值税——销项税额(一般计税)

应交税费——简易计税(简易计税)

三、几个重要科目的核算说明

(一)"合同资产"科目的核算说明

本科目核算企业已向客户转让商品而有权收取对价的权利,应该按照合同进行明细核算。

1. 合同资产与应收账款的区别

“应收账款”是企业无条件收取合同对价的权利，企业仅仅随着时间的流逝即可收款，企业仅承担信用风险。

“合同资产”并不是一项无条件收款权，该权利除了时间流逝之外，还取决于其他条件，如履行合同中的其他履约义务，才能收取相应的合同对价，企业除承担信用风险之外，还可能承担其他风险，如履约风险等。应收款项仅承担信用风险。合同资产减值的计量、列报和披露应当按照相关金融工具准则的要求进行会计处理。

2. 增设“合同结算”科目的原因

一项工程施工项目按成本投入占概算成本推算履约进度确认收入时，不一定是双方确认的工程结算款。而施工企业方一般按合同规定的工程款开具发票，开票时的工程价款并不一定是按投入法确认的收入，也就是说，收入实现和工程价款确认（实现）产生了分离，通过增设“合同结算——价款结转”、“合同结算——收入结转”科目进行调节。如果施工企业按投入法确认收入和开票工程结算款一致，则不需要增设“合同结算”科目，其会计账务处理也不同。企业在客户实际支付合同对价之前或者在对价到期应付之前，已经向客户转让了商品，应当按因已转让商品而有权收取对价的金额的账务处理。

借：合同资产

　贷：主营业务收入或其他业务收入

　　　应交税费——应交增值税——销项税额（一般计税）

　　　应交税费——简易计税（简易计税）

企业取得无条件收款权时的账务处理：

借：应收账款

　贷：合同资产

（二）“合同资产减值准备”科目的核算说明

本科目核算与合同资产有关的减值准备，可以按照合同进行明细核算。具体的账务处理如下：

（1）合同资产发生减值的，按照减值的金额：

借：信用减值损失——合同资产减值损失

　贷：合同资产减值准备——应收工程款

说明：《企业会计准则第 14 号——收入》应用指南阐述“合同资产减值准备”科目账务处理时，将计提的减值借记“资产减值损失”科目，贷记“合同资产减值准备”科目；《企业会计准则第 22 号——金融工具确认和计量》应用指南阐述金融工具减值时，将计提的减值，借记“信用资产损失”科目，贷记“合同资产减值准备”科目。两者不同之处在于：前者将“合同资产”视为一种实物资产，后者将“合同资产”视为一种金融资产，定性为“应收账款”。本办法规定，合同资产减值视为金融资产减值，借记“信用减值损失——合同资产减值损失”科目，贷记“合同资产减值准备——应收工程款”；合同资产减值视为实物资产减值（工程实体减值），借记“资产减值损失——合同资产减值损失”科目，贷记“合同资产减值准备——承建某工程减值”。这后一种处理办法实际上是原“企业会计准则第 15 号——建筑合同》（已作废调入收入准则处理）对建筑工程计提“存货跌价准备”的变通而已。

（2）转回已计提的资产减值准备时的账务处理：

借:合同资产减值准备

　贷:信用减值损失——合同资产减值损失

(三)“合同负债”科目的核算说明

本科目核算企业已收或者应收客户对价而应该向客户转让商品的义务,应该按照合同进行明细核算,涉及的主要账务处理如下:

(1) 企业在向客户转让商品之前,客户支付了合同对价的,企业应该按收到的款项进行账务处理:

借:银行存款

　贷:合同负债

　　应交税费——应交增值税——销项税额(如果开具发票的,作此分录)

(2) 企业向客户转让商品后的账务处理如下:

借:合同负债

　贷:主营业务收入或其他业务收入

企业应转让商品收的预收款,适用新收入准则进行会计处理时,不再使用“预收账款”科目。

(四)“合同履约成本”科目的核算说明

本科目核算企业为履行当前合同或者预期取得合同所发生的应当确认为一项资产的成本。在该科目下设置“工程施工”和“间接费用”两个明细科目进行明细核算。“工程施工”明细科目核算的内容包括:直接材料(消耗)、电费、应付职工薪酬、试验检验费、临时设施折旧费、工具设备使用费、其他;“间接费用”明细科目核算的内容包括:材料消耗、电费、应付职工薪酬、修理费、折旧、排污费、其他。施工企业在履行合同中发生的其他成本,如:支付给分包商的成本、机械使用费、设计和技术援助费用、施工现场二次搬运费、生产工具和用具使用费、检验试验费、工程定位复测费、工程点交费用、场地清理费等,在“合同履约成本——间接费用——其他”科目的核算。“合同履约成本”科目涉及的主要账务处理如下:

(1) 企业发生上述合同履约成本时:

借:合同履约成本

　贷:银行存款、应付职工薪酬、原材料等

(2) 对合同履约成本进行结转(摊销)时的账务处理:

借:主营业务成本或者其他业务成本

　贷:合同履约成本

(五)“合同履约成本减值准备”科目

本科目核算与合同履约成本有关的资产的减值准备,可以按照合同进行明细核算。

与合同履约成本有关的资产发生减值的,按照减值的金额账务处理如下:

借:资产减值损失

　贷:合同履约成本减值准备

转回已计提的资产减值准备时的账务处理:

借:合同履约成本减值准备

　贷:资产减值损失

（六）“合同取得成本”科目

本科目核算企业取得合同发生的、预计能够收回的增量成本，可以按照合同进行明细核算。增量成本，是指企业不取得合同就不会发生的成本。

（1）当企业发生上述合同取得成本时：

借：合同取得成本

　贷：银行存款、其他应付款等

　　应交税费——应交增值税——销项税额

（2）对取得成本进行摊销时：

借：销售费用

　贷：合同取得成本

为简化实务操作，该资产摊销期限不超过一年的，可以在发生时计入当期损益。

（七）“合同取得成本减值准备”科目

本科目核算与合同取得成本有关的资产的减值准备，可以按照合同进行明细核算。

（1）与合同取得成本有关的资产发生减值的，按照减值的金额进行如下账务处理：

借：资产减值损失

　贷：合同取得成本减值准备

（2）转回已计提的资产减值准备时：

借：合同取得成本减值准备

　贷：资产减值损失

第六节　其他收入及利润的核算

一、其他收入的内容

其他收入是指企业除商品产品以外的其他销售或其他业务产生的收入。具体包括：

（1）材料销售收入，主要是与外企业调剂材料余缺而进行的转售收入。

（2）技术转让收入，指本企业的一些技术成果转让给有关企业或为外企业提供技术咨询服务而取得的收入。

（3）包装物出租收入，指包装产品随产品出售的包装物所收取的租金收入。

（4）固定资产出租收入，指企业出租固定资产所收取的租金收入。

（5）无形资产出租收入，指企业出租专利权、商标权等无形资产所收取的租金收入。

（6）商品出租收入，指企业出租商品所收取的租金收入。

（7）运输业务收入，指企业对外提供运输业务所取得的收入。煤炭铁路运输处的运输业务占该处全部收入比例较高时，则属于主营业务收入，不属于其他业务收入。

（8）转供电收入，指主要是外部单位使用本企业电力资源所取得的收入。

（9）附属生产产品销售收入，指企业附属生产企业生产产品的销售，包括对内自用和对外销售业务所取得的收入。

（10）物业管理收入，指企业按内部市场价格结算收取的物业管理费。

（11）其他收入，指企业多种经营、信息通信、用材料存货进行非货币性资产交换、用材料存货进行抵债等业务取得的收入。

二、其他收入的账务处理

(1) 取得其他业务收入时：

借：银行存款、应收账款等

　贷：其他业务收入等

　　　应交税费——应交增值税(销项税款)等

(2) 结转其他业务成本时：

借：其他业务成本

　贷：原材料、材料成本差异(节约价差记借方)

　　　累计摊销

　　　累计折旧等

(3) 计算其他业务应缴纳的城建税、教育费附加时：

借：税金及附加

　贷：应交税费

三、其他收入利润的计算

其他业务毛利＝其他业务收入－其他业务成本

利润表上，其他业务收入同主营业务收入合并列入“营业收入”项目；其他业务成本同主营业务成本合并列入“营业成本”项目，则其他业务毛利就组成了企业的营业利润，即：

营业利润＝营业收入－营业成本－税金及附加－销售费用－管理费用－财务费用－研发费用－信用减值损失－资产减值损失＋其他收益±投资收益±公允价值变动损益±资产处置收益

第七节　利润分配的核算

一、利润总额的构成

利润是指企业在一定会计期间的经营成果，包括营业利润、利润总额和净利润。利润总额的计算公式如下：

利润总额＝营业利润＋营业外收入－营业外支出

矿业集团以整个集团为单位计算利润总额。矿业集团所属单位各月末要将实现的利润上交矿业集团，若为亏损，也要将亏损额上报矿业集团，以便矿业集团汇总计算整个集团的利润总额。矿业集团所属单位的盈亏额同效益工资挂钩。

(一) 矿业集团的利润总额核算

矿业集团的利润总额核算有两种方法。

(1)“全额利润设账核算法”。即矿业集团设置“本年利润”科目，所属盈利单位的利润上交、亏损单位的亏损上报均计入集团设置的“本年利润”科目，集团发生的费用转入“本年利润”科目的借方，进而集团据账面上“本年利润”科目盈亏抵销后的利润总额，考虑纳税调整因素，代表全局计交所得税。对于亏损单位的亏损核算，由于每年都要核定计划亏损，一般要增设“应弥补所属亏损”、“补贴收入”、“所属应交利润”等科目进行核算。该方法的优点是利润总额账面核算清晰，计税依据直观，缺点是设置会计科目多，账务处理较为复杂。

(2)“全额利润报表汇总法”。即矿业集团不设置“本年利润”科目，而是根据所属盈利单位、亏损单位的利润表汇总利润总额，扣除集团发生的费用计交所得税。集团与所属单位利润解交或亏损弥补通过“利润分配——应付股利或利润”科目各自作相反的会计分录。在这种方式下，对于亏损的核算一般不要增设“应弥补所属亏损”、“补贴收入”、“所属应交利润”等科目。该方法优点是设置会计科目少，账务处理简单，缺点是计交所得税的账面依据不够清晰。各单位可据实际情况选用其中一种方法进行核算。

（二）账务处理

（1）月终，矿业集团所属盈利单位将全矿（全厂）实现的利润全部交集团资金结算中心时，所属单位作如下会计分录：

借：利润分配——应付现金股利或利润

　贷：资金结算中心存款

对计划亏损单位，若月终有实现的利润，为了简化，可以不交矿业集团，而是挂账，年终让其自然抵亏后再清算。但如果采用“全额利润设账核算法”，月终要将实现的利润报矿业集团。矿业集团将该利润并入集团利润总额中，编制借记“所属应交利润——某矿或某厂”科目，贷记“本年利润”利润科目，而采用“全额利润报表汇总法”的单位不需要编制该分录。

（2）矿业集团资金结算中心收到所属盈利单位交来的利润时，采用“全额利润报表汇总法”的单位作如下会计分录：

借：资金结算中心存款

　贷：利润分配——应付现金股利或利润

所有者权益变动表中与所属矿厂对应填列。采用“全额利润设账核算法”单位贷记“本年利润”科目。

（3）月终，矿业集团所属亏损单位将本期亏损额挂账（各月末挂在“本年利润”科目借方，年终结转全年亏损时，借记“利润分配——未分配利润”科目，贷记“本年利润”科目，即年终全部亏损额挂在“利润分配——未分配利润”账户借方），如矿业集团实际弥补所属单位亏损时，在“全额利润报表汇总法”下，矿业集团作如下会计分录：

借：利润分配——应付股利或利润

　贷：资金结算中心存款——集团公司

在“全额利润设账核算法”下，月终，矿业集团所属亏损单位上报矿业集团时，矿业集团应借记“本年利润——某矿或某厂”科目，贷记“应弥补所属亏损——某矿或某厂”科目。矿业集团实际弥补所属单位亏损时，借记“应弥补所属亏损”科目，贷记“资金结算中心存款——集团公司”科目。若计划亏损单位先前有实现的利润挂账时，矿业集团还要将挂账额贷记“所属应交利润”科目，以转销“所属应交利润”科目的余额。

（4）月终，矿业集团所属单位结转利润分配科目时：

借：利润分配——未分配利润

　贷：利润分配——应付现金股利或利润

二、净利润的计算与核算

净利润＝利润总额－所得税

所得税是国家对企业和个人的各种所得额征收的一种税。所得额是指企业或个人在取得的全部收入中扣除为取得这些收入所支付的各项成本费用之后的余额，如企业取得的利润，个人从事劳动或提供劳务所取得的工资、薪金和劳务报酬等。下述内容规范的是企业所得税。

企业应交所得税=应纳税所得×所得税税率

（一）应纳税所得的税法规定

纳税所得是应纳税所得额的简称。按税法规定，纳税人应纳税所得额是以收入总额减去与取得收入有关的各项成本、费用和损失计算确定的。其计算公式如下：

应纳税所得额=收入总额－不征税收入－免税收入－准予扣除项目金额

收入总额是指纳税人在纳税年度内取得的应税收入，包括销售货物收入、提供劳务收入、转让财产收入、股息红利等权益性投资收益、利息收入、租金收入、特许权使用费收入、接受捐赠收入和其他收入，但不包括财政拨款、依法收取并纳入财政管理的行政事业性收费和政府性基金以及国务院规定的其他不征税收入。准予扣除项目金额，是指税法规定在计算应纳税所得额时准予从收入中扣除的企业实际发生的与取得收入有关的、合理的支出，包括成本、费用、税金、损失和其他支出。其中，合理的支出，是指符合生产经营活动常规，应当计入当期损益或者有关资产成本的必要和正常的支出。① 成本，是指企业在生产经营活动中发生的销售成本、销货成本、业务支出以及其他耗费。② 费用，是指企业在生产经营活动中发生的销售费用、管理费用和财务费用，已经计入成本的有关费用除外。③ 税金，是指企业发生的除企业所得税和允许抵扣的增值税以外的各项税金及其附加。④ 损失，是指企业在生产经营活动中发生的固定资产和存货的盘亏、毁损、报废损失，转让财产损失，呆账损失，坏账损失，自然灾害等不可抗力因素造成的损失以及其他损失。企业发生的损失，减除责任人赔偿和保险赔款后的余额，依照国务院财政、税务主管部门的规定扣除。企业已经作为损失处理的资产，在以后纳税年度又全部收回或者部分收回时，应当计入当期收入。⑤ 其他支出，是指除成本、费用、税金、损失外，企业在生产经营活动中发生的与生产经营活动有关的、合理的支出。

税法同时规定：在计算应纳税所得额时，下列支出不得扣除：① 向投资者支付的股息、红利等权益性投资收益款项；② 企业所得税税款；③ 税收滞纳金；④ 罚金、罚款和被没收财物的损失，指纳税人违反国家有关法律、法规规定，被有关部门处以的罚款，以及被司法机关处以的罚金和被没收财物，但不包括经营性罚款和逾期归还银行贷款而支付的罚息；⑤ 公益性捐赠以外的捐赠支出；⑥ 赞助支出，是指企业发生的与生产经营活动无关的各种非广告性质支出；⑦ 未经核定的准备金支出，是指不符合国务院财政、税务主管部门规定的各项资产减值准备、风险准备等准备金支出；⑧ 企业之间支付的管理费、企业内营业机构之间支付的租金和特许权使用费，以及非银行企业内营业机构之间支付的利息，不得扣除；⑨ 税法规定的其他相关支出。

（二）应纳税所得的实际计算

所得税的计征，以矿业集团为纳税主体。矿业集团所属单位按月将实现的利润上交给矿业集团，矿业集团计算整个集团的利润总额。矿业集团计算纳税所得时，是以利润总额（也称税前会计利润）为基础进行调整的。其计算公式如下：

应纳税所得额=利润总额±纳税调整项目金额

纳税调整项目金额分为“永久性差异”和“暂时性差异”两类。

1. 永久性差异

永久性差异是指会计准则和税法对收入、费用等会计项目的确认范围不同所产生的差

异。这种差异在某一时期发生,以后时期还可能发生,并不能在以后的时间内被"转回"或"抵销"。具体内容如下:

(1) 企业违法经营的罚款和被没收财物的损失。这种罚款和损失,会计计入"营业外支出"科目,在计算利润总额时已作了扣除,然而税收法规却规定不得从纳税所得中扣除,要作应税收益。则计算纳税所得时,应以利润总额为基数,加上这种罚款和损失。

(2) 各项税收的滞纳金、罚金和罚款。这些支出会计已在"营业外支出"中列支了,计算利润时已作了扣除,然而按税收法规的规定不能扣除,要作应税收益,则应增加纳税调整额。

(3) 各种非公益救济性捐赠和赞助支出。税法对此规定不作扣除项目,而会计处理时已列作"营业外支出",在计算利润时作了扣除,所以要调增应纳税所得。

(4) 免征或减征所得税的收益(入)或项目。国家对重点扶持和鼓励发展的产业和项目,给予企业所得税优惠。如企业购买国库券和特种国债取得的利息收入,会计已计入利润总额,而税法给予免税,则利润总额应扣除这部分收入后作为纳税所得。又如,企业开发新技术、新产品、新工艺发生的研究开发费用,安置残疾人员及国家鼓励安置的其他就业人员所支付的工资等可以在计算应纳税所得额时加计扣除。再如,创业投资企业从事国家需要重点扶持和鼓励的创业投资,可以按投资额的一定比例抵扣应纳税所得额;企业综合利用资源,生产符合国家产业政策规定的产品所取得的收入,可以在计算应纳税所得额时减计收入;企业购置用于环境保护、节能节水、安全生产等专用设备的投资额,可以按一定比例实行税额抵免。此外,对从事农、林、牧、渔业项目的取得的所得;从事国家重点扶持的公共基础设施项目投资经营取得的所得;从事符合条件的环境保护、节能节水项目取得的所得;符合条件的技术转让所得,可以免征、减征企业所得税。

(5) 已纳税投资收益。企业通过购买股票对外投资分得的股息、红利和企业对外进行其他投资(投出财产物资等)分得的利润(权益性投资收益)是受资企业在缴纳所得税后的利润分配。为了避免重复征税,税法规定,对于"先税后分"的投资收益,除非投资方所得税率高于受资方要调整补税外,投资方从受资方获得的已纳税投资收益不再缴纳所得税。而投资方会计已将这部分收益列作"投资收益"处理,构成了利润总额的组成内容,所以要将其作为纳税调减额处理。

(6) 超标准的利息支出。税法规定企业从收入中准予扣除的利息支出或借款费用或汇兑损失有三部分:一是企业在生产经营活动中发生的向金融企业借款的利息支出、金融企业的各项存款利息支出和同业拆借利息支出、企业经批准发行债券的利息支出准予扣除;二是企业在生产经营活动中发生的合理的不需要资本化的借款费用,准予扣除。企业为购置、建造固定资产、无形资产和经过12个月以上的建造才能达到预定可销售状态的存货发生借款的,在有关资产购置、建造期间发生的合理的借款费用,应当作为资本性支出计入有关资产的成本,并依照所得税条例的规定扣除。三是企业在货币交易中,以及纳税年度终了时将人民币以外的货币性资产、负债按照期末即期人民币汇率中间价折算为人民币时产生的汇兑损失,除已经计入有关资产成本以及与向所有者进行利润分配相关的部分外,准予扣除。但税法同时规定,企业向非金融企业借款而支付的利息支出高于金融企业同期同类贷款利率计算的数额以外的部分不得从收入中扣除;非银行企业内营业机构之间支付的利息不得扣除。因此,对这部分超标准利息支出应作为纳税调增额处理。

(7) 超标准超范围的工资及附加费。税法规定企业从收入中准予扣除的工资及附加费包括三部分内容：一是企业发生的合理的工资薪金支出，准予扣除。这里所称工资薪金，是指企业每一纳税年度支付给在本企业任职或者受雇的员工的所有现金形式或者非现金形式的劳动报酬，包括基本工资、奖金、津贴、补贴、年终加薪、加班工资，以及与员工任职或者受雇有关的其他支出。二是企业依照国务院有关主管部门或者省级人民政府规定的范围和标准为职工缴纳的基本养老保险费、基本医疗保险费、失业保险费、工伤保险费、生育保险费等基本社会保险费和住房公积金，准予扣除。三是企业为投资者或者职工支付的补充养老保险费、补充医疗保险费，在国务院财政、税务主管部门规定的范围和标准内，准予扣除。

企业不得从收入中准予扣除的工资薪金有三项：① 不合理的工资薪金支出。② 超过国务院有关主管部门或者省级人民政府规定范围和标准的工资附加费。例如，企业发生的职工福利费支出超过工资薪金总额14%的部分不得扣除；企业拨缴的职工工会经费支出超过工资薪金总额2%的部分不得扣除。需要说明的是，税法规定，除国务院财政、税务主管部门另有规定外，企业发生的职工教育经费支出，不超过工资薪金总额2.5%的部分，准予扣除；超过部分，准予在以后纳税年度结转扣除。③ 除企业依照国家有关规定为特殊工种职工支付的人身安全保险费和国务院财政、税务主管部门规定可以扣除的其他商业保险费外，企业为投资者或者职工支付的商业保险费，不得扣除。

(8) 不规范的公益性捐赠。公益性捐赠是指企业通过公益性社会团体或者县级以上人民政府及其部门，用于《中华人民共和国公益事业捐赠法》规定的公益事业的捐赠。这里所称公益性社会团体，是指同时符合规定条件的基金会、慈善组织等，这些社会团体的条件是：依法登记，具有法人资格；以发展公益事业为宗旨，且不以营利为目的；全部资产及其增值为该法人所有；收益和营运结余主要用于符合该法人设立目的的事业；终止后的剩余财产不归属任何个人或者营利组织；不经营与其设立目的无关的业务；有健全的财务会计制度；捐赠者不以任何形式参与社会团体财产的分配；国务院财政、税务主管部门会同国务院民政部门等登记管理部门规定的其他条件。

企业向不符合公益性社会团体所作的捐赠，是不规范的公益性捐赠，不得从企业收入中扣除；企业的赞助支出不得从企业收入中扣除。所谓赞助支出，是指企业发生的与生产经营活动无关的各种非广告性质支出。

第二次修正后的《企业所得税法》对捐赠作出的新规定是："企业发生的公益性捐赠支出，在年度利润总额12%以内的部分，准予在计算应纳税所得额时扣除；超过年度利润总额12%的部分，准予结转以后三年内在计算应纳税所得额时扣除"。据此规定推断，前三年度未扣除的剩余公益性捐赠支出在当年缴纳所得税时优先扣除。

会计平时在处理不规范的公益性捐赠和赞助支出业务时，已将这些开支列入了"营业外支出"科目，减少了利润，按税法规定应作纳税调增额处理。

(9) 超标准的业务招待费。修订后的《企业所得税法实施条例》第四十三条规定，企业发生的与经营活动有关的业务招待费，按照发生额的60%扣除，但最高不能超过当年销售(营业)收入的5‰。超过了上述标准的部分，纳税时不得从收入中扣除，应作纳税调增处理。

(10) 其他超过国家规定的成本费用列支范围和标准的事项。

2. 暂时性差异

暂时性差异是指企业资产或负债的账面价值与其计税基础之间的差额。企业会计未作为资产和负债确认的项目，按照税法规定可以确定其计税基础的，该计税基础与其账面价值之间的差额也属于暂时性差异。计税基础是指按税法规定计算应纳所得税时归属于资产或负债的金额，分为资产的计税基础和负债的计税基础两类。资产的计税基础是指企业收回资产账面价值过程中，计算应纳税所得额时按照税法规定可以自应税经济利益中抵扣的金额；负债的计税基础，是指负债的账面价值减去未来期间计算应纳税所得额时按照税法规定可予抵扣的金额。

按照暂时性差异对未来期间应税金额的影响，分为应纳税暂时性差异和可抵扣暂时性差异。应纳税暂时性差异，是指在确定未来收回资产或清偿负债期间的应纳税所得额时，将导致产生应税金额的暂时性差异；可抵扣暂时性差异，是指在确定未来收回资产或清偿负债期间的应纳税所得额时，将导致产生可抵扣金额的暂时性差异。

企业存在的暂时性差异对未来应税金额产生影响的应予递延。即企业应在资产类账户中设置"递延所得税资产"科目核算企业确认的可抵扣暂时性差异产生的递延所得税资产；在负债类账户中设置"递延所得税负债"科目核算企业确认的应纳税暂时性差异产生的递延所得税负债。暂时性差异的具体内容如下：

(1) 计提固定资产折旧引起的纳税递延。企业按照会计准则规定可以采用直线法、工作量法、加速折旧法计提固定资产折旧。而税法规定，除经税务机关批准的技术密集型企业和其他特定企业可以采用加速折旧法外，其余一律不准采用加速折旧法计提折旧。按会计准则确认的固定资产账面价值和按税法确定的资产计税基础就不一致，产生了暂时性差异。又如，企业自行变更折旧年限(如 8 年改为 5 年)计提折旧，而税务机关仍按原定年限折旧，这也产生了暂时性差异。企业改变折旧方法和折旧年限，使企业固定资产有可能头几年计提的折旧多，后几年计提的折旧少，导致企业固定资产账面价值减少而影响到应税金额的可递延到后期抵补，即前几年产生的递延所得税资产，在后几年逐渐得到转回。

(2) 无形资产摊销引起的纳税递延。企业按照会计准则规定，对使用寿命确定的无形资产采用直线法摊销其价值，对使用寿命不确定的无形资产价值不予摊销。而税法规定，对使用寿命不确定的无形资产按不低于 10 年期限进行摊销。这样，按会计准则确认的无形资产账面价值和按税法确定的资产计税基础就不一致，产生了暂时性差异。

(3) 内部研发确认的资本化价值的纳税递延。企业按照会计准则规定，企业内部研究开发项目的支出，分两种情况处理：研究阶段的支出计入当期损益；开发阶段的支出，符合资本化确认条件的确认为无形资产。而税法规定，企业研发支出在实际发生的当期可从所得税前扣除。这样，企业已予资本化的无形资产账面价值就和税法规定的资产计税基础不一致，产生了暂时性差异。

(4) 公允价值变动损益的纳税递延。① 交易性金融资产公允价值变动。企业按照会计准则规定，交易性金融资产期末应以公允价值计量，公允价值的变动计入当期损益。但是，税法规定，交易性金融资产在持有期间公允价值变动不计入应纳税所得额，即其计税基础仍按初始确认金额保持不变，则产生了交易性金融资产的账面价值与计税基础之间的差异。例如，丰达企业持有一项交易性金融资产，成本为 800 万元，期末公允价值为 1000 万元，其计税基础仍维持 800 万元不变，该计税基础与其账面价值之间的差额 200 万元即为应纳税暂时性差异。如果所得税率为 25%，则递延所得税负债为 50 万元(200×25%)。② 其他债权投资为例。企业按照会计准则规定，其他债权投资期末公允价值变动在调整资产价值的同时记入“其他综合收益——其他债权投资公允价值变动”科目，企业售出该金融资产时，再将原记入“其他综合收益——其他债权投资公允价值变动”科目的金额转入“投资收益”科目。但是，税法规定，其他债权投资计税基础保持初始确认金额不变，处置该资产时产生的损益计入应纳税所得额。这样，按会计准则确认的其他债权投资账面价值和按税法确定的资产计税基础就不一致，产生了暂时性差异需要递延处理。③ 其他权益工具公允价值变动。企业按照会计准则规定，其他权益工具公允价值变动期末公允价值变动在调整资产价值的同时记入“其他综合收益”科目，企业售出该金融资产时，再将原记入“其他综合收益”科目的金额转入留存收益科目。但是，税法规定，其他权益工具计税基础保持初始确认金额不变，处置该资产时产生的损益计入应纳税所得额。这样，按会计准则确认的其他权益工具资产账面价值和按税法确定的资产计税基础就不一致，产生的暂时性差异需要递延处理。

(5) 长期股权投资计价引起的纳税递延。在采用权益法核算长期股权投资的企业，会计期末，投资方要据被投资企业实现的净利润或调整的净利润及净资产变动调整“长期股权投资”账面价值，并记入“投资收益”科目。而税法仍然保持长期股权投资初始确认成本不变，待被投资企业实际分配利润使投资方得到收益时才确认投资所得的实现。但这部分股利或利润在投资方一般不再纳税，只有当投资方所得税率高于被投资企业所得税率时要调整补交所得税，其补税额需要递延。

(6) 计提资产减值准备的纳税递延。按照会计准则规定，企业资产负债表日对各项资产减值要计提资产减值准备。而税法规定，企业计提的资产减值准备(包括坏账准备)，税法不予承认，不得在税前扣除。这样，按会计准则确认的资产账面价值和按税法确定的资产计税基础就不一致，产生了暂时性差异。

(7) 预计负债等项目的纳税递延。以“预计负债——产品质量保证”为例，会计或有事项准则规定，对售出产品承担保修义务的，应确认预计负债。但税法却以企业实际发生的保修费作税前扣除。这样，会计确认的预计负债账面价值与税法规定的计税基础就不一致，产生了暂时性差异需要递延。例如，丰达企业本年销售商品实行“三包”(包修、包退、包换)，确定预计负债 30 万元，本年未发生保修费用。该项负债账面价值 30 万元，计税基础为 0，产生可抵扣暂时性差异。如果所得税率为 25%，则递延所得税资产为 7.5 万元(30×25%)。

(8) 其他项目的暂时性差异。例如，分期收款销售商品，只要商品控制权在商品销售时已转移给购买方，企业就要一次确认收入，并记入“长期应收款”科目，但《企业所得税法实施条例》第二十三条规定：“以分期收款方式销售货物的，按照合同约定的收款日期确认收入的实现。”企业会计确认的收入和税务机关按每期合同约定的销售款作收入存在着差异，这就产生暂时性差异。

(三) 所得税税率

从 2008 年 1 月 1 日起，企业所得税税率定义 25%。符合条件的小型微利企业税率为 20%。2019 年 1 月 1 日至 2021 年 12 月 31 日，应纳税所得额不超过 100 万元的部分，减按 25%计入应纳税所得额，对年应纳税所得额超过 100 万元但不超过 300 万元的部分，减按 50%计入应纳税所得额。还有两项特殊规定：

一是《企业所得税法》第二十八条规定，国家需要重点扶持的高新技术企业，减按 15%的税率征收企业所得税。

二是《企业所得税法实施条例》(国务院令第 512 号)第九十三条规定，企业所得税法第二十八条第二款所称国家需要重点扶持的高新技术企业，是指拥有核心自主知识产权，并同时符合下列条件的企业：产品（服务）属于《国家重点支持的高新技术领域》规定的范围；研究开发费用占销售收入的比例不低于规定比例；高新技术产品（服务）收入占企业总收入的比例不低于规定比例；科技人员占企业职工总数的比例不低于规定比例；高新技术企业认定管理办法规定的其他条件。

（四）会计处理方法

企业应设置"所得税费用"科目，核算企业确认的应从当期利润总额中扣除的所得税费用。在该科目下，企业应设置"当期所得税费用"、"递延所得税费用"两个明细科目进行明细核算。

所得税费用的核算应根据不同差异分别采用不同方法。对于永久性差异应采用"应付税款法"处理。所谓"应付税款法"，是将本期税前会计利润与纳税所得之间的差异造成的影响纳税的金额直接计入当期损益，而不递延到以后各期。在这种方法下，企业当期按税法计算的应交的所得税，直接借记"所得税费用——当期所得税费用"科目，贷记"应交税费——应交所得税"科目。对于暂时性差异采用"资产负债表债务法"处理。所谓"资产负债表债务法"，是将企业资产、负债账面价值与计税基础之间产生的暂时性差异确认为递延所得税负债或资产，进而反映"递延所得税费用"对未来纳税影响又予以转回的方法。在"资产负债表债务法"下，企业确认的递延所得税负债或递延所得税资产记入"所得税费用——递延所得税费用"科目，同时记入"递延所得税负债"科目或"递延所得税资产"科目，并在以后一定时期予以转回。

（1）月末，企业（指矿业集团，下同）根据利润总额计算应交所得税时：

借：所得税费用——当期所得税费用

贷：应交税费——应交所得税

（2）年终，企业根据永久性差异调整纳税所得，计算全年应交所得税，并比较各月累计应交所得税（下同），确认年终月份应交所得税时：

借：所得税费用——当期所得税费用

贷：应交税费——应交所得税

（3）年终，企业根据永久性差异、暂时性差异调整纳税所得，确认所得税费用、递延所得税资产、递延所得税负债时：

借：所得税费用——当期所得税费用

——递延所得税费用

递延所得税资产

贷：应交税费——应交所得税

递延所得税负债

（4）下一年年末，企业进行纳税调整，确认所得税费用、应交所得税时，应将"递延所得税资产"、"递延所得税负债"年初年末余额进行比较后作下列会计分录：

借：所得税费用——当期所得税费用

递延所得税负债

递延所得税资产

贷：应交税费——应交所得税

所得税费用——递延所得税费用

如果“递延所得税资产”年末余额小于年初余额，上述分录应按其差额贷记“递延所得税资产”科目；如果“递延所得税负债”年末余额大于年初余额，上述分录应按其差额贷记“递延所得税负债”科目。

（5）企业弥补亏损的处理。企业亏损弥补要采用递延所得税的方式进行。《企业会计准则第 18 号——所得税》规定：“企业对于能够结转以后年度的可抵扣亏损和税款抵减，应当以很可能获得用来抵扣亏损和税款抵减的未来应纳税所得额为限，确认相应的递延所得税资产”。根据这一规定，企业对能够结转后期的尚可抵扣的亏损，应当以可能获得用于抵扣尚可抵扣的亏损的未来应税利润为限，确认递延所得税资产。这种处理方法称之为当期确认法，即以后转抵减所得税的利益在亏损当年确认。采用该方法，企业应当对未来 5 年内可抵扣暂时性差异是否能在以后经营期内的应税利润充分转回作出判断，如果不能，企业不应确认。

自 2018 年 1 月 1 日起，当年具备高新技术企业或科技型中小企业资格的企业，其具备资格年度之前 5 个年度发生的尚未弥补完的亏损，准予结转以后年度弥补，最长结转年限由 5 年延长至 10 年。

① 企业某年度发生亏损，年末确认以后年度弥补亏损的递延所得税资产（亏损额×所得税税率）时：

借：递延所得税资产

　贷：所得税费用——递延所得税费用（补亏减税）

② 以后各年末确认抵补以前年度亏损的递延所得税资产（纳税所得×所得税税率）时：

借：所得税费用——递延所得税费用（补亏减税）

　贷：递延所得税资产

③ 企业抵补以前年度亏损后已有剩余利润，应确认当期应交所得税：

借：所得税费用——递延所得税费用（补亏减税）

　　　　　　——当期所得税费用

　贷：递延所得税资产

　　应交税费——应交所得税

（6）企业所得税的缴纳。企业所得税按年计算，分月或者分季预缴。月份或季度终了后 15 日内预缴，年度终了后 4 个月内汇算清缴，多退少补。企业预缴所得税时，应按纳税期限的实际数计算缴纳，按实际数预缴有困难的，可以按上一年度应纳税所得额的 1/12 或 1/4，或经当地税务机关认可的其他方法分期预缴所得税。预缴方法一经确定，不得随意改变。

企业按月预缴所得税时：

借：应交税费——应交所得税

　贷：银行存款

（7）月终，企业结转“所得税费用”科目时：

借：本年利润

　贷：所得税费用——当期所得税费用

（8）次年 2 月，企业跟税务机关清算，补交上年所得税时：

借:应交税费——应交所得税

贷:银行存款

(9) 税务机关退回所得税(先征后返)时,借记“银行存款”科目,贷记“所得税费用——当期所得税费用”科目。

对先征后返的消费税等退回时,借记“银行存款”科目,贷记“税金及附加”科目。

三、利润分配的核算

利润分配是对实现的净利润进行分配。矿业集团所属单位一般不进行利润分配,利润分配由矿业集团总部进行。为了反映利润分配的情况,企业应设置“利润分配”一级科目,并在该科目下设置“提取法定盈余公积”、“提取任意盈余公积”、“提取专项储备”、“应付现金股利或利润”、“转作股本的利润”、“盈余公积补亏”、“未分配利润”等明细科目进行明细分类核算(有的矿业集团如果从税后利润中计提生产发展费用,应增设“提取企业发展基金”明细科目进行核算)。

(1) 年终,企业结转“本年利润”科目。

借:本年利润

贷:利润分配——未分配利润

(2) 年终,企业按净利润的10%计提法定公积金。

借:利润分配——提取法定盈余公积

贷:盈余公积——法定盈余公积

(3) 年终,企业按净利润的一定比例(由公司章程规定或股东会决议确定)计提任意公积金。

借:利润分配——提取任意盈余公积

贷:盈余公积——任意盈余公积

(4) 年终或下年一季度,企业决定向投资者分配利润时:

借:利润分配——应付现金股利或利润

贷:应付股利

企业实际支付股利时:

借:应付股利

贷:银行存款

(5) 企业亏损的弥补。企业发生的年度亏损一般有三种途径弥补:① 财政弥补,即企业发生的政策性亏损由国家财政弥补。企业计算应收财政部门补贴款时,借记“其他应收款”科目,贷记“营业外收入”科目。补贴收入转入企业利润总额,借记“营业外收入”科目,贷记“本年利润”科目。实际收到补贴款时,借记“银行存款”科目,贷记“其他应收款”科目。② 企业自行弥补。企业将发生的亏损挂在“利润分配”科目借方,用下一年度的利润在所得税前弥补。这种自行弥补办法通过“递延所得税资产”科目核算。③ 所有者弥补。即用每年提存的反映所有者权益的盈余公积补亏,借记“盈余公积——法定盈余公积或任意盈余公积”科目,贷记“利润分配——盈余公积补亏”科目。

(6) 以前年度损益调整。以前年度损益调整是指以前年度发生的影响损益的事项在本年度进行调整以及本年度发现的重要前期差错更正涉及调整以前年度损益的事项。它分为三个方面:一是本年度发生的调整以前年度损益的事项。二是以前年度重大差错调整。比如,被审查出来的上年或以前年度多计或少计的利润需要调整。三是年度资产负债表日后事项调整。是指在年度资产负债表日至财务会计报告批准报出日之间发生的需要调整报告年度损益的事项。比如,资产需要计提减值准备,销售退回需要调整原有记录及结果,诉讼案件所获赔款或支付赔款需要调整,等等。企业设置“以前年度损益调整”科目,调增以前年度损益时,记入该科目贷方;调减以前年度损益时,记入该科目借方;期末,企业应将该科目调增的损益扣除调减的损益后的净额扣除应交所得税后转入“利润分配——未分配利润”科目,结转后,“以前年度损益调整”科目期末无余额。

① 调增上年利润时:

借:有关科目

　贷:以前年度损益调整

② 调减上年利润时:

借:以前年度损益调整

　贷:有关科目

③ 调增上年利润与调减上年利润抵销后仍有利润总额时,应计算应交所得税,将扣除所得税费用后余额转入“利润分配——未分配利润”科目。

借:以前年度损益调整

　贷:应交税费——应交所得税

　　利润分配——未分配利润

调增上年利润小于调减上年利润时,分录相反。

④ 补提法定盈余公积。

借:利润分配——未分配利润

　贷:盈余公积——法定盈余公积

调增上年利润小于调减上年利润时,分录相反。

(7) 年终,企业结转“利润分配”科目。

借:利润分配——未分配利润

　　　　——盈余公积补亏

　贷:利润分配——提取法定盈余公积

　　　　　——提取任意盈余公积

　　　　　——应付现金股利或利润

第十三章　所有者权益的核算

所有者权益是指企业资产扣除负债后由所有者享有的剩余权益。股份公司的所有者权益又称为股东权益。所有者权益从其来源看，它包括所有者投入的资本、直接计入所有者权益的利得和损失、留存收益等。直接计入所有者权益的利得和损失，是指不应计入当期损益、会导致所有者权益发生增减变动的、与所有者投入资本或者向所有者分配利润无关的利得或者损失。所有者权益从其内容看，它分为实收资本、其他权益工具、资本公积、盈余公积、专项储备、未分配利润和其他综合收益六部分。

第一节　实收资本的核算

实收资本是企业投资者按照企业章程，或合同、协议的约定，实际投入企业的资本，包括国家资本、法人资本、外商资本和个人资本四部分。

新公司法放宽了注册资本登记条件，实行认缴制，除了法律行政法规以及国务院决定对公司注册资本最低限额另有规定的情况之外，取消了有限责任公司最低注册资本 3 万元，一人有限责任公司最低注册资本 10 万元，股份有限公司最低注册资本 500 万元的限制。不再限制公司设立时股东的首次出资比例，也不再限制股东的货币出资比例。

企业应设置“实收资本”科目，按投资者进行明细核算。股份制企业应设置“股本”科目，按普通股和优先股设置明细账，记入“股本”科目的是发行股票的面值，即对外实际发放股票的股数与每股票面金额的乘积。“实收资本”的主要账务处理如下：

(1) 企业收到投资者投入的货币时：

借：库存现金、银行存款

　贷：实收资本

(2) 企业收到投资者投入的固定资产时，按投资合同或协议确认的公允价值：

借：固定资产

　贷：实收资本

(3) 企业收到投资者投入的专利权等无形资产时：

借：无形资产

　贷：实收资本

(4) 企业收到投资者投入的材料物资的同时，如果还收到投资者提供的增值税专用发票，则进项税额可以抵扣。企业在收到物资时：

借：原材料等(增值税专用发票显示金额)

　　应交税费——应交增值税(进项税额)

　贷：实收资本(确认的资本)

(5) 股东大会批准的利润分配方案中分配的股票股利，在办理增资手续后：

借：利润分配——转作股本的利润

贷:实收资本

(6) 经股东大会或类似机构决议,用资本公积转增资本时:

借:资本公积——资本溢价或股本溢价

贷:实收资本

(7) 可转换公司债券持有人行使转换权利,将其持有的债券转换为股票、企业将重组债务转为资本、企业以权益结算的股份支付在行权日转为股权等,按确定的股本:

借:有关科目

贷:实收资本

(8) 企业按法定程序报经批准减少注册资本时:

借:实收资本

贷:库存现金、银行存款等

(9) 股份有限公司采用收购本公司股票方式减资的,按收购股票注销的股数:

借:股本(注销股数×股票面值)(股票面值总额)

资本公积——股本溢价(两者差额)

贷:库存股(账面余额)

若股本溢价不足冲减的,应借记"盈余公积"、"利润分配——未分配利润"科目;购回股票支付的价款低于面值总额的,应按股票面值总额,借记"股本"科目,按所注销库存股的账面余额,贷记"库存股"科目,按其差额,贷记"资本公积——股本溢价"科目。

(10) 中外合作经营企业根据合同规定在合作期间归还投资者的投资时:

借:实收资本——已归还投资

贷:银行存款

借:利润分配——利润归还投资

贷:盈余公积——利润归还投资

中外合作经营清算时,借记"实收资本——法人资本"、"资本公积"、"盈余公积"、"利润分配——未分配利润"等科目,贷记"实收资本——已归还投资"、"银行存款"等科目。

(11) 投资者投入外币,注册资本和记账本位币都用人民币反映:

借:银行存款——人民币户(人民币元)

——美元户等(美元等×汇率)

贷:实收资本——国家资本(人民币元)

——外商资本(美元等×汇率)

(12) 投资者投入外币,注册资本(美元)和记账本位币(人民币)不一致:

借:银行存款——美元户(美元×汇率)

贷:实收资本——国家资本(美元×汇率)

借:银行存款——美元户(美元×汇率)

贷:实收资本——外商资本(美元×汇率)

说明:不论投资合同约定不约定汇率,被投资企业均按出资日实际收到的美元汇率记账。还有一种情况,企业"实收资本"账户反映的投资比例有时和合同规定出资比例不一致,这要说明其原因,并说明合同比例是多少,即通过附注方式说明投资各方合同出资比例分别是多少,以后进行的利润分配和企业清算仍以合同比例为依据。

第二节　其他权益工具的核算

其他权益工具是企业发行在外的除普通股以外分类为权益工具的金融工具。与“实收资本”、“股本”的投资身份不同，其他权益工具不是普通股东（普通投资者）的权益，而是优先股东、持券待转股东的权益。

一、发行优先股形成的其他股益工具

2013年11月30日，国务院以国发〔2013〕46号文发布了《国务院关于开展优先股试点的指导意见》，上市公司可以发行优先股。2014年3月17日，财政部发布《金融负债与权益工具的区分及相关会计处理规定》，从发布之日开始实施。2014年3月21日，我国上市公司正式发行“优先股”，它通过设置“其他权益工具”、“应付债券”科目进行核算。

企业（发行方）发行的金融工具（优先股）归类为权益工具的，应按实际收到的金额，借记“银行存款”等科目，贷记“其他权益工具——优先股”科目。如果企业（发行方）发行的金融工具（优先股）归类为债务工具并以摊余成本计量的，应按实际收到的金额，借记“银行存款”等科目，按债务工具的面值，贷记“应付债券——优先股（面值）”科目，按其差额，贷记或借记“应付债券——优先股（利息调整）”科目。

企业接受优先股股东投资，应按优先股股东设置“其他权益资本明细账”进行明细核算。

二、发行可转换债券形成的其他股益工具

企业（发行方）发行的金融工具为复合金融工具（可转换公司债券）的，在发行成功收款存入银行时，对可转换公司债券进行拆分，拆分为金融负债和权益工具两部分。按实际收到的金额，借记“银行存款”等科目，按金融工具（可转换公司债券）的面值，贷记“应付债券——永续债（面值）等”科目，按负债成分的公允价值与金融工具（可转换公司债券）面值之间的差额，借记或贷记“应付债券——永续债（利息调整）”科目，按实际收到的金额扣除负债成分的公允价值后的金额，贷记“其他权益工具——永续债”科目。发行复合金融工具发生的交易费用，应当在负债成分和权益成分之间按照各自占总发行价款的比例进行分摊。与多项交易相关的共同交易费用，应当在合理的基础上，采用与其他类似交易一致的方法，在各项交易之间进行分摊。

三、金融工具重分类涉及的其他股益工具

因发行的金融工具原合同条款约定的条件或事项随着时间的推移或经济环境的改变而发生变化，导致原归类为金融负债的金融工具重分类为权益工具的，应于重分类日，按金融负债的面值，借记“应付债券——优先股、永续债等（面值）”科目，按利息调整余额，借记或贷记“应付债券——优先股、永续债等（利息调整）”科目，按金融负债的账面价值，贷记“其他权益工具——优先股、永续债等”科目。

四、其他股益工具赎回的核算

（1）企业（发行方）按合同条款约定赎回所发行的除普通股以外的分类为权益工具的金融工具，按赎回价格，借记“库存股——其他权益工具”科目，贷记“银行存款”等科目；注销所购回的金融工具，按该工具对应的其他权益工具的账面价值，借记“其他权益工具”科目，按该工具的赎回价格，贷记“库存股——其他权益工具”科目，按其差额，借记或贷记“资本公积——资本溢价（或股本溢价）”科目，如资本公积不够冲减的，依次冲减盈余公积和未分配

利润。发行方按合同条款约定赎回所发行的分类为金融负债的金融工具，按该工具赎回日的账面价值，借记“应付债券”等科目，按赎回价格，贷记“银行存款”等科目，按其差额，借记或贷记“财务费用”科目。

(2) 发行方按合同条款约定将发行的除普通股以外的金融工具转换为普通股的，按该工具对应的金融负债或其他权益工具的账面价值，借记“应付债券”、“其他权益工具”等科目，按普通股的面值，贷记“实收资本(或股本)”科目，按其差额，贷记“资本公积——资本溢价(或股本溢价)”科目(如转股时金融工具的账面价值不足转换为1股普通股而以现金或其他金融资产支付的，还需按支付的现金或其他金融资产的金额，贷记“银行存款”等科目)。

五、其他股益工具在资产负债表上的列示

对于资产负债表日企业发行的金融工具分类为权益工具的，企业应在“其他权益工具”项目填列，对于优先股和永续债，还应在“其他权益工具”项目下的“优先股”项目和“永续债”项目分别填列。对于资产负债表日企业发行的金融工具分类为金融负债的，企业应在“应付债券”项目填列，对于优先股和永续债，还应在“应付债券”项目下的“优先股”项目和“永续债”项目分别填列。

第三节　资本公积的核算

资本公积是投资者出资额超出其在注册资本或股本中所占份额的部分以及其他直接归属所有者权益的利得和损失。资本公积从形成来源上看，它不是由企业实现的利润转化而来的，从本质上讲应属于投入资本范畴，是资本的储备形式，是一种准资本。“资本公积”科目下设置“资本溢价”或“股本溢价”和“其他资本公积”明细科目进行明细核算。

(1) 投资者投入资本产生资本溢价时：

借：银行存款

　　贷：实收资本

　　　　资本公积——资本溢价

(2) 企业发行股票，产生股本溢价时：

借：银行存款

　　贷：股本——普通股

　　　　资本公积——股本溢价

(3) 采用权益法核算长期股权投资时，被投资单位除净损益以外所有者权益的其他变动，企业按持股比例计算应享有的份额：

借：长期股权投资——其他权益变动(可借可贷)

　　贷：资本公积——其他资本公积(可借可贷)

处置采用权益法核算的长期股权投资，还应结转原记入资本公积的相关金额，借记或贷记“资本公积——其他资本公积”科目，贷记或借记“投资收益”科目。

(4) 以权益结算的股份支付换取职工或其他方提供服务的：

① 企业在等待期应按照确定的金额作如下会计处理：

借：制造费用、管理费用等

　　贷：资本公积——其他资本公积

② 在行权日，企业应按实际行权的权益工具数量确定股权入账。

借：资本公积——其他资本公积

贷：股本——个人股本

资本公积——股本溢价

《企业会计准则第 11 号——股份支付》应用指南规定："企业应在行权日根据行权情况，确认股本和股本溢价，同时结转等待期内确认的资本公积（其他资本公积）。如果全部或部分权益工具未被行权而失效或作废，应在行权有效期截止日将其从资本公积（其他资本公积）转入资本公积（股本溢价），不冲减成本费用。"同时，企业"资本公积——其他资本公积"账户借贷抵销，编制结平借余的会计分录

借：资本公积——股本溢价

贷：资本公积——其他资本公积

若为贷余，会计分录方向相反。此外，在股权激励过程中，还有一种"股票期权"激励。采用股票期权授予企业内部高管人员时，按当时股票的公允价格确定激励额，记入"资本公积——其他资本公积"科目。几年后行权，企业内部高管人员要按当初激励时的股票价格买下股票，行权日股票公允价格高于股票面值部分，在转销已入账的"资本公积——其他资本公积"科目余额的同时，记入"资本公积——股本溢价"科目。其核算比上例多一笔分录：即多作收到购股款存入银行的会计分录。

（5）企业集团内部有时无偿调入固定资产时，应按调出单位固定资产账面价值（原值减去累计折旧和固定资产减值准备）加上发生的运输费、安装费等相关费用：

借；固定资产

贷：资本公积——其他资本公积

银行存款等

对于无偿调出固定资产的单位，通过"固定资产清理"科目注销固定资产账面价值和核算清理费用，再据"固定资产清理"科目借差，借记"资本公积——其他资本公积"科目，贷记"固定资产清理"科目。

（6）企业的资本公积转增实收资本时：

借：资本公积——其他资本公积或资本溢价

贷：实收资本

第四节　盈余公积的核算

企业的"盈余公积"，是企业从净利润中提取的公积金。企业每年应当按净利润提取10%的法定公积金。法定公积金累计额达到注册资本 50%以后，可以不再提取。企业还应按净利润的一定比例提取任意公积金。任意公积金提取比例由投资者决议。国有企业可以将任意公积金与法定公积金合并提取。企业应设置"盈余公积"科目核算企业盈余公积的形成与使用。企业应当在该科目下分别"法定盈余公积"、"任意盈余公积"、"专项储备"进行明细核算。

（1）盈余公积的提取。

借：利润分配——提取法定盈余公积

——提取任意盈余公积

贷：盈余公积——法定盈余公积

——任意盈余公积

（2）用盈余公积弥补亏损。

借：盈余公积——法定盈余公积或任意盈余公积

贷：利润分配——盈余公积补亏

（3）企业经股东大会决议，可用盈余公积派送新股，按派送新股计算的金额作如下会计处理：

借：盈余公积

贷：股本

（4）企业用盈余公积转增资本（或股本）时：

借：盈余公积——法定盈余公积或任意盈余公积

贷：实收资本（或股本）

第五节　专项储备的核算

一、专项储备的由来

根据财政部《关于印发企业会计准则解释第3号的通知》（财会〔2009〕8号）的规定：

（1）高危行业企业按照国家规定提取的安全生产费，应当计入相关产品的成本或当期损益，同时记入“4301专项储备”科目。

（2）企业使用提取的安全生产费时，属于费用性支出的，直接冲减专项储备。企业使用提取的安全生产费形成固定资产的，应当通过“在建工程”科目归集所发生的支出，待安全项目完工达到预定可使用状态时确认为固定资产；同时，按照形成固定资产的成本冲减专项储备，并确认相同金额的累计折旧。该固定资产在以后期间不再计提折旧。

（3）“专项储备”科目期末余额在资产负债表所有者权益项下“减：库存股”和“盈余公积”之间增设“专项储备”项目反映。

（4）企业提取的维简费和其他具有类似性质的费用，比照上述规定处理。

（5）本解释发布前未按上述规定处理的，应当进行追溯调整。

据此，“专项储备”是一个权益类会计科目和报表项目，适用于执行《企业会计准则》的企业，用于核算高危行业企业按照规定提取的安全生产费以及维持简单再生产费用等具有类似性质的费用。

二、安全费用的使用

按照《企业安全生产费用提取和使用管理办法》的规定，安全生产费用（以下简称安全费用）是指企业按照规定标准提取在成本中列支，专门用于完善和改进企业或者项目安全生产条件的资金。涉及煤炭生产企业、非煤矿山开采企业、建设工程施工企业、危险品生产与储存企业、交通运输企业、冶金企业、机械制造企业、烟花爆竹生产企业、武器装备研制生产与试验企业的安全费用按照“企业提取、政府监管、确保需要、规范使用”的原则进行管理。

（一）煤炭企业集团主要涉及的行业安全费用使用范围

1. 煤炭生产企业安全费用使用范围

（1）煤与瓦斯突出及高瓦斯矿井落实“两个四位一体”综合防突措施支出，包括瓦斯区域预抽、保护层开采区域防突措施、开展突出区域和局部预测、实施局部补充防突措施、更新改造防突设备和设施、建立突出防治实验室等支出。

（2）煤矿安全生产改造和重大隐患治理支出，包括“一通三防”（通风，防瓦斯、防煤尘、防灭火）、防治水、供电、运输等系统设备改造和灾害治理工程，实施煤矿机械化改造，实施矿压（冲击地压）、热害、露天矿边坡治理、采空区治理等支出。

（3）完善煤矿井下监测监控、人员定位、紧急避险、压风自救、供水施救和通信联络安全避险“六大系统”支出，应急救援技术装备、设施配置和维护保养支出，事故逃生和紧急避难设施设备的配置和应急演练支出。

（4）开展重大危险源和事故隐患评估、监控和整改支出。

（5）安全生产检查、评价（不包括新建、改建、扩建项目安全评价）、咨询、标准化建设支出。

（6）配备和更新现场作业人员安全防护用品支出。

（7）安全生产宣传、教育、培训支出。

（8）安全生产适用新技术、新标准、新工艺、新装备的推广应用支出。

（9）安全设施及特种设备检测检验支出。

（10）其他与安全生产直接相关的支出。

2. 非煤矿山开采企业安全费用使用范围

（1）完善、改造和维护安全防护设施设备（不含“三同时”要求初期投入的安全设施）和重大安全隐患治理支出，包括矿山综合防尘、防灭火、防治水、危险气体监测、通风系统、支护及防治边帮滑坡设备、机电设备、供配电系统、运输（提升）系统和尾矿库等完善、改造和维护支出以及实施地压监测监控、露天矿边坡治理、采空区治理等支出。

（2）完善非煤矿山监测监控、人员定位、紧急避险、压风自救、供水施救和通信联络等安全避险“六大系统”支出，完善尾矿库全过程在线监控系统和海上石油开采出海人员动态跟踪系统支出，应急救援技术装备、设施配置及维护保养支出，事故逃生和紧急避难设施设备的配置和应急演练支出。

（3）开展重大危险源和事故隐患评估、监控和整改支出。

（4）安全生产检查、评价（不包括新建、改建、扩建项目安全评价）、咨询、标准化建设支出。

（5）配备和更新现场作业人员安全防护用品支出。

（6）安全生产宣传、教育、培训支出。

（7）安全生产适用的新技术、新标准、新工艺、新装备的推广应用支出。

（8）安全设施及特种设备检测检验支出。

（9）尾矿库闭库及闭库后维护费用支出。

（10）地质勘探单位野外应急食品、应急器械、应急药品支出。

（11）其他与安全生产直接相关的支出。

3. 建设工程施工企业安全费用使用范围

(1) 完善、改造和维护安全防护设施设备支出(不含“三同时”要求初期投入的安全设施),包括施工现场临时用电系统、洞口、临边、机械设备、高处作业防护、交叉作业防护、防火、防爆、防尘、防毒、防雷、防台风、防地质灾害、地下工程有害气体监测、通风、临时安全防护等设施设备支出。

(2) 配备、维护、保养应急救援器材、设备支出和应急演练支出。

(3) 开展重大危险源和事故隐患评估、监控和整改支出。

(4) 安全生产检查、评价(不包括新建、改建、扩建项目安全评价)、咨询和标准化建设支出。

(5) 配备和更新现场作业人员安全防护用品支出。

(6) 安全生产宣传、教育、培训支出。

(7) 安全生产适用的新技术、新标准、新工艺、新装备的推广应用支出。

(8) 安全设施及特种设备检测检验支出。

(9) 其他与安全生产直接相关的支出。

4. 机械制造企业安全费用使用范围

(1) 完善、改造和维护安全防护设施设备支出(不含“三同时”要求初期投入的安全设施),包括生产作业场所的防火、防爆、防坠落、防毒、防静电、防腐、防尘、防噪声与振动、防辐射或者隔离操作等设施设备支出,大型起重机械安装安全监控管理系统支出。

(2) 配备、维护、保养应急救援器材、设备支出和应急演练支出。

(3) 开展重大危险源和事故隐患评估、监控和整改支出。

(4) 安全生产检查、评价(不包括新建、改建、扩建项目安全评价)、咨询和标准化建设支出。

(5) 安全生产宣传、教育、培训支出。

(6) 配备和更新现场作业人员安全防护用品支出。

(7) 安全生产适用的新技术、新标准、新工艺、新装备的推广应用。

(8) 安全设施及特种设备检测检验支出。

(9) 其他与安全生产直接相关的支出。

(二) 安全费用的提取标准

1. 煤炭生产企业

煤炭生产企业依据开采的原煤产量按月提取。各类煤矿原煤单位产量安全费用提取标准如下:

(1) 煤(岩)与瓦斯(二氧化碳)突出矿井、高瓦斯矿井吨煤 30 元。

(2) 其他井工矿吨煤 15 元。

(3) 露天矿吨煤 5 元。

矿井瓦斯等级划分按现行《煤矿安全规程》和《矿井瓦斯等级鉴定规范》的规定执行。

2. 非煤矿山开采企业

依据开采的原矿产量按月提取。各类矿山原矿单位产量安全费用提取标准如下:

(1) 石油,每吨原油 17 元。

(2) 天然气、煤层气(地面开采),每千立方米原气 5 元。

（3）金属矿山，其中露天矿山每吨5元，地下矿山每吨10元。

（4）核工业矿山，每吨25元。

（5）非金属矿山，其中露天矿山每吨2元，地下矿山每吨4元。

（6）小型露天采石场，即年采剥总量50万吨以下，且最大开采高度不超过50米，产品用于建筑、铺路的山坡型露天采石场，每吨1元。

（7）尾矿库按入库尾矿量计算，三等及三等以上尾矿库每吨1元，四等及五等尾矿库每吨1.5元。在财企〔2012〕16号文下发之日以前已经实施闭库的尾矿库，按照已堆存尾砂的有效库容大小提取，库容100万立方米以下的，每年提取5万元；超过100万立方米的，每增加100万立方米增加3万元，但每年提取额最高不超过30万元。

3. 建设工程施工企业

以建筑安装工程造价为计提依据。各建设工程类别安全费用提取标准如下：

（1）矿山工程为2.5%。

（2）房屋建筑工程、水利水电工程、电力工程、铁路工程、城市轨道交通工程为2.0%。

（3）市政公用工程、冶炼工程、机电安装工程、化工石油工程、港口与航道工程、公路工程、通信工程为1.5%。

建设工程施工企业提取的安全费用列入工程造价，在竞标时，不得删减，列入标外管理。国家对基本建设投资概算另有规定的，从其规定。

总包单位应当将安全费用按比例直接支付分包单位并监督使用，分包单位不再重复提取。

4. 其他行业企业

按照收入的一定比例提取。

（三）会计科目的设置

财政部《关于印发〈关于执行《企业会计制度》和相关会计准则有关问题解答（四）〉的通知》（财会〔2004〕3号）规定，煤炭企业提取安全费用在“长期应付款”科目核算，设置“应付安全费用”二级科目进行明细核算。2008年12月26日，财政部财会函〔2008〕60号发布了《关于做好执行会计准则企业2008年年报工作的通知》，要求高危行业企业提取安全生产费用，应当按照《企业会计准则讲解——2008》中的具体要求处理，在所有者权益“盈余公积”项下以“专项储备”项目单独列报，不再作为负债列示。财会〔2009〕8号将“专项储备”设置为一级会计科目单独进行核算。

（四）安全费用的账务处理

（1）煤矿按月根据产量和标准计提安全费用时：

借：制造费用——安全费用

　贷：专项储备——安全费——提取数

（2）煤矿将提取的安全费用全额上交集团公司统筹使用时：

借：专项储备——安全费——上交数

　贷：资金结算中心存款

矿业集团资金结算中心相应编制以下会计分录：

借：内部单位存款

　贷：专项储备——安全费——提取数

矿业集团下拨安全经费的会计分录与此相反。

(3) 矿业集团资金结算中心或煤矿将安全费用进行专户存储时：

借:银行存款——安全费用专户

　贷:银行存款——基本户

(4) 安全费用使用的核算,分别以下三种情况进行处理：

① 非资本化支出。

借:专项储备——安全费——使用数

　贷:银行存款——安全费用专户

② 购置设备直接形成固定资产。

借:固定资产

　应交税费——应交增值税——进项税额

贷:银行存款——安全费用专户

同时,全额计提资产折旧：

借:专项储备——安全费——使用数

　贷:固定资产

③ 通过“在建工程”科目核算。

A. 费用发生时：

借:在建工程——安全工程

　应交税费——应交增值税——进项税额

　贷:银行存款——安全费用专户等

B. 工程完工形成固定资产：

借:固定资产

　贷:在建工程——安全工程

同时,全额计提资产折旧：

借:专项储备——安全费——使用数

　贷:固定资产

(五) 其他

企业提取的安全费用应当专户核算,按规定范围安排使用,不得挤占、挪用。年度结余资金结转下年度使用,当年计提安全费用不足的,超出部分按正常成本费用渠道列支。

主要承担安全管理责任的集团公司经过履行内部决策程序,可以对所属企业提取的安全费用按照一定比例集中管理,统筹使用。

三、维简费用的核算

根据财政部、国家发展改革委、国家煤矿安全监察局《关于印发〈煤炭生产安全费用提取和使用管理办法〉和〈关于规范煤矿维简费管理问题的若干规定〉的通知》(财建〔2004〕119号)规定,维简费是我国境内所有煤炭生产企业(以下简称企业)从成本中提取,专项用于维持简单再生产的资金。

(一) 提取标准

企业根据原煤实际产量,每月按下列标准在成本中提取煤矿维简费:① 河北、山西、山东、安徽、江苏、河南、宁夏、新疆、云南等省(区)煤矿,吨煤 8～50 元;② 黑龙江、吉林、辽宁等省煤矿，吨煤 8～70 元；③ 内蒙古自治区煤矿，吨煤 9～50 元；④ 其他省（区、市）煤矿，吨煤 10～50 元。

在财建〔2004〕119 号文下发前，企业原执行的经省级（含省级）以上政府部门制定的煤矿维简费提取标准，按孰高原则执行，并按规定程序备案。

（二）使用范围

煤矿维简费，主要用于煤矿生产正常接续的开拓延深、技术改造等，以确保矿井持续稳定和安全生产，提高效率。具体使用范围是：矿井（露天）开拓延深工程；矿井（露天）技术改造；煤矿固定资产更新、改造和固定资产零星购置；矿区生产补充勘探；综合利用和“三废”治理支出；大型煤矿一次拆迁民房 50 户以上的费用和中小煤矿采动范围的搬迁赔偿；矿井新技术的推广；小型矿井的改造联合工程。

（三）会计科目的设置

根据财政部《关于国有工业、运输、邮电通信企业执行新的企业财务制度若干问题的通知》（财工字〔1993〕214 号）、《关于工业企业会计制度若干问题的补充规定》（财会字〔1993〕29 号）、《关于做好执行会计准则企业 2008 年年报工作的通知》（财会函〔2008〕60 号）及财建〔2004〕119 号文，对矿山企业提取维简费的财务处理和会计核算提出了原则要求。按照财政部原则要求和维简费用于维持煤矿简单再生产的基本属性，提取维简费时，借记“制造费用——原选煤（提取维简费）”科目，贷记“专项储备——维简费——提取数”科目。“专项储备——维简费——使用数”科目借方核算内容应根据维简费具体使用范围设置“开拓延深支出”、“技术改造支出”、“生产补充勘探支出”、“综合利用和三废治理支出”、“拆迁和搬迁支出”、“新技术推广支出”、“小型矿井联合改造支出”等明细科目进行明细核算。

为配合维简费用支出项目核算，在“在建工程”科目下，设置“维简工程”二级科目，归集维简费用列支的各项工程支出。并相应按照安全费用使用范围设置三级明细核算，核算具体维简费用工程项目。

（四）维简费用的账务处理

(1) 煤矿按月根据产量和标准计提维简费用时：

借：制造费用——维简费用

　贷：专项储备——维简费——提取数

(2) 煤矿将提取的维简费用全额上交集团公司统筹使用时：

借：专项储备——维简费——上交数

　贷：资金结算中心存款

矿业集团资金结算中心相应编制以下会计分录：

借：内部单位存款

　贷：专项储备——维简费——提取数

矿业集团下拨安全经费的会计分录与此相反。

(3) 矿业集团资金结算中心或煤矿将维简费用进行专户存储时：

借：银行存款——维简费用专户

　贷：银行存款——基本户

(4) 维简费用使用的核算。企业使用已提取的维简费用时，应分别以下三种情况进行处理：

① 非资本化支出。

借:专项储备——维简费——使用数

　贷:银行存款——维简费用专户

② 购置设备直接形成固定资产。

借:固定资产

　应交税费——应交增值税——进项税额

　贷:银行存款——维简费用专户

同时,全额计提资产折旧:

借:专项储备——维简费——使用数

　贷:固定资产

③ 通过“在建工程”科目核算。

A. 费用发生时:

借:在建工程——维简工程

　应交税费——应交增值税——进项税额

　贷:银行存款——维简费用专户等

B. 工程完工形成固定资产:

借:固定资产

　贷:在建工程——维简工程

同时,全额计提资产折旧:

借:专项储备——维简费——使用数

　贷:固定资产

(五)其他

煤矿维简费由煤炭企业按规定标准提取,自行安排使用。煤矿维简费提取和使用,应坚持先提后用,量入为出的原则,专款专用,专项核算。煤矿维简费年度结余资金允许结转下年度使用。任何单位和部门不得强制集中企业提取的维简费。

四、环境治理补偿费的核算

环境治理补偿费专项用于采矿区生态环境保护、矿区污染源治理、地质灾害防治和环境恢复整治等,从成本中列支。环境治理补偿费中预防性环境治理补偿费,属于事前预防支出,采用“先提后用”的方式通过“专项储备”科目核算;环境治理补偿费中“补偿性环境治理补偿费”,属于事后补偿支出,采用“先用后摊”的方式通过“专项储备”科目核算

环境治理补偿费,分为两方面内容:一是矿区生态环境保护支出。包括煤炭企业提取的造林育林基金、水污染和大气污染保护费以及改进煤炭加工和辅助、附属企业生产工艺,提高水重复利用率,推广闭路循环和其他清洁生产工艺技术以保护矿区生态环境所发生的支出。二是矿产开发引发的崩塌、滑坡、泥石流、地面塌陷、地裂缝等地质灾害的预防支出。包括地质灾害监测和信息管理费,为预防地质灾害而进行的河流改流引道、修筑防洪堤以及采用井下特采措施所发生的支出等。

环境治理补偿费应按照矿山土地复垦率相应提取,提取标准按照相关文件规定及预计破坏程度、破坏范围确定。预提的环境治理补偿费应当专款专用。

企业按照规定提取的环境治理补偿费,在“专项储备”科目核算,设置“应付环境治理补

偿费”二级科目，借方反映环境治理补偿费的使用数，贷方反映环境治理补偿费的提取数。企业可根据环境治理补偿费项目的构成，设置三级明细科目。企业使用已提取的环境治理补偿费如能确定有关支出最终将形成固定资产时，应在“在建工程”科目下，设置“环境治理工程”二级科目，归集环境治理补偿费列支的各项工程支出。

(1) 企业每月根据主营业务收入和标准提取环境治理补偿费时：

借：制造费用——原选煤——环境治理补偿费

　贷：专项储备——环境治理补偿费——提取数

(2) 专户存储。根据专户存储要求，将提取的环境治理补偿费转存银行专户时：

借：银行存款——环境治理补偿费专户

　贷：银行存款——基本户

(3) 企业使用已提取的环境治理补偿费时，应分别三种情况进行处理：

① 发生费用性支出时：

借：专项储备——环境治理补偿费——使用数

　贷：银行存款——环境治理补偿费专户

② 购置设备直接形成固定资产时：

借：固定资产

　应交税费——应交增值税——进项税额

　贷：银行存款——环境治理补偿费专户

借：专项储备——环境治理补偿费——使用数

　贷：累计折旧——一次折旧固定资产

③ 通过“在建工程”科目核算的支出：

借：在建工程——环境工程

　应交税费——应交增值税——进项税额

　贷：银行存款——环境治理补偿费专户

　　工程完工形成固定资产

借：固定资产

　贷：在建工程——环境工程

借：专项储备——环境治理补偿费——使用数

　贷：累计折旧——一次折旧固定资产

动用环境治理补偿费形成的固定资产在以后使用期间不再计提折旧。

五、生产发展费的核算

生产发展费的前身是可持续发展准备金。该基金是政府为贯彻落实科学发展观，加快振兴老工业基地步伐，培育新的经济增长点，支持煤炭企业在提高本地资源开采水平和安全保障度的同时，加大省外、境外煤炭资源开发力度，允许煤炭企业税前按吨煤提取的专项资金。专项用于环境恢复与生态补偿、发展接续替代产业、解决历史遗留问题等。

（一）可持续发展准备金的提取标准

按照当地政府规定的标准提取。

（二）可持续发展准备金的核算

企业按照规定提取的可持续发展准备金后通用为“生产发展费”，在“专项储备”科目核算，设置“生产发展费”二级科目，借方反映可生产发展费的使用数，贷方反映生产发展费的提取数。企业可根据生产发展费项目的构成，设置三级明细科目进行明细核算。

企业使用已提取的生产发展费如能确定有关支出最终将形成固定资产时，通过“在建工程——其他单项工程”科目核算。

（1）企业每月根据产量从成本中计提生产发展费时：

借：制造费用——原选煤——生产发展费

　贷：专项储备——生产发展费——提取数

（2）将提取的生产发展费专户存储时：

借：银行存款——生产发展费专户

　贷：银行存款——基本户

（3）使用生产发展费，属于费用性支出时：

借：专项储备——生产发展费——使用数

　贷：银行存款——生产发展费专户

（4）动用生产发展费购置设备直接形成固定资产时：

借：固定资产

　应交税费——应交增值税——进项税额

　贷：银行存款——生产发展费专户

借：专项储备——生产发展费——使用数

　贷：资本公积

（5）动用生产发展费通过“在建工程”科目核算所发生的费用时：

借：在建工程——其他单项工程

　贷：银行存款——生产发展费专户

（6）工程完工形成固定资产：

借：固定资产

　贷：在建工程——其他单项工程

该项固定资产在以后使用期间正常计提折旧。

（7）结转购建固定资产动用的生产发展费：

借：专项储备——生产发展费——使用数

　贷：资本公积

第六节　未分配利润的核算

企业的未分配利润通过“利润分配——未分配利润”账户反映。企业实现的净利润总额或亏损总额转入该账户的贷方或借方；企业分配利润的转销额（包括提取盈余公积、应付现金股利或利润等）记入该科目的借方；企业用盈余公积补亏的转销额，记入该科目贷方。该科目期末贷方余额为反映未分配的净利润，借方余额反映未弥补的亏损。未分配利润的余额反映的不只是企业当年未分配数，而是多年累积下来的一个滚存数。这个滚存数同利润实现数、分配数的关系式如下：

年初未分配利润＋盈余公积补亏＋本年净利润＝本年可供分配的利润

本年可供分配的利润－本年实际分配的利润＝年末未分配利润

盈余公积和未分配利润统称为“留存收益”。

第七节　其他综合收益的核算

其他综合收益，是指企业根据会计准则规定未在当期损益中确认的各项利得和损失。在企业利润表中，有两大内容转换为所有者权益：一是由净利润转换为所有者权益，如计提盈余公积，保留未分配利润等；二是由其他综合收益（税后净额）转换为所有者权益。

企业在处理其他综合收益业务时，要进行两种分类：一是不能重分类进损益的其他综合收益的处理；二是将重分类进损益的其他综合收益的处理。

一、不能重分类进损益的其他综合收益的核算

1. 重新计量设定受益计划变动额

（1）企业按“设定受益计划”计提未来退休人员额外养老金时：

借：生产成本、制造费用、管理费用等

　贷：应付职工薪酬——离职后福利——设定受益计划义务

（2）企业实际缴纳未来额外养老金时：

借：应付职工薪酬——离职后福利——设定受益计划义务

　贷：银行存款

（3）上述设定受益计划提交进行至第三年时，也就是职工提供服务的第三年末，由于预期寿命等精算假设和经验调整导致设定受益计划义务的现值增加，形成精算损失 5 万元，企业决定调整该设定受益计划的净负债时：

借：其他综合收益——设定受益计划变动额——精算损失

　贷：应付职工薪酬——离职后福利——设定受益计划义务

（4）对上述变动额进行所得税纳税调整时：

借：所得税费用——当期所得税费用

　贷：其他综合收益——设定受益计划变动额——精算损失

当月末，企业将“其他综合收益”科目借贷抵销的贷方余额填入资产负债表中“其他综合收益”项目（借余用负数反映），下同。

2. 其他权益工具投资公允价值变动

华能公司购入益侨公司普通股票，持股比例低于 20%，将其列入“其他权益工具投资”科目进行核算。

（1）华能公司购入股票时：

借：其他权益工具投资——益侨股票（成本）

　贷：银行存款

（2）当年年末，益侨股票价格上涨，华能公司据此作如下会计分录：

借：其他权益工具投资——益侨股票（公允价值变动）

　贷：其他综合收益——其他权益工具投资公允价值变动

（3）当年年末，华能公司对其他权益工具投资公允价值变动额进行所得税纳税调整时：

借：其他综合收益——其他权益工具投资公允价值变动

贷:递延所得税负债

(4) 次年1月,华能公司售出益侨公司全部股票,收款存入银行时:

首先,华能公司注销"其他综合收益"科目的账面余额。该权益工具公允价值变动不能重分类进入当期损益,而是要调整留存收益。

借:其他综合收益——其他权益工具投资公允价值变动

贷:盈余公积——法定盈余公积

利润分配——未分配利润

其次,华能公司反映收款并注销其他账户的账面余额。

借:银行存款

贷:其他权益工具投资——益侨股票(成本)

——益侨股票(公允价值变动)

最后,华能公司计交所得税,结转"递延所得税负债"科目余额。

借:递延所得税负债

贷:应交税费——应交企业所得税

贷或借:盈余公积——法定盈余公积

贷或借:利润分配——未分配利润

3. 企业自身信用风险公允价值变动

(1) 风萧公司按面值发行长期债券,到期一次性还本付息。

风萧公司将该债券指定为以公允价值计量且其变动计入当期损益的金融负债时:

借:交易性金融资产——风萧债券(成本)

贷:银行存款

(2) 当年年末,债券评级机构将风萧债券的信用等由原来的AAA级降为A级,致使风萧债券当年末的市场价值下降时(这是风萧公司自身信用风险引起的债券公允价值变动):

借:其他综合收益——企业自身信用风险公允价值变动

贷:交易性金融资产——风萧债券(公允价值变动)

(3) 当年年末,风萧公司对上述债券降价风险进行纳税调整时:

借:其他综合收益——企业自身信用风险公允价值变动

贷:递延所得税负债

说明两点:① 上述债券如果不是风萧公司自身因素引起了价值变动,其公允价值变动仍然计入当期损益。② 风萧公司由于自身因素导致终止确认时,之前计入其他综合收益的累计利得或损失应当从其他综合收益中转出,计入留存收益,还要计交企业所得税,将所得税与递延所得税负债的差额计入留存收益。

二、将重分类进损益的其他综合收益的核算

1. 权益法下可转损益的其他综合收益

黄信公司原持有A企业40%的股权,采用权益法核算。后来,黄信公司决定出售持有的A公司1/4的股权。A公司出售股权时:

借:银行存款

贷:长期股权投资——A公司股权(投资成本)

——A公司股权(损益调整)

——A公司股权(其他综合收益)
——A公司股权(其他权益变动)
贷或借:投资收益
借:其他综合收益——权益法下可转损益的其他综合收益
贷:投资收益
黄信公司进行纳税调整时:
借:所得税费用——当期所得税费用
贷:其他综合收益——权益法下可转损益的其他综合收益
2. 其他债权投资公允价值变动
(1) 红星厂购入海洋公司作“其他债权投资”时:
借:其他债权投资——海洋债券(成本)
贷:银行存款
(2) 当年年末,红星厂确认应收债券利息时:
借:应收利息
贷:投资收益
(3) 当年年末,海洋公司债券市场价值下跌,红星厂购买的债券产生公允价值变动损失。
借:其他综合收益——其他债权投资公允价值变动
贷:其他债权投资——海洋债券(公允价值变动)
(4) 当年年末,红星厂债券公允价值变动损失进行纳税调整时:
借:所得税费用——当期所得税费用
贷:其他综合收益——其他债权投资公允价值变动
3. 其他债权投资信用减值准备
(1) 次年年末,红星厂对海洋公司债券进行减值测试,确认计提资产减值准备时:
借:信用减值损失
贷:其他综合收益——信用减值准备
(2) 次年年末,红星厂对上述减值进行纳税调整时:
借:其他综合收益——信用减值准备
贷:所得税费用——当期所得税费用
4. 金融资产重分类计入其他综合收益的金额
三达公司根据公司未来发展战略调整对资金的需求,将一项账面价值“债权投资——债券投资”转换为“其他债权投资”,转换日作如下会计分录:
借:其他债权投资
贷:债权投资——债券投资(成本)
——债券投资(利息调整)
——债券投资(应计利息)
其他综合收益——金融资产重分类计入其他综合收益的金额
当月月末,三达公司对上述“其他综合收益”进行纳税调整时:
借:所得税费用——当期所得税费用

贷：其他综合收益——其他债权投资公允价值变动

三、综合收益总额的计算

企业期末编制的利润表：

综合收益总额＝净利润＋其他综合收益

其他综合收益＝不能重分类进损益的其他综合收益＋将重分类进损益的其他综合收益

企业期末编制资产负债表，在所有者权益类下专门设置“其他综合收益”项目反映未计入当期损益的与所有者以其所有者身份进行的交易之外的其他交易或事项引起的所有者权益变动。

如果是母公司汇总报表，还要在利润表“净利润”项目下分别设置“归属母公司所有者的净利润”和“少数股东权益”两个项目反映净利润的归属；同时在“综合收益总额”项目下分别设置“归属母公司所有者的综合收益总额”和“归属于少数股东的综合收益总额”两个项目反映综合收益的归属。

第十四章　矿业集团所属单位会计报表

第一节　资产负债表

资产负债表是反映企业在某一特定日期(如月末、季末、年末)财务状况的会计报表。它是按月编制的会计报表。其表首主要填明企业或某一会计主体的名称、报表的名称、编制报表的日期与计量单位。资产负债表的格式见附录二。

资产负债表各项目的数字应根据企业或会计主体本期总分类账户或明细分类账户期末余额直接填列或进行分析加工处理后填列。表中“年初数”栏内各项数字,应根据上年末资产负债表“期末数”栏内所列数字填列。如果本年度资产负债表规定的各个项目的名称和内容与上年度不相一致,应对上年年末资产负债表各项目和数字按本年度规定进行调整,填入本表“年初数”栏内。资产负债表的具体填列方法可归纳如下:

一、根据总账科目余额直接填列

该表的大多数项目可以根据相应的总账科目余额直接填列。具体项目有:资金结算中心存款、内部单位借款、交易性金融资产、应收利息、应收股利、应收集团公司本部款项、应收集团公司其他单位款项、固定资产清理、开发支出(“研发支出”科目中的资本化支出)、长期待摊费用、递延所得税资产、使用权资产、短期借款、资金结算中心借款、内部单位存款、交易性金融负债、应付票据、应付职工薪酬、应交税费、应付利息、应付股利、其他应付款、应付集团公司本部款项、应付集团公司其他单位款项、递延所得税负债、租赁负债、实收资本、资本公积、库存股、盈余公积等。

二、报表项目填列

(一)一般项目的填列

(1)“货币资金”项目。根据“库存现金”、“银行存款”和“其他货币资金”科目的期末余额合计填列。

(2)“交易性金融资产”项目。根据“交易性金融资产”科目的相关明细科目的期末余额分析填列。自资产负债表日起超过一年到期且预期持有超过一年的以公允价值计量且其变动计入当期损益的非流动金融资产的期末账面价值,在“其他非流动金融资产”项目反映。

(3)“应收票据”项目,根据“应收票据”科目期末余额减去“坏账准备”中有关应收票据计提的“坏账准备”期末余额填列。

(4)“应收账款”项目,应根据“应收账款”科目期末余额扣除“坏账准备”中有关应收账款计提的“坏账准备”期末余额填列。

(5)“应收款项融资”项目,反映资产负债表日以公允价值计量且其变动计入其他综合收益的应收票据和应收账款等。

(6)“预付账款”项目,应根据“预付账款”科目所属明细科目的借方余额和“应付账款”科目所属明细科目的借方余额合计扣除“坏账准备”中有关预付账款计提的“坏账准备”期末余额填列。

(7)“其他应收款”项目。根据“应收利息”、“应收股利”和“其他应收款”科目的期末余额合计数，减去“坏账准备”科目中相关坏账准备期末余额后的金额填列。

(8)“存货”项目，根据“材料采购”、“原材料”、“发出商品”、“库存商品”、“周转材料”、“委托加工物资”、“生产成本”、“受托代销商品”等科目的期末余额及“合同履约成本”科目的明细科目中初始确认时摊销期限不超过一年或一个正常营业周期的期末余额合计，减去“受托代销商品款”、“存货跌价准备”科目期末余额及“合同履约成本减值准备”科目中相应的期末余额后的金额填列；材料采用计划成本核算，以及库存商品采用计划成本核算或售价核算的企业，还应按加或减材料成本差异、商品进销差价后的金额填列。

(9)“合同资产”项目，根据“合同资产”科目借方余额，减去“合同资产减值准备”科目的贷方余额填列。如果企业设置“合同结算——收入结转”科目的，期末借方余额也在“合同资产”项目反映。

(10)“持有待售资产”项目。根据“持有待售资产”科目的期末余额，减去“持有待售资产减值准备”科目的期末余额后的金额填列。

(11)“一年内到期的非流动资产”项目，通常反映预计自资产负债表日起一年内变现的非流动资产。对于按照相关会计准则采用折旧(或摊销、折耗)方法进行后续计量的固定资产、使用权资产、无形资产和长期待摊费用等非流动资产，折旧(或摊销、折耗)年限(或期限)只剩一年或不足一年的，或预计在一年内(含一年)进行折旧(或摊销、折耗)的部分，不得归类为流动资产，仍在各该非流动资产项目中填列，不转入“一年内到期的非流动资产”项目。

(12)“债权投资”项目。根据“债权投资”科目的期末借方余额，减去“债权投资减值准备”科目的贷方余额，再减去一年内收回的债权投资数额后填列(自资产负债表日起一年内到期的长期债权投资的期末账面价值，在“一年内到期的非流动资产”项目反映。企业购入的以摊余成本计量的一年内到期的债权投资的期末账面价值，在“其他流动资产”项目反映)。

(13)“其他债权投资”项目。根据“其他债权投资”科目借方余额，减去与其对应地“其他综合收益——信用减值准备”科目的贷方余额填列(自资产负债表日起一年内到期的长期债权投资的期末账面价值，在“一年内到期的非流动资产”项目反映。企业购入的以公允价值计量且其变动计入其他综合收益的一年内到期的债权投资的期末账面价值，在“其他流动资产”项目反映)。

(14)“长期应收款”项目。根据“长期应收款”科目的期末余额，减去相应的“未实现融资收益”科目和“坏账准备”科目所属相关明细科目期末余额后的金额填列。

(15)“长期股权投资”项目。根据“长期股权投资”科目借方余额，减去“长期股权投资减值准备”科目的贷方余额填列。

(16)“其他权益工具投资”项目。根据“其他权益工具投资”科目的期末余额填列。

(17)“其他非流动金融资产”项目。分析“交易性金融资产”科目期末借方余额，如果自资产负债表日起超过一年到期且预期持有超过一年的以公允价值计量且其变动计入当期损益的非流动金融资产的期末账面价值，在“其他非流动金融资产”项目反映。

(18)“投资性房地产”项目，根据“投资性房地产”科目的期末借方余额减去“投资性房地产累计折旧”和“投资性房地产减值准备”科目的贷方余额填列。

(19)“固定资产”项目,根据“固定资产”科目的期末余额,减去“累计折旧”和“固定资产减值准备”科目的期末余额后的金额,以及“固定资产清理”科目的期末余额填列。

(20)“在建工程”项目,根据“在建工程”科目的期末余额,减去“在建工程减值准备”科目的期末余额后的金额,以及“工程物资”科目的期末余额,减去“工程物资减值准备”科目的期末余额后的金额填列。

(21)“生产性生物资产”项目,根据“生产性生物资产”科目期末借方余额,减去“生产性生物资产累计折旧”、“生产性生物资产减值准备”科目期末贷方余额后的金额填列。

(22)“油气资产”项目,根据“油气资产”科目期末借方余额,减去“累计折耗”、“油气资产减值准备”科目期末贷方余额后的金额填列。

(23)“使用权资产”项目,根据“使用权资产”科目的期末余额,减去“使用权资产累计折旧”和“使用权资产减值准备”科目的期末余额后的金额填列。

(24)“无形资产”项目,根据“无形资产”科目期末借方余额,减去“累计摊销”、“无形资产减值准备”科目期末贷方余额后的金额填列。

(25)“开发支出”项目。根据“研发支出”科目中所属的“资本化支出”明细科目期末余额填列。

(26)“商誉”项目,根据“商誉”科目期末借方余额,减去“商誉减值准备”科目期末贷方余额后的金额填列。

(27)“长期待摊费用”项目。长期待摊费用摊销年限(或期限)只剩一年或不足一年的,或者预计在一年内(含一年)进行摊销的部分,仍在该项目中列示,不转入“一年内到期的非流动资产”项目。

(28)“递延所得税资产”项目。根据“递延所得税资产”科目期末余额填列。

(29)“短期借款”项目。根据“短期借款”科目期末余额填列。

(30)“交易性金融负债”项目。根据“交易性金融负债”科目的相关明细科目的期末余额填列。

(31)“应付票据”项目。根据“应付票据”科目期末余额填列。

(32)“应付账款”项目。根据“应付账款”和“预付账款”科目所属的相关明细科目的期末贷方余额合计数填列。

(33)“预收账款”项目,应根据“预收账款”科目期末余额填列。

(34)“合同负债”项目,根据“合同负债”科目的相关明细科目的期末余额分析填列。如果企业设置“合同结算——价款结算”科目的,期末贷方余额也在“合同负债”项目反映。

(35)“应付职工薪酬”项目。根据“应付职工薪酬”科目期末余额填列。

(36)“应交税费”项目。根据“应交税费”科目期末余额填列(期末若为借方余额用负号表示)。

(37)“其他应付款”项目,应根据“应付利息”、“应付股利”和“其他应付款”科目的期末余额合计数填列。其中的“应付利息”仅反映相关金融工具已到期应支付但于资产负债表日尚未支付的利息。基于实际利率法计提的金融工具的利息应包含在相应金融工具的账面余额中。

(38)“持有待售负债”项目,反映资产负债表日处置组中与划分为持有待售类别的资产直接相关的负债的期末账面价值。该项目应根据“持有待售负债”科目的期末余额填列。

(39)“一年内到期的非流动负债”项目。包括：自资产负债表日起一年内到期应予以清偿的租赁负债的期末账面价值；一年内到期的长期借款、一年内到期的长期应付款、一年内到期的应付债券等。

(40)“长期借款”项目。将“长期借款”期末余额扣除将于一年内到期的长期借款(该借款在流动负债类下“一年内到期的长期负债”项目下单独列示)余额填列

(41)“应付债券”项目。将“应付债券”期末余额扣除将于一年内到期的长期负债(用发行债券等长期资金偿还的情况除外)在流动负债类下“一年内到期的长期负债”项目下单独列示后的数额填入“应付债券”项目，并将其中“优先股”、“永续债分开进行列示。

(42)“租赁负债”项目，反映资产负债表日承租人企业尚未支付的租赁付款额的期末账面价值。该项目应根据“租赁负债”科目的期末余额填列。自资产负债表日起一年内到期应予以清偿的租赁负债的期末账面价值，在“一年内到期的非流动负债”项目反映。

(43)“长期应收款”项目，根据“长期应收款”科目的期末借方余额，减去“坏账准备——长期应收款”科目的贷方余额，“未实现融资收益”科目的贷方余额，再减去一年内收回的长期应收款数额后填列；一年内收回的长期应收款数额在流动资产类下“一年内到期的非流动资产”项目单独反映。

(44)“预计负债”项目。根据“预计负债”科目的明细科目期末余额分析填列。其中，一年内偿还的预计负债在“一年内到期的非流动负债”项目反映。

(45)“递延收益”项目。根据“递延收益”科目余额填列。其中，摊销期限只剩一年或不足一年的，或预计在一年内(含一年)进行摊销的部分，不得归类为流动负债，仍在该项目中填列，不转入“一年内到期的非流动负债”项目。

(46)“递延所得税负债”项目。根据“递延所得税负债”科目期末余额填列。

(47)“实收资本”项目。根据“实收资本”科目期末余额填列。

(48)“其他权益工具”项目。反映资产负债表日企业发行在外的除普通股以外分类为权益工具的金融工具的期末账面价值。对于资产负债表日企业发行的金融工具，分类为金融负债的，应在“应付债券”项目填列，对于优先股和永续债，还应在“应付债券”项目下的“优先股”项目和“永续债”项目分别填列；分类为权益工具的，应在“其他权益工具”项目填列，对于优先股和永续债，还应在“其他权益工具”项目下的“优先股”项目和“永续债”项目分别填列。

(49)“资本公积”项目。根据“资本公积”科目期末余额填列。

(50)“专项储备”项目。反映高危行业企业按国家规定提取的安全生产费等的期末账面价值。该项目应根据“专项储备”科目的期末余额填列。

(51)“盈余公积”项目。根据“盈余公积”科目期末余额填列。

(52)“未分配利润”项目，根据“本年利润”科目和“利润分配”科目的余额计算填列。未弥补的亏损，在该项目内以“—”号反映。

(二)根据企业会计准则的特殊规定填列

(1)企业按收入准则确认为资产的合同取得成本，应当根据“合同取得成本”科目的明细科目初始确认时摊销期限是否超过一年或一个正常营业周期，在“其他流动资产”或“其他非流动资产”项目中填列，已计提减值准备的，还应减去“合同取得成本减值准备”科目中相

关的期末余额后的金额填列。

（2）企业按收入准则确认为资产的合同履约成本，应当根据“合同履约成本”科目的明细科目初始确认时摊销期限是否超过一年或一个正常营业周期，在“存货”或“其他非流动资产”项目中填列，已计提减值准备的，还应减去“合同履约成本减值准备”科目中相关的期末余额后的金额填列。

（3）企业按收入准则相关规定确认为资产的应收退货成本，应当根据“应收退货成本”科目是否在一年或一个正常营业周期内出售，在“其他流动资产”或“其他非流动资产”项目中填列。

（4）企业按收入准则相关规定确认为预计负债的应付退货款，应当根据“预计负债”科目下的“应付退货款”明细科目是否在一年或一个正常营业周期内清偿，在“其他流动负债”或“预计负债”项目中填列。

（5）企业按金融工具确认和计量准则相关规定对贷款承诺、财务担保合同等项目计提的损失准备，应当在“预计负债”项目中填列。

三、根据表中有关项目数字计算填列

表中一些合计或总计项目，如流动资产合计、流动负债合计、非流动资产合计、非流动负债合计、负债合计、所有者权益合计资产总计、负债和所有者权益总计，都是据表中相关项目加总后填列。

四、企业自行增设科目的余额分别填入表中相关项目

例如：增设“外汇价差”、“待摊费用”科目的企业，将该科目的借方余额填入“其他流动资产”项目；增设“应付短期债券”、“预提费用”科目的企业，可将其贷方余额分别填入表中“交易性金融负债”、“其他流动负债”项目。

五、以前年度损益调整事项的填列

以前年度损益调整中的差错事项，涉及资产负债表项目的，要调整该表年初数。对其中“未分配利润”项目还要调整“所有者权益变动表”

第二节　利　润　表

利润表是反映企业在一定期间企业收入、费用及利润实现情况的报表。利润表的格式见附录三。

利润表按月编制。表中“本期金额”栏各项目反映本月实际发生数；在编报中期财务会计报告时，填列上年同期累计实际发生数；在编报年度财务会计报告时，填列上年全年累计实际发生数。如果上年度利润表与本年度利润表的项目名称和内容不相一致，应对上年度利润表项目的名称和数字按本年度的规定进行调整，填入本表“上期金额”栏。在编报中期和年度财务会计报告时，应将“本期金额”栏改成“本年金额”栏，“上期金额”改成“上年金额”。反映各项目自年初起至报告期末止的累计实际发生数。利润表各项目的内容及其填列方法如下：

（1）“营业收入”项目，反映企业经营业务所取得的收入总额。本项目应根据“主营业务收入”、“其他业务收入”科目的发生额分析填列。

（2）“营业成本”项目，反映企业经营业务应负担的消费税、城市维护建设税、资源税、土地增值税、城镇土地使用税、房产税、车船税、印花税、教育费附加等。本项目应根据“税金及附加”科目的发生额分析填列。

（3）“税金及附加”项目，反映反映企业经营活动发生的消费税、城市维护建设税、资源税、教育费附加及房产税、土地使用税、车船使用税、印花税等相关税费。

（4）“销售费用”项目，反映企业在销售商品和材料、提供劳务的过程中发生的各种费用。本项目应根据“销售费用”科目的发生额分析填列。

（5）“管理费用”项目，反映企业发生的管理费用。本项目应根据“管理费用”科目的发生额分析填列。

（6）“研发费用”项目，反映企业进行研究与开发过程中发生的费用化支出，以及计入管理费用的自行开发无形资产的摊销。该项目应根据“管理费用”科目下的“研究费用”明细科目的发生额，以及“管理费用”科目下的“无形资产摊销”明细科目的发生额分析填列。

（7）“财务费用”项目，反映企业发生的财务费用。本项目应根据“财务费用”科目的相关明细科目的发生额分析填列。该项目作为“财务费用”项目的其中项，以正数填列。“财务费用”项目下的“利息收入”项目，反映企业按照相关会计准则确认的应冲减财务费用的利息收入。该项目应根据“财务费用”科目的相关明细科目的发生额分析填列。该项目作为“财务费用”项目的其中项，以正数填列。

（8）“其他收益”项目，反映计入其他收益的政府补助，以及其他与日常活动相关且计入其他收益的项目。该项目应根据“其他收益”科目的发生额分析填列。企业作为个人所得税的扣缴义务人，根据《中华人民共和国个人所得税法》收到的扣缴税款手续费，应作为其他与日常活动相关的收益在该项目中填列。反映企业发生的管理费用。本项目应根据“管理费用”科目的发生额扣除费用化的“研发费用”科目分析填列。

（9）“投资收益”项目，反映企业以各种方式对外投资所取得的收益。本项目应根据“投资收益”科目的发生额分析填列；如为投资损失，以“－”号填列。其中，“对联营企业和合营企业的投资收益”应根据“投资收益”所属该明细科目的发生额分析填列。

（10）“以摊余成本计量的金融资产终止确认收益”项目，反映企业因转让等情形导致终止确认以摊余成本计量的金融资产而产生的利得或损失。该项目应根据“投资收益”科目的相关明细科目的发生额分析填列；如为损失，以“－”号填列。

（11）“净敞口套期收益”项目，反映净敞口套期下被套期项目累计公允价值变动转入当期损益的金额或现金流量套期储备转入当期损益的金额。该项目应根据“净敞口套期损益”科目的发生额分析填列；如为套期损失，以“－”号填列。

（12）“公允价值变动损益”项目，反映企业交易性金融资产、交易性金融负债，以及采用公允价值模式计量的投资性房地产、衍生工具、套期保值业务等公允价值变动形成的应计入当期损益的利得或损失。本项目应根据“公允价值变动损益”科目的发生额分析填列。

（13）“信用减值损失”项目，反映企业按照《企业会计准则第22号——金融工具确认和计量》（财会〔2017〕7号）的要求计提的各项金融工具信用减值准备所确认的信用损失。该项目应根据“信用减值损失”科目的发生额分析填列。

（14）“资产减值损失”项目，反映企业计提各项资产减值准备所形成的损失。本项目应根据“资产减值损失”科目的发生额分析填列。

（15）“资产处置收益”项目，反映企业出售划分为持有待售的非流动资产（金融工具、长期股权投资和投资性房地产除外)或处置组(子公司和业务除外)时确认的处置利得或损失，以及处置未划分为持有待售的固定资产、在建工程、生产性生物资产及无形资产而产生的处置利得或损失。债务重组中因处置非流动资产(金融工具、长期股权投资和投资性房地产除外)产生的利得或损失和非货币性资产交换中换出非流动资产(金融工具、长期股权投资和投资性房地产除外)产生的利得或损失也包括在本项目内。该项目应根据“资产处置损益”科目的发生额分析填列;如为处置损失,以“—”号填列。

(16)“营业外收入”项目,反映企业发生的除营业利润以外的收益,主要包括与企业日常活动无关的政府补助、盘盈利得、捐赠利得(企业接受股东或股东的子公司直接或间接的捐赠,经济实质属于股东对企业的资本性投入的除外)等。该项目应根据“营业外收入”科目的发生额分析填列。

(17)“营业外支出”项目,反映企业发生的除营业利润以外的支出,主要包括公益性捐赠支出、非常损失、盘亏损失、非流动资产毁损报废损失等。该项目应根据“营业外支出”科目的发生额分析填列。“非流动资产毁损报废损失”通常包括因自然灾害发生毁损、已丧失使用功能等原因而报废清理产生的损失。企业在不同交易中形成的非流动资产毁损报废利得和损失不得相互抵销,应分别在“营业外收入”项目和“营业外支出”项目进行填列。

(18)“利润总额”项目,反映企业实现的利润总额。如为亏损总额,以“—”号填列。

(19)“所得税费用”项目,反映企业确认的应从当期利润总额中扣除的所得税费用,包括当期所得税费用和递延所得税费用。本项目应根据“所得税费用”科目的发生额分析填列。

(20)“净利润”项目,反映企业实现的净利润。如为净亏损,以“—”号填列。企业编制合并利润表时要在“净利润”项目下单独列示“归属于母公司所有者的净利润”项目和“少数股东权益”项目。

(21)“(一)持续经营净利润”和“(二)终止经营净利润”项目,分别反映净利润中与持续经营相关的净利润和与终止经营相关的净利润;如为净亏损,以“—”号填列。该两个项目应按照《企业会计准则第 42 号——持有待售的非流动资产、处置组和终止经营》的相关规定分别列报。

(22)“其他综合收益的税后净额”项目,反映企业根据企业会计准则规定未在损益中确认的各项利得和损失扣除所得税影响后的净额。

(23)“其他权益工具投资公允价值变动”项目,反映企业指定为以公允价值计量且其变动计入其他综合收益的非交易性权益工具投资发生的公允价值变动。该项目应根据“其他综合收益”科目的相关明细科目的发生额分析填列。

(24)“企业自身信用风险公允价值变动”项目,反映企业指定为以公允价值计量且其变动计入当期损益的金融负债,由企业自身信用风险变动引起的公允价值变动而计入其他综合收益的金额。该项目应根据“其他综合收益”科目的相关明细科目的发生额分析填列。

(25)“其他债权投资公允价值变动”项目,反映企业分类为以公允价值计量且其变动计入其他综合收益的债权投资发生的公允价值变动。企业将一项以公允价值计量且其变动计入其他综合收益的金融资产重分类为以摊余成本计量的金融资产,或重分类为以公允价值计量且其变动计入当期损益的金融资产时,之前计入其他综合收益的累计利得或损失从其他综合收益中转出的金额作为该项目的减项。该项目应根据“其他综合收益”科目下的相关明细科目的发生额分析填列。

(26)“金融资产重分类计入其他综合收益的金额”项目,反映企业将一项以摊余成本计量的金融资产重分类为以公允价值计量且其变动计入其他综合收益的金融资产时,计入其他综合收益的原账面价值与公允价值之间的差额。该项目应根据“其他综合收益”科目下的相关明细科目的发生额分析填列。

(27)“其他债权投资信用减值准备”项目,反映企业按照《企业会计准则第 22 号——金融工具确认和计量》(财会〔2017〕7 号)第十八条分类为以公允价值计量且其变动计入其他综合收益的金融资产的损失准备。该项目应根据“其他综合收益”科目下的“信用减值准备”明细科目的发生额分析填列。

(28)“现金流量套期储备”项目,反映企业套期工具产生的利得或损失中属于套期有效的部分。该项目应根据“其他综合收益”科目下的“套期储备”明细科目的发生额分析填列。

(29)“综合收益总额”项目,反映企业净利润与其他综合收益的合计金额。企业编制合并利润表时要在“综合收益总额”项目下单独列示“归属于母公司所有者的综合收益总额”项目和“归属于少数股东的综合收益总额”项目。

(30)“基本每股收益”项目,反映归属于普通股股东的当期净利润与发行在外普通股的加权平均数之比。它根据本表“本期金额”栏“净利润”除以发行在外普通股的加权平均数得出;“稀释每股收益”项目,反映归属于普通股股东的当期净利润的调整额与发行在外普通股及潜在普通股转换为已发行普通股的加权平均数之比。它根据本表“本期金额”栏“净利润”的调整额除以发行在外普通股的加权平均数与潜在普通股转换为已发行普通股的加权平均数之和得出。

(31)“稀释每股收益”,是以基本每股收益为基础,假设企业所有发行在外的稀释性潜在普通股均已转换为普通股,从而分别调整归属于普通股股东的当期净利润以及发行在外普通股的加权平均数计算而得的每股收益。“潜在普通股”是指赋予其持有者在报告期或以后期间享有取得普通股权利的一种金融工具或其他合同,包括可转债、认股权证、股份期权等。“稀释性潜在普通股”,是指假设当期转换为普通股会减少每股收益的潜在普通股。上市公司存在稀释性潜在普通股的,应当分别调整归属于普通股东的报告期净利润和发行在外普通股加权平均数,并据以计算稀释每股收益。

第三节 所有者权益变动表

一、所有者权益变动表的基本内容

所有者权益变动表是反映构成所有者权益的各组成部分当期的增减变动情况的报表。当期损益、直接计入所有者权益的利得和损失以及与所有者或股东的资本交易导致的所有者权益的变动,应当分别列示。

所有者权益变动表反映的基本内容有:净利润;直接计入所有者权益的利得和损失项目及其总额;会计政策变更和差错更正的累积影响金额;所有者投入资本和向所有者分配利润等;按照规定提取的盈余公积;实收资本(或股本)、资本公积、专项储备、盈余公积、其他综合收益、未分配利润的期初和期末余额及其调节情况。所有者权益变动表的内容、格式见附录四。

二、所有者权益变动表的编制

（一）本表“本年金额”栏的填制原理

本表“本年金额”栏，根据本年“利润分配”科目及其所属明细科目的记录和所有者权益类科目的发生额及余额分析填列。

（二）本表“上年金额”栏的填制原理

本表“上年金额”栏，根据上年“所有者权益变动表”填列。如果上年度所有者权益变动表与本年度所有者权益变动表的项目名称和内容不一致，应对上年度报表项目的名称和数字按本年度的规定进行调整，填入本表“上年金额”栏内。企业本年度发生的调整以前年度损益的事项，其中，转入“利润分配——未分配利润”、“盈余公积”等科目的数额填入“所有者权益变动表”、“会计政策变更”、“前期差错更正”项目（另填入“资产负债表”中年初有关项目）。

（三）本表主要项目的内容及填列方法

（1）本年年初余额。根据上年年末余额加上“会计政策变更”、“前期差错更正”的金额得出。它根据所有者权益类各科目的余额填列。其中，“未分配利润”项目，反映企业年初未分配的利润，如为未弥补的亏损，以“－”号填列。

（2）综合收益总额。由企业本期实现的“净利润”和“其他综合收益的税后净额”组成，根据利润表中本期发生的“综合收益总额”填列。

（3）“所有者投入和减少资本”各项目的填列。① “所有者投入的普通股”项目，根据“实收资本”（或“股本”，下同）、“资本公积——资本溢价或股本溢价”科目的发生额填列。② “其他权益工具持有者投入资本”项目，反映企业发行的除普通股以外分类为权益工具的金融工具的持有者投入资本的金额。该项目应根据金融工具类科目的相关明细科目的发生额分析填列。③ “股份支付计入所有者权益的金额”项目，根据权益性结算的股份支付记入“资本公积——其他资本公积”科目的发生额填列。

（4）“利润分配”各项目的填列。① “提取盈余公积”项目，根据“盈余公积”科目本期计提的“法定盈余公积”和“任意盈余公积”金额填列。② “对所有者（或股东）的分配”项目，包含对普通股东和对其他权益工具持有者的股利分配。该项目根据“应付股利——普通股股利”、“应付股利——优先股股利”科目的发生额填列。

（5）“所有者权益内部结转”项目的填列。反映“资本公积转增资本”、“盈余公积转增资本”、“盈余公积弥补亏损”、“设定受益计划变动额结转留存收益”、“其他综合收益结转留存收益”等情况。应根据所有者权益各项目之间变动额、其他综合收益变动额填列。其中，“其他综合收益结转留存收益”项目，主要反映：① 企业指定为以公允价值计量且其变动计入其他综合收益的非交易性权益工具投资终止确认时，之前计入其他综合收益的累计利得或损失从其他综合收益中转入留存收益的金额；② 企业指定为以公允价值计量且其变动计入当期损益的金融负债终止确认时，之前由企业自身信用风险变动引起而计入其他综合收益的累计利得或损失从其他综合收益中转入留存收益的金额等。该项目应根据“其他综合收益”科目的相关明细科目的发生额分析填列。

（6）本年年末余额。本年年末余额根据表中各项目计算。

本年年初余额±本年增减变动金额＝本年年末余额

第四节　现金流量表

一、现金流量表的概念和编制基础

现金流量表是反映企业在一定会计期间现金和现金等价物流入和流出的报表。其格式见附录五。

现金流量表的编制基础是企业所拥有的现金和现金等价物。

现金是指企业库存现金以及可以随时用于支付的存款，它包括“库存现金”账户核算的库存现金。

“银行存款”账户核算的存入金融企业并可以随时用于支付的存款。

“其他货币资金”账户核算的外埠存款、银行汇票存款、银行本票存款、信用卡存款、信用证保证存款和存出投资款等。

现金等价物是指企业持有的期限短、流动性强、易于转换为已知金额现金、价值变动风险很小的投资。其中，“期限短”一般是指从购买日起 3 个月内到期。现金等价物通常包括 3 个月内到期的债券投资等。权益性投资变现的金额通常不确定，因而不属于现金等价物。可见，现金流量表中的现金是一种广义的现金，现金流量也是相对于广义现金（现金及现金等价物）的流入和流出数量，但不包括购置和处理附属企业及其他营业单位产生的现金流动、非持续经营企业的现金流动和接受其他企业委托业务发生的不属于本企业所有的现金收支。

二、现金流量表的编制方法

（一）经营活动现金流量的编制方法

1. 采用直接法和间接法两种方法

编制现金流量表时，经营活动现金流量的列报方法有两种：直接法和间接法，它们通常也被称为现金流量表的报告方法。

（1）直接法。直接法是指按现金收入和支出的主要类别直接反映企业经营活动产生的现金流量，如销售商品、提供劳务收到的现金；购买商品、接受劳务支付的现金等就是按现金收入和支出的来源直接反映的。在直接法下，一般是以利润表中的营业收入为起算点，调整与经营活动有关的项目的增减变动，然后计算出经营活动产生的现金流量。

采用直接法时，有关经营活动现金流量的信息，一般通过以下途径之一取得：① 企业的会计记录。② 根据以下项目对利润表中的营业收入、营业成本以及其他项目进行调整，当期存货及经营性应收和应付项目的变动；固定资产折旧；无形资产摊销等其他非现金项目；其现金影响属于投资或筹资活动现金流量的其他项目。

（2）间接法。间接法是指以净利润为起算点，调整不涉及现金的收入、费用、营业外收支等有关项目，据此计算出经营活动产生的现金流量。

我国《企业会计准则第 31 号——现金流量表》及其应用指南规定采用直接法编制现金流量表，同时要求在现金流量表附注中采用间接法将净利润调节为经营活动产生的现金流量。

2. 直接法下经营活动现金流量各项目的编制原理

（1）“销售商品、提供劳务收到的现金”项目，根据“库存现金”、“银行存款”、“应收账款"、"应收票据"、"合同资产"、"预收账款"、"合同负债"、"主营业务收入"、"其他业务收入"等科目的记录分析填列。

(2)"收到的税费返还"项目，根据"库存现金"、"银行存款"、"税金及附加"、"营业外收入"、"其他应收款"等科目的记录分析填列。

(3)"收到的其他与经营活动有关的现金"项目，根据"库存现金"、"银行存款"、"营业外收入"等科目的记录分析填列。企业实际收到的政府补助，无论是与资产相关还是与收益相关，均在"收到其他与经营活动有关的现金"项目填列。

(4)"购买商品、接受劳务支付的现金"项目根据"库存现金"、"银行存款"、"应付账款"、"应付票据"、"主营业务成本"等科目的记录分析填列。

(5)"支付给职工以及为职工支付的现金"项目，根据"应付职工薪酬"、"库存现金"、"银行存款"等科目的记录分析填列。

(6)"支付的各项税费"项目，根据"应交税费"、"库存现金"、"银行存款"等科目的记录分析填列。

(7)"支付其他与经营活动有关的现金"项目，根据有关科目的记录分析填列。

(二)投资活动现金流量的编制方法

(1)"收回投资所收到的现金"项目，根据"交易性金融资产"、"长期股权投资"、"库存现金"、"银行存款"、"债权投资"、"其他债权投资"、"其他权益工具"等科目的记录分析填列。

(2)"取得投资收益收到的现金"项目，根据"库存现金"、"银行存款"、"投资收益"等科目的记录分析填列。

(3)"处置固定资产、无形资产和其他长期资产收回的现金净额"项目，根据"固定资产清理"、"库存现金"、"银行存款"、"资产处置损益"等科目的记录分析填列。

(4)"处置子公司及其他营业单位收到的现金净额"项目，根据"库存现金"、"银行存款"等科目的记录分析填列。

(5)"收到其他与投资活动有关的现金"项目，根据有关科目的记录分析填列。

(6)"购建固定资产、无形资产和其他长期资产支付的现金"项目，根据"固定资产"、"在建工程"、"无形资产"、"库存现金"、"银行存款"、"应交税费"等科目的记录分析填列。

(7)"投资支付的现金"项目，根据"长期股权投资"、"债权投资"、"其他债权投资"、"其他权益工具投资"、"交易性金融资产"、"库存现金"、"银行存款"等科目的记录分析填列。

(8)"取得子公司及其他营业单位支付的现金净额"项目，根据"库存现金"、"银行存款"等科目的记录分析填列。

(9)"支付其他与投资活动有关的现金"项目，根据有关科目的记录分析填列。

(三)筹资活动现金流量的编制方法

(1)"吸收投资收到的现金"项目，根据"实收资本"(或"股本")、"其他权益工具"、"库存现金"、"银行存款"等科目的记录分析填列。

(2)"借款所收到的现金"项目，根据"短期借款"、"长期借款"、"库存现金"、"银行存款"等科目的记录分析填列。

(3)"收到其他与筹资活动有关的现金"项目，根据有关科目的记录分析填列。

(4)"偿还债务支付的现金"项目，根据"短期借款"、"长期借款"、"库存现金"、"银行存款"等科目的记录分析填列。

（5）“分配股利、利润或偿付利息支付的现金”项目，根据“应付股利”、“应付利息”、“财务费用”、“长期借款”、“库存现金”、“银行存款”等科目的记录分析填列。

（6）“支付其他与筹资活动有关的现金”项目，根据有关科目的记录分析填列。

（四）补充资料项目的内容及填列

1.“将净利润调节为经营活动的现金流量”各项目的填列方法

“将净利润调节为经营活动的现金流量”实际上是以间接法编制的经营活动现金流量。它以净利润为起点，调整四大类项目：一是实际没有支付现金的费用；二是实际没有收到现金的收益；三是不属于经营活动的损益；四是经营性应收应付项目的增减变动。各具体项目的填列方法如下：

（1）“资产减值准备”项目，反映企业计提的各项资产的减值准备。本项目可以根据各项资产减值准备科目的记录分析填列。

（2）“固定资产折旧、油气资产折耗、生产性生物资产折旧”项目，反映企业本期累计提取的折旧或折耗。本项目可以根据“累计折旧”、“累计折耗”、“生产性生物资产累计折旧”科目的贷方发生额分析填列。

（3）“无形资产摊销”和“长期待摊费用摊销”两个项目，分别反映企业本期累计摊入成本费用的无形资产的价值及长期待摊费用。这两个项目可以根据“累计摊销”、“长期待摊费用”科目的贷方发生额分析填列。

（4）“处置固定资产、无形资产和其他长期资产的损失（收益以‘－’号填列）”，反映企业本期由于处置固定资产、无形资产和其他长期资产而发生的净损失。本项目可以根据“资产处置损益”、“营业外收入”、“营业外支出”、“其他业务收入”、“其他业务成本”科目所属有关明细科目的记录分析填列；如为净收益，以“－”号填列。

（5）“固定资产报废损失（收益以‘－’号填列）”项目，反映企业本期固定资产盘亏报废后的净损失。本项目可以根据“营业外支出”科目所属非流动资产处置损益明细科目分析后填列。

（6）“公允价值变动损失（收益以‘－’号填列）”项目，反映企业交易性金融资产、交易性金融负债，以及采用公允价值模式计量的投资性房地产、衍生工具、套期保值业务等公允价值变动形成的应计入当期损益的净损失。本项目根据“公允价值变动损益”科目所属有关明细科目的利得扣除损失后填列。

（7）“财务费用（收益以‘－’号填列）”项目，反映企业本期发生的应属于投资活动或筹资活动的财务费用。本项目可以根据“财务费用”科目的本期借方发生额分析填列；如为收益，以“－”号填列。

（8）“投资损失（收益以‘－’号填列）”项目，反映企业本期投资所发生的损失减去收益后的净损失。本项目可以根据利润表“投资收益”项目的数字填列；如为投资收益，以“－”号填列。

（9）递延所得税资产减少（增加以‘－’号填列）”项目，反映企业本期递延所得税资产的净减少。本项目可以根据资产负债表“递延所得税资产”项目的期初、期末余额的差额填列。“递延所得税资产”的期末数小于期初数的差额，以正数填列；“递延所得税资产”的期末数大于期初数的差额，以“－”号填列。

（10）递延所得税负债增加（减少以‘－’号填列）”项目，反映企业本期递延所得税负债的净增加。本项目可以根据资产负债表"递延所得税负债"项目的期初、期末余额的差额填列。"递延所得税负债"的期末数大于期初数的差额，以正数填列；"递延所得税负债"的期末数小于期初数的差额，以"一"号填列。

(11)"存货的减少(增加以'一'号填列)"项目，反映企业本期存货的减少(减增加)。本项目可以根据资产负债表"存货"项目的期初、期末余额的差额填列；期末数大于期初数的差额，以"一"号填列。

(12)"经营性应收项目的减少(增加以'一'号填列)"项目，反映企业本期经营性应收项目(包括应收账款、应收票据和其他应收款中与经营活动有关的部分及应收的增值税销项税额等)的减少(减增加)。

(13)"经营性应付项目的增加(减少以'一'号填列)"项目，反映企业本期经营性应付项目(包括应付账款、应付票据、应付职工薪酬、应交税费、其他应付款中与经营活动有关的部分以及应付的增值税进项税额等)的增加(减：减少)。

(14)"其他"项目，反映除了上述所项目外影响净利润的业务金额。例如，增设"待摊费用"、"预提费用"科目的企业，应将"待摊费用减少(减：增加)"填入该项目，它根据"待摊费用"账户期初、期末余额的差额填列，期末数大于期初数的差额，以"一"号填列；还应将"预提费用增加(减：减少)"填入该项目，它根据"预提费用"账户期初、期末余额的差额填列，期末数小于期初数的差额，以"一"号填列。

补充资料中的"经营活动产生的现金流量净额"要与现金流量表中"经营活动产生的现金流量净额"的金额相等。

2."不涉及现金收支的重大投资和筹资活动"各项目的填列方法

"不涉及现金收支的重大投资和筹资活动"反映企业一定期间内影响资产或负债但不形成该期现金收支的所有投资和筹资活动的信息。不涉及现金收支的投资和筹资活动各项目的填列方法如下：

(1)"债务转为资本"项目，反映企业本期转为资本的债务金额。

(2)"一年内到期的可转换公司债券"项目，反映企业一年内到期的可转换公司债券的本息。

(3)"融资租入固定资产"项目，反映企业本期融资租入固定资产计入"长期应付款"科目的金额。

补充资料中的"现金及现金等价物净增加额"与现金流量表中的"五、现金及现金等价物净增加额"的金额相等。

第五节　营业外收支明细表

一、营业外收支明细表的内容

营业外收支明细表是反映企业一定会计期间与日常营业无直接关系的收入和支出情况的报表。它是利润表的附表。其格式见附录六。编制该表能分析企业直接计入当期利润的利得和损失，为评价企业经营者业绩提供依据。

二、营业外收支明细表的编制

营业外收支明细表根据营业外收支明细账发生额及上期本表分析填列。

第六节　库存商品收发结存表

一、库存商品收发结存表的内容

库存商品收发结存表是反映企业一定会计期间库存商品期初结存、本期收入、本期发出和期末结存情况的报表，分为煤炭产品收发结存表（格式见附录七）、非煤产品收发结存表（格式见附录八）。该表既反映库存商品的数量，又反映库存商品的金额；既反映本期库存商品收发结存的数量和金额，又反映累计库存商品收发结存的数量和金额。该表是资产负债表的附表。编制该表能分析企业库存商品的产销情况，为企业生产经营决策提供依据。

二、库存商品收发结存表的编制

库存商品收发结存表根据库存商品收发结存明细账期初、期末余额和本期发生额填列。

第七节　营业利润明细表

一、营业利润明细表的内容

营业利润明细表是反映企业一定会计期间主营业务和其他业务销售收入、营业费用和营业利润的报表。其中，营业费用是企业营业过程发生的全部费用，包括营业成本、税金及附加、销售费用、管理费用、研发费用、财务费用、信用减值损失、资产减值损失、公允价值变动收益、投资收益、资产处置收益和其他收益等。矿业集团的营业利润表分为三类：一是煤炭产品营业利润表（格式见附录九）；二是非煤产品营业利润表（格式见附录十）；三是其他业务营业利润表（格式见附录十一）。

二、营业利润明细表的编制

营业利润明细表根据“主营业务收入明细账”、“主营业务成本明细账”、“其他业务收入明细账”、“其他业务成本明细账”、“税金及附加明细账”、其他期间费用（销售费用、管理费用、研发费用、财务费用、信用减值损失、资产减值损失、公允价值变动收益、投资收益、资产处置收益和其他收益）本期发生额直接填列或分析填列。其中，“税金及附加”是期间费用，可以不进行明细核算，但为了了解各种业务的税赋情况，提高纳税筹划效益，可以进行明细核算，则税金及附加进入营业利润明细表时，有明细核算的，可直接填列，未进行明细核算的，采用一定的分配标准（如销售收入等比例）分配填列。对于营业利润明细表“其他期间费用”应采用一定的分配标准（如销售收入等比例）分配填列。

第八节　固定资产明细表

一、固定资产明细表的内容

固定资产明细表是反映企业一定会计期间固定资产原值、固定资产折旧、固定资产减值准备和固定资产账面价值的报表。其格式见附录十二。

固定资产账面价值＝固定资产原值－固定资产累计折旧－固定资产减值准备

固定资产明细表中“一次折旧固定资产”指企业动用安全生产基金、可持续发展准备金等专项资金购建形成的一次计提折旧后不再计提折旧的固定资产。表中“超龄使用固定资产”是指企业已提足折旧仍继续使用的固定资产，包括超龄矿井建筑物和其他超龄使用固定资产。

二、固定资产明细表的编制

固定资产明细表根据“固定资产二级账”、“累计折旧二级账”、“固定资产减值准备明细账”的金额直分析填列。

第九节　成本报表

一、成本报表的内容

成本报表是反映企业一定会计期间成本情况的报表。它是矿业集团用于内部的报表，包括：原煤产品成本表（格式见附录十三）、洗煤（分离前）成本表（格式见附录十四）、洗煤（分离后）成本表（格式见附录十五）、其他主营产品成本表（格式见附录十六）、其他业务成本表（格式见附录十七）、制造费用明细表（格式见附录十八）、管理费用明细表（格式见附录十九）、财务及销售费用明细表（格式见附录二十）、应付职工薪酬收支表、应付职工薪酬明细表等。

二、成本报表的编制

成本报表根据“生产成本明细账”、“制造费用明细账”、“管理费用明细账”、“财务费用明细账”和“销售费用明细账”的发生额填列本期数额和本期累计数额。表中年初数、上年数或同期数根据上年各该报表有关数据填列，计划数根据企业财务预算数据填列。

成本报表中“期间费用”仅包括管理费用、财务费用和销售费用。期间费用需要分配到各产品或其他业务上去。一般而言，期间费用中的项目名称和核算对象中成本项目相同（近）的，应对应结转；其他期间费用项目采用一定比例（如销售收入比例、核算对象的成本比例等）进行分配。具体分配方法参见第十一章原煤成本核算和洗煤成本核算中的期间费用分配方法。

第十五章　矿业集团汇总会计核算

第一节　矿业集团结算中心核算

一、银行存款的核算

（1）交款单位交存现金缴款单、银行汇票、电汇汇入凭证等，资金结算中心根据内部转换收款进账单：

借：银行存款——活期存款——××行

　贷：内部单位存款——结算存款——××单位

（2）资金结算中心收到内部单位交存银行转账支票时，及时办理进账手续，根据银行签章的进账单第三联和内部转换收款进账单：

借：银行存款——活期存款——××行

　贷：内部单位存款——结算存款——××单位

（3）付款单位委托资金结算中心支付款项时，资金结算中心根据委托付款凭证：

借：内部单位存款——结算存款——××单位

　贷：银行存款——活期存款——××行

二、资金结算中心借款核算

（1）资金结算中心根据借款单位提供的经批准的借款合同和借据金额：

借：内部单位存款——结算存款——××单位

　贷：内部单位借款——××单位

（2）借款单位归还资金结算中心借款，资金结算中心根据特种转账凭证：

借：内部单位借款——××单位

　贷：内部单位存款——结算存款——××单位

三、计提减值准备的处理

（1）资产负债表日，资金结算中心根据金融工具确认和计量准则确定贷款发生减值的，按应减记的金额：

借：信用减值损失

　贷：贷款损失准备

（2）已计提贷款损失准备的贷款以后又得以恢复，应在原已计提的贷款损失准备金额内，按恢复增加的金额：

借：贷款损失准备

　贷：信用减值损失

（3）根据金融工具确认和计量准则确定已发生减值损失的贷款应收利息发生减值的，按应计提的坏账准备金额：

借：信用减值损失

贷:坏账准备

(4) 对于确实无法收回的贷款本金,按管理权限报经批准后作为呆账损失,转销贷款本金:

借:贷款损失准备

贷:资金结算中心借款

(5) 已确认并转销的贷款以后又收回的,资金结算中心按原转销的已减值贷款的余额:

借:资金结算中心借款

贷:贷款损失准备

同时按实际收到的金额:

借:内部单位存款——结算存款——××单位

贷:资金结算中心借款

四、应收票据的核算

(1) 交票单位交存未到期商业汇票向资金结算中心办理贴现,资金结算中心扣除贴现息后,根据特种转账凭证:

借:应收票据

贷:内部单位存款——结算存款——××单位

利息收入——贴现息

交票单位根据特种转账凭证:

借:资金结算中心存款——结算存款

财务费用——贴现息

贷:应收票据

(2) 内部单位使用未到期商业汇票在集团内部购货,可直接将票据背书转让给内部收款单位,双方分别作如下会计分录:

① 付款单位。

借:材料采购等

贷:应收票据

② 收款单位。

借:应收票据

贷:主营业务收入等

若通过矿业集团资金结算中心办理上述业务,资金结算中心收取手续费时作如下会计分录:

借:内部单位存款——结算存款——××单位

贷:手续费收入

持商业汇票购货的内部单位支付手续费时作如下会计分录:

借:财务费用

贷:资金结算中心存款——结算存款

(3) 资金结算中心持未到期的商业汇票向银行申请贴现,不负有追索权的:

① 按实际收到的金额(即减去贴现息后的净额):

借:银行存款——活期存款——××行

利息支出——贴现息

贷:应收票据

② 贴现的商业承兑汇票到期,因付款单位不能支付,银行亦不能找企业偿还。

(4) 资金结算中心持未到期的商业汇票向银行申请贴现,负有追索权的:

① 实际收到的金额时,相关的权利义务没有转移,不能终止确认应收票据,应把收到的价款确认为短期借款。

借:银行存款——活期存款——××行

贷:短期借款

② 贴现的商业承兑汇票到期,付款单位正常付款。

借:银行存款——活期存款——××行

贷:应收票据

同时,偿还银行借款:

借:短期借款

贷:银行存款——活期存款——××行

③ 贴现的商业承兑汇票到期,因付款单位不能支付,银行找企业偿还借款。企业将应收票据转为应收账款核算。

借:应收账款

贷:应收票据

(5) 资金结算中心收到银行退回的商业承兑汇票、委托收款凭证、未付票款通知书或拒绝付款证明等,退回交票单位,按商业汇票的票面金额:

借:内部单位存款——票据存款——××单位

贷:应收票据

交票单位收到资金结算中心退回的商业承兑汇票:

借:应收票据

贷:资金结算中心存款——票据存款

借:应收账款——××单位

贷:应收票据

(6) 商业汇票到期,资金结算中心向银行申请承兑,按实际收到的金额:

借:银行存款——活期存款——××行

贷:应收票据

资金结算中心应当设置"应收票据备查簿",逐笔登记每一商业汇票的种类、号数和出票日、票面金额、交易合同号和付款人、承兑人、背书人的姓名或单位名称、到期日、背书转让日、贴现日、贴现率和贴现净额以及收款日和收回金额、退票情况等资料,商业汇票到期结清票款或退票后,应当在备查簿内逐笔注销。

五、短期借款的核算

(1) 资金结算中心借入各种短期借款。

借:银行存款——活期存款——××行

贷:短期借款

归还借款时,作相反的会计分录。

(2) 资产负债表日,按合同约定的利率计算确定的短期借款利息金额:

借:利息支出

贷:银行存款——活期存款——××行等

六、内部单位存款的核算

(1) 缴款单位交存外部银行转账支票、现金缴款单、银行汇票、电汇汇入凭证等,资金结算中心根据转换收款进账单:

借:银行存款——活期存款——××行

贷:内部单位存款——结算存款——××单位

(2) 存款单位将结算存款转为定期存款。资金结算中心根据内部转账凭证:

借:内部单位存款——结算存款——××单位

贷:内部单位存款——定期存款——××单位

(3) 存款单位支取定期存款。资金结算中心根据内部转账凭证:

借:内部单位存款——定期存款——××单位

贷:内部单位存款——结算存款——××单位

(4) 付款单位委托资金结算中心支付款项。资金结算中心根据委托付款凭证:

借:内部单位存款——结算存款——××单位

贷:银行存款——活期存款——××行

(5) 集团公司内部各单位之间支付款项或根据合同、协议主动收取款项。资金结算中心根据各单位提交的转账支票、委托收款凭证等:

借:内部单位存款——结算存款——××单位

贷:内部单位存款——结算存款——××单位

七、其他应付款——暂存款的核算

(1) 资金结算中心收到暂时无法确认收款单位的款项(外部银行)时:

借:银行存款——活期存款——××行

贷:其他应付款——暂存款

确认收款单位后:

借:其他应付款——暂存款

贷:内部单位存款——结算存款——××单位

(2) 资金结算中心收到与业务经营无关的款项(内部)时:

借:银行存款——活期存款——××单位

贷:其他应付款——暂存款

若属于银行结算误入资金结算中心:

借:其他应付款——暂存款

贷:银行存款——活期存款——××行

八、长期借款的核算

(1) 资金结算中心借入长期借款。

借:银行存款——活期存款——××行

贷:长期借款

归还借款时,作相反的会计分录。

（2）资产负债表日，资金结算中心按合同约定的利率计算确定长期借款的利息费用。

借：利息支出

　贷：应付利息

（3）偿还利息时：

借：应付利息

　贷：银行存款——活期存款——××行

九、利息收入的核算

（1）收到商业银行存款利息时，资金结算中心根据存款利息回单：

借：银行存款——结算存款——××行

　贷：利息收入——商业银行存款利息

（2）收取内部贷款利息时，资金结算中心根据借款金额和合同约定的利率，填制特种转账凭证。

借：内部单位存款——结算存款——××单位

　贷：利息收入——客户贷款利息

（3）对于确实无法收回的贷款利息，按管理权限报经批准后作为坏账损失，转销应收利息。

借：坏账准备

　贷：应收利息

（4）交票单位向资金结算中心办理贴现时：

借：内部单位存款——结算存款——××单位

　贷：利息收入——贴现息

（5）资金结算中心收取内部贷款利息和办理内部单位贴现，需要缴纳增值税等相关税费的（按国家税收规定，对下属单位的贷款利率高于企业向金融机构借款同期贷款利率，对利息全额征收增值税）。

借：税金及附加

　贷：应交税费——应交城建税

　　　　　　——教育费附加

十、手续费收入的核算

资金结算中心根据规定向集团公司内部有关单位收取各项费用时：

借：内部单位存款——结算存款——××单位

　贷：手续费收入

十一、汇兑损益的核算

期末，“外汇买卖”各外币明细科目的期末余额，应按照期末汇率折合为记账本位币。按照期末汇率折合的记账本位币金额与“外汇买卖——记账本位币”科目余额之间的差额，如为贷方余额：

借：外汇买卖——记账本位币

　贷：汇兑损益

如为借方余额：

借：汇兑损益

贷:外汇买卖——记账本位币

十二、利息支出的核算

(1) 资金结算中心向商业银行申请承兑汇票贴现支付贴现息。资金结算中心根据银行出具的贴现凭证:

借:利息支出——贴现利息

贷:银行存款——活期存款——××行

(2) 支付商业银行贷款利息。资金结算中心根据相关银行出具的贷款利息单:

借:利息支出——商业银行贷款利息

贷:银行存款——活期存款——××行

(3) 若资金结算中心向商业银行借款利息采取按月计提、按季支付方法,计提贷款利息时:

借:利息支出——商业银行贷款利息

贷:应付利息——借款利息

按季支付利息时:

借:应付利息——借款利息

贷:银行存款——活期存款——××行

(4) 支付集团公司内部各单位存款利息时,资金结算中心每月根据存款利息单:

借:利息支出——客户存款利息

贷:内部单位存款——结算存款——××单位

十三、手续费支出的核算

资金结算中心向商业银行支付各项费用(手续费、邮费、凭证费)时:

借:手续费支出

贷:银行存款——活期存款——××行

第二节　矿业集团总部核算

矿业集团本部负责核算总部费用、拨付所属单位资金、汇缴税金及各种统筹金、内部利润收缴和分成等业务。

一、集团总部发生费用的核算

集团总部发生的费用直接在“管理费用”、“财务费用”科目核算,统一计提的土地塌陷赔偿费、安全生产费用等成本支出列入“制造费用”。

(1) 总部发生的人员工资、办公费和差旅费等:

借:管理费用

贷:资金结算中心存款

(2) 总部计提土地塌陷赔偿费、可持续发展准备金等:

借:制造费用——原选煤

贷:专项储备——土地塌陷赔偿费

——应付可持续发展准备金

二、总部拨付所属单位资金的核算

总部拨付所属单位资金时：

借：内部往来

　补贴收入

　贷：资金结算中心存款

三、总部汇缴税金和基本养老保险、失业保险、工伤保险等统筹金

（1）基层单位上交本部各项税费时：

借：应交税费——××税金

　贷：内部往来——应付集团本部款项

　　或资金结算中心存款

若不能自行抵扣增值税的基层单位将固定资产进项税额转由集团公司抵扣时，基层单位应借记“内部往来”或“资金结算中心存款”科目，贷记“应交税费——应交增值税——进项税额”科目。

（2）集团本部收到基层应交税费转账通知单：

借：内部单位存款或内部往来

　贷：应交税费等

（3）集团本部收到基层固定资产进项税额转账通知单：

借：应交税费——应交增值税——进项税额

　贷：内部单位存款或内部往来

（4）集团本部收到基层固定资产销项税额转账通知单：

借：内部单位存款或内部往来

　贷：应交税费——应交增值税——销项税额

（5）集团汇缴税费时：

借：应交税费

　贷：银行存款

（6）集团收取矿（厂）、公司各项统筹款：

借：内部单位存款或内部往来

　贷：内部单位存款——集团公司

借：资金结算中心存款

　贷：其他应付款

（7）上交各项统筹款：

借：其他应付款

　贷：银行存款

四、矿业集团所属单位盈亏的核算

矿业集团是缴纳所得税的纳税主体。为了全面反映矿业集团利润实现情况，矿业集团所属单位的盈亏额最终要在矿业集团设置的“本年利润”科目反映。矿业集团对所属单位盈亏的核算有两种办法：一是盈亏全额核算法。即所属盈利单位各月将实现的利润全额交（报）集团总部；所属亏损单位各月将发生的亏损全额报集团总部。年终，集团总部根据核定的盈亏指标进行结算：超额完成利润指标或减亏的，给予奖励——计提效益工资及获取其他奖励;未完成利润指标或超亏的,给予惩罚——扣减核定的工资基金等,超亏额不补,亏损单位自行挂账,待以后实现利润或减亏时予以弥补。二是盈亏预算核算法。即所属盈利单位各月按预算或核定的利润额交集团总部;所属亏损单位各月将预算或核定的计划亏损额报集团总部弥补。年终,集团总部根据预算或核定的盈亏指标进行结算:超额完成利润指标的,上交超额利润,同时给予奖励——计提效益工资及获取其他奖励;未完成利润指标,给予惩罚——扣减核定的工资基金等。计划亏损单位减亏的,计提效益工资及获取其他奖励;超亏的,集团不予弥补,亏损单位自行挂账,待以后实现利润或减亏时予以弥补。

对于计划亏损单位的亏损核算,矿业集团应设置"应弥补所属亏损"科目进行核算。若实际亏损正好等于计划亏损,该科目期末没有余额;若该科目期末有余额,反映未弥补的超亏额或未转销的减亏损,在编制集团公司的资产负债表时,应与所属单位亏损挂账额(资产负债表上"未分配利润"项目余额)抵销。

(1) 矿(厂)、公司平时按预算或核定的内部利润交集团公司,集团收缴矿(厂)、公司内部利润时,作如下会计分录:

① 矿业集团资金结算中心:

借:内部单位存款——某交款单位

　贷:内部单位存款——集团公司[①]

② 矿业集团本部:

借:资金结算中心存款——集团公司

　贷:利润分配——应付现金股利或利润

采用"全额利润设账核算法"的矿业集团本部贷记"本年利润"科目。

(2) 年终,矿(厂)、公司超额完成核定的内部利润指标时,集团收缴超利部分作如下会计分录:

借:内部单位存款——某交款单位

　贷:内部单位存款——集团公司

借:资金结算中心存款——集团公司

　贷:利润分配——应付现金股利或利润

采用"全额利润设账核算法"的矿业集团本部贷记"本年利润"科目。

若计划盈利单位年终未完成预算或核定的利润指标时,矿业集团应编制与此相反的会计分录。

(3) 集团按承包文件规定,对超额完成利润指标的单位分别提取资本公积金、职工奖励基金,由集团公司予以补助。补助时集团作如下会计分录:

借:资本公积

　　应付职工薪酬

　贷:资金结算中心存款——集团公司

若计划盈利单位年终未完成预算或核定的利润指标时,矿业集团应核减该单位的工资基金,矿业集团不作会计分录。

---

① 如果矿业集团资金结算中心不进行完整的会计核算,不要编制此会计分录,只要在"内部单位存款"日记账上登记一增一减。下同。

(4) 月终,矿业集团对所属计划亏损单位按预算或核定的计划亏损额反映应弥补亏损额时:

借:利润分配——应付现金股利或利润

　贷:内部往来——××单位

采用"全额利润设账核算法"的矿业集团本部借记"本年利润"科目,贷记"应弥补所属亏损——××单位"科目。

(5) 集团公司对各分公司、子公司实际弥补亏损时:

借:内部往来——××单位

　贷:资金结算中心存款——集团公司

采用"全额利润设账核算法"的矿业集团本部借记"应弥补所属亏损——××单位"科目。

(6) 年终,计划亏损单位减亏时,集团公司反映减亏额,并给予奖励时:

借:应弥补所属亏损——××单位

　贷:利润分配——应付现金股利或利润

采用"全额利润设账核算法"的矿业集团本部贷记"本年利润"科目。

借:资本公积

　应付职工薪酬

　贷:资金结算中心存款——集团公司

(7) 年终,计划亏损单位超亏时,集团公司反映超亏额时(另核减该单位的工资基金,矿业集团不作会计分录):

借:利润分配——应付现金股利或利润

　贷:内部往来——××单位

采用"全额利润设账核算法"的矿业集团本部借记"本年利润"科目,贷记"应弥补所属亏损——××单位"科目。

五、资金结算中心下拨经费的核算

(1) 集团公司本部下拨经费时:

借:管理费用——经费下拨

　贷:资金结算中心存款——集团公司

(2) 集团公司本部根据年初制定的专项资金计划下拨专项资金时:

借:专项储备——可持续发展准备金——下拨等

　贷:资金结算中心存款——集团公司

(3) 集团公司本部根据集团公司总经理办公会的决定下拨土地塌陷赔偿费等:

借:专项储备——土地塌陷赔偿费

　贷:资金结算中心存款——集团公司

集团公司本部设置"资金结算中心存款日记账",按照银行收付业务发生的先后顺序逐笔序时登记,每日终了应结出余额。"资金结算中心存款日记账"应定期与"资金结算中心对账单"核对,至少每月核对一次。企业账面结余与资金结算中心对账单余额之间如有差额,必须逐笔查明原因,并按月编制"资金结算中心"余额调节表调节相符。月份终了,"资金结算中心存款日记账"的余额必须与"资金结算中心存款总账核对相符。

六、内部往来业务的会计处理

集团公司本部和集团公司的分公司、子公司之间发生的关联方交易通过设置“内部往来”科目核算。具体账务处理见第四章第五节内部往来的核算。

七、交易性金融资产业务的会计核算

交易性金融资产的账务处理见第三章交易性金融资产的核算。

八、债权投资业务的会计核算

账务处理见第六章第二节债权投资的核算。

九、其他债权投资和其他权益工具投资业务的会计核算

账务处理见第六章第二节中的其他债权投资、第五节其他权益工具投资的核算。

十、长期股权投资业务的会计核算

长期股权投资业务的账务处理见第六章第四节长期股权投资核算。

十一、职工薪酬的核算

职工薪酬业务的账务处理第九章第七节应付职工薪酬的核算。

十二、合并财务报表实施对集团公司的影响及账务处理

（一）合并财务报表实施对集团公司的影响

（1）以控制为基础确定合并范围的影响。新准则中合并范围的确定以控制为基准，势必将对合并财务报表产生较大影响。旧会计制度规定对不重要的子公司（如相关比重小于10%）可以不纳入合并范围；但新准则规定只要能够被母公司控制的子公司均应当纳入合并范围，这样将增加合并财务报表的资产和权益、收入和利润，对企业财务状况、经营成果和现金流量具有较大影响。

（2）提高合并财务报表的质量和精确度。新准则对合并财务报表的质量和精确度提出了更高的要求，要求更深层次地剥去关联交易对合并财务报表带来的影响，进一步降低财务风险，同时也会增加企业财务成本。母公司、各子公司之间往往交易频繁。按照新准则的要求在财务报表的往来上，会大幅度提高财务人员的工作强度。新准则规定子公司所采用的会计政策与母公司不一致的，应当按照母公司的会计政策对子公司的财务报表进行必要的调整；或者要求子公司按照母公司的会计政策对子公司财务报表另行编制财务报表。

（二）合并财务报表的账务处理

1. 编制合并财务报表应遵循的程序

（1）编制合并会计工作底稿，为合并财务报表的编制提供基础。在合并工作底稿中，对母公司和纳入合并范围的子公司的个别财务报表项目的数额进行汇总和抵销处理，最终计算出合并财务报表各项目的合并数。

（2）将母公司、纳入合并范围的子公司的个别资产负债表、利润表、现金流量表、所有者权益变动表各项数据录入会计工作底稿，并在合并会计工作底稿中对母公司和子公司财务报表的数据进行加总，计算得出个别资产负债表、利润表、现金流量表、所有者权益变动表各项目的合计数。

（3）编制抵销分录，进行抵销处理是编制合并财务报表的关键和主要内容，其目的在于将个别财务报表各项目的加总数据中重复的因素抵销，以体现一体性的原则。

（4）计算合并会计工作底稿中各项目的“合并数”。即在母公司和纳入合并范围的子公司个别财务报表各项目加总数额的基础上，考虑抵销分录的影响，分别计算财务报表中的资产项目、负债项目、所有者权益项目、收入和费用项目及现金流量的有关项目的合并数。其计算方法如下：

① 资产类各项目，其“合并数”根据各项目加总的数额，加上该项目抵销分录借方发生额，减去该项目抵销分录贷方发生额计算确定。

② 负债、所有者权益类项目，其“合并数”根据各项目加总的数额，减去该项目抵销分录借方发生额，加上该项目抵销分录贷方发生额计算确定。

③ 收益类各项目，其“合并数”根据各项目加总的数额，减去项目抵销分录有关的借方发生额，加上该项目抵销分录有关的贷方发生额计算确定。

④ 成本费用支出类项目和利润分配的各项目，其“合并数”根据各项目加总的数额，加上该项目抵销分录借方发生额，减去该项目抵销分录贷方发生额计算确定。

⑤ 现金流量表中流入项目，其“合并数”根据各项目加总的数额，加上该项目抵销分录借方发生额，减去该项目抵销分录贷方发生额计算确定。

⑥ 现金流量表中流出项目，其“合并数”根据各项目加总的数额，加上该项目抵销分录借方发生额，减去该项目抵销分录贷方发生额计算确定。

会计工作底稿中的“合并数”计算填完之后，应注意检查各项目之间数据衔接关系及表与表之间的钩稽关系。

（5）填列合并财务报表。根据合并工作底稿中计算出现各项目的“合并数”，填列正式的合并财务报表。

2．企业在报告期内出售、购买子公司的处理

（1）企业在报告期内出售、购买子公司，期末编制合并资产负债表。母公司在报告期内因同一控制下企业合并增加的子公司，编制合并资产负债表时，应当调整合并资产负债表的期初数；因非同一控制下企业合并增加的子公司，编制合并资产负债表时，不应当调整合并资产负债表的期初数。母公司在报告期内处置子公司，编制合并资产负债表时，不应当调整合并资产负债表的期初数。

（2）企业在报告期内出售、购买子公司，期末编制合并利润表。母公司在报告期内处置子公司，编制合并利润表时，不应当调整利润表的期初数。母公司在报告期内因同一控制下企业合并增加的子公司，应当将该子公司合并当期期初至报告期期末的收入、费用、利润纳入合并利润表；因非同一控制下企业合并增加的子公司，应当将该子公司购买日至报告期期末的收入、费用、利润纳入合并利润表。母公司在报告期内处置子公司，应当将该子公司期初至处置日的收入、费用、利润纳入合并利润表。

（3）企业在报告期内出售、购买子公司、期末编制合并现金流量表。母公司在报告期内因同一控制下企业合并增加的子公司，应当将该子公司合并当期期初至报告期末的现金流量纳入合并现金流量表；因非同一控制下企业合并增加的子公司，应当将该子公司购买日至报告期期末的现金流量纳入合并现金流量表。母公司在报告期内处置子公司，应当将该子公司期初至处置日的现金流量纳入合并现金流量表。

第三节　矿业集团汇总核算

一、汇总会计报表的编制

矿业集团汇总会计报表是将矿业集团所属单位的报表进行汇总编制的会计报表。本办法规范对外正式编报的汇总资产负债表、汇总利润表、汇总现金流量表和汇总所有者权益变动表的编制方法。矿业集团内部汇总报表的编制，可据此类推。

（一）汇入汇总会计报表的单位

矿业集团整体会计报表的汇总一般由集团财务处进行。汇入汇总会计报表的单位包括：所属矿厂、供应处、运销处、铁运处、租赁站、多种经营公司、集团本部等，不包括不满足合并条件的单位。

（二）资产负债表的汇总

资产负债表的汇总一般按资产负债表项目直接相加，但以下情况要进行抵减：

（1）"局矿往来"科目的抵减。有的矿业集团规定，矿业集团运销处同矿厂之间进行的内部销售或代销或购销，单独设置"局矿往来"科目进行核算。在这种情况下，矿业集团运销处设置"局矿往来"科目，同对应的煤矿和铁运处等单位设置的"应收账款"或"应收票据"科目有重复。当财务处汇总矿业集团运销处报表时，"局矿往来"科目余额在"其他应付款"项目反映，它应同煤矿和铁运处等单位报表上"应收账款"或"应收票据"项目的相应金额相抵销。

（2）"内部往来"科目的抵减。有的矿业集团规定，矿业集团与所属一切单位之间发生结算业务，通过设置"内部往来"科目进行核算。有的矿业集团规定，矿业集团经费财务科与所属机关财务科等单位发生业务往来通过设置"内部往来"科目进行核算，其他与矿厂等单位之间发生结算业务，通过设置"资金结算中心存款"、"内部单位存款"科目进行核算。不管哪种设置方法，矿业集团进行报表汇总时，矿业集团"内部往来"科目的金额，即报表上一些单位的"其他应收款"项目要同它所对应单位的"其他应付款"项目的金额相互抵销。

（3）资金结算中心科目的抵销。矿业集团财务处"内部单位借款"项目金额要和所属单位报表上"资金结算中心借款"项目金额相抵销；矿业集团财务处"内部单位存款"项目金额要和所属单位报表上"资金结算中心存款"项目金额抵销。由于有未达账项，对"资金结算中心存款"项目大于"内部单位存款"项目的金额填入报表中"其他流动资产"项目，反之填入"其他流动负债"项目。

（4）固定资产划转项目的抵销。矿业集团无偿调拨固定资产时，调出单位减少固定资产、减少累计折旧和减少"资本公积——其他资本公积"科目的金额，同调入单位增加固定资产、增加累计折旧和增加"资本公积——其他资本公积"科目的金额相抵销。这在平时编制会计分录时已作了抵销设计，因此，汇总会计报表时也就自然达到了相互抵销。需要注意的是，如果矿业集团内部固定资产项目划转不是采用同一会计科目借贷抵销设置办法，比如，进行"借款式"划转，划出单位通过增设"内部单位长期借款"科目反映划出固定资产的净值（期末，该科目金额在会计报表"其他长期资产"项目反映），划入单位通过增设"内部长期借款"科目反映以负债方式转入的固定资产净值（期末，该科目余额在会计报表中"长期借款"项目反映），矿业集团汇总会计报表时，应将这两部分金额相抵销。

（5）局矿厂之间交拨款要抵销。由于矿业集团与矿厂之间的交拨款一般都通过资金结算中心进行，处理了资金结算中心项目抵销问题，基本就处理了上下级交拨款的抵销问题。若仍有不能抵销的项目，再单独处理。

（6）利润和亏损项目的抵销。计划亏损单位期末应收矿业集团的亏损补贴额，在会计报表中“其他应收款”项目反映。它要抵减其“未分配利润”项目后反映实际亏损额，将所属单位这部分实际亏损额同矿业集团会计报表增设的“应弥补所属亏损”项目金额相抵销。将矿业集团所属盈利单位会计报表中增设的“未交利润”项目金额同矿业集团会计报表中增设的“所属应交利润”项目金额相抵销。经过各种抵销后，矿业集团“集团本部”会计报表中“未分配利润”项目代表整个矿业集团汇总后的“未分配利润’项目金额，它并不等于所属矿厂等单位会计报表上“未分配利润”项目之和。

（7）报表补充资料项目的重算。会计报表补充资料中某些指标要重新计算，如资产负债率要在汇总后的基础上重新计算。

（8）利润表的汇总。利润实现各项目可按所属单位各该项目金额直接相加，再加上矿业集团本部发生的管理费用、财务费用、销售费用、营收外收入和营业外支出等，重新计算利润总额各项目金额。

（9）其他报表的汇总。一般采用直接汇总办法，有的项目要重新计算，如成本报表中单位成本就要根据汇总后的总成本除以汇总后的总产量计算得出。对于所属单位项目特殊的报表可不汇总，而是将所属报表直接附上。

二、合并会计报表的编制

《企业会计准则第 20 号——企业合并》规范了对企业合并的会计处理。《企业会计准则第 33 号——合并财务报表》对企业合并财务报表进行了规范。

（一）合并财务报表概述

合并财务报表，是指反映母公司和其全部子公司形成的企业集团（以下简称企业集团）整体财务状况、经营成果和现金流量的财务报表。与个别财务报表（指企业单独编制的财务报表，为了与合并财务报表相区别，将其称之为个别财务报表）相比，合并财务报表反映的是企业集团整体的财务状况、经营成果和现金流量，反映的对象是通常由若干个法人（包括母公司和其全部子公司）组成的会计主体，是经济意义上的主体，而不是法律意义上的主体。合并财务报表的编制者或编制主体是母公司。合并财务报表以纳入会计范围的企业个别财务报表为基础，根据其他有关资料，按照权益法调整对子公司的长期股权投资后，抵销母公司与子公司、子公司相互之间发生的内部交易（以下简称内部交易）对合并财务报表的影响编制的。

合并财务报表能够向财务报告的使用者提供反映企业集团整体财务状况、经营成果和现金流量的会计信息，有助于财务报告的使用者作出经济决策。合并财务报表有利于避免一些母公司利用控制关系，人为地粉饰财务报表的情况的发生。

1. 合并范围的确定

合并财务报表的合并范围应当以控制为基础加以确定。

（1）控制的定义。控制，是指一个企业能够决定另一个企业的财务和经营政策，并能据以从另一个企业的经营活动中获取可变经济利益的权力。控制通常具有如下特征：

① 控制的主体是唯一的，不是两方或多方。即对被投资单位的财务和经营政策的提议不必要征得其他方同意，就可以形成决议，付诸被投资单位执行。

② 控制的内容是另一个企业的日常生产经营活动的财务和经营政策，这些财务和经营

政策一般是通过表决权来决定的。在某些情况下，也可以通过法定程序严格限制董事会、受托人或管理层对特殊日的主体经营活动的决策权，如规定除设立者或发起人外，其他人无权决定特殊目的主体经营活动的政策。

③ 控制的目的是为了获取经济利益包括为了增加经济利益、维持经济利益、保护经济利益，或者降低所分担的损失等。

④ 控制的性质是一种权力，是一种法定权力，也可以是通过公司章程或协议、投资者之间的协议授予的权力。这种权力可以实际行使，也可以不实际行使。有权力实施控制力并不一定意味着有能力实施控制力。

（2）母公司与子公司定义。企业集团由母公司和其全部子公司构成。假定 P 公司能够控制 S 公司，P 公司和 S 公司构成了企业集团。假定 P 公司能够同时控制 S1 公司、S2 公司、S3 公司和 S4 公司，P 公司和 S1 公司、S2 公司、S3 公司、S4 公司构成了企业集团。母公司和子公司是相互依存的，有母公司必然存在子公司，同样，有子公司必然存在母公司。

① 母公司的定义。母公司是指有一个或一个以上子公司的企业（或主体，下同）。从母公司的定义可以看出，母公司要求同时具备两个条件：一是必须有一个或一个以上的子公司，即必须满足控制的要求，能够决定另一个企业的财务和经营政策，并有据以从另一个企业的经营活动中获取可变经济利益的权力。母公司可以只控制一个子公司，也可以同时控制多个子公司。二是母公司可以是企业，如《公司法》所规范的股份有限公司、有限责任公司，也可以是主体，如非企业形式的、但形成会计主体的其他组织，如基金等。

② 子公司的定义。子公司是指被母公司控制的企业。从子公司的定义可以看出，子公司也要求同时具备两个条件：一是作为子公司必须被母公司控制，并且只能由一个母公司控制，不可能也不允许被两个或多个母公司同时控制。被两个或多个公司共同控制的被投资单位是合营企业，而不是子公司。二是子公司可以是企业，如《公司法》所规范的股份有限公司、有限责任公司，也可以是主体，如非企业形式的、但形成会计主体的其他组织，如基金以及信托项目等特殊目的主体等。

（3）控制标准的具体应用。控制标准的具体应用应分以下四种情况进行：

① 母公司拥有其半数以上的表决权的被投资单位，一般应当纳入合并财务报表的合并范围，除非公司章程等另有规定。母公司直接或通过子公司间接拥有被投资单位半数以上的表决权，一般表明母公司能够控制被投资单位，应将该被投资单位认定为子公司，纳入合并财务报表的合并范围。但是，有证据表明母公司不能控制被投资单位的除外。

表决权是指对被投资单位经营计划、投资方案、年度财务预算方案和决算方案、利润分配方案和弥补亏损方案、内部管理机构的设置、聘任或解聘公司经理及其报酬、公司的基本管理制度等事项持有的表决权，不包括对修改公司章程、增加或减少注册资本、发行公司债券、公司合并、分立、解散或变更公司形式等事项持有的表决权。表决权比例通常与其出资比例或持股比例是一致的，但是对于有限责任公司；公司章程另有规定的除外。

当母公司拥有被投资单位半数以上表决权时，母公司就拥有对该被投资单位的控制权，能够主导该被投资单位的股东大会（或股东会，下同），特别是董事会，并对其生产经营活动和财务政策实施控制。在这种情况下，子公司处在母公司的直接控制和管理下进行日常生产经营活动，子公司的生产经营活动成为事实上的母公司生产经营活动的一个组成部分，母公司与子公司生产经营活动已一体化。拥有被投资单位半数以上表决权，是母公司对其拥有控制权的最明显的标志，应将其纳入合并财务报表的合并范围。

② 母公司拥有其半数以下的表决权的被投资单位纳入合并财务报表的合并范围的情况。在母公司通过直接或间接方式没有拥有被投资单位半数以上表决权的情况下，如果母公司通过其他方式对被投资单位的财务和经营政策能够实施控制时，这些被投资单位也应作为子公司纳入其合并范围。即在母公司拥有被投资单位半数或以下的表决权，满足下列四个条件之一，视为母公司能够控制被投资单位，应当将该被投资单位认定为子公司，纳入合并财务报表的合并范围。但是，如果有证据表明母公司不能控制被投资单位的除外。

一是母公司通过与被投资单位其他投资者之间的协议，拥有被投资单位半数以上表决权；二是根据公司章程或协议，有权决定被投资单位的财务和经营政策；三是有权任免被投资单位的董事会或类似机构的多数成员；四是在被投资单位董事会或类似机构占多数表决权。

③ 在确定能否控制被投资单位时对潜在表决权的考虑。在确定能否控制被投资单位时，应当考虑企业和其他企业持有的被投资单位的当期可转换的可转换公司债券、当期可执行的认股权证等潜在表决权因素。所称潜在表决权，是指当期可转换的可转换公司债券、当别可执行的认股权证等，不包括在将来某一日期或将来发生某一事项才能转换的可转换公司债券或才能执行的认股权证等，也不包括诸如行权价格的设定使得在任何情况下都不可能转换为实际表决权的其他债务工具或权益工具。应当考虑影响潜在表决权的所有事项和情况，包括潜在表决权的执行条款、需要单独考虑或综合考虑的其他合约安排等。但是，本企业和其他企业或个人执行潜在表决权的意图和财务能力对潜在表决权的影响除外。不仅要考虑企业在被投资单位的潜在表决权，还要同时考虑其他企业或个人在被投资单位的潜在表决权。不仅仅要考虑可能会提高本企业在被投资单位持股比例的潜在表决权，还要考虑可能会降低本企业在被投资单位持股比例的潜在表决权。潜在表决权仅作为判断是否存在控制的考虑因素，不影响当期母公司股东和少数股东之间的分配比例。

④ 判断母公司能否控制特殊目的主体应当考虑的主要因素。一是母公司为融资、销售商品或提供劳务等特定经营业务的需要直接或间接设立特殊目的主体。

二是母公司具有控制或获得控制特殊目的主体或其资产的决策权。比如，母公司拥有单方面某个特殊目的主体的权力、变更特殊目的主体章程的权力、对变更特殊目的主体章程的否决权等。三是母公司通过章程、合同、协议等具有获取特殊目的主体大部分利益的权力。四是母公司通过章程、合同从议等承担了特殊目的主体的大部分风险。

（4）所有子公司都应纳入母公司的合并财务报表的合并范围。母公司应当将其全部子公司纳入合并财务报表的合并范围。即，只要是由母公司控制的子公司，不论子公司的规模大小、子公司向母公司转移资金能力是否受到严格限制，也不论子公司的业务性质与母公司或企业集团内其他子公司是否有显著差别，都应当纳入合并财务报表的合并范围。

需要说明的是，受所在国外汇管制及其他管制，资金调度受到限制的境外子公司，在这种情况下，如果该被投资单位的财务和经营政策仍然由本公司决定，资金调度受到限制并不妨碍本公司对其实施控制，应将其纳入合并财务报表的合并范围。

下列被投资单位不是母公司的子公司，不应当纳入母公司的合并财务报表的合并范围：已宣告被清理整顿的原子公司；已宣告破产的原子公司；母公司不能控制的其他被投资单位。

2. 合并财务报表的编制程序

合并财务报表编制有其特殊的程序，主要包括如下几个方面：

(1) 编制合并工作底稿。合并工作底稿的作用是为合并财务报表的编制提供基础。在合并工作底稿中，对母公司和子公司的个别财务报表各项目的金额进行汇总和抵销处理，最终计算得出合并财务报表各项目的合并金额。将母公司、子公司个别资产负债表、利润表、现金流量表、所有者权益变动表各项目的数据过入合并工作底稿，并在合并工作底稿中对母公司和子公司个别财务报表各项目的数据进行加总，计算得出个别资产负债表、利润表、现金流量表、所有者权益变动表各项目合计金额。

(2) 编制调整分录和抵销分录。在合并工作底稿中编制调整分录和抵销分录，将内部交易对合并财务报表有关项目的影响进行抵销处理。编制抵销分录，进行抵销处理是合并财务报表编制的关键和主要内容，其目的在于将个别财务报表各项目的加总金额中重复的因素予以抵销。但是，对属于非同一控制下企业合并中取得的子公司的个别财务报表进行合并时，还应当首先根据母公司为该子公司设置的备查薄的记录，以记录的非同一控制下企业合并中取得的子公司各项可辨认资产、负债及或有负债等在购买日的公允价值为基础，通过编制调整分录，对该子公司提供的个别财务报表进行调整，以使子公司的个别财务报表反映为在购买日公允价值基础上确定的可辨认资产、负债及或有负债在本期资产负债表日的金额。对于子公司所采用的会计政策与母公司不一致的和子公司的会计期间与母公司不一致的，如果母公司自行对子公司的个别财务报表进行调整，也应当在合并工作底稿中通过编制调整分录予以调整。在编制合并财务报表时，对子公司的长期股权投资调整为权益法，也需要在合并工作底稿中通过编制调整分录予以调整，而不改变母公司“长期股权投资”的账簿记录。

在合并工作底稿中编制的调整分录和抵销分录，借记或贷记的均为财务报表项目(即资产负债表项目、利润表项目、现金流量表项目和所有者权益变动表项目)，而不是具体的会计科目。比如，在涉及调整或抵销固定资产折旧、固定资产减值准备等均通过资产负债表中的“固定资产”项目，而不是“累计折旧”、“固定资产减值准备”等科目来进行调整和抵销。

(3) 计算合并财务报表各项目的合并金额。在母公司和子公司个别财务报表各项目加总金额的基础上，分别计算出合并财务报表中各资产项目、负债项目、所有者权益项目、收入项目和费用项目等的合并金额。其计算方法如下：

① 资产类各项目，其合并金额根据该项目加总金额，加上该项目抵销分录有关的借方发生额，减去该项目抵销分录有关的贷方发生额计算确定。

② 负债类各项目和所有者权益类项目，其合并金额根据该项目加总金额，减去该项目抵销分录有关的借方发生额，加上该项目抵销分录有关的贷方发生额计算确定。

③ 有关收入类各项目和有关所有者权益变动各项目，其合并金额根据该项目加总金额，减去该项目抵销分录的借方发生额，加上该项目抵销分录的贷方发生额计算确定。

④ 有关费用类项目，其合并金额根据该项目加总金额，加上该项目抵销分录的借方发生额，减去该项目抵销分录的贷方发生额计算确定。

(4) 填列合并财务报表。根据合并工作底稿中计算出的资产、负债、所有者权益、收入、费用类以及现金流量表中各项目的合并金额，填列生成正式的合并财务报表。

《企业会计准则第 33 号——合并财务报表》(以下简称合并报表准则)着重解决了合并

财务报表合并范围的确定和合并财务报表的编制和列报等问题。

（二）合并资产负债表的编制

合并资产负债表是反映企业集团在某一特定日期财务状况的财务报表，由合并资产、负债和所有者权益各项目组成。

1. 对子公司的个别财务报表进行调整

在编制合并财务报表时，首先应对各子公司进行分类，分为同一控制下企业合并取得的子公司和非同一控制下企业合并取得的子公司两大类。

（1）属于同一控制下企业合并中取得的子公司。对于属于同一控制下企业合并中取得的子公司的个别财务报表，如果不存在与母公司会计政策和会计期间不一致的情况，则不需要对该子公司的个别财务报表进行调整，即不需要将该子公司的个别财务报表调整为公允价值反映的财务报表，只需要抵销内部交易对合并财务报表的影响即可。

（2）属于非同一控制下企业合并中取得的子公司。对于属于非同一控制下企业合并中取得的子公司，除了存在与母公司会计政策和会计期间不一致的情况，需要对该子公司的个别财务报表进行调整外，还应当根据母公司为该子公司设置的备查薄的记录，以记录的该子公司的各项可辨认资产、负债及或有负债等在购买回的公允价值为基础，通过编制调整分录，对该子公司的个别财务报表进行调整，以使子公司的个别财务报表反映为在购买日公允价值基础上确定的可辨认资产、负债及或有负债在本期资产负债表日的金额。

2. 按权益法调整对子公司的长期股权投资

合并报表准则规定，合并财务报表应当以母公司和其子公司的财务报表为基础，根据其他有关资料，按照权益法调整对子公司的长期股权投资后，由母公司编制。

在合并工作底稿中，按权益法调整对子公司的长期股权投资时，应按照《企业会计准则第 2 号——长期股权投资》所规定的权益法进行调整。

合并报表准则也允许企业直接在对子公司的长期股权投资采用成本法核算的基础上编制合并财务报表，但是所生成的合并财务报表应当符合合并报表准则的相关规定。

3. 编制合并资产负债表的应进行抵销处理的项目

合并资产负债表是以母公司和子公司的个别资产负债表为基础编制的。个别资产负债表则是以单个企业为会计主体进行会计核算的结果，它从母公司本身或从子公司本身的角度对自身的财务状况进行反映。这样，对于内部交易，从发生内部交易的企业来看，发生交易的各方都在其个别资产负债表中进行了反映。例如，企业集团母公司与子公司之间发生的赊购、赊销业务，对于赊销企业来说，一方面确认营业收入、结转营业成本、计算营业利润，并在其个别资产负债表中反映为应收账款；而对于赊购企业来说，在内部购入的存货未实现对外销售的情况下，则在其个别资产负债表中反映为存货和应付账款。在这种情况下，资产、负债和所有者权益类各项目的加总金额中，必然包含有重复计算的因素。作为反映企业集团整体财务状况的合并资产负债表，必须将这些重复计算的因素予以扣除，对这些重复的因素进行抵销处理。这些需要扣除的重复因素，就是合并财务报表编制时需要进行抵销处理的项目。编制合并资产负债表时需要进行抵销处理的，主要有如下项目：

（1）长期股权投资与子公司所有者权益的抵销处理。母公司对子公司进行的长期股权投资，一方面反映为长期股权投资以外的其他资产的减少，另一方面反映为长期股权投资的增加，在母公司个别资产负债表中作为资产类项目中的长期股权投资列示。子公司接受这一投资时，一方面增加资产，另一方面作为实收资本(或股本，下同)处理，在其个别资产负债表中一方面反映为实收资本的增加，另一方面反映为相对应的资产的增加。从企业集团整体来看，母公司对于公司进行的长期股权投资实际上相当于母公司将资本拨付下属核算单位，并不引起整个集团的资产、负债和所有者权益的增减变动。因此，编制合并财务报表时，应当在母公司与子公司财务报表数据简单相加的基础上，将母公司对子公司长期股权投资项目与子公司所有者权益项目予以抵销。

子公司所有者权益中不属于母公司的份额，即子公司所有者权益中抵销母公司所享有的份额后的余额，在合并财务报表中作为"少数股东权益"处理。在合并资产负债表中，"少数股东权益"项目应当在"所有者权益"项目下单独列示。

当母公司对子公司长期股权投资的金额与在子公司所有者权益中所享有的份额不一致时，应按其差额，计入"商誉"项目。

合并报表准则规定，子公司持有母公司的长期股权投资、子公司相互之间持有的长期股权投资，也应当比照上述母公司对子公司的股权投资的抵销方法进行报销处理。

(2) 内部债权与债务的抵销处理。母公司与子公司、子公司相互之间的债权和债务项目，是指母公司与子公司、子公司相互之间因销售商品、提供劳务以及发生结算业务等原因产生的应收账款与应付账款、应收票据与应付票据、预付账款与预收账款、其他应收款与其他应付款、持有至到期投资与应付债券等项目。发生在母公司与子公司、子公司相互之间的这些项目，企业集团内部企业的一方在其个别资产负债表中反映为资产，而另一方则在其个别资产负债表中反映为负债。但从企业集团整体角度来看，它只是内部资金运动，既不能增加企业集团的资产，也不能增加负债。为此，为了消除个别资产负债表直接加总中的重复计算因素，在编制合并财务报表时应当将内部债权债务项目予以抵销。具体包括以下内容的抵销：一是应收账款与应付账款的抵销处理；二是其他债权与债务项目的抵销处理；

(3) 存货价值中包含的未实现内部销售损益的抵销处理。存货价值中包含的未实现内部销售损益是由于企业集团内部商品购销、劳务提供活动所引起的。在内部购销活动中，销售企业将集团内部销售作为收入确认并计算销售利润。而购买企业则是以支付购货的价款作为其成本入账；在本期内未实现对外销售而形成期末存货时，其存货价值中也相应地包括两部分内容：一部分为真正的存货成本(即销售企业销售该商品的成本)；另一部分为销售企业的销售毛利(即其销售收入减去销售成本的差额)。对于期末存货价值中包括的这部分销售毛利，从企业集团整体来看，并不是真正实现的利润。因为从整个企业集团来看，集团内部企业之间的商品购销活动实际上相当于企业内部物资调拨活动，既不会实现利润，也不会增加商品的价值。正是从这一意义上来说，将期末存货价值中包括的这部分销售企业作为利润确认的部分，称之为未实现内部销售损益。同此，在编制合并资产负债表时，应与将存货价值中包含的未实现内部销售损益予以抵销。编制抵销分录时，按照集团内部销售企业销售该商品的销售收入，借记"营业收入"项目，按照销售企业销售该商品的销售成本，贷记"营业成本"项目，按照当期期末存货价值中包含的未实现内部销售损益的金额，贷记"存货"项目。

(4) 内部固定资产交易的抵销处理。内部固定资产交易是指企业集团内部发生交易的一方与固定资产有关的购销业务。对于企业集团内部固定资产交易，根据销售企业销售的是产品还是固定资产，可以将其划分为两种类型：第一种类型是企业集团内部企业将自身生产的产品销售给企业集团内的其他企业作为固定资产使用；第二种类型是企业集团内部企业将自身的固定资产出售给企业集团内的其他企业作为固定资产使用；此外，还有另一类型的内部固定资产交易，即企业集团内部企业将自身使用的固定资产出售给企业集团内的其他企业作为普通商品销售。这种类型的固定资产交易，在企业集团内部发生得极少，一般情况下发生的金额也不大。

在第一种类型的内部固定资产交易的情况下，即企业集团内部的母公司或子公司将自身生产的产品销售给企业集团内部的其他企业作为固定资产使用，这种类型的内部固定资产交易发生得比较多，也比较普遍。以下重点规定这种类型的内部固定资产交易的抵销处理。

与存货的情况不同，固定资产的使用寿命较长，往往要跨越几个会计年度。对于内部交易形成的固定资产，不仅在该内部固定资产交易发生的当期需要进行抵销处理，而且在以后使用该固定资产的期间也需要进行抵销处理。固定资产在使用过程中是通过折旧的方式将其价值转移到产品价值之中，由于固定资产按原价计提折旧，在固定资产原价中包含未实现内部销售损益的情况下，每期计提的折旧费中也必然包含着未实现内部销售损益的金额，由此也需要对该内部交易形成的固定资产每期计提的折旧费进行相应的抵销处理。同样，如果购买企业对该项固定资产计提了固定资产减值准备，由于固定资产减值准备是按原价为基础进行计算确定的，在固定资产原价中包含未实现内部销售损益的情况下，对该项固定资产计提的减值准备中也必然包含着未实现内部销售损益的金额，由此也需要对该内部交易形成的固定资产计提的减值准备进行相应的抵销处理。

4. 母公司在报告期内增减子公司在合并资产负债表的反映

（1）母公司在报告期内增加子公司在合并资产负债表的反映。母公司因追加投资等原因控制了另一个企业即实现了企业合并。根据《企业会计准则第20号——企业合并》的规定，企业合并形成母子公司关系的，母公司应当编制合并日或购买日的合并资产负债表。但是，在企业合并发生当期的期末和以后会计期间，母公司应当根据合并报表准则的规定编制合并资产负债表。合并报表准则规定，在编制合并资产负债表时，应当区分同一控制下的企业合并企业增加的子公司和非同一控制下的企业合并增加的子公司两种情况。

① 因同一控制下企业合并增加的子公司，编制合并资产负债表时，应当调整合并资产负债表的期初数。

② 因非同一控制下企业合并增加的子公司，不应当调整合并资产负债表的期初数。

（2）母公司在报告期内处置子公司在合并资产负债表的反映。在报告期内，如果母公司失去了决定被投资单位的财务和经营政策的能力，不再能够从其经营活动中获取利益，则母公司不再控制被投资单位，被投资单位从本期开始不再是母公司的子公司，即母公司在报告期内处置了公司。母公司处置子公司可能因绝对或相对持股比例变化所产生的，如降低投资比例，也可能由于其他原因不再控制原先的子公司。比如，子公司被政府、人民法院等接管，母公司就失去了对该子公司的控制权。失去控制权也可能由于合同约定所导致，比如，通过法定程序修改原先的子公司的公司章程，限制了母公司对其财务和经营政策的主导权力，使母公司不能再单方面控制该子公司，原先的子公司从处置日开始不再是子公司，不应继续将其纳入合并财务报表的合并范围。

合并报表准则规定，母公司在报告期内处置子公司，编制合并资产负债表时，不应当调整合并资产负债表的期初数。

5. 合并资产负债表的格式

合并报表准则在规定合并资产负债表格式时,综合考虑了企业集团中一般工商企业和金融企业(包括商业银行、保险公司和证券公司等)的财务状况列报的要求,与个别资产负债表的格式基本相同,主要增加了以下四个项目:

一是在“无形资产”项目下增加了“商誉”项目,用于反映非同一控制下企业合并中取得的商誉,即在控股合并下母公司对子公司的长期股权投资(合并成本)大于其在购买日子公司可辨认净资产公允价值份额的差额。

二是在所有者权益项目下增加了“归属于母公司所有者权益合计”项目,用于反映企业集团的所有者权益中归属于母公司所有者权益的部分,包括实收资本(或股本)、资本公积、库存股、盈余公积、未分配利润和外币报表折算差额等项目的金额。

三是在所有者权益项目下,增加了“少数股东权益”项目,用于反映非全资子公司的所有者权益中不属于母公司的份额。

四是在“未分配利润”项目之后,“少数股东权益”项目之前,增加了“外币报表折算差额”项目,用了反映境外经营的资产负债表折算为人民币表示的资产负债表时所发生的折算差额中归属于母公司所有者权益的部分。

(三) 合并利润表的编制

1. 编制合并利润表时应进行抵销处理的项目

合并利润表应当以母公司和子公司的利润表为基础,再抵销母公司与子公司、子公司相互之间发生的内部交易对合并利润表的影响,由母公司合并编制。

利润表作为以单个企业为会计主体进行会计核算的结果,分别从母公司本身和子公司本身反映其在一定会计期间的经营成果。在以其个别利润表为基础计算的收入和费用等项目的加总金额中,也必然包含有重复计算的因素,因此,编制合并利润表时,也需要将这些重复的因素予以剔除。编制合并利润表时需要进行抵销处理的,主要有如下项目:

(1) 内部营业收入和内部营业成本的抵销处理。内部营业收入是指企业集团内部母公司与子公司、子公司相互之间发生的商品销售(或劳务提供,下同)活动所产生的营业收入。内部营业成本是指企业集团内部母公司与子公司、子公司相互之间发生的销售商品的营业成本。

在企业集团内部母公司与子公司、子公司之间发生内部购销交易的情况下,母公司和子公司都从自身的角度,以自身独立的会计主体进行核算反映其损益情况。从销售企业来说,以其内部销售确认当期销售收入并结转相应的销售成本,计算当期内部销售商品损益。从购买企业来说,其购进的商品可能用于对外销售,也可能是作为固定资产、工程物资、在建工程、无形资产等资产使用。在购买企业将内部购进的商品用于对外销售时,可能出现以下三种情况:第一,内部购进商品全部实现对外销售;第二,内部购进的商品全部未实现销售,形成期末存货;第三,内部购进的商品部分实现对外销售、部分形成期末存货。在购买企业将内部购进的商品作为固定资产、工程物资、在建工程、无形资产等资产使用时,则形成其固定资产、工程物资、在建工程、无形资产等资产。因此,对内部销售收入和内部销售成本进行抵销时,应分别不同的情况进行处理。

① 母公司与子公司、子公司相互之间销售商品,期末全部实现对外销售。在这种情况下,从销售企业来说,销售给企业集团内其他企业的商品与销售给企业集团外部企业的情况

下的会计处理相同，即在本期确认销售收入、结转销售成本、计算销售商品损益，并在其个别利润表中反映；对于购买企业来说，一方面要确认向企业集团外部企业的销售收入，另一方面要结转销售内部购进商品的成本，在其个别利润表中分别作为营业收入和营业成本反映，并确认销售损益。这也就是说，对于同一购销业务，在销售企业和购买企业的个别利润表中都作了反映。但从整个企业集团来看，这一购销业务只是实现了一次对外销售，其销售收入只是购买企业向企业集团外部企业销售该产品的销售收入，其销售成本只是销售企业向购买企业销售该商品的成本。销售企业向购买企业销售该商品实现的收入属于内部销售收入，相应地，购买企业向企业集团外部企业销售该商品的销售成本则属于内部销售成本。因此在编制合并利润表时，就必须将重复反映的内部营业收入与内部营业成本予以抵销。抵销分录通常是借记“营业收入”项目，贷记“营业成本”项目。

② 母公司与子公司、子公司之间销售商品，期末未实现对外销售而形成存货的抵销处理。在内部购进的商品未实现对外销售的情况下，其抵销处理参见本章前述有关“存货价值中包含的未实现内部销售损益的抵销”的内容。

③ 母公司与子公司、子公司之间销售商品，期末部分实现对外销售、部分形成期末存货的抵销处理。即内部购进的商品部分实现对外销售、部分形成期末存货的情况，可以将内部购买的商品分解为两部分来理解：一部分为当期购进并全部实现对外销售；另一部分为当期购进但未实现对外销售而形成期末存货。其抵销分录分别是借记“营业收入”项目，贷记“营业成本”项目，同时，借记“营业成本”项目，贷记“存货”项目。

(2) 购买企业内部购进商品作为固定资产、无形资产等资产使用时的抵销处理。企业集团内母公司与子公司、子公司相互之间将自身的产品销售给其他企业作为固定资产(作为无形资产等的处理原则类似)使用的抵销处理，参见本章有关“内部交易形成的固定资产在购入当期的抵销处理”的内容。

(3) 内部应收款项计提的坏账准备等减值准备的抵销处理。编制合并资产负债表时，需要将内部应收账款与应付账款相互抵销，与此相适应需要将内部应收账款计提的坏账准备予以抵销。

(4) 内部投资收益(利息收入)和利息费用的抵销处理。企业集团内部母公司与子公司、子公司相互之间可能相互提供信贷，以及相互持有对方债券的内部交易。在内部提供信贷的情况下，提供贷款的企业(金融企业)确认利息收入，并在其利润表反映为营业收入(利息收入)；而接受贷款的企业则支付利息费用，在其利润表反映为财务费用(本章为了简化合并处理，假定所发生的利息费用全部计入当期损益，不存在资本化的情况)。在持有母公司或子公司发行的企业债券(或公司债券，下同)的情况下，发行债券的企业计付的利息费用作为财务费用处理，并在其个别利润表“财务费用”项目中列示；而持有债券的企业，将购买的债券在其个别资产负债表“持有至到期投资”(本章为简化合并处理，假定购买债券的企业将该债券投资归类为持有至到期投资)项目中列示，当期获得的利息收入则作为投资收益处理，并在其个别利润表“投资收益”项目中列示。在编制合并财务报表时，应当在抵销内部发行的应付债券和持有至到期投资等内部债权债务的同时，将内部应付债券和持有至到期投资相关的利息费用与投资收益(利息收入)相互抵销，即将内部债券投资收益与内部发行债券的利息费用相互抵销。抵销分录是借记“投资收益”项目，贷记“财务费用”项目。

(5) 母公司与子公司、子公司相互之间持有对方长期股权投资的投资收益的抵销处理。

内部投资收益是指母公司对子公司或子公司对母公司、子公司相互之间的长期股权投资的收益，即母公司对子公司的长期股权投资在合并工作底稿中按权益法调整的投资收益，实际上就是子公司当期营业收入减去营业成本和期间费用、所得税费用等后的余额与其持股比例相乘的结果。在子公司为全资子公司的情况下，母公司对某一子公司在合并工作底稿中按权益法调整的投资收益，实际上就是该子公司当期实现的净利润。编制合并利润表时，实际上是将子公司的营业收入、营业成本和期间费用视为母公司本身的营业收入、营业成本和期间费用同等看待，与母公司相应的项目进行合并，是将子公司的净利润还原为营业收入、营业成本和期间费用，也就是将投资收益还原为合并利润表中的营业收入、营业成本和期间费用处理。因此，编制合并利润表时，必须将对子公司长期股权投资收益予以抵销。

由于合并所有者权益变动表中的本年利润分配项目是站在整个企业集团角度，反映对母公司股东和子公司的少数股东的利润分配情况，因此，子公司的个别所有者权益变动表中本年利润分配各项目的金额，包括提取盈余公积、对所有者（或股东）的分配和期末未分配利润的金额都必须予以抵销。在子公司为全资子公司的情况下，子公司本期净利润就是母公司本期对于公司长期股权投资按权益法调整的投资收益。假定子公司期初未分配利润为零，子公司本期净利润就是子公司本期可供分配的利润，是本期子公司利润分配的来源，而子公司本期利润分配[包括提取盈余公积、对所有者（或股东）的分配等]的金额与期末未分配利润的金额则是本期利润分配的结果。母公司对子公司的长期股权投资按权益法调整的投资收益正好与子公司的本年利润分配项目相抵销。在子公司为非全资子公司的情况下，母公司本期对子公司长期股权投资按权益法调整的投资收益与本期少数股东损益之和就是子公司本期净利润，同样假定于公司期初未分配利润为零，母公司本期对子公司长期股权投资按权益法调整的投资收益与本期少数股东损益之和，正好与子公司本年利润分配项目相抵销。

至于子公司个别所有者权益变动表中本年利润分配项目中的“未分配利润——年初”项目，作为子公司以前会计期间净利润的一部分，在全资子公司的情况下已全额包括在母公司以前会计期间按权益法调整的投资收益之中，从而包括在母公司按权益法调整的本期期初未分配利润之中。因此，也应将其予以抵销。从子公司个别所有者权益变动表来看，其期初未分配利润加上本期净利润就是其本期利润分配的来源；而本期利润分配和期末未分配利润则是利润分配的结果。母公司本期对子公司长期股权投资按权益法调整的投资收益和子公司期初未分配利润正好与子公司本年利润分配项目相抵销。在子公司为非全资子公司的情况下，母公司本期对子公司长期股权投资按权益法调整的投资收益、本期少数股东损益和期初未分配利润与子公司本年利润分配项目也正好相抵销。

需要说明的是，在将母公司投资收益等项目与子公司本年利润分配项目抵销时，应将子公司个别所有者权益变动表中提取盈余公积的金额全额抵销，即通过贷记“提取盈余公积”、“对所有者（或股东）的分配”和“未分配利润——年末”项目，将其全部抵销。在当期合并财务报表中不需再将已经抵销的提取盈余公积的金额调整回来。

2. 母公司在报告期内增减子公司在合并利润表中的反映

（1）母公司在报告期内增减子公司在合并利润表中的反映。母公司因追加投资等原因控制了另一个企业即实现了企业合并。根据《企业会计准则第20号——企业合并》的规定，企业合并形成母子公司关系的，母公司应当编制合并日的合并利润表。但是，在企业合并发生当期的期末和以后会计期间，母公司应当根据合并报表准则的规定编制合并利润表。合并报表准则规定，在编制合并利润表时，应当区分同一控制下的企业合并增加的子公司和非同一控制下的企业合并增加的子公司两种情况。

① 同一控制下企业合并增加的子公司，在编制合并利润表时，应当将该子公司合并当期期初至报告期末的收入、费用、利润纳入合并利润表。

② 因非同一控制下企业合并增加的子公司，在编制合并利润表时，应当将该子公司购买日至报告期末的收入、费用、利润纳入合并利润表。

(2) 母公司在报告期内处置子公司在合并利润表的反映。母公司在报告期内处置子公司，应当将该子公司期初至处置日的收入、费用、利润纳入合并利润表。

3. 合并利润表基本格式

合并利润表的格式综合考虑了企业集团中一般工商企业和金融企业(包括商业银行、保险公司和证券公司)的经营成果列报的要求。

与个别利润表的格式基本相同，主要增加了两个项目，即在"净利润"项目下增加"归属于母公司所有者的净利润"和"少数股东损益"两个项目，分别反映净利润中由母公司所有者所享有的份额和非全资子公司当期实现的净利润中属于少数股东权益的份额，即不属于母公司享有的份额。在属于同一控制下企业合并增加的子公司当期的合并利润表中还应在"净利润"项目之下增加"其中：被合并方在合并前实现的净利润"项目，用于反映同一控制下企业合并中取得的被合并方在合并日以前实现的净利润。

4. 子公司发生超额亏损在合并利润表中的反映

合并报表准则规定，子公司少数股东分担的当期亏损超过了少数股东在该子公司期初所有者权益中所享有的份额，其余额应当分别下列情况进行处理：

(1) 公司章程或协议规定少数股东有义务承担，并且少数股东有能力予以弥补的，该项余额应当冲减少数股东权益；

(2) 公司章程或协议未规定少数股东有义务承担的，该项余额应当冲减母公司的所有者权益。该子公司以后期间实现的利润，在弥补了由母公司所有者权益所承担的属于少数股东的损失之前，应当全部归属于母公司的所有者权益。

(四) 合并现金流量表的编制

合并现金流量表是综合反映母公司及其所有子公司组成的企业集团在一定会计期间现金和现金等价物(统称为"现金"，下同)流入和流出的报表。

现金流量表要求按照收付实现制反映企业经济业务所引起的现金流入和流出，其有关经营活动产生的现金流量的编制方法有直接法和间接法两种。《企业会计准则第 31 号——现金流量表》明确规定企业应当采用直接法列示经营活动产生的现金流量。在采用直接法的情况下，以合并利润表有关项目的数据为基础，调整得出本期的现金流入和现金流出：分为经营活动产生的现金流量、投资活动产生的现金流量、筹资活动产生的现金流量三大类，反映企业集团在一定会计期间的现金流量情况。

需要说明的是，某些现金流量在进行抵销处理后，需站在企业集团的角度，重新对其进行分类。比如，母公司持有子公司向其购买商品所开具的商业承兑汇票向商业银行申请贴现，母公司所取得现金在其个别现金流量表反映为经营活动的现金流入，在将该内部商品购销活动所产生的债权与债务抵销后，母公司向商业银行申请贴现取得的现金在合并现金流量表中应重新归类为筹资活动的现金流量列示。

合并现金流量表的编制原理、编制方法和编制程序与合并资产负债表、合并利润表的编制原理、编制方法和编制程序相同。即首先编制合并工作底稿，将母公司和所有子公司的个别现金流量表各项目的数据全部过入同一合并工作底稿；然后根据当期母公司与子公司以及子公司相互之间发生的影响其现金流量增减变动的内部交易，编制相应的抵销分录，通过抵销分录将个别现金流量表中重复反映的现金流入量和现金流出量予以抵销；最后，在此基础上计算出合并现金流量表的各项目的合并金额，并填制合并现金流量表。

合并现金流量表补充资料，既可以以母公司和所有子公司的个别现金流量表为基础，在抵销母公司与子公司、子公司相互之间发生的内部交易对合并现金流量表的影响后进行编制，也可以直接根据合并资产负债表和合并利润表进行编制。

1. 编制合并现金流量表时应进行抵销处理的项目

现金流量表作为以单个企业为会计主体进行会计核算的结果，分别从母公司本身和子公司本身反映其在一定会计期间现金流入和现金流出。在以其个别现金流量表为基础计算的现金流入和现金流出项目的加总金额中，也必然包含有重复计算的因素，因此，编制合并现金流量表时，也需要将这些重复的因素予以剔除。编制合并现金流量表时需要进行抵销处理的项目，主要有如下项目：

(1) 企业集团内部当期以现金投资或收购股权增加的投资所产生的现金流量的抵销处理。母公司直接以现金对子公司进行的长期股权投资或以现金从子公司的其他所有者(即企业集团内的其他子公司)处收购股权，表现为母公司现金流出，在母公司个别现金流量表作为投资活动现金流出列示。子公司接受这一投资(或处置投资)时，表现为现金流入，在其个别现金流量表中反映为筹资活动的现金流入(或投资活动的现金流入)。从企业集团整体来看，母公司以现金对子公司进行的长期股权投资实际上相当于母公司将资本拨付下属核算单位，并不引起整个企业集团的现金流量的增减变动。因此，编制合并现金流量表时，应当在母公司与子公司现金流量表数据简单相加的基础上，将母公司当期以现金对子公司长期股权投资所产生的现金流量予以抵销。

(2) 企业集团内部当期取得投资收益收到的现金与分配股利、利润或偿付利息支付的现金的抵销处理。母公司对子公司进行的长期股权投资和债权投资，在持有期间收到子公司分派的现金股利(利润)或债券利息，表现为现金流入，在母公司个别现金流量表中作为取得投资收益收到的现金列示。子公司向母公司分派现金股利(利润)或支付债券利息，表现为现金流出，在其个别现金流量表中反映为分配股利、利润或偿付利息支付的现金。从整个企业集团来看，这种投资收益的现金收支，并不引起整个企业集团的现金流量的增减变动。因此，编制合并现金流量表时，应当在母公司与子公司现金流量表数据简单相加的基础上，将母公司当期取得投资收益收到的现金与子公司分配股利、利润或偿付利息支付的现金予以抵销。

(3) 企业集团内部以现金结算债权与债务所产生的现金流量的抵销处理。母公司与子公司、子公司相互之间当期以现金结算应收账款或应付账款等债权与债务，表现为现金流入或现金流出，在母公司个别现金流量表中作为收到其他与经营活动有关的现金或支付其他与经营活动有关的现金列示，在子公司个别现金流量表中作为支付其他与经营活动有关的现金或收到其他与经营活动有关的现金列示。从整个企业集团来看，这种现金结算债权与债务,并不引起整个企业集团的现金流量的增减变动。因此,编制合并现金流量表时,应当在母公司与子公司现金流量表数据简单相加的基础上,将母公司当期以现金结算债权与债务所产生的现金流量予以抵销。

(4) 企业集团内部当期销售商品所产生的现金流量的抵销处理。母公司向子公司当期销售商品(或子公司向母公司销售商品或子公司相互之间销售商品,下同)所收到的现金,表现为现金流入,在母公司个别现金流量表中作为销售商品、提供劳务收到的现金列示。子公司向母公司支付购货款,表现为现金流出,在其个别现金流量表中反映为购买商品、接受劳务支付的现金。从整个企业集团来看,这种内部商品购销现金收支,并不会引起整个企业集团的现金流量的增减变动。因此,编制合并现金流量表时,应当在母公司与子公司现金流量表数据简单相加的基础上,将母公司与子公司、子公司相互之间当期销售商品所产生的现金流量予以抵销。

(5) 企业集团内部处置固定资产等收回的现金净额与购建固定资产等支付的现金的抵销处理。母公司向子公司处置固定资产等长期资产,表现为现金流入,在母公司个别现金流量表中作为处置固定资产、无形资产和其他长期资产收回的现金净额列示。子公司表现为现金流出,在其个别现金流量表中反映为购建固定资产、无形资产和其他长期资产支付的现金。从整个企业集团来看,这种固定资产处置与购置的现金收支,并不会引起整个企业集团的现金流量的增减变动。因此,编制合并现金流量表时,应当在母公司与子公司现金流量表数据简单相加的基础上,将母公司与子公司、子公司相互之间处置固定资产、无形资产和其他长期资产收到的现金净额与购建固定资产、无形资产和其他长期资产支付的现金相互抵销。

2. 母公司在报告期内增减子公司在合并现金流量表中的反映

(1) 母公司在报告期内增加子公司在合并现金流量表中的反映。母公司因追加投资等原因控制了另一个企业即实现了企业合并。根据《企业会计准则第 20 号——企业合并》的规定,企业合并形成母子公司关系的,母公司应当编制合并日的合并现金流量表。但是,在企业合并发生当期的期末和以后会计期间,母公司应当根据合并报表准则的规定编制合并现金流量表。合并报表准则规定,在编制合并现金流量表时,应当区分同一控制下的企业合并增加的子公司和非同一控制下的企业合并增加的子公司两种情况。

① 因同一控制下企业合并增加的子公司,在编制合并现金流量表时,应当将该子公司合并当期期初至报告期末的现金流量纳入合并现金流量表。

② 因非同一控制下企业合并增加的子公司,在编制合并现金流量表时,应当将该子公司购买日至报告期末的现金流量纳入合并现金流量表。

(2) 母公司在报告期内处置子公司在合并现金流量表的反映。母公司在报告期内处置子公司,应将该子公司期初至处置日的现金流量纳入合并现金流量表。

3. 合并现金流量表中有关少数股东权益项目的反映

合并现金流量表编制与个别现金流量表相比,一个特殊的问题就是在于公司为非全资子公司的情况下,涉及子公司与其少数股东之间的现金流入和现金流出的处理问题。

对于子公司与少数股东之间发生的现金流入和现金流出,从整个企业集团来看,也影响到其整体的现金流入和流出数量的增减变动,必须在合并现金流量表中予以反映。子公司与少数股东之间发生的影响现金流入和现金流出的经济业务包括:少数股东对子公司增加权益性投资、少数股东依法从子公司中抽回权益性投资、子公司向其少数股东支付现金股利或利润等。为了便于企业集团合并财务报表使用者了解掌握企业集团现金流量的情况，有必要将与子公司与少数股东之间的现金流入和现金流出的情况单独予以反映。

对于子公司的少数股东增加在子公司中的权益性投资，在合并现金流量表中应当在“筹资活动产生的现金流量”之下的“吸收投资收到的现金”项目下“其中：子公司吸收少数股东投资收到的现金”项目反映。

对于子公司向少数股东支付现金股利或利润，在合并现金流量表中应当在“筹资活动产生的现金流量”之下的“分配股利、利润或偿付利息支付的现金”项目下“其中：子公司支付给少数股东的股利、利润”项目反映。

对于子公司的少数股东依法抽回在子公司中的权益性投资，在合并现金流量表应当在“筹资活动产生的现金流量”之下的“支付其他与筹资活动有关的现金”项目反映。

4. 合并现金流量表的格式

合并现金流量表的格式综合考虑了企业集团中一般工商企业和金融企业（包括商业银行、保险公司和证券公司）的现金流入和现金流出列报的要求，与个别现金流量表的格式基本相同，主要增加了反映金融企业行业特点和经营活动现金流量项目。

（五）合并所有者权益变动表的编制

合并所有者权益变动表是反映构成企业集团所有者权益的各组成部分当期的增减变动情况的财务报表。

合并报表准则规定，合并所有者权益变动表应当以母公司和子公司的所有者权益变动表为基础，在抵销母公司与子公司、子公司相互之间发生的内部交易对合并所有者权益变动表的影响后，由母公司合并编制。合并所有者权益变动表也可以根据合并资产负债表和合并利润表进行编制。

所有者权益变动表作为以单个企业为会计主体进行会计核算的结果，分别从母公司本身和子公司本身反映其在一定会计期间所有者权益构成及其变动情况。在以其个别所有者权益变动表为基础计算的各所有者权益构成项目的加总金额中，也必然包含重复计算的因素，因此，编制合并所有者权益变动表时，也需要将这些重复的因素予以剔除。

编制合并所有者权益变动表时需要进行抵销处理的项目，主要有如下项目：

(1) 母公司对子公司的长期股权投资与母公司在子公司所有者权益中所享有的份额相互抵销。

(2) 母公司对子公司、子公司相互之间持有对方长期股权投资的投资收益应当相互抵销。

合并所有者权益变动表的格式与个别所有者权益变动表的格式基本相同。所不同的只是在子公司存在少数股东的情况下，合并所有者权益变动表增加“少数股东权益”栏目，用于反映少数股东权益变动的情况。

第四节　矿业集团财务报表附注

一、财务报表附注概述

财务报表附注是财务报表的重要组成部分，是对财务报表中列示项目的文字描述或明细资料，以及对未能在这些报表中列示项目的说明等。

附注披露会计信息的一般顺序是：① 企业基本情况，包括企业注册地、组织形式和总部地址，企业的业务性质和主要经营活动，母公司以及集团最终母公司的名称，财务报告的批准报出者和财务报告批准报出日；② 财务报表的编制基础；③ 遵循企业会计准则的声明；④ 重要会计政策的说明，包括财务报表项目的计量基础和会计政策的确定依据等；⑤ 重要会计估计的说明，包括下一会计期间内很可能导致资产和负债账面价值重大调整的会计估计的确定依据等；⑥ 会计政策和会计估计变更以及差错更正的说明；⑦ 对已在资产负债表、利润表、所有者权益变动表和现金流量表中列示的重要项目的进一步说明，包括终止经营税后利润的金额及其构成情况等；⑨ 或有和承诺事项、资产负债表日后非调整事项、关联方关系及其交易等需要说明的事项。

企业还应当在附注中披露在资产负债表日后、财务报表批准报出日前提议或宣布发放的股利总额和每股股利金额（或分配给投资者的利润总额）。

二、报表重要项目披露的内容和格式

企业对报表重要项目的说明，应当按照资产负债表、利润表、现金流量表、所有者权益变动表及其项目列示的顺序，采用文字和数字描述相结合的方式进行披露。报表重要项目的明细金额合计，应当与报表项目金额相衔接。

（一）资产负债表重要项目的披露

资产负债表重要项目有：交易性金融资产、应收款项、存货、债权投资、其他债权投资、其他权益工具、长期股权投资、投资性房地产、固定资产、生产性生物资产和公益性生物资产、油气资产、无形资产、商誉、递延所得税资产和递延所得税负债、资产减值准备、交易性金融负债、职工薪酬、应交税费、短期借款和长期借款、长期应付款、其他资产、专项储备。其通用格式有“附注的余额披露格式”、“附注的增减余额披露格式”两种。

（二）利润表重要项目的披露

利润表重要项目有：营业收入、公允价值变动收益、投资收益、资产减值损失、营业外收入、营业外支出、所得税费用、每股收益等。企业还要披露与利润表相关的“分部报告”情况。这些项目的披露通常采用“发生额附注格式”。

（三）现金流量表重要项目的披露

现金流量表重要项目有：现金流量表补充资料（见表 13-4）、取得或处置子公司的有关信息、现金和现金等价物等。

（四）其他重要事项的披露

其他重要事项有：政府补助、股份支付、债务重组、借款费用、企业合并、租赁、或有事项、资产负债表日后事项、关联方关系及其交易、终止经营等。

三、财务报表重要项目的具体披露

（一）分部报告

1. 分部报告的内容

分部报告主要通过分部报表来反映。分部报表是反映企业各行业、各地区营业收入、营业费用、营业利润、资产总额以及负债总额的情况的报表。它是利润表的附表。企业应该既按业务分部编制分部报表，又要按地区分部编制分部报表。企业应当区分主要报告形式和次要报告形式披露分部信息。

(1) 风险和报酬主要受企业的产品和劳务差异影响的,披露分部信息的主要形式应当是业务分部,次要形式是地区分部。

(2) 风险和报酬主要受企业在不同的国家或地区经营活动影响的,披露分部信息的主要形式应当是地区分部,次要形式是业务分部。

(3) 风险和报酬同时较大地受企业产品和劳务的差异以及经营活动所在国家或地区差异影响的,披露分部信息的主要形式应当是业务分部,次要形式是地区分部。

对于主要报告形式,企业应当在附注中披露分部收入、分部费用、分部利润(亏损)、分部资产总额和分部负债总额等。

企业提供分部报告的目的,在于评估不同因素对企业的影响,以便更好地了解企业以往的经营业绩,并对未来的发展趋势作出合理的预测和判断。

2. 分部报表的编制及有关说明

(1) 分部报表"项目"栏,应按业务分部和地区分部分别编制。业务分部是指企业内可区分的组成部分,该组成部分提供单项产品或劳务,或一组相关的产品或劳务,并且承担着不同于其他业务分部所承担的风险和回报。

地区分部是指企业内可区分的组成部分,该组成部分在一个特定的经济环境内提供产品或劳务,并且承担着不同于在其他经济环境中经营的组成部分所承担的风险和回报。

如果两个或多个本质上相似的业务分部或地区分部,可以合并为单一的业务分部和地区分部。企业应当根据本企业的具体情况,制定适合于本企业的业务分部、地区分部的分部原则,并且一贯性地遵循这一原则。如随着情况的变化而作出调整的,应在会计报表附注中予以说明,并且提供调整后的比较分部报表。

分部报表"抵销"栏,反映各分部间销售所应抵销的收入、成本等。

(2) 纳入分部报表编制的范围。满足下列三个条件之一的,应当纳入分部报表编制的范围:

一是分部营业收入占所有分部营业收入合计的10%或以上。这里的营业收入包括主营业务收入和其他业务收入,下同;

二是分部利润或亏损的绝对额,占所有盈利分部利润合计额或者所有亏损分部亏损额的绝对额两者中较大者的10%或者以上;

三是分部资产总额占所有分部资产总额合计的10%或以上。

如果按上述条件纳入分部报表范围的各个分部对外营业收入总额低于企业全部营业收入总额75%的,应将更多的分部纳入分部报表编制范围(即使未满足上述条件),以至少达到编制的分部报表各个分部对外营业收入总额占企业全部营业收入总额的75%及以上。

纳入分部报表的各个分部最多为10个,如果超过,应将相关的分部予以合并反映;如果某一分部的对外营业收入总额占企业全部营业收入总额90%及以上的,则不需编制分部报表。

如果前期某一分部未满足上述三个条件之一而未纳入分部报表编制范围,本期因经营状况改变等原因达到上述条件而应纳入分部报表编制范围的,为可比起见,应对上年度的数字进行调整后填入"上年"数栏。

(3) 分部报表中有关项目的解释。① 营业收入项目。分部报表所称的"对外交易收入",是指各业务分部对整个企业以外的单位销售所产生的营业收入;"分部间交易收入",是指各个业务分部与其他业务分部销售业务所产生的营业收入。② 营业费用项目。营业费用是企业营业过程发生的全部费用，包括营业成本、税金及附加、销售费用、管理费用、财务费用、资产减值损失、公允价值变动收益和投资收益等。企业平时核算应分别核算各种商品或劳务的收入、成本和税附。对其他期间费用可以按照对外营业收入占全部业务（或地区）分部营业收入总额的比例进行分配。③ 分部资产总额。分部资产总额是指分部在其经营活动中使用的，并可直接归属于该分部的资产总额。④ 分部负债总额。分部负债总额是指分部的经营活动形成的，并可直接归属于该分部的负债总额。

（二）营业收入附表

营业收入附表是反映企业一定会计期间主营业务收入、其他业务收入实现情况的报表。它是利润表的附表。编制该表能分析企业收入变动对当期利润的影响，为企业未来发展提供决策。本表根据主营业务收入、其他业务收入账户本期累计发生额填列。

（三）应收款项附表

应收款项附表是反映企业一定会计期间应收账款、应收票据、预付账款、其他应收款、长期应收款年初期末余额情况的报表。它是资产负债表的附表。编制该表能分析企业各项应收款项的余额及其变动情况，为企业制定赊销政策提供依据。本表根据应收款项明细账余额分析填列填列。

（四）存货附表

存货附表是反映企业一定会计期间各类存货价值增减变动情况的报表。它是资产负债表的附表。编制该表能分析企业各类存货增减变动情况，为企业生产经营提供决策依据。本表根据各类存货明细账分析填列。

（五）存货跌价准备附表

存货跌价准备附表是反映企业一定会计期间资产存货跌价增减变动情况的报表。它是资产负债表的附表。编制该表能分析企业各类存货（含建造合同形成的资产）跌价情况，为企业存货的采购、生产、销售提供决策依据。

（六）短期借款和长期借款附表

短期借款和长期借款附表是反映企业一定会计期间各种借款年初期末变动情况的报表。它是资产负债表的附表。编制该表能分析企业各种借款尚未偿还及其余额变动情况，为企业筹措和合理使用资金提供依据。其格式见表 13-16。本表根据各种借款明细账分析填列。

（七）应交税费附表

为了反映企业各种税金和教育费附加的欠交等情况，企业应按月编制“应交税费附表”。该表是资产负债表中“应交税费”项目主要内容的附表。它根据应交税费明细账期初期末余额填列。

（八）资产减值准备附表

资产减值准备附表是反映企业一定会计期间资产减值准备增减变动情况的报表。它是资产负债表的附表。编制该表能分析减值情况，预测未来前景，以供决策。

（九）减值损失附表

反映企业一定会计期间信用减值损失和资产减值损失的附表，是利润表的附表。编制该表能分析企业信用减值损失、资产减值损失对当期利润的影响，预测未来前景，以供决策。

（十）应付职工薪酬附表

应付职工薪酬附表是反映企业一定会计期间应付职工薪酬变动情况的报表。它是资产负债表的附表。编制该表能分析企业职工薪酬增减变动情况，为企业分析成本、利润提供依据。本表根据应付职工薪酬明细账分析填列。

（十一）固定资产附表

固定资产附表是反映企业一定会计期间固定资产原价、累计折旧、固定资产减值、固定资产账面价值增减变动情况的报表。它是资产负债表的附表。编制该表能分析企业固定资产增减变动情况，为企业可持续发展提供决策依据。本表根据固定资产及折旧明细账分析填列。

（十二）无形资产附表

无形资产附表是反映企业一定会计期间无形资产原值、累计摊销、无形资产减值、无形资产账面价值增减变动情况的报表。它是资产负债表的附表。编制该表能分析企业无形资产增减变动情况，为企业可持续发展提供决策依据。本表根据无形资产明细账、累计摊销明细账分析填列。

（十三）营业外收支附表

营业外收支附表是反映企业一定会计期间与日常营业无直接关系的收入和支出情况的报表。它是利润表的附表。编制该表能分析企业直接计入当期利润的利得和损失，为评价企业经营者业绩提供依据。该表根据营业外收支明细账发生额及上期本表分析填列。

（十四）递延所得税资产和递延所得税负债附表

递延所得税资产和递延所得税负债附表是反映企业一定会计期间会计应税收益与税法纳税所得发生暂时性差异需要递延处理所得税情况的报表。它是资产负债表的附表。编制该表能分析企业需要递延处理的所得税情况，为企业纳税提供依据。该表根据递延所得税资产和递延所得税负债明细账余额分析填列。

（十五）现金及现金等价物附表

现金及现金等价物附表是反映企业一定会计期间现金及现金等价物结余情况的报表。它是现金流量表的附表。编制该表能分析企业随时可以动用的货币资金情况，为企业货币资金收回决策提供依据。该表根据现金日记账、银行存款日记账和其他货币资金明细账余额及上期本表分析填列。

（十六）取得或处置子公司及其他营业单位附表

取得或处置子公司及其他营业单位附表是反映企业一定会计期间取得或处置子公司及其他营业单位资产、负债及其净资产情况的报表。

（十七）发行在外的优先股、永续债等金融工具情况及变动表

企业应当在财务报表附注中增加单独附注项目，披露发行在外的所有归类为权益工具或金融负债的优先股、永续债等金融工具的详细情况。

第五节　财务评价指标的计算

我国 2007 年 1 月 1 日实施的《企业财务通则》规定：“主管财政机关应当建立健全企业财务评价体系，主要评估企业内部财务控制的有效性，评价企业的偿债能力、盈利能力、资产

营运能力、发展能力和社会贡献。评估和评价的结果可以通过适当方式向社会发布”。2022年，国务院国资委考核分配局根据《中央企业综合绩效评价管理办法》(国务院国资委令第14号)编制了《企业绩效评价标准值》，规定评价企业综合绩效的财务指标共22项指标，本办法结合《企业财务通则》和央企综合绩效评价规定确定以下财务评价指标：

1. 流动比率

流动比率是企业流动资产总额对流动负债总额的比例。计算公式如下：

$$流动比率=\frac{流动资产}{流动负债}\times 100\%$$

2. 速动比率

速动比率是速动资产对流动负债的比率。速动资产是指货币资金以及在短期内能立即变现的其他各种流动资产的总称，包括货币资金、交易性金融资产中有价证券(指可以到证券公司或证券交易所立即出售变现的债券、股票、基金和权证)、应收票据、应收账款、其他应收款等。速动比率的计算公式如下：

$$速动比率=\frac{速动资产}{流动负债}\times 100\%=\frac{流动资产-存货}{流动负债}\times 100\%$$

3. 资产负债率

资产负债率是指企业负债总额对全部资产总额的比率。其计算公式如下：

$$资产负债率=\frac{负债总额}{资产总额}\times 100\%$$

4. 应收账款周转率

应收账款周转率是指营业总收入与应收账款平均余额的比例。计算公式如下：

$$应收账款周转率=\frac{营业总收入}{应收账款平均余额}$$

$$\begin{matrix}应收账款\\平均余额\end{matrix}=\left[\left(\begin{matrix}年初应收\\账款净额\end{matrix}+\begin{matrix}年初应收账\\款坏账准备\end{matrix}\right)+\left(\begin{matrix}年末应收\\账款净额\end{matrix}+\begin{matrix}年末应收账\\款坏账准备\end{matrix}\right)\right]\div 2$$

5. 存货周转率

存货周转率是指营业成本与存货平均余额的比例。公式如下(用利润表和资产负债表中数据计算)：

$$存货周转率=\frac{营业成本}{存货平均余额}$$

6. 资本收益率

资本收益率是指企业一定期间内实现的净利润与平均资本的比例。计算公式如下：

$$资本收益率=\frac{净利润}{平均资本}\times 100\%$$

$$平均资本=[(实收资本年初数+资本公积年初数)+(实收资本年末数+资本公积年末数)]\div 2$$

其中，“资本公积”仅指“资本溢价”。

7. 销售利润率

销售利润率，又称营业收入利润率，是指企业一定期内实现的利润总额与营业收入的比例。其计算公式如下：

$$营业收入利润率=\frac{利润总额}{营业收入}\times 100\%$$

8. 成本费用利润率

成本费用利润率是指企业一定期间内利润总额与成本费用的比例。它同营业收入利润率的主要不同点在于：它是从耗费的角度来看企业的创利水平。计算公式如下：

$$\text{成本费用利润率}=\frac{\text{利润总额}}{\text{成本费用总额}}\times 100\%$$

$$=\frac{\text{利润总额}}{\text{营业成本}+\text{税金及附加}+\text{销售费用}+\text{管理费用}+\text{研发费用}+\text{财务费用}}\times 100\%$$

9. 总资产报酬率

总资产报酬率是反映企业全部资产获取收益能力的指标。计算公式如下：

$$\text{总资产报酬率}=\frac{\text{息税前利润}}{\text{平均资产总额}}\times 100\%$$

$$\text{息税前利润}=\text{利润总额}+\text{利息费用}$$

公式中"利息费用"本应该包括计入"财务费用"科目的利息支出和计入固定资产价值的利息支出两部分，但后者难以取得，则"利息费用"仅指计入财务费用的利息费用。

10. 净资产收益率

净资产收益率是归属于母公司所有者的净利润与平均归属于母公司的所有者权益的比率。计算公式如下：

$$\text{净资产报酬率}=\frac{\text{归属于母公司所有者的净利润}}{\text{平均归属于母公司的所有者权益}}\times 100\%$$

11. 资本保值增值率

资本保值增值率是反映投资者投入企业资本的完整和保全程度的指标。计算公式如下：

$$\text{资本保值增值率}=\frac{\text{扣除客观因素后的年末所有者权益}}{\text{年初所有者权益}}\times 100\%$$

若分子为"年末所有者权益"，则为"账面资本保值增值率"。

12. 已获利息倍数

已获利息倍数是利润总额与利息费用之和与利息费用的比例。计算公式如下：

$$\text{已获利息倍数}=\frac{\text{息税前利润}}{\text{财务费用下的利息费用}}\times 100\%=\frac{\text{利润总额}+\text{财务费用下的利息费用}}{\text{财务费用下的利息费用}}\times 100\%$$

13. 或有负债比率

或有负债比率是或有负债余额与所有者权益总额的比率。计算公式如下：

$$\text{或有负债比率}=\frac{\text{或有负债余额}}{\text{所有者权益}}\times 100\%$$

$$\text{或有负债余额}=\text{已贴现承兑汇票}+\text{担保余额}+\text{贴现与担保外的被诉事项金额}+\text{其他或有负债}$$

14. 带息负债比率

带息负债比率是带息负债总额与负债总额比率。计算公式如下：

$$\text{带息负债比率}=\frac{\text{年末带息负债}}{\text{负债总额}}\times 100\%$$

带息负债总额＝短期借款＋一年内到期的非流动负债＋交易性金融负债＋

其他带息流动负债＋长期借款＋应付债券＋其他带息非流动负债

15. 总资产周转率

总资产周转率是指企业一定时期营业总收入与平均资产总额之比。计算公式如下：

$$总资产周转率=\frac{营业总收入}{平均资产总额}$$

16. 盈余现金保障倍数

盈余现金保障倍数是企业经营活动产生的现金净流量与净利润的比率。计算公式如下：

$$盈余现金保障倍数=\frac{经营现金净流量}{净利润}$$

17. 不良资产比率

不良资产比率是企业不良资产总额与企业资产总额的比率。计算公式如下：

$$不良资产比率=\frac{年末不良资产总额}{资产总额+资产减值准备余额}\times 100\%$$

$$年末不良资产总额=资产减值准备余额+应提未提和应摊未摊的潜亏挂账+未处理资产损失$$

18. 流动资产周转率

流动资产周转率是营业收入总额与平均流动资产总额的比率。计算公式如下：

$$流动资产周转率=\frac{营业总收入}{平均流动资产总额}$$

19. 资产现金回收率

资产现金回收率是企业经营活动产生的现金净流量与平均资产总额的比率。计算公式如下：

$$资产现金回收率=\frac{经营现金净流量}{平均资产总额}\times 100\%$$

20. 营业收入增长率

营业收入增长率是本年营业收入增长额与上年营业收入总额的比率。计算公式如下：

$$营业收入增长率=\frac{本年营业收入增长额}{上年营业总收入}\times 100\%$$

21. 净利润增长率

净利润增长率是本年净利润增长额与上年净利润的比率。计算公式如下：

$$净利润增长率=\frac{本年净利润增长额}{上年净利润}\times 100\%$$

22. 固定资产增长率

固定资产增长率是本年固定资产增长额与上年末固定资产总额的比率。计算公式如下：

$$固定资产增长率=\frac{本年固定资产增长额}{年初固定资产总额}\times 100\%$$

23. 总资产增长率

总资产增长率是本年总资产增长额与年初资产总额的比率。计算公式如下：

$$总资产增长率=\frac{本年总资产增长额}{年初总资产总额}\times 100\%$$

24. 研发经费投入强度

研发经费投入强度是指当年研发经费投入合计与营业总收入的比率。计算公式如下：

$$研发经费投入强度=\frac{本年研发经费投入合计}{营业总收入}\times 100\%$$

25. 资本积累率

资本积累率是本年所有者权益增长额与年初所有者权益的比率。计算公式如下：

$$资本积累率=\frac{年末所有者权益-年初所有者权益}{年初所有者权益}\times 100\%$$

附录一 煤炭企业会计科目表

煤炭企业会计科目表

会计科目编号	一级科目	二级科目
	一、资产类	
1001	库存现金	
1002	银行存款	
100201		按行分账号设置明细
1004	资金结算中心存款	（集团下属单位结算中心专用）
100401		按账号设置明细
1005	内部单位借款	（集团下属单位结算中心专用）
100501		按内部存款单位设置明细
1012	其他货币资金	
101201		外埠存款
101202		银行本票
101203		银行汇票
101204		信用卡存款
101205		信用证存款
101206		存出投资款
101207		微信
101208		支付宝
101209		银行承兑汇票保证金
101210		保函保证金
1101	交易性金融资产	
110101		债券名称
11010101		成本
11010102		公允价值变动
110102		股票名称
11010201		成本
11010202		公允价值变动
110103		基金名称
11010301		成本
11010302		公允价值变动
110104		权证名称

续表

会计科目编号	一级科目	二级科目
11010401		成本
11010402		公允价值变动
110105		其他
11010501		成本
11010502		公允价值变动
1121	应收票据	
112101		银行承兑汇票
112102		商业承兑汇票
1122	应收账款	
112201		煤款
112202		材料
112203		外转供电
112204		工程及劳务
112205		其他产品
1123	预付账款	
112301		预付物资采购款项
112302		预付工程劳务款项
112303		其他
1131	应收股利	
113101		按被股权投资单位设置明细
1132	应收利息	
113201		按被债权投资单位设置明细
1136	内部往来	
113601		集团公司本部往来
113602		集团公司分公司往来
113603		子公司往来
1137	所属应交利润	按单位
1221	其他应收款	
122101		备用金
122102		应收赔款
122103		应收各种押金
122104		应收垫付款项
122105		专项应收款
12210501		售房存款
1221050101		本金
1221050102		利息

续表

会计科目编号	一级科目	二级科目
12210502		维修基金
1221050201		本金
1221050202		利息
122106		应收全民多种经营
122107		应收集团外单位
122108		应收个人
122109		应收出租包装物租金
122110		存出保证金
122111		应收补贴款
122112		质量保证金
122113		履约保证金
122114		投保保证金
122115		其他
1231	坏账准备	
123101		全额提取
123102		非全额提取
12310201		当年发生的应收款项
12310202		计划重组的应收款项
12310203		与关联方发生的应收款项
12310204		其他
1304	贷款损失准备	
1401	材料采购	
140101		在途
140102		其他
1402	在途物资	
1403	原材料	
1411	包装物	
141101		在库
141102		在用
141103		摊销
1412	低值易耗品	
141201		在库
141202		在用
141203		摊销
1404	材料成本差异	
1412	自制半成品	

续表

会计科目编号	一级科目	二级科目
1405	库存商品	
140501		煤炭产品
14050101		原选煤
1405010101		块煤
1405010102		其他选煤
14050102		洗煤
1405010201		洗精煤
140501020101		冶炼精煤
140501020102		其他精煤
1405010202		洗块煤
1405010203		其他洗煤
140501020301		洗混煤
140501020302		煤泥
14050103		其他
1405010301		港口集散
1405010302		低劣质煤
1405010303		沸腾煤
1405010304		其他
140502		非煤产品
14050201		机械产品
1405020101		成套设备
1405020102		备品配件
1405020103		代制代修
1405020104		其他
14050202		其他产品
1405020201		电力
1405020202		工程勘探
1405020203		冶炼
1405020204		其他
14050203		商品销售
1405020301		材料销售
1405020302		外购煤炭
1405020303		其他
14050204		其他商品
1405020401		材料销售
1405020402		其他

续表

会计科目编号	一级科目	二级科目
14050205		农产品
14050206		开发产品
1407	商品进销差价	
1408	委托加工物资	
1321	受托代销商品	按单位设置明细
1322	委托代销商品	按单位设置明细
1406	发出商品	按购货单位、商品类别和品种设置明细
1421	消耗性生物资产	
1422	消耗性生物资产跌价准备	
1423	持有待售资产	
142301		按待售类别
1461	融资租赁资产	
146101		房屋建筑物
146102		动力设备
146103		传导设备
146104		生产设备
146105		综采设备
146106		运输设备
146107		工具仪器
146108		文化生活用品
146109		医疗设备
146110		其他
1462	应收融资租赁款	
146201		按资产类别和项目
14620101		租赁收款额
14620102		未实现融资收益
14620103		未担保余值
1663	应收融资租赁款减值准备	
1471	存货跌价准备	
1501	债权投资	
150101		债券名称
15010101		面值
15010102		利息调整
15010103		应计利息
150102		委托贷款
15010201		成本

续表

会计科目编号	一级科目	二级科目
15010202		应计利息
1502	债权投资减值准备	
150201		按类别和品种设置
1503	其他债权投资	
150301		债权名称
15030101		成本
15030102		利息调整
15030103		公允价值变动
1504	其他权益工具投资	
150401		工具名称
15040101		成本
15040102		公允价值变动
1511	长期股权投资	
151101		股票股权投资
15110101		成本
15110102		损益调整
15110103		其他权益变动
151102		成本股权投资
15110201		成本
15110202		损益调整
1512	长期股权投资减值准备	
151201		按被投资单位设置明细
1518	继续涉入资产	
1521	投资性房地产	
152101		按类别和项目设置
15210101		成本
15210102		公允价值变动
1522	投资性房地产累计摊销	
1523	投资性房地产累计折旧	
1524	投资性房地产减值准备	
1531	长期应收款	
1601	固定资产	
160101		生产经营用
16010101		房屋
16010102		地面建筑物
16010103		矿井建筑物

续表

会计科目编号	一级科目	二级科目
16010104		动力设备
16010105		传导设备
16010106		生产设备
16010107		综采设备
16010108		运输设备
16010109		工具仪器
160102		非生产经营用
16010201		房屋
1601020101		公有住房
1601020102		校舍
1601020103		其他
16010202		建筑物
16010203		文化生活用品
16010204		医疗设备
16010205		其他
160103		租出固定资产
160104		未使用固定资产
160105		不需用固定资产
160106		土地
160107		一次折旧固定资产
160108		超龄使用固定资产
16010801		矿井建筑物
16010802		其他固定资产
1602	累计折旧	
160201		生产经营用
16020101		房屋
16020102		建筑物
16020103		矿井建筑物
16020104		动力设备
16020105		传导设备
16020106		生产设备
16020107		综采设备
16020108		运输设备
16020109		工具仪器
160202		非生产经营用
16020201		房屋

续表

会计科目编号	一级科目	二级科目
1602020101		公有住房
1602020102		校舍
1602020103		其他
16020202		建筑物
16020203		文化生活用品
16020204		医疗设备
16020205		其他
160203		租出固定资产
160204		未使用固定资产
160205		不需用固定资产
160206		一次折旧固定资产
1603	固定资产减值准备	
160301		按固定资产分类设明细
1605	工程物资	
160501		专用材料
160502		专用设备
160503		预付大型设备款
160504		工具及器具
1604	在建工程	
160401		待摊支出
160402		矿厂维简工程
16040201		开拓延深工程
1604020101		建安工程
1604020102		设备支出
16040202		安全技措工程
1604020201		建安工程
16040203		环节改造工程
1604020301		建安工程
1604040302		设备支出
16040204		提高煤质工程
1604020401		建安工程
1604020402		设备支出
16040205		单项工程
1604020501		建安工程
1604040202		设备支出
16040206		小型技措工程

续表

会计科目编号	一级科目	二级科目
16040207		设备更新
16040208		综采设备
160403		安全工程
16040301		通风设备支出
16040302		瓦斯监测与抽放系统支出
16040303		防治煤与瓦斯突出支出
16040304		防灭火支出
16040305		防治水支出
16040306		机电设备安全防护支出
16040307		供配电系统安全防护支出
16040308		运输(提升)系统安全防护支出
16040309		防尘系统支出
16040310		其他安全生产支出
160404		环境治理工程
16040401		矿井废水治理支出
16040402		煤矸石治理支出
16040403		废气排放治理支出
16040404		地质灾害治理支出
16040405		自然生态恢复支出
160405		其他单项工程
1606	固定资产清理	
160601		按项目设置
1607	在建工程减值准备	
160701		按项目设置明细
1621	生产性生物资产	
162101	未成熟生产性生物资产	
162102	成熟生产性生物资产	
1622	生产性生物资产累计折旧	
1623	公益性生物资产	
1624	生产性生物资产减值准备	
1651	使用权资产	
165101		租入固定资产
1652	使用权资产累计折旧	
1653	使用权资产减值准备	
1701	无形资产	
170101		土地使用权

续表

会计科目编号	一级科目	二级科目
170102		专利权
170103		非专利技术
170104		商标权
170105		著作权
170106		探矿权
17010601		探矿权价款
17010602		探矿权使用费
170107		采矿权
17010701		采矿权价款
17010702		采矿权使用费
170108		其他
1702	累计摊销	
170201		按项目设置明细
1703	无形资产减值准备	
170301		按项目设置明细
1711	商誉	
1712	商誉减值准备	
1801	长期待摊费用	
180101		租入固定资产改良支出
180102		环境治理补偿费
180103		其他
1811	递延所得税资产	
1901	待处理资产损溢	
190101		待处理流动资产损溢
190102		待处理非流动资产损溢
二、负债类		
2001	短期借款	
200101		按融资单位设置明细
2101	交易性金融负债	
210101		交易性债券
210102		衍生金融负债
210103		其他
2102	资金结算中心借款	(矿业集团所属单位专用)
210201		按账号设置明细
2103	内部单位借款	(矿业集团资金结算中心专用)
21301		按内部借款单位设置明细

续表

会计科目编号	一级科目	二级科目
2201	应付票据	
220101		银行承兑汇票
22010101		按收款人设置明细
220102		商业承兑汇票
22010201		按收款人设置明细
2202	应付账款	
220201		应付物资采购款
220202		应付工程款
220203		应付劳务款
220204		暂估应付账款
220205		债务重组
220206		其他产品
2203	预收账款	
220301		煤款
220302		材料
220303		外转供电
220304		工程及劳务
220305		其他产品
2206	合同负债	
2314	受托代销商品款	
231401		按委托单位
2211	应付职工薪酬	
221101		工资
22110101		工资基金
2211010101		包干工资应提额
2211010102		上级拨入
2211010103		分成工资
2211010104		其他
2211010105		上年结转
2211010106		结转
22110102		工资支出
2211010201		全民工工资
2211010202		劳务派遣工工资
2211010203		临时工工资
2211010204		外聘职工工资
2211010205		其他工资性支出

续表

会计科目编号	一级科目	二级科目
2211010206		全民工奖金
2211010207		劳务派遣工奖金
2211010208		集体工奖金
2211010209		临时工奖金
2211010210		外聘职工奖金
22110103		欠发职工工资
2211010301		年初欠发职工工资
2211010302		本年欠发职工工资
221102		职工福利
22110201		福利基金
2211020101		上年结转
2211020102		提成收入
2211020103		其他收入
22110202		福利支出
2211020201		医药费净支出
221102020101		医务经费
221102020102		药品消耗
221102020103		工伤外地就医路费
221102020104		其他
2211020202		职工困难补助
2211020203		洗理费净支出
2211020204		托儿所净支出
2211020205		水电费净支出
2211020206		计划生育净支出
2211020207		煤球、煤气补贴
2211020208		工龄荣誉金
2211020209		上交公司统筹
2211020210		下拨各单位
2211020211		防暑降温费
2211020212		其他支出
221103		非货币性福利
221104		离职后福利
22110401		设定提存计划
2211040101		基本养老保险统筹
221104010101		上缴养老统筹总额
221104010102		职工缴纳额(负号)

续表

会计科目编号	一级科目	二级科目
2211040102		设定受益计划或年金
221105		社会保险费
22110501		生育保险统筹
22110502		工伤保险统筹
22110503		失业保险统筹
22110504		轮换工养老保险统筹
22110505		医疗保险统筹
221106		住房公积金
221107		职工住房补贴
22110701		职工购房补贴
22110702		新工人房补
221108		工会经费
221109		职工教育经费
221110		辞退福利
221111		短期利润分享计划
221112		其他长期职工福利
221113		股份支付
221114		累积带薪缺勤
2231	应付利息	
2232	应付股利	
223201		按投资单位设置明细
22320101		普通股股利
22320102		优先股股利
22320103		永续债利息
2221	应交税费	
222101		应交增值税
22210101		销项税额
22210102		进项税额转出
22210103		出口退税
22210104		转出未交增值税
22210105		进项税额
2221010501		认证抵扣
2221010502		计算抵扣
2221010503		其他抵扣
22210106		已交税金
22210107		汇缴转入

续表

会计科目编号	一级科目	二级科目
22210108		减免税款
22210109		出口抵减内销产品应纳税额
22210110		转出多交增值税
22210111		销项税额抵减
22210112		留抵退税
222102		未交增值税
222103		预交增值税
222104		待认证进项税
222105		待转销项税额
222106		转让金融商品应交增值税
222107		代扣代交增值税
222108		增值税简易计税
222109		应交消费税
222110		应交企业所得税
222111		应交个人所得税
222112		应交城市维护建设税
222113		应交教育费附加
222114		应交环境保护税
222115		应交资源税
222116		应交房产税
222117		应交土地增值税
222118		应交契税
222119		应交土地使用税
222120		应交耕地占用税
222121		应交关税
222122		应交车船使用税
222123		应交印花税
222124		应交车辆购置税
222125		应交其他地方基金
2233	应弥补所属亏损	按单位
2241	其他应付款	
224101		应付职工款项
22410101		离退休人员工资
22410102		职工医药费
22410103		离退休人员医药费
22410104		农转非人员医药费

续表

会计科目编号	一级科目	二级科目
22410105		职工生育保险费
22410106		职工工伤保险费
22410107		职工独生子女费
22410108		其他
224102		应付内部机构经费
22410201		工会经费
22410202		职工教育经费
22410204		救济费
22410205		党费
22410206		职工互助金
22410207		离休干部特需费
22410208		离退休人员活动经费
22410209		离休干部书报费
224103		应付政府部门各项经费
22410301		人防经费
22410302		环境治理补偿费
22410303		人民教育基金
22410304		排污费
22410305		冲污水费
22410306		水资源费
22410307		绿化费
22410308		地方育林基金
22410309		防洪保安基金
22410310		轮换工管理费
224104		住房公积金
22410401		单位补贴住房公积金
2241040101		全民
2241040102		集体
22410402		职工缴纳住房公积金
22410403		调入职工住房公积金
22410404		公积金利息
22410405		职工支取住房公积金
2241040501		离退休支取公积金
2241040502		职工购房支取公积金
2241040503		职工调出支取公积金
22410406		缴存住房中心公积金

续表

会计科目编号	一级科目	二级科目
224105		职工保险统筹
22410501		职工养老保险统筹
22410502		职工待业保险统筹
22410503		职工医疗保险统筹
22410504		职工年金
22410505		轮换工养老保险统筹
224106		职工住房补贴
22410601		单位代扣
22410602		缴存
224107		押金、保证金
224108		代扣代收费用
224109		专项应付款
22410901		专售房收入
22410902		售房维修基金
2241090201		本金
2241090202		利息
224110		应付个人
224111		应付集团外单位
224112		风险抵押金
224113		其他
22411301		不良资产损失收回
22411302		售后回购
22411303		其他
2401	递延收益	
240101		政府补助
240102		未实现售后租回损益
240103		接受捐赠
2501	长期借款	
250101		按贷款单位和贷款种类设置明细
2502	应付债券	
250201		优先股
25020101		面值
25020102		利息调整
25020103		应计利息
250202		永续债
25020201		面值

续表

会计科目编号	一级科目	二级科目
25020202		利息调整
25020203		应计利息
2601	租赁负债	
260101		按出租单位
26010101		租赁付款额
26010102		未确认融资费用
2602	未确认融资费用	（非租赁业务用）
2701	长期应付款	
270101		应付引进设备款
270102		分期应付设备款
270103		应付环境治理补偿费
270104		采矿权价款
270105		其他
2702	未确认融资费用	
270201		融资租入固定资产
270202		融资购入无形资产
270203		采矿权价款
270204		其他
2711	专项应付款	
271101		售房收入
271102		售房维修基金
271103		其他
2801	预计负债	
280101		未决诉讼
280102		产品质量保证
280103		亏损性合同
280104		重组义务
280105		预计弃置费
280106		其他
2901	递延所得税负债	
三、所有者权益类		
4001	实收资本	
400101		国家资本
400102		法人资本
40010201		国有法人资本金
4001020101		按投资单位设

续表

会计科目编号	一级科目	二级科目
40010202		其他法人资本
4001020201		按投资单位设
400103		个人资本
400104		外商资本
4002	资本公积	
400201		资本(股本)溢价
400202		其他资本公积
40020201		权益性股权支付
40020202		投资性房地产公允价值变动
40020203		煤矿维简增值
40020204		无偿调拨
40020205		其他
4003	其他综合收益	
400301		设定受益计划变动额
400302		权益法下不能转损益的其他综合收益
400303		其他权益工具投资公允价值变动
400304		企业自身信用风险公允价值变动
400305		权益法下可转损益的其他综合收益
400306		其他债权投资公允价值变动
400307		金融资产重分类计入其他综合收益的金额
400308		信用减值准备
400309		套期成本
400310		套期损益
400311		套期储备
400312		外币报表折算差额
4101	盈余公积	
410101		法定盈余公积
410102		任意盈余公积
410103		储备基金
410104		企业发展基金
4103	本年利润	
4104	利润分配	
410401		提取法定盈余公积
410402		提取任意盈余公积
410403		提取储备基金

续表

会计科目编号	一级科目	二级科目
410404		提取企业发展基金
410405		提取职工奖励及福利基金
410406		提取专项储备
410407		应付优先股股利
410408		盈余公积补亏
410409		应付现金股利或利润
410410		应付永续债利息
410411		转作股本的股利
410412		上缴国有资产经营收益
410413		未分配利润
4201	库存股	
4301	专项储备	
430101		安全生产费用
43010101		计提数
43010102		使用数
4301010201		煤与瓦斯突出防治支出
4301010202		安全改造及重大隐患治理支出
4301010203		完善煤矿井下六大系统支出
4301010204		重大危险源及事故隐患评估整改支出
4301010205		安全生产标准化建设支出
4301010206		安全人员防护用品支出
4301010207		安全生产宣传教育培训支出
4301010208		安全生产推广应用支出
4301010209		安全设施及特种设备检测支出
4301010210		其他与安全费用直接相关支出
430102		煤矿维简费
43010201		计提数
43010202		使用数
4301020201		开拓延深工程
4301020202		安全技措工程
4301020203		环节改造工程
4301020204		提高煤质工程
4301020205		单项工程
4301020206		小型技措工程
4301020207		设备更新

续表

会计科目编号	一级科目	二级科目
430103		环境恢复治理保证金
430104		生产发展费
430105		土地塌陷赔偿费
430106		去产能专项费用
4401	其他权益工具	
440101		优先股
440102		永续债
440103		其他
四、成本类		
5001	生产成本	
500101		原选煤
50010101		材料
5001010101		木材
5001010102		支护用品
5001010103		火工产品
5001010104		大型材料
5001010105		配件
5001010106		专用工具
5001010107		自用煤
5001010108		劳保用品
5001010109		建工材料
5001010110		油脂
5001010111		其他材料
5001010112		材料差异
50010102		电费
50010103		职工薪酬
5001010301		包干工资
5001010302		职工福利
5001010303		非货币性福利
5001010304		社会保险
5001010305		住房公积金
5001010306		职工住房补贴
5001010307		工会经费
5001010308		职教经费
5001010309		其他薪酬
50010104		资源成本

续表

会计科目编号	一级科目	二级科目
50010105		制造费用
50010106		制造成本结转
500102		辅助生产成本
50010201		材料
50010202		电费
50010203		职工薪酬
5001020301		包干工资
5001020302		职工福利
5001020303		非货币性福利
5001020304		社会保险
5001020305		住房公积金
5001020306		职工住房补贴
5001020307		工会经费
5001020308		职教经费
5001020309		其他薪酬
50010204		制造费用
50010205		结转
500103		洗煤
50010301		入洗原煤
50010302		入洗加工
5001030201		材料
500103020101		配件
500103020102		油脂
500103020103		其他材料
500103020104		材料成本差异
5001030202		职工薪酬
500103020201		包干工资
500103020202		职工福利
500103020203		非货币性福利
500103020204		社会保险
500103020205		住房公积金
500103020206		职工住房补贴
500103020207		工会经费
500103020208		职育经费
500103020209		其他薪酬
5001030203		电力

续表

会计科目编号	一级科目	二级科目
5001030204		制造费用
50010303		制造成本结转
500104		非煤产品
50010401		材料
50010402		商品购入成本
5001040201		外购煤炭
5001040202		外购药品
5001040203		其他
50010403		职工薪酬
5001040301		包干工资
5001040302		职工福利
5001040303		非货币性福利
5001040304		社会保险
5001040305		住房公积金
5001040306		职工住房补贴
5001040307		工会经费
5001040308		职教经费
5001040309		其他薪酬
50010404		电费
50010405		制造费用
50010406		结转
500105		其他业务
50010501		材料
50010502		商品购入成本
5001050201		外购煤炭
5001050202		外购药品
5001050203		其他
50010503		职工薪酬
5001050301		包干工资
5001050302		职工福利
5001050303		非货币性福利
5001050304		社会保险
5001050305		住房公积金
5001050306		职工住房补贴
5001050307		工会经费
5001050308		职教经费

续表

会计科目编号	一级科目	二级科目
5001050309		其他薪酬
50010504		电费
50010505		制造费用
50010506		制造成本结转
5101	制造费用	
510101		原选煤
51010101		材料
5101010101		木材
5101010102		支护用品
5101010103		火工用品
5101010104		大型材料
5101010105		配件
5101010106		专用工具
5101010107		直用煤
5101010108		劳保用品
5101010109		建工材料
5101010110		油脂
5101010111		其他材料
5101010112		材料价差
51010102		电费
51010103		职工薪酬
5101010301		包干工资
5101010302		职工福利
5101010303		非货币性福利
5101010304		社会保险
5101010305		住房公积金
5101010306		职工住房补贴
5101010307		工会经费
5101010308		职教经费
5101010309		其他薪酬
51010104		折旧费
51010105		维简费
51010106		安全费
51010107		生产发展费
51010108		环境治理补偿费
51010109		修理费

续表

会计科目编号	一级科目	二级科目
51010110		其他支出
5101011001		办公费
5101011002		差旅费
5101011003		水费
5101011004		综采设备租赁费
5101011005		普采设备租赁费
5101011006		运输费
5101011007		保险费
5101011008		劳动保护费
5101011009		设计制图费
5101011010		试验检验费
5101011011		长期待摊费用摊销
5101011112		简易建筑费
5101011113		班中餐
5101011114		其他
5101011115		制造费用结转
510102		洗煤
51010201		材料
5101020101		配件
5101020102		油脂
5101020103		其他材料
5101020104		材料价差
51010202		电费
51010203		职工薪酬
5101020301		包干工资
5101020302		职工福利
5101020303		非货币性福利
5101020304		社会保险
5101020305		住房公积金
5101020306		职工住房补贴
5101020307		工会经费
5101020308		职教经费
5101020309		其它薪酬
51010204		折旧费
51010205		修理费
51010206		环境治理补偿费

续表

会计科目编号	一级科目	二级科目
51010207		其他支出
5101020701		办公费
5101020702		差旅费
5101020703		水费
5101020704		租赁费
5101020705		低值易耗品摊销
5101020706		运输费
5101020707		保险费
5101020708		劳动保护费
5101020709		设计制图费
5101020710		试验检验费
5101020711		长期待摊费费用摊销
5101020712		简易建筑费
5101020713		班中餐
5101020714		其他
5101020715		制造费用结转
510103		非煤产品
51010301		材料
51010302		电费
51010303		职工薪酬
5101030301		包干工资
5101030302		职工福利
5101030303		非货币性福利
5101030304		社会保险
5101030305		住房公积金
5101030306		职工住房补贴
5101030307		工会经费
5101030308		职教经费
5101030309		其他薪酬
51010304		折旧费
51010305		修理费
51010306		其他支出
5101030601		办公费
5101030602		差旅费
5101030603		水费
5101030604		租赁费

续表

会计科目编号	一级科目	二级科目
5101030605		低值易耗品摊销
5101030606		运输费
5101030607		保险费
5101030608		劳动保护费
5101030609		设计制图费
5101030610		试验检验费
5101030611		长期待摊费用摊销
5101030612		简易建筑费
5101030613		班中餐
5101030614		其他
5101030615		制造费用结转
510104		其他业务
51010401		材料
51010402		电费
51010403		职工薪酬
5101040301		包干工资
5101040302		职工福利
5101040303		非货币性福利
5101040304		社会保险
5101040305		住房公积金
5101040306		职工住房补贴
5101040307		工会经费
5101040308		职教经费
5101040309		其他薪酬
51010404		折旧费
51010405		修理费
51010406		其他支出
5101040601		办公费
5101040602		差旅费
5101040603		水费
5101040604		租赁费
5101040605		低值易耗品摊销
5101040606		运输费
5101040607		保险费
5101040608		劳动保护费
5101040609		设计制图费

续表

会计科目编号	一级科目	二级科目
5101040610		试验检验费
5101040611		长期待摊费用摊销
5101040612		简易建筑费
5101040613		班中餐
5101040614		其他
5101040615		制造费用结转
5301	研发支出	
530101		资本化支出
530102		费用化支出
5401	合同履约成本	
540101		工程施工
54010101		直接材料消耗
54010102		电费
54010103		应付职工薪酬
5401010301		包干工资
5401010302		职工福利
5401010303		非货币性福利
5401010304		社会保险
5401010305		住房公积金
5401010306		职工住房补贴
5401010307		工会经费
5401010308		职教经费
5401010309		其他薪酬
54010104		试验检验费
54010105		临时设施折旧费
54010106		工具设备使用费
54010107		其他
54010109		间接费用
540102		间接费用
54010201		材料消耗
54010202		电费
54010203		应付职工薪酬
5401020301		包干工资
5401020302		职工福利
5401020303		非货币性福利
5401020304		社会保险

续表

会计科目编号	一级科目	二级科目
5401020305		住房公积金
5401020306		职工住房补贴
5401020307		工会经费
5401020308		职教经费
5401020309		其他薪酬
54010204		修理费
54010205		折旧
54010206		排污费
54010207		其他
54010208		间接费用结转
5402	合同结算	
540201		价款结算
540202		收入结转
	五、损益类	
6001	主营业务收入	
600101		煤类产品
60010101		原选煤
6001010101		筛混煤
600101010101		车运
600101010102		地销
600101010103		入洗
600101010104		自用
600101010105		非生产自用
600101010106		内部调拨
6001010102		块煤
600101010201		外销
600101010202		入洗
600101010203		自用
600101010204		内部调拨
60010102		洗煤
6001010201		洗精煤
600101020101		冶炼精煤
60010102010101		外销
60010102010102		自用
60010102010103		内部调拨
600101020102		其他精煤

续表

会计科目编号	一级科目	二级科目
60010102010201		外销
60010102010202		自用
60010102010203		内部调拨
6001010202		洗块煤
600101020201		外销
600101020202		自用
600101020203		内部调拨
6001010203		其他洗煤
600101020301		外销
600101020302		自用
600101020303		内部调拨
6001010204		洗混煤
600101020401		外销
600101020402		自用
600101020403		内部调拨
6001010205		煤泥
600101020501		外销
600101020502		自用
600101020503		内部调拨
60010103		其他
6001010301		港口集散
6001010302		低劣质煤
600101030201		外销
600101030202		内部调拨
6001010303		沸腾煤
600101030301		外销
600101030302		内部调拨
6001010304		其他
600102		非煤产品
60010201		火工产品
6001020101		火药
6001020102		雷管
6001020103		其他
60010202		机械产品
6001020201		成套设备
6001020202		备品配件

续表

会计科目编号	一级科目	二级科目
6001020203		代制代修
6001020204		其他
60010203		其他产品
6001020301		电力
6001020302		工程勘探
6001020303		冶炼
6001020304		新能源发电
6001020305		服务外包
6001020306		其他
60010204		商品销售
6001020401		材料物质
6001020402		外购煤炭
6001020403		代理销售
6001020404		其他
60010205		铁路运输
6001020501		机车及专用线
6001020502		铁路外向经营
60010206		服务业
6001020601		宾馆、饮食
6001020602		疗养、旅游
6001020603		通信、媒体
6001020604		卫生、医疗
6001020605		其他
60010207		外出创业
6001020701		承包经营
6001020702		劳务输出
6051	其他业务收入	
605101		材料销售
605102		租赁
60510201		固定资产出租
60510202		包装物出租
60510203		其他
605103		运输业务
605104		转供电
605105		宾馆、招待所
605106		多种经营

续表

会计科目编号	一级科目	二级科目
60510601		蓄电池
60510602		乳化油
60510603		锚杆系列
60510604		水系列
60510605		修理修配
60510606		印刷类
60510607		其他
605107		工程及劳务
605108		物业收入
60510801		内部收入
60510802		外部收入
605109		国债利息
605110		信息通信
605111		结转
6101	公允价值变动损益	
610101		交易性金融资产
610102		交易性金融负债
610103		投资性房地产
610104		其他
6111	投资收益	
611101		权益法
		按照项目设置明细
611102		成本法
		按照项目设置明细
6115	资产处置损益	
6211	其他收益	
6701	信用减值损失	
670101		应收款项信用损失
670102		应收融资租赁款预期信用损失
670103		债权投资预期信用损失
670104		贷款信用减值损失
670105		合同资产减值损失
670106		贷款承诺及财务担保信用减值损失
6702	资产减值损失	
670201		存货跌价损失
670202		持有待售资产减值损失

续表

会计科目编号	一级科目	二级科目
670203		长期股权投资减值损失
670204		投资性房地产减值损失
670205		固定资产减值损失
670206		无形资产减值损失
670207		工程物资减值损失
670208		在建工程减值损失
670209		生产性生物资产减值损失
670210		油气资产减值损失
670211		商誉减值损失
670212		使用权资产减值损失
670214		合同取得成本减值损失
670215		合同履约成本减值损失
670216		其他资产减值损失
6301	营业外收入	
630101		罚没收入
630102		长期股权投资利得
630103		政府补助
630104		逾期押金收入
630105		盘盈利得
630106		捐赠利得
630107		其他
630108		结转
6401	主营业务成本	
640101		煤类产品
64010101		原选煤
6401010101		筛混煤
640101010101		车运
640101010102		地销
640101010103		入洗
640101010104		生产自用
640101010105		非生产自用
640101010106		内部调拨
6401010102		块煤
640101010201		外销
640101010202		入洗
640101010203		自用

续表

会计科目编号	一级科目	二级科目
640101010204		内部调拨
64010102		洗煤
6401010201		洗精煤
640101020101		冶炼精煤
64010102010101		外销
64010102010102		自用
64010102010103		内部调拨
6401010202		其他精煤
640101020201		外销
640101020202		自用
640101020203		内部调拨
6401010203		洗块煤
640101020301		外销
640101020302		自用
640101020303		内部调拨
6401010204		其他洗煤
640101020401		外销
640101020402		自用
640101020403		内部调拨
6401010205		洗混煤
640101020501		外销
640101020502		自用
640101020503		内部调拨
6401010206		煤泥
640101020601		外销
640101020602		自用
640101020603		内部调拨
64010103		其他
6401010301		港口集散
6401010302		低劣质煤
640101030201		外销
640101030202		内部调拨
6401010303		沸腾煤
640101030301		外销
640101030302		内部调拨
6401010304		其他

续表

会计科目编号	一级科目	二级科目
640102		非煤类产品
64010201		火工产品
6401020101		火药
6401020102		雷管
6401020103		其他
64010202		机械产品
6401020201		成套设备
6401020202		备品配件
6401020203		代制代修
6401020204		其他
64010203		其他产品
6401020301		电力
6401020302		工程勘探
6401020303		冶炼
6401020304		新能源发电
6401020305		服务成本
6401020306		其他
64010204		商品销售
6401020401		材料物质
6401020402		外购煤炭
6401020403		代理销售
6401020404		其他
64010205		铁路运输
6401020501		机车及专用线
6401020502		铁路外向经营
64010206		服务业
6401020601		宾馆、饮食
6401020602		疗养、旅游
6401020603		通信、媒体
6401020604		卫生、医疗
6401020605		其他
64010207		外出创业
6401020701		承包经营
6401020702		劳务输出
6403	税金及附加	
640301		煤类产品

续表

会计科目编号	一级科目	二级科目
64030101		原选煤
6403010101		块煤
6403010102		其他选煤
6403010103		原选煤税金及附加结转
64030102		洗煤
6403010201		洗精煤
640301020101		冶炼精煤
640301020102		其他精煤
6403010202		洗块煤
6403010203		其他洗煤
640301020301		洗混煤
640301020302		煤泥
64030103		其他
640302		非煤类产品
64030201		火工产品
6403020101		火药
6403020102		雷管
6403020103		其他
64030202		机械产品
6403020201		成套设备
6403020202		备品配件
6403020203		代制代修
6403020204		其他
64030203		其他产品
6403020301		电力
6403020302		工程勘探
6403020303		冶炼
6403020304		其他
64030204		商品销售
6403020401		材料物质
6403020402		外购煤炭
6403020403		代理销售
6403020404		其他
64030205		铁路运输
6403020501		机车及专用线
6403020502		铁路外向经营

续表

会计科目编号	一级科目	二级科目
64030206		服务业
6403020601		宾馆、饮食
6403020602		疗养、旅游
6403020603		通信、媒体
6403020604		卫生、医疗
6403020605		其他
64030207		外出创业
6403020701		承包经营
6403020702		劳务输出
640303		其他业务
64030301		材料销售
64030302		租赁
6403030201		固定资产出租
6403030202		包装物出租
6403030203		其他
64030303		运输业务
64030304		转供电
64030305		宾馆、招待所
64030306		多种经营
6403030601		蓄电池
6403030602		乳化油
6403030603		锚杆系列
6403030604		水系列
6403030605		修理修配
6403030606		印刷类
6403030607		其他
64030307		工程及劳务
64030308		物业收入
6403030801		内部收入
6403030802		外部收入
64030309		国债利息
64030310		信息通信
6402	其他业务成本	
640201		材料销售
640202		租赁
64020201		固定资产出租

续表

会计科目编号	一级科目	二级科目
64020202		无形资产出租
64020203		其他
640203		运输业务
640204		转供电
640205		宾馆、招待所
640206		多种经营
64020601		蓄电池
64020602		乳化油
64020603		锚杆系列
64020604		水系列
64020605		修理修配
64020606		印刷类
64020607		其他
640207		工程及劳务
640208		物业收入
64020801		内部收入
64020802		外部收入
640209		国债利息
640210		信息通信
640211		其他业务成本结转
6601	销售费用	
660101		材料
660102		职工薪酬
660103		折旧费
660104		修理费
660105		办公费
660106		差旅费
660107		运输费
660108		保险费
660109		装卸费
660110		包装费
660111		广告费
660112		展览费
660113		销售服务费
660114		经营租赁费
660115		其他销售费用

续表

会计科目编号	一级科目	二级科目
660116		销售费用结转
6602	管理费用	
660201		材料
660202		电费
660203		职工薪酬
66020301		工资
66020302		职工福利
66020303		离职后薪酬
6602030301		统筹内支出
6602030302		统筹外支出
660203030201		离休干部经费
660203030202		退休人员经费
660203030203		离休干部医药费
660203030204		退休人员医药费
660203030205		离退人员福利费
660203030206		长期病休人员费用
660203030207		离退休人员统筹外费用
660203030208		死亡职工抚恤金
660203030209		疗养费
660203030210		提前退休人员费用
660203030211		其他劳动保险费
66020304		住房公积金
66020305		职工住房补贴
66020306		工会经费
66020307		职教经费
66020308		非货币性福利
66020309		辞退福利
66020310		股利支付
660204		折旧费
660205		修理费
660206		其他支出
66020601		办公费
66020602		差旅费
66020603		探亲费
66020604		书籍资料印刷费
66020605		设计制图费

续表

会计科目编号	一级科目	二级科目
66020606		研究费用
66020607		劳动保护费
66020608		运输费
66020609		会议费
66020610		水费
66020611		存货盘亏
66020612		存货盘盈
66020613		长期待摊费用摊销
66020614		无形资产摊销
66020615		仓库经费
66020616		警卫消防费
66020617		排污费
66020618		业务招待费
66020619		出国经费
66020620		租赁费
66020621		董事会费
66020622		咨询费
66020623		聘请中介机构费
66020624		诉讼费
66020625		财产保险费
66020626		技术转让费
66020627		绿化费
66020628		简易建筑费
66020629		班中餐
66020630		补贴支出
66020631		开办费
66020632		党建工作经费
66020633		其他
66020634		管理费用结转
6603	财务费用	
660301		外部银行利息支出
66030101		短期借款
66030102		长期借款
66030103		贴现利息支出
66030104		应付票据利息
66030105		应付债券利息

续表

会计科目编号	一级科目	二级科目
66030106		应付引进国外设备利息
660302		外行利息收入
660303		汇兑损失
660304		汇兑收益
660305		外汇手续费
660306		金融手续费
660307		内部存款利息收入
660308		内部贷款利息支出
660309		融资租赁费
660310		其他财务费用
660311		结转
6711	营业外支出	
671101		编外人员生活费
671102		非常损失
671103		盘亏损失
671104		滞纳金
671105		违约金及赔偿金
671106		公益捐赠性支出
671107		非流动资产毁损报废损失
671108		非公益捐赠支出
671109		罚款支出
671110		其他支出
671111		结转
6801	所得税费用	
680101		当期所得税费用
680102		递延所得税费用
6901	以前年度损益调整	
690101		资产负债表日后事项调整
690102		会计差错调整
7001	补贴收入	限公司内部使用

附录二 资产负债表

资产负债表

××集团内部会工 01 表

编制单位： 日期： 金额单位：元

资　　产	行次	年初数	年末数	负债和所有者权益	行次	年初数	年末数
流动资产：	1			流动负债：	51		
货币资金	2			短期借款	52		
资金结算中心存款	3			资金结算中心借款	53		
交易性金融资产	4			交易性金融负债	54		
应收票据	5			应付票据	55		
应收账款	6			应付账款	56		
应收款项融资	7			预收账款	57		
预付账款	8			合同负债	58		
其他应收款	9			应付职工薪酬	59		
存货	10			应交税费	60		
其中：原材料	11			其他应付款	61		
库存商品(产成品)	12			持有待售负债	62		
合同资产	13			应付股利	63		
持有待售资产	14			应付集团公司本部款项	64		
应收集团公司本部款项	15			应付集团公司其他单位款项	65		
应收集团公司其他单位款项	16			一年内到期的非流动负债	66		
一年内到期的非流动资产	17			其他流动负债	67		
其他流动资产	18				68		
流动资产合计	19			流动负债合计	69		
非流动资产：	20			非流动负债：	70		
债权投资	21			长期借款	71		
其他债权投资	22			应付债券	72		
长期应收款	23			其中：优先股	73		
长期股权投资	24			永续债	74		
其他权益工具投资	25			租赁负债	75		
其他非流动金融资产	26			长期应付款	76		
投资性房地产	27			专项应付款	77		
固定资产	28			预计负债	78		

续表

资　　产	行次	年初数	年末数	负债和所有者权益	行次	年初数	年末数
在建工程	29			递延收益	79		
生产性生物资产	30			递延所得税负债	80		
使用权资产	31			其他非流动负债	81		
无形资产	32			非流动负债合计	82		
其中:土地使用权	33			负债合计	83		
开发支出	34			所有者权益(或股东权益):	84		
商誉	35			实收资本(或股本)	85		
长期待摊费用	36			其他权益资本	86		
递延所得税资产	37			其中:优先股	87		
其他非流动资产	38			永续债	88		
非流动资产合计	39			资本公积	89		
	40			减:库存股	90		
	41			其他综合收益	91		
	42			其中:外币报表折算差额	92		
	43			专项储备	93		
	44			盈余公积	94		
	45			未分配利润	95		
	46			外币报表折算差额	96		
	47			归属于母公司所有者权益合计	97		
	48			少数股东权益	98		
	49			所有者权益合计	99		
资产总计	50			负债和所有者权益总计	100		

注:若矿业集团资金结算中心进行完整的会计核算(即填制凭证、登记账簿、编制报表),上述资产负债表资产类要增设“内部单位借款”项目,负债和所有者权益类要增设“内部单位存款”项目

附录三　利　润　表

利　润　表

××集团内部会工02表

编制单位：　　　　日期：　　　　金额单位：元

项　　目	行次	上年同期累计	本期	本年累计数
一、营业收入	1			
其中：主营业务收入	2			
其他业务收入	3			
减：营业成本	4			
其中：主营业务成本	5			
其他业务成本	6			
税金及附加	7			
销售费用	8			
管理费用	9			
研发费用	10			
财务费用	11			
其中：利息费用	12			
利息收入	13			
信用减值损失	14			
资产减值损失	15			
加：公允价值变动收益（损失以“－”号填列）	16			
投资收益（损失以“－”号填列）	17			
其中：对联营企业和合营企业的投资收益	18			
以摊余成本计量的金融资产终止确认收益（损失以“－”号填列）	19			
资产处置收益	20			
其他收益	21			
净敞口套期收益（损失以“－”号填列）	22			
二、营业利润（亏损以“－”号填列）	23			
加：营业外收入	24			
减：营业外支出	25			
三、利润总额	26			
减：所得税费用	27			
四、净利润（净亏损以“－”号填列）	28			

续表

项　　目	行次	上年同期累计	本期	本年累计数
归属于母公司所有者的净利润	29			
少数股东损益	30			
五、其他综合收益的税后净额	31			
（一）不能重分类进损益的其他综合收益	32			
1. 重新计量设定受益计划变动额	33			
2. 权益法下不能转损益的其他综合收益	34			
3. 其他权益工具投资公允价值变动	35			
4. 企业自身信用风险公允价值变动	36			
5. 其他	37			
（二）将重分类进损益的其他综合收益	38			
1. 权益法下可转损益的其他综合收益	39			
2. 其他债权投资公允价值变动	40			
3. 金融资产重分类计入其他综合收益的金额	41			
4. 其他债权投资信用减值准备	42			
5. 现金流量套期储备	44			
6. 外币财务报表折算差额	44			
7. 其他	45			
六、综合收益总额	46			
归属于母公司所有者的综合收益总额	47			
归属少数股东的综合收益总额	48			
七、每股收益	49			
（一）基本每股收益	50			
（二）稀释每股收益	51			

附录四　所有者权益变动表

所有者权益变动表

××集团内部会工 03 表

编制单位：　　　　　　　　　　　　日期：　　　　　　　　　　　　金额单位：元

项目	本年金额										
	实收资本（或股本）	其他权益工具			资本公积	减：库存股	其他综合收益	专项储备	盈余公积	未分配利润	所有者权益合计
		优先股	永续债	其他							
一、上年年末余额											
加：会计政策变更											
前期差错更正											
其他											
二、本年年初余额											
三、本年增减变动金额（减少以“－”号填列）											
（一）综合收益总额											
（二）所有者投入和减少资本											
1. 所有者投入的普通股											
2. 其他权益工具持有者投入资本											
3. 股份支付计入所有者权益的金额											
4. 其他											
（三）利润分配											
1. 提取盈余公积											
2. 对所有者（或股东）的分配											
3. 其他											
（四）所有者权益内部结转											
1. 资本公积转增资本（或股本）											
2. 盈余公积转增资本（或股本）											
3. 盈余公积弥补亏损											
4. 设定受益计划变动额结转留存收益											
5. 其他综合收益结转留存收益											
6. 其他											
四、本年年末余额											

续表

项目	上年金额										
	实收资本（或股本）	其他权益工具			资本公积	减:库存股	其他综合收益	专项储备	盈余公积	未分配利润	所有者权益合计
		优先股	永续债	其他							
一、上年年末余额											
加:会计政策变更											
前期差错更正											
其他											
二、本年年初余额											
三、本年增减变动金额(减少以"—"号填列)											
(一) 综合收益总额											
(二) 所有者投入和减少资本											
1. 所有者投入的普通股											
2. 其他权益工具持有者投入资本											
3. 股份支付计入所有者权益的金额											
4. 其他											
(三) 利润分配											
1. 提取盈余公积											
2. 对所有者(或股东)的分配											
3. 其他											
(四) 所有者权益内部结转											
1. 资本公积转增资本(或股本)											
2. 盈余公积转增资本(或股本)											
3. 盈余公积弥补亏损											
4. 设定受益计划变动额结转留存收益											
5. 其他综合收益结转留存收益											
6. 其他											
四、本年年末余额											

附录五　现金流量表

现金流量表

××集团内部会工04表

编制单位：　　　　　　　　　　　　　　日期：　　　　　　　　　　　　　　金额单位：元

项　目	行次	本期数	本年累计	补　充　资　料	行次	本期数	本年累计
一、经营活动产生的现金流量	1			1. 将净利润调节为经营活动现金流量：	39		
销售商品、提供劳务收到的现金	2			净利润	40		
收到的税费返还	3			加：资产减值准备	41		
收到的其他与经营活动有关的现金	4			固定资产折旧、油气资产折耗、生产性生物资产折旧	42		
经营活动现金流入小计	5			无形资产摊销	43		
购买商品、接受劳务支付的现金	6			长期待摊费用摊销	44		
支付给职工以及为职工支付的现金	7			处置固定资产、无形资产和其他长期资产的损失（减：收益）	45		
支付的各项税费	8			固定资产报废损失（收益以“一”号填列）	46		
支付的其他与经营活动有关的现金	9			公允价值变动损失（收益以“一”号填列）	47		
经营活动现金流出小计	10			财务费用（收益以“一”号填列）	48		
经营活动产生的现金流量净额	11			投资损失（收益以“一”号填列）	49		
二、投资活动产生的现金流量	12			递延所得税资产减少（增加以“一”号填列）	50		
收回投资所收到的现金	13			递延所得税负债增加（减少以“一”号填列）	51		
取得投资收益收到的现金	14			存货的减少（增加以“一”号填列）	52		
处置固定资产、无形资产和其他长期资产所收回的现金净额	15			经营性应收项目的减少（减值以“一”号填列）	53		
处置子公司及其他营业单位收到的现金净额	16			经营性应付项目的增加（减值以“一”号填列）	54		
收到的其他与投资活动有关的现金	17			其他	55		
投资活动现金流入小计	18			经营活动产生的现金流量净额	56		
购建固定资产、无形资产和其他长期资产所支付的现金	19			2. 不涉及现金收支的投资和筹资活动：	57		
投资所支付的现金	20			债务转为资本	58		
取得子公司及其他营业单位支付的现金净额	21			一年内到期的可转换公司债券	59		
支付的其他与投资活动有关的现金	22			融资租入固定资产	60		

续表

项　　目	行次	本期数	本年累计	补　充　资　料	行次	本期数	本年累计
投资活动现金流出小计	23			3. 现金及现金等价物净变动情况	61		
投资活动产生的现金流量净额	24			货币资金的期末余额	62		
三、筹资活动产生的现金流量	25			减:货币资金的期初余额	63		
吸收投资所收到的现金	26			加:现金等价物的期末余额	64		
取得借款所收到的现金	27			减:现金等价物的期初余额	65		
收到的其他与筹资活动有关的现金	28			现金及现金等价物净增加额	66		
筹资活动现金流入小计	29						
偿还债务所支付的现金	30						
分配股利、利润或偿付利息所支付的现金	31						
支付的其他与筹资活动有关的现金	32						
筹资活动现金流出小计	33						
筹资活动产生的现金流量净额	34						
四、汇率变动对现金的影响	35						
五、现金及现金等价物净增加额	36						
加:期初现金及现金等价物余额	37						
六、期末现金及现金等价物	38						

附录六　营业外收支明细表

营业外收支明细表

××集团内部会工05表

编制单位：　　　　　　　　日期：　　　　　　　　金额单位：元

项　　目	行号	上年同期累计	本月实际	本年累计
一、营业外收入				
1. 罚没收入	1			
2. 长期股权投资利得	2			
3. 政府补助	3			
4. 逾期押金收入	4			
5. 盘盈利得	5			
6. 捐赠利得	6			
7. 补贴收入(仅在集团内部分配时使用)	7			
8. 其他收入	8			
营业外收入合计	9			
二、营业外支出	10			
1. 编外人员生活费	11			
2. 非常损失	12			
3. 盘亏损失	13			
4. 滞纳金	14			
5. 违约金及赔偿金	15			
6. 公益性捐赠支出	16			
7. 非流动资产毁损报废损失	17			
8. 非公益捐赠支出	18			
9. 罚款支出	19			
10. 其他支出	20			
营业外支出合计	21			

附录七　库存商品收发结存表一

库存商品收发结存表一

××集团内部会工 06 表

编制单位：　　　　　　　　　　日期：　　　　　　　　　　金额单位：元

商品产品类别	行次	期初结余				本期生产				本期销售				期末结余	
		年初		月初		本月		本期累计		本月		本期累计			
		数量	成本	数量	成本	数量	成本	数量	成本	数量	成本	数量	成本	数量	成本
一、煤类产品合计	1														
其中：商品煤	2														
(一) 原选煤	3														
1. 筛混煤	4														
① 车运	5														
② 地销	6														
③ 债务重组	7														
④ 入洗	8														
⑤ 内部调拨	9														
⑥ 生产自用	10														
⑦ 非生产自用	11														
2. 块煤	12														
① 外销	13														
② 债务重组	14														
④ 内部调拨	15														
(二) 洗煤	16														
1. 冶炼精煤	17														
① 外销	18														
② 债务重组	19														
③ 内部调拨	20														
2. 其他精煤	21														
① 外销	22														
② 债务重组	23														
③ 内部调拨	24														
3. 洗混煤	25														
① 外销	26														
② 债务重组	27														

续表

商品产品类别	行次	期初结余				本期生产				本期销售				期末结余	
		年初		月初		本月		本期累计		本月		本期累计		数量	成本
		数量	成本	数量	成本	数量	成本	数量	成本	数量	成本	数量	成本		
③ 内部调拨	28														
④ 生产自用	29														
4. 洗块煤	30														
① 外销	31														
② 内部调拨	32														
5. 煤泥	33														
① 外销	34														
② 内部调拨	35														
（三）其他	36														
1. 港口集散	37														
2. 低热质煤	38														
① 外销	39														
② 内部调拨	40														
3. 沸腾煤	41														
① 外销	42														
② 内部调拨	43														
4. 其他	44														

附录八　库存商品收发结存表二

库存商品收发结存表二

××集团内部会工07表

编制单位：　　　　日期：　　　　金额单位：元

商品产品类别	行次	期初结余				本期生产				本期销售				期末结余	
		年初		月初		本月		本期累计		本月		本期累计		数量	成本
		数量	成本	数量	成本	数量	成本	数量	成本	数量	成本	数量	成本		
二、非煤产品合计	1														
(一) 火工产品	2														
1. 火药	3														
2. 雷管	4														
(二) 建材产品	5														
1. 水泥	6														
2. 石膏制品	7														
3. 陶瓷制品	8														
4. 防水卷材	9														
5. SP大板	10														
6. 其他	11														
(三) 机械产品	12														
1. 成套设备	13														
2. 备品配件	14														
3. 代制代修	15														
4. 其他	16														
(四) 其他产品	17														
1. 电力	18														
2. 工程勘探	19														
3. 冶炼	20														
4. 其他	21														
(五) 商品销售	22														
1. 材料物资	23														
2. 外购煤炭	24														
3. 代理销售	25														
4. 其他商品	26														
(六) 铁路运输	27														

续表

商品产品类别	行次	期初结余				本期生产				本期销售				期末结余	
		年初		月初		本月		本期累计		本月		本期累计		数量	成本
		数量	成本	数量	成本	数量	成本	数量	成本	数量	成本	数量	成本		
1. 机车及专用线	28														
2. 铁路外向经营	29														
（七）服务业	30														
1. 宾馆、饮食	31														
2. 疗养、旅游	32														
3. 通信、媒体	33														
4. 卫生、医疗	34														
5. 中介	35														
6. 其他	36														
（八）外出创业	37														
1. 承包经营	38														
2. 劳务输出	39														

附录九　主营业务营业利润表一

主营业务营业利润表一

××集团内部会工 08 表

编制单位：　　　　日期：　　　　金额单位：元

商品产品类别	行次	销售数量		销售收入				销售成本				税金及附加				其他期间费用		营业利润	
		本月	累计	本月		累计		本月		累计		本月		累计		本月	累计	本月	累计
				单价	合计	单价	合计	单位成本	合计	单位成本	合计	单位税附	合计	单位税附	合计				
一、煤类产品合计	1																		
其中：商品煤	2																		
（一）原选煤	3																		
1. 筛混煤	4																		
① 车运	5																		
② 地销	6																		
③ 债务重组	7																		
④ 入洗	8																		
⑤ 内部调拨	9																		
⑥ 生产自用	10																		
⑦ 非生产自用	11																		
2. 块煤	12																		
① 外销	13																		
② 债务重组	14																		
④ 内部调拨	15																		
（二）洗煤	16																		
1. 冶炼精煤	17																		
① 外销	18																		
② 债务重组	19																		
③ 内部调拨	20																		
2. 其他精煤	21																		
① 外销	22																		
② 债务重组	23																		
③ 内部调拨	24																		
3. 洗混煤	25																		

续表

商品产品类别	行次	销售数量		销售收入				销售成本				税金及附加				其他期间费用		营业利润	
		本月	累计	本月		累计		本月		累计		本月		累计		本月	累计	本月	累计
				单价	合计	单价	合计	单位成本	合计	单位成本	合计	单位税附	合计	单位税附	合计				
① 外销	26																		
② 债务重组	27																		
③ 内部调拨	28																		
④ 生产自用	29																		
4. 洗块煤	30																		
① 外销	31																		
② 内部调拨	32																		
5. 煤泥	33																		
① 外销	34																		
② 内部调拨	35																		
（三）其他	36																		
1. 港口集散	37																		
2. 低热质煤	38																		
① 外销	39																		
② 内部调拨	40																		
3. 沸腾煤	41																		
① 外销	42																		
② 内部调拨	43																		
4. 其他	44																		

附录十　主营业务营业利润表二

主营业务营业利润表二

××集团内部会工 09 表

编制单位：　　　　　　　　　　日期：　　　　　　　　　　金额单位：元

商品产品类别	行次	销售数量		销售收入				销售成本				税金及附加				其他期间费用		营业利润	
		本月	累计	本月		累计		本月		累计		本月		累计		本月	累计	本月	累计
				单价	合计	单价	合计	单位成本	合计	单位成本	合计	单位税附	合计	单位税附	合计				
二、非煤产品合计	1																		
(一) 火工产品	2																		
1. 火药	3																		
2. 雷管	4																		
(二) 建材产品	5																		
1. 水泥	6																		
2. 石膏制品	7																		
3. 陶瓷制品	8																		
4. 防水卷材	9																		
5. SP 大板	10																		
6. 其他	11																		
(三) 机械产品	12																		
1. 成套设备	13																		
2. 备品配件	14																		
3. 代制代修	15																		
4. 其他	16																		
(四) 其他产品	17																		
1. 电力	18																		
2. 工程勘探	19																		
3. 冶炼	20																		
4. 其他	21																		
(五) 商品销售	22																		
1. 材料物资	23																		
2. 外购煤炭	24																		
3. 代理销售	25																		

续表

商品产品类别	行次	销售数量		销售收入				销售成本				税金及附加				其他期间费用		营业利润	
		本月	累计	本月		累计		本月		累计		本月		累计		本月	累计	本月	累计
				单价	合计	单价	合计	单位成本	合计	单位成本	合计	单位税附	合计	单位税附	合计				
4. 其他商品	26																		
（六）铁路运输	27																		
1. 机车及专用线	28																		
2. 铁路外向经营	29																		
（七）服务业	30																		
1. 宾馆、饮食	31																		
2. 疗养、旅游	32																		
3. 通信、媒体	33																		
4. 卫生、医疗	34																		
5. 中介	35																		
6. 其他	36																		
（八）外出创业	37																		
1. 承包经营	38																		
2. 劳务输出	39																		

附录十一　其他业务营业利润表

其他业务营业利润表

××集团内部会工 10 表

编制单位：　　　　　　　　　　　　　　　日期：　　　　　　　　　　　　　　　金额单位：元

商品产品类别	行次	销售数量		销售收入				销售成本				税金及附加				其他期间费用		营业利润	
		本月	累计	本月		累计		本月		累计		本月		累计		本月	累计	本月	累计
				单价	合计	单价	合计	单位成本	合计	单位成本	合计	单位税附	合计	单位税附	合计				
列次		1	2	3	4	5	6	7	8	9	10	11	12	13	14	15	16	17	18
一、材料销售	1																		
二、租赁	2																		
（1）固定资产	3																		
（2）包装物出租	4																		
（3）其他	5																		
三、运输业务	6																		
四、转供电	7																		
五、工程及劳务	8																		
六、多种经营	9																		
（1）蓄电池	10																		
（2）乳化油	11																		
（3）锚杆系列	12																		
（4）水系列	13																		
（5）修理修配	14																		
（6）印刷类	15																		
（7）其他产品	16																		
	17																		
七、技术转让	18																		
八、外出创业	19																		
（1）异地办矿	20																		
（2）其他劳务	21																		
九、物业管理	22																		
（1）矿内收入	23																		
（2）对外收入	24																		

续表

商品产品类别	行次	销售数量		销售收入				销售成本				税金及附加				其他期间费用		营业利润	
				本月		累计		本月		累计		本月		累计					
		本月	累计	单价	合计	单价	合计	单位成本	合计	单位成本	合计	单位税附	合计	单位税附	合计	本月	累计	本月	累计
十、国债利息	25																		
十一、信息通信	26																		
	27																		
	28																		
	29																		
	30																		
合　　计	31																		

附录十二　固定资产明细表

固定资产明细表

××集团内部会工 11 表

编制单位：　　　　　　　　　　　　日期：　　　　　　　　　　　　金额单位：元

固定资产类别	行次	固定资产原值							分类折旧率	计提折旧		计提减值准备		期末账面价值
		期初余额		本期增加		本期减少		期末余额		本月	累计	本月	累计	
		月初	年初	本月	累计	本月	累计							
一、生产经营用	1													
1. 房屋	2													
2. 地面建筑物	3													
3. 矿井建筑物	4													
4. 动力设备	5													
5. 传导设备	6													
6. 生产设备	7													
7. 综采设备	8													
8. 运输设备	9													
9. 工具仪器生产管理用具	10													
其中：机器设备小计	11													
二、非生产经营用	12													
1. 房屋	13													
其中：公有住房	14													
校舍	15													
其他	16													
2. 建筑物	17													
3. 文化生活用具	18													
4. 农副生产用具	19													
5. 医疗设备	20													
6. 其他设备	21													
三、租出固定资产	22													
四、未使用固定资产	23													
五、不需用固定资产	24													
六、融资租入固定资产	25													
七、一次折旧固定资产	26													
八、超龄使用固定资产	27													
九、土地	28													

附录十三　原煤产品成本表

原煤产品成本表

××集团内部会工 12 表

编制单位：　　　　　　　　　　　　日期：　　　　　　　　　　　　金额单位：元

项　目	行次	制造成本								期间费用				完全成本					
		直接成本		制造费用		制造成本				单位成本		总成本		单位成本				总成本	
		本期实际	本期累计	本期实际	本期累计	单位成本		总成本											
						本期	累计	本期实际	累计实际	本期	累计	本期实际	累计实际	上年	计划	本期	累计	本期实际	累计实际
列次		1	2	3	4	5	6	7	8	9	10	11	12	13	14	15	16	17	18
一、材料	1																		
1. 木材	2																		
2. 支护用品	3																		
3. 火工产品	4																		
4. 大型材料	5																		
5. 配件	6																		
6. 专用工具	7																		
7. 自用煤	8																		
8. 劳保用品	9																		
9. 建工材料	10																		
10. 油脂	11																		
11. 其他材料	12																		
12. 材料价差	13																		
二、电费	14																		
三、职工薪酬成本	15																		
1. 工资、奖金、津贴和补贴	16																		
2. 职工福利	17																		
3. 社会保险	18																		
4. 住房公积金	19																		
5. 职工住房补贴	20																		
6. 工会经费	21																		
7. 职工教育经费	22																		

续表

项目	行次	制造成本								期间费用				完全成本					
		直接成本		制造费用		制造成本				单位成本		总成本		单位成本				总成本	
						单位成本		总成本											
		本期实际	本期累计	本期实际	本期累计	本期	累计	本期实际	累计实际	本期	累计	本期实际	累计实际	上年	计划	本期	累计	本期实际	累计实际
列次		1	2	3	4	5	6	7	8	9	10	11	12	13	14	15	16	17	18
8. 非货币性福利	23																		
9. 辞退福利	24																		
10. 其他职工薪酬	25																		
四、折旧费	26																		
五、修理费	27																		
六、维简费	28																		
七、生产发展费	29																		
八、资源成本	30																		
九、土地塌陷赔偿费	31																		
十、环境治理补偿费	32																		
十一、安全费用	33																		
十二、其他支出	34																		
全部成本	35																		

补充资料：

1. 本期计划产量(吨)
2. 本期煤炭产量(吨)
3. 本期联采产量(吨)
4. 本期煤炭总产量(吨)
5. 累计计划产量(吨)
6. 累计煤炭产量(吨)
7. 累计联采产量(吨)
8. 累计煤炭总产量(吨)

附录十四　洗煤(分离前)成本表

洗煤(分离前)成本表

××集团内部会工 13 表

编制单位：　　　　　　　　　　　　日期：　　　　　　　　　　　　金额单位：元

项　　目	行次	制造成本								期间费用				完全成本					
		直接成本		制造费用		制造成本				单位成本		总成本		单位成本				总成本	
		本期实际	本期累计	本期实际	本期累计	单位成本		总成本											
						本期	累计	本期实际	累计实际	本期	累计	本期实际	累计实际	上年	计划	本期	累计	本期实际	累计实际
列次		1	2	3	4	5	6	7	8	9	10	11	12	13	14	15	16	17	18
一、入洗原料煤	1																		
二、入洗加工费	2																		
1. 材料	3																		
① 配件	4																		
② 油脂	5																		
③ 其他材料	6																		
④ 材料价差	7																		
2. 职工薪酬成本	8																		
① 工资、奖金、津贴和补贴	9																		
② 职工福利	10																		
③ 社会保险	11																		
④ 住房公积金	12																		
⑤ 职工住房补贴	13																		
⑥ 工会经费	14																		
⑦ 职工教育经费	15																		
⑧ 非货币性福利	16																		
⑨ 辞退福利	17																		
⑩ 其他薪酬	18																		
3. 电力	19																		
4. 折旧费	20																		
5. 修理费	21																		
6. 其他	22																		
总计	23																		

附录十五 洗煤(分离后)成本表

洗煤(分离后)成本表

××集团内部会工14表

编制单位：　　　　日期：　　　　金额单位：元

项目	行次	产量		比率	折合量		制造成本				期间费用				完全成本			
							单位成本		总成本		单位成本		总成本		单位成本		总成本	
		本月实际	累计实际		本月	累计	本月	累计	本期实际	本年累计	本月	累计	本期实际	本年累计	本月	累计	本月实际	本年累计
列次		1	2	3	4	5	6	7	8	9	10	11	12	13	14	15	16	17
冶炼用精煤	1																	
其他用精煤	2																	
洗块煤	3																	
洗混煤	4																	
煤泥	5																	
合　计	6																	

补充资料：

1. 本期入洗量(吨)
2. 累计入洗量(吨)
3. 本期入洗单价(元)
4. 累计入洗单价(元)
5. 本期回采率(%)
6. 累计回采率(%)

附录十六　其他主营产品成本表

其他主营产品成本表

××集团内部会工 15 表

编制单位：　　　　　　　　　　　　日期：　　　　　　　　　　　　金额单位：元

项　　目	行次	制造成本								期间费用				完全成本					
		直接成本		制造费用		制造成本				单位成本		总成本		单位成本				总成本	
						单位成本		总成本											
		本期实际	本期累计	本期实际	本期累计	本期	累计	本期实际	累计实际	本期	累计	本期实际	累计实际	上年	计划	本期	累计	本期实际	累计实际
列次		1	2	3	4	5	6	7	8	9	10	11	12	13	14	15	16	17	18
一、原材料	1																		
二、商品购入成本	2																		
1. 外购煤炭	3																		
2. 外购药品	4																		
3. 其他商品	5																		
三、辅助材料	6																		
四、电费	7																		
五、职工薪酬成本	8																		
1. 工资、奖金、津贴和补贴	9																		
2. 职工福利	10																		
3. 社会保险	11																		
4. 住房公积金	12																		
5. 职工住房补贴	13																		
6. 工会经费	14																		
7. 职工教育经费	15																		
8. 非货币性福利	16																		
9. 辞退福利	17																		
10. 其他职工薪酬	18																		
六、折旧费	19																		
七、修理费	20																		
八、其他支出	21																		
生产费用合计	22																		
年初在产品	23																		
减：本期增加在产品（减少"－"号）	24																		
全部成本	25																		
产量（单位）	26																		

附录十七　其他业务成本表

其他业务成本表

××集团内部会工 16 表

编制单位：　　　　　　　　　　日期：　　　　　　　　　　金额单位：元

项　　目	行次	制造成本						期间费用			合　　计		
		直接成本		制造费用		制造成本							
		本期实际	累计实际	本期实际	累计实际	本期实际	累计实际	上年同期	本期实际	累计实际	上年同期	本期实际	累计实际
列次		1	2	3	4	5	6	7	8	9	10	11	12
一、原材料	1												
二、商品购入成本	2												
1. 外购煤炭	3												
2. 外购药品	4												
3. 其他商品	5												
三、职工薪酬成本	6												
1. 工资、奖金、津贴和补贴	7												
2. 职工福利	8												
3. 社会保险	9												
4. 住房公积金	10												
5. 职工住房补贴	11												
6. 工会经费	12												
7. 职工教育经费	13												
8. 非货币性福利	14												
9. 辞退福利	15												
10. 其他职工薪酬	16												
四、电力	17												
五、折旧费	18												
六、修理费	19												
七、其他支出	21												
生产费用合计	22												
年初在产品	23												
减：本期增加在产品（减少“—”号）	24												
成本总计	25												

附录十八　制造费用明细表

制造费用明细表

××集团内部会工 17 表

编制单位：　　　　　　　　　　日期：　　　　　　　　　　金额单位：元

项　目	行次	总计			原选煤			洗煤			其他煤炭产品			其他主营产品		其他业务	
		上年同期	本期实际	本年累计	上年同期	本期实际	本年累计	上年同期	本期实际	本年累计	上年同期	本期实际	本年累计	本期实际	本年累计	本期实际	本年累计
列次		1	2	3	4	5	6	7	8	9	10	11	12	13	14	15	16
一、材料	1																
二、电费	2																
三、职工薪酬成本	3																
四、折旧费	4																
五、维简费	5																
六、生产发展费	6																
七、环境治理补偿费	7																
八、生产安全费用	8																
九、修理费	9																
十、其他支出	10																
1. 办公费	11																
2. 差旅费	12																
3. 水费	13																
4. 租赁费	14																
5. 低值易耗品摊销	15																
6. 运输费	16																
7. 保险费	17																
8. 劳动保护费	18																
9. 设计制图费	19																
10. 试验检验费	20																
11. 长期待摊费用摊销	21																
12. 简易建筑费	22																
13. 班中餐	23																
14. 其他	24																
合　计	25																

附录十九　管理费用明细表

管理费用明细表

××集团内部会工 18 表

编制单位：　　　　　　　　　　　　　日期：　　　　　　　　　　　　　金额单位：元

项　　目	行次	上年同期	本期实际	累计实际
一、材料及低值易耗品	1			
二、电费	2			
三、职工薪酬	3			
（一）工资	4			
（二）职工福利				
（三）社会保险	6			
1. 医疗保险费	7			
2. 工伤保险费	8			
3. 生育保险费	9			
（四）离职后福利	10			
1. 设定提存计划	11			
(1) 上缴养老统筹总额	12			
(2) 职工缴纳额(一)	13			
(3) 养老统筹差额	14			
(4) 失业保险费	15			
2. 统筹外支出	16			
(1) 离休干部经费	17			
(2) 退休人员经费	18			
(3) 离休干部医药费	19			
(4) 退休人员医药费	20			
(5) 离退休人员福利费	21			
(6) 长期病休人员费用	22			
(7) 离退休人员统筹外补贴	23			
(8) 死亡职工抚恤金	24			
(9) 提前退休人员费用	25			
(10) 其他劳动保险费用	26			
3. 受益提存计划	27			
（五）企业年金	28			
（六）住房公积金	29			

续表

项　　目	行次	上年同期	本期实际	累计实际
（七）职工住房补贴	30			
（八）工会经费	31			
（九）职工教育经费	32			
（十）非货币性福利	33			
（十一）辞退福利	34			
（十二）其他职工薪酬	35			
四、折旧费	39			
五、修理费	40			
六、其他支出	41			
1. 办公费	42			
2. 差旅费	43			
3. 探亲费	44			
4. 书籍资料印刷费	45			
5. 研究费用	46			
6. 运输费	47			
7. 会议费	48			
8. 水费	49			
9. 长期待摊费用摊销	50			
10. 无形资产摊销	51			
11. 警卫消防费	52			
12. 排污费	53			
13. 业务招待费	54			
14. 出国经费	55			
15. 咨询费	56			
16. 聘请中介机构费	57			
17. 诉讼费	58			
18. 财产保险费	59			
19. 技术转让费	60			
20. 绿化费	61			
21. 建议建筑费	62			
23. 设计制图费	63			
24. 劳动保护费	64			
25. 存货盘亏及亏损	65			
26. 存货盘盈(一)	66			
27. 仓库经费	67			
28. 董事会费	68			

续表

项　　目	行次	上年同期	本期实际	累计实际
29. 班中餐	69			
30. 补贴支出	70			
31. 党建工作经费	71			
32. 其他	72			
(1) 物业管理费	73			
(2) ……	74			
合计				

附录二十　财务及销售费用明细表

财务及销售费用明细表

××集团内部会工 19 表

编制单位：　　　　　　　　　　　日期：　　　　　　　　　　　金额单位：元

项　　目	行次	上年同期	本期实际	累计实际
一、销售费用合计	1			
(一) 材料	2			
(二) 销售人员薪酬	3			
1. 工资、奖金、津贴和补贴	4			
2. 职工福利	5			
3. 社会保险	6			
(1) 医疗保险费	7			
(2) 工伤保险费	8			
(3) 生育保险费	9			
4. 离职后福利	10			
(1) 设定提存计划	11			
① 上缴养老统筹总额	12			
② 职工缴纳额(一)	13			
③ 养老统筹差额	14			
④ 失业保险费	15			
(2) 统筹外支出	16			
(3) 受益提存计划	17			
5. 企业年金	18			
6. 住房公积金	19			
7. 职工住房补贴	20			
8. 工会经费	21			
9. 职工教育经费	22			
10. 非货币性福利	23			
11. 辞退福利	24			
12. 其他职工薪酬	25			
(三) 折旧费	26			
(四) 修理费	27			
(五) 办公费	28			

续表

项　　目	行次	上年同期	本期实际	累计实际
（六）差旅费	28			
（七）运输费	29			
（八）保险费	30			
（九）装卸费	31			
（十）包装费	32			
（十一）广告费	33			
（十二）展览费	34			
（十三）销售服务费	35			
（十四）经营租赁费	36			
（十五）其他销售费用	37			
二、财务费用合计	38			
（一）外部银行利息支出	39			
1. 短期借款	40			
2. 长期借款	41			
3. 贴现利息支出	42			
4. 应付票据利息	43			
5. 应付债券利息	44			
6. 应付引进国外设备款利息	45			
（二）外行利息收入(一)	46			
（三）汇兑损失	47			
（四）汇兑收益(一)	48			
（五）外汇手续费	49			
（六）金融手续费	50			
（七）内行利息收入(一)	51			
（八）内行利息支出	52			
（九）融资租赁费	53			
（十）其他财务费用	54			